제8판

International Economics

국제경제론

김신행 · 김태기 공저

法 文 社

제8판 머리말

세계는 점점 더 가까워지고 있다. 한 나라 경제가 다른 나라 경제에 미치는 영향이 커지고 있다. 매일매일 전해지는 세계 각 지역의 뉴스들은 즉각적으로 외환시장이나 주식시장에 영향을 미친다. 한 국가의 경기침체나 금융위기는 다른 국가의 경제운영에 부정적인 영향을 끼친다. 어느 나라 경제든지 세계경제의 변화에 영향을 받을 수밖에 없다. 우리나라처럼 경제규모가 작고 대외의존도가 높은 나라일수록 더욱 그러하다. 그러므로 우리 경제를 제대로 이해하기 위해서는 국제경제학에 대한 지식이 필요하다고 본다.

이 책의 집필 방향과 특징은 다음과 같다. 첫째, 복잡한 국제경제이론을 되도록 쉽고 간명하게 이해할 수 있도록 기술했다. 복잡하고 다양한 이론을 체계적으로 배열하고 서로 간에 유기적으로 연결되도록 책의 내용을 구성했다. 둘째, 책에서 공부한 이론으로 다양한 국제경제 현상들을 설명할 수 있도록 현실 사례나 통계자료를 책의 곳곳에 배치하였다. 셋째, 국제경제이론으로 한국경제를 이해하고 설명할 수 있도록 이론과 관련된 한국의 사례나 통계자료를 정리하여 수록했다. 마지막으로 국제경제학의 발전에 맞추어 최근 이론이나 연구 성과들을 빠짐없이 정리하고자 노력했다.

이번에 개정한 제8판에는 필자들의 이런 집필의도가 더욱 잘 반영되었다고 본다. 제7판을 공부한 독자들이 보완을 요청한 부분과 필자들이 강의하면서 보완이 필요하다고 생각한 부분을 개정하였다. 전체적으로 여러 부분을 보완하였고, 덤핑과 수출보조금에 대해서는 좀 더 상세한 내용을 추가하였다. 그리고 공부한 내용을 점검할 수 있도록 각 장의 뒷부분에 복습문제를 추가하였다.

이번 개정에서 책의 많은 부분의 원고를 다시 썼다. 설명이 난해한 부분은 쉽게 풀어쓰고, 문장이 어색한 부분은 다듬고, 통계자료는 최근 자료로 바꾸었다. 이론에 대한 설명을 좀 더 쉽고 간결하게 기술하였고, 어려운 부분은 독자의 이해를 돕기 위해 보완적인 설명을 주에 추가하였다. 이번에 개정된 제8판은 독자들이 국제경제의 이론과 현실을 보다 쉽게 이해하는데 도움을 줄 것으로 믿는다.

이 책의 개정에는 많은 분들의 도움이 있었다. 이 책으로 공부를 하면서 여러 질문을 보내준 학생들과 강의를 하면서 유익한 의견을 보내준 교수님들께 감사드린다. 특히 이 책을 꼼꼼히 읽고 의견을 준 전남대 박경석 교수, 원광대 장선미 교수, 주경원 박사와 통계자료 정리와 교정에 도움을 주었던 전남대학교 백경호 박사, 최지혜 박사, 박철희 박사에게 감사한다. 그리고 편집과 교정을 맡아 수고해주신 법문사 노윤정 차장께 감사를 드린다. 물론 이 책에 남아있는 오류는 모두 필자들의 책임임을 다시 한 번 밝혀둔다. 마지막으로 항상 따뜻한 마음으로 격려를 아끼지 않은 가족들에게도 마음 깊이 고마움을 전한다.

2024년 2월

김신행 · 김태기

머리말

오늘날 어떤 국가도 다른 국가와 교류를 하지 않고서는 경제를 원활하게 운영해 나갈 수 없다. 특히 우리나라와 같이 자연자원이 풍부하지 못하고 경제규모가 작은 나라일수록 외국과의 교류가 더 필요하다. 한국은 개방도가 높은 경제로 세계 경제의 변화에 긴밀한 영향을 받고 있어서 국제경제학에 대한 이해 없이 한국경제를 설명하기 어렵다. 국제경제학은 세계경제에서 일어나는 모든 경제현상을 연구 대상으로 한다. 따라서 국제경제학은 오늘날 세계경제가 어떻게 돌아가고 있으며, 우리 국내경제가 세계경제와 어떤 관련성을 갖고 있는지를 체계적으로 이해하는 데 도움이 된다.

우리들은 지난 9년간 이 책의 전신(前身)인 김신행 저 "국제경제론(1987, 1977, 법문사)"을 전면 수정하여 국제경제학 입문서로서의 책을 펴내기 위하여 준비하여 왔다. 1987년 "국제경제론" 마지막 개정판이 나온지 18년이라는 세월이 흐르는 동안 국제경제학이론에서나 실제 세계경제의 현실은 여러모로 변해 왔다. 우리 두 저자는 이 내용들이 새 저서에 반영되도록 최대한의 노력을 기울였다. 지역적으로 두 저자는 서로 떨어져 있으나 수많은 횟수에 걸쳐 서로 만나 각 장의 내용과 전개 방법 등에 대하여 세미나 형식의 심도 있는 논의를 해 왔다. 그 결과 국제경제이론의 이해에 도움이 되는 경험적인 자료의 준비와 해석 그리고 보다 쉬운 문장구사 등을 위한 노력으로 새로운 차원의 "국제경제론"의 출간이 가능하게 되었다.

본서의 집필 방향은 다음과 같다. 첫째, 국제경제학의 주요 내용을 쉽게 이해할 수 있도록 구성하였다. 국제경제학은 미시경제학과 거시경제학에 대한 지식을 바탕으로 이론이 전개되지만, 경제학에 대한 기초가 충분하지 않은 학생이나 일반인들도 이 책만으로 국제경제학을 이해할 수 있도록 가능한 쉽게 쓰고자 노력했다. 둘째, 이 책을 공부한 학생들이 추상적인 이론과 현실을 연결하는 사고훈련을 통해 국제경제 현실을 이론적이고 체계적으로 이해하도록 구성하였다. 이를 위해 국제경제이론이 현실경제와 어떤 관련이 있는지를 이해할 수 있도록 많은 사례나 통계자료를 제시하였다. 셋째, 이 책을 통해 국제경제학의 측면에서 한국경제를 설명하고자 했다. 한국경제의 성장과 변화는 세계경제와의 관련성 속에서 이루어져 왔는데, 이를 이론적으로 설명하고 이해할 수 있도록 한국의 자료를 풍부히 제시하였다. 마지막으로, 국제경제학의 기존이론을 체계적으로 정리함은 물론 최근 이론을 정리하여 수록하였다. 특히 이 교과서에는 현재 많은 관심의 대상이 되고 있는 지역경제와 국가경제, 지적재산권 문제, 금융시장과 외환위기 등의 내용이 추가되었다.

본서의 구성은 다음과 같다. 전체 내용이 크게 국제무역론과 국제금융론으로 구분되고, 다시 국제무역론은 무역이론과 무역정책으로 나누어져 있으며, 국제금융론은 개방경제의 거시경제이론과 국제통화제도 및 국제경제정책으로 나뉘어져 있다. 각 장은 국제경제학의 큰 틀을 중심으로 유기적으로 연관되도록 구성하였으며, 본문의 곳곳에 관련된 사례나 자료를 상자(Box)에 추가하여 이론의 현실에 대한 이해를 높이도록 했다. 또한 그림에 대한 이해를 쉽게 하기 위해 그림마다 간단한 요약을 추가하였다. 매 장의 뒷부분에는 주요 용어와 요약을 수록하여 공부한 내용을 다시 한 번 간단히 정리하고, 마지막으로 연습문제를 풀어봄으로써 공부한 내용을 최종 점검할 수 있도록 구성했다. 특히 연습문제는 현실과 관련된 문제나 지극히 이론적인 문제들을 함께 출제하여 이론과 현실을 동시에 이해할 수 있도록 하였다. 현실과 관련된 연습문제 중에는 명확하게 답하기 어려운 것들도 있지만, 이런 문제는 현실에 대한 이론적 설명이 무엇인지를 이해하는 데 도움이 될 것이다. 그리고 연습문제 풀이를 책의 맨 뒤에 수록하여 독자들이 스스로 해결한 문제풀이와 필자의 문제풀이를 비교하도록 했다.

본서가 출간되기까지는 많은 분들의 도움이 있었다. 이 책의 원고를 읽고 귀중한 조언을 해 주신 오근엽 교수와 김갑용 교수께 감사드리고, 자료수집과 편집 및 교정을 도와준 장선미 박사, 대학원생 박구승 양과 박혜영 양, 그리고 필자의 강의노트에 대해 많은 의견을 준 서울대와 전남대의 학부학생들께 감사한다. 물론 이 책에 있는 오류는 모두 필자의 책임임을 다시 한 번 밝혀둔다. 또 책의 출판을 도와주신 법문사 배효선 사장, 전충영 상무와 편집과 교정에 노력을 아끼지 않으신 이선욱 선생께 깊은 감사를 드린다. 마지막으로 책의 집필 과정에서 성원과 격려를 아끼지 않은 가족들에게도 마음 깊이 고마움을 전한다.

2005년 8월

김신행 · 김태기

차 례

국제경제학

제 1 부 국제무역이론

제 2 부 국제무역정책

제 3 부 환율, 국제수지 및 개방경제 거시경제이론

제 4 부 국제통화제도와 금융의 세계화

국제경제학

제 1 장　국제경제론과 세계경제

01 국제경제론과 세계경제

세계화의 진전으로 국가 간 상호 의존성이 강화되고 있다. 이제 다른 국가들과의 교류 없이는 경제를 효율적으로 운영하기 어려워졌다. 특히 경제규모가 작고 자원이 부족한 국가들에게는 대외 경제교류의 중요성이 더욱 클 수밖에 없다. 작은 나라일수록 대외의존도가 높은 이유다. 한국은 무역을 통해 고도성장을 이룬 대표적인 국가로서, 국제경제의 흐름을 이해하지 않고서는 한국경제를 이해하기 힘들다.

국제경제학은 세계경제에서 일어나는 다양한 경제 현상을 탐구한다. 개방도가 높은 한국경제를 정확하게 이해하기 위해서는 국제경제학에 대한 학습이 필수적이다. 이 장에서는 국제경제학의 중요성, 세계경제의 특징, 한국 무역의 변화, 그리고 국제경제학의 핵심 주제들에 대해 알아본다.

제 1 절 왜 국제경제학을 공부하는가?

세계화가 진행되면서 국가 간 상호의존도가 높아가고 있다. 경제규모가 작고 자연자원이 부족한 나라일수록 대외거래가 자국경제에 미치는 영향이 크다. 남한과 북한의 경제력 차이는 대외교류가 경제성장에 얼마나 중요한가를 보여준다. 개방을 확대해 온 한국은 빠른 경제성장을 달성하였지만, 세계와 고립된 북한은 식량마저 부족한 저소득 국가로 남아 있다. 오늘날 국가 간 경제교류는 점점 더 그 중요성을 더해가고 있다. 어떤 국가도 다른 국가와 교류를 하지 않고는 자국 경제를 원활하게 운영할 수 없다. 제2차 세계 대전 이후 세계화 추세는 점점 확대되어 왔고, 1995년 WTO 출범을 계기로 더욱 확대되었다.

우리의 매일 매일 경제활동은 끊임없이 세계경제로부터 영향을 받고 있다. 환율이 상승하면, 수입품 가격이 인상되고, 해외여행 경비가 증가하여 소비자에게 부담을 준다. 반대로 환율이 하락하면, 수입품 가격이 낮아지고, 해외여행 경비가 감소하여 소비자에게 이익이 된다. 국제 유가의 상승은 자동차 운전자의 부담을 늘리고, 외국에서 발생한 테러나 전쟁 소식도 우리 주식시장에 부정적 영향을 미친다. 세계에서 벌어지는 모든 일이 우리의 일상생활과 경제활동에 영향을 미치고 있다.

한국만이 아니라 세계 전체적으로 무역량이 점차 증가하고 있고, 국가 간 자본과 노동의 이동도 활발해지고 있다. 과거에 비해 한국에서 일하는 외국인 노동자가 늘어나고 있고, 또한 외국에서 일하는 한국인도 점점 늘어나고 있다. 합법적인 외국인 노동자들도 있지만, 불법체류 외국인 노동자들도 많다. 한국 내 외국인들의 직접투자나 증권투자가 증가하고 있고, 우리의 해외직접투자나 증권투자도 꾸준히 증가하고 있다. 무역, 자본이동, 인적교류 등 해외교류가 경제 전반적으로 확대되고 있다.

개방경제에서는 수많은 경제현상이 세계경제와 관련되어 있다. 자원이 풍부하고 경제규모가 큰 미국이나 일본과 같은 국가보다는 경제규모가 작고 자원이 부족한 한국과 같은 국가가 세계경제로부터 더 많은 영향을 받고 있다. 따라서 세계 경제의 변화를 이해하지 않으면 우리 경제를 이해하기가 쉽지 않다.

국제경제학은 세계경제에서 일어나는 모든 경제 현상을 연구 대상으로 한다. 이는 복잡한 경제 현상 속에서 경제법칙을 발견해내고, 추출된 규칙성을 이론적으로 설명하며, 이론으로부터 정책적 의미를 찾아내는 학문이다. 따라서 국제경제학은 오늘날 세계경제가 어떻게 돌아가고 있으며, 국내경제가 세계경제와 어떤 관련성이 있는지를 체계적으로 이해하는 데 도움을 준다. 특히 한국과 같이 대외의존도가 높은 나라는 세계경제의 변화가 국내경제에 미치는 영향이 더 크기 때문에, 우리 경제를 이해하는 데에도 국제경제학에 대한 공부가 꼭 필요하다.

제 2 절 세계경제의 구성과 특징

1. 세계경제의 구성

세계은행(World Bank)은 세계 전체 217개국을 소득수준에 따라 네 개의 그룹으로 구분한다. 2022년 기준으로 일인당 GNI가 13,205달러 이상인 83개국을 고소득 국가로 분류하고, 나머지 134개국을 개도국으로 분류한다. 개도국은 다시 소득수준에 따라 고중위소득($4,256-$13,205, 54개국), 저중위소득($1,086-$4,255, 54개국), 저소득($1,085 이하, 26개국) 국가로 구분한다. 고소득 국가들은 대부분 유럽, 북미, 오세아니아 지역에 위치하고 있다.

〈표 1-1〉을 보면, 고소득 국가는 인구 비중은 15.7%인데 생산(GDP) 비중은 63.1%여서 소득수준이 높고, 저소득 국가는 인구 비중은 9.3%인데 비해 생산량 비중은 0.7%에 불과하여 소득수준이 매우 낮다. 이런 이유로 고소득 그룹의 일인당 평균소득은 51,087달러인데 비해, 저소득 그룹의 일인당 평균소득은 721달러에 불과하다. 세계 전체적으로 국가 간 소득불평등이 매우 큼을 알 수 있다.

각 소득 그룹별 무역비중은 GDP 비중과 매우 유사하다. 고소득 그룹의 GDP 비중은 61.2%, 무역비중은 66.5%인데 비해, 저소득 그룹의 GDP 비중은 0.5%, 무역비중은 0.4%에 불과하다. 다른 소득그룹에서도 GDP 비중과 무역비중은 서로 유사하다. 그래서 무역액/GDP의 값은 어느 소득 그룹에서나 크게 차이가 나지 않는다. 고소득 그룹에서는 60.7%, 저소득 그룹에서는 49.1%이고, 전 세계 평균은 56.5%이다. 무역액/GDP의 값을 개방도 또는 무역의존도라고 한다.

2018년 한국의 일인당 국민소득(GNI)은 35,990달러로 고소득 그룹에 속한다. 한국의 인구는 세계 인구의 0.6%, GDP 비중은 1.7%, 무역 비중은 2.7%이다. 한국의 개방도는 80.5%로 세계 평균 56.5%보다 훨씬 높다.

■ ■ **표 1-1** 세계경제의 구성(2022년)

	소득범위 (일인당 GNI, $)	국가수	일인당 GNI($)	인구 (%)	GDP (%)	무역액 (%)	무역액/ GDP(%)
고소득	13,205 이상	83	51,087	15.7	61.2	66.5	60.7
고중위소득	4,256~13,205	54	10,530	35.0	29.9	25.1	48.4
저중위소득	1,086~4,255	54	2,517	40.1	8.1	7.1	51.2
저소득	1,085 이하	26	721	8.9	0.5	0.4	49.1
세계 전체		217	12,804	100.0 (79.5억명)	100.0 ($100.6조)	100.0 ($54.8조)	56.5
한국			35,990	0.6	1.7	2.7	80.5

* 주: 1) 일인당 GNI는 세계은행의 아틀라스(Atlas) 방법에 의한 달러 값임. 아틀라스 방법이란 국가 간 소득비교에서 환율 변화의 영향을 줄이기 위해 지난 3년간 환율과 물가지수를 고려하여 환율을 조정하는 방법임. 2) 무역액(%), 무역액/GDP(%)의 값은 2021년 자료임.

* 자료: World Bank, *World Development Indicators*, 2023.

2. 세계경제의 특징

1) 지역별 무역비중

〈표 1-2〉는 지역별 무역이 세계 무역에서 차지하는 비중의 변화이다. 1953년에는 유럽의 비중이 가장 크고, 2위가 북미, 3위가 아시아였으나, 2022년에는 유럽의 비중이 여전히 가장 크지만, 아시아가 2위로 올라서고 북미가 3위이다. 아시아 지역의 수출 비중은 1953년 13.4%에서 2022년 35.1%로 크게 증가하였고, 북미의 수출 비중은 1953년 24.8%에서 2022년 13.3%로 감소하였다. 2022년 기준으로 보면, 유럽, 북미, 아시아의 수출 비중 합계가 84.2%, 수입 비중의 합계가 87.7%나 된다. 이 세 지역을 제외한 나머지 지역의 무역을 모두 합한 비중은 15% 정도에 불과하다. 지역 간 무역량의 차이는 주로 경제규모와 연관이 있다. 경제 규모가 클수록 더 많은 양의 재화를 거래하게 되므로 무역 규모도 증가하는 경향이 있다.

이 세 지역은 전체 무역량만 아니라 지역 내 무역량도 많다. 이것은 지역 내 국가들의 경제규모가 크고, 지역 내 국가들 간에 접근성이 좋으며, 지역 내에 자유무역협정(FTA)과 같은 경제통합체가 있기 때문이다. 북미에는 NAFTA, 서유럽에는 EU, 아시아에는 ASEAN 등의 경제통합체가 있다.

수출비중과 수입비중을 비교해 보면, 1953년에는 북미 지역은 수출비중이 더 높아 흑자이고, 유럽과 아시아 지역은 수입비중이 더 높아 적자였다. 그런데 2022년에는 북미지역은 적자로 변하고, 아시아지역은 흑자로 변했음을 볼 수 있다. 지난

■ ■ 표 1-2 세계 무역의 지역별 비중의 변화

	1953		1983		2002	
	수출	수입	수출	수입	수출	수입
북미	24.8	20.5	16.8	18.5	13.3	18.3
중남미	9.7	8.3	4.5	3.9	3.4	3.7
유럽	39.4	43.7	43.5	44.1	35.8	36.9
아프리카	6.5	7.0	4.5	4.6	2.7	2.9
중동	2.7	2.2	6.7	6.2	6.7	4.2
아시아	13.4	15.1	19.1	18.5	35.1	32.5
세계 (10억$)	100.0 (84)	100.0 (85)	100.0 (1,838)	100.0 (1,883)	100.0 (24,312)	100.0 (25,118)

* 주: 1) 지역별 무역비중은 세계 총무역에서 각 지역의 무역이 차지하는 비중임. 2) 표에 기록하지 않았지만, *CIS* 국가들의 비중은 2022년에 수출 3.0%, 수입 1.6%였음. 3) 맨 아래 칸의 '세계'에서 ( ) 안의 숫자는 무역액임.

* 자료: WTO, *World Trade Statistical Review*, 2023.

50여 년간 아시아 지역의 무역은 다른 어느 지역보다 빠르게 성장하였다. 무역과 경제성장은 상호 영향을 미치는데, 아시아 지역에서는 무역의 증가로 인해 경제가 성장하고, 다시 경제성장으로 인해 무역이 증가하는 선순환이 이루어졌다. 한국, 대만 등 아시아 지역의 빠른 경제성장은 개방과 무역의 증가에 힘입은 바가 크다.

2) 산업별 무역비중

[그림 1-1]은 세계 무역의 산업별 비중이다. 1980년에 비해 2022년에는 농업과 광업의 무역 비중이 감소하고, 제조업과 서비스의 무역 비중이 증가하였다. 1980년과 2022년 사이에 농업의 비중은 12.8%에서 7.5%로, 광업의 비중은 23.6%에서 16.6%로 감소하고, 제조업의 비중은 46.0%에서 54.1%로, 서비스업의 비중은 17.6%에서 21.9%로 증가하였다. 총무역에서 제조업의 비중이 약 절반 정도이고, 서비스업의 비중은 21.9%에 불과하다.

제조업의 무역비중은 생산비중보다 더 큰 반면, 서비스의 무역비중은 생산비중보다 더 작다. 세계 전체적으로 서비스의 생산비중은 약 70%인데, 무역비중은 약 20%에 불과하다. 이는 서비스재가 상품과 달리 운송이 어렵기 때문이다. 공산품은 운송과 보관이 비교적 쉽기 때문에 무역이 활발하게 이루어지지만, 서비스의 경우에는 운송이 어렵기 때문에 무역이 제한적이다.

그림 1-1 세계 무역의 산업별 비중

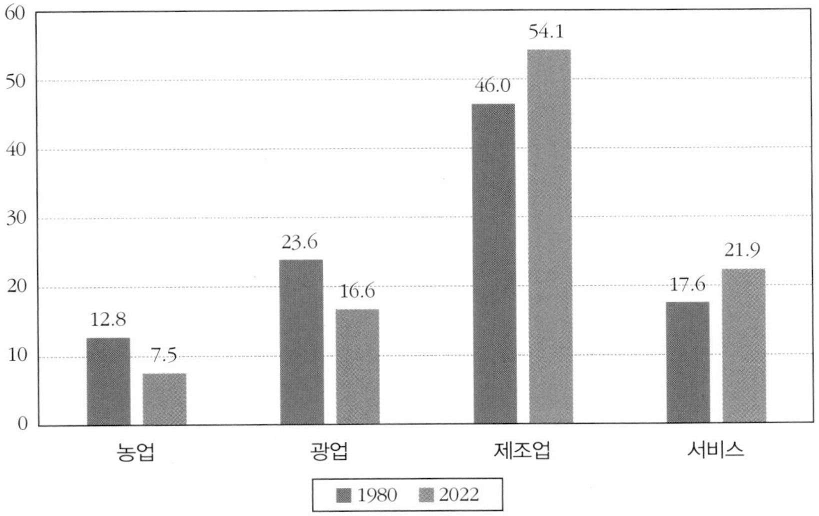

* 자료: *WTO, World Trade Statistical Review* 2023. 보고서의 *p*.11, *p*.13의 자료를 이용해 계산함.

3) 경제통합의 확대

몇몇 국가들이 서로 자유무역에 합의하는 것을 FTA(Free Trade Agreement, 자유무역협정) 또는 RTA(Regional Trade Agreement, 지역무역협정)라고 한다. FTA 협정 건수는 1948년 GATT 출범 이후 꾸준히 증가해 왔다. 특히 1990년 이후 FTA 건수가 급속히 증가했는데, 이는 WTO를 중심으로 한 다자간 협정과는 별개로 몇몇 국가들 간의 자유무역협정이 활발히 진행되었기 때문이다.

1995년 WTO 출범 이후 최초의 다자간 협상인 DDA의 타결이 지체되면서 다자간 협상을 통한 자유무역 확대가 한계에 부딪혔다. 이에 개별 국가들은 자유무역 확대를 위해 몇몇 국가끼리 자유무역협정을 추진하였다. 자유무역협정에 참여하지 않은 국가들은 무역에서 불이익을 겪게 되므로 많은 국가들이 적극적으로 자유무역협정에 참여하였다. 그 결과 자유무역협정은 지속적으로 증가하였고, 자유무역협정의 증가와 함께 세계 무역도 빠르게 증가하였다.

[그림 1-2]에서 보듯이, 1990년대 들어 지역무역협정 체결 건수가 눈에 띄게 늘어났다. WTO 자료에 의하면, 2019년 1월 기준으로 발효 중인 지역무역협정의 누

그림 1-2 세계 자유무역협정 체결 건수의 변화(1948~2023)

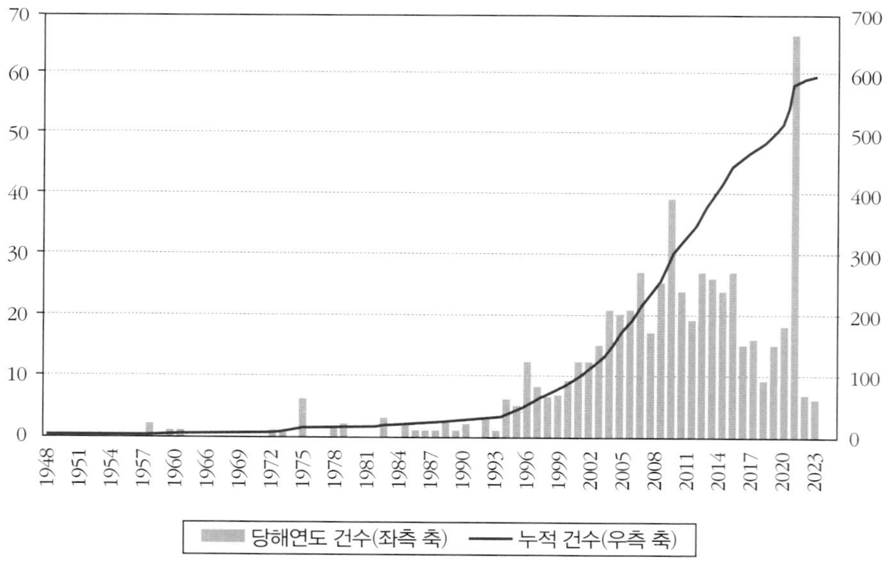

*주: 1) 막대선은 당해연도 건수(좌측 축)이고, 꺾은선은 누적 건수(우측 축)이다.
2) FTA협정에는 상품, 서비스, 기존 RTA가입 등 세 가지 형태가 있는데, 하나의 FTA에 두 형태가 함께 포함되어 있으면 각각의 협정을 별개 건수로 계산한다.

*자료: WTO, http://rtais.wto.org/UI/Charts.aspx#, 2023.

적 체결 건수는 595건이고, 이 중 44건만이 1994년 이전에 체결되었고, 나머지 551건은 1995년 WTO 설립 이후에 체결되었다. 제2차 세계대전 이후 전개되어 왔던 세계화가 특히 1990년대 이후 크게 확대되었음을 시사한다.

그런데 1990년 이후 급증하던 자유무역협정 건수가 2008년 세계금융위기 이후에는 점차 감소하고 있다. 이러한 감소 원인은 자유무역협정이 충분히 체결되어 추가적인 협정이 많지 않은 탓도 있고, 세계화에 대한 반발이 형성된 탓도 있다. 그런데, 2021년 협정 건수가 갑자기 크게 증가하였음을 볼 수 있다. 이는 영국이 EU에서 탈퇴한 후, EU와 FTA협정을 맺었던 여러 국가들과 개별적으로 FTA를 체결했기 때문이다.

4) 해외직접투자의 확대

1990년대 들어 국가 간 자본이동이 활발해졌으며, 특히 해외직접투자(FDI)가 빠르게 증가하였다. 여기에는 개도국들이 자본자유화를 통해 외국 자본을 적극적으로 유치한 영향이 크다. 개도국들은 경제 성장을 위한 투자자금을 확보하고자 해외 자본을 적극적으로 유치하였다. 과거 선진국 간에 이루어지던 해외직접투자가

그림 1-3 무역과 해외직접투자의 변화

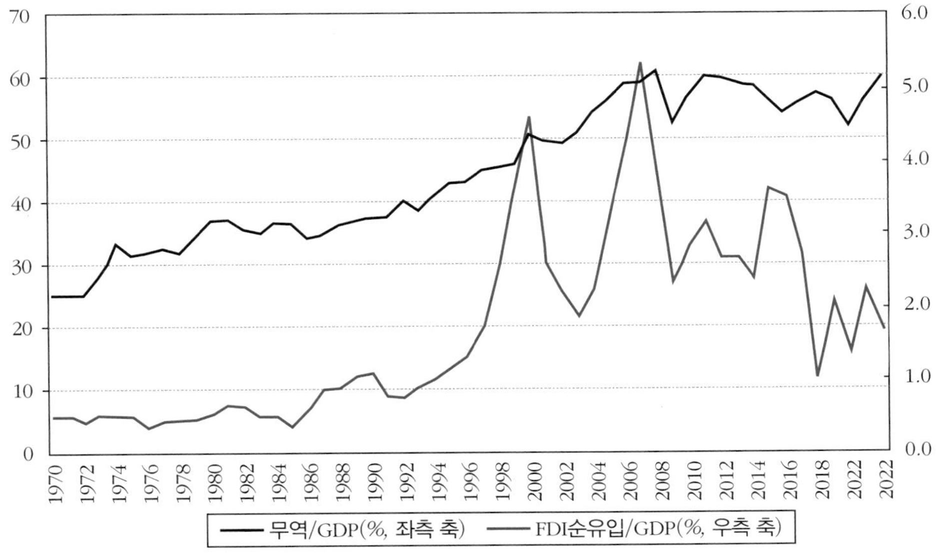

* 주: 그림에서 무역은 재화와 서비스 무역의 합이다.
* 자료: World Bank, *World Development Indicators*, 2023.

1990년대에 들어서는 선진국에서 개도국으로 흘러가기 시작했다. 선진국과 개도국 간의 수직적 통합이 활발해짐에 따라 재화시장만이 아니라 요소시장에서도 개방이 확대되었다.

[그림 1-3]은 1970년 이후 무역 및 해외직접투자의 GDP 대비 비율의 변화이다. 그림을 보면, 무역과 해외직접투자는 증가 추세를 보이다가 2008년 세계금융위기를 겪으면서 그 추세가 꺾이고 있다. 세계금융위기 이후 무역은 정체 상태에 있고, 해외직접투자는 크게 감소하고 있다. 무역은 전반적으로 완만한 변화를 보임에 비해, 해외직접투자는 그 변동 폭이 크다. 특히 해외직접투자는 금융위기에 민감하게 반응하여 1997년 아시아 금융위기와 2008년 세계금융위기 상황에서 큰 폭으로 감소함을 볼 수 있다.

5) 국가별 개방도 차이

[그림 1-4]는 1970년과 2022년 주요국의 개방도 변화를 보여준다. 개방도(openness)는 GDP 대비 무역액(수출+수입)의 비율로 정의된다. 그림에서 보듯이, 모든 국가의 개방도는 1970년에 비해 2022년에 증가했다. 예를 들어, 브라질은 14.5%에서 39.3%로, 중국은 5.0%에서 38.1%로, 한국은 32.6%에서 96.8%로 증가했

그림 1-4 주요 국가별 개방도 변화

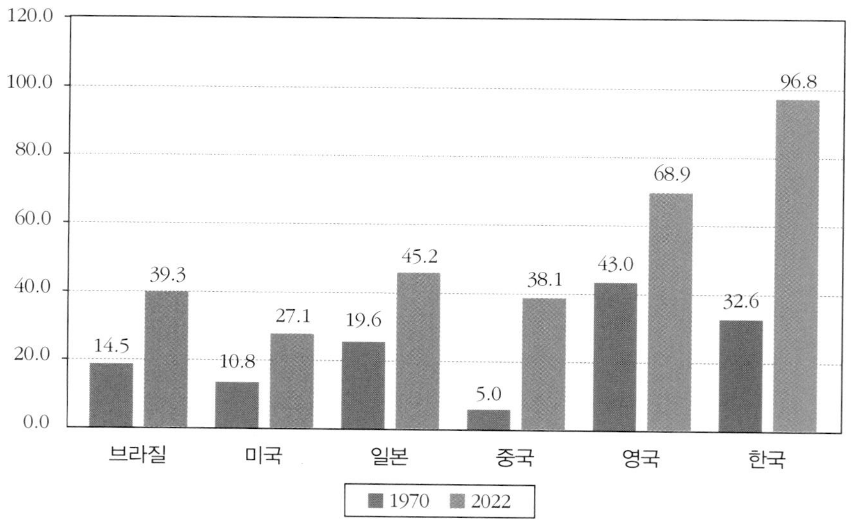

* 주: 표의 개방도 값은 '(재화와 서비스의 수출액과 수입액의 합)/*GDP*'(%)임.
* 자료: World Bank, *World Development Indicators*, 2023.

다. 이는 국가 간 상호의존성이 높아졌음을 말해준다.

개방적인 정책을 추진한 국가일수록 개방도가 높다. 그러나 개방도는 정책의 차이만이 아니라 경제규모와 지리적 위치의 영향도 받는다. 경제규모가 클수록 내수시장이 커서 개방도가 낮아지고, 주변에 무역할 국가가 많을수록 개방도가 높아진다. 이처럼 국가별 개방도 차이는 경제정책만이 아니라 경제규모, 지리적 위치와도 관계가 있다. 예를 들어, 미국이나 일본과 같이 경제 규모가 큰 국가는 상대적으로 낮은 개방도를 보이는 반면, 영국과 같이 유럽에 인접하고 여러 국가와의 무역이 활발한 국가는 높은 개방도를 보인다. 홍콩이나 싱가포르와 같은 도시 국가는 개방도가 300%가 넘는다.

보호무역주의적인 정책을 펼친 브라질 등 남미 국가들은 개방도가 낮고, 자유무역주의적인 정책을 펼친 한국 등 동아시아 국가들은 개방도가 높다. 개방적인 정책을 택한 한국은 높은 경제 성장률을 기록한 반면, 상대적으로 폐쇄적인 정책을 택한 브라질은 낮은 성장률을 경험했다. 일반적으로 개방적인 정책을 추진한 국가들의 경제성장률이 높은 편이다. 중국 역시 1970년대 개혁개방 정책으로 전환하며 높은 성장률을 달성했다.

개방도가 높은 국가는 세계 경제 환경의 변화로부터 더 큰 영향을 받는다. 세계적인 불황이나 원자재 가격 상승 같은 부정적인 영향도 크게 받지만, 긍정적인 변화로부터 받는 혜택도 크다. 세계화가 진전됨에 따라 국가들의 상호의존성이 커져, 한 국가의 경제 정책 변화가 자국뿐만 아니라 다른 국가의 경제에도 영향을 미치고 있다.

3. 세계화와 경제성장

1) 세계화의 진전

1990년대 이후 국가 간 상호의존성이 급속히 확대되고 있다. 이를 세계화(globaliza-tion)라고 표현한다. 이전에는 주로 상품 무역의 확대에 초점이 맞춰졌던 국가 간 개방이 1990년대부터는 서비스 등 산업 전반으로 넓혀졌다. 경제제도도 국가별 특성을 인정하기보다는 표준화를 추구하면서 세계경제가 하나의 경제단위로 통합되어 왔다.

[그림 1-5]는 세계화의 진전 과정을 보여준다. 1800년 후반에서 제1차 세계대전이 시작된 1914년까지를 제1차 세계화, 제2차 세계대전이 끝난 1945년까지를 세계화 후퇴기, 1980년대 중반까지를 제2차 세계화, 세계금융위기가 발생한 2008년까지를 제3차 세계화, 그리고 이후를 침체기로 구분하고 있다. 세계화는 일찍이 1800년

대 후반부터 노동과 자본이 미국과 호주와 같은 신세계로 이동하면서 시작되었고, 1,2차 세계대전을 겪으면서 후퇴하였으나, 전쟁 후 다시 빠르게 확대되었다. 그런데 2008년 세계금융위기 이후로는 반세계화 정서가 확산되면서 침체상태에 있다.

세계화의 진전 정도는 국가 간 재화, 자본, 인구의 이동으로 평가된다. 제1차 세계화 기간인 1870~1914년의 기간에는 무역은 물론 인구와 자본의 이동도 매우 활발하였다. 그러나 제1차 세계대전이 시작되면서 세계경제는 침체기에 들어가게 된다. 이후 대공황과 제2차 세계대전을 겪으면서 세계 전체적으로 보호무역이 확산되었고, 세계 경제는 극도로 위축되었다. 이 시기의 암울한 경험은 자유무역과 개방정책이 경제성장에 필수적임을 일깨워주었다.

제2차 세계화는 1950년부터 1980년대 중반까지의 기간을 말한다. 주요 선진국들은 제2차 세계대전이 종료될 즈음에 세계 경제의 협력과 개방 확대를 위해 국제기구의 설립이 필요하다는 데 의견을 모았다. 이에 따라 IMF. IBRD, GATT 등 국제기구가 설립되었고, 이를 중심으로 개방이 확대되어 왔다. 그런데 대부분의 개도국들은 개방 정책이 자국의 이익에 부합하지 않는다고 보고 소극적인 태도를 취했다. 반면에 한국, 대만, 홍콩, 싱가포르 등 일부 국가들은 개방적인 정책을 채택하

그림 1–5 세계경제의 개방도 변화 (1880–2020)

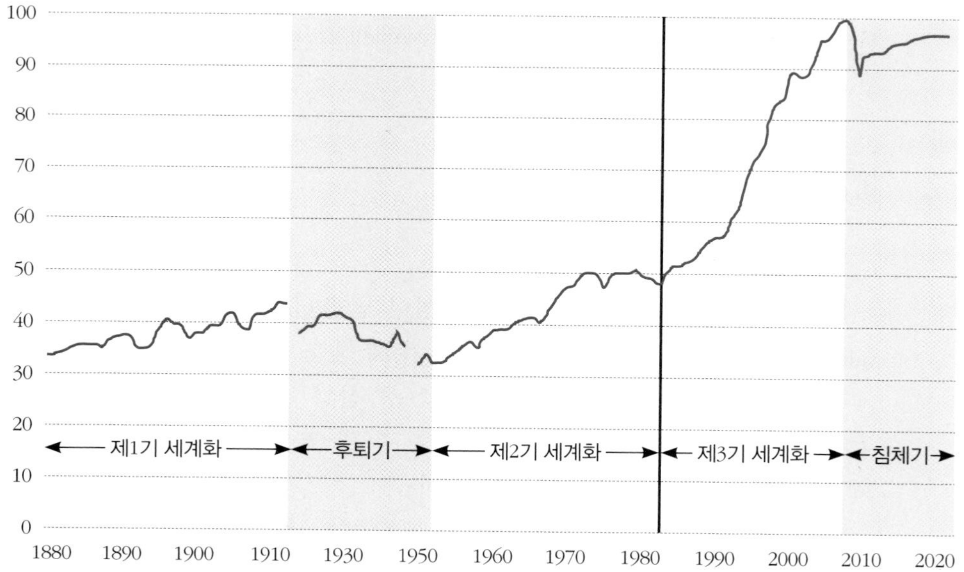

*주: 세계GDP 대비 무역액의 변화이고, 2008년 값을 100으로 한 지수 값임.
*자료: Bergeijk, Peter A.G. (2018), "Deglobalisation 2.0: Trump and Brexit are but symptoms," 2018.

여 눈에 띄는 경제성장을 이룩했다. 이들 동아시아 국가들의 성공과 대조적으로, 보호무역 정책을 유지한 남미 국가들은 거의 성장하지 못하였다.

제3차 세계화는 1980년대 중반 이후를 말한다. 이 시기에는 선진국만이 아니라 개도국들도 적극적으로 개방정책을 도입하였다. 특히 1990년대 이후 개방이 크게 확대되었다. 그 이유는 다음과 같다. 첫째, 1980년대 후반 소련의 해체와 동유럽 사회주의 붕괴, 그리고 중국의 개혁개방으로 냉전이 종식되고 정치적 긴장이 완화되어 국가 간 교류가 활발해졌다. 둘째, 남미 국가들이 수입대체정책에서 개방적인 정책으로 전환하였고, 태국, 말레이시아, 인도네시아 등 아시아 개도국들이 적극적으로 세계 시장에 참여하였다. 셋째, 1986년 우루과이라운드에 이어 1995년 WTO가 출범하면서 다자간무역협상이 강화되고 경제통합이 확산되어 무역장벽이 더욱 완화되었다. 넷째, 선진국에서 개도국으로 기술이전이 이루어지면서 과거 선진국이 독점하던 상품들을 개도국들이 수출하기 시작했고, 이로 인해 개도국의 무역이 증가하였다. 마지막으로 교통통신 비용과 수송비의 하락이 국가 간 교역을 확대하였다. 이러한 변화들로 인해 세계화는 더욱 가속화되었고, 세계 무역은 크게 성장했다. 개방정책을 적극적으로 도입한 국가들의 국민소득은 빠르게 성장하였다.

그런데 2008년 세계금융위기 이후 세계화 현상이 주춤거리고 있다. 무역도 둔화되고, 해외직접투자도 감소하였다. 미국과 유럽 등 선진국에서 경기 침체가 지속되었고, 세계화의 이득을 누리지 못한 사람들의 반발이 거세졌다. 세계화의 이득보다 손실이 더 크게 부각되었고, 이러한 현상이 정치적으로 결합되면서 세계화에 대한 부정적 여론이 강해졌다. 그럼에도 불구하고 세계화가 경제교류의 확대를 통해 모든 국가에게 이득을 준다는 점은 분명하다. 그 이득이 고루 분배되지 않으면서 반세계화(deglobalization) 정서가 나타난 것이다. 따라서 세계화를 억제하는 것보다는 세계화의 이득을 적절하게 재분배하는 정책을 수립하고 실행하는 것이 중요하다.

2) 개방과 경제성장

세계화가 진전되면서 무역과 직접투자는 빠르게 증가하였다. 특히, 글로벌 가치사슬(Global Value Chain)의 활성화에 힘입어 중간재 무역이 크게 증가하였다. 1990년대 중반 이후에는 거시경제의 호조로 개발도상국에 대한 직접투자가 많아졌으며, 이는 자본과 기술 이전을 통해 경제 성장에 기여하였다. 개방을 통한 무역과 직접투자의 확대는 경제성장을 촉진하는 역할을 하였다.

대부분의 실증 연구는 개방과 경제 성장 사이에 긍정적인 상관관계가 있다는 점을 지지한다. 개방도가 높은 개발도상국에서 일반적으로 경제성장률도 더 높다. 그러나 경제성장에는 많은 요인들이 복합적으로 작용하기 때문에 개방도가 경제성장의 유일한 요인이라고 할 수는 없다. 그럼에도 불구하고, 개방적인 정책이 경제성장의 필요조건임을 부인하는 사람은 없다.

개방이 확대되면서 한 국가의 침체가 다른 국가의 침체를 가져오는 부정적 영향도 커졌다. 1997년 아시아 금융위기가 태국에서 발발하여 인도네시아와 한국에까지 영향을 미쳤으며, 2008년 세계 금융위기는 미국에서 시작해 전 세계로 확산되었다. 그리고 중국이나 미국의 경제정책 변화는 한국은 물론 세계경제에 영향을 미치고 있다. 국가 간 상호의존성이 확대됨에 따라 국제협력이 더욱 중요해지고 있다.

[그림 1-6]은 1970년부터 2018년까지 세계 무역량과 세계 GDP의 변화를 나타낸다. 이 기간 동안 무역량과 GDP는 지속적으로 증가했다. 무역량의 증가는 1980년대 이후 가속화되었고, 2000년대 들어서는 그 증가세가 더욱 뚜렷해졌다. 2008년의 세계 금융위기로 인한 일시적인 위축에도 불구하고, 세계 무역량의 증가 추세는 이어지고 있다. 이는 세계화가 심화됨에 따라 무역이 꾸준히 확대되고 있음을 시사한다.

그림을 보면, 무역량과 GDP의 변화 추이가 상호 유사한 양상을 보이고 있다.

그림 1-6 세계 무역과 세계 GDP의 변화

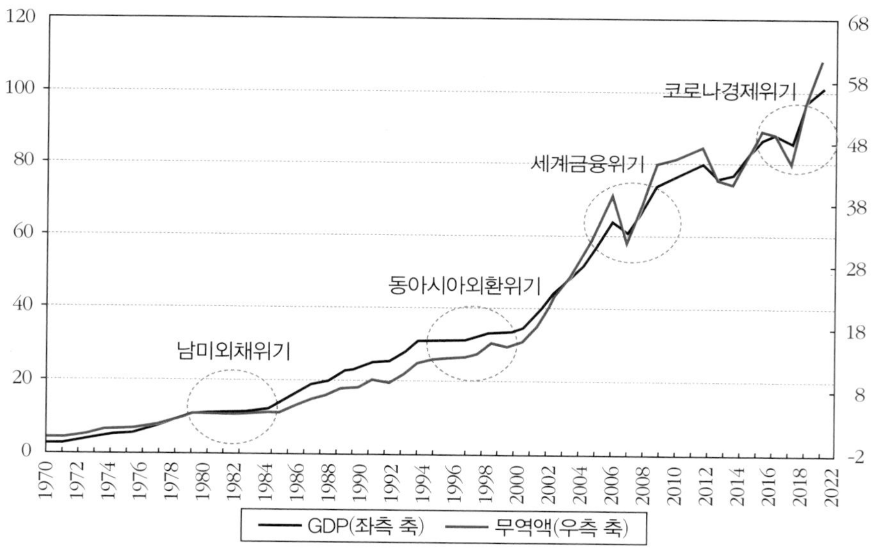

* 주: 1) 단위는 조 달러임. 2) *GDP*는 좌측 축이고, 무역액은 우측 축임.
* 자료: World Bank, *World Development Indicators*, 2023.

그리고 경제 위기 상황에서는 무역과 생산이 모두 위축되고 있다. 1980년대 남미의 외채위기, 1998년 동아시아 외환위기, 2008년의 글로벌 금융위기, 그리고 2020년의 코로나 경제위기에서 이와 같은 현상이 나타났다. 또한, 2015년과 2016년에는 그리스를 비롯한 남유럽 국가들의 재정위기와 중국 및 브라질 같은 개발도상국의 성장 둔화가 겹쳐 무역과 생산이 모두 위축되었다. 전체적으로 볼 때, 무역이 둔화되면 경제 성장도 둔화되는 경향이 있으며, 이는 무역과 생산이 서로 영향을 미치며 성장한다는 점을 보여준다.

3) 세계화와 소득불평등

세계화는 소득불평등을 악화시키는 측면과 개선시키는 측면이 있다. 무역이 증가하면 경쟁력이 있는 기업은 더욱 성장하지만, 그렇지 않은 기업은 쇠퇴하게 된다. 그리고 경쟁력이 있는 숙련노동자들의 소득은 증가하지만, 단순노동자들은 임금 억제에 직면할 수 있다. 또 세계화로 인한 활발한 자본이동은 소득불평등을 악화시키는 금융위기를 초래하기도 한다. 세계화가 소득불평등에 미치는 영향은 해당 국가가 처한 상황에 따라 달리 나타난다. 따라서 세계화가 소득분배에 미치는 영향은 이론적인 측면보다는 실증적인 측면에서 살펴보아야 한다.

Lindert와 Williamson(2001)은 세계화가 전반적으로 소득불평등을 완화하는 데 기여했다고 설명한다.[1] 그러나 이러한 견해에 대해 반대하는 사람들도 많다. 이들은 단순노동자와 숙련노동자 간의 임금 격차 확대가 세계화 때문이라고 주장한다. 하지만, 대부분의 경제학자들은 임금 격차의 주된 요인은 세계화가 아니라 기술진보라고 주장한다. 기술진보가 주로 숙련노동자의 생산성을 향상시키는 경향이 있어서 노동자들 간의 임금 격차를 키우게 된다는 것이다. 임금 격차를 해소하기 위해서는 세계화를 억제하기보다는 교육기회의 확대나 산업간 노동이동성의 제고와 같은 정책수단이 필요하다고 한다.

세계화에 참여한 개도국들은 다른 개도국들보다 높은 경제성장률을 보였고, 이는 빈곤문제 해결에 도움을 주었다. 1980년 이후 20년간 하루 1달러 미만의 소득으로 생활하는 빈곤 인구의 비율이 절반으로 감소했다는 사실이 이를 뒷받침한다.[2] 세계화에 참여한 개도국들의 경제성장은 빈곤인구 감소에 기여하였지만, 세계화에서 소외된 국가들은 경제 성장률이 낮아 빈곤 문제 해결에 어려움을 겪고 있다.

---

1 Lindert, Peter H. and Jeffrey G. Williamson (2001), "Does Globalization Make the World More Unequal?," NBER Working Paper No. 8228.

2 Dollar, David (2004), "Globalization, Poverty, and Inequality since 1980," World Bank Policy Research Working Paper 3333, World Bank.

반세계화(deglobalization)

2010년대 중반 들어서 연속된 정치적 사건으로 인해 세계화가 흔들렸다. 당시 세계 곳곳에서 반세계화(deglobalization) 경향이 나타났다. 2016년 6월에 영국은 국민투표로 유럽연합(EU)의 탈퇴를 선택했고, 그해 11월 미국 대통령 선거에서는 보호무역주의 입장을 취한 도널드 트럼프가 당선되었다. 이어 프랑스와 독일의 선거에서도 반세계화를 주장하는 정당들이 이전보다 높은 득표율을 기록했다. 이처럼 반세계화 성향이 증가한 것은 무엇 때문일까? 이는 많은 사람들이 세계화로 인해 얻어진 이득이 특정 집단에 집중되었을 뿐, 일반 서민들은 그 이익을 향유하지 못했다고 생각했기 때문이다. 특히 세계금융위기 이후 많은 사람들이 직장을 잃거나 임금이 줄어드는 등의 경제적 어려움을 겪었는데, 이를 세계화의 결과로 인식하는 사람들이 적지 않았다. 유럽의 극우 세력은 세계화가 확대되면서 이민이 증가하고 수입이 증가하였으며 이로 인해 실업이 증가하고 국민 복지가 위협받고 있다고 주장했다. 이처럼 세계화의 혜택이 모든 사람들에게 고르게 분배되지 않고 일부 그룹만이 그 이익을 얻는다는 생각에서 반세계화 정서가 강화되었다고 볼 수 있다.

Mann(2019)은 다양한 지표를 통해 1980년 이후 세계화가 급속히 진전되다가 2008년 금융위기 이후 정체되거나 후퇴했다고 지적한다.[3] 2000년대 세계 GDP 대비 무역 비중은 1970년대의 두 배인 60%에 이르렀지만, 2010년대에는 이러한 증가세가 멈추었다. 1995년 WTO 출범으로 활성화되었던 지역무역 협정은 2000년대 중반 정점을 찍은 뒤 감소세를 보이고 있고, 국가 간 자본이동도 2007년을 정점으로 감소하고 있다. 이민과 관광 등 인구 이동만이 유일하게 증가하고 있으며, 공식적인 이민자 수는 지난 20년간 두 배 증가해 전 세계 인구의 약 3%를 차지하게 되었다.

반세계화 정서가 나타난 것은 소득 불평등 때문이다. 세계화는 국가 전체에는 이익을 주었지만, 이러한 이익이 세대간, 기업간, 지역간에 고루 분배되지 않았다. 오히려 그룹 간 소득불평등이 심화되었다. 그러나 소득 불평등 악화가 모두 세계화 때문이라고 할 수는 없다. 기술 발전이 주로 숙련노동자들에게 유리하게 작용함에 따라 비숙련 노동자들과의 임금 격차가 증대되고 있으며, 소비자들의 선호가 공산품에서 서비스 상품으로 이동하면서 소득분배에 영향을 주고 있다.

소득 분배는 무역, 기술, 소비자 선호와 같은 다양한 요소들에 의해 영향을 받는다. 어느 한 요소에 의해 소득분배가 결정되는 것이 아니다. 그럼에도 불구하고, 소득 불평등이 세계화 때문이라는 인식이 널리 퍼짐에 따라 반세계화 정서가 강화되고 있다. 하지만 세계화가 위축되면 생산성이 침체되고 성장률이 낮아져서 오히려 소득불평등을 더욱 심화시킬 수 있다. 바람직한 경제정책은 경제성장률도 높이고 분배도 원활하게 할 수 있어야 한다. 세계화는 자원 배분의 효율성을 향상시켜 경제성장률을 높이는 역할을 한다. 따라서 반세계화 정책을 펼치기보다는 세계화로 인한 이익을 공정하게 재분배할 수 있는 정책을 실행할 필요가 있다.

---

3 Mann, Catherine L (2019), "For Better Or Worse, has Globalization Peaked? Understanding Global Integration," Citi Global Perspectives & Solutions.

제 3 절 한국 무역의 변화

1. 한국의 수출과 수입의 변화

1962년 제1차 경제개발 5개년 계획의 시작과 함께 정부가 수출주도 성장정책을 펼친 이후, 한국의 수출과 수입은 급속도로 성장했다. 수출은 경제성장 과정에서 생산 확대, 규모의 경제 실현, 그리고 외화획득의 원천으로서 중요한 역할을 담당하였다. 그리고 수입은 자원과 기술이 부족한 한국에게 생산에 필요한 자본재와 원자재를 공급해 주었다. 국내시장이 협소한 한국은 규모의 경제를 실현하기 위해 해외시장이 필요했고, 자원과 자본 및 기술을 도입하기 위해 수입이 불가피하였다. 이처럼 수출과 수입의 확대는 한국 경제 성장의 원동력으로 작용하였다.

[그림 1-7]은 1960년~2022년 기간의 한국의 수출액과 수입액의 GDP 대비 비율의 변화이다. 이 비율이 증가하고 있는데, 이는 수출과 수입이 GDP보다 더 빠르

그림 1-7 한국의 수출과 수입의 변화

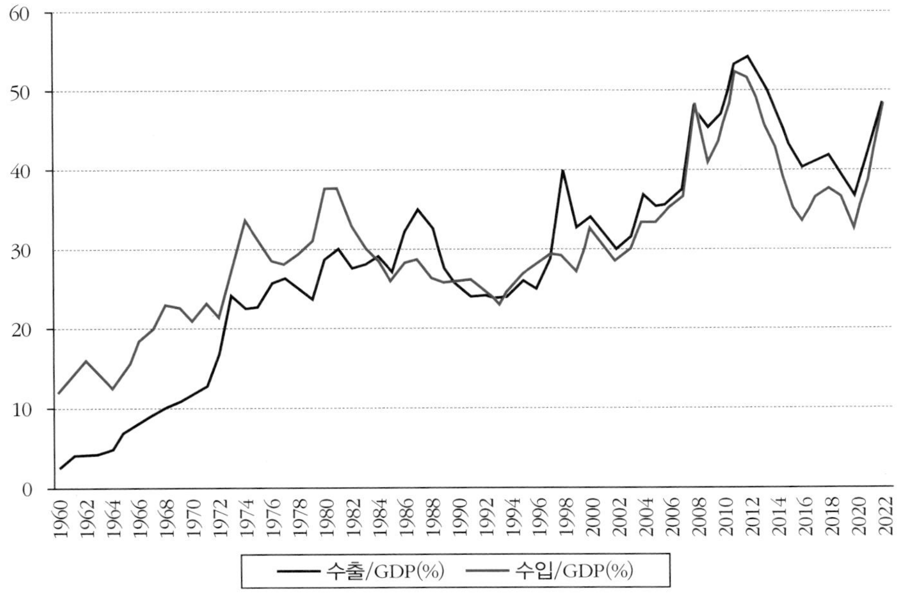

＊주: 재화와 서비스의 수출과 수입의 *GDP* 대비 비중(%)이다.
＊자료: World Bank, *World Development Indicators*, 2023.

게 증가해 왔음을 나타낸다. 1985년 이전까지는 수입비중이 수출비중보다 커서 경상수지가 적자 상태였으며, 경상수지 적자로 인해 발생한 외화 부족은 외채로 메워졌다. 이 시기에는 경상수지 적자가 지속되면서 한국의 외채가 늘어났다.

그림에서 수출/GDP 비율이 2013년부터 감소하고 있는데, 이는 세계금융위기의 여파로 세계경제 침체가 지속되면서 한국의 무역이 위축된 때문이다. 그리고 2020년에는 코로나 경제위기로 무역이 대폭 감소하였으나 이후 빠르게 회복되었다. 수출과 수입은 시기별로 증가 또는 감소의 기복을 보이고 있으나, 장기적으로는 지속적인 증가세를 보이고 있다.

2. 한국의 국별 수출입구조

1980년 이전까지 한국의 무역은 미국과 일본에 집중되어 있었다. 〈표 1-3〉에 나타난 바와 같이, 1965년에는 두 나라로의 수출이 전체의 60.7%를 차지했으며, 1970년에는 이 비중이 75.4%에 달했다. 그러나 시간이 흐름에 따라 이 비중은 점차 줄어들어, 2010년에는 17.7%, 2022년에는 20.6%로 감소했다. 한편, 중국으로의 수출 비중은 1990년 단 0.9%에 불과했으나 2010년에는 25.1%로 눈에 띄게 증가했고, 2022년에는 22.8%를 기록하며 중국이 한국의 최대 수출국이 되었다.

총수입에서 미국과 일본이 차지하는 비중도 과거에는 매우 높았으나, 최근에는 크게 감소하였다. 두 나라로부터의 수입 비중이 1965년 77.1%였으나, 2022년에는 18.7%로 하락하였다. 반면에 중국으로부터의 수입비중은 1990년 3.2%에서 2022년 21.1%로 크게 증가하였다.

■ ■ 표 1-3 국별 수출입 비중(%)

	수출			수입		
	미국	일본	중국	미국	일본	중국
1965	35.2	25.5		39.3	37.8	
1970	47.3	28.1		29.5	40.8	
1980	26.3	17.4		21.9	26.3	0.1
1990	29.8	19.4	0.9	24.3	26.6	3.2
2000	21.8	11.9	10.7	18.2	19.8	8.0
2010	10.7	6.0	25.1	9.5	15.1	16.8
2022	16.1	4.5	22.8	11.2	7.5	21.1

* 주: 한국은행, 경제통계시스템, 2023.

수출비중이 수입비중보다 클 경우 무역흑자를, 그 반대의 경우에는 무역적자를 의미한다. 2000년 이후의 데이터를 살펴보면, 중국이나 미국과의 무역에서는 한국이 흑자를, 일본과의 무역에서는 적자를 기록하고 있으며, 특히 일본과의 무역에서는 항상 적자를 보이고 있다.

2022년 기준으로 전체 무역에서 미국, 일본, 중국이 차지하는 비중이 40%가 넘는다. 이 세 국가와의 무역 편중도가 매우 심하다. 이러한 지역 편중 현상은 대외교섭력 약화의 요인으로 작용할 수 있으므로, 수출입지역 다변화가 필요하다. 점차 유럽이나 남미국가와의 무역비중이 점차 증가하고 있는데, 이는 무역대상국 다변화 측면에서 긍정적이다.

한국이 특정 국가들과 많은 무역을 하는 이유는 중력모형으로 설명할 수 있다. 이 모형에 따르면, 경제규모가 큰 국가들과 지리적으로 가까운 국가들과의 무역이 활발하다. 경제규모가 클수록 생산도 많고 소비도 많기 때문에 무역이 많아지고, 또 거리가 가까울수록 운송비가 작아서 무역이 많아진다는 것이다. 한국이 중국, 일본, 미국과 무역이 많은 이유는 이 세 나라의 경제규모가 세계 1,2,3위인 큰 나라이고, 또 중국과 일본은 한국과 지리적으로 인접해 있기 때문이다. 이 세 나라는 경제규모도 크고, 지리적으로 가깝기 때문에 한국과 무역이 많다고 할 수 있다.

3. 상품별 수출입 구조

한국은 1960년대 초에 이르기까지는 주로 수산물, 광산물, 식료품 및 원료를 수출하는 극히 후진적인 수출유형에서 벗어나지 못했고 그 양적 규모 역시 미미하였다. 이후 점차 공산품 수출이 증가하였고, 1970년대에 이르러서는 공산품 수출이 1차 산품 수출보다 더 많아졌다.

한국의 10대 수출 상품의 순위를 보면, 1970년에는 섬유, 합판, 가발과 같은 노동집약적인 상품이 1~3위를 차지하였으나, 2000년대에 들어서는 반도체, 자동차, 무선통신기기와 같은 자본집약적이고 기술집약적인 상품이 1~3위를 차지하였다. 이는 한국 수출상품의 구성이 과거 노동집약적인 제품에서 점차 자본집약적인 제품으로 옮겨왔음을 말해준다.

[그림 1-8]은 1970~2018년 동안 한국 수출상품의 부문별 구성비 변화다. 표준국제무역분류(SITC) 기준을 이용해 노동집약재와 자본집약재를 구분한 후, 각각의 무역 비중 변화를 살펴본 결과, 노동집약재의 수출비중은 1970년 70.6%에서 2021년 20.1%로 감소하고, 자본집약재의 수출비중은 같은 기간에 8.7%에서 70.9%로 증가했다. 이러한 수출구조의 변화는 한국의 산업 구조가 노동집약적 생산에서 자

그림 1-8 한국 수출상품의 산업별 구성비 변화

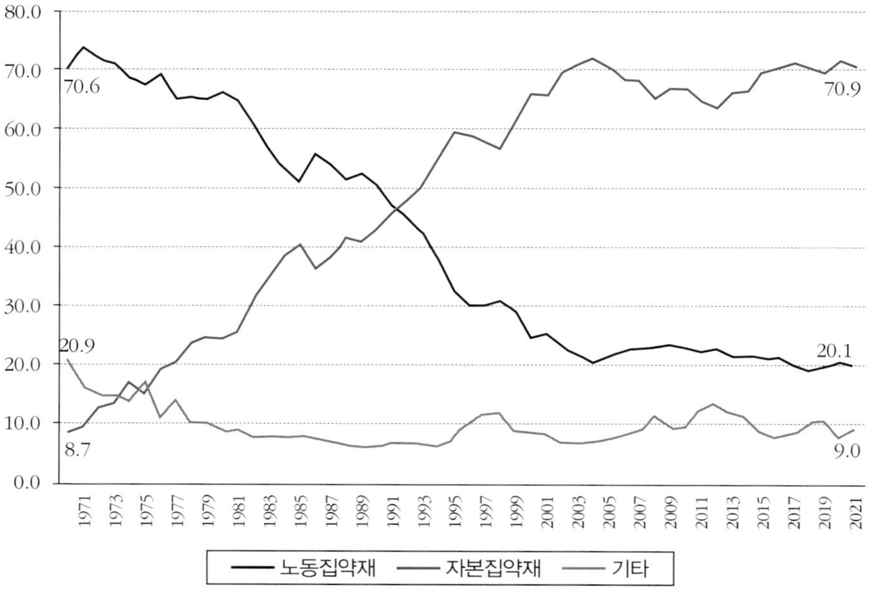

*주: SITC 1단위 중에서 '1 음료 및 담배, 6 재료별 제조제품 8 기타 제조제품'을 노동집약재로, '5 화학물 및 관련제품, 7 기계 및 운수장비'를 자본집약재로 분류함. 나머지 '0 식품 및 산동물 2 비식용 원재료(연료제외) 3 광물성 연료, 윤활유 및 관련물질 4 동식물성 유지 및 왁스 9 달리 분류되지 않은 상품 및 취급물'을 기타로 분류함.

*자료: 통계청, KOSIS, 2023.

본집약적 생산으로 진화한 것과 일치한다. 한국은 1960-70년대에는 주로 노동집약재를 생산하였으나, 이후 자본집약재의 생산비중이 증가하였다. 한국의 산업구조가 노동집약재에서 자본집약재로 이동하면서 수출 상품도 노동집약재에서 자본집약재로 이동해왔다.

4. 한국의 무역과 소득의 변화

한국은행 자료에 의하면, 한국의 수출은 1970년 8억 달러에서 2022년 6,835억 달러로 약 850배나 증가하였다. 같은 기간 동안 국민소득도 빠르게 증가하였다. 일인당 국민소득이 1970년 257달러에 불과하였으나, 1994년 10,357달러로 1만 달러를 넘어섰고, 외환위기를 맞이하면서 1998년에는 8,189달러까지 하락하였으나, 경제위기를 극복하면서 2006년 21,663달러로 2만 달러를 넘어섰으며, 2021년에는

35,523달러로 증가했다. 한국은 1960년 이후 눈에 띄는 수출 증가와 함께 높은 경제성장률을 달성했으며, 세계은행을 비롯해 외국 경제학자들은 한국의 이런 경제성장을 기적이라고 평가한다.

[그림 1-9]는 경상수지/GDP 비율의 연도별 변화이다. 경상수지(current account)는 수출과 수입 간의 차액으로, 이 값이 양(+)이면 흑자고, 음(−)이면 적자이다. 이 그림으로부터 한국 경상수지 변화의 몇 가지 특징적 현상을 찾아 볼 수 있다.

첫째, 한국경제는 세계경제 변화에 크게 영향을 받는다. 예를 들어, 1973~74년의 제1차, 1979~80년의 제2차 석유파동이 발발하자 경상수지 적자가 크게 확대되었다. 그리고 1986~89년에는 저유가, 저금리, 저달러라는 3저 현상이 한국경제에 유리하게 작용하면서 경상수지가 흑자로 전환되었다. 이처럼 대외환경 변화가 한국경제에 미치는 영향이 크다.

둘째, 경상수지와 환율은 서로 영향을 주고받는 관계에 있다. 1986~89년 경상수지가 흑자로 전환되자 환율이 1986년 890(원/달러)에서 1990년에는 670원으로 25%나 떨어졌고, 이후 환율이 하락하자 수출경쟁력이 저하되어 경상수지는 다시

그림 1-9 한국 경상수지의 변화

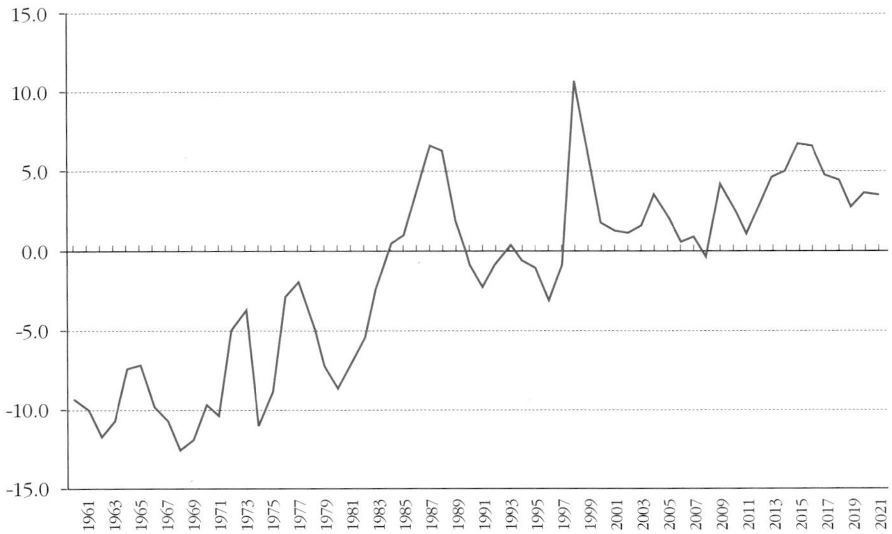

* 주: 1) 경상수지/GDP의 퍼센트(%) 변화다.
2) 경상수지는 재화와 서비스 교역의 수출과 수입의 차이를 말한다.

* 자료: World Bank, *World Development Indicators*, 2023

적자로 전환되었다. 그리고 1997년 외환위기가 발발하자 환율이 단기간에 900원/달러에서 1998년 1월 1,700원까지 크게 상승했고, 환율 상승과 경기침체에 따른 수입 감소로 경상수지는 흑자로 전환되었다. 이처럼 경상수지 흑자는 환율 하락을 가져오고, 환율 하락은 경상수지 적자를 초래하였다. 그리고 외환위기 상황에서 환율의 급격한 상승은 경상수지 흑자에 도움을 주었다.

셋째, 경상수지의 추이를 통해 한국 경제의 지속적인 성장세를 읽어낼 수 있다. 대외환경이 나쁠 때는 경상수지가 악화되기도 하지만, 장기적으로 경상수지 그래프가 우상향하면서 개선되어 가고 있다. 특히, 1974년과 1979년의 석유파동과 1997년의 외환위기 상황에서 발생한 대규모의 경상수지 적자가 장기화되지 않고 신속하게 개선되고 있는데, 이는 한국 경제의 회복력과 성장 잠재력을 보여주는 것으로 평가된다. 대외환경이 나쁘면 경상수지가 악화되지만 이를 단기간에 극복하고 개선해 나가는 것은 한국 경제의 강한 잠재력과 성장 가능성을 나타내고 있다고 해석할 수 있다.

제 4 절 국제경제학의 주요 주제

국제경제학은 크게 국제무역론과 국제금융론의 두 부문으로 나누어진다. 국제무역론은 화폐가 없는 순수한 실물경제의 교환모형이며 미시경제이론의 분석 틀을 주로 이용한다. 반면에 국제금융론은 국제경제의 화폐적 현상에 초점을 맞추고 있으며 거시경제이론과 화폐이론을 바탕으로 한다.

이런 측면에서 국제경제학은 미시경제학, 거시경제학, 화폐금융론의 응용분야라고 생각할 수 있다. 그러나 국제경제학은 국제무역이나 해외투자와 같이 국가들간의 거래를 다루고 있다는 점에서 일반경제학과 구분된다. 즉, 국제경제학은 독립적인 주권국가간의 경제적 상호작용으로부터 발생하는 제반 문제들을 관심대상으로 하고 있다. 점차 개방이 확대되고 세계가 통합되어 가는 오늘날의 상황 속에서 국제경제의 문제는 더욱 중요한 의미를 갖고 있다.

국제경제학에서 관심을 갖는 주제를 국제무역론과 국제금융론으로 구분하여 간략히 정리하면 다음과 같다.

1. 국제무역론

1) 무역패턴

어떤 국가가 어떤 상품을 수출할 것인가는 국제무역론의 주요 주제 중 하나다. 널리 알려진 비교우위론은 각 국가들이 상대적으로 우위를 갖는 제품을 수출한다는 것이다. 나아가서 비교우위론은 세계에서 가장 경쟁력이 없어 보이는 후진국이라도 반드시 교환할 상품이 있음을 설명한다. 비교우위의 결정 요인을 리카도 모형은 국가간 노동생산성의 차이로, 헥셔-오린 모형은 요소부존도의 차이로 설명하고 있다.

현실 세계에서는 요소부존도가 유사한 선진국간의 무역이 요소부존도가 상이한 선후진국간의 무역보다 더 활발하다. 비교우위론으로 설명하기 어려운 이런 현상을 산업내무역이론으로 설명한다. 산업내무역이론은 생산 측면에서 규모의 경제나 제품차별을 가정하고 있고, 수요측면에서는 소비자들의 다양성에 대한 선호를 가정하고 있다.

2) 무역의 이익

무역이론은 어떤 국가가 자급자족하는 것보다 자국이 효율적으로 생산할 수 있는 제품을 생산하여 수출하고 다른 제품을 수입함으로써 이익을 얻을 수 있음을 보여준다. 수출할 상품이 전혀 없어 보이는 생산성이 매우 낮은 국가나 자원이 거의 없는 국가도 반드시 수출할 상품이 있고, 무역으로부터 이익을 얻을 수 있다. 무역이론은 무역의 이익이 어떻게 나타나는가를 설명한다.

제2차 세계대전 이후 GATT와 WTO를 중심으로 무역장벽을 완화하여 왔는데, 이러한 국가간 개방확대 이면에는 자유무역이 모든 국가의 이익을 확대한다는 이론적 논거와 이에 대한 믿음이 있기 때문이다. 실제로 제2차 세계대전 이후 세계 무역은 급속히 증가하였고, 무역에 적극 참여하였던 아시아 신흥공업국들은 고도성장을 달성하였다.

3) 무역의 소득분배효과

자유무역은 국가 전체에게 이익을 준다. 그러나 구성원 모두에게 이익을 주는 것은 아니다. 자유무역이나 보호무역으로 이익을 얻는 집단이 있는 반면, 손해를 보는 집단도 있다. 무역이론은 어떤 집단이 이익을 얻고 어떤 집단이 손해를 보는가를 설명한다.

한-칠레 자유무역협정 체결에 대해 제조업의 경영자협회는 조속한 체결을 촉구한 반면, 농민단체는 협정체결을 극렬하게 반대했다. 이는 자유무역의 확대가 모든 사람들에게 이익을 주는 것이 아님을 보여주는 예이다. 각 국가가 자유무역 확대에 어려움을 겪는 것은 무역정책의 변화로부터 이익을 얻는 집단과 손해를 보는 집단 간의 갈등이 하나의 요인이다.

4) 무역정책

대부분의 국가는 어느 정도 무역을 제한하는 정책을 시행하고 있다. 무역을 규제하는 수단으로는 관세와 수량할당 등 다양한 수단이 있는데, 이들의 경제적 효과에는 차이가 있다. 또 무역정책은 경제발전을 위한 자국산업보호를 목적으로, 자국의 실업을 구제하기 위해서, 보다 나은 산업구조를 갖기 위해서 등 정책의 목적은 국가마다 차이가 있다. 어떤 목적으로 무역을 규제하든지 대부분의 경우 보호무역이 타당하지 않고, 자유무역이 최선임을 보여준다.

5) 경제통합과 국제협력

제2차 세계대전 이후 GATT와 1995년 이후 WTO를 중심으로 세계 전체적으로 자유무역을 확대하기 위한 노력을 전개하고 있다. 이러한 국제기구를 중심으로 자유무역을 확대하는 한편, EU와 같은 경제통합이나 국가간 자유무역협정(Free Trade Agreement: FTA)을 통해 자유무역의 확대를 추진하고 있다. 경제통합이 가맹국의 후생수준을 증가시키는지, 경제통합으로 이익을 얻을 수 있는 조건이 무엇인지를 알아본다. 또 GATT와 WTO의 기본원칙과 운영원리에 대해서도 살펴본다.

2. 국제금융론

1) 국제수지

우리는 신문기사에서 국제수지에 관한 기사를 수시로 접할 수 있고, 국제수지가 국내경제의 경기변화, 고용전망, 인플레이션 등과 관련되어 언급되는 것을 자주 본다. 과거 지속적으로 무역수지 적자 상태에 있던 한국은 1986~89년의 기간에 흑자를 달성하였으나 이후 계속된 국제수지 적자로 1997년 외환위기를 맞이하였고, 이후 환율 상승과 함께 한국의 무역수지는 흑자로 돌아섰다. 국제수지는 환율과 함께 어떤 국가의 대외거래 현황을 파악하는 주요 지표이다. 국제수지의 흑자 또는 적자의 의미는 무엇인가, 국제수지의 변화는 다른 경제 지표와 어떤 관련을 갖는가를 알아본다.

2) 환율

환율은 자국화폐와 외화와의 교환비이다. 환율이 올라가면 해외여행을 앞둔 여행자는 여행경비가 늘어서 싫어하지만, 수출 기업은 환율이 올라가면 이익이 늘어서 좋아한다. 1997년 외환위기 이전 900원대이던 환율이 1,500원대까지 올라가자 해외여행이 급속히 감소하고, 유학 갔던 학생들이 귀국하는 현상이 나타났지만, 수입감소와 수출증가로 무역수지는 흑자가 되었다. 이와 같이 환율 변화는 국제경제 거래에 영향을 미치는 가장 핵심적인 변수이다.

환율변화는 환율제도에 따라 다르다. 과거 금본위제도에서는 각국의 화폐가 금의 가치에 고정되고, 고정환율제도에서는 환율의 변화가 없거나 제한적으로 변화된다. 1973년 변동환율제도로 전환하면서 환율변동이 자유로워졌지만, 아직도 환율이 완전히 자유롭게 변동하는 것을 허용하는 국가는 많지 않고, 환율변동을 적절히 통제하는 관리변동환율제도를 실시하는 나라가 많다.

환율은 외환시장에서 결정되는데, 환율을 결정하는 요인은 다양하다. 기본적인 경제구조의 변화만이 아니라 단기적인 자본이동도 환율변화에 영향을 미친다. 또 구매력평가설은 장기적으로 물가수준의 변화가 환율변화를 결정한다고 한다. 환율의 결정 요인과 환율제도에 대해 살펴본다.

3) 개방경제의 경제정책 비교

1960년대 베트남 전쟁으로 미국의 통화공급량이 증가하자 인플레이션이 나타나고, 이는 미국만이 아니라 세계 전체의 인플레이션을 가져왔다. 또 1990년대 독일은 통일로 인한 인플레이션을 억제하기 위해 이자율을 인상하였는데, 이는 유럽의 다른 국가의 경기침체를 초래하였다. 국제경제 상황에서는 이와 같이 어떤 국가의 경제정책은 다른 국가 경제에 영향을 미친다. 경제정책의 주요 수단인 재정정책과 금융정책의 효과는 폐쇄경제와 개방경제에서 같지 않고, 또한 환율제도에 따라서도 차이가 있다. 거시경제 모형을 구축하고, 이를 바탕으로 정책효과를 설명한다.

4) 국제통화제도의 변화

국제통화제도는 역사적으로 금본위제도, 변동환율제도, 고정환율제도, 다시 변동환율제도의 형태로 변천해 왔다. 역사적 경험을 통해 환율제도가 현실 경제에 주는 영향을 알아본다. 지금도 환율제도에 대한 논쟁은 계속되고 있으며, 1999년 유로(Euro)의 탄생으로 최적통화지역에 대한 관심이 높아가고 있다. 최적통화지역은 무역론의 경제통합 논의와 연관되어 있으며, 가맹국들을 경제적으로 통합하여 궁극적으로는 단일경제를 지향함을 의미한다. 단일통화를 사용하기 위한 최적통화지역의 이론과 실제에 대해 알아본다.

5) 국제금융시장과 금융위기

1980년대 남미의 외채위기가 있었고, 1994년 멕시코는 다시 금융위기를 경험하였다. 1997년에는 그간 견실한 경제로 알려졌던 한국을 비롯한 태국, 인도네시아 등 아시아 국가들의 경제위기가 있었다. 이러한 경제위기는 국가간 자본이동의 확대에서 비롯되었다는 점에서 국제자본시장의 중요성이 점점 증가하고 있다.

자유무역의 확대와 자본자유화로 국가간 상호의존성이 높아지고 있다. 중동 산유국들은 석유판매로 얻은 대규모 달러수입을 선진국의 은행에 예치하고, 이들 은행들은 그 돈을 다시 아시아나 남미의 정부나 기업에게 빌려주었다. 또 1960년대 이후에는 유럽에 유로달러시장과 같은 거대한 국제금융시장이 형성되었고, 여기에서는 미국과는 관계없이 달러화가 매일 대규모로 거래되고 있다. 국제자본시장의 거래에는 국가간 화폐가치의 변화로 인한 위험이 있다. 투자한 국가의 화폐가치가 하락하면 투자자는 큰 손해를 볼 수 있다. 또 다른 국가의 기업이 파산한 경우나 투자한 기업이 상환을 거부한 경우, 국가간 제도의 차이 때문에 투자로부터 손실을 보게 된다. 국제자본시장에서 나타나는 쟁점과 금융위기에 대해 알아본다.

제 5 절 본서의 구성

본서는 크게 국제무역론과 국제금융론으로 나뉜다. 제2장부터 제12장까지가 '국제무역론'이고, 제13장부터 마지막 장까지가 '국제금융론'이다.

국제무역론 부분 중 제2장부터 제8장까지는 무역이론에 관한 내용이다. 제2장에서는 일반적인 교환경제와 국제무역과의 관련성을 알아본다. 제3장부터 제6장까지는 비교우위론에 관한 내용으로 제3장은 리카도모형, 제4장은 헥셔-오린 모형, 제5장은 무역의 효과, 제6장은 특정요소모형으로 무역패턴과 무역의 이익을 설명한다. 제7장은 규모의 경제와 제품차별을 가정한 독점적 경쟁시장에서 나타나는 산업내 무역을 설명하고 있고, 제8장에서는 국가간 생산요소의 이동과 생산요소의 이동성에 따른 국가경제와 지역경제의 차이를 알아본다.

국제무역론 중 제9장부터 제12장까지가 무역정책과 관련된 내용이다. 제9장은 관세를 비롯한 무역정책의 수단과 그 효과, 제10장에서는 무역과 경제발전 그리고 경제성장간의 관계를 설명한다. 제11장에서는 선진국의 산업정책과 지적재산권제도의 경제적 효과를 알아보며, 제12장은 경제통합, 경제협력, 그리고 *WTO*에 관한 내용이다.

국제금융론 중 제13장부터 제18장까지는 국제수지, 이자율, 물가수준, 환율 등에 관한 개방경제의 거시경제이론에 관한 내용이다. 제13장은 국제수지의 개념과 내용, 제14장은 자산접근모형을 이용한 환율의 결정에 대해 설명한다. 제15장에서는 국제수지와 국민소득과의 관계, 제16장에서는 화폐부문의 통화량, 이자율, 환율간의 단기적 관계를 알아본다. 제17장에서는 개방경제에서 거시경제의 일반균형모형을 도출하고, 제18장에서는 일반균형모형을 이용해 재정정책과 금융정책의 효과를 분석하며, 제19장에서는 구매력평가설을 중심으로 물가와 환율간의 장기적 관계를 알아본다.

국제금융론 중 제20장에서 마지막까지는 국제통화제도와 국제경제정책에 관한 내용이다. 제20장은 국제통화제도의 변천과 최적통화지역, 제21장은 환율제도의 장단점과 선택에 관해 설명한다. 제22장은 금융의 세계화와 글로벌 불균형을, 그리고 제23장은 외환위기의 원인과 사례에 관해 알아본다.

본서는 한 학기 강의교재로도 사용이 가능하도록 짜여져 있다. 국제무역론은 제3장부터 제7장까지와 제9장을, 국제금융론은 제13장부터 제19장까지와 제23장을 중심으로 강의하면 한 학기 교재로 적절하다.

제 1 부

국제무역이론

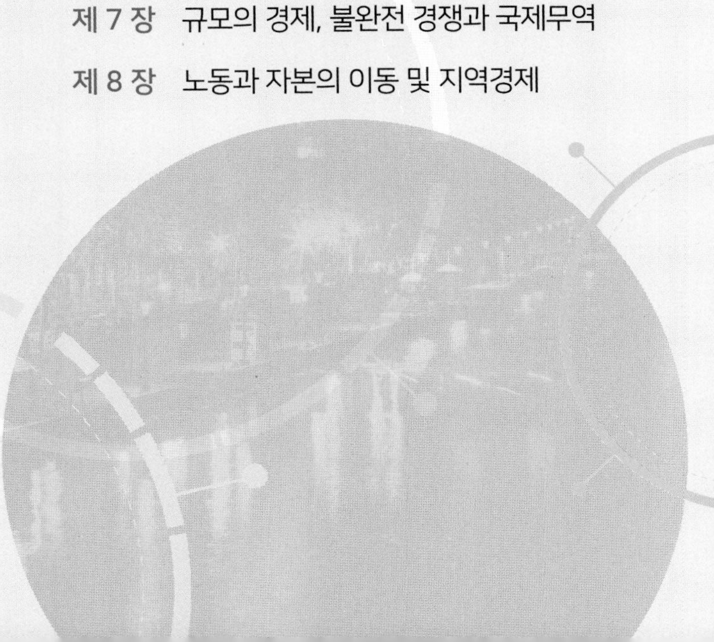

02 교환과 국제무역

교환은 원시시대부터 오늘날까지 끊임없이 이루어지고 있다. 사람들이 교환을 통해 서로 이익을 얻는 것처럼, 국가들 또한 무역을 통해 상호 이익을 얻는다. 교환의 본질이 무엇이고, 개인 간의 교환과 국가 간의 교환은 어떤 점이 유사한지를 살펴보자. 그리고 국제가격의 결정 과정과 교역조건의 의미에 대해서 알아보자.

제 1 절 교환의 본질

1. 교환발생의 원인

우리들은 끊임없는 교환(交換)을 통해 재화와 서비스를 구입하거나 획득하고 있다. 버스를 타는 것은 요금을 지불하고 운송서비스를 받는 교환행위이고, 식당에서 점심을 사 먹는 것은 화폐를 매개로 재화를 구입하는 교환행위이다. 원시적인 물물교환경제에서는 재화와 재화를 서로 바꾸는 교환이 이루어졌으나, 오늘날의 화폐경제에서는 화폐를 매개로 한 교환이 이루어지고 있다. 교환의 주체는 개인, 기업, 정부 등으로 다양하다. 이처럼 교환은 그 형태 및 주체에 따라 다양하게 구분될 수 있으나, 교환은 두 당사자 모두에게 이익을 준다는 데 그 본질적 특성이 있다.

교환의 원인과 교환의 이익을 경제학에서는 한계효용이론으로 설명한다. 한계효용(限界效用; marginal utility)은 재화 한 단위를 더 소비할 때 추가적으로 늘어나는 효용의 크기를 말한다. 일반적으로 더 많은 양을 소비할수록 전체 효용은 점차 증가하지만, 추가적인 소비에 따른 효용 증가분은 점점 작아진다. 이를 한계효용체감의 법칙(law of diminishing marginal utility)이라고 한다.

한계효용체감의 법칙에 따르면, 재화보유량이 많을수록 그 재화의 한계효용(限界效用)은 작아진다. 사람들마다 재화보유량이 서로 다르므로 이들의 한계효용도 서로 다르다. 사람들은 더 높은 효용을 달성하기 위해 한계효용이 낮은 재화를 주고, 대신 한계효용이 높은 재화를 얻고자 한다. 사람들 간 한계효용의 차이가 교환의 원인이 된다.

두 사람의 재화보유량이 같은데도 교환이 발생하는 경우가 있다. 이는 두 사람의 선호체계가 달라서 재화보유량이 같아도 한계효용이 달라지는 경우다. 어떤 사람은 사과를 더 좋아하고, 또 어떤 사람은 배를 더 좋아하는 것을 본다. 이는 사람마다 효용함수 또는 선호체계(選好體系)가 서로 다르기 때문이다. 어머니가 형과 동생에게 똑 같은 양의 사과와 배를 주었는데도 두 사람이 사과와 배를 교환하는 경우가 있다. 이는 선호체계의 차이로 사과와 배에 대한 형과 동생의 한계효용이 서로 달라서 나타나는 현상이다.

궁극적으로 교환의 원인은 재화에 대한 한계효용, 즉 재화에 대한 주관적 선호도의 차이 때문이다. 경제학은 이러한 교환의 원리를 무차별곡선과 예산선을 이용해 체계적으로 설명한다.

2. 무차별곡선

효용함수(utility function)는 재화의 소비에서 얻어지는 만족도를 나타내는 함수다. 즉, 특정한 상품묶음이 주어졌을 때 이것이 소비자에게 주는 만족감의 정도를 하나의 실수(real number)로 나타내는 함수다. 예를 들어, X라는 상품묶음이 주는 만족감 또는 효용수준은 $U(X)$라는 실수(實數)의 함수값으로 주어진다. 만일 이러한 함수가 존재한다면 아무리 많은 상품묶음이 있더라도 이들 사이에 만족감의 순서를 매길 수 있다. 각자의 상품묶음을 효용함수에 대입하면 그것이 주는 효용수준이 하나의 숫자로 계산되어 나오기 때문이다.

다양한 상품묶음의 효용정도를 서로 비교하기 위한 방법으로 무차별곡선(indifference curve)을 이용한다. 무차별곡선(無差別曲線)이란 소비자에게 같은 수준의 효용을 주는 상품묶음의 집합이다. 무차별곡선이라는 용어에서 알 수 있듯이 동일한 무차별곡선상의 각 점은 모두 효용수준이 서로 같다.

[그림 2-1]은 무차별곡선을 나타내고 있다. 무차별곡선은 다음과 같은 성질을 가지고 있다. 첫째, 동일한 무차별곡선은 동일한 효용수준을 나타내고, 상위의 무차별곡선은 더 큰 효용을 나타낸다. [그림 2-1]에서 점 A와 점 B는 동일한 무차별곡선상에 위치하므로 효용수준이 U_1으로 같다. 점 C는 점 A보다 X재와 Y재의 양이 더

그림 2-1 무차별곡선

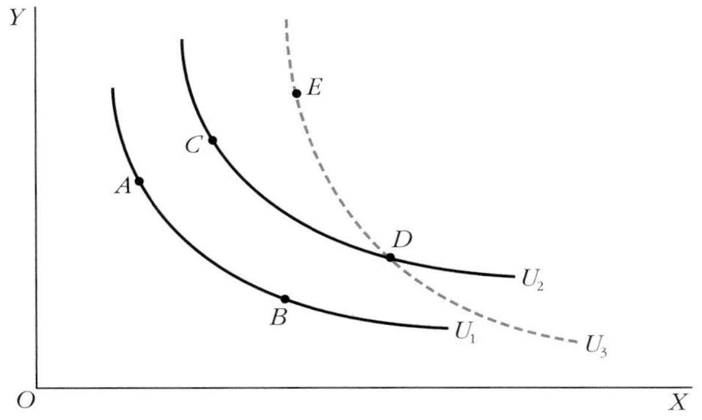

〈동일한 무차별곡선상의 모든 점에서 효용수준은 같다. 상위의 무차별곡선은 더 큰 효용을 나타낸다.〉

많아서 효용수준이 U_1보다는 높은 U_2다. 점 D는 점 A보다 X재의 양은 더 많고 Y재의 양은 더 적지만, C점과 동일한 효용수준을 갖기 때문에 A나 B보다는 효용수준이 높다. 이와 같이 상위의 무차별곡선은 하위의 무차별곡선보다 더 높은 효용을 나타낸다.

둘째, 무차별곡선은 우하향한다. 일정한 소비묶음에서 X의 소비를 늘리는 경우, 동일한 효용수준을 유지하기 위해서는 Y의 소비를 줄여야 하기 때문이다. [그림 2-1]에서 점 B는 점 A와 동일한 효용수준을 나타내는데, 점 B는 점 A보다 X의 소비가 많은 대신 Y의 소비가 적음을 알 수 있다. 동일한 양의 X를 소비하면서 Y의 소비량을 늘리면 반드시 상위의 무차별곡선으로 이동한다.

셋째, 무차별곡선은 서로 교차하지 않는다. [그림 2-1]에서처럼 U_2와 U_3의 무차별곡선이 서로 교차한다면 모순이 발생한다. 이를 간단히 증명할 수 있다. C와 D는 동일한 무차별곡선상에 위치하므로 효용수준이 같고, E와 D도 동일한 무차별곡선상에 있기 때문에 효용수준이 같다. 따라서 C와 E도 효용수준이 같아야 한다. 그러나 E는 C보다 X재와 Y재의 양이 모두 더 많기 때문에 효용수준이 더 높아야 한다. 따라서 무차별곡선이 서로 교차하는 것은 모순이다. X재와 Y재 평면에 무수히 많은 무차별곡선을 그릴 수 있지만, 이들이 서로 교차해서는 안 된다.

넷째, 무차별곡선은 원점에 대해 볼록하다. 이는 한계대체율(限界代替率)이 체감함을 의미한다. 한계대체율(*MRS*: marginal rate of substitution)이란 X재와 Y재간의 주관적 교환비를 나타내며, 이는 무차별곡선의 기울기로 표시된다.

무차별곡선의 기울기, 즉 한계대체율 MRS_{XY}는 다음과 같이 정의된다.[1]

$$MRS_{XY} = -\frac{dY}{dX} = \frac{MU_X}{MU_Y} \tag{2.1}$$

여기서 MU_X, MU_Y는 각각 X재와 Y재 소비의 한계효용(marginal utility)을 나타낸다.

무차별곡선을 따라서 오른쪽으로 이동하면 X재의 소비량은 증가하고, Y재의 소비량은 감소한다. X재의 소비량 증가로 MU_X는 작아지고, Y재 소비량 감소로 MU_Y는 커진다. 이를 식 (**2.1**)에 대입하면, 한계대체율이 점차 작아짐을 알 수 있다. 이처럼 무차별곡선을 따라 오른쪽으로 이동해 가면 한계대체율이 점차 체감하게 된다. [그림 2-1]에서 점 A보다는 점 B에서 무차별곡선의 기울기가 작아지므로 원점에 볼록한 무차별곡선이 그려진다.

3. 예산선

소비자는 주어진 소득의 범위 내에서만 소비가 가능하다. 소득의 범위를 넘어서는 소비를 할 수 없다. 이를 소비자의 예산제약(豫算制約; budget constraint)이라고 한다.

어떤 소비자의 소득이 I이고, 이 소득으로 X재와 Y재를 구입한다고 하자. 이 소비자의 총지출액이 소득의 범주를 넘어서는 안 되므로 예산제약식은 다음과 같다.

$$P_X X + P_Y Y \le I \tag{2.2}$$

여기서 P_X, P_Y는 각각 X재와 Y재의 가격이다. 식 (**2.2**)에서 좌측의 $P_X X$는 X재 구입에 사용하는 총액이고, $P_Y Y$는 Y재 구입에 사용하는 총액이므로 $(P_X X + P_Y Y)$는 이 사람이 상품 구입에 사용하는 총금액을 나타낸다.

소비자는 소득의 범주 내에서 다양한 소비집합을 선택할 수 있다. 만일 소득 전부를 지출한다면, 등식(=)을 충족할 것이므로 위 식은 다음과 같이 정리된다.

---

1 한계대체율은 효용함수로부터 유도할 수 있다. 효용함수가 $U=U(X,Y)$ 라고 하자. 이를 전미분하면, $dU=MU_X \cdot dX+MU_Y \cdot dY$가 된다. 무차별곡선 상에서는 효용수준에 변화가 없으므로 $dU=0$이다. 이를 앞의 전미분 식에 대입하고, 재정리하면 식 (**2.1**)을 구할 수 있다.

그림 2-2 예산선

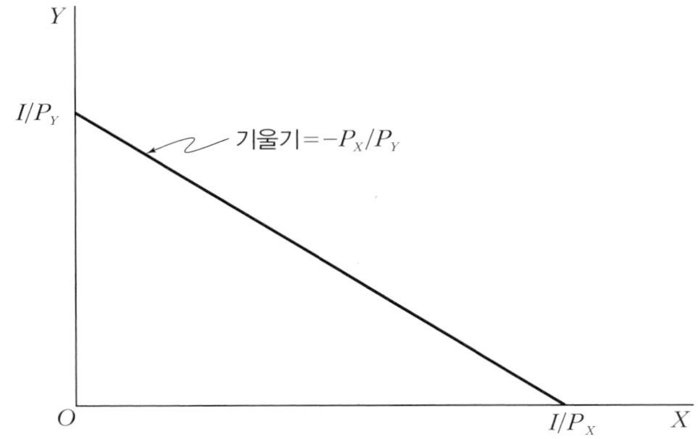

〈예산선상의 모든 점에서 총지출액은 같고, 예산선의 기울기는 상대가격을 나타낸다.〉

$$Y = -\left(\frac{P_X}{P_Y}\right)X + \frac{I}{P_Y} \qquad (2.3)$$

이를 그림으로 그리면 [그림 2-2]와 같이 기울기가 $-(P_X/P_Y)$이고, 절편이 I/P_Y인 직선이 된다. 이를 예산선(budget line) 또는 가격선(price line)이라고 한다.

예산선은 우하향한다. 이는 소득이 주어진 상태에서 한 상품을 더 구입하면 반드시 다른 상품의 구입을 줄여야 한다는 사실을 반영하고 있다. 예산선의 기울기인 (P_X/P_Y)는 상대가격을 나타낸다. 예산선 기울기가 2라면, 이는 $(P_X/P_Y)=2$, 즉 X재 가격이 Y재 가격보다 2배가 비싸다는 것을 의미한다.

예산선의 점들은 주어진 소득으로 살 수 있는 재화의 최대량을 나타낸다. 예산선의 모든 점에서 지출액은 서로 같다. 그래서 예산선상의 한 점을 선택할 수 있는 사람은 동일한 예산선상의 다른 소비점을 언제든지 선택할 수 있다.

4. 소비자 균형

소비자가 어떤 재화를, 얼마만큼 소비할 것인가는 재화가격, 소비자의 예산, 그리고 효용함수에 달려있다. 소비자들은 주어진 소득의 범위 내에서 자신의 효용을 극대화할 수 있는 소비점을 선택한다. 우리는 예산선과 무차별곡선을 이용해 효용을 극대화하는 소비점을 찾을 수 있다.

그림 2-3 소비자 균형

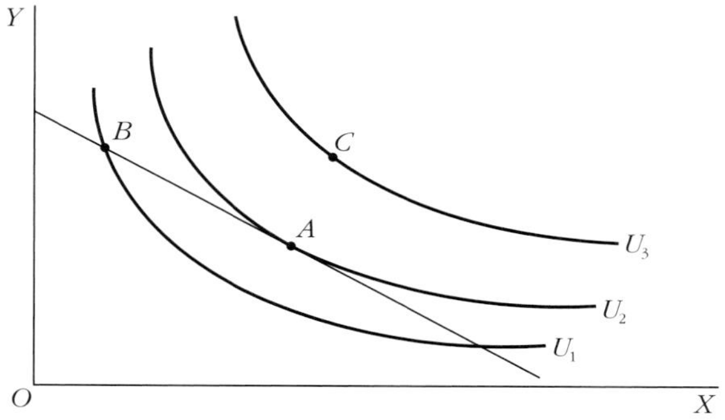

〈예산선과 무차별곡선이 접하는 A점에서 소비자의 효용극대화가 이루어진다.〉

[그림 2-3]의 C점에서 소비를 할 때 효용수준은 U_3로 가장 높다. 그러나 C점은 예산선 밖에 있으므로 자신의 소득으로 소비할 수 없다. 예산선 내부의 점들은 소비가 가능하지만 효용수준이 예산선상의 점들보다는 낮다.

A점과 B점은 예산선상에 있으므로 모두 소비가능하고, 또 총지출액도 같다. 그런데 B점에서 소비할 경우 U_1의 효용을 얻음에 비해, A점에서 소비할 경우 U_2의 효용을 얻는다. 즉, 같은 지출액으로 B점보다 A점에서 효용이 더 높다.

예산선상의 어떤 점도 A점보다 더 높은 효용을 달성할 수는 없다. 소비자는 자신의 효용을 극대화하기 위해 A점을 선택할 것이다. 효용극대화가 달성되는 A점에서는 무차별곡선의 기울기와 예산선의 기울기가 일치하게 된다. 이를 소비자 균형조건이라고 하고, 다음과 같이 표시한다.

$$MRS_{XY}\left(=\frac{MU_X}{MU_Y}\right)=\frac{P_X}{P_Y} \tag{2.4}$$

무차별곡선의 접선의 기울기인 한계대체율은 소비자의 주관적인 교환비율을 나타내고, 예산선의 기울기, 즉 상대가격은 시장에서 실현되는 객관적인 교환비율을 나타낸다. 위의 식은 소비자의 주관적 교환비율과 객관적 교환비율이 같아야만 효용극대화가 달성됨을 의미한다.

만일 두 교환비율이 같지 않으면 어떤 일이 발생할까? 예를 들어, [그림 2-3]의 B점을 생각해보자. B점에서 무차별곡선의 접선의 기울기(한계대체율)가 예산선의 기울기(상대가격)보다 크다. 즉,

$$MRS_{XY}\left(=\frac{MU_X}{MU_Y}\right) > \frac{P_X}{P_Y} \tag{2.5}$$

이다. 이를 다시 정리하면 다음과 같다.

$$\frac{MU_X}{P_X} > \frac{MU_Y}{P_Y} \tag{2.6}$$

위 식은 X재 구입으로 얻는 단위화폐의 한계효용이 Y재 구입으로 얻는 단위화폐의 한계효용보다 큼을 나타낸다. 이 경우 X재 소비에서 얻는 효용이 더 크므로 소비자는 X재의 구입을 늘리고, Y재의 구입을 줄일 것이다. 그 결과 소비점이 B점에서 A점으로 이동해 가고, A점에 도달하면 이런 조정이 멈춘다. 소비점이 B점에서 A점으로 이동하면 같은 예산으로 소비자의 효용수준은 U_1에서 U_2로 증가한다.

5. 교환의 이익

두 사람 A와 B만 살고 있는 경제를 생각해 보자. 두 사람의 효용함수는 같지만, 보유한 재화부존량은 차이가 있다고 하자. [그림 2-4]에서 A는 E^A만큼 가지고 있고, B는 E^B만큼을 가지고 있다고 하자. 이 경우 소비자 A와 B가 서로 교환을 하지 않는다면, A와 B의 효용수준은 각각 U_1^A와 U_1^B이다.

[그림 2-4]에서 두 사람의 교환 이전 한계대체율을 비교하면, A의 한계대체율이 B의 한계대체율보다 더 작다. 즉,

$$MRS_{XY}^A < MRS_{XY}^B \tag{2.7}$$

이다. 한계대체율은 소비자의 주관적 교환비율로서 (Y재에 대한) X재의 상대적 가치를 나타낸다. A의 한계대체율이 더 작다는 것은 A가 B보다 X재를 더 낮게 평가함을 의미한다. 따라서 A는 X를 주고 Y를 얻고자 하고, 반대로 B는 Y를 주고 X를 얻고자 한다. 이처럼 두 사람 간에 주관적 교환비율이 서로 다르면, 교환이 발생하게 된다.

두 사람이 합의하는 교환비에 의해 재화가 교환되는데, 이 교환비를 상대가격이라고 한다. 앞의 예에서 X재의 상대가격이 너무 비싸면 A와 B 모두 X재만을 팔고자 하고, Y재가 너무 비싸면 A, B 모두 Y재만을 팔고자 하므로 교환이 이루어지지

그림 2-4 교환의 이익

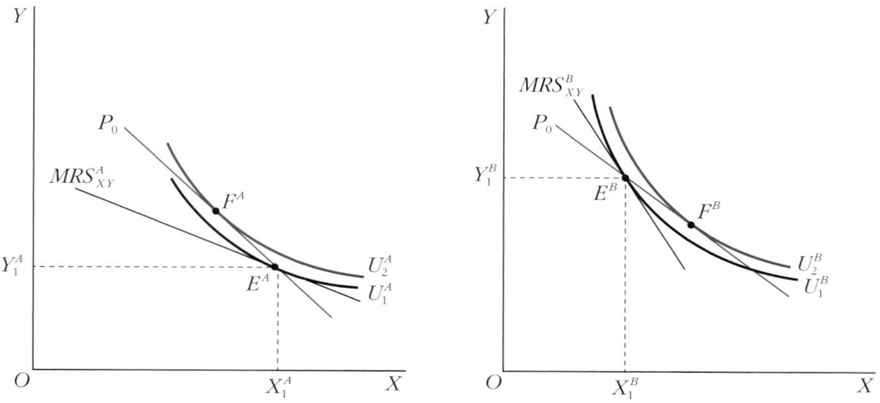

〈교환으로 A의 효용수준은 U^A_1에서 U^A_2로, B의 효용수준은 U^B_1에서 U^B_2로 증가한다.〉

않는다. 따라서 교환비는 교환이전 두 사람의 한계대체율, 즉 주관적 교환비율의 중간영역에서 결정된다.

[그림 2-4]에서 교환가격이 두 사람의 한계대체율 사이인 P_0로 결정되었다고 하자. 이 때 P_0의 기울기를 갖는 직선은 예산선의 의미를 갖는다. A의 예산선은 부존량 E^A를 지나는 직선으로 표시되고, B의 예산선은 E^B를 지나는 직선으로 표시된다. A의 새로운 소비점은 효용수준이 극대화되는 F^A점이 되고, B의 새로운 소비점은 F^B점이 된다. 초기의 재화부존점 E와 소비점 F를 비교하면, A는 X를 주고 Y를 받고, 반대로 B는 Y를 주고 X를 받음을 알 수 있다. 이러한 교환으로 A의 효용수준은 U^A_2로, B의 효용수준은 U^B_2로 증가한다. 교환을 통해 A와 B의 효용이 모두 증가한다.

앞서 살펴본 바와 같이 교환이 발생하는 이유는 재화에 대한 주관적 교환비가 사람마다 서로 다르기 때문이다. 앞에서는 효용함수는 서로 같지만 각자가 가지고 있는 부존량이 다른 경우를 살펴보았다. 그러나 가지고 있는 부존량이 서로 같더라도 사람마다 효용함수(무차별곡선)가 서로 다르다면, 한계대체율이 서로 달라지므로 교환이 발생한다. 만일 사람마다 효용함수와 부존량이 모두 서로 같다면, 각각의 한계대체율이 서로 같아지므로 교환이 발생하지 않는다.

교환이 발생하는 이유는 사람마다 효용함수가 서로 다르거나, 가지고 있는 재화보유량이 서로 다르기 때문이다. 효용함수나 재화보유량이 서로 다르면, 두 사람의 한계대체율이 서로 다르게 되어 교환이 발생한다. 그리고 교환으로 두 사람 모두 효용수준이 증가하는 이익을 얻는다. 이러한 개인 간 교환의 본질은 국제무역에도 똑같이 적용된다.

제 2 절 국제무역

1. 무역의 발생

원초적 형태의 국제무역(國際貿易)은 원시공동체사회 초기부터 싹트고 있었다. 한국도 부여 및 삼한시대부터 중국과 일본을 상대로 무역을 시작하였다. 4세기경부터 고구려·백제·신라는 제각기 중앙집권적인 고대국가를 형성하고, 중국 및 일본 등을 상대로 하여 공무역(公貿易)을 전개하였다. 이후 통일신라, 고려, 조선시대로 가면서 중국과 일본과의 무역은 점차 증가하였다. 고대사회부터 지금까지 지속적으로 무역이 이루어지는 이유는 앞서 살펴보았듯이 교환으로 두 국가 모두 이익을 얻을 수 있었기 때문이다. 이처럼 무역은 무역이론이 탄생하기 훨씬 이전부터 국가 간 경제적 요인에 의해 시작되었다.

한국은 약 200여 개 국가, 즉 세계 대부분의 국가와 무역을 하고 있다. 그런데 수출과 수입이 모든 국가에 고루 분산되는 것이 아니라 소수의 국가에 집중되어 있다. 통계청의 2022년 한국의 무역통계 자료를 보면, 수출액 상위 10개국으로의 수출 비중은 70.4%이고, 수입액 상위 10개국으로부터의 수입 비중은 66.8%이다. 수출과 수입을 합한 총무역액의 상위 10개국의 비중은 68.7%나 된다. 세계 전체 200여개 나라 중에서 상위 10개국의 무역이 우리나라 무역의 2/3를 차지하고 있다.

참고로 우리나라의 수출액 상위 10개국은 중국, 미국, 베트남, 일본, 홍콩, 대만, 싱가포르, 인도, 호주, 멕시코의 순이고, 수입액 상위 10개국은 중국, 미국, 일본, 호주, 사우디아라비아, 대만, 베트남, 독일, 카타르, 인도네시아의 순이다. 중국, 미국, 일본은 수출과 수입 모두에서 주요 무역상대국이다. 이 세 나라가 수출에서 차지하는 비중은 43.3%이고, 수입에서 차지하는 비중은 39.7%로, 수출과 수입을 합한 총무역액의 비중은 약 40%나 된다. 이처럼 우리나라는 전 세계 국가와 무역을 하지만, 소수의 국가에 무역이 집중되어 있음을 알 수 있다. 소수의 국가에 무역이 집중되는 현상은 한국만이 아니라 모든 국가에서 공통적으로 나타나는 현상이다.

그렇다면 어떤 국가와 무역을 하고, 또 어떤 국가와 더 많은 무역을 할까? 이것은 두 국가 간 지리적 거리, 경제규모의 차이, 자원의 차이, 기술수준의 차이 등으로 설명할 수 있다. 다음에 배울 비교우위론은 두 국가의 자원이나 기술수준의 차이에 의해 무역이 발생한다고 설명한다. 그리고 중력모형에 따르면, 경제규모가 큰 국가나 지리적으로 가까운 국가와 더 많은 무역이 이루어진다.

한국도 지리적으로 가까운 국가들과 더 많은 무역을 하고 있다. 수출 상위 10개국 중, 미국과 멕시코를 제외한 나머지는 모두 아시아 국가들이다. 이는 지리적 근접성이 무역에 큰 영향을 준다는 것을 보여준다. 이러한 경향은 한국만의 특징이 아니다. 미국은 캐나다와 멕시코와의 무역량이 크고, 유럽 국가들 역시 인접한 나라들과 더 많은 무역을 하고 있다.

또 경제규모가 큰 국가들과 무역이 활발하다. 경제규모가 큰 국가는 팔 것도 많고, 살 것도 많기 때문이다. 한국 무역에서 중국, 미국, 일본의 3개국이 차지하는 비중이 40%가 넘는다. 이 세 나라는 세계 경제에서 상위 3위 안에 있는 큰 국가이고, 또 중국과 일본은 우리와 지리적으로 가깝다는 것이 우리와 무역 비중이 높은 요인이다.

다음으로 어떤 재화를 수출하거나 수입하는 결정은 주로 자원과 기술의 차이에서 비롯된다. 자원이 부족한 한국은 많은 자원을 외부에서 수입하는데, 상위 수입국 중 석유 수출국인 사우디아라비아와 카타르가 포함된 것은 이를 반영하고 있다. 그러나 전세계 무역에서 1차 상품보다는 공산품의 비중이 더 크다. 이는 공산품 무역에는 운송비가 상대적으로 저렴하며, 자원부존도가 유사한 국가들 사이에서도 기술의 차이로 인해 무역이 이루어지기 때문이다.

한국은 중국으로부터 농산물, 장난감, 의류 등을 수입하고 있는데, 그 이유는 이들 제품의 생산비가 중국에서 더 싸기 때문이다. 이들 제품을 국내에서 비싸게 생산하여 소비하기보다는 낮은 가격으로 수입하여 소비하는 것이 이득이다. 중국제품과 경쟁해야 하는 국내 산업은 위축되지만, 대신 반도체, 자동차, 철강, 선박 등 우리가 경쟁력을 갖는 제품의 생산과 수출이 증가하여 전체적으로 이득을 얻는다.

중국도 경쟁력 있는 제품을 수출하고, 그렇지 않은 제품을 수입함으로써 후생수준을 높일 수 있다. 무역으로 인해 일부 집단이 손해를 볼 수 있지만, 전체적으로는 무역이 더 큰 이익을 가져다준다. 한국은 1960년대부터 수출 중심의 경제 성장 정책을 통해 빠른 경제 성장을 이룩하였다. 중국 역시 1978년의 개혁 개방 이후 무역규모가 빠르게 증가하면서 지속적인 경제 성장을 이룩하였다. 이렇게 무역은 후생수준을 증가시킬 뿐만 아니라 경제성장에도 도움을 준다.

2. 사회무차별곡선

개인의 효용수준을 무차별곡선으로 표시하듯이 국가 전체의 후생수준은 사회무차별곡선으로 표시한다. 사회무차별곡선(social indifference curve)은 수많은 개인의 무차별곡선을 합한 것이다. 개인의 무차별곡선은 개인의 선호체계가 바뀌지 않는 한 일관성을 갖는다. 그런데 사회무차별곡선(社會無差別曲線)은 사회 구성원의 서로 다른 무차별곡선을 합한 것이기 때문에 일관성이 없다. 사회 전체의 소득수준이 같더라도 구성원 간의 소득분배가 바뀌면 사회무차별곡선의 형태가 달라진다.

두 사람의 무차별곡선을 합한 사회무차별곡선을 생각해보자. A는 사과를 더 좋아하고, B는 배를 더 좋아한다고 하자. 이 경우 A와 B의 무차별곡선 모양이 서로 같지 않다. 이 둘의 무차별 곡선을 합한 것이 사회무차별곡선이다. 사회 전체적으로 사과와 배의 양은 변하지 않은 상태에서 A에게 사과를 더 많이 배분하여 도출한 사회무차별곡선과 사과를 더 적게 배분하여 도출한 사회무차별곡선의 모양이 서로 달라짐을 쉽게 상상할 수 있다.

소득분배에 따라 다양한 형태의 사회무차별곡선이 그려진다면, 같은 소비량에서 그려지는 사회무차별곡선은 서로 교차하게 된다. 이처럼 서로 교차하는 사회무차별곡선은 일관성이 없으므로 후생수준을 측정하는 수단으로 이용할 수 없다. 이러한 문제점을 해결하기 위한 방법으로 다음을 가정한다. 하나는 전체의 소득수준이 변하더라도 구성원간의 소득분배에 변화가 없다고 가정하는 것이고, 다른 하나는 그 경제의 특징을 잘 대표할 수 있는 어느 한 개인의 무차별곡선을 사회무차별곡선이라고 가정하는 것이다. 어느 경우든지 사회무차별곡선은 교차하지 않고 일관성을 유지할 수 있으므로 그 사회의 후생수준을 측정하는 수단으로 이용할 수 있다.

한 국가가 무역으로 더 높은 수준의 사회무차별곡선에 도달한다면 이는 후생수준이 증가했음을 나타낸다. 그러나 그 과정에서 수출업자는 이익을 얻지만, 수입대체재의 국내 생산자는 손해를 보게 된다. 이와 같이 이득자와 손해자가 있는데도 후생수준이 증가한다고 말하는 것은 보상의 원리가 적용됨을 전제하고 있다. 보상의 원리(principle of compensation)란 이익을 얻은 사람이 손해를 입은 사람에게 이익의 일부를 보상해 주는 것이다.

3. 국가 간 무역

국가 간 무역도 개인 간의 교환과 동일한 원리로 설명된다. 세계에 A국과 B국 두 나라만 있다고 하자. 두 나라의 선호체계는 동일하고, X재와 Y재의 보유량은 서

그림 2-5 국가간의 교환

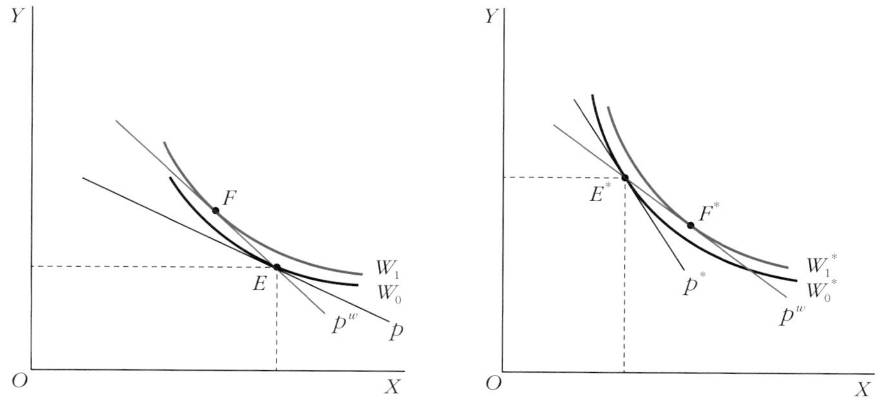

(a) A국의 소비균형　　(b) B국의 소비균형

〈폐쇄경제에서 A국의 국내가격은 p, B국의 국내가격은 p^*이다. 무역 이후 국제가격은 p^w가 되고 A국과 B국의 후생수준이 모두 증가한다.〉

로 차이가 있다고 하자. [그림 2-5]에서 E와 E^*는 각각 A국과 B국의 재화부존량을 나타낸다. A국은 X재를 상대적으로 많이 가지고 있고, B국은 Y재를 상대적으로 많이 가지고 있다.

무역 이전 A국의 후생수준은 E를 지나는 W_0이고 B국의 후생수준은 E^*를 지나는 W_0^*이다. 무역 이전 두 재화의 상대가격은 E와 E^*에서 사회무차별곡선의 접선의 기울기가 되므로 A국의 국내 상대가격은 p, B국의 국내 상대가격은 p^*이다. 이 상대가격은 Y재로 평가한 X재의 상대가격인 P_X/P_Y를나타낸다.

그림에서 두 국가의 무역이전 상대가격을 비교하면, $P<P^*$이다. 이는 X재의 상대가격은 A국에서 더 낮고, Y재의 상대가격은 B국에서 더 낮음을 뜻한다. 가격이 낮은 국가의 제품이 수출되므로 A국은 X재를 수출하고, 반대로 B국은 Y재를 수출하게 된다.

국제시장가격은 두 국가의 무역 이전 국내가격의 사이에서 결정된다. 새로 형성된 국제시장가격을 p^w라고 하면, A국과 B국의 새로운 소비점은 가격선 p^w와 사회무차별곡선이 접하는 F점과 F^*점이 된다. A국의 경우, 부존량은 E이고 소비점은 F이므로 X재를 수출하고 Y재를 수입한다. 반대로 B국은 X재를 수입하고 Y재를 수출한다. 그 결과 양국의 무차별곡선이 A국에서는 W_0에서 W_1으로 B국에서는 W_0^*에서 W_1^*로 이동하여 양국 모두 무역 이후 후생수준이 증가한다.

각 국가의 재화보유량과 선호도의 차이 때문에 재화의 상대가격은 다양하게 형성된다. 이러한 상대가격의 차이로 인해 무역이 발생하며, 개인 간 교환처럼 무역은 두 국가 모두에게 이익을 가져다준다. 여기서는 재화 양이 국가별로 고정되어 있다고 가정했지만, 이는 생산 측면을 고려하고 있지 않다는 점에서 비현실적이다. 이에 비해 앞으로 공부할 리카도 모형이나 헥셔-오린 모형은 재화 생산이 변함을 가정하고 있고, 무역의 원인을 생산 측면에서 찾고 있다.

4. 동태적 무역의 이익

[그림 2-5]에서 보듯이, 무역을 하면 두 국가의 후생수준이 모두 증가한다. A국의 후생수준은 W_0에서 W_1으로, B국의 후생수준은 W_0^*에서 W_1^*로 증가한다. 이는 일회적인 무역의 이익으로, 정태적 이익이다. 그러나 무역은 추가적으로 동태적 이익을 가져다준다. 동태적 이익이란 시간이 지남에 따라 지속적으로 발생하는 이익을 말한다. 주요 동태적 이익은 다음과 같다.

첫째, 국제무역은 자원을 효율적으로 사용하도록 유도함으로써 경제성장률을 높인다. 무역을 하면 비교열위산업에서 비교우위산업으로 자원이 이동하여 생산량(소득)이 증가하게 된다. 이러한 소득 증가는 저축과 투자의 증가로 이어져 경제성장률이 높아진다. 결과적으로 개방경제에서는 폐쇄경제보다 경제성장률이 높아지는 경향이 있다.

둘째, 국제무역은 경쟁을 강화함으로써 기술진보와 품질개선에 기여하며, 이는 소비자들의 후생수준을 향상시킨다. 수입품과 경쟁하는 회사들은 더 좋은 품질의 제품을 생산하기 위해 노력하게 되고, 이는 기술발전으로 이어진다. 그리고 경쟁이 강화되므로 기업들은 제품의 가격을 낮추고, 동시에 품질개선과 다양성 증가에 노력하게 된다. 이로 인해 소비자들은 더 낮은 가격으로 더 좋은 품질의 다양한 제품을 소비할 수 있게 되어 후생수준이 증가한다.

셋째, 국제무역은 시장의 확대를 가능하게 하여 규모의 경제를 실현할 수 있게 한다. 특히 소규모 국가들은 이러한 효과를 크게 누릴 수 있다. 무역을 통해 생산을 확장함으로써 단위당 비용을 줄이고 산업의 효율성을 높일 수 있다. 예를 들어, 한국의 반도체, 자동차, 철강 산업이 세계적인 위치에 오른 것은 무역을 통한 규모의 경제 효과 덕분이다. 규모의 경제의 이점을 생각하면, 소국이 대국에 비해 무역에서 상대적으로 더 큰 이득을 얻을 수 있음을 알 수 있다.

제 3 절 국제시장가격과 교역조건

1. 국제시장가격의 결정

어느 한 재화의 국제시장가격은 그 재화의 세계 전체 공급량과 세계 전체 수요량에 의해 결정된다. 국제교역에 참여한 국가들의 공급량을 모두 합한 것이 세계시장에서의 공급량이고, 전체 국가의 수요량을 전부 더한 것이 세계시장에서의 수요량이다. 세계시장에서 수출량과 수입량이 같을 때 우리는 그 재화시장이 균형이라고 말하고, 이때의 가격을 그 재화의 균형국제시장가격이라고 부른다.

분석의 단순화를 위하여 우선 두 국가만 있고 두 재화만 교역되는 세계경제를 생각해보자. 그리고 이 세계경제에서 이들 교역재의 가격이 어떻게 정해지는가를 알아보자. 두 국가를 A국과 B국이라고 하고, 두 재화를 X재와 Y재라고 하자.

[그림 2-6]의 (a)-(c)와 (d)-(f)는 각각 X재와 Y재의 A국, B국, 그리고 국제시장의 균형을 나타내고 있다. 먼저 X재 시장을 보면, 국제무역이 없는 폐쇄경제에서 A국의 가격은 P_X^1 B국의 가격은 P_X^2로, A국의 가격이 B국보다 낮다. 따라서 두 나라가 무역을 하면, A국은 X재를 수출하고, 이를 B국이 수입한다. A국은 국제시장가격이 P_X^1 이상이면 국내시장의 초과공급량을 수출한다. X재 가격이 높아질수록 초과공급량, 즉 수출량은 늘어난다. 이것이 그림 (b)의 A국 수출공급곡선인 EX_X^A이다. 반대로 B국은 X재 가격이 P_X^2이하면, X재 시장에서 초과수요가 발생하고, 이를 수입으로 충당한다. 가격이 하락할수록 초과수요가 증가하고, 이는 그림 (b)에서 B국의 수입수요곡선인 IM_X^B 이다. 국제시장의 균형은 수출공급곡선 EX_X^A와 수입수요곡선 IM_X^B가 만나는 점에서 이루어지고, 이때의 균형가격 P_X^3가 X재의 국제균형가격이다. X재의 국제균형가격은 A국과 B국의 폐쇄경제 가격의 사이에서 결정된다. 무역량은 그림 (b)의 OQ_X이다. 이는 A국의 수출량 AB, B국의 수입량 A^*B^*와 같다.

그림 (d)-(f)는 Y재의 국제균형가격 결정을 보여주고 있다. 폐쇄경제에서 Y재의 가격은 A국에서 더 높다. 따라서 A국은 Y재를 수입하고, B국은 Y재를 수출한다. 그림 (e)에서 IM_Y^A은 A국의 수입수요곡선이고, EX_Y^B는 B국의 수출공급곡선이다. 국제균형가격은 세계시장 수출량과 수입량이 일치하는 P_Y^3가 되고, 교역량은 OQ_Y가 된다. 물론 교역량 OQ_Y는 A국 수입량 CD, B국 수출량 C^*D^*와 같다.

이제 한 국가의 무역균형에 대해 알아보자. 어떤 국가의 수출액과 수입액이 같을 때 무역균형이 달성되었다고 한다. X재를 수출하고, Y재를 수입하는 국가의 무역

그림 2-6 국제시장의 균형

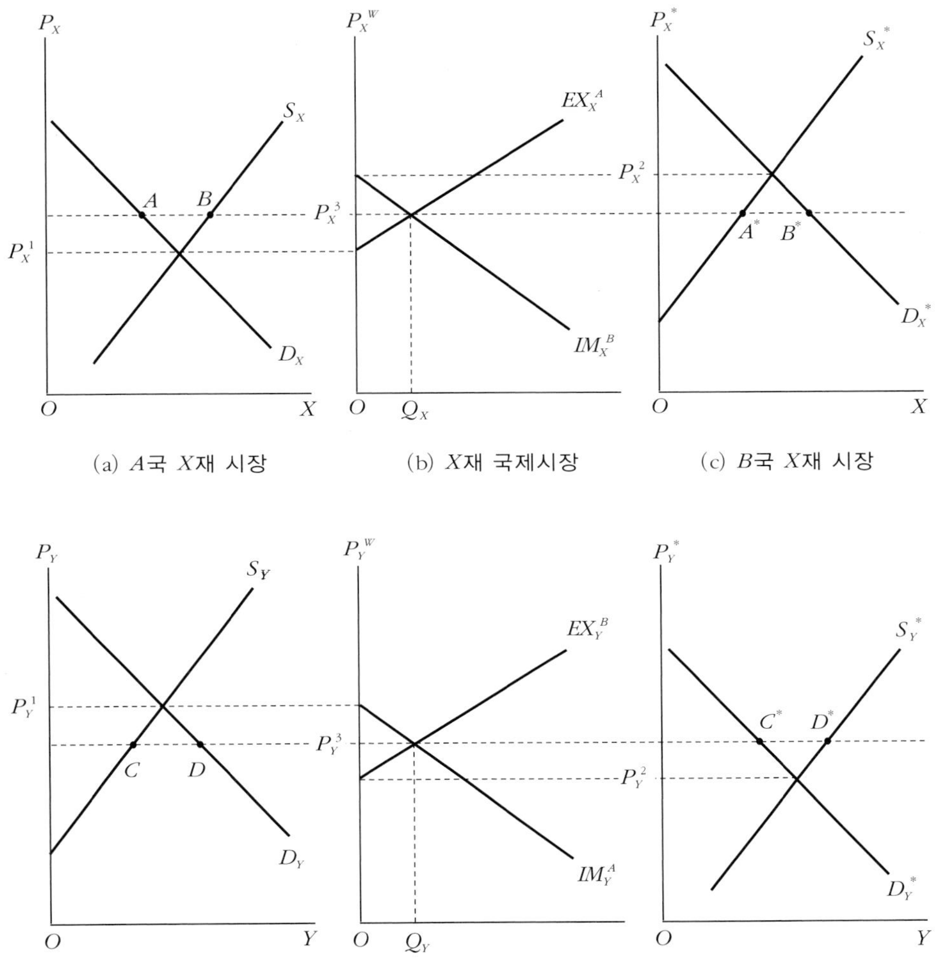

(a) *A*국 *X*재 시장 (b) *X*재 국제시장 (c) *B*국 *X*재 시장

(d) *A*국 *Y*재 시장 (e) *Y*재 국제시장 (f) *B*국 *Y*재 시장

〈*A*국에서는 *X*재의 가격이 낮고 *B*국에서는 *Y*재의 가격이 낮아서 무역 이후 *A*국은 *X*재를 수출하고 *B*국은 *Y*재를 수출한다. *X*재와 *Y*재의 국제가격은 국제시장에서 각 재화의 수출량과 수입량이 일치하는 P_X^3, P_Y^3가 된다.〉

균형은 다음과 같이 표시된다.

$$P_X^w EX_X = P_Y^w IM_Y \qquad (2.8)$$

EX_X는 X재 수출량이고, IM_Y는 Y재 수입량이다. 여기에 가격을 곱하면 수출량과 수입량이 금액으로 환산된다. 위 식의 좌측 항은 수출액, 우측 항은 수입액이다. 이는 [그림 2-6]에서 A국의 X재 수출량 AB에 국제시장가격 P_X^3를 곱한 값과, A국의 Y재 수입량 CD에 국제시장가격 P_Y^3를 곱한 값이 같을 때 무역균형이 달성됨을 뜻한다.

다음으로 국제시장가격의 변화에 대해 알아보자. 개방경제에서는 한 국가의 수요 또는 공급의 변화가 국제시장가격을 변화시킨다. 예를 들어, B국에서 X재에 대한 수요가 증가하여 [그림 2-6]의 (c)에서 D_X^*가 우측으로 이동한다고 하자. 이는 그림 (b)의 IM_X^B를 우측으로 이동시키므로 X재의 국제시장가격이 상승한다. X재의 국제시장가격 상승은 그림 (a)에서 A국의 수출 증가를 가져온다. 이처럼 B국의 수요 증가는 국제시장가격을 상승시키고 A국의 수출 증가를 가져와 국제시장은 다시 균형을 이룬다. 그런데 X재 시장의 이러한 변화는 Y재 시장에 영향을 미친다. 균형 상태에서는 한 국가의 수출액과 수입액은 서로 같아야 하므로 X재 수출이 증가한 A국은 Y재 수입을 늘리게 된다. 국제시장에서 Y재 수요가 증가하므로 Y재의 가격이 상승하고, Y재 가격 상승으로 B국에서 Y재 수출이 증가한다. 이처럼 B국의 X재 시장에서 시작된 변화가 국제시장 나아가서는 A국 시장과 Y재 시장에까지 영향을 미친다.

개방경제에서는 개별 국가의 시장 변화가 세계 전체 시장에 영향을 미친다. 폐쇄경제에서는 X재의 A국 시장과 B국 시장, 그리고 Y재의 A국 시장과 B국 시장의 4개 시장이 각각 독립적으로 작동하지만, 무역 이후에는 시장이 통합되어 X재 시장과 Y재 시장 두 개로 축소된다. 그리고 무역균형을 유지하기 위해서는 X재의 수출액과 Y재의 수입액이 서로 일치해야 하므로 X재 시장과 Y재 시장도 서로 연결되어 있다. 이처럼 개방경제에서는 여러 시장이 서로 연결되어 있기 때문에 한 시장의 변화는 반드시 다른 시장에 영향을 미친다. 그리고 국제시장의 변화는 각 국가의 대내경제에 직접적으로 영향을 미치게 된다.

2. 교역조건의 정의

어떤 국가가 무역으로부터 얼마만큼 이익을 얻는가는 수출재와 수입재의 상대가격과 수출량에 의해 결정된다. 수출재의 가격이 비쌀수록, 수출량이 많을수록 무역의 이익은 커진다. 수출재의 가격을 수입재의 가격으로 나눈 상대가격을 교역조건(TOT: Terms of Trade) 또는 순상품교역조건이라고 하고 다음과 같이 표시한다.

$$TOT = \frac{P_X}{P_M} \tag{2.9}$$

여기서 TOT는 교역조건이고, P_X는 수출재의 가격, P_M은 수입재의 가격이다. 교역조건(交易條件)은 한 단위를 수출하여 얻은 금액으로 수입할 수 있는 양을 나타낸다. 예를 들어, 교역조건이 100에서 200으로 상승하면, 동일한 양의 수출로 과거보다 2배를 수입할 수 있음을 나타낸다.

수출재의 가격이 상대적으로 상승하면 "교역조건이 좋아진다 또는 개선된다"고 말하고, 수출재의 가격이 상대적으로 하락하면 "교역조건이 나빠진다 또는 악화된다"고 말한다. 교역조건이 좋아지면 무역의 이익이 더 커진다.

교역조건이 일정하더라도 수출량이 증가하면 수입할 수 있는 양이 증가한다. 수출량과 교역조건을 함께 고려한 것이 소득교역조건(income terms of trade)이고, 이는 다음과 같이 표시된다.

$$\begin{aligned} TOT_I &= Q_X \times \frac{P_X}{P_M} \\ &= Q_X \times TOT \end{aligned} \tag{2.10}$$

여기서 TOT_I는 소득교역조건이고, Q_X는 수출량이다. 소득교역조건은 그 나라의 수출량에 교역조건을 곱한 값으로 표시한다. 이는 그 나라가 수출하여 얻은 총액으로 수입할 수 있는 양이 얼마만큼 되는가를 나타낸다.

위의 식 (**2.10**)에서 보듯이 수출재 가격이 상승하거나, 수입재 가격이 하락하거나, 수출량이 증가하면, 소득교역조건은 개선된다. 소득교역조건의 개선은 전체적으로 과거보다 더 많은 양을 수입할 수 있음을 뜻하고, 소득교역조건의 악화는 전체적으로 과거보다 더 적은 양을 수입하게 됨을 말한다.

3. 한국의 교역조건

[그림 2-7]은 1988년 이후 한국의 교역조건(순상품교역조건)과 소득교역조건의 변화를 보여주고 있다. 두 지수는 모두 2015년을 100으로 한 값이다. 교역조건은 1992년에 정점을 찍은 뒤 2012년까지 점차 악화되어, 2012년에는 1992년 대비 37% 수준으로 감소하였다. 그 이후에 큰 변화는 없으나, 2021년과 2022년에는 다시 하락세를 보였다.

그림 2-7 한국의 교역조건과 소득교역조건의 변화

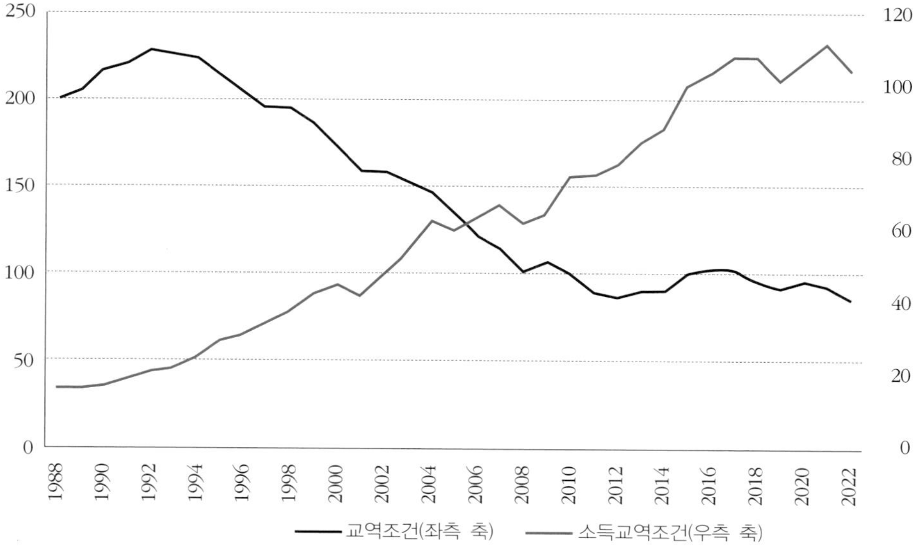

* 주: 1) 2015년을 100으로 한 지수임. 2) 교역조건은 좌측 축이고, 소득교역조건은 우측 축임.
* 자료: 한국은행, 경제통계시스템, 2023.

이처럼 1992년부터 한국의 교역조건이 악화된 것은 우리나라 무역구조의 특성 때문이다. 한국은 중화학공업 제품의 수출이 전체의 80% 이상을 차지하고, 원자재 수입은 약 50%를 차지한다. 그런데 중화학공업 제품의 가격 상승이 둔화되고, 특히 수출비중이 높은 전기·전자 제품의 수출가격이 하락하였다. 반면에 한국에서 수입비중이 높은 원유, 철강 등 원자재 가격이 빠르게 상승하였다. 우리의 주요 수출품인 전기·전자 제품의 수출가격 하락과 주요 수입품인 원자재 가격의 빠른 상승이 한국 교역조건 악화의 주요 요인으로 해석된다.

교역조건과 달리 소득교역조건은 지속적으로 상승하고 있다. 1992에 비해 2012년에는 교역조건은 37% 수준으로 하락하였으나, 소득교역조건은 3.8배나 증가하였다. 이는 한 단위 수출로 수입할 수 있는 양이 2012년에는 2000년의 37%밖에 되지 않지만, 같은 기간에 총수출액으로 수입할 수 있는 양은 3.8배나 증가했음을 말해준다. 식 (2.10)에서 보듯이 소득교역조건은 교역조건과 수출량의 곱이다. 교역조건 하락에도 불구하고 소득교역조건이 상승했다는 것은 수출가격 하락보다 수출물량의 증가가 더 빨랐음을 말한다. 즉, 수출재의 상대가격은 하락하였으나, 수출물량이 더 크게 늘어서 전체 수입 가능 양이 증가했음을 말해준다.

교역조건이 좋아지면 수출 한 단위로 더 많이 수입할 수 있어 이익이고, 소득교역조건이 개선되면 전체 수입가능양이 과거에 비해 더 많아져 이익이다. 그래서 교역조건이나 소득교역조건이 개선되면 우리 경제에 이익이 된다고 한다. 그런데 한국의 교역조건은 1992년 이후 지속적으로 악화되어 왔다. 다만, 2012년 이후 안정적인 값을 유지하고 있고, 또 교역조건이 악화되는 시기에도 소득교역조건이 지속적으로 좋아져 이는 우리 경제에 긍정적이라고 할 수 있다.

주요용어

• 한계효용체감 법칙	• 효용함수	• 무차별곡선
• 한계대체율	• 예산제약	• 예산선(가격선)
• 상대가격	• 소비자균형조건	• 사회무차별곡선
• 보상의 원리	• 교역조건	• 소득교역조건

요 약

01. 사람들의 효용수준은 무차별곡선으로, 소비가능영역은 예산선으로 표시한다. 예산선과 무차별곡선이 접하는 점에서 소비자의 효용극대화가 달성된다. 이는 상대가격과 한계대체율이 일치할 때 소비자 균형조건이 달성됨을 뜻한다.

02. 교환은 사람마다 재화에 대한 주관적 교환비가 다르기 때문에 발생한다. 주관적 교환비는 각 개인의 한계대체율이며, 교환으로 두 사람 모두 이익을 얻는다.

03. 국가 전체의 후생수준을 평가하는 데는 사회무차별곡선을 이용한다. 사회무차별곡선이 일관성을 갖기 위해서는 국가 전체의 소득이 변하더라도 구성원간 소득분배가 일정하다는 가정이 필요하다.

04. 국가간 무역은 국가간 상대가격의 차이에 의해 발생한다. 서로 상대가격이 낮은 재화를 수출함으로써 양국 모두 이익을 얻는다.

05. 폐쇄경제에서는 재화의 가격이 국가마다 서로 다르지만, 개방경제에서는 재화 가격이 모든 국가에서 서로 같아진다. 또 개방경제에서 한 국가의 수요 또는 공급의 변화는 국제시장가격에 영향을 미친다.

06. 교역조건은 수출재 가격을 수입재 가격으로 나눈 것으로 교역조건의 개선 또는 악화는 무역의 이익에 영향을 미친다. 소득교역조건은 수출해서 벌어들인 돈으로 수입할 수 있는 양을 의미하는 것으로 교역조건이 악화되더라도 소득교역조건이 개선되면 수입가능량은 증가한다.

07. 한국의 교역조건은 1992년 이후 악화되고 있다. 우리의 주요 수출품인 IT제품의 수출가격이 하락한 반면, 주요 수입품인 원자재 가격이 빠르게 상승하였기 때문이다. 반면에 한국의 소득교역조건은 빠르게 상승하고 있는데, 이는 교역조건 악화로 인해 한 단위 수출로 수입할 수 있는 양은 줄었지만, 전체 수출물량 증가로 수입가능 총량은 증가했음을 보여준다.

복습문제

01. 소비자균형이란 무엇인가? 이 개념을 이용해 교환이 발생하는 이유에 대해 설명하라.

02. 개인 간 교환과 국가 간 교환인 무역의 유사점과 차이점을 설명하라.

03. 사회 전체의 후생수준을 평가하는 사회무차별곡선과 개인의 무차별곡선은 어떤 차이가 있는가?

04. 국제시장가격은 어떻게 결정되고, 각 국가의 폐쇄경제 가격과 어떤 관계가 있는가?

05. 순상품교역조건과 소득교역조건에 대해 설명하라.

연습문제

01. 무차별곡선을 이용해 다음을 생각해 보라.
   1) 영희와 영희 언니에게 어머니가 사과와 배를 각각 5개씩 나누어주었다. 두 사람의 만족도는 동일할까?
   2) 어머니가 영희에게는 사과 5개, 배 10개를, 영희 언니에게는 사과 10개, 배 5개를 주었다. 둘은 서로 교환을 할까?

02. 무역은 국가마다 재화의 상대가격이 서로 다르기 때문에 발생한다. 재화의 상대가격이 국가마다 다른 이유는 무엇인가?

03. [그림 2-5]에 대한 다음 물음에 답하라.
   1) A국과 B국의 X재와 Y재의 수출량과 수입량을 각각 표시하라.
   2) p^w가 국제시장가격이라면, A국의 X재 수출량과 B국의 X재 수입량이 반드시 일치해야 함을 설명하라.
   3) p^w의 가격에서는 E점을 소비하든, F점을 소비하든 총지출액이 같음을 보여라.
   4) 양국의 부존량이 서로 다르지만 무역이 발생하지 않는 경우를 그림으로 설명해

보라(양국의 선호도가 서로 다름을 가정하라).

04. [그림 2-6]에서 B국의 X재에 대한 수요가 증가하였다고 하자. 그림을 이용해 답하라.

1) 무역을 하지 않을 때 B국에서 X재의 국내가격에 어떤 변화가 있는가?

2) 무역 이후 국제시장가격에는 어떤 변화가 있는가?

05. 한국은 식품과 원유와 같은 원자재를 수입하면서 주로 공산품을 수출한다. 다음의 사건들이 한국의 교역조건에 미치는 영향을 해석하라.

1) 중동에서 전쟁이 발발하여 원유의 공급을 방해한다.

2) 중국이 한국의 주요 수출품인 전자제품과 자동차 생산을 확대하고 있다.

3) 러시아에서 흉년이 들었다.

4) 한국이 반도체 공장을 증설하여 생산량을 확대하였다.

06. 1997년 외환위기 이후 한국경제의 교역조건은 악화되었으나 소득교역조건은 개선되었다. 이러한 경험적 관찰에 대한 이론적 함의를 설명하라.

03 노동생산성과 국제무역: 리카도의 무역모형

비교우위론은 경제학 이론 중에서도 매우 중요한 이론으로 평가받는다. 이 이론은 모든 제품 생산에서 절대적으로 열위에 있는 국가도 수출할 제품이 있고, 모든 산업에서 절대적으로 우위에 있는 국가도 다른 국가로부터 수입할 제품이 있다는 것을 설명한다. 더 나아가, 무역을 통해 두 국가 모두 이익을 얻음을 설명하고 있다. 이 이론은 19세기 초 리카도가 간단한 모형을 이용해 처음으로 소개했다.

이 장에서는 리카도 모형을 이용해 비교우위의 원리를 알아보고, 나아가서 무역의 이익, 국제가격의 결정, 그리고 임금의 결정 등을 알아본다. 또 비교우위론에 대한 사람들의 일반적인 오해에 대해서도 살펴본다.

제 1 절 리카도의 비교우위론

1. 비교우위의 법칙

1) 리카도 모형의 가정

비교우위의 법칙은 1817년 리카도(D. Ricardo)의 '정치경제 및 과세원리(*Principles of Political Economy and Taxation*)'라는 책에 소개되어 있다. 이 책에서 리카도는 모든 국가는 무역을 통해 이익을 얻을 수 있음을 설명하고 있다. 모든 제품 생산에서 절대적으로 열위에 있는 국가도 반드시 수출할 제품이 있으며, 모든 제품 생산에서 절대적으로 우위에 있는 국가도 다른 국가로부터 일부 제품을 수입하는 것이 혼자 사는 것보다는 이익이다. 다시 말해서, 모든 국가는 비교우위(比較優位; comparative advantage)가 있는 재화를 가지며, 비교우위재를 서로 교환함으로써 모두 이익을 얻는다는 것이다. 이를 비교우위의 법칙이라고 한다.

비교우위 법칙을 설명하기 위한 리카도 모형의 가정은 다음과 같다. 첫째, 노동만이 유일한 생산요소이며, 노동투입량에 의해 재화의 가치가 결정되는 노동가치설(勞動價値說)을 가정한다. 노동투입량에 의해 재화의 가치가 결정되므로 두 재화의 교환비는 각 재화 생산에 사용된 노동투입량의 비율에 의해 결정된다. 예를 들어, *X*재 한 단위 생산에 필요한 노동량이 *Y*재 한 단위 생산에 필요한 노동량의 두 배라면, *X*재는 *Y*재의 두 배의 가치를 갖는다.

둘째, 생산함수는 규모에 대한 보수불변(constant returns to scale)임을 가정한다. 규모에 대한 보수불변(報酬不變)이란 투입량을 2배로 늘리면 산출량도 2배로 증가하는 경우를 말한다. 이처럼 규모에 대한 보수불변의 생산함수에서는 투입과 산출이 같은 비율로 증가하므로 생산량이 변해도 평균비용은 항상 일정하다.

〈표 3-1〉의 숫자들은 재화 한 단위 생산에 필요한 노동투입량, 즉 단위노동투입량(單位勞動投入量; unit labor requirement)을 나타낸다. 표를 보면, 기계(*X*) 생산에서 *A*국은 2, *B*국은 8이 적혀 있다. 이는 기계 한 단위 생산에 *A*국은 노동 2단위가 필요하고, *B*국은 노동 8단위가 필요함을 말한다. 기계 한 단위를 *A*국은 *B*국보다 더 적은 노동으로 생산할 수 있으므로 *A*국이 더 효율적인 국가이다. 직물(*Y*) 한 단위 생산에는 *A*국은 노동 3단위, *B*국은 노동 4단위가 필요하다. 직물 생산에서도 *A*국이 *B*국보다 더 효율적이다. *A*국은 기계와 직물 생산 모두에서 *B*국보다 더 효율적이다.

재화 생산에 필요한 노동량(생산비)이 다른 국가보다 적을 때, 이 국가는 이 재화 생산에 절대우위(absolute advantage)가 있다고 표현한다. 〈표 3-1〉에서 기계든 직물이든 한 단위 생산에 필요한 노동투입량(생산비)이 모두 *B*국보다 *A*국에서 더 낮다. 즉, *A*국이 두 재화 모두에서 절대우위가 있다. 절대우위에 의해 수출재가 결정된다면, *A*국이 두 재화 모두를 수출하게 되고, *B*국은 수출할 재화가 없게 된다. 무역은 두 국가 간 교환이다. *A*국은 수출만 하고, *B*국은 수입만 한다면 무역은 성립하지 않게 된다.

이와 같이 절대우위론(絶對優位論)은 생산성이 절대적으로 낮은 국가와 생산성이 절대적으로 높은 국가 사이의 무역을 설명하지 못한다. 그러나 현실 세계를 보면, 절대적으로 생산성이 낮은 중국과 절대적으로 생산성이 높은 미국 간에도 무역이 활발하게 이루어지고 있다. 비교우위론(比較優位論)은 중국과 미국처럼 생산성이 크게 차이가 나는 국가 간에도 무역이 가능하고, 또 무역으로 서로 이익을 얻을 수 있음을 설명해준다.

도 모형에서는 단위노동투입량이 고정되어 있기 때문에 임금은 재화 가격에 비례하는데, 어느 나라든지 무역 이후 비교우위재만을 생산하고 이 재화의 가격이 상승하므로 임금이 상승하게 된다. 비교우위재 가격이 더 많이 상승할수록 임금도 더 많이 상승한다. 이처럼 무역을 하면 임금 상승의 이익을 얻는다.

임금 상승폭은 비교우위재 가격의 상승폭과 같으므로 비교우위재로 평가한 실질임금은 불변이다. 하지만, 가격이 하락한 비교열위재(수입재)로 평가한 실질임금은 상승하므로 이 국가의 실질임금은 상승하게 된다. 리카도 모형에서는 생산요소가 노동뿐이므로 임금 상승은 국민소득 증가를 의미한다. 즉, 무역을 하면 국민소득이 증가하는 이익을 얻게 됨을 알 수 있다.

제 2 절 도표를 이용한 리카도 모형

1. 리카도 모형의 생산가능곡선

리카도 모형에서 생산요소는 노동뿐이고, 생산함수는 규모에 대한 보수불변이다. 그리고 각 재화 생산의 노동생산성이 주어져 있다고 가정한다. 이처럼 리카도 모형에서는 노동생산성이 불변이고, 생산함수가 규모에 대한 보수 불변이어서 산출량은 노동투입량에 비례하게 된다.

〈표 3-3〉은 A국과 B국에서 기계(X)와 직물(Y) 생산에 필요한 단위노동투입량과 총노동부존량을 나타낸다. 단위노동투입량(unit labor requirement)이란 재화 한 단위 생산에 필요한 노동투입량을 말한다. 이 단위노동투입량의 역수는 노동생산성이 된다. 표의 a_{LX}, a_{LY}는 각각 X재와 Y재 생산의 단위노동투입량이다.

이제 A국과 B국의 생산가능곡선(生產可能曲線)을 도출해 보자. 생산가능곡선(production possibility curve)이란 어떤 경제 내의 모든 자원을 효율적으로 이용하

■ ■ 표 3-3 재화 한 단위 생산에 필요한 노동량

	A국	B국
기계(X)	a_{LX}	a_{LX}^*
직물(Y)	a_{LY}	a_{LY}^*
총노동부존량	L	L^*

여 생산할 수 있는 극대생산량을 나타내는 곡선이다. 따라서 생산가능곡선에서는 모든 생산요소가 완전고용된다.

A국 노동의 완전고용조건식은 다음과 같다.

$$L = a_{LX}X + a_{LY}Y \tag{3.2}$$

여기서 L은 총노동량, X와 Y는 X재와 Y재의 생산량이다. 우변의 첫 항($a_{LX}X$)은 기계(X) 생산에 사용된 노동량이고, 우변의 두 번째 항($a_{LY}Y$)은 직물(Y) 생산에 사용된 노동량을 나타낸다. 위의 식 (**3.2**)는 노동의 총공급량이 총수요량과 일치함을 나타낸다. 즉, 노동의 완전고용조건식이다.

앞의 식 (**3.2**)를 다시 정리하면 다음과 같다.

$$Y = -\left(\frac{a_{LX}}{a_{LY}}\right)X + \frac{L}{a_{LY}} \tag{3.3}$$

식 (**3.3**)을 그림으로 나타내면 [그림 3-1]의 직선으로 표시된다. 이 직선이 생산가능곡선이다. 이 직선의 기울기는 $-(a_{LX}/a_{LY})$인데, 이는 X재의 기회비용이고, 또 X재의 상대가격이다. 그 이유는 조금 후 알아보도록 하자.

그림 3-1 리카도 모형의 생산가능곡선

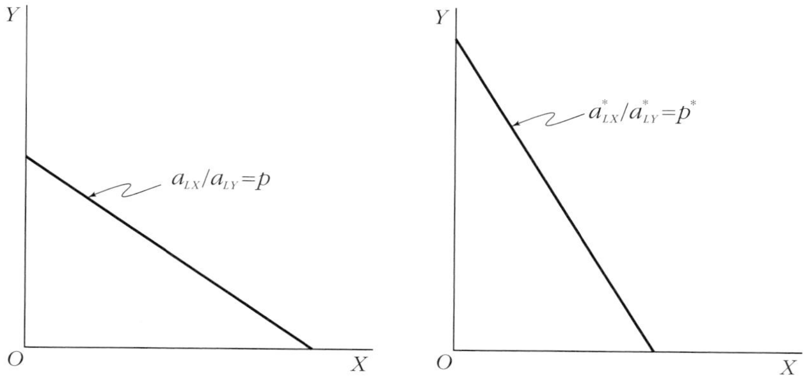

(a) A국의 생산가능곡선 (b) B국의 생산가능곡선

〈생산가능곡선의 기울기는 상대가격과 같고, 두 재화의 단위노동투입량에 의해 결정된다. X재의 상대가격이 B국보다 A국에서 더 낮다.〉

B국의 생산가능곡선도 노동의 완전고용조건식으로부터 유도된다. B국 노동의 완전고용식은 다음과 같다.

$$L^* = a^*_{LX}X^* + a^*_{LY}Y^* \tag{3.4}$$

이 식을 다시 정리하면 다음과 같다.

$$Y^* = -\left(\frac{a^*_{LX}}{a^*_{LY}}\right)X^* + \frac{L^*}{a^*_{LY}} \tag{3.5}$$

이 식은 B국의 생산가능곡선을 나타내고, 이를 그림으로 그리면 [그림 3-1]의 (b)와 같다. 생산가능곡선의 기울기는 $-(a^*_{LX}/a^*_{LY})$이고, 이는 X재의 기회비용이고, 또 X재의 상대가격과 같다.

생산가능곡선의 기울기를 한계전환율(MRT; marginal rate of transformation)이라고 한다. 한계전환율(限界轉換率)은 X재 한 단위를 더 생산하기 위해 포기해야 하는 Y재의 양을 나타낸다. 이는 X재의 기회비용과 같은 개념이다. 직선의 생산가능곡선에서는 기울기가 일정하므로 한계전환율이나 기회비용도 일정하다.

2. 무역패턴

우리나라가 어떤 재화를 수출하는가는 비교우위에 의해 결정된다. 비교우위는 기회비용의 국가 간 비교에 의해 결정된다. 상대적으로 기회비용이 더 낮은 재화에 비교우위를 갖게 된다.

A국과 B국의 무역패턴을 알아보기 위해서 두 국가의 X재 기회비용을 비교해보자. X재의 기회비용은 식 (**3.3**)과 식 (**3.5**)의 기울기이다. 즉, A국에서는 X재 기회비용이 (a_{LX}/a_{LY})이고, B국에서는 X재 기회비용이 (a^*_{LX}/a^*_{LY})이다. 이 기회비용은 [그림 3-1]의 생산가능곡선의 기울기이다.

[그림 3-1]을 보면, 두 국가의 생산가능곡선의 기울기가 서로 다르고, A국의 기울기가 B국의 기울기보다 완만하게 그려져 있다. 이는 X재의 기회비용이 A국에서 더 낮음을 의미한다. 이를 식으로 표시하면 다음과 같다.

$$\left(\frac{a_{LX}}{a_{LY}}\right) < \left(\frac{a^*_{LX}}{a^*_{LY}}\right) \tag{3.6}$$

이 식은 X재의 기회비용이 B국보다 A국에서 더 낮음을 나타낸다. 이 경우 A국은 X재에 비교우위를 갖고, B국은 Y재에 비교우위를 갖게 된다. 즉, A국은 X재를 수출하고, B국은 Y재를 수출하게 된다.

다음에서는 상대가격을 이용해 두 국가의 무역패턴을 결정해보자. 리카도 모형에서 재화 가격은 단위노동투입량에 임금을 곱한 값이다. 임금을 w라고 하면, 재화의 가격은 다음과 같다.

$$P_X = w \cdot a_{LX} \tag{3.7.a}$$

$$P_Y = w \cdot a_{LY} \tag{3.7.b}$$

위 식을 이용해 (Y재 단위로 표시한) X재의 상대가격을 구하면 다음과 같다.

$$p = \frac{P_X}{P_Y} = \frac{w \cdot a_{LX}}{w \cdot a_{LY}} = \frac{a_{LX}}{a_{LY}} \tag{3.8}$$

마찬가지로 B국에서 (Y재 단위로 표시한) X재의 상대가격은 다음과 같다.

$$p^* = \frac{P_X^*}{P_Y^*} = \frac{w^* \cdot a_{LX}^*}{w^* \cdot a_{LY}^*} = \frac{a_{LX}^*}{a_{LY}^*} \tag{3.9}$$

식 (**3.8**)과 (**3.9**)에서 보듯이 리카도 모형에서 두 재화의 상대가격은 노동투입량의 비율에 의해 결정된다. 그리고 그 비율은 기회비용과 같다. 식 (**3.6**)에서 A국의 X재 기회비용이 (a_{LX}/a_{LY})인데, 식 (**3.8**)에서 A국의 X재 상대가격이 (a_{LX}/a_{LY})으로 기회비용과 상대가격이 서로 같음을 알 수 있다. 이는 상대가격을 이용하든 기회비용을 이용하든 무역패턴 결정의 결과는 같아짐을 말해준다.

[그림 3-1]처럼 A국 생산가능곡선 기울기가 B국 생산가능곡선 기울기보다 작다면, A국과 B국의 상대가격은 다음과 같이 표시된다.

$$\left(\frac{P_X}{P_Y} = \right) p < p^* \left(= \frac{P_X^*}{P_Y^*} \right) \tag{3.10}$$

이처럼 X재의 상대가격이 A국에서 더 낮으면, A국은 X재에 비교우위를 갖고 B국은 Y재에 비교우위를 갖는다.

리카도 모형의 생산가능곡선은 직선이므로 생산가능곡선상의 어떤 점에서 소비가 결정되더라도 상대가격이 같다. 이는 수요가 변하여 소비점이 생산가능곡선상의 다른 점으로 이동해 가더라도 상대가격이 변하지 않음을 나타낸다. 즉, 리카도 모형에서는 두 재화의 상대가격이 공급조건에 의해 일정하게 주어지고, 수요조건의 변화는 상대가격 결정에 전혀 영향을 미치지 못한다.

3. 국제시장가격의 결정

폐쇄경제에서 재화 가격은 단위노동투입량, 즉 노동생산성에 의해 결정되고, 수요의 변화는 가격에 영향을 미치지 않는다. 하지만 개방경제에서는 세계시장의 수요 변화가 국제시장가격에 영향을 미친다. 무역 이후에는 국제시장의 수요와 공급에 의해 재화 가격이 결정된다. 재화의 국제시장가격이 어떻게 결정되는지 알아보자.

[그림 3-2]의 선분 ACE가 세계생산가능곡선이다. 이는 두 국가의 생산가능곡선으로부터 유도된다. 세계생산가능곡선이 선분 ACE처럼 그려지는 이유를 알아보자. ΔABC는 A국의 생산가능곡선으로 p는 A국의 폐쇄경제 상대가격이고, ΔCDE는 B국의 생산가능곡선으로 p^*는 B국의 폐쇄경제 상대가격이다. 여기서 상대가격은 Y재로 평가한 X재의 상대가격, 즉 P_X/P_Y임을 기억하자.

먼저 X재의 가격이 너무 낮아 두 나라 모두 X재를 생산하지 않고 Y재만을 생산

그림 3-2 세계 생산가능곡선

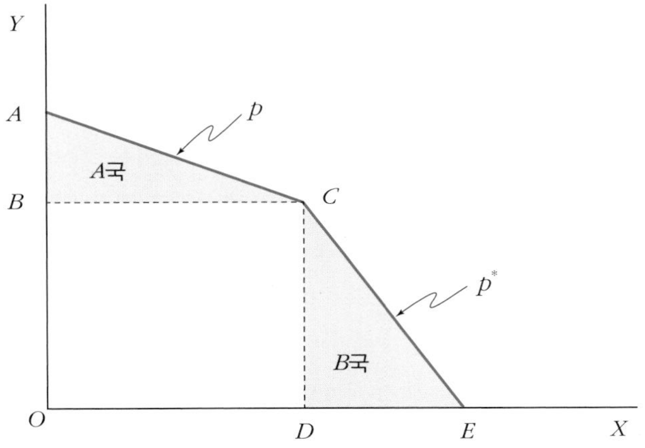

〈세계 생산가능곡선인 선분 ACE는 자유무역 상태에서 세계 전체 생산가능량이다. 이는 A국과 B국 생산가능곡선으로부터 유도된다.〉

한다면, 세계 전체 X재 생산량은 영(0)이고, Y재 생산량은 선분 OA가 된다. 선분 OA는 A국의 Y재 생산량 AB와 B국의 Y재 생산량 CD의 합이다.

A점에서 출발하여 X재의 상대가격이 변함에 따라 세계 전체 생산량이 어떻게 변해 가는가를 생각해보자. X재의 상대가격이 점점 상승하여 A국의 폐쇄경제 상대가격 p와 같아지면, A국은 자국의 생산가능곡선상의 한 점에서 생산하고 B국은 여전히 Y재만을 생산한다. 따라서 세계생산가능곡선은 AC가 된다.

이제 X재의 상대가격이 p보다 높아지면 A국은 X재에 특화한다. 즉, 상대가격이 p보다 크고 p^*보다 작을 때는 A국은 X재에, B국은 Y재에 특화하므로 생산점은 C점이 된다. 그리고 상대가격이 p^*가 되면 A국은 X재에 특화하지만, B국은 자국의 생산가능곡선상에서 생산을 하므로 세계생산가능곡선은 선분 CE가 된다.

그리고 X재 상대가격이 p^*보다 커지면 두 국가 모두 X재만을 생산한다. 이 경우 X재의 세계 전체 생산량은 선분 OE가 된다. 선분 OE는 A국 X재 특화생산량 BC와 B국의 X재 특화생산량 DE의 합이다. 이런 과정을 통해 세계생산가능곡선인 선분 ACE가 유도된다.

국제시장에서 생산과 소비의 균형은 세계생산가능곡선과 무차별곡선이 만나는 점에서 결정된다. 이 무차별곡선은 세계시장 소비자의 선호를 반영하는 무차별곡선이다. 무차별곡선은 소비자의 선호도에 따라 그 모양이 달라진다. [그림 3-3]의 (a)는 X재를 더 선호하는 경우의 무차별곡선이고, (b)는 Y재를 더 선호하는 경우의 무차별곡선이다. (a)와 (b) 모두 균형점은 생산가능곡선이 꺾이는 점, 즉 C점과 C' 점이다. 균형상대가격은 무차별곡선의 형태에 따라 달라진다.

X재를 더 선호하는 (a)의 경우 국제시장가격은 p_1^w가 되고, Y재를 더 선호하는 (b)의 경우 국제시장가격은 p_2^w가 된다. 그림에서 보듯이, p_1^w 선이 p_2^w 선보다 그 기울기가 더 경사져 있다. 즉, $p_1^w > p_2^w$이다. 이는 X재를 더 선호하는 (a)에서는 X재의 상대가격이 더 높고, 반대로 Y재를 더 선호하는 (b)에서는 Y재의 상대가격이 더 높음을 말해준다(여기서 p는 X재의 상대가격임을 기억하라).

그림에서 보듯이 어느 경우든지 국제시장가격은 폐쇄경제의 A국 상대가격 p와 B국 상대가격 p^* 사이의 값이다. A국은 자국의 X재 상대가격이 국제시장가격보다 낮기 때문에 X재를 수출하고, 반대로 B국은 자국의 Y재 상대가격이 국제시장가격보다 낮기 때문에 Y재를 수출한다.

만일 X재에 대한 선호가 지나치게 커서 무차별곡선이 [그림 3-3] (a)에서 B국의 생산가능곡선에서 접하게 되는 경우를 생각해보자.[1] 이 경우 국제시장가격은 B

1 [그림 3-3]의 (a)에서 무차별곡선을 더 수직의 형태로 기울이면, 무차별곡선과 생산가능곡선의 접점이 C점의 우측에 있는 B국의 생산가능곡선과 접하게 된다.

그림 3-3 국제시장가격의 결정

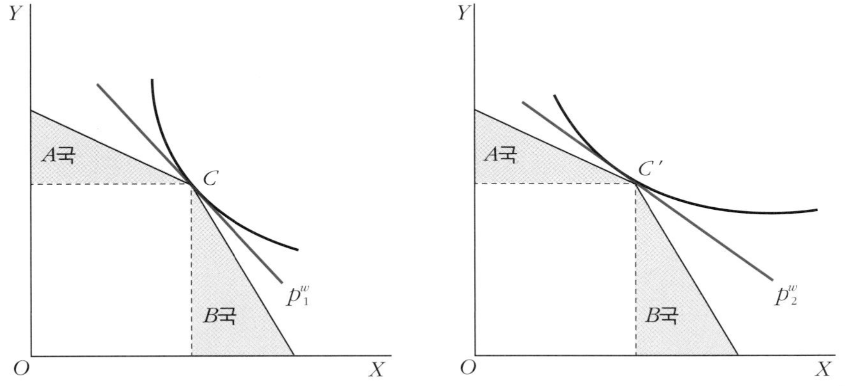

(a) X재를 더 선호하는 경우 (b) Y재를 더 선호하는 경우

〈세계 생산가능곡선과 세계시장 대표소비자의 무차별곡선이 만나는 점에서 국제시장가격이 결정된다. 국제시장에서 X재에 대한 선호가 클수록 X재의 상대가격이 높아진다.〉

국의 폐쇄경제 가격과 같아진다. 국제시장가격이 B국의 폐쇄경제 가격과 같아지면, B국은 X재와 Y재를 모두 생산하고, A국만 X재 생산에 완전특화 한다. 이때 A국은 무역으로부터 이익을 얻지만, B국은 무역 이후에도 무역 이전과 가격이 같기 때문에 무역의 이익은 없다.

4. 무역의 이익

폐쇄경제에서는 생산량보다 더 많은 양을 소비할 수는 없기 때문에 생산가능곡선의 범위 내에서만 소비가 가능하다. 효용극대화의 소비점은 생산가능곡선과 무차별곡선이 접하는 점이다. [그림 3-4]에서 폐쇄경제의 A국 소비점은 E점, B국의 소비점은 E^*점이고, A국의 후생수준은 W_0, B국의 후생수준은 W_0^*이다.

무역 후에는 교환이 가능하므로 생산가능곡선 밖에서도 소비가 가능해진다. 무역 이후, 교환비가 p와 p^* 사이인 p^w라고 하면, [그림 3-4]에서 보듯이 A국과 B국의 소비가능영역이 모두 밖으로 확장된다. p^w의 가격에서 A국은 X재만을 생산하고, 이를 국제가격 p^w로 교환하여 소비하므로 소비가능영역은 BC로 확대된다. B국은 p^w의 가격에서 Y재만을 생산하고, 이를 국제가격 p^w로 교환하여 소비하므로 소비가능영역은 A^*C^*로 확대된다.

무역 이후 소비점은 확대된 가격선과 무차별곡선이 접하는 점에 결정된다. 소비

그림 3-4 무역의 이익

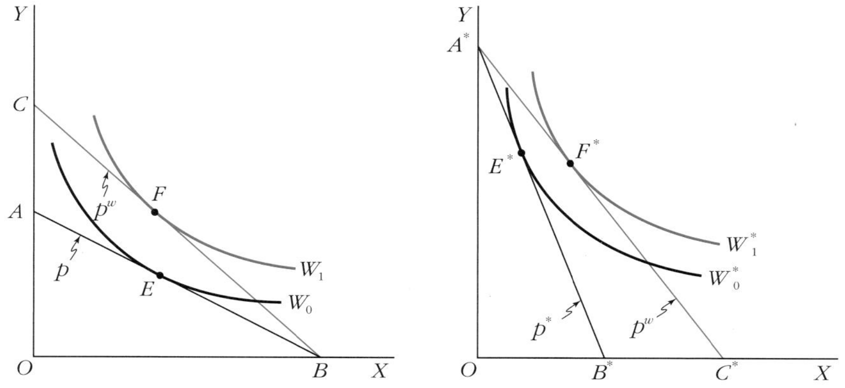

(a) A국의 이익 (b) B국의 이익

〈국제균형가격이 양국의 국내가격 p와 p^* 사이인 p^w가 되면, A국과 B국 두 경제의 후생수준이 모두 증가한다.〉

점이 A국은 E에서 F로, B국은 E^*에서 F^*로 변하고, 후생수준은 A국은 W_0서 W_1으로, B국은 W_0^*에서 W_1^*로 올라간다. 두 나라 모두에서 후생수준이 증가한다.

이처럼 자유무역으로 두 나라 모두 이익을 얻는다. 다만 어떤 국가가 더 많은 이익을 얻는가는 국제균형가격의 수준에 의해 결정된다. [그림 3-5]에서 보듯이 국제

그림 3-5 국제가격 변화와 무역의 이익

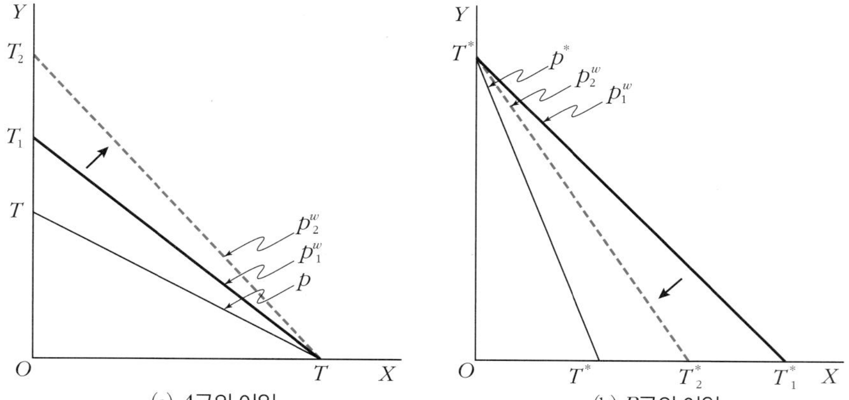

(a) A국의 이익 (b) B국의 이익

〈X재 상대가격이 p_1^w에서 p_2^w로 증가하면 X재 수출국인 A국의 이익은 증가하고, X재 수입국인 B국의 이익은 감소한다.〉

균형가격 변화에 따라 A국과 B국의 소비가능영역이 변하게 된다. p_1^w에서 p_2^w로 X재의 상대가격이 올라가면 A국의 소비가능영역은 TT_1에서 TT_2로 확대되고, B국의 소비가능영역은 $T^*T_1^*$에서 $T^*T_2^*$로 축소된다. 즉, X재의 상대가격이 올라가면 X재 수출국인 A국의 이익은 커지고, X재 수입국인 B국의 이익은 작아진다.

마찬가지로 Y재의 상대가격이 올라가면, Y재 수출국인 B국의 이익이 커지고, Y재 수입국인 A국의 이익은 작아진다. 이처럼 무역으로부터 양국 모두 이익을 얻지만, 국제시장에서 자국의 비교우위재 가격이 높게 결정될수록 그 국가의 이익이 더 커진다. 이처럼 국제시장가격이 어디에서 형성되느냐에 따라 무역으로부터 얻는 이익의 크기가 달라진다.

작은 나라와 큰 나라간의 무역: 누가 더 이익?

큰 나라와 작은 나라가 무역을 하면 누구의 이익이 더 클까? 이런 질문에 대해 많은 사람들은 큰 나라의 이익이 더 클 것이라고 대답한다. 그러나 그렇지 않다. 작은 나라가 더 많은 이익을 얻을 가능성이 크다.

[그림 3-5]에서 살펴본 바와 같이 국제시장가격이 어디에서 결정되는가에 따라 누가 더 많은 이익을 얻는가가 결정된다. 국제시장가격이 자국의 폐쇄경제 가격과 같은 수준에서 결정되면 무역으로부터 얻을 이익이 없다. 우리의 수출재 가격은 높게 책정되고, 수입재 가격은 낮게 책정될수록 무역의 이익은 더 커진다. 다시 말해서 국제시장가격이 자국의 폐쇄경제 가격에서 멀어질수록 교역조건 개선 효과가 크고 무역의 이익도 커진다.

[그림 3-6]은 A국이 작은 나라, B국이 큰 나라라는 가정에서 국제시장가격의 결정을 보여주고 있다. 그림에서 보듯이 극단적인 경우에는 큰 나라인 B국의 폐쇄경제 가격과 국제시장가격이 같아진다. 이는 극단적인 경우이지만, 일반적인 경우에도 국제시장가격은 큰 나라의 폐쇄경제 가격과 유사해질 가능성이 높다. 작은 나라의 수요와 공급이 아주 미미하다고 가정하면, 세계 시장 전체의 수요와 공급은 큰 나라의 수요와 공급에 의해 결정되므로 국제시장가격도 큰 나라의 폐쇄경제 가격과 유사해진다. 국제시장가격이 큰 나라의 가격과 유사하게 결정되면, 큰 나라는 이익을 얻기 어렵지만 작은 나라는 교역조건이 개선되어 이익을 얻게 된다.

예를 들어, 푸에르토리코가 미국과 무역을 시작한다고 하자. 푸에르토리코는 경제규모가 너무 작아서 미국의 시장가격에 미치는 영향이 거의 없다. 두 나라가 무역을 하더라도 미국의 국내가격은 거의 변하지 않기 때문에 미국의 이익은 거의 없다. 그러나 푸에르토리코의 경우, 수출재 가격은 미국의 가격 수준으로 올라가고, 수입재 가격은 미국의 가격수준으로 떨어지므로 많은 이익을 얻게 된다.

한국과 미국과의 무역에서도 상대적으로 규모가 작은 한국이 더 많은 이익을 얻는다. 한국 총수출에서 미국의 비중은 최근 들어 10% 수준으로 줄었지만, 1970~80년대에는 30~40%나 되었다. 반면에, 미국 총수입에서 한국이 차지하는 비중은 3% 미만이다. 한국과 미국 간에 무역이 불가능해진다면, 한국의 타격이 훨씬 클 수밖에 없다. 이는 한국이 미국과의 무역에서 더 많은 이익을 얻음을 반증하고 있다. 또 홍콩이나 싱가포르 같은 작은 나라가 무역을 하지 않고 경제를 운영한다는 것은 상상하기 어렵다. 작은 나라일수록 무역이 필수적이고 무역으로부터 많은 이익을 얻는다.

그림 3-6 대국과 소국 간의 무역에서 국제시장가격의 결정

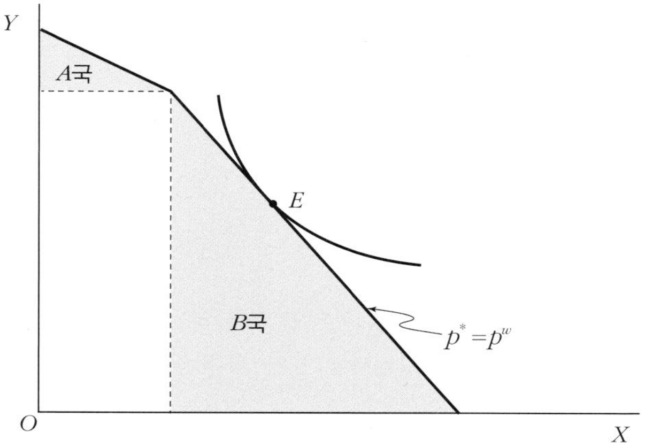

〈A국은 소국이고, B국은 대국일 때, 국제시장가격은 B국의 폐쇄경제가격과 같아진다.〉

5. 임금의 변화

여기서는 국제가격과 노동생산성의 변화가 양국의 상대임금에 미치는 영향을 알아보자. 무역 이후 두 국가의 임금은 어떻게 변화할까? 어떤 국가의 임금이 더 높을까? 결론부터 말하면, 무역 이후 두 국가 모두 임금이 올라가고, 또 노동생산성이 높은 국가일수록 임금수준이 더 높다.

리카도 모형에서 노동생산성은 단위노동투입량의 역수이다. 즉, X재 생산에서 노동생산성은 $1/a_{LX}$이고, Y재 생산에서 노동생산성은 $1/a_{LY}$이다. 임금은 재화가격에 노동생산성을 곱한 값이므로 이는 다음의 식으로 표현된다.

$$w = \frac{P_X}{a_{LX}} \left(\text{또는 } w = \frac{P_Y}{a_{LY}} \right) \tag{3.11}$$

리카도 모형에서 단위노동투입량 a_{LX}, a_{LY}는 주어져 있으므로 재화가격의 변화에 의해 임금이 변하게 된다. 무역 이후 수출재 가격이 무역 이전보다 올라가므로 임금도 무역 이전보다 올라간다.

〈표 3-1〉의 숫자 예를 생각해보자. 이 예에서 A국은 X재에, B국은 Y재에 비교우위를 갖는다. 그러므로 무역 이후에 A국은 X재만을 생산하고, B국은 Y재만을 특화 생산한다. 무역 이후 두 재화의 교환비가 1이고, 두 재화의 가격이 100원으로 서로 같다고 하자. A국에서 X재 생산의 단위노동투입량 a_{LX}는 2이므로 임금은 50원이 된다. 그리고 B국에서 Y재 생산의 단위노동투입량 a_{LY}는 4이므로 임금은 25원이 된다. A국 임금이 B국 임금보다 2배가 높다.

A국의 임금이 B국보다 높은 것은 A국의 노동생산성이 전반적으로 B국보다 높기 때문이다. 〈표 3-1〉을 보면, A국의 노동생산성은 X재 부문에서는 4배가 높고, Y재 부문에서는 4/3배가 높다. A국과 B국의 임금비는 두 산업의 노동생산성 비율의 사이에 있게 된다. 즉 A국의 임금은 B국보다 높지만 그 수준은 4/3배와 4배 사이이고, 마찬가지로 B국의 임금은 A국보다 낮지만 그 범위는 1/4과 3/4 사이이다.

다음으로 국제가격의 변화가 양국의 상대임금에 어떤 영향을 미치는지 알아보자. 앞의 예와 같이 A국은 X재만을 생산하여 수출하고, B국은 Y재만을 생산하여 수출한다고 하자. 이 경우 국제시장 상대가격 p^w는 다음과 같이 정의된다.

$$p^w = \frac{P_X}{P_Y^*} = \frac{w \cdot a_{LX}}{w^* \cdot a_{LY}^*} \tag{3.12}$$

이 식으로부터 양국의 상대임금을 정리하면

$$\frac{w}{w^*} = p^w \cdot \frac{1/a_{LX}}{1/a_{LY}^*} \tag{3.13}$$

이 된다. 여기서 p^w는 X재의 국제상대가격이고, $1/a_{LX}$ 또는 $1/a_{LY}^*$는 각각 A국과 B국의 X재와 Y재의 노동생산성이다.

위의 식 (**3.13**)으로부터 상대가격과 노동생산성의 변화가 상대임금에 미치는 영향을 알아보자. A국의 비교우위재인 X재 상대가격 p^w가 올라가면 A국의 상대임금이 올라간다. 또 A국의 노동생산성 $(1/a_{LX})$가 올라가면 A국의 상대임금이 올라가고, 반대로 외국의 노동생산성 $(1/a_{LY}^*)$가 올라가면 A국의 상대임금이 내려간다.

이상의 논의를 요약하면 다음과 같다. 자국의 교역조건이 개선될수록 자국의 임금수준이 올라간다. 또 노동생산성이 높은 국가에서 임금 수준도 높다. 따라서 어떤 국가의 임금수준이 높아졌다면, 이는 이 국가의 교역조건이 개선되었거나 이 국가의 노동생산성이 다른 국가에 비해 더 많이 올라갔음을 의미한다.

제 3 절 리카도 모형의 확장

1. 2국-다재화 모형

두 국가와 n개의 재화가 있는 경제에서 무역패턴이 어떻게 결정되는지 알아보자. j번째 재화의 생산에 필요한 노동투입량이 A국은 a_{Lj}, B국은 a^*_{Lj}라고 하면, 이 재화의 A국과 B국의 노동투입비율은 (a_{Lj}/a^*_{Lj})이다. B국에 대한 A국의 노동투입비율이 낮은 재화의 순으로 배열하고, 다음과 같이 번호를 부여한다고 하자.

$$\frac{a_{L1}}{a^*_{L1}} < \frac{a_{L2}}{a^*_{L2}} < \frac{a_{L3}}{a^*_{L3}} < \cdots < \frac{a_{Lj}}{a^*_{Lj}} < \cdots < \frac{a_{Ln}}{a^*_{Ln}} \quad (3.14)$$

여기서 1, 2, 3, ⋯, n은 재화를 표시하고, 번호가 클수록 A국의 생산비용이 높은 재화다. 이 배열을 비교우위 고리(chain of comparative advantage)라고 한다.

비교우위 고리를 이용해 다재화 모형의 무역패턴을 알아보자. A국의 임금이 w, B국의 임금이 w^*라고 하면, A국의 j재 가격은 $P_j = wa_{Lj}$이고, B국의 j재 가격은 $P^*_j = w^*a^*_{Lj}$가 된다. A국이 j재를 수출하기 위해서는 A국의 가격이 B국의 가격보다 낮아야 하므로 $P_j < P^*_j$, 즉

$$wa_{Lj} < w^*a^*_{Lj} \quad (3.15)$$

이 성립해야 한다. 위 식을 다시 정리하면,

$$\frac{a_{Lj}}{a^*_{Lj}} < \frac{w^*}{w} \quad (3.16)$$

이 된다.

식 (**3.16**)은 A국이 j재를 수출하기 위한 조건이다. 따라서 비교우위의 고리에서 (w^*/w)를 분기점으로 하여 이 분기점보다 낮은 번호의 재화는 A국이 수출하고, 높은 번호의 재화는 B국이 수출하게 된다. 이처럼 한 국가가 어떤 재화를 수출할 것인가는 양국의 노동생산성과 임금의 비교에 의해 결정된다. 어느 나라든지 상대 국가에 비해 임금보다 노동생산성이 더 높은 재화를 수출하게 된다.[2]

한 국가의 임금 변화는 수출입 상품의 범위에 영향을 미친다. 만일 A국의 임금 w가 증가하면, 분기점이 되는 임금비 (w^*/w)가 좌측으로 이동하므로 A국의 수출품 수는 줄어들고, B국의 수출품 수는 늘어난다. 반대로 B국의 임금 w^*가 증가하면 A국의 수출품 수는 늘어나고, B국의 수출품 수는 줄어든다.

환율 변화도 수출입 상품의 범위에 영향을 미친다. 양국의 화폐단위가 다르면 환율을 이용해 화폐단위를 일치시켜야 한다. 외국임금 w^*에 환율 e를 곱한 ew^*는 자국 화폐단위로 표시한 외국임금이다. 이 값으로 임금비를 계산하면 (ew^*/w)가 된다. 이 식에서 보듯이 A국의 환율(e)이 올라가면 임금비가 증가하므로 비교우위 고리에서 A국의 비교우위 영역이 확대된다. 즉 환율이 상승하면 자국의 수출품 범위가 늘어나고, 반대로 환율이 내려가면 자국의 수출품 범위가 줄어들게 된다.

2. 다국-2재화 모형

재화는 두 개이고, 국가가 여럿인 세계에서 무역패턴이 어떻게 결정되는지 알아보자. 두 재화를 X재, Y재라고 하고, 모든 나라가 이 두 재화만을 생산한다고 하자. Y재에 대한 X재의 생산비가 가장 낮은 나라부터 높은 나라의 순으로 이를 배열하면 다음과 같다.

$$\left(\frac{a_{LX}}{a_{LY}}\right)^A < \left(\frac{a_{LX}}{a_{LY}}\right)^B < \left(\frac{a_{LX}}{a_{LY}}\right)^C < \cdots < \left(\frac{a_{LX}}{a_{LY}}\right)^Z \qquad (3.17)$$

여기서 a_{LX}와 a_{LY}는 각각 X재와 Y재의 단위노동투입량이고, 위첨자 A, B, $C \cdots Z$는 국가를 나타낸다.

---

2 식 (**3.16**)을 다시 정리하면, $\frac{w}{w^*} < \frac{a^*_{Lj}}{a_{Lj}}$이다. 이 식에서 단위노동투입량을 노동생산성 형태로 바꾸어 표시하면 $\frac{w}{w^*} < \frac{(1/a_{Lj})}{(1/a^*_{Lj})}$이 된다(이 식은 A국이 j재를 수출하는 조건식이다). 이 식으로부터 노동생산성이 임금보다 높은 재화가 수출재가 됨을 알 수 있다.

그림 3-7 2재-다국 모형에서 세계생산가능곡선과 국제시장가격

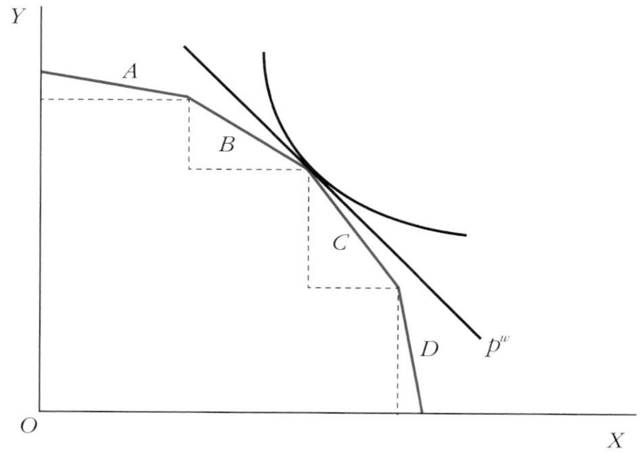

〈세계생산가능곡선은 각 국가의 생산가능곡선을 합한 것이며, 국제시장가격은 세계생산가능곡선과 세계시장의 무차별곡선(선호함수)이 접하는 점에서 결정된다.〉

리카도 모형에서는 단위노동투입량의 비가 기회비용이다. 그러므로 식 (**3.17**)의 (a_{LX}/a_{LY})는 X재 기회비용을 나타내고, 이는 X재의 상대가격 $p(=P_X/P_Y)$와 같다. 기회비용과 상대가격은 서로 같으므로 식 (**3.17**)의 비교우위 고리는 다음과 같은 상대가격의 비교우위 고리로 전환된다.

$$p^A < p^B < p^C < \cdots < p^Z \tag{3.18}$$

A국은 X재의 상대가격이 가장 낮은 나라이고, Z국은 X재의 상대가격이 가장 높은 나라다. 어느 나라가 X재 수출국이고, 어느 나라가 Y재 수출국이 될 것인가는 국제시장가격 p^w의 수준에 의해 결정된다. 만일 자국의 상대가격이 p^w보다 낮다면, 이 나라는 X재 수출국이 된다. 그러므로 비교우위 고리에서 p^w의 좌측에 있는 국가는 X재를 수출하고, 우측에 있는 국가는 Y재를 수출하게 된다.

그러면 국제시장가격은 어떻게 결정되는가? 국제시장가격은 세계생산가능곡선과 세계무차별곡선이 접하는 점에서 결정된다. [그림 3-7]은 A, B, C, D의 네 개 국가를 가정한 세계생산가능곡선이다. 앞에서 보았듯이 세계생산가능곡선은 네 나라의 생산가능곡선을 합하여 도출된다.

[그림 3-7]에서 국제시장가격은 세계생산가능곡선과 무차별곡선의 접선의 기울기인 p^w이다. 폐쇄경제에서 각 국가의 X재 상대가격은 그 국가의 생산가능곡선의

기울기이다. 그림에서 A국과 B국의 X재 상대가격은 p^w보다 낮기 때문에 이 두 나라는 X재 수출국이 되고, C국과 D국의 X재 상대가격은 p^w보다 높기 때문에 이 두 나라는 X재 수입국이 된다. 즉, X재 가격이 더 낮은 A국과 B국은 X재를 수출하고, X재 가격이 더 높은 C국과 D국은 X재를 수입하고 Y재를 수출한다.

3. 노동생산성, 임금, 재화가격의 관계

앞에서 공부한 비교우위론은 모든 국가는 반드시 수출할 제품이 있음을 설명하고 있다. 이는 비록 모든 부분에서 노동생산성이 매우 낮은 나라도 반드시 수출을 할 수 있음을 뜻한다. 그렇다면 상대국보다 더 낮은 노동생산성으로 생산한 제품을 어떻게 더 낮은 가격으로 상대방 국가에 수출을 할 수 있을까? 그 이유는 노동생산성이 낮은 국가의 임금이 상대국보다 낮기 때문이다.

앞 절에서 공부했듯이, 재화가격은 $P_X = w \cdot a_{LX}$, 즉 임금과 노동투입량에 의해 결정된다. 이 식에서 알 수 있듯이, 노동생산성$(1/a_{LX})$, 임금(w), 그리고 재화가격(P_X)은 서로 연결되어 있다. 임금은 노동생산성과 재화가격에 비례한다. 노동생산성이 높은 국가일수록 임금이 높고, 노동생산성이 낮은 국가일수록 임금이 낮다. 그리고 노동생산성이 일정하게 주어져 있는 경우 재화가격이 올라갈수록 임금도 올라간다.

〈표 3-4〉를 이용해 노동생산성, 임금, 재화가격의 관계를 이해해보자. Case I에서는 시간당 임금을 A국은 1만원, B국은 5천원으로 A국 임금이 B국의 2배임을 가정하고 있다. 이 경우 기계 가격은 A국에서는 2만원, B국에서는 4만원으로 A국에서 더 낮다. 직물 가격은 A국에서는 3만원, B국에서는 2만원으로 B국에서 더 낮다. A국은 기계를, B국은 직물을 서로 수출하게 된다. 즉, 두 재화 모두에서 생산성이 더 낮은 B국도 낮은 임금 때문에 직물을 수출할 수 있다.

이제 두 나라의 임금이 같아지면 어떻게 되는지 알아보자. Case II에서처럼 두 나

■ ■ 표 3-4 임금과 재화의 가격

	노동투입량		재화가격			
			CASE I		CASE II	
	A국	B국	A국	B국	A국	B국
기계	2	8	2만원	4만원	2만원	8만원
직물	3	4	3만원	2만원	3만원	4만원
임금			1만원	5천원	1만원	1만원

* 주: 1) 재화가격은 '노동투입량×임금'으로 계산함.
2) Case II는 Case I에 비해 B국의 임금이 5천원에서 1만원으로 인상됨.

라 임금이 모두 1만원이라고 가정하자. *A*국에서 기계는 2만원, 직물은 3만원임에 비해, *B*국에서는 기계는 8만원, 직물은 4만원이 된다. *B*국은 재화가격이 모두 *A*국보다 비싸져서 수출을 할 수 없게 된다. 이와 같이 노동생산성이 낮음에도 불구하고 임금이 그 이상으로 올라가면 제품가격이 비싸져서 수출을 못하게 된다.

노동생산성이 낮은 국가는 임금수준이 낮게 책정되어야 다른 나라로 수출을 할 수 있다. 〈표 3-4〉의 단위노동투입량을 이용해 두 국가의 노동생산성 차이를 계산하면, *B*국의 노동생산성은 *A*국 노동생산성에 비해 기계는 1/4배, 직물은 3/4배로 두 재화 모두에서 *B*국의 노동생산성은 *A*국보다 낮다(노동생산성은 단위노동투입량의 역수임을 기억하자). 이 경우 *B*국의 임금은 *A*국 임금의 1/4과 3/4의 범위에 있어야 두 국가 간 무역이 가능하게 된다.

*A*국의 시간당 임금이 1만원이라고 가정하면, 노동생산성이 낮은 *B*국의 임금은 반드시 *A*국보다 낮아지게 된다. 다만, *B*국의 임금은 1만원보다는 낮지만, 그 범위는 노동생산성 범위인 1/4과 3/4의 사이, 즉 2,500원과 7,500원 사이가 된다. 만일 *B*국 임금이 2,500 이하가 되면 *B*국의 두 재화 가격 모두가 *A*국보다 낮아져서 *A*국이 수출을 할 수 없게 되고, *B*국 임금이 7,500원 이상이 되면 *B*국의 두 재화 가격 모두가 *A*국보다 높아져서 *B*국이 수출을 할 수 없게 된다. *A*국의 임금이 2,500원~7,500원 사이의 어디에서 결정될 것인가는 기계와 직물의 국제시장가격이 어디에서 결정되는가에 달려있다.

앞의 2국-다재화 모형에서 살펴보았듯이 노동생산성의 변화 없이 임금만 상승하면 자국의 수출품 수가 줄어들고, 임금이 지나치게 상승하면 궁극적으로는 수출할 상품이 없게 된다. 노동생산성이 낮은 나라가 수출을 한다는 것은 이 나라의 임금수준이 다른 나라보다 낮기 때문이다. 모든 재화에서 절대열위에 있는 국가는 비교우위재의 노동생산성도 다른 나라보다 더 낮다. 그런데 임금수준이 낮기 때문에 이 비교우위재를 다른 국가보다 낮은 가격으로 수출할 수 있게 된다. [그림 3-8]은 실제로 생산성과 임금수준이 비례 관계임을 보여준다.

한국의 노동생산성과 임금의 변화

[그림 3-8]은 1970-2018년간 한국 제조업의 임금, 노동생산성, 단위노동비용의 변화를 보여주고 있다. 각 변수의 값은 미국에 대한 비율이다. 그래서 이 비율이 1보다 작으면, 한국의 임금이나 노동생산성이 미국보다 낮음을 의미한다. 단위노동비용은 임금을 노동생산성으로 나눈 값으로서 노동투입의

그림 3-8 한국 제조업의 임금, 노동생산성, 단위노동비용의 변화

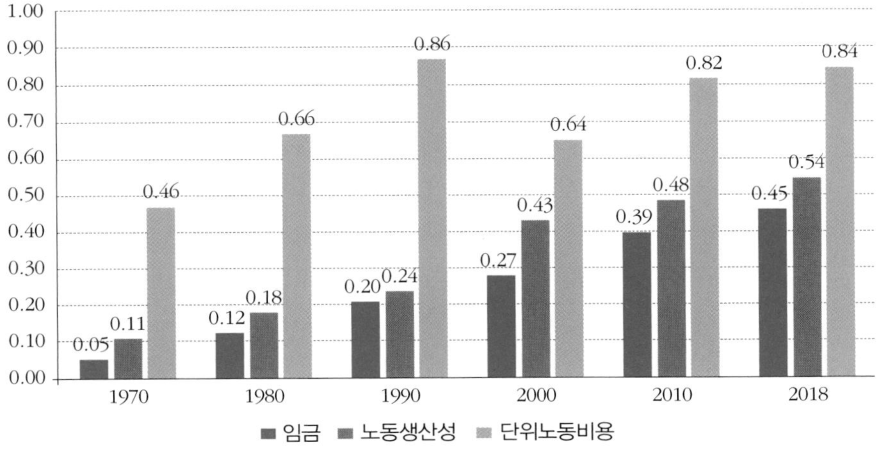

* 주: 1) 제조업을 대상으로 한 자료이며, 각 변수 값은 미국에 대한 한국의 비율임.
2) 노동생산성은 일인당 부가가치이고, 단위노동비용은 '임금/노동생산성'임.
3) 부가가치는 2015년 기준 불변부가가치를 이용하였음.

* 자료: OECD STAN database, 2023.

실질 비용을 나타낸다. 임금이 높더라도 노동생산성이 더 높으면 그에 따른 실질비용은 낮아질 수 있다. 따라서 노동의 실질비용을 판단할 때는 임금뿐만 아니라 노동생산성도 함께 고려해야 한다.

[그림 3-8]을 보면, 1970년 한국의 임금은 미국의 5%, 노동생산성은 9%에 불과했다. 당시 한국의 노동생산성과 임금은 미국보다 현저하게 낮았지만, 이후 점차 상승하여 2018년 한국의 노동생산성은 미국의 54%, 임금은 45%로 상승하였다. 이는 노동생산성의 향상과 함께 임금도 상승하였음을 나타낸다.

한국의 임금이 점차 상승해 왔지만, 단위노동비용은 크게 변하지 않았다. 즉, 임금이 오르더라도 노동의 실질 비용은 크게 달라지지 않았다. 1970년을 제외하면 단위노동비용은 60~80%를 유지하고 있다. 이는 임금의 상승과 동시에 노동생산성도 상승했기 때문이다. 결국 노동생산성과 임금은 비례적으로 증가하였으므로 노동의 실질비용인 단위노동비용에는 큰 변화가 없었다.

그림에서 보듯이 노동생산성이 낮을 때는 임금도 낮고, 노동생산성이 높을 때는 임금도 높다. 세계 전체적으로 임금은 국가 간에 차이가 크다. 국가 간의 임금 차이는 주로 노동생산성 차이에서 비롯된다. 이처럼 임금은 노동생산성에 비례하여 결정되기 때문에 노동의 실질비용은 국가별로 큰 차이를 보이지 않는 편이다.

4. 운송비와 비교역재

흔히 무역이론에서는 운송비(transportation cost)를 고려하지 않는다. 그러나 현실적으로 재화의 수출과 수입에는 항상 운송비가 필요하다. 생산비가 낮더라도 운송비가 너무 높으면 수출이 어렵게 된다. 예를 들어, 어떤 재화의 가격이 A국에서는 100달러, B국에서는 110달러라고 하자. 만일 이 재화의 운송비가 20달러라고 하면 A국 제품이 B국에서는 120달러가 되므로 이 재화를 수출을 할 수 없게 된다. 이처럼 무역이 불가능한 재화를 비교역재(non-tradable goods)라고 한다.

재화마다 운송비 크기에 차이가 있다. 반도체는 가격에 비해 운송비가 작은 편이지만, 쌀이나 밀과 같은 재화는 가격에 비해 운송비가 크다. 따라서 반도체는 두 국가 간 작은 가격 차이에도 무역이 가능하지만, 쌀이나 밀과 같은 재화는 두 국가 간 가격 차이가 커야만 무역이 가능해진다. 특히 이용(hair cut), 자동차정비, 법률상담, 의료와 같은 서비스재는 자국이 가격경쟁력이 있다고 하더라도 이의 수출을 위해서는 사람이 직접 해외로 나가야 하므로 이동 비용이 커서 수출이 어렵다. 이처럼 운송비 부담이 큰 서비스재는 대체로 비교역재(非交易財)의 특성을 가진다. 대체로 농산품이나 서비스재는 운송비 부담이 커서 공산품보다 무역이 잘 이루어지지 않는다.

국가 간 운송비 차이는 교역량에 많은 영향을 미친다. 어느 국가든지 인근 국가들과 더 많은 무역을 하고 있다. 이는 지리적으로 가까운 국가일수록 운송비가 적기 때문이다. 점차 교통통신의 발달로 운송비가 하락하면서 과거 비교역재였던 재화가 교역재로 변해가고 있다. 국제통화요금이 대폭 하락하면서 많은 미국 기업들이 자신의 콜센터를 인도에 설치하고 있다. 이는 과거 비교역재였던 서비스재가 교역재로 바뀌어가는 사례다.

또 운송비만이 아니라 관세 등 무역정책도 무역의 장애요인으로 작용한다. 관세의 부과는 수입재 가격을 높이기 때문에 수입을 어렵게 한다. 그래서 관세율이 높은 국가는 무역이 감소하고, 반면에 FTA협정국 간에는 관세율이 없거나 낮아지므로 무역이 증가하게 된다.

서비스 무역

서비스 산업은 농업, 수산업, 광업의 제1차 산업과 제조업의 제2차 산업에 이은 그 다음의 제3차 산업을 말하면, 여기에는 금융, 운수, 통신, 보험, 교육, 의료, 법률, 도매와 소매의 유통업 등이 포함된다. 서비스 산업은 운송이 어려워 비교역재로 인식되어 왔지만, 최근 들어 정보통신기술의 발달로 통신비가 하락함에 따라 교역가능성이 높아지고 있다. 세계 무역 기구(WTO)의 자료에 의하면, 세계 총무역 중 서비스 무역의 비중은 1980년 17.6%에서 2022년에는 21.9%로 증가하였다. 그런데 총생산에서 서비스 산업이 차지하는 비중이 약 65% 정도인 점을 고려할 때, 서비스 무역의 비중은 생산량 비중에 비해 매우 낮은 편이다.

서비스 산업의 무역비중이 적은 이유는 무엇일까? 이는 서비스재는 운송비 부담이 커서 수출이 어렵다는 특성이 있기 때문이다. 그러나 최근 들어 교통·통신비가 하락하면서 서비스의 교역이 늘고 있다. 하나의 예가 국제통화요금이 하락하면서 미국 기업들이 낮은 임금의 노동자를 활용하기 위해 콜센터를 인도로 옮기는 경우이다. 운송비 부담 때문에 교역이 불가능했던 서비스재가 운송 및 통신비의 하락으로 교역이 가능해지고 있다.

또, WTO의 자료에 의하면 최근에는 디지털로 제공되는 서비스(digitally delivered services)가 빠르

그림 3-9 한국 총무역에서 서비스 무역이 차지하는 비중 변화

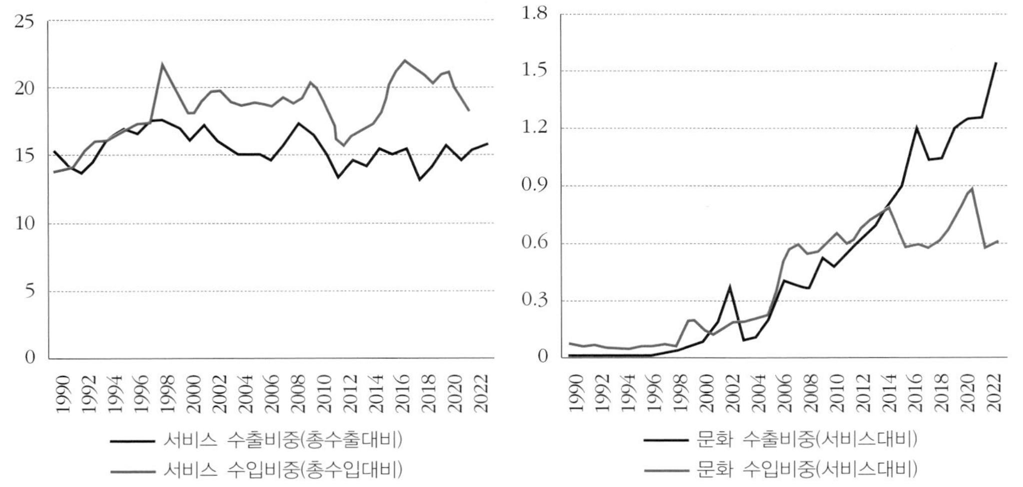

* 주: 서비스의 수출(수입)비중은 서비스 수출(수입)이 총수출(총수입)에서 차지하는 비율이고, 문화산업 수출(수입)비중은 '개인, 문화, 여가서비스' 항목이 서비스 수출(수입)에서 차지하는 비율임.
* 자료: 한국은행, 경제통계시스템, 2023.

게 증가하고 있다. 이러한 서비스는 전자적인 방식으로 제공되며, 주로 소프트웨어, 애플리케이션, 디지털 콘텐츠 등의 형태를 취하고 있다. [그림 3-9]를 보면 한국 서비스 수출 중에서 '문화여가서비스' 항목의 수출비중이 빠르게 증가하고 있다. 이는 한국의 K-드라마와 K-팝 등이 세계적으로 인기를 얻으면서 디지털 음원 수출과 해외 공연 수입 등이 지속적으로 증가하고 있기 때문으로 해석된다.

그림을 보면, 한국의 총무역에서 서비스 무역이 차지하는 비중은 1990년 이후 15-20% 범위에 있다. 서비스 수출비중은 1990년 15.3%, 2022년 15.8%이고, 서비스 수입비중은 1990년 13.9%, 2018년 16.7%이다. 전반적으로 수입비중이 수출비중보다 높아서 한국의 서비스 무역은 적자 상태이다. 세계 전체적으로 서비스 무역의 비중은 총무역액의 약 20%임에 비해, 한국 서비스 무역의 비중은 20% 이내로 세계 평균보다 낮은 편이다.

제 4 절 리카도 이론의 재음미

1. 리카도 이론의 의의와 한계

리카도 이론에 의하면, 어떤 국가의 기술수준이 다른 국가에 비해 모든 재화 생산에서 절대적으로 열위에 있더라도 반드시 수출할 재화가 있다. 그리고 무역은 모든 국가의 후생수준을 높인다. 이는 대단히 획기적인 이론이다. 그럼에도 불구하고 리카도 이론은 몇 가지 한계점이 있다.

첫째, 리카도 이론은 무역의 발생 원인을 양국의 생산성 차이에 두고 있는데, 왜 양국의 생산성에 차이가 나는지를 설명하지 않고 있다. 〈표 3-1〉의 예에서 보듯이 원인에 대한 설명이 없이 국가마다 각 재화 생산에서의 노동생산성이 서로 다르다는 가정에서 출발한다.

둘째, 양국이 무역을 하면 완전 특화가 발생한다는 것도 현실과 부합되지 않는다. 리카도 이론에서는 무역 이후 모든 국가가 수출재만을 생산하고 수입재는 전혀 생산하지 않는다. 그러나 실제 세계에서는 수입대체재의 국내생산이 어느 정도 이루어지고 있다.

셋째, 재화 가격이 수요와는 관계없이 공급조건에 의해서만 결정된다는 것도 현실과 부합되지 않는다. 리카도 모형에서는 재화가격이 단위노동투입량에 의해서 결정되고, 수요의 변화는 가격에 영향을 미치지 않는다. 재화의 가격은 수요와 공급의 두 요소에 의해 결정된다는 일반적 경제이론을 따르고 있지 않다는 점에서 한계가 있다.

마지막으로, 생산요소로 노동만을 고려하고, 노동이외의 다른 중요한 생산요소인 자본이나 토지 등을 고려하지 않는다는 점도 문제다. 생산요소로 노동만을 고려하고 있기 때문에 무역으로 인한 소득분배효과를 설명하지 못한다. 즉, 무역 이후 생산요소들 간의 갈등관계를 설명할 수 없다. 다음 장의 헥셔-오린 모형에서는 노동이외의 다른 생산요소를 고려한 경제에서 요소부존도의 차이가 무역의 요인이 됨을 설명하고 있다.

이러한 몇 가지 한계에도 불구하고 리카도의 비교우위론은 단순한 모형을 통해 자유무역의 이익을 설득력 있게 보여주었다. 특히 자유무역으로 모든 국가가 이익을 얻을 수 있음을 이론적으로 설명해 줌으로써 전 세계적인 개방의 확대를 가져와 세계경제의 성장에 크게 기여하였다.

2. 실증분석

리카도 모형은 절대적으로 노동생산성이 낮은 국가도 수출을 할 수 있다고 한다. 실증적 예를 살펴보자. 의류산업에서 미국의 노동생산성은 멕시코보다 더 높다. 그런데 미국은 멕시코에서 의류를 수입하고 있다. 그 이유는 무엇일까?

1990년 후반의 자료를 보면, 산업 전체적으로 미국의 노동생산성은 멕시코의 약 3배였으나, 의류산업에서는 미국 노동생산성이 멕시코의 1.5배였다. 의류산업에서도 미국의 노동생산성이 멕시코보다 더 높았지만, 다른 산업에 비해서는 상대적으로 낮은 편이었다. 그런데 당시 미국의 임금은 멕시코의 약 4배였다. 미국 의류산업에서 노동생산성은 1.5배 높음에 비해 임금은 4배가 더 높았기 때문에 미국의 의류 가격이 멕시코보다 비싸게 된다. 따라서 멕시코가 미국보다 노동생산성이 더 낮지만 미국으로 의류를 수출하게 되고, 반대로 미국은 멕시코보다 노동생산성이 더 높지만 높은 임금 때문에 멕시코에서 의류를 수입하게 된다. 이 예는 노동생산성이 낮은 국가는 임금수준이 낮아서 비교우위재를 수출하게 된다는 점을 실증적으로 보여주고 있다.

보다 체계적인 실증분석 결과를 살펴보자. 맥두걸(MacDougal)은 영국과 미국의 통계자료를 이용하여 리카도 무역모형에 대한 실증분석을 시도하였다. 그는 영국과 미국의 25개 산업을 선정하여 1937년 한 해 동안 노동생산성과 수출점유율 간의 관계를 살펴보았다.

[그림 3-10]은 맥두걸의 검증결과를 요약해주고 있다. 종축은 영국 노동자 1인당

그림 3-10 노동생산성과 수출점유율

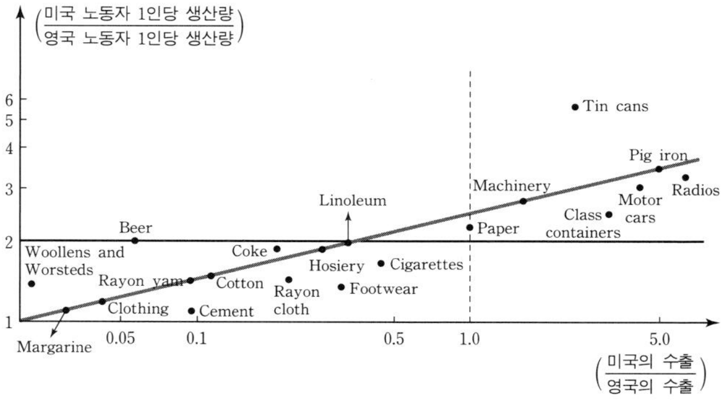

* 자료: MacDougal, G.D.A., "British and American Export: A Study Suggested by the Theory of Comparative Costs," *Economic Journal*, 1951.

생산량에 대한 미국 노동자 1인당 생산량의 비율을 표시하고 있다. 이 비율이 높을수록 미국의 노동생산성이 더 높음을 나타낸다. 횡축은 제3국 시장에서 영국 수출량에 대한 미국 수출량의 비율을 나타내며, 이 비율이 높을수록 미국의 수출이 많다는 것을 의미한다. 그림에 표시된 점을 관찰해 보면 노동생산성과 수출 간에 정(+)의 관계가 존재한다. 즉, 미국의 노동생산성이 높은 산업에서 미국의 수출이 영국보다 많다. 노동생산성의 상대적 크기에 의해 수출 산업이 결정됨을 보여준다.

그런데 당시에 미국 임금이 영국 임금의 2배였다. 이 경우 미국의 노동생산성이 영국보다 2배 이상 높아야 미국 제품 가격이 영국보다 낮아지고 수출이 가능해진다. 다시 말해서 미국 임금이 영국의 2배이므로 '미국노동생산성/영국노동생산성'의 비가 2 이상인 산업에서 미국은 수출을 할 수 있다. 그림에서 보듯이 생산성 비율이 2 이상인 산업에서 '미국수출/영국수출'의 값이 1보다 커진다. 노동생산성과 임금의 상대적 비교에 의해 수출산업이 결정됨을 보여준다.

3. 비교우위 개념의 응용

비교우위론에 의하면, 모든 면에서 절대우위에 있는 국가도 다른 나라와 무역을 함으로써 이익을 얻을 수 있고, 모든 면에서 절대열위에 있는 국가도 반드시 수출할 상품이 있고 무역으로 이익을 얻을 수 있다. 다시 말해서 모든 국가는 항상 수출할 상품이 있고, 다른 나라와 교환을 통해 이익을 얻을 수 있음을 설명해준다.

비교우위 법칙은 일상생활에도 적용된다. 어떤 변호사가 그의 비서보다 타이프를 두 배나 빨리 칠 수 있다고 하자. 이 경우 변호사는 법률사무와 타이핑 모두에서 절대우위를 가지고 있다. 그러나 변호사가 법률사무와 타이핑을 혼자서 도맡아 하는 것은 바람직하지 않다. 예를 들어, 법률업무는 시간당 5만원이고, 타이핑 업무는 시간당 1만원이라고 할 때, 변호사가 스스로 타이핑을 하게 되면 시간당 3만원의 손해를 보게 된다. 왜냐하면 변호사는 비서보다 2배 빨리 타이핑을 할 수 있기 때문에 스스로 타이핑을 하는 경우 2만원을 절약할 수 있지만, 법률사무를 봄으로써 벌 수 있는 5만원을 포기해야 되기 때문이다. 따라서 변호사가 더 많은 수익을 올리기 위해서 자신은 법률사무에 전념하고 타이핑은 비서에게 맡기는 것이 이득이다. 이것이 비교우위의 원리이다.

자유무역으로 인해 손해를 본다는 의견이 있다. 예를 들어, 중국과의 자유무역으로 중국의 농산물이 수입됨에 따라 한국 농업이 위축되고, 또 장난감과 의류 수입의 증가로 한국의 관련 산업이 위축되고 있기 때문에 무역은 우리 경제에 나쁘게 작용한다는 견해다. 그러나 이 주장은 중국에 대한 수출증가로 한국 수출산업이 성장하는 측면을 도외시하고 있다.

수입의 확대로 국내 수입대체산업이 위축되는 것은 사실이지만, 이들 제품을 국산품보다 낮은 가격으로 수입하므로 소비자는 이득을 얻는다. 또 수입대체산업이 위축되는 대신 우리가 경쟁력을 갖는 수출산업의 생산이 증가하는 이득을 얻는다. 부분적으로는 무역으로 인해 손해를 보는 집단이 있을 수 있지만, 국가 전체적으로는 이익이 더 크다.

무역의 이익은 무역 이후에 모든 재화를 더 많이 생산할 수 있어서 얻어지는 것은 아니다. 무역 이후 비교우위재의 생산은 증가하지만, 비교열위재의 생산은 감소하기 때문이다. 무역의 이익을 얻기 위해서는 비교열위 산업의 위축을 감수해야 한다. 비교우위론은 모든 면에서 우수한 국가(또는 사람)라도 상대적으로 못하는 것을 포기함으로써 더 큰 이득을 얻을 수 있고, 모든 면에서 부족한 국가(또는 사람)라도 반드시 다른 국가(사람)와 교환할 것이 있다는 진리를 설명해준다.

4. 비교우위에 대한 잘못된 인식

자유무역에 대한 잘못된 인식은 신문이나 잡지 그리고 일상적인 대화에서 쉽게 찾아볼 수 있다. 이러한 잘못된 주장들은 비교우위 원리를 이해하지 못한 데서 비롯된다. 몇 가지 주장들을 살펴보자.

(1) 모든 면에서 생산성이 절대적으로 낮은 후진국은 수출할 상품이 없다고 주장

한다. 이 주장은 후진국은 무역으로부터 이익을 얻을 수 없기 때문에 보호무역이 필요하다는 주장으로 연결된다. 이러한 주장은 비교우위론을 이해하지 못한데서 나온 잘못된 주장이다. 많은 사람들이 수출능력은 생산성의 절대적 우위에서 비롯된다고 생각하는데, 그렇지 않다. 비교우위 법칙은 생산성의 절대적 차이가 아니라 상대적 차이에 의해 수출상품이 결정됨을 설명해준다. 절대적으로 생산성이 낮은 국가는 임금이 낮아서 비교우위재를 상대국보다 낮은 가격으로 수출할 수 있다. 이런 무역을 통해 두 국가 모두 이익을 얻는다.

(2) 임금수준이 낮은 개도국과의 무역은 선진국 노동자들에게 불리하므로 무역을 제한해야 한다고 주장한다. 이는 선진국 노동조합의 주장이다. 자신들의 생산성이 개도국보다 높음에도 불구하고, 개도국 제품을 수입하는 것은 개도국의 낮은 임금 때문이고, 그래서 선진국도 자국 제품을 팔기 위해서는 임금을 낮추어야 하므로 무역은 노동자들에게 손해를 끼친다고 주장한다. 그러나 이러한 주장은 잘못이다. 이 산업의 노동자들이 어려움을 겪는 것은 사실이지만, 낮은 가격으로 수입제품을 사는 소비자들이나 다른 수출 산업의 노동자들은 이익을 얻는다. 즉, 일부 그룹은 손해를 보지만, 국가 전체적으로는 이익을 얻는다. 개도국보다 노동생산성이 높음에도 불구하고 경쟁력이 없는 이유는 이 산업이 비교열위 산업이기 때문이다. 이 산업은 노동생산성이 개도국보다 높지만 임금이 그보다 더 높기 때문에 가격경쟁력을 갖지 못한 것이다. 무역으로 모든 노동자가 어려움을 겪는 것이 아니라 비교열위산업의 노동자들이 어려움을 겪는다.

(3) 무역은 개도국 노동자를 착취하기 때문에 불공평하다고 주장한다. 선진국이 개도국 제품을 매우 낮은 가격으로 수입하는 것은 개도국 노동자의 임금을 착취하는 것과 같다는 주장이다. 그러나 이는 생산성과 임금의 관계를 이해하지 못한 잘못된 주장이다. 개도국의 임금이 선진국보다 낮은 것은 그들의 생산성이 낮기 때문이다. 만일 생산성 증가 없이 임금만 높인다면 제품 가격이 올라가기 때문에 선진국은 그 제품을 수입하지 않게 된다. 개도국이 수출을 못하게 되면 개도국 노동자들의 근로조건은 더 열악하게 된다. 개도국의 저임금은 낮은 생산성 때문이다. 생산성이 올라가면 임금도 올라간다. 그리고 개도국은 낮은 임금에도 불구하고 폐쇄경제보다 무역 이후에 더 많은 이익을 얻는다.

(4) 경쟁국의 경제가 성장하면 우리 경제가 쇠퇴할 것이라고 주장한다. 이 주장은 국가 경제를 기업과 동일시하는 오류를 범하고 있다. 두 기업이 경쟁하는 시장에서는 한 기업의 성장은 다른 기업의 위축을 초래하기 마련이다. 그러나 국가 간 무역은 기업 간 경쟁과 다르다. 기업은 자기가 생산하여 판매하는 제품이 팔리지 않으면 망하게 된다. 그러나 국가 간의 무역에서는 수많은 상품이 비교우위에 의해

거래되기 때문에 한 상품이 경쟁력을 상실한다고 하더라도 반드시 다른 수출 상품이 나타나게 된다. 이것이 비교우위론이다.

상대국가의 경제가 성장하면 우리의 수출입 상품의 종류와 양에 변화가 나타날 뿐이지 우리 경제가 전체적으로 수출을 못하게 되는 일은 없다. 다른 나라의 생산성이 우리나라보다 빠르게 증가하면 상대국의 임금이 우리나라보다 더 빠르게 올라갈 뿐이다. 더구나 상대국의 수출 산업에서 생산성 증가가 이루어지면, 그 재화의 가격이 하락하므로 우리의 교역조건이 개선되어 우리는 무역으로부터 더 많은 이익을 얻는다. 중국의 경제성장으로 한국경제가 위축되지나 않을까 걱정하는 사람들이 있다. 그러나 중국의 경제성장은 한국 제품에 대한 수요를 확대시켜 우리 경제에 이득이 되는 측면이 더 크다.

주요용어

• 노동가치설	• 단위노동투입량	• 기회비용
• 상대가격	• 규모에 대한 보수불변	• 절대우위
• 비교우위	• 노동생산성	• 생산가능곡선
• 완전고용조건식	• 한계전환율	• 무역의 이익
• 상대임금	• 비교역재	• 서비스 무역

요 약

01. 리카도 모형에서 생산요소는 노동 하나이며, 각 재화의 가치(가격)는 노동투입량에 의해 결정된다. 각국의 비교우위는 양국의 상대가격(기회비용)의 차이로부터 결정되며, 상대가격(기회비용)이 낮은 재화에 비교우위를 갖는다. 무역 이후 국제가격은 무역 이전 양국의 국내가격 사이에서 결정된다.

02. 자유무역을 하면 무역 이전보다 세계 전체의 생산량이 증가하고, 이러한 생산량 증가가 양국에 배분되어 양국 모두 무역으로부터 이익을 얻는다. 자국의 수출재 가격 상승폭이 클수록 자국은 더 많은 이익을 얻는다.

03. 다른 나라에 비해 모든 재화 생산에서 노동생산성이 낮은 국가도 반드시 비교우위를 갖는 재화가 있으며, 다만 이 국가는 생산성이 높은 국가에 비해 임금수준이 낮다.

04. 비교우위론은 다재화 모형에도 똑같이 적용된다. 비교우위는 기회비용과 양국의 임금비에 의해 결정된다. 생산성의 변화 없이 자국의 임금이 상승하면 자국의 비교우위 제품의 범위가 축소된다.

05. 리카도 모형은 생산요소로 노동 하나만을 고려하고 있고, 무역으로 인해 완전특화가 이루어지며, 양국의 생산성 차이가 무엇 때문에 발생하는지에 대한 설명이 없다는 등의 한계가 있다.

06. 리카도 모형에 의하면 노동생산성의 절대적 수준이 높다고 수출상품이 되는 것이 아니라 다른 국가보다 상대적 수준이 높은 경우에 비교우위를 갖는다. 맥두걸에 의한 리카도 모형의 실증분석 결과는 노동생산성에 의해 비교우위가 결정됨을 보여준다.

07. 생산성이 낮은 후진국은 수출할 상품이 없다는 주장, 임금수준이 낮은 개도국과의 무역은 손해라는 선진국의 주장, 무역은 개도국 노동자를 착취하는 것이기 때문에 불공평하다는 주장, 경쟁국의 경제성장으로 우리 경제가 쇠퇴할 것이라는 주장은 모두 무역의 본질을 이해하지 못한 잘못된 견해들이다.

복습문제

01. 비교우위 법칙이란 무엇인가? 어떤 재화에 대한 비교우위는 어떻게 판단할 수 있는가?

02. 리카도 모형에서 국제시장가격이 어떻게 결정되며, 국제시장가격의 변화가 무역의 이익에 어떤 영향을 미치는지 설명하라.

03. 무역 이후, 각 국가의 임금 수준이 어떻게 변하는지 설명하라.

04. 상대국보다 노동생산성이 더 낮은 재화가 수출되는 경우가 있는데, 그 이유는 무엇인가?

05. 비교우위에 대해 사람들이 자주 오해하는 내용에는 어떤 것들이 있는가?

연습문제

01. 리카도 모형에 대한 다음 물음에 답하시오. 표 안의 숫자는 단위당 노동투입량과 총노동부존량이다.

	A국	B국
X재	2	5
Y재	3	4
총노동부존량(L)	240	400

1) A국과 B국의 Y재로 평가한 X재의 상대가격을 구하고, A국과 B국은 각각 어떤 재화에 비교우위를 갖는지를 설명하라.
2) A국과 B국의 재화에 대한 선호가 서로 다르면, 앞의 비교우위에 대한 결정은 달라지는가?
3) 만일 국제가격((P_X/P_Y)이 1이라면, A국은 무역을 통해 이득을 얻는가? 국제가격이 1보다 높아지면, A국과 B국의 이익배분이 어떻게 바뀌는가? 그림으로 설명하라.
4) 국제시장에서 X재 1단위와 Y재 1단위가 교환된다고 하자. A국이 수출하는 X재

1단위 생산에는 노동 2단위가 투입되고, *B*국이 수출하는 *Y*재 1단위 생산에는 노동 4단위가 투입되므로 양국간의 무역에는 부등가 교환이 이루어진다. 따라서 *A*국은 무역을 통해 이익을 보나 *B*국은 손해를 본다고 주장한다. 이 주장을 평가하라.

5) 만약 *A*국에서 *X*재 생산에 기술진보가 일어나 한 단위 생산에 필요한 노동량이 2에서 1로 감소한다면, 양국 간 무역의 이익에는 어떠한 변화가 있는가? (국제시장가격에는 변화가 없다고 가정한다.)

02. 다음의 표는 한국과 미국에서 각 재화의 한 단위 생산에 투입되는 노동량을 나타낸다. 양국간에 환율, 임금 및 생산비용은 다음과 같다.

- 환율: 1,000(₩/$)
- 임금: ₩5,000/시간(한국), $10/시간(미국)

	섬유류	스포츠용품	가전제품	자동차	기계류
미국	5/3	2	2.5	2	1.5
한국	2	3	4	5	6

- 단위노동투입량

1) 두 나라가 무역을 하면, 한국은 어떤 상품을 수출할까?
2) 한국의 임금이 ₩5,000/시간에서 ₩7,500/시간으로 상승했을 때, 한국의 수출상품은?
3) 환율이 ₩1,000/$에서 ₩1,500/$으로 인상된 경우, 한국의 수출상품은?

03. 모든 산업에서 미국의 노동생산성은 중국의 노동생산성보다 높은 데도 불구하고, 미국은 중국으로부터 많은 재화를 수입하고 있다.

1) 생산성이 높은 미국에서 그렇지 않은 중국으로부터 제품을 수입하는 이유는?
2) 미국의 노동자들은 낮은 임금의 중국과 경쟁하기 위해서는 미국의 임금수준이 하락할 수밖에 없기 때문에 중국과의 자유무역은 부당하다고 주장한다. 이러한 주장은 타당한가?

04. 리카도 모형에서 환율 상승이 무역에 미치는 영향에 대해 답하라.

1) 자국의 환율상승이 자국의 상대임금에 미치는 영향은?
2) 다재화 모형에서 환율 상승이 자국의 수출재 범위에 미치는 영향은?

05. 재화 생산의 단위노동투입량이 문제 1번의 표와 같다고 하자. 무역 이후 *X*재와 *Y*재의 국제시장가격은 모두 10,000원이라고 하자. 다음 물음에 답하라.

1) *A*국과 *B*국의 임금은 각각 얼마인가?
2) *Y*재 기격만 12,000원으로 올라가면, *A*국과 *B*국의 임금은 각각 얼마가 되는가?

3) 두 나라의 X재와 Y재에서 노동생산성 차이를 구하라.

4) 앞의 1)-3)을 이용해 두 국가의 임금 차이와 노동생산성 차이의 관계를 설명하라.

5) 1)과 2)를 이용해 재화가격, 임금, 무역의 이익의 관계를 설명하라.

06. 문제 1번의 표를 이용해 다음 물음에 답하라.

1) 세계 생산가능곡선을 그려라.

2) B국의 노동부존량이 500으로 증가하였다고 하자. 세계 생산가능곡선을 그려라.

3) 2)에서 국제시장가격은 각각 어떻게 될까?

07. 다음 서술의 진위를 판정하고, 논평하라.

1) 무역 이후에도 양국의 기술수준과 총노동량에 변화가 없기 때문에 세계 전체 생산량도 무역 이전과 동일하다.

2) 미국은 세계 어느 나라보다도 서비스 부문에 비교우위가 있다. 그러나 서비스는 공산품에 비해 교역이 어렵기 때문에 미국은 무역으로부터 이익을 얻을 수 없다.

3) 후진국은 대부분 노동생산성이 낮을 뿐만 아니라 자원도 풍부하지 못해 수출할 상품이 없다. 따라서 무역으로부터 이익을 얻기도 어렵다.

4) 중국의 생산성 증가는 한국 수출상품의 경쟁력을 하락시켜 한국경제에 나쁜 영향을 미친다.

5) 펩시콜라와 코카콜라의 경쟁에서 한 기업의 성장이 다른 기업의 위축을 초래하는 것처럼 한 국가의 성장은 다른 국가의 위축을 초래한다.

04 요소부존도와 국제무역: 헥셔-오린의 무역모형

앞 장에서 공부한 리카도의 비교우위론은 노동을 유일한 생산요소로 보고, 국가 간 노동 생산성 차이가 비교우위를 결정한다고 설명한다. 그러나 재화를 생산하는 데는 노동뿐만 아니라 자본과 토지와 같은 여러 생산요소가 필요하다. 이런 상황에서는 각 국가의 요소부존도의 차이가 비교우위를 결정하는 요인이 된다.

이 장에서는 요소부존도의 국가 간 차이에 바탕을 둔 비교우위이론에 대해 공부한다. 이 이론을 통해 요소부존도의 차이가 무역패턴과 무역의 이익에 어떻게 영향을 미치는지, 그리고 이 이론이 현실경제를 얼마나 잘 설명하는지를 살펴본다. 이 이론은 이를 만들어낸 스웨덴의 두 경제학자인 헥셔와 오린의 이름을 따서 헥셔-오린(Heckscher-Ohlin) 이론이라고 한다.

제 1 절 폐쇄경제의 균형

1. 비용최소화 조건

1) 등량곡선

신고전파 생산함수는 노동과 자본을 생산요소로 고려하고 있다. 생산함수는 다음과 같은 수식으로 표현된다.

$$Q_i = F_i(L_i,\ K_i),\ i = X,\ Y \tag{4.1}$$

여기서 Q_i는 i재(X재, Y재)의 산출량, L_i와 K_i는 각각 i재 생산에 투입된 노동과

그림 4-1 비용최소화의 조건

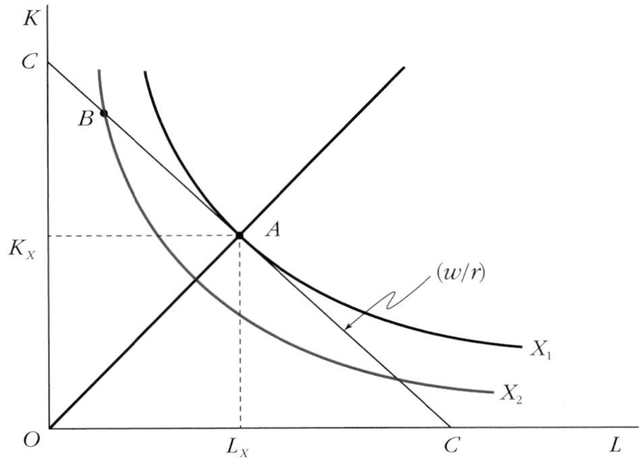

〈등비곡선의 기울기는 임금-임대료 비율(w/r)이며, 등비곡선과 등량곡선이 접하는 점에서 비용최소화가 이루어진다.〉

자본의 양을 나타낸다. 이 신고전파 생산함수에서는 한계생산성체감의 법칙이 작용한다. 한계생산성체감의 법칙(law of diminishing marginal productivity)이란 다른 생산요소가 고정된 상태에서 한 생산요소의 투입이 증가하면 생산량이 점차 증가해 가지만 그 증가분이 점차 감소해 감을 나타낸다.[1] 한계생산성체감의 법칙은 수확체감의 법칙(law of diminishing returns)이라고도 한다.

신고전파 생산함수의 등량곡선(等量曲線; isoquant curve)은 [그림 4-1]에서와 같이 원점에 대해 볼록하며, 연속적인 형태를 갖는다. 등량곡선이란 동일한 재화 양을 생산할 수 있는 요소투입량의 집합이며, 위에 있는 등량곡선일수록 더 많은 생산량을 나타낸다. [그림 4-1]의 유연한 등량곡선은 생산요소의 결합방법이 무수히 많음을 나타낸다.

등량곡선상의 접선의 기울기를 한계기술적대체율(MRTS; marginal rate of technical substitution)이라고 한다. 이하에서는 이것을 $MRTS_{LK}$로 간단히 표기한다. 한계기술적대체율은 동일한 생산량을 유지하기 위한 노동과 자본의 대체 비율이다. 등량곡선상의 모든 점에서 $\Delta L \cdot MPL + \Delta K \cdot MPK = 0$의 등식이 성립되므로 한

1 한계생산성(marginal productivity)이란 다른 요소 투입이 고정된 상태에서 어느 한 요소를 1단위 추가 투입할 때 더 늘어나는 생산량을 나타낸다. 요소를 추가 투입하면 생산량은 증가하므로 한계생산성은 항상 양(+)이다.

계기술적대체율은 다음과 같이 정의된다.[2]

$$MRTS_{LK} = -\frac{\Delta K}{\Delta L} = \frac{MPL}{MPK} \tag{4.2}$$

여기서 MPL과 MPK는 각각 노동과 자본의 한계생산성(marginal product)을 나타낸다. 이 식에서 보듯이 한계기술적대체율($MRTS$)은 노동의 한계생산성과 자본의 한계생산성의 비율로 표시된다.

2) 등비곡선

등비곡선(等費曲線; isocost curve)은 같은 비용으로 고용할 수 있는 노동과 자본량의 조합을 나타낸다. 수식으로는 다음과 같이 표현된다.

$$C = w \cdot L + r \cdot K \tag{4.3}$$

여기서 C는 생산비용, w는 임금, r은 임대료이다. 이 식을 다시 정리하면 다음과 같다.

$$K = -\left(\frac{w}{r}\right)L + \frac{C}{r} \tag{4.4}$$

[그림 4-1]에서 CC곡선이 등비곡선이고, 등비곡선상의 모든 점은 동일한 비용을 나타낸다. 위의 식에서 알 수 있듯이 등비곡선의 기울기는 (w/r)로 임금-임대료 비율이다. 또 비용 C가 증가하면 절편이 커지므로 등비곡선은 밖으로 이동한다.

3) 비용최소화 조건

유연한 등량곡선은 같은 재화를 생산하는 방법이 다양함을 말해준다. 노동을 많이 사용할 수도 있고 자본을 많이 사용할 수도 있다. 어떤 생산방법을 선택하느냐에 따라 비용이 달라진다. 기업들은 비용을 최소화하는 생산방법을 채택하고자 한다. 자본가격이 올라가면 자본을 적게 쓰고 대신 노동을 많이 쓰는 생산방법을 채택하고, 임금이 올라가면 노동을 적게 쓰고 자본을 많이 쓰는 생산방법을 채택한

---

2 $Q_i = F_i(L_i, K_i)$를 전미분하면, $dQ = F_L dL + F_K dK$가 된다. 등량곡선 상에서는 생산량이 변하지 않으므로 $dQ = 0$이다. 이를 앞의 식에 대입하여 다시 정리하면, $-(dK/dL) = F_L/F_K$가 된다. 여기서 F_L과 F_K는 각각 MPL과 MPK를 나타낸다.

다. 기업이 비용을 최소화하기 위해 노동을 많이 쓸 것인가 자본을 많이 쓸 것인가는 임금과 임대료의 상대적 크기에 의해 결정된다.

[그림 4-1]을 이용해 비용최소화의 요소결합비율을 알아보자. 그림에서 A점과 B점은 같은 등비곡선 상에 있으므로 총비용은 같다. 하지만, A점의 생산량이 B점의 생산량보다 더 많다. 동일 비용으로 생산량을 극대화할 수 있는 A점에서 비용이 최소화된다. 비용최소화의 A점에서는 등비곡선과 등량곡선이 접하고 있다. 따라서 비용최소화 조건은 요소가격비와 한계기술적대체율이 일치하는 다음 식으로 표시된다.

$$\frac{w}{r}=MRTS_{LK} \tag{4.5}$$

2. 요소가격과 요소집약도

재화 생산에 사용된 생산요소의 결합비율을 요소집약도(要素集約度; factor intensity)라고 하고, 이는 자본집약도 혹은 노동집약도로 표현한다.[3] [그림 4-1]의 A점에서의 요소집약도는 A점과 원점 O를 잇는 직선의 기울기이다. A점에서 생산에 사용되는 노동량과 자본량이 L_X, K_X이므로 자본집약도는 K_X/L_X이고, 이는 노동 한 단위와 결합되는 자본량을 나타낸다. 자본집약도를 자본-노동 비율(capital-labor ratio)이라고 부르기도 한다. 그리고 자본집약도를 역으로 표현하면 L_X/K_X가 되는데, 이를 노동집약도라고 한다.

[그림 4-2]는 요소가격비 w/r의 변화에 따른 요소집약도의 변화를 보여준다. 비용최소화는 요소가격비인 임금-임대료 비율과 등량곡선이 접하는 점에서 이루어진다. 임금-임대료의 비율이 $(w/r)_1$일 때 요소집약도는 A점에서, 임금-임대료의 비율이 $(w/r)_2$로 상승하면 요소집약도는 B점에서 결정된다.

원점 O에서 A점이나 B점을 연결하는 직선의 기울기가 자본집약도, 즉 자본-노동 비율이다. A점과 B점을 비교하면, A점보다 B점은 자본-노동 비율이 더 크다. 이는 임금-임대료 비율(w/r)이 상승하면, 기업들이 비용을 줄이기 위해 노동보다 자본을 더 많이 사용하는 생산방식을 채택함을 말해준다. 이처럼 노동과 자본의 유연한 대체성을 가정하면, 요소가격비의 변화에 따라 자본-노동 비율이 달라진다.

규모에 대한 보수불변(constant returns to scale)의 생산함수에서는 임금-임대료

3 요소집약도는 재화생산에서 나타나는 요소의 결합비율을 표현하는 용어이고, 요소부존도는 한 국가의 요소부존량을 표현하는 용어이다. 요소집약도는 자본집약적 또는 노동집약적이라고 표현하고, 요소부존도는 노동풍부국 또는 자본풍부국으로 표현한다.

그림 4-2 요소가격과 요소집약도

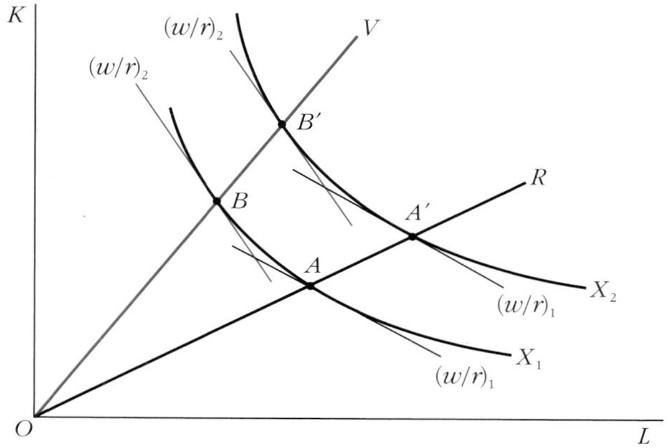

〈요소가격비가 $(w/r)_1$에서 $(w/r)_2$로 올라가면, 자본집약도가 OR에서 OV로 높아진다. 이는 임금이 상대적으로 비싸질수록 생산방법이 자본집약적으로 바뀌어 감을 나타낸다.〉

비율과 자본-노동 비율 간의 관계가 생산량에 관계없이 일정하게 유지되는 특성이 있다.[4] 이 의미를 예를 통해 이해해 보자. 요소시장에서 노동과 자본을 구입할 때 그 비용인 임금-임대료 비율이 3이고, 이 요소가격비에서 비용최소화를 달성하기 위한 자본-노동 사용비를 5로 하고 있는 기업이 있다고 하자. 이 경우 이 재화의 생산함수가 규모에 대한 보수불변이라면, 임금-임대료 비율이 3으로 유지되는 한, 생산량을 몇 개를 하든지 비용최소화의 자본-노동 비율은 5로 유지된다는 것이다.

이를 [그림 4-2]로 설명해 보자. 그림에서 X_1과 X_2는 각기 다른 생산량을 나타내고 있다. X재 생산함수가 규모에 대한 보수불변이라고 하면, A점과 A'점에서 생산량은 서로 다르지만, 임금-임대료 비율이 같기 때문에 자본-노동 비율도 같아진다. 마찬가지로 B와 B'점에서도 임금-임대료가 같기 때문에 자본-노동 비율이 서로 같다.

3. 요소집약도의 역전

1) 강한 요소집약도 가정

각 재화의 특성은 요소집약도의 차이로 표현할 수 있다. [그림 4-3]에서 $(w/r)_1$

---

4 규모에 대한 보수불변이란 모든 투입요소를 α배만큼 늘렸을 때, 생산량도 α배만큼 증가하는 생산함수를 말한다. 일차동차함수(一次同次函數)가 이런 특성을 갖는다.

의 요소가격비에서 X재의 생산방법은 요소집약도 OR이고, Y재의 생산방법은 요소집약도 OV이다. 규모에 대한 보수불변의 생산함수를 가정하면, $(w/r)_1$의 요소가격비에서는 생산량과 관계없이 X재의 요소집약도는 OR, Y재의 요소집약도는 OV이다. OR과 OV의 기울기는 자본집약도를 나타내고, $k_X=K_X/L_X$, $k_Y=K_Y/L_Y$이다. 그림에서 $k_X<k_Y$이므로 Y재가 X재보다 자본집약적인 재화이다.

만일 (w/r)이 상승하면 X재와 Y재의 자본집약도, 즉 자본-노동 비율이 모두 올라간다. 하지만 여전히 Y재가 X재보다 자본집약적인 생산방법을 채택한다. 이와 같이 모든 요소가격비에 대하여 X재는 노동집약적으로, Y재는 자본집약적으로 생산될 때, X재를 노동집약재(勞動集約財; labor intensive good), Y재를 자본집약재(資本集約財; capital intensive good)라고 한다.

모든 요소가격비에 대하여 항상 어떤 재화의 생산방법이 다른 재화의 생산방법보다 자본집약적(혹은 노동집약적)인 경우, 이를 강한 요소집약도의 가정이라고 한다.

2) 요소집약도의 역전

만일 임금-임대료 비율의 변화에 따라 재화간 요소집약도의 순위가 바뀐다면, 요소집약도의 역전(要素集約度의 逆轉; factor intensity reversal)이 발생한다고 한다. [그림 4-4]에서 보듯이 $(w/r)_1$에서는 Y재가 더 자본집약적인 방법으로 생산되는 반면에, $(w/r)_2$에서는 요소집약도의 순위가 바뀌어 X재가 더 자본집약적인 방법으로 생산된다.

그림 4-3 강한 요소집약도 가정

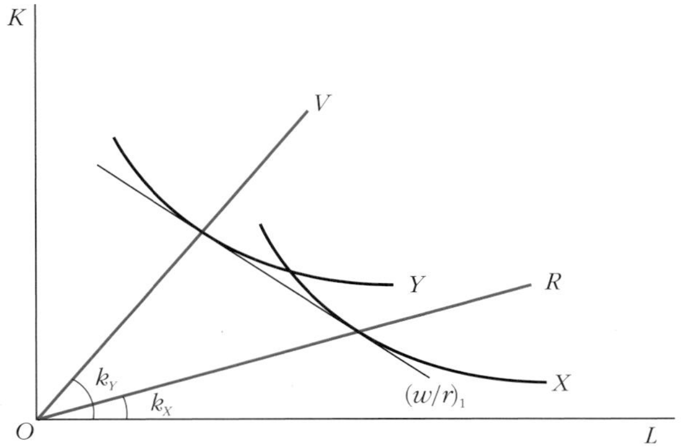

〈요소가격비 $(w/r)_1$에서 X재는 노동집약적, Y재는 자본집약적인 방법으로 생산되고, 다른 요소가격비에서도 항상 X재는 Y재보다 노동집약적인 방법으로 생산된다.〉

그림 4-4 요소집약도의 역전

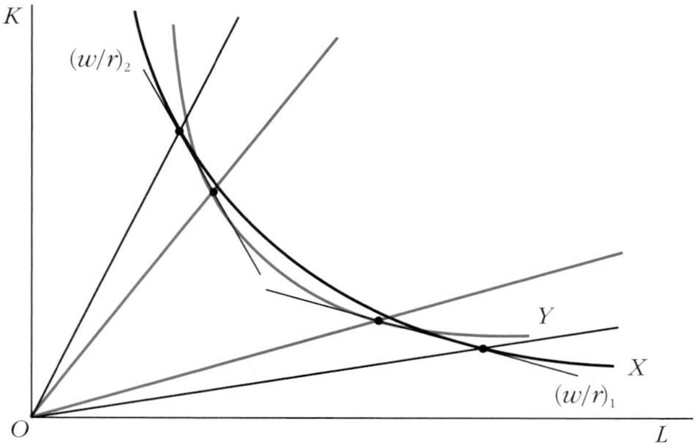

〈$(w/r)_1$에서는 X재가 노동집약재인데, $(w/r)_2$에서는 Y재가 노동집약재이다. 이와 같이 요소가격비에 따라 두 재화의 요소집약도가 바뀌는 것을 요소집약도 역전이라고 한다.〉

강한 요소집약도의 가정에서는 임금－임대료 비율이 바뀌더라도 항상 한 재화는 자본집약적으로 생산되고, 다른 재화는 노동집약적으로 생산된다. 그러나 요소집약도 역전이 있는 경우에는 같은 재화가 임금－임대료의 변화에 따라 다른 재화보다 자본집약적으로 생산될 수도 있고 노동집약적으로 생산될 수도 있다. 따라서 요소집약도 역전을 가정하면 한 나라에서 자본집약적으로 생산되는 재화가 다른 나라에서는 노동집약적으로 생산될 수도 있다.

4. 생산가능곡선

생산가능곡선은 그 경제의 모든 자원을 효율적으로 사용하여 생산할 수 있는 극대생산량을 나타낸다. 생산가능곡선의 내부점은 자원을 완전히 사용하지 않았거나, 자원을 완전히 사용하였지만 비효율적인 생산방법을 채택한 경우다. 또 생산가능곡선의 외부점은 그 경제의 자원으로는 생산이 불가능한 생산점들이다.

[그림 4-5]는 생산요소가 노동과 자본 둘인 경우의 생산가능곡선(生産可能曲線)이다(생산가능곡선의 도출방법은 부록을 참고할 것). 생산가능곡선의 접선의 기울기를 한계전환율(限界轉換率; marginal rate of transformation: MRT)이라고 한다.

한계전환율 MRT_{XY}는 접선의 기울기이므로 아래의 식과 같이 정의된다.

그림 4-5 신고전파의 생산가능곡선

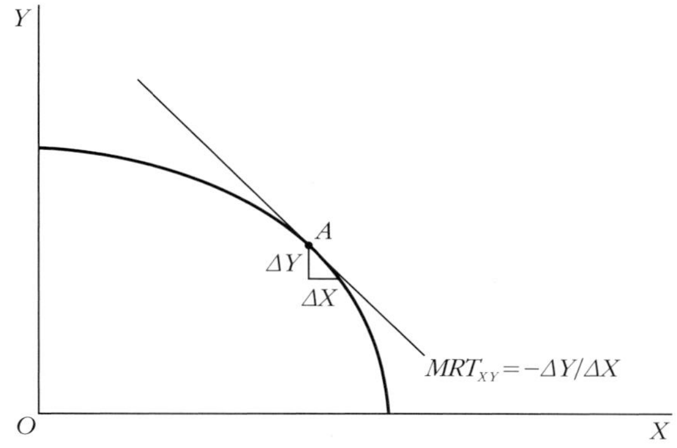

〈신고전파 생산함수는 볼록한 형태로 X재 생산이 증가할수록 한계전환율이 체증한다. 이는 기회비용이 체증함을 나타낸다.〉

$$MRT_{XY} = -\left(\frac{dY}{dX}\right) \tag{4.6}$$

한계전환율 MRT_{XY}는 X재 한 단위를 더 생산하기 위해 포기해야 하는 Y재의 양, 즉 기회비용을 나타낸다.

[그림 4-5]와 같이 볼록한 생산가능곡선에서는 X의 생산량이 증가함에 따라 MRT_{XY}가 점차 증가해가므로 기회비용이 체증한다. 반면에 오목한 형태의 생산가능곡선에서는 X의 생산량이 증가함에 따라 MRT_{XY}가 점차 감소해가므로 기회비용이 체감한다. 그리고 리카도 모형에서와 같이 생산가능곡선이 직선이면 MRT_{XY}가 항상 일정하므로 기회비용이 불변이다.

5. 폐쇄경제의 균형

폐쇄경제에서는 생산가능곡선상의 한 점을 선택하여 생산과 소비가 이루어진다. 생산가능곡선상에서 후생수준이 극대화되는 생산점은 생산가능곡선과 사회무차별곡선이 접하는 점이다.

[그림 4-6]의 A점과 B점은 생산가능곡선상에 위치하고 있기 때문에 모두 효율적인 생산점이지만, 효용수준은 A점에서 더 높다. 사회무차별곡선과 생산가능곡선이 서로 접하는 A점에서 이 국가의 후생수준은 극대화된다. 이 때 균형상대가격은

그림 4-6 폐쇄경제의 균형

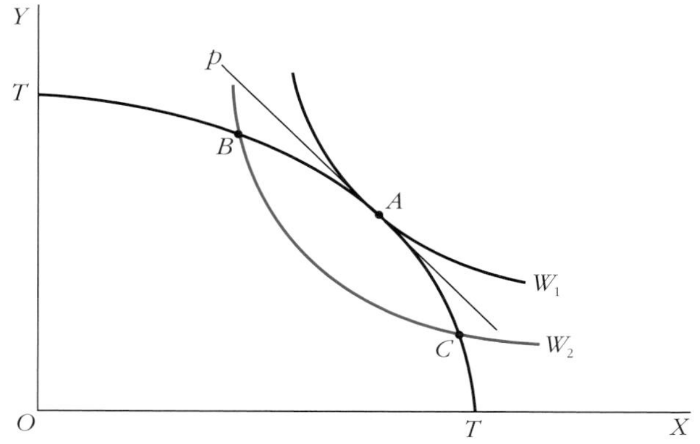

〈폐쇄경제의 균형은 생산가능곡선과 사회무차별곡선이 접하는 A점에서 이루어지고, 이 점을 지나는 접선의 기울기가 국내균형가격이다.〉

접선의 기울기인 p이다. 이 p는 Y재로 평가한 X재의 상대가격 P_X/P_Y를 나타낸다.

볼록한 기회비용 체증의 생산가능곡선에서는 사회무차별곡선의 변화에 따라 균형상대가격이 달라진다. 예를 들어, 이 국가의 사회무차별곡선이 X재를 선호하는 형태로 변하면 X재의 상대가격이 높아지고, Y재를 선호하는 형태로 바뀌면 Y재의 상대가격이 높아진다. 이처럼 기회비용이 체증하는 생산가능곡선의 경우에는 수요조건에 따라 균형상대가격이 달라진다.

리카도 모형에서는 생산가능곡선이 직선이므로 사회무차별곡선의 형태가 변하여 생산점이 변하더라도 상대가격은 변하지 않는다. 그런데 리카도 모형과는 달리 볼록한 생산가능곡선에서는 수요조건이 재화의 상대가격에 영향을 미친다.

제 2 절 헥셔-오린 정리와 무역의 이익

1. 가 정

헥셔-오린 모형은 생산요소로 노동과 자본 두 가지를 가정하고 있다. 헥셔-오린 모형의 가정을 구체적으로 정리하면 다음과 같다.

첫째, 두 나라, 두 상품, 그리고 노동과 자본의 두 생산요소가 존재한다. 따라서 헥셔-오린 모형을 흔히 2국-2재-2요소 모형이라고 한다.

둘째, 양국의 생산함수는 서로 같다. 이 가정은 양국이 동일한 생산기술을 서로 획득하고 이용할 수 있음을 의미한다. 그리고 생산함수는 신고전파의 일차동차함수로 규모에 대한 보수불변의 생산함수다.

셋째, 양국의 후생함수(선호체계)는 서로 같다. 즉, 양국의 사회무차별곡선 형태가 서로 같다. 예를 들어, 어떤 국가는 자본집약재를 선호하는 데 비해 상대 국가는 노동집약재를 더 선호하는 현상은 없다.

넷째, 두 나라의 요소부존도에 차이가 있다. 여기서 요소부존도는 상대적인 개념이다. 예를 들어, 일본은 한국보다 인구(노동)가 더 많지만 상대적으로 자본량이 더 풍부하기 때문에 일본은 자본풍부국이 되고, 반대로 한국은 노동풍부국이 된다. 그러나 한국과 중국을 비교하면, 한국이 자본풍부국이 되고 중국은 노동풍부국이 된다. 이처럼 어느 나라가 어느 요소 풍부국인가는 절대적인 의미가 아니고 상대적인 의미다.

위의 가정 이외에도 헥셔-오린 모형을 전개하는 데는 다음과 같은 추가적인 가정들이 필요하다.

첫째, 양국의 상품시장과 요소시장은 완전경쟁적이다. 따라서 재화가격과 요소가격은 시장에서 주어지고, 개별기업은 가격결정에 영향을 미치지 못하는 가격수용자(price taker)이다.

둘째, 산업간 생산요소의 이동은 자유롭다. 따라서 생산요소의 보수는 어디에서나 같아진다. 만일 산업 간에 임금 차이가 나면, 임금이 낮은 산업에서 임금이 높은 산업으로 두 산업의 임금이 같아질 때까지 노동이 이동한다.

셋째, 두 재화의 요소집약도는 서로 다르다. 여기서는 X재가 노동집약재이고, Y재가 자본집약재라고 하자. 기계와 직물을 비교하면, 기계 생산에 상대적으로 더 많은 자본이 필요하므로 기계는 자본집약재, 직물은 노동집약재가 된다.

마지막으로 운송비, 관세 등 무역장벽은 없다고 하자. 운송비나 관세가 없기 때문에 양국의 상품가격은 동일하게 된다.

헥셔-오린 모형과 리카도 모형의 주요 가정을 비교하면 〈표 4-1〉과 같다. 리카도 모형에서는 생산요소가 노동 하나임에 비해, 헥셔-오린 모형에서는 노동과 자본의 두 생산요소를 고려하고 있다. 리카도 모형은 양국의 노동생산성 차이, 즉 생산함수의 차이를 가정하고 있으나, 헥셔-오린 모형은 양국의 생산함수는 동일하다고 가정한다. 한편, 리카도 모형에서 재화의 가격은 노동생산성에 의해 결정된다. 수요측면이 가격결정에 영향을 미치지 않는다. 반면에, 헥셔-오린 모형에서는 사회무차

■ ■ 표 4-1 리카도 모형과 헥셔-오린 모형의 가정 비교

가정	리카도 모형	헥셔-오린 모형
생산요소	노동	노동, 자본
생산함수	양국 차이	양국 동일
선호체계	가정 불필요	양국 동일
요소부존도	가정 불필요	양국 차이

별곡선의 형태에 따라 가격이 변하게 되므로 가격 결정에서 수요측면의 영향력을 배제하기 위해 양국의 선호체계가 같다고 가정하고 있다.

그리고 양 모형 모두에서 생산함수는 규모에 대한 보수불변이며, 시장은 완전경쟁적이고, 요소의 부문간 이동은 자유롭다고 가정한다. 또 무역이론에서는 특별한 경우를 제외하고는 관세나 운송비가 없음을 가정하고 있는데 이것도 두 모형에서 동일하다.

2. 헥셔-오린 정리

헥셔-오린 정리(Heckscher-Ohlin theorem)는 노동풍부국은 노동집약재에 비교우위를 갖고, 자본풍부국은 자본집약재에 비교우위를 갖는다는 정리이다. 이의 경제적 의미는 쉽게 이해할 수 있다. 노동풍부국은 노동이 풍부하여 임금이 낮기 때문에 노동집약재를 싸게 생산하고, 반면에 자본풍부국은 자본이 풍부하여 자본가격이 낮기 때문에 자본집약재를 싸게 생산한다. 따라서 노동풍부국은 노동집약재에 비교우위를 갖고, 반대로 자본풍부국은 자본집약재에 비교우위를 갖는다. 이와 같이 헥셔-오린 모형에서는 국가간 요소부존도의 차이에 의해 무역패턴이 결정된다.

[그림 4-7]을 이용해 헥셔-오린 정리를 설명해 보자. A국은 노동풍부국, B국은 자본풍부국이고, X재는 노동집약재, Y재는 자본집약재라고 하자. A국은 노동풍부국이기 때문에 상대적으로 노동집약재인 X재의 생산량이 상대적으로 많고, B국은 자본풍부국이기 때문에 상대적으로 자본집약재인 Y재의 생산량이 많다. 따라서 A국의 생산가능곡선은 TT와 같고, B국의 생산가능곡선은 T^*T^*와 같은 모양을 갖는다.

양국의 사회후생함수는 동일하다고 가정하고 있으므로 양국의 사회무차별곡선 형태는 같다. 폐쇄경제 균형점은 생산가능곡선과 사회무차별곡선이 서로 접하는 A점과 A^*점이고, 균형상대가격은 A점과 A^*점을 지나는 접선의 기울기인 p와 p^*이다.

주어진 여건 차이가 무역의 원인이라는 헥셔-오린 이론은 무역만이 아니라 현실의 여러 현상을 설명하는 데도 유용하다. 한국은 올림픽에서 매번 양궁경기의 금메달을 석권하고 있다. 한국은 예로부터 '동이족(東夷族)'이라고 불렸는데, 동이족의 이(夷)는 인(人)과 궁(弓)을 합한 글자로 동이족은 '동쪽의 활을 잘 쏘는 민족'임을 말한다. 이는 한국이 다른 국가에 비해 양궁분야에서 우위에 있음을 말해준다. 의학적으로 한국인의 눈은 동공이 작아 초점을 맞추는 데 유리하다고 한다. 이러한 생체적 여건의 유리함이 우리가 올림픽의 양궁경기에서 많은 금메달을 따는 이유다.

한국의 치과의사는 손재주가 좋아 다른 어느 나라 치과의사보다 뛰어난 솜씨를 가지고 있다. LA에 동대문시장과 같은 의류도매점이 천여 개가 있는데, 이 중 80%를 한인교포가 차지하고 있다. 그곳 교포들은 한국인의 바느질 솜씨나 뛰어난 패션감각이 미국 의류업에서 한국교포가 높은 비중을 차지하는 이유라고 한다. 치과나 의류업은 손재주가 중요한 분야다. 한국인은 다른 나라 사람들에 비해 손재주가 좋아 '손재주집약재' 분야에서 다른 나라보다 우위를 점하고 있다.

이상의 예를 통해 알 수 있듯이 주어진 부존자원이나 여건의 차이에 의해 국가간 비교우위가 결정되고, 비교우위재를 서로 교환함으로써 모두 이익을 얻는다는 것이 헥셔-오린 이론의 핵심이다.

2. 레온티에프 역설

제2차 세계대전 직후, 미국은 세계 어떤 나라와 비교해도 부유한 나라였다. 대체로 일인당 국민소득이 높은 국가에서 자본이 풍부하므로 당시 소득수준이 높았던 미국은 자본풍부국으로 볼 수 있다. 그리고 전쟁으로 유럽과 일본의 자본이 황폐해진 상황을 고려하면, 미국의 자본은 상대적으로 훨씬 풍부했다. 실제로 미국 노동자의 일인당 자본장비율은 다른 어느 나라보다 높았다. 따라서 헥셔-오린 정리에 따르면, 미국은 자본집약재를 수출하고, 노동집약재를 수입할 것으로 예측된다. 그러나 레온티에프(Leontief)가 실제로 발견한 것은 정반대였다.

레온티에프의 분석 결과, 미국은 자본집약재를 수출하는 것이 아니라 노동집약재를 수출하고 있음이 밝혀졌다. 1947년 미국의 통계 자료를 바탕으로 한 분석에 따르면, 미국의 수출품에서 노동자 일인당 자본 사용량은 $14,000이었으며, 수입품에서는 $18,200이었다.[5] 이는 수출품의 자본-노동 비율이 수입품보다 낮으므로 미

5 Leontief, W., "Domestic Production and Foreign Trade: The American Capital Position Re-Examined," *Proceedings of the American Philosophical Society* 97 (1953), pp. 332–349.

국은 자본집약적인 상품을 수입하고 있음을 나타낸다. 이러한 결과는 자본풍부국인 미국이 자본집약재가 아닌 노동집약재를 수출한다는 점에서 헥셔-오린 정리와 모순되며, 그래서 이를 '레온티에프 역설(Leontief paradox)'이라 부른다.

이러한 역설적 결과가 나타난 원인을 다음과 같이 설명할 수 있다. 첫째, 미국은 비행기, 컴퓨터 칩과 같은 혁신적인 기술을 바탕으로 한 신제품에서 비교우위를 지니고 있는데, 이와 같은 제품들은 대량 생산되지 않아 자본집약도가 높지 않다. 따라서 미국이 이런 혁신적인 기술이나 숙련된 노동력이 요구되는 제품을 주로 수출하면, 그것이 노동집약적인 제품을 수출하는 것처럼 분석될 수 있다.

둘째, 레온티에프의 분석에서는 천연자원을 자본집약재로 분류했기 때문이다. 탄광이나 철광석 같은 천연자원은 대규모 자본을 필요로 하지만, 그것을 자본집약적인 산업보다는 천연자원집약적인 산업으로 분류하는 것이 더 적절하다. 미국이 석유를 수입하는 것은 자본 부족 때문이 아니라, 석유라는 천연자원의 부족 때문이다. 그러나 레온티에프의 분석은 생산 요소를 노동과 자본의 두 가지로만 나누었기 때문에, 천연자원을 자본집약재로 분류했고, 이로 인해 천연자원을 주로 수입하는 미국이 자본집약재를 수입하는 것처럼 나타났다.

마지막으로 노동력을 단순노동과 인적자본으로 구분하지 않았기 때문이다. 인적자본(human capital)이란 사람 속에 체화(體化)된 자본을 말하며, 교육이나 직업훈련과 같은 경험을 통해 개인에게 축적된 지식이나 능력을 말한다. 예를 들면, 대학을 졸업한 노동자는 4년간의 교육을 받았으므로, 고등학교만 졸업한 노동자보다 더 많은 인적자본을 가지고 있다. 일반적으로 미국의 노동자들은 다른 국가의 노동자들에 비해 더 높은 인적자본을 보유하고 있다. 이러한 인적자본을 단순 노동력과 구분하지 않으면, 미국이 인적자본집약재를 수출함에도 불구하고 노동집약재를 수출하는 것처럼 해석될 수 있다. 이후 많은 실증연구들은 생산요소를 물적자본, 단순노동, 인적자본의 세 요소로 구분한 경우, 미국이 실제로는 노동집약재가 아닌 인적자본집약재를 주로 수출하였음을 확인하였다.

이 외에 역설적 결과를 설명하는 견해로 다음이 있다. 미국과 다른 국가들 간의 재화에 대한 선호도 차이 때문에 역설적 결과가 나타났다는 것이다. 즉, 미국은 자본집약재에 대한 선호도가 매우 높아 자본집약재의 가격이 높아지고, 그 결과 미국이 자본풍부국임에도 불구하고 자본집약재를 수입하게 되었다는 견해다. 그러나 제품에 대한 선호도가 국가마다 크게 차이가 나지는 않는다는 것이 밝혀져 이 견해는 설득력이 없다.

또 레온티에프 역설이 나타난 것은 요소집약도 역전 때문이라고 한다. 요소집약도 역전이 있는 경우 다른 나라의 자본집약재를 미국은 노동집약적인 방법으로 생산한다. 이 경우 미국 자료로는 노동집약재를 수출하는 것으로 나오지만, 다른 나라는 자본집약재를 수입하는 것이므로 미국이 자본집약재를 수출한다고 볼 수 있다. 그러나 요소집약도 역전은 일반적인 현상이 아니라는 것이 밝혀져서 이를 레온티에프 역설의 주요 요인으로 보기는 어렵다.

레온티에프의 연구 이후에도 많은 연구들은 헥셔-오린 정리가 현실과 부합되지 않음을 보여주었다. 보웬 등(Bowen et al., 1987)이 27개 국가를 대상으로 한 연구에서는 헥셔-오린 정리에 부합하는 실증 결과가 50%에 불과했다.[6] 이 확률은 동전 던지기의 예측 확률과 같아서 헥셔-오린 정리의 현실 설명 능력이 미흡하다는 것을 나타낸다.

헥셔-오린 이론이 현실을 잘 설명하지 못하는 가장 주요한 이유는 모든 국가의 기술수준이 같다고 가정하기 때문이다. 실제로 각 국가는 생산 기술이 다르고, 노동 생산성도 다르다. 다음의 〈표 4-2〉에서 보듯이, 미국 노동자들은 다른 국가의 노동자보다 생산성이 더 높다. 노동생산성이 높다는 것은 같은 노동력이라도 더 많은 노동자를 보유한 것과 같다는 의미이므로, 이는 미국의 노동자 수가 과소평가되어 있음을 의미한다. 국가 간 기술수준 차이나 노동생산성 차이를 반영하여 유효요소부존량(effective factor endowment)을 계산하고, 이를 이용해 헥셔-오린 이론을 검증하면, 헥셔-오린 모형의 설명력이 크게 상승한다.

3. 선진국과 후진국의 무역

다수의 실증 연구는 헥셔-오린 정리가 현실 세계의 무역 패턴을 잘 설명하지 못한다고 지적한다. 레온티에프 역설만이 아니라 다른 연구들도 대체로 요소부존도의 차이가 무역패턴 결정에 크게 영향을 미치지 못함을 보여준다. 그러나 기술 수준이나 요소부존도의 차이가 큰 선진국과 후진국 간의 무역에서는 헥셔-오린 정리가 타당함을 확인할 수 있다.

[그림 4-14]는 몇몇 선진국과 후진국의 섬유/의류 산업과 기계/전자 산업의 수출비중을 보여주고 있다. 여기서 수출비중은 제조업 수출총액에서 해당 산업의 수출액이 차지하는 비중이다. 단순 노동력이 풍부하고 임금이 낮은 방글라데시와 캄보디아는 노동집약적인 섬유/의류 산업에서의 수출 비중이 각각 94.3%와 83.9%로 높은 반면, 임금이 높은 미국, 일본, 독일은 해당 비중이 각각 1.7%, 1.0%, 3.0%에

6 Bowen, Harry P., Edward E. Leamer, and Leo Sveikauskas, "Multicountry, Multifactor Tests of the Factor Abundance Theory," *American Economic Review*, Vol. 77, No. 5, 1987, pp. 791–809.

그림 4-14 국가별 산업별 수출비중 비교(2015년)

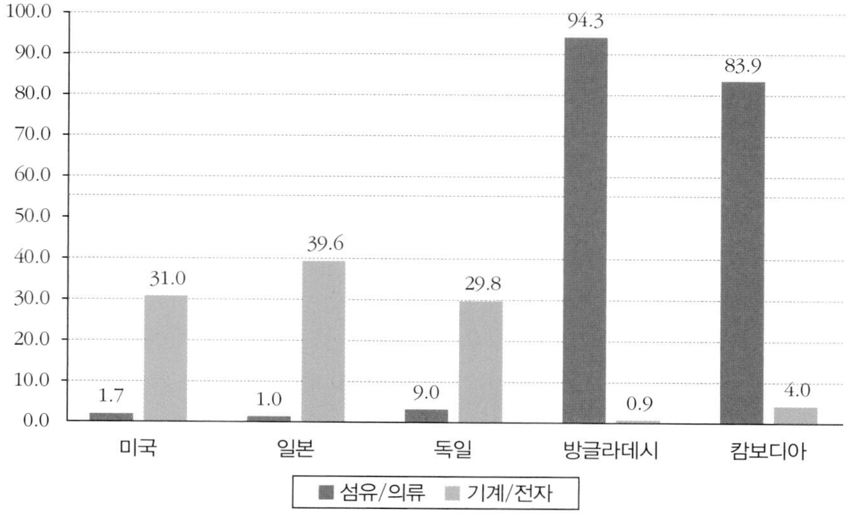

*주: 1) ISIC(rev.4) 코드의 13-15를 섬유/의류로, 26-28을 기계/전자로 분류함.
2) 수출비중은 제조업 수출총액에서 각 산업의 수출액이 차지하는 비중(%)임.
*자료: OECD, Structural Analysis (STAN) Databases, 2019.

불과하다. 그런데 자본집약적인 기계/전자 산업의 경우, 선진국인 미국, 일본, 독일의 수출 비중은 각각 31.0%, 39.6%, 29.8%로 높은 반면, 방글라데시와 캄보디아는 각각 0.9%와 4.0%로 매우 낮다. 이로써 선진국은 자본집약재를 주로 수출하고 노동집약재의 수출은 적은 반면, 후진국은 노동집약재를 주로 수출하고 자본집약재의 수출은 적다는 것을 알 수 있다.

한국, 중국, 일본의 무역패턴도 헥셔-오린 정리로 잘 설명된다. [그림 4-15]에 따르면, 한국은 일본에게는 노동집약재를 수출하며, 중국에게는 자본집약재를 수출한다. 이는 한국이 일본보다 노동력이 풍부하고, 중국보다는 자본이 풍부하기 때문이다. 한국, 중국, 일본의 무역패턴이 헥셔-오린 이론으로 잘 설명되는 것은 세 나라의 요소부존도나 경제발전 단계의 차이가 크기 때문으로 생각된다.

이상으로부터 경제발전 단계나 요소부존도의 차이가 큰 국가들 간의 무역패턴은 헥셔-오린 정리로 잘 설명됨을 알 수 있다. 요소부존도가 서로 유사한 선진국들 간의 무역은 헥셔-오린 정리로 잘 설명이 되지 않지만, 선진국과 후진국 사이의 무역은 헥셔-오린 정리로 잘 설명된다.

4. 사라진 무역

실제 무역량은 헥셔-오린 모형이 예측한 것보다 훨씬 적다. 트레플러(Trefler, 1995)는 이 차이를 '사라진 무역(missing trade)'이라고 부른다.[7] 왜 실제 무역량이 이론적 예측보다 적은지 살펴보자.

헥셔-오린 모형은 모든 국가의 기술수준과 소비패턴이 같다고 가정한다. 모든 국가의 소비패턴이 동일하다면, 각 제품에 대한 소비 비중은 그 국가의 경제규모에 비례한다. 예를 들어, 미국의 경제 규모가 전 세계의 25%를 차지한다면, 미국은 각 제품의 세계 총 생산량 중 25%를 소비하게 된다. 그리고 미국의 인구(노동력)는 세계 전체 인구의 5% 정도이므로 노동집약재의 생산량은 세계 총생산량의 5% 정도가 된다. 미국은 노동집약재의 세계 총 생산량 중 5%만 생산하는 반면, 25%를 소비할 것이므로 소비부족분 20%를 수입하게 될 것으로 예측된다. 그러나 미국의 노동집약재 실제 수입량은 이보다 훨씬 적다. 그 차이를 '사라진 무역'이라고 한다.

실제 무역량이 이론의 예측과 다른 이유는 무엇인가? 주된 원인은 이론의 기본 가정과 현실 세계의 차이 때문이다. 이론은 모든 국가의 기술 수준과 소비 선호가 동일하다고 가정하지만, 실제로는 국가마다 기술 수준과 소비 패턴이 다르기 때문에 무역량도 예측과 다르게 나타난다.

먼저, 국가 간 기술수준의 차이가 어떻게 사라진 무역을 설명할 수 있는지 알아보자. 예컨대 미국의 노동생산성이 타 국가에 비해 3배 높다면, 미국의 노동력 비중은 세계 전체의 5%가 아닌 15%로 간주해야 한다. 이렇게 되면, 미국의 노동집약

■ ■ 표 4-2 국가간 기술차이와 국내편향성의 차이(1983년)

국가	기술차이	국내편향성 계수
콜롬비아	0.16	0.11
태국	0.17	0.21
홍콩	0.40	0.44
일본	0.70	0.05
서독	0.78	0.14
미국	1.00	0.02

* 주: 1) 기술 차이는 미국을 기준(1.00)으로 한 것임
2) 국내편향성 계수는 1.00보다 작은 값이고, 이 값이 작을수록 국내편향성이 더 큼을 의미함.

* 자료: Trefler, Daniel, "The Case of the Missing Trade and Other Mysteries," *American Economic Review*, Vol. 85, No. 5 (1995), pp. 1029–1046.

7 Trefler, Daniel, "The Case of the Missing Trade and Other Mysteries," *American Economic Review*, Vol. 85, No. 5 (1995), pp. 1029–1046.

재 생산 비중이 세계 전체의 5%에서 15%로 상승하게 되므로, 미국의 노동집약재 수입 비중은 20%에서 10%로 감소하게 된다. 왜냐하면, 미국의 세계 전체의 소비 비중은 25%인데, 생산비중이 5%에서 15%로 상승했기 때문이다. 이처럼 미국의 노동생산성이 다른 나라보다 더 높다면, 모든 나라의 노동생산성이 서로 같다고 가정할 때보다 미국의 노동집약재 수입량은 줄어들게 된다.

〈표 4-2〉를 보면, 미국의 기술수준을 1이라고 할 때, 콜롬비아는 0.16, 태국 0.17, 홍콩 0.40, 일본은 0.70, 독일은 0.78로 대부분 국가의 기술수준이 미국보다 낮다. 기술수준이 높을수록 같은 생산요소로 더 많은 양을 생산할 수 있다. 예를 들어, 태국의 기술수준은 미국의 0.17이므로 미국 노동자는 태국 노동자보다 6배나 더 많이 생산할 수 있다. 이처럼 미국은 기술수준이 높기 때문에 기술수준이 같다고 가정한 경우보다 생산량은 많아지고 대신 수입량은 줄어들게 된다.

다음으로 소비측면에서 사라진 무역을 설명해보자. 일반적으로 소비자들은 수입재보다 국내 재화를 더 선호한다. 이러한 경향을 국내편향성(home bias)이라고 부른다. 〈표 4-2〉에서 보듯이, 국내편향성 계수가 홍콩은 0.44임에 비해 일본은 0.05, 미국은 0.02이다. 여기에서는 이 숫자가 작을수록 국내편향성이 높으므로 미국이나 일본이 홍콩보다 국내편향성이 높다고 해석된다. 서비스와 같은 비교역재 비중이 크거나 경제 규모가 큰 국가는 일반적으로 국내편향성이 크다. 국내편향성이 큰 국가는 수입이 줄어들기 때문에, 미국이나 일본 같은 국내편향성이 큰 국가는 이론의 예측보다 실제 수입이 적어진다.

앞에서 살펴본 바와 같이, 실제 무역량이 이론의 예측보다 적은 주된 원인은 이론의 가정이 현실과 일치하지 않기 때문이다. 헥셔-오린 모형은 국가 간의 기술수준이나 소비 패턴이 동일하다고 가정하지만, 실제로는 각 국가의 기술 수준이나 소비 패턴이 서로 다르다. 그 결과, 실제 무역량은 이론의 예측보다 적어진다.

한국의 대 일본, 대 중국 무역구조

한국에 비해 일본은 자본풍부국이고, 중국은 노동풍부국이라고 할 수 있다. 헥셔-오린 정리에 의하면, 한국은 일본으로 노동집약재를 수출하고 자본집약재를 수입하며, 중국으로는 자본집약재를 수출하고 노동집약재를 수입할 것으로 예측된다.

순수출지수(純輸出指數; net export index)를 이용해 한국의 일본, 중국과의 무역패턴을 알아보자. 순수출지수는 다음과 같이 계산한다.

그림 4-15 한국의 일본과 중국에 대한 상품별 순수출지수(2014)

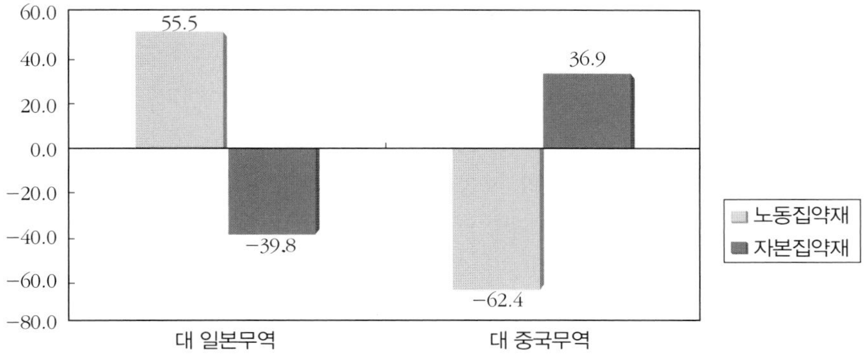

＊ 주: 1) 무역통계의 성질별 분류에서 직접소비재와 비내구소비재를 노동집약재로 분류하고, 자본재를 자본집약재로 분류함.

2) 2014년 자료를 이용하였고, 순수출지수는 식 (4.7)을 이용해 계산함.

＊ 자료: 한국무역협회, KITA 무역통계, 2015.

$$NEX = \frac{(X-M)}{(X+M)} \cdot 100 \tag{4.7}$$

여기서 NEX는 순수출지수를 나타내고, X와 M은 각각 수출액과 수입액이다. 이 값은 −100과 100 사이의 값을 가지며, 이 값이 양이면 수출특화, 음이면 수입특화를 나타낸다.

[그림 4-15]를 보면, 일본과의 무역에서는 노동집약재의 순수출지수는 55.5, 자본집약재의 순수출지수는 −39.8이다. 즉 노동집약재를 순수출하고, 자본집약재를 순수입한다. 반대로 중국과의 무역에서는 노동집약재의 순수출지수가 −62.4, 자본집약재의 순수출지수는 36.9이다. 즉 노동집약재를 순수입하고, 자본집약재를 순수출한다.

다시 말해서 한국은 일본에 대해서는 노동집약재 수출국이고, 중국에 대해서는 자본집약재 수출국이다. 이는 한국은 일본보다 노동풍부국이고, 중국보다는 자본풍부국임을 뜻한다. 그림의 결과는 국가 간 요소부존도의 상대적 차이에 의해 무역패턴이 결정된다는 헥셔−오린 정리가 타당함을 보여준다.

5. 검증에 대한 해석

리카도 모형과 헥셔−오린 모형은 오랫동안 무역이론의 중심을 차지하고 있다. 두 모형 모두 비교우위론이다. 비교우위의 결정요인을 리카도 모형은 노동생산성 또는 기술의 차이로 설명하고, 헥셔-오린 모형은 요소부존도의 차이로 설명한다. 그런데 리카도 모형의 실증분석 결과는 성공적이었지만, 헥셔-오린 모형의 실증분석 결과는 사람들의 기대만큼 성공적이지 못했다.

헥셔-오린 모형의 현실 설명력이 낮은 이유는 가정이 현실과 다르기 때문이다. 모든 국가의 기술수준과 노동의 질이 같다고 가정하고 있지만, 현실적으로 국가마다 기술수준이 다르고 노동생산성도 같지 않다. 국가 간 기술수준 차이나 노동생산성 차이를 반영해 실질적 요소부존량을 다시 계산하고, 이를 이용해 무역패턴을 분석하면 헥셔-오린 모형의 설명력은 크게 향상된다. 그리고 요소부존도의 차이가 큰 국가 간의 무역, 즉 남-북 무역(선진국과 후진국 간의 무역)은 헥셔-오린 모형으로 잘 설명된다.

헥셔-오린 모형은 리카도 모형에서 설명하지 못한 무역의 소득분배효과를 설명해 주는 장점이 있다. 무역을 하면 이익을 보는 그룹과 손해를 보는 그룹이 생기는데, 리카도 모형에서는 생산요소가 하나뿐이어서 생산요소 간 소득분배를 말할 수가 없다. 그런데 생산요소가 둘인 헥셔-오린 모형은 생산요소 간 소득분배의 변화를 설명할 수 있다. 무역의 소득분배효과는 다음 장에서 살펴본다.

무역의 요인은 매우 다양하다. 비교우위론으로 무역의 전부를 설명하는 데는 한계가 있다. 비교우위에 근거하여 무역이 이루어진다면, 유사한 국가들보다는 서로 상이한 국가들 사이에 더 많은 무역이 이루어져야 한다. 그런데 무역통계에 의하면, 전 세계 무역량 중에서 50% 정도는 서로 유사한 선진국간의 무역이고, 15% 정도는 개도국 간 무역이며, 나머지 35%가 서로 차이가 있는 선진국과 개도국 간의 무역이다. 이처럼 유사한 선진국 간 무역이 서로 상이한 선-후진국간 무역보다 더 많은 이유는 제품차별과 규모의 경제에 근거한 무역 때문이다. 이는 제7장에서 공부한다.

부록

1. 생산가능곡선의 도출

[그림 4A-1]의 에즈워즈상자(Edgeworth Box)의 크기는 경제 전체의 요소부존량을 나타내고, 에즈워즈상자 내 임의의 한점은 X재와 Y재 생산에 사용되는 노동과 자본의 배분을 나타낸다. C점에서는 전체 노동량 O_XL 중에서 O_XL_X는 X재 생산

그림 4A-1 에즈워즈상자

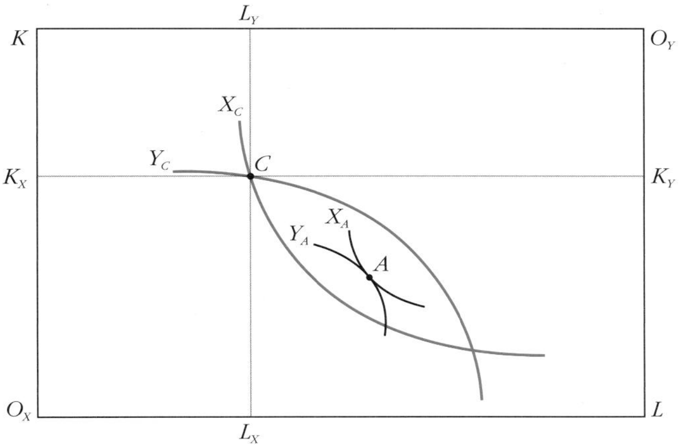

〈에즈워즈상자는 그 경제의 요소부존량의 크기를 나타내고, 두 재화의 등량곡선이 만나는 A점이 효율적인 요소배분점이다.〉

에, O_YL_Y는 Y재 생산에 이용하고, 전체 자본량 O_XK 중에서 O_XK_X는 X재 생산에, O_YK_Y는 Y재 생산에 이용된다. 따라서 전체 노동과 자본은 X재와 Y재 생산에 완전고용되고, 이 때 X재 생산량은 X_C, Y재의 생산량은 Y_C이다.

자원배분점을 A점으로 이동해 보자. A점에서는 C점에서보다 X재 생산에 더 많은 노동과 더 적은 자본을 사용하고, 대신 Y재 생산에는 더 적은 노동과 더 많은 자본을 사용한다. A점에서는 C점보다 X재 생산량은 X_A로 증가하고, Y재 생산량도 Y_A로 증가한다. C점과 A점 모두 경제 전체의 자원을 완전고용하지만, A점에서 생산량이 더 많다.

C점과 같이 두 재화의 등량곡선이 교차하는 점은 효율적인 자원배분점이 아니다. C점에서 A점과 같은 점으로 이동하면 두 재화의 생산량을 모두 증가시킬 수 있기 때문이다. A점과 같이 두 재화의 등량곡선이 접하는 점이 효율적인 자원배분점이다. 여기에서는 한 재화의 생산량을 늘리기 위해서는 반드시 다른 재화의 생산량을 줄여야 한다. 두 재화를 동시에 더 많이 생산할 수 있는 방법이 없다. 이는 A점이 효율적인 자원 배분점임을 의미한다. 이와 같이 자원이 효율적으로 배분되고 있는 상태를 파레토 최적(Pareto optimum)이라고 한다.

에즈워즈상자 내에서 A점과 같이 두 재화의 등량곡선이 접하는 점들을 무수히 찾을 수 있는데, 이 점들을 연결하면 [그림 4A-2]의 O_XABO_Y와 같은 계약곡선(契約曲線; contract curve)이 도출된다. 이 계약곡선은 자원이 효율적으로 배분되는

그림 4A-2 에즈워즈상자와 계약곡선

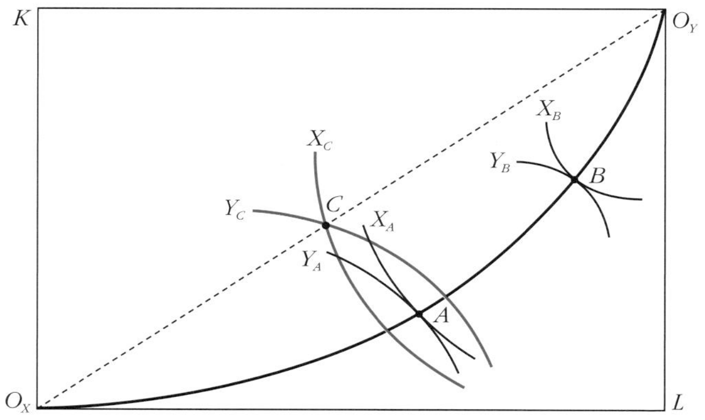

〈두 재화의 등량곡선이 접하는 점들을 연결한 것이 계약곡선이다. 따라서 계약곡선은 효율적인 요소배분점을 나타낸다.〉

점들의 집합이다.

[그림 4A-2]의 계약곡선상의 X재와 Y재의 생산량을 [그림 4A-3]의 평면에 옮기면 생산가능곡선이 된다. 계약곡선이 직선이면 생산가능곡선도 직선이므로 계약곡선상의 C점은 생산가능곡선상의 C점과 대응한다. 그런데 계약곡선이 [그림 4A-2]의 O_XABO_Y와 같이 곡선이 되면, A점에서의 X재와 Y재의 생산량은 C점보다 더 많아지므로 이에 상응하는 생산점은 [그림 4A-3]에서 C점보다 X재와 Y재

그림 4A-3 생산가능곡선

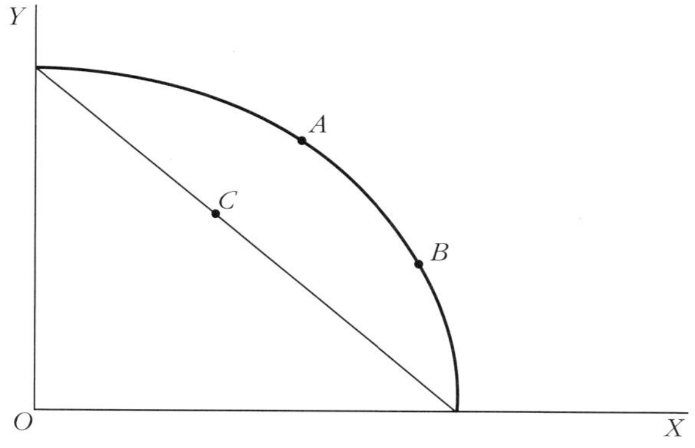

〈계약곡선이 직선이면 생산가능곡선도 직선이 된다. 계약곡선이 오목하거나 볼록하면 생산가능곡선은 볼록한 형태가 된다.〉

의 생산량이 더 많은 A점이 된다.

생산점을 계약곡선상의 B점으로 이동하면 X재의 생산은 증가하고 Y재의 생산은 감소하고, 이는 생산가능곡선상의 B점에 대응한다. 이런 방법으로 계약곡선상의 모든 점이 나타내는 X재와 Y재의 생산량을 [그림 4A-3]에 옮기면 유연한 생산가능곡선이 된다. 생산가능곡선은 효율적인 자원배분점인 계약곡선과 대응하는 점이므로 그 경제의 최대생산량을 나타내는 곡선이 된다.

2. 무역균형의 안정성

무역균형에는 안정적 균형과 불안정적 균형이 있다. 시장이 불균형 상태에 있을 때, 이를 초기 균형으로 다시 돌아오게 하는 시장의 힘이 작용하면 이를 안정적 균형(stable equilibrium)이라고 하고, 반대로 시장의 힘이 거꾸로 작용하여 초기의 균형상태를 회복하지 못하면 이를 불안정적 균형(unstable equilibrium)이라고 한다. 불안정적 균형의 경우에는 균형상태에서 약간만 이탈하여도 균형이 회복되지 못하고 오히려 불균형 상태가 더 깊어진다.

[그림 4A-4]의 무역균형점 E는 안정적이다. 가격이 p_1으로 바뀌면, A국이 수출하고자 하는 X재의 양은 OX_1이고, B국이 수입하고자 하는 양은 OX_2이므로 X재 시장에서 초과수요가 발생하여 X재 가격이 상승하고, 반대로 A국이 수입하고자 하는 Y재의 양은 OY_1이고, B국이 수출하고자 하는 Y재 양은 OY_2이므로 Y재 시장에 초과공급이 발생하여 Y재 가격이 하락한다. 그 결과 X재의 상대가격 (P_X/P_Y)가

그림 4A-4 무역균형의 안정성

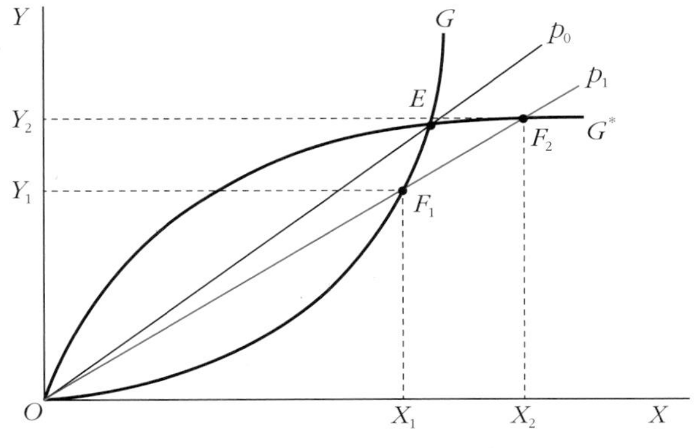

〈균형가격을 벗어나면 다시 균형으로 돌아오려는 힘이 작용하므로 균형점 E는 안정적이다.〉

그림 4A-5 불안정적 무역균형

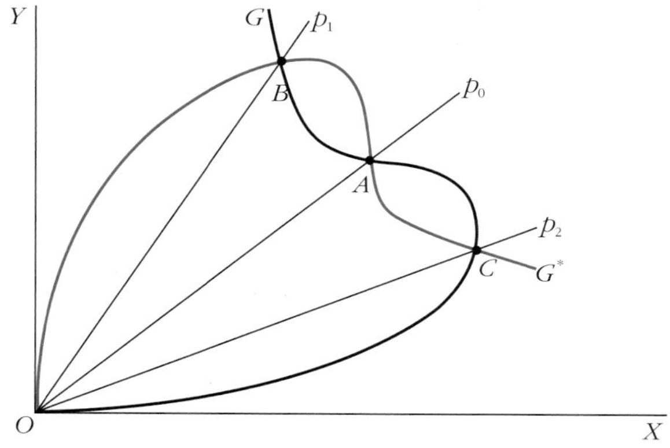

〈균형점 A는 균형을 벗어난 가격이 다시 균형을 회복하지 못하므로 불안정적이다. 그러나 균형점 B와 C는 안정적이다.〉

상승하므로 p_1은 다시 균형가격 p_0방향으로 움직인다. [그림 4A-4]와 같은 무역균형에서는 균형가격을 벗어나면 다시 균형으로 돌아오려는 힘이 작용하므로 E는 안정적인 균형점이다.

[그림 4A-5]는 양국의 오퍼곡선이 후굴현상을 보일 때의 무역균형이다. 그림의 A, B, C는 각각 양국의 오퍼곡선이 만나는 점이므로 무역균형 상태에 있다. 그런데 오퍼곡선이 후굴하는 곳에서 서로 만나는 A와 같은 무역균형은 불안정적이다. 균형가격 p_0가 약간만 하락해도 X재 시장에서는 초과공급, Y재 시장에서는 초과수요가 나타나서, X재 가격은 하락하고 Y재 가격은 상승하므로 상대가격 p는 하락하여 A점의 균형으로부터 더욱 멀어진다. 그리고 균형가격 p_0가 약간만 올라가도 X재 시장에서는 초과수요, Y재 시장에서는 초과공급 현상이 나타나 p가 더욱 상승하므로 A점의 균형으로부터 멀어진다. 이와 같이 균형을 벗어난 가격이 다시 균형을 회복하지 못하고 균형으로부터 멀어지기 때문에 균형점 A는 불안정적이다. 그러나 균형점 B와 C는 안정적이다. 이를 각자 검토해 보기 바란다.

주요용어

- 한계생산성
- 한계기술적 대체율
- 요소집약도
- 자본집약재
- 한계전환율
- 오퍼곡선
- 파레토 최적
- 한계생산성체감의 법칙
- 등비곡선
- 규모에 대한 보수불변
- 요소집약도의 역전
- 헥셔-오린 정리
- 레온티에프 역설
- 계약곡선
- 등량곡선
- 비용최소화조건
- 노동집약재
- 생산가능곡선
- 무역균형
- 순수출지수

요 약

01. 비용최소화조건은 요소가격비와 한계기술적 대체율이 일치할 때 달성된다. 이는 등비곡선과 등량곡선이 접하는 점에서 비용최소화가 이루어짐을 말한다.

02. 유연한 노동과 자본의 대체를 인정하는 신고전파 생산함수에서는 임금-임대료 비율이 상승하면 생산방법이 자본집약적으로 바뀐다.

03. 임금-임대료 비율이 변하더라도 항상 어떤 재화는 자본집약적으로 생산함에 비해 다른 재화는 노동집약적으로 생산한다면, 이를 강한 요소집약도 가정이라고 한다. 반대로 어떤 요소가격비에서는 노동집약적으로 생산되던 재화가 다른 요소가격비에서는 자본집약적으로 생산되는 경우, 이를 요소집약도의 역전이라고 한다.

04. 폐쇄경제의 균형은 생산가능곡선과 사회무차별곡선이 접하는 점에서 달성되고, 이 점에서 접선의 기울기가 국내균형가격이 된다.

05. 헥셔-오린 모형에서는 리카도 모형과는 달리 두 생산요소를 고려하고 있고, 양국의 생산함수와 후생함수(선호체계)는 서로 같다고 가정한다.

06. 헥셔-오린 정리에 의하면 노동이 상대적으로 풍부한 국가는 노동집약재에 비교우위를 갖고, 자본이 상대적으로 풍부한 국가는 자본집약재에 비교우위를 갖는다. 각국은 비교우위를 갖는 재화를 수출하고 다른 재화를 수입한다.

07. 레온티에프의 실증 연구에 의하면, 자본풍부국인 미국이 자본집약재를 수입하고 노동집약재를 수출하는 역설적 결과가 나타났다. 이러한 역설적 결과는 제품의 성숙단계, 천연자원, 인적자본을 고려하지 않았기 때문이라는 설명이 설득력이 있다.

08. 실제 무역량은 헥셔-오린 모형의 예측보다 훨씬 적다. 그 차이를 '사라진 무역(missing trade)'이라고 한다. 헥셔-오린 모형은 국가마다 기술수준이 같고, 모든 국가의 선호체계가 같다고 가정하지만, 현실은 그렇지 않다. 국가마다 기술과 소비패턴에 차이가 있다. 실제 무역량이 이론의 예측보다 적어지는 이유는 이런 현실과 가정의 차이 때문이다.

복습문제

01. 리카도 모형과 헥셔-오린 모형에서 생산가능곡선이 서로 다른 모습을 보이는 이유는 무엇인가?

02. 헥셔-오린 모형에서 무역의 이익을 교환의 이익과 특화의 이익으로 구분하여 설명하라.

03. 국제시장가격의 변화가 무역의 이익에 미치는 영향을 설명하라.

04. 오퍼곡선이 무엇인지 설명하고, 이를 이용해 무역균형과 균형 국제시장가격에 대해 설명하라.

05. 레온티에프 역설이란 무엇이며, 이러한 역설이 발생하는 원인은 무엇인가?

연습문제

01. 한국은 자본풍부국, 중국은 노동풍부국이며, 양국의 기술수준과 선호체계는 동일하다고 하자. 의류는 노동집약재, 자동차는 자본집약재이다.

1) 한국과 중국의 생산가능곡선을 그려라(의류를 X축, 자동차를 Y축으로 함). 두 국가의 생산가능곡선의 형태가 서로 다른 이유는 무엇인가?
2) 사회무차별곡선과 1)번의 생산가능곡선을 이용해 폐쇄경제의 상대가격을 찾고, 이를 비교하여 한국과 중국이 각각 어떤 재화에 비교우위가 있는지 설명하라.
3) 왜 무역 이후 국제시장가격은 2)번에서 구한 양국의 폐쇄경제의 균형가격 사이에서 결정되는가?
4) 개방경제의 생산점, 소비점, 수출입량, 국제시장가격을 나타내는 그림을 그려라.
5) 양국의 선호체계가 서로 다르면 헥셔-오린 정리가 성립하지 않을 수 있음을 보여라.
   a) 한국과 중국의 선호체계가 서로 달라서 비교우위가 2)의 결과와 반대가 되는 경우
   b) 한국과 중국의 요소부존도가 동일하지만 선호체계가 달라서 무역이 성립하

는 경우

02. A국이 노동풍부국, B국이 자본풍부국이고, X재는 노동집약재, Y재는 자본집약재라고 하자.

1) 무역 이전 양국의 임금-임대료 비율은 동일한가?
2) 무역 이전 X재(또는 Y재) 생산에서 요소집약도(자본-노동비)는 양국간에 동일한가?
3) 무역 이후 A국의 임금-임대료 비율이 상승한다면, A국의 X재 생산과 Y재 생산에서 요소집약도(자본-노동비)는 어떻게 변해갈까?
4) 임금-임대료 비율이 변해도 여전히 X재는 Y재보다 노동집약적일까?

03. 리카도 모형과 헥셔−오린 모형에 관한 다음 물음에 답하라.

1) 리카도 모형에서는 기회비용이 불변인데, 헥셔-오린 모형에서는 기회비용이 체증함을 보여라.
2) 두 모형 모두 규모에 대한 보수 불변을 가정하고 있는데, 생산가능곡선이 두 모형에서 서로 다르게 나타나는 이유는?
3) 헥셔-오린 모형에서 양국의 선호체계가 같다고 가정하는 이유는?
4) 리카도 모형에서도 양국의 선호체계가 같다는 가정이 필요한가?

04. 에즈워즈상자에 대한 다음 물음에 답하라.

1) 에즈워즈상자 내 임의의 한 점을 찍고, 이 점에서 두 재화의 생산량을 나타내는 등량곡선을 그려라.
2) 이 점에서 경제 전체의 부존량, 즉 노동과 자본이 완전고용되고 있음을 확인하라.
3) 임의의 점보다 계약곡선상의 점에서 생산량이 극대가 됨을 보여라.

05. "노동, 자본, 자원 등 모든 면에서 열악한 가난한 나라들은 수출할 상품이 없다. 그래서 이 국가들은 자유무역으로부터 이익을 얻을 수 없다." 이러한 주장에 대해 논평하라.

06. 국가간 실제무역량은 요소부존도 차이에 의해 예측된 무역량보다 훨씬 적다. 이를 '사라진 무역(missing trade)'이라고 한다. 실제무역량이 예측무역량보다 더 적어지는 이유는 무엇인가?

05 자유무역, 소득분배와 후생

무역은 국가 전체의 후생수준을 증가시키지만, 그 혜택이 모든 구성원에게 고르게 분배되지는 않는다. 일부 그룹은 이익을 얻지만, 일부 그룹은 손해를 보게 된다. 이처럼 무역은 소득분배에 영향을 미친다. 그리고 시간이 흐름에 따라 자본이 축적되고, 이는 재화의 생산 구조를 변화시킨다. 헥셔-오린 모형은 이러한 무역의 소득 분배 효과와 개방 경제하에서의 요소부존도 변화가 산업구조에 미치는 영향을 설명해준다.

이 장에서는 무역이 요소가격에 미치는 효과, 요소부존도 변화가 생산구조와 후생수준에 미치는 영향을 다룬다. 이러한 내용을 스톨퍼-새뮤얼슨 정리, 요소가격 균등화 정리, 립진스키 정리를 통해 설명한다. 또한, 무역이 한국 경제에 미친 영향에 대해서도 살펴본다.

제 1 절 무역의 소득분배 효과

1. 재화가격과 요소가격의 관계

완전경쟁시장에서 재화의 가격은 생산비에 의해 결정되므로 요소가격이 변하면 재화 가격이 변하게 된다. 그런데 요소가격 변화가 노동집약재 가격과 자본집약재 가격에 미치는 영향이 같지 않다. 임금이 올라가면 노동을 많이 사용하는 노동집약재 가격이 자본집약재 가격보다 더 많이 올라가고, 반대로 임대료가 올라가면 자본을 많이 사용하는 자본집약재의 가격이 노동집약재 가격보다 더 많이 올라간다. 이처럼 요소가격의 변화는 그 요소를 더 많이 사용하는 재화의 가격을 더 많이 변화시킨다.

또 재화가격이 변하면 요소가격이 변하게 된다. 노동집약재 가격이 올라가면 임금이 더 많이 올라가고, 자본집약재의 가격이 올라가면 임대료가 더 많이 올라간다. 그 이유는 다음과 같다. 노동집약재 가격이 상승하면 노동집약재 생산이 증가하는데, 노동집약재 생산 증가에는 자본보다는 노동이 더 많이 필요하므로 노동에 대한 수요가 증가하면서 임금이 상승하게 된다. 반대로 자본집약재 가격이 상승하면 자본집약재 생산이 증가하면서 자본에 대한 수요가 증가하므로 임대료가 상승하게 된다. 즉, 노동집약재 가격 상승은 임금 상승에 더 영향을 미치고, 자본집약재 가격 상승은 임대료 상승에 더 영향을 미친다. 이처럼 재화의 상대가격 변화는 요소의 상대가격을 변화시킨다.

[그림 5-1]은 재화의 상대가격(P_X/P_Y)과 요소의 상대가격(w/r) 간에 1 : 1 대응관계가 있음을 보여준다 ([그림 5-1]의 도출방법은 〈부록〉을 참조하기 바란다). 여기서는 X재를 노동집약재, Y재를 자본집약재라고 가정하고 있다. 그림에서 재화 상대가격이 p_0면 이에 대응하는 임금-임대료 비율은 $(w/r)_0$가 되고, X재 상대가격 p가 올라가면 임금-임대료 비율 (w/r)도 이에 대응하여 올라간다. 여기서 X재 상대가격이 올라갈수록 임금-임대료 비율이 올라가는 것은 X재를 노동집약재로 가정했기 때문이다. 만일 X재가 자본집약재라고 가정하면, X재 상대가격이 올라갈수록 임금-임대료 비율이 하락하게 된다.

그림 5-1 재화가격과 요소가격의 1:1 대응관계

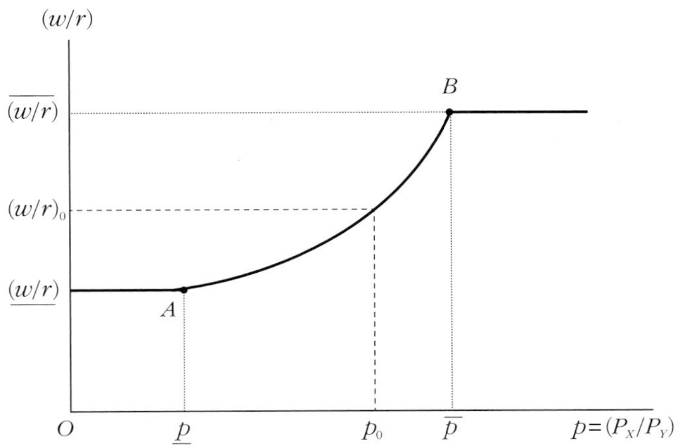

〈X재 상대가격 p_0에 대한 임금-임대료 비율은 $(w/r)_0$이다. $\underline{p}$ 이하의 가격에서는 Y재 생산에, $\overline{p}$ 이상의 가격에서는 X재 생산에 완전특화하며, 완전특화 영역에서는 재화가격과 요소가격간에 1:1 대응관계가 성립하지 않는다.〉

[그림 5-1]에서 보듯이 재화의 상대가격이 $\overline{p}$ 이상이 되면 임금-임대료 비율은 $\overline{(w/r)}$에서 더 이상 올라가지 않는다. 그 이유는 다음과 같다. 가격이 $\overline{p}$가 되면 이 나라는 X재만을 생산하게 된다. 이미 모든 자원을 X재 생산에 투입하였으므로 가격이 $\overline{p}$ 이상으로 올라가더라도 X재 생산을 더 이상 늘릴 수 없다. X재 생산이 증가하지 않으면 노동과 자본에 대한 수요도 변하지 않으므로 임금-임대료 비율도 변하지 않는다.

마찬가지로 재화의 상대가격이 $\underline{p}$ 이하가 되면 임금-임대료 비율은 $\underline{(w/r)}$ 수준에서 변하지 않는다. 상대가격이 $\underline{p}$가 되면 이 나라는 Y재 생산에 완전 특화한다. 상대가격이 $\underline{p}$ 이하로 하락하더라도 재화 생산이 변하지 않으므로 요소에 대한 수요도 변하지 않고 요소가격비도 $\underline{(w/r)}$에서 더 이상 변하지 않는다.

이상의 논의를 정리하면 다음과 같다. 재화의 상대가격이 $\underline{p}$와 $\overline{p}$ 사이일 때 이 나라는 X재와 Y재를 모두 생산하며, 이 영역에서 재화의 상대가격과 요소의 상대가격 간에 1 : 1 대응관계가 성립한다. 그러나 재화의 상대가격이 $\underline{p}$ 이하나 $\overline{p}$ 이상이 되면 이 나라는 X재 또는 Y재 중 하나의 생산에 완전 특화한다. 완전 특화 영역에서는 재화가격이 변하더라도 임금-임대료 비율이 변하지 않는다. 즉 이 영역에서는 재화가격과 요소가격비 간에 1 : 1 대응관계가 성립하지 않는다.

2. 스톨퍼-새뮤얼슨 정리

스톨퍼-새뮤얼슨(Stolper-Samuelson) 정리는 한 재화의 가격이 상승하면 이 재화 생산에 집약적으로 사용되는 요소의 실질보수는 상승하고 다른 요소의 실질보수는 하락한다는 정리다. 이 정리는 재화가격 변화가 요소가격 변화에 미치는 영향을 설명해준다. 왜 이런 결과가 나오는지 알아보자.

요소의 보수는 요소의 한계생산성에 재화가격을 곱한 값으로 결정된다. 따라서 임금(w)과 임대료(r) 결정식은 다음과 같다.

$$w = P_X \cdot MPL_X = P_Y \cdot MPL_Y \tag{5.1}$$

$$r = P_X \cdot MPK_X = P_Y \cdot MPK_Y \tag{5.2}$$

식 (**5.1**)의 두 번째 항은 X재 부문 임금이고 세 번째 항은 Y재 부문 임금이다. X재 부문 임금과 Y재 부문 임금은 서로 같은데, 이는 노동의 부문 간 이동이 자유롭기 때문이다. 마찬가지로 식 (**5.2**)의 두 번째 항은 X재 부문 임대료이고, 세 번째 항은 Y재 부문 임대료인데, 자본의 부문간 이동도 자유롭기 때문에 양 부문의 임대료도 서로 같아진다.

요소의 실질보수는 명목보수를 재화가격으로 나눈 값이므로 다음과 같이 정리된다.

$$\frac{w}{P_X}=MPL_X \quad and \quad \frac{w}{P_Y}=MPL_Y \tag{5.3}$$

$$\frac{r}{P_X}=MPK_X \quad and \quad \frac{r}{P_Y}=MPK_Y \tag{5.4}$$

식 (**5.3**)에서 앞 식은 X재로 평가한 실질임금이고, 뒤 식은 Y재로 평가한 실질임금이다. 이 두 식으로부터 실질임금은 노동의 한계생산성과 같음을 알 수 있다. 마찬가지로 식 (**5.4**)의 두 식은 각각 X재와 Y재로 평가한 실질임대료이다. 이 식으로부터 실질임대료는 자본의 한계생산성과 같음을 알 수 있다.

다음에서는 X재가 노동집약재라고 가정하고, X재의 상대가격이 상승할 때 요소의 실질보수가 어떻게 변하는지 알아보자. X재의 상대가격(p)이 상승하면, [그림 5-1]에서 보듯이 임금-임대료 비율(w/r)이 올라간다. 상대적으로 임금이 올라가면, 기업가는 노동 사용량을 줄이고 대신 자본 사용량을 늘린다(우리는 4장의 [그림 4-2]를 이용해 임금-임대료 비율 (w/r)이 올라가면 생산방식이 자본집약적으로 바뀜을 공부하였다). 재화 생산에서 노동보다는 자본을 더 많이 사용하게 되면, 자본의 한계생산성은 하락하고, 반대로 노동의 한계생산성은 상승한다.[1]

이러한 변화는 X재와 Y재 모두에서 나타나는 현상이다. 즉, MPK_X와 MPK_Y는 하락하고, MPL_X와 MPL_Y는 상승한다. 이 결과를 식 (**5.3**)과 (**5.4**)에 적용하면, 어느 재화로 측정하든 실질임금은 상승하고, 반대로 실질임대료는 하락함을 뜻한다. 요약하면, 노동집약재의 가격이 상승하면 이 재화에 집약적으로 사용되는 노동의 실질보수는 올라가고 다른 요소인 자본의 실질보수는 하락한다는 것이다. 이것이 스톨퍼-새뮤얼슨 정리이다.

앞에서 보았듯이 노동집약재의 가격이 상승하는 경우, 두 재화 모두에서 노동의 한계생산성은 올라가고 자본의 한계생산성은 하락하게 된다. 식 (**5.3**)과 (**5.4**)로부터 변수들 간의 상호 관계를 추론할 수 있다. 노동의 한계생산성이 상승했다는 것

1 자본-노동 비율이 증가할 때, 자본의 한계생산성은 하락하고 노동의 한계생산성은 증가한다. 그 이유는 다음과 같다. 노동에 비해 자본의 투입이 증가하면 한계수확체감의 법칙에 의해 자본의 한계생산성은 하락하는 반면에, 노동자는 과거보다 더 많은 기계를 사용할 수 있게 되어 노동의 생산성은 올라가기 때문이다.

은 명목임금(w)이 X재 가격(P_X)보다 더 많이 올라감을 뜻한다. 또 자본의 한계생산성이 하락했다는 것은 명목임대료(r) 가 Y재 가격(P_Y)보다 더 하락했음을 뜻한다. 이를 요약하면, 다음과 같다.

$$\underset{(-5\%)}{\hat{r}} < \underset{(0\%)}{\widehat{P_Y}} = 0 < \underset{(5\%)}{\widehat{P_X}} < \underset{(10\%)}{\hat{w}} \quad (5.5)$$

여기서 ^는 변화율(%)을 나타내고, $\hat{w}=dw/w$이다. 각 변수 아래에 있는 수치는 하나의 예시다. 예시처럼 Y재 가격(P_Y)은 그대로인 상태에서 X재 가격(P_X)만 5% 올라가면, 임금(w)은 10% 올라가고, 임대료(r)는 5% 하락하게 된다.[2] 만일 Y재 가격이 하락한다고 가정하면 임대료(r)는 더욱 하락할 것이다.

식 (**5.5**)에서 보듯이, 노동집약재인 X재 가격이 5% 상승한 경우 임금은 10%나 상승하지만 임대료는 오히려 5%나 하락한다. 즉 재화 가격이 변할 때, 요소가격이 더 많이 변한다. 재화가격에 비해 요소가격 변화가 확대된다는 점에서 이를 확대효과(擴大效果; magnification effect)라고 한다. 확대효과는 재화가격이 변할 때 생산요소의 이익과 손실이 확대되어 나타남을 말해준다.

재화가격과 요소가격 간의 관계를 이용하면, 무역의 소득분배효과를 쉽게 설명할 수 있다. 노동풍부국에서 무역을 시작하면 비교우위가 있는 노동집약재 가격이 오른다. 노동집약재 가격이 상승함에 따라 노동의 실질 보수는 올라가고 자본의 실질 보수는 내려간다. 이는 노동풍부국에서 무역 후에 노동자는 이익을 얻고, 자본가는 손해를 본다는 것을 의미한다. 그래서 이익을 얻는 노동자는 자유 무역을 찬성하고, 손해를 보는 자본가는 자유 무역을 반대한다고 생각한다. 그러나 항상 그런 것은 아니다. 왜냐하면 이런 결론은 노동과 자본이 다른 산업으로 이동이 완전히 완료된 장기균형 상태의 결과인데, 사람들의 찬반 의견은 단기적 변화에 의존하는 경향이 있기 때문이다.

무역 후 단기적으로 노동과 자본의 이동이 불가능한 상황에서는 비교우위산업에서 일하는 노동자와 자본가는 모두 이익을 얻는 반면, 비교열위산업에서 일하는 노동자와 자본가는 모두 손해를 본다. 그래서 단기적으로 비교열위산업의 노동자와 자본가는 모두 자유무역을 반대하게 된다. 이처럼 단기에서는 자유무역의 이익과 손해가 생산 요소별로 구분되는 것이 아니라 산업별로 구분된다. 이 단기 결

2 가격의 변화율은 임금 변화율과 임대료 변화율의 가중평균치로 계산된다. 여기서 가중치는 각 요소의 분배 몫이다. 따라서 가격의 변화율인 $\widehat{P_X}$와 $\widehat{P_Y}$은 항상 요소가격의 변화율인 $\hat{w}$와 $\hat{r}$의 사이에 있다.

과는 생산요소별로 이익과 손해가 구분되는 장기 결과와 차이가 있다. 단기에서의 소득분배 효과는 다음 제6장에서 자세히 다룬다.

이상의 논의는 자유무역으로 모두가 이익을 얻는 것은 아니고 손해 보는 그룹이 반드시 존재함을 말해준다. 손해를 보는 그룹들은 자유무역을 반대한다. 자유무역은 국가 전체의 후생수준을 높이므로 자유무역을 추진하기 위해서는 손해를 보는 사람들에게 보상(報償)을 해 줄 필요가 있다. 이를 보상의 원리(principle of compensation)라고 한다. 그런데 실제로 보상의 원리에 따른 정책집행이 잘 안되기 때문에 손해를 입는 사람들은 자유무역을 반대하게 된다. 이러한 반대로 인해 대부분의 국가는 자유무역 확대에 어려움을 겪는다.

한국의 임금과 이자율의 변화

1960년 이후 한국의 무역은 빠르게 증가했다. 당시 한국은 노동풍부국이었기 때문에 비교우위재인 노동집약재의 수출이 빠르게 증가했다. 스톨퍼-새뮤얼슨 정리에 따르면, 한국의 임금은 올라가고, 반대로 자본 가격은 내려갔을 것으로 예상된다. 한국의 임금과 이자율 변화를 알아보자.

[그림 5-2]는 1970년 이후 미국에 대한 한국의 임금과 이자율의 변화를 보여주고 있다. 임금에는 임금지수를, 이자율에는 국공채 수익률을 사용했다. 여기서는 임금과 이자율의 절대적 변화가 아닌 미국에 대한 상대적 변화를 살펴보았다.

그림을 보면, 1970년 이후 한국의 임금이 미국의 임금보다 빠르게 상승했으며, 반대로 이자율은 미국보다 전반적으로 감소했다. 1980년대 초 한국의 이자율 하락 폭이 큰 것은 미국의 고금리 정책으로 인해 한국의 금리가 미국보다 상대적으로 낮게 평가된 때문이고, 1998년 이자율 비율이 크게 상승한 것은 당시 한국이 외환위기 극복을 위해 금리를 대폭 인상하였기 때문이다. 2008년 이후 이자율 비율이 다시 상승한 것은 2008년 세계금융위기로 인해 미국의 금리가 거의 제로(0) 수준까지 하락하였기 때문이다. 이런 변동에도 불구하고 전반적으로 한국의 금리는 미국에 비해 점차 낮아지는 추세다.

노동풍부국이던 한국에서 풍부 요소인 노동의 보수가 상대적으로 증가한 것은 스톨퍼-새뮤얼슨 정리와 일치한다. 그러나 한국의 임금 상승이 오직 노동집약재의 수출 증가 때문이라고만 보기는 어렵다. 실제로는 노동 생산성의 빠른 증가가 더 큰 요인으로 작용했다고 볼 수 있다. 그리고 이자율의 하락도 자본집약재의 수입 증가 때문이 아니라, 오히려 자본 축적으로 자본이 풍부해져서 이자율이 내려간 것이 더 큰 요인이라고 할 수 있다. 어떻든 한국은 저임금 국가에서 고임금 국가가 성장하였고, 주요 수출 상품도 노동집약재에서 자본집약재로 전환되어 왔다.

그림 5-2 한국의 임금과 이자율 변화

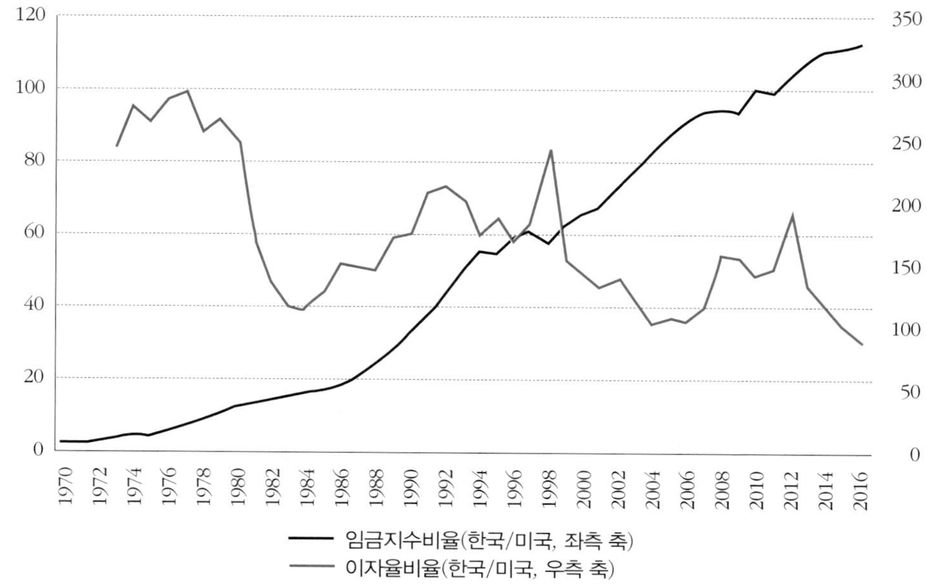

* 주: 1) 임금지수 비율과 이자율 비율은 미국 대비 한국의 값을 나타내며, 임금지수비율은 좌측 축의 값이고, 이자율 비율은 우측 축의 값임.
2) 임금지수는 2010년을 100으로 한 제조업 임금지수이고, 이자율은 국공채수익률임.

* 자료: IMF, *International Financial Statistics*, 2019.

3. 요소가격균등화 정리

요소가격균등화 정리(factor price equalization theorem)는 국가 간 재화의 자유로운 이동으로 양국의 요소가격이 같아짐을 말한다. 요소가격균등화 정리는 상대가격균등화와 절대가격균등화로 나누어진다. 상대가격균등화는 양국의 임금-임대료 비율이 일치함을 뜻하고, 절대가격균등화는 요소의 절대가격이 두 국가 간에 같아짐을 의미한다.

상대가격균등화는 재화가격과 요소가격간의 1 : 1 대응관계에 의해 쉽게 설명된다. 헥셔-오린 모형에서는 양국의 생산함수가 동일하기 때문에 재화의 상대가격과 요소의 상대가격 사이의 관계도 양국에서 서로 같다. 두 국가의 요소부존도가 서로 다르다면 생산가능곡선에서 완전특화를 달성하는 재화가격 $\underline{p}$와 $\overline{p}$가 서로 같지 않기 때문에 [그림 5-3]과 같이 불완전특화 영역에 차이가 있을 뿐이다. 불완전특화

그림 5-3 요소의 상대가격균등화

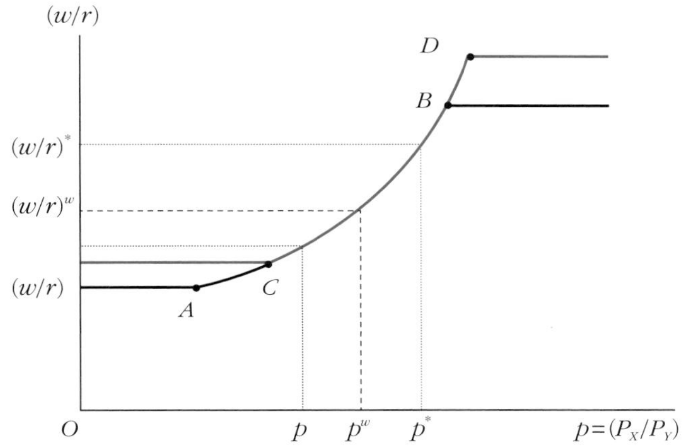

〈BC 구간에서 국제시장가격이 p^w가 되면, 양국의 임금-임대료 비율이 $(w/r)^w$로 서로 같아진다.〉

영역이 A국에서는 AB구간이 되고, B국에서는 CD구간이 된다.

폐쇄경제에서는 A국과 B국의 재화가격이 각각 p, p^*로 서로 다르고, 요소의 상대가격 임금-임대료 비율도 (w/r)과 $(w/r)^*$로 서로 다르다. 그런데 무역 이후 양국의 재화가격이 p^w로 같아지므로 A국과 B국의 요소가격비도 $(w/r)^w$로 같아진다. 이는 무역으로 양국의 재화가격이 같아지면, 요소 상대가격도 양국에서 같아짐을 보여준다. 이를 요소의 상대가격균등화라고 한다.

[그림 5-4]는 무역 이후 양국의 요소의 절대가격이 균등화되는 과정을 정리하고 있다. 개방경제에서 각 재화의 가격은 국제시장가격으로 같아지고, 재화가격이 같아지면 상대가격균등화 원리에 의해 임금-임대료 비율이 양국에서 같아진다. 그리고 임금-임대료 비율과 요소집약도간에도 1 : 1의 대응관계에 있기 때문에 양국의 임금-임대료 비율이 같아지면 각 재화 생산의 요소집약도가 양국에서 같아진다. 그런데 1차동차 생산함수의 경우, 요소의 한계생산성이 요소집약도의 함수이므로 요소집약도가 양국에서 같아지면 요소의 한계생산성도 양국에서 같아진다. 재화가격이 같고, 또 요소의 한계생산성이 양국에서 같아지므로 요소의 절대가격이 양국에서 같아진다(요소가격은 재화가격과 한계생산성의 곱임을 기억하라).

만일 생산요소가 국가 간에 자유롭게 이동할 수 있다면 두 국가의 요소가격은 서로 같아진다. 재화와 마찬가지로 생산요소도 가격이 낮은 곳에서 높은 곳으로 이동하고, 이러한 이동은 두 국가의 요소가격이 서로 같아질 때까지 계속될 것이기 때문이다. 그런데 요소의 국가 간 이동이 없더라도 재화의 이동만으로도 양국의 요소

그림 5-4 요소의 절대가격균등화 과정

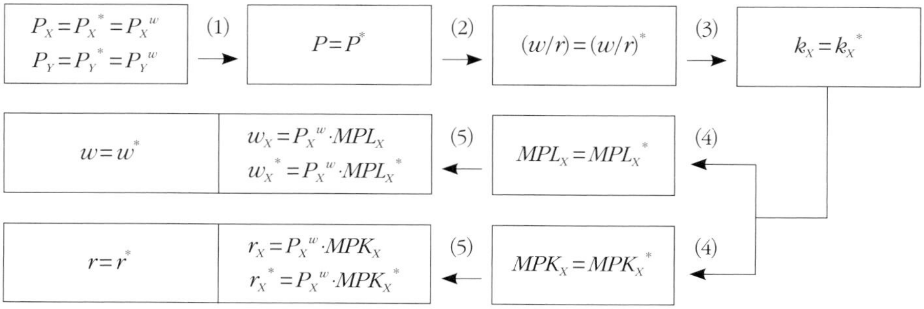

* 주: 위의 표에서 각 단계별 과정의 설명은 다음과 같다.

(1) 무역으로 양국의 재화가격이 같아지므로 재화의 상대가격도 같아짐.

(2) 재화가격과 요소가격간에는 1:1의 대응관계가 있으므로 재화의 상대가격이 같아지면 요소의 상대가격도 같아짐.

(3) 1차동차함수에서는 요소집약도가 요소의 상대가격(w/r)에 의해 결정되는데, 요소의 상대가격이 양국에서 같아지므로 요소집약도도 양국에서 같아짐.

(4) 1차동차함수에서는 요소의 한계생산성이 요소집약도에 의해 결정되는데, 양국의 요소집약도가 같아지므로 요소의 한계생산성도 같아짐.

(5) 요소의 절대가격은 재화가격에 한계생산성을 곱한 값인데, 양국의 재화가격과 요소의 한계생산성이 서로 같으므로 요소의 절대가격도 양국에서 같아짐.

가격이 서로 같아진다는 견해가 요소가격균등화 정리다.

재화의 무역만으로도 양국의 요소가격이 서로 같아진다는 의미는 무엇일까? 이는 재화의 무역이 요소의 이동을 대체함을 뜻한다. 노동집약재에는 더 많은 노동이 함유되어 있고, 자본집약재에는 더 많은 자본이 함유되어 있다. 따라서 노동풍부국에서 노동집약재를 수출하고 자본집약재를 수입하는 것은 풍부한 노동을 내보내고 희소한 자본을 들여오는 효과가 있다. 이처럼 무역을 하면 풍부요소는 줄어들고 희소요소는 풍부해지는 효과가 있어서 국가 간 요소가격이 같아진다는 것이 요소가격균등화 정리의 의미이다.

4. 국가 간 요소가격의 차이

요소가격균등화 정리는 무역을 통해 모든 국가의 임금이 서로 같아질 것이라고 한다. 그러나 실제로 모든 국가의 임금이 동일하지는 않다. [그림 5-5]는 2012년 국가별 제조업의 시간당 임금을 보여준다. 그림을 보면, 국가 간 시간당 임금의 차이가 큼을 알 수 있다. 2012년 기준, 한국은 20.7달러, 독일은 45.8달러, 미국은 35.7달러, 일본은 35.3달러이다. 싱가포르의 임금은 24.2달러로 한국보다 높으

그림 5-5 국가별 제조업 시간당 임금(2012년)

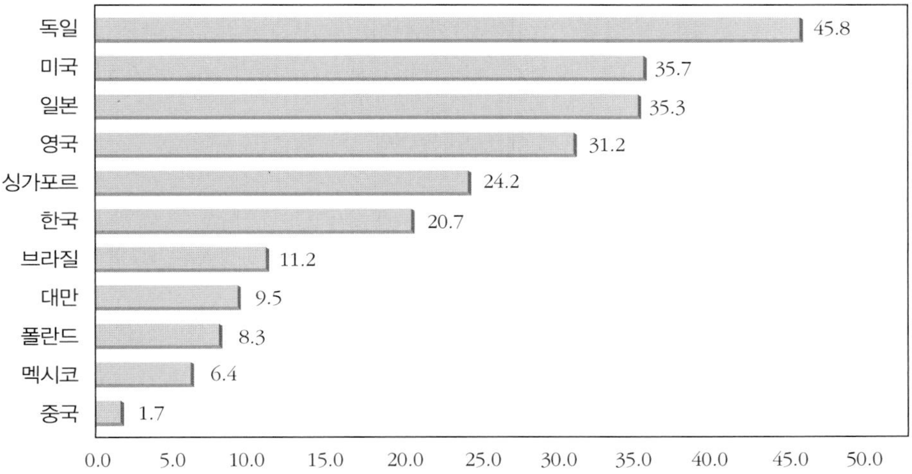

* 주: 1) 제조업 부문 시간당 노동비용(hourly compensation costs)임. 노동비용에는 임금 이외에 보험과 노동관련 세금 등이 포함됨.
2) 2012년 임금이고, 중국만 2009년 임금임. 단위는 미달러($)임.

* 자료: U.S. *Bureau of Labor Statistics*, "International Comparisons of Hourly Compensation Costs in Manufacturing, 2012," 홈페이지, 2023.

며, 대만은 9.5달러로 한국보다 낮다. 브라질은 11.2달러, 멕시코는 6.4달러로 우리보다 낮다. 특히 독일의 임금은 45.8달러로, 중국의 1.7달러에 비해 27배나 높다.

[그림 5-5]에서 보듯이, 요소가격균등화 정리의 예측과 달리 국가 간 임금에 차이가 있다. 그 원인은 헥셔-오린 모형의 가정이 현실 세계와 일치하지 않기 때문이다. 이를 다음의 네 가지 측면에서 설명할 수 있다.

첫째, 각 국가의 노동의 질(quality)이 동일하지 않다. 선진국에서는 노동자의 교육 수준과 직업 훈련에 의한 인적자본 수준이 높아, 개도국에 비해 노동생산성이 더 높다. 이러한 노동생산성의 차이가 임금 수준의 차이를 가져온다. 일반적으로 인적자본(人的資本)이 풍부한 선진국에서는 노동생산성이 높고, 따라서 임금도 높다.

둘째, 국가 간 생산함수가 서로 같지 않다. 선진국일수록 기술수준이 높은 편이다. 기술수준이 높을수록 같은 노동으로 더 많은 양을 생산할 수 있어서 노동생산성이 올라가고 더불어 임금도 상승한다.

셋째, 두 나라가 서로 다른 재화를 생산한다면, 두 국가의 요소가격은 같아지지 않는다. [그림 5-3]의 CB 구간처럼 양국이 X재와 Y재를 함께 생산할 경우, 재화가격과 요소가격 간에 1:1 대응 관계가 성립한다. 따라서 무역 후 두 국가의 재화가격이 같아지면서 요소가격도 같아진다. 그러나 CB 구간을 벗어나는 완전특화 영역에서는 재화가격과 요소가격 간의 1:1 대응 관계가 성립하지 않아, 재화가격이 같아져도 요소가격은 같아지지 않는다. 이 구간은 두 국가의 요소부존도 차이가 너무 커서 생산하는 재화가 서로 다를 때 나타난다. 두 국가가 서로 다른 재화를 생산하면, 요소가격이 서로 같아질 수 없다.

넷째, 실제 무역에서는 운송비, 관세 등의 무역장벽으로 인해 양국의 재화가격이 같아지지 않으므로 요소가격도 같아지지 않는다. 요소가격균등화 정리는 두 나라의 재화가격이 같아질 때 나타나는데, 무역장벽으로 인해 재화가격이 같아지지 않는다면 요소가격이 같아질 수 없다.

요소가격균등화 정리는 일부 문제점이 있음에도 불구하고 무역에 따른 요소가격 변화를 설명하는 데 매우 유용하다. 이는 노동의 국가 간 이동이 제한적이더라도, 자유 무역을 통해 국가 간 임금 차이가 줄어든다는 것을 설명해준다. 국가마다 노동생산성의 차이로 인한 임금 차이는 불가피하지만, 자유무역은 이런 임금 차이를 줄여나가는 역할을 한다는 것이다.

제 2 절 요소부존량 증가와 생산량 변화

1. 립진스키 정리

지금까지 우리는 국가의 요소부존량이 고정되어 있다고 가정하였다. 그러나 실제 경제에서는 시간이 흐름에 따라 자본 축적이나 노동력 증가 등으로 요소부존량이 변하는 것이 일반적이다. 이러한 요소부존량의 변화는 재화 생산량을 변화시키게 되는데, 헥셔-오린 모형의 틀 내에서 이러한 현상을 설명하는 이론이 립진스키 정리이다.

립진스키 정리(Rybczynski Theorem)는 "재화의 가격이 일정할 때, 특정 생산요소의 부존량이 증가하면 해당 요소를 집약적으로 사용하는 재화의 생산량은 증가하고, 다른 요소를 집약적으로 사용하는 재화의 생산량은 오히려 감소한다"고 주장한다. 예를 들어, 자본부존량이 증가하면 자본집약재의 생산은 증가하지만 노동집약재의 생산은 감소하고, 반대로 노동부존량이 증가하면 노동집약재의 생산은 증가하지만 자본집약재의 생산은 감소한다는 것이다.

일반적으로 경제 내 생산요소의 부존량이 증가한다면 모든 재화의 생산이 고르게 증가할 것으로 예상되지만, 립진스키 정리는 이러한 직관과 상반되는 결과를 설명한다. 립진스키 정리가 일반적인 직관과 다른 이유는 특정한 가정들을 전제로 하기 때문이다. 첫 번째 가정은 생산량에 변화가 있더라도 재화의 가격은 변하지 않는다는 것이고, 두 번째 가정은 생산함수가 일차동차함수라는 것이다. 일차동차의 생산함수에서는 재화의 가격이 변하지 않으면 요소가격비와 요소집약도 역시 변하지 않는다. 이러한 가정들로 인해 특정 요소의 부존량이 증가하면 한 재화의 생산은 늘어나나 다른 재화의 생산은 줄어드는 결과가 나타나게 된다.

[그림 5-6]의 에즈워즈상자를 이용해 립진스키 정리를 설명해 보자. 그림에서 X재는 노동집약재이고, Y재는 자본집약재다. 초기에 이 경제의 노동량은 $O_X L$이고, 자본량은 $O_X K_1$이다. 초기 생산균형점이 A점이라면, 선분 $O_X A$의 길이는 X재의 생산량을, 선분 $O_Y^1 A$의 길이는 Y재의 생산량을 나타낸다.

이제 이 국가의 자본부존량이 K_1에서 K_2로 증가하였다고 하자. 자본량이 K_1에서 K_2로 증가하면, 경제 전체의 부존량을 나타내는 에즈워즈상자가 $O_X L O_Y^2 K_2$로 커진다. 자본부존량이 증가한 이후에도 요소집약도에 변화가 없다면, 새로운 균형점은 B가 되고, B점에서 X재의 생산량은 선분 $O_X B$로 감소하고, Y재의 생산량은 선분 $O_Y^2 B$로 증가한다. 즉, 자본부존량의 증가로 인해 자본집약재인 Y재의 생산량은 증가하고, 노동집약재인 X재의 생산량은 감소한다.

그림 5-6 자본량 증가와 산출량 변화

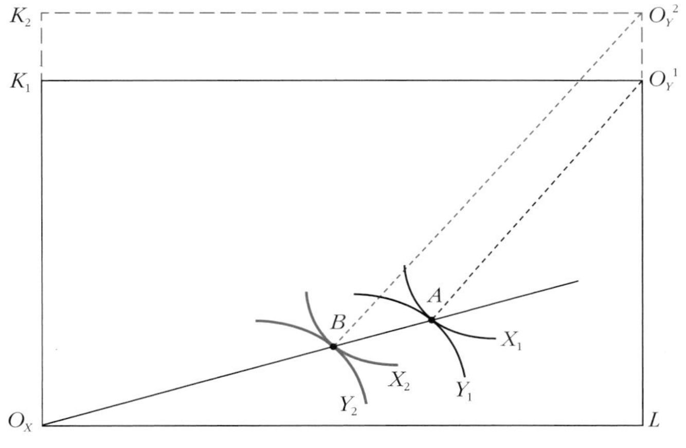

〈자본량이 K_1에서 K_2로 증가하면, 자본집약재인 Y재 생산량은 Y_1에서 Y_2로 증가하고, 노동집약재인 X재 생산량은 X_1에서 X_2로 감소한다.〉

생산가능곡선에서 립진스키 정리는 다음과 같이 설명된다. 어떤 국가의 노동량이나 자본량이 증가하면, 그 국가의 생산능력이 확대되어 생산가능곡선은 밖으로 이동한다. 만일 자본량이 증가하면, [그림 5-7]에서 보듯이 생산가능곡선은 자본집약재인 Y재 쪽으로 더 편향되어 밖으로 확장된다.

[그림 5-7]에서 애초의 생산균형점은 생산가능곡선과 가격선 p^w가 접하는 A점이다. 자본량 증가 이후에도 가격은 과거와 같으므로 새로운 생산균형점은 새로운 생산가능곡선과 기존의 국제시장가격 p^w가 접하는 B점이 된다. A점에 비해 B점에서 노동집약재인 X재 생산량은 OX_1에서 OX_2로 감소하고, 자본집약재인 Y재 생산량은 OY_1에서 OY_2로 증가한다. [그림 5-7]의 A점, B점은 각각 [그림 5-6]의 A점, B점에 대응하는 점이다.

소규모 개방경제에서는 국내 생산의 변화가 국제시장가격에 영향을 미치지 않기 때문에, 요소가격비와 요소집약도가 일정하게 유지된다. 이러한 특성으로 인해 소규모 경제에서는 립진스키 정리가 유효하게 적용된다. 그러나 대국에서는 요소부존량 증가에 따른 생산량 변화가 재화의 국제시장가격을 변화시키기 때문에, 립진스키 정리를 적용할 수 없게 된다. 재화가격이 변하면 요소가격과 요소집약도가 변하게 되고, 요소집약도가 변하면 새로운 균형점이 [그림 5-6]과 [그림 5-7]의 B점이 되지 않는다. 그러므로 립진스키의 예측과는 다른 상황이 발생하게 된다. 요약하면, 립진스키 정리는 국제시장가격에 영향을 미치지 않는 소규모 개방경제에 적용될 수 있으나, 생산량 변화가 시장가격에 영향을 줄 수 있는 대규모 경제에는 적용될 수 없다.

그림 5-7 자본량 증가에 따른 생산량 변화

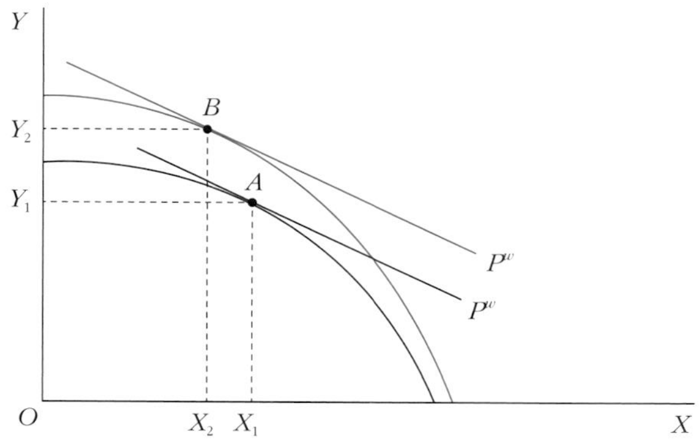

〈자본량의 증가로 생산가능곡선은 밖으로 이동하는데, 자본집약재인 Y재 생산량은 OY_1에서 OY_2로 많아지고, 노동집약재인 X재 생산량은 OX_1에서 OX_2로 적어진다.〉

그림 5-10 소국의 경제성장과 후생의 변화

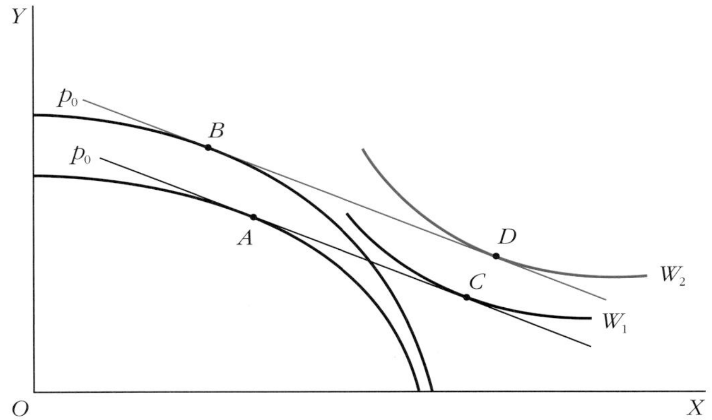

〈자본량이 증가하면 생산점이 A에서 B로 바뀌고, 후생수준은 W_1에서 W_2로 올라간다.〉

점으로 바뀐다. A점과 비교하여 B점에서는 자본집약재인 Y재 생산량은 증가하고, 노동집약재인 X재 생산량은 감소한다(이는 립진스키 정리를 반영하고 있다). 그리고 경제성장 이후 후생수준은 W_1에서 W_2로 증가한다.

소국의 경우에는 경제가 성장하면 반드시 후생수준이 증가한다. 경제성장 요인이 요소부존량 증가이든 기술 진보이든 경제성장은 후생수준을 높인다. 이는 재화가격은 과거와 같은데 경제성장으로 소득이 늘어서 사람들의 절대 소비량이 증가하기 때문이다. 이처럼 소국의 경제성장은 반드시 후생수준을 높인다.

3) 대국과 궁핍화 성장

앞에서 알아본 바와 같이 소국의 경제성장은 반드시 자국의 후생수준을 높인다. 하지만 대국의 경제성장은 자국의 후생수준을 낮출 수 있다. 대국에서는 경제성장으로 교역조건이 악화될 수 있기 때문이다.

대국의 수출재 부문에서 경제성장이 발생했다고 하자. 이 경우 수출공급량이 증가하므로 수출재의 국제시장가격이 하락한다. 수출재 가격 하락은 교역조건을 악화시켜서 후생수준 하락을 가져온다. 만일 교역조건 악화 정도가 크면 경제성장에도 불구하고 후생수준이 낮아질 수 있는데, 이를 바그와티(Bhagwati)는 궁핍화 성장(immiserizing growth)이라고 한다.

[그림 5-11]은 궁핍화 성장(窮乏化 成長)을 보여주고 있다. 그림은 자본집약재인 Y재를 수출하는 나라에서 자본 축적으로 자본부존량이 증가한 경우를 가정하고 있

그림 5-11 궁핍화 성장

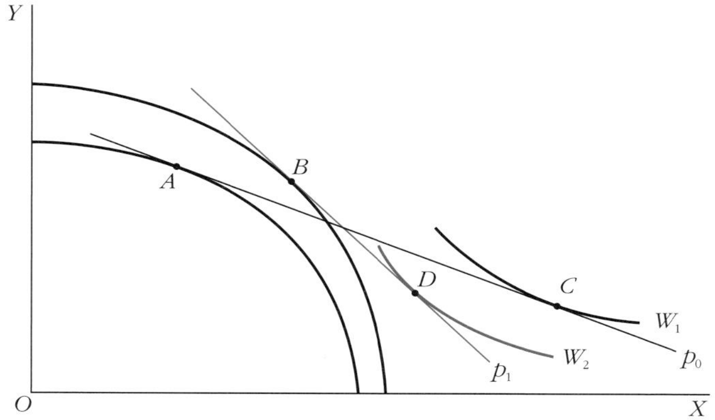

〈대국의 수출재 부문이 성장하면 교역조건이 나빠져서 후생수준이 낮아질 수 있다.〉

다. 자본량 증가로 생산가능곡선은 밖으로 확장된다. 하지만 국제시장가격이 p_0에서 p_1으로 변하면서 후생수준은 W_1에서 W_2로 하락한다. X재의 상대가격(P_X/P_Y)이 p_0에서 p_1으로 올라가는 이유는 Y재 부문의 성장으로 Y재 가격이 하락하기 때문이다. Y재 가격 하락은 Y재 수출국인 이 나라의 교역조건 악화를 의미한다. 이 교역조건 악화로 후생수준이 하락한다. 이처럼 경제성장에도 불구하고 후생수준이 낮아질 수 있다.

어떤 형태의 경제성장에서 교역조건이 나빠질까? 첫째, 국제시장가격에 영향력을 미칠 만큼 경제규모가 큰 대국에서 경제성장이 발생한 경우다. 여기서 대국의 의미는 국가규모로 판단하기보다는 상품별로 시장점유율이 큰 국가라고 보는 것이 옳다. 중동 석유 수출국은 경제규모는 작지만, 석유의 세계시장 점유율이 매우 높으므로 석유 재화에서는 대국이다.

둘째, 경제성장이 수출재 부문에서 이루어지는 경우다. 수출재 부문이 성장하면 수출재 가격이 하락하여 교역조건이 악화된다. 수입재 부문이 성장하면 수입재 가격이 하락하여 교역조건이 개선되므로 항상 후생수준이 올라간다.

셋째, 수요가 비탄력적이어서 공급량 증가 시 가격이 크게 하락하는 경우이다. 가격 하락 정도가 크지 않으면, 수출재 가격 하락으로 인한 후생감소효과(가격효과)보다 생산증가에 의한 후생증가효과(소득효과)가 더 커서 교역조건 악화에도 불구하고 후생수준은 올라간다. 경제성장으로 교역조건이 크게 나빠지는 경우에만 궁핍화 성장이 나타난다.

농산물 같은 1차 상품은 대체로 수요탄력성이 비탄력적이다. 작황이 좋아 무, 고추, 수박 등의 생산이 크게 증가하면 이들 가격이 폭락하여 농가 소득이 오히려 감소하는 경우가 있다. 이런 현상이 국제경제에 나타나는 것이 궁핍화 성장이다. 예를 들어, 커피의 세계 최대 생산국인 브라질과 콜롬비아에서 풍년이 들어 커피 생산량이 급속히 증가하면 커피의 국제시장가격이 크게 하락할 수 있다. 이 경우 커피 생산량 증가에도 불구하고 브라질과 콜롬비아의 소득이 오히려 낮아질 수 있다. 이것이 궁핍화 성장의 예다.

궁핍화 성장은 현실세계에서 흔히 볼 수 있는 현상은 아니다. 어떤 국가의 생산량이 국제시장가격에 영향을 미칠 만큼 그 비중이 큰 경우가 드물고, 공산품의 경우에는 생산자가 공급량을 조절함으로써 가격 하락을 방지할 수 있다. 또 수입재 부문에서 경제성장이 발생하면 교역조건이 개선되므로 반드시 후생수준이 증가한다. 그리고 수출재 부문에서 경제성장이 발생한 경우에도 교역조건이 악화되지만 악화 정도가 심하지 않으면 후생수준이 하락하지 않는다.

4. 한국 무역구조의 변화

1) 한국 생산구조의 변화

한국은 1960년대 이후 빠르게 자본을 축적해 왔다. 이로 인해 과거에 비해 자본이 노동보다 상대적으로 풍부해졌다. 립진스키 정리에 따르면, 한국처럼 소규모 개방 경제에서는 자본이 축적될수록 자본집약재의 생산이 증가하고, 노동집약재의 생산은 감소한다. 이러한 예측이 한국 경제에도 적용되었는지 살펴보자.

[그림 5-12]는 1975년부터 2022년까지 한국 제조업 총생산액 중 경공업과 중화학공업의 비중 변화를 보여준다. 1975년과 2022년을 비교하면, 경공업의 비중은 82.3%에서 14.9%로 줄었고, 중화학공업의 비중은 17.7%에서 85.1%로 증가했다. 자본집약적인 중화학공업의 생산비중은 크게 증가한 반면, 노동집약적인 경공업의 생산비중은 크게 감소했다.

그러나 경공업의 생산비중 감소가 생산액 감소를 의미하는 것은 아니다. [그림 5-13]에서 보듯이 1970~1996년 기간에 경공업 생산은 연평균 8.4%씩 증가하였다. 다만, 중화학공업 생산이 연평균 16.8%로 더 빠르게 증가하여 경공업의 생산비중이 감소한 것이다. 경공업에 비해 중화학공업의 생산 비중이 증가한 것은 그 동안 한국에서 자본 축적이 빠르게 진행되어 왔음을 시사한다. 노동보다 자본이 빠르게 축적되면서, 자본집약재인 중화학공업의 생산비중이 상대적으로 높아진 것으로 해석할 수 있다.

그림 5-12 한국 산업별 생산량의 구성비 변화

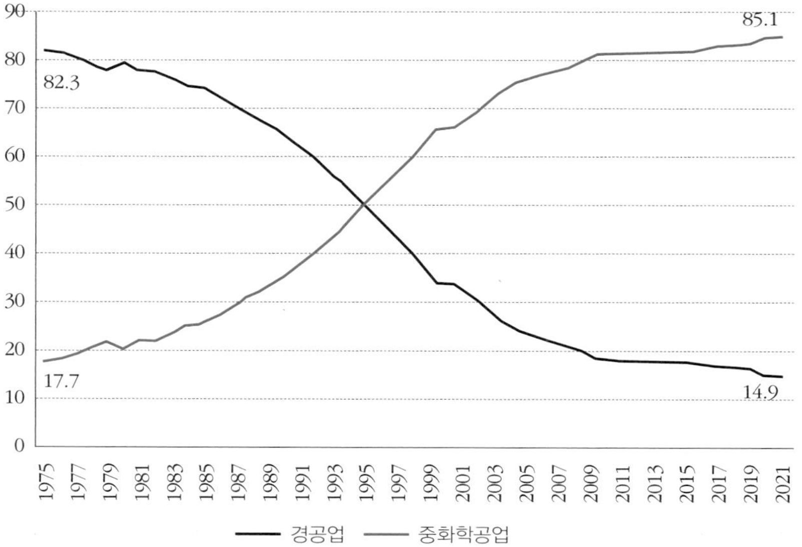

* 주: 2020년 기준의 생산지수와 2020년 출하량을 이용해 각 연도의 생산량을 추계한 후, 이를 이용해 경공업과 중화학공업의 생산 비중을 계산함.
* 자료: 통계청, KOSIS, 「광업제조업조사」, 「광업제조업동향조사」, 2023.

2) 생산 방법의 변화

다음으로 한국에서 재화의 생산방법, 즉 자본-노동의 결합비율이 어떻게 변해왔는지를 알아보자. [그림 5-13]은 1970~96년 기간 동안 한국 제조업의 부문별 생산량, 자본투입량, 노동투입량의 연평균 증가율이다. 해당 기간 동안 중화학공업 생산의 연평균 증가율은 16.8%로, 경공업 생산의 연평균 증가율 8.4%의 2배나 된다. 이는 경공업보다 중화학공업 부문에서 생산이 더 빠르게 증가해 왔음을 말해준다. 이는 경공업과 중화학공업의 생산 비중을 보여준 앞의 [그림 5-12]의 결과와 일치한다.

노동과 자본의 투입증가율을 보면 생산방식의 변화를 알 수 있다. [그림 5-13]을 보면, 두 부문 모두에서 자본투입 증가율이 노동투입 증가율보다 높다. 중화학공업에서는 자본투입 증가율이 17.0%로 노동투입 증가율 7.2%보다 높고, 경공업 부문에서도 자본투입 증가율은 11.0%로 노동투입 증가율 2.6%보다 높다. 이는 중화학공업과 경공업 모두에서 노동보다는 자본의 사용을 더 늘려왔음을 뜻한다. 즉, 자본-노동 비율이 과거보다 상승했음을 뜻한다.

기업들이 노동보다 자본을 더 많이 사용하는 형태로 생산방식을 바꾼 이유는 무엇일까? 이는 4장 [그림 4-2]에서 공부한 바와 같이 임대료(자본가격)보다 임금이

그림 5-13 한국 제조업의 부문별 생산량과 요소투입량의 연평균 증가율(1970~96년)

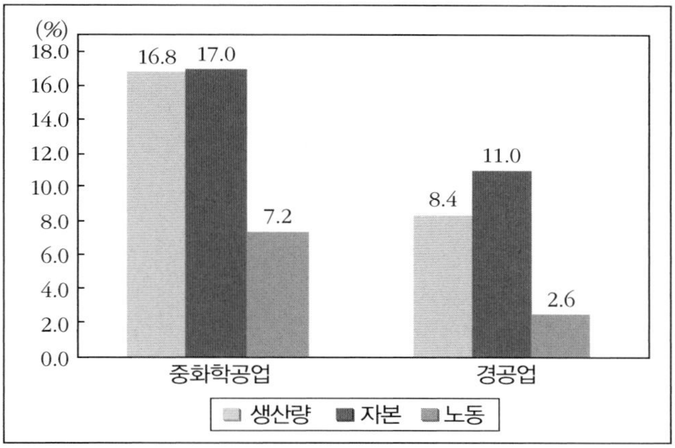

* 주: 생산량 증가율은 실질생산량 증가율임.
* 자료: 김태기·장선미, "무역이 한국경제의 성장에 미친 영향"(경제학연구, 2002)의 〈표 1〉의 일부임.

더 빠르게 증가하였기 때문이다. 재화 생산에서 노동과 자본 간의 유연한 대체가 가능하다면, 임금이 상승할 때 기업들은 노동보다는 자본을 더 많이 사용하는 생산방식을 채택한다. 앞의 [그림 5-2]에서 보듯이 미국에 비해 한국에서 이자율은 점차 하락하고 임금은 점차 상승하였다. 이처럼 한국에서 임금-임대료 비율이 상승함에 따라 기업들이 노동을 자본으로 대체하는 생산방식을 채택하고, 그 결과 한국경제 전반에서 생산 방식이 자본집약적으로 변해왔다고 할 수 있다.

3) 한국 산업별 수출구조의 변화

한국의 생산구조 변화는 수출구조의 변화로 이어진다. 생산구조가 노동집약재에서 자본집약재로 변해가면서 수출상품도 노동집약재에서 자본집약재로 변해왔다. 〈표 5-1〉은 한국의 10대 수출상품이다. 1977년 수출 1위 품목은 의류이고, 총수출에서 차지하는 비중은 19.3%였다. 수출의 약 1/5이 노동집약재인 의류였다.

그러나 2000년에는 10대 수출품목 중 노동집약재로 분류되는 것은 의류(2.7%)뿐이었고, 나머지는 모두 자본집약재였다. 그리고 2022년에는 수출 10위 품목 내에 노동집약재로 생각되는 품목은 완전히 사라졌다. 2000년 이후 반도체가 수출 1위를 차지하고 있으며, 2022년에 반도체의 수출비중은 18.9%나 된다. 1977년에 의류 수출이 전체의 약 1/5을 차지한 것과 비슷하게, 2022년에는 반도체 수출이 전체의 약 1/5을 차지했다.

■ ■ 표 5-1 한국의 10대 수출상품

순위	1977		2000		2022	
	품목명	비중	품목명	비중	품목명	비중
1위	의류	19.3	반도체	15.1	반도체	18.9
2위	선박해양구조물및 부품	5.3	컴퓨터	8.5	석유제품	9.2
3위	가구	5.0	자동차	7.7	자동차	7.9
4위	목재류	4.7	석유제품	5.3	합성수지	4.1
5위	어류	4.3	선박해양구조물및 부품	4.9	자동차부품	3.4
6위	음향기기	3.3	무선통신기기	4.6	철강판	3.3
7위	반도체	3.0	합성수지	2.9	평판디스플레이및 센서	3.1
8위	철강판	2.9	철강판	2.8	선박해양구조물및 부품	2.7
9위	레일및철구조물	2.5	의류	2.7	정밀화학원료	2.6
10위	기타섬유제품	2.3	영상기기	2.1	무선통신기기	2.5
비중합계		52.7		56.6		57.7

* 주: 1) MTI 3단위 분류를 기준으로 함.
2) 비중은 총수출액에서 차지하는 비중임.
* 자료: 무역협회, K-stat, 2023.

1980년대까지는 노동집약재의 수출비중이 더 높았으나, 1990년대 이후에는 자본집약적이고 기술집약적인 제품의 수출비중이 훨씬 높아졌다. 이를 통해 한국의 수출상품 구성이 노동집약재에서 점차 자본집약재로 바뀌어 왔음을 알 수 있다. 2000년대 이후에는 10대 수출품의 구성에 크게 변화가 없다. 주요 수출품은 반도체, 자동차, 조선, 디스플레이, 석유제품 등 자본집약재로 구성되어 있다.

〈표 5-1〉을 보면 총수출에서 10대 수출상품이 차지하는 비중이 1977년 52.7%, 2000년 56.6%, 2018년 58.5%나 된다. 상위 10개 품목의 수출 비중이 어느 해든 50%를 초과함을 알 수 있다. 이는 한국의 수출이 특정 제품에 매우 편중되어 있음을 시사한다. 다른 해외 국가와 비교했을 때, 우리나라의 10대 수출품 비중은 상당히 높은 편이다.

[그림 5-12]를 통해 볼 수 있는 바와 같이, 한국의 생산구조는 노동집약적인 경공업에서 자본집약적인 중화학공업으로 점차 변해왔다. 이런 생산구조의 변화에 따라 한국의 수출품 중에서 경공업의 비중은 점차 감소학고, 중화학공업의 비중은 점차 증가하고 있다. 한국의 임금이 상승하고 자본 및 기술이 축적되면서 생산구

조가 노동집약재에서 자본집약재로 옮겨가고, 더불어 수출상품 구성도 노동집약재에서 자본집약재로 변화하는 추세를 보이고 있다.

부록 재화가격과 요소가격 간의 관계

[그림 5A-1]의 (a)에서 재화가격이 p_A에서 점차 증가하여 p_D로 이동함에 따라 생산점도 A에서 D로 이동해 간다. 그림 (a)의 B점과 C점은 그림 (b)의 B'점, C'점과 대응하는 점이고, 그림 (a)의 A점과 D점은 Y재 또는 X재 생산에 완전 특화점으로 (b)의 O_X, O_Y에 대응하는 점이다.

그림 (b)의 B'점과 C'점에서 등량곡선의 접선의 기울기인 $(w/r)_B$과 $(w/r)_C$는 임금-임대료 비율을 나타낸다. 1차동차함수이므로 요소집약도가 서로 같은 (b)의 B점과 H점은 요소가격비도 $(w/r)_B$로 서로 같다. 따라서 H점의 왼쪽에 있는 C'점에서 접선의 기울기 $(w/r)_C$는 H점의 접선의 기울기 $(w/r)_B$보다 더 크다.

그림 (a)의 생산점 B점과 C점은 그림 (b)의 계약곡선상의 B'점, C'점에 대응한다는 것을 이용하면, [그림 5A-2]와 같은 재화가격비와 요소가격비의 대응관계가

그림 5A-1 생산가능곡선과 계약곡선

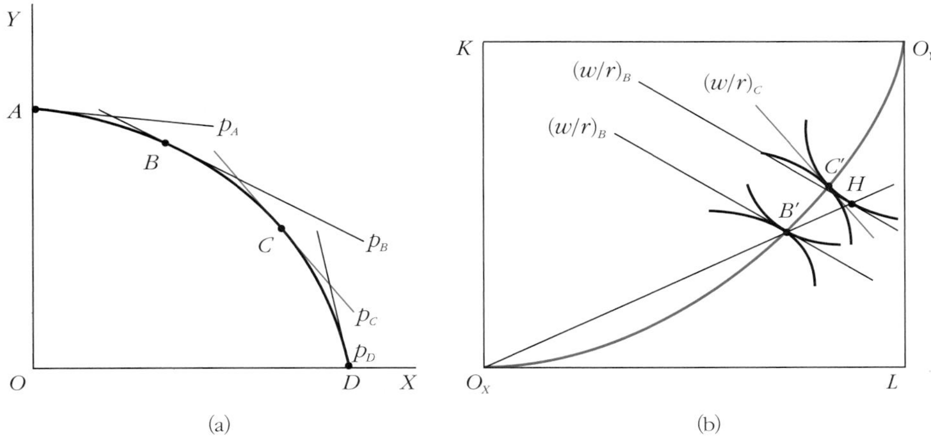

〈생산가능곡선상의 B점과 C점은 계약곡선상의 B'점, C'점과 대응된다.〉

그림 5A-2 재화가격과 요소가격의 1:1 대응관계

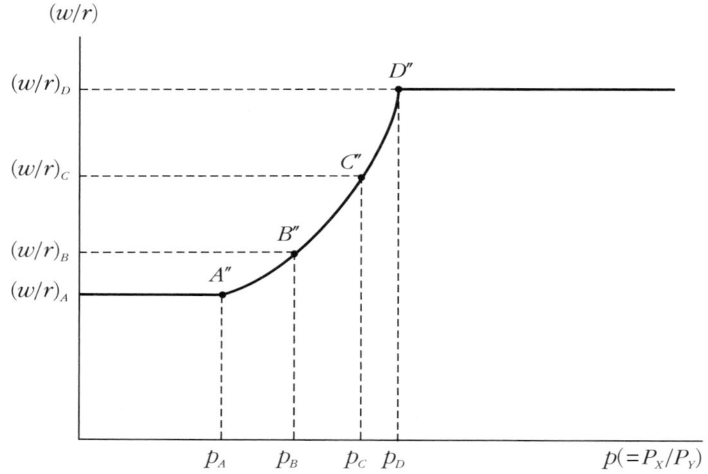

〈이 그림의 B''과 C''은 생산가능곡선의 B점과 C점, 계약곡선상의 B'점과 C'점에 대응된다.〉

도출된다. 재화가격이 p_B에서 p_C로 바뀌면 그림 (a)에서 생산점이 B에서 C로 바뀌어 가고, 여기에 대응하는 그림 (b)의 B'에서 C'에서 보듯이 요소가격이 $(w/r)_B$에서 $(w/r)_C$로 올라간다. 따라서 [그림 5A−2]와 같이 X재의 상대가격 $p(=P_X/P_Y)$와 임금−임대료 비율 (w/r)간에 양의 관계가 있다. 여기서 p와 (w/r)간에 양의 관계에 있는 것은 X재가 노동집약재이기 때문이다. 만일 X재가 자본집약재라고 가정하면, X재의 상대가격 p와 (w/r)간에는 음(−)의 관계를 갖는다.

[그림 5A−1]의 p_A(또는 p_D)의 가격에서는 Y재(또는 X재) 생산에 완전 특화하고, 이 때 임금−임대료 비율은 그림 (b)의 O_X와 O_Y에서 각각 Y재와 X재의 등량곡선의 접선의 기울기가 된다. 상대가격이 p_A 이하가 되더라도 생산점은 A에서 변하지 않으므로 임금−임대료 비율이 $(w/r)_A$로 일정하다. 마찬가지로 p_D 이상의 가격에서도 생산점이 D점에서 변하지 않기 때문에 임금−임대료 비율이 $(w/r)_D$로 일정하다. 따라서 완전특화가 이루어지는 p_A 이하 또는 p_D 이상의 가격에서는 (w/r)이 일정하게 주어지므로 수평선이 된다.

주요용어

• 무역의 이익	• 교환의 이익	• 특화의 이익
• 요소가격균등화 정리	• 상대가격균등화	• 절대가격균등화
• 스톨퍼-새뮤얼슨 정리	• 립진스키 정리	• 단위가치등량곡선
• 제품수명주기설	• 개발단계	• 성숙단계
• 표준화단계	• 궁핍화 성장	

요 약

01. 무역 후 비교우위재의 생산은 증가하고 비교열위재의 생산은 감소하며, 헥셔-오린 모형에서는 리카도 모형과는 달리 완전특화가 발생하지 않고 부분특화가 발생한다.

02. 무역의 이익은 교환의 이익과 특화의 이익으로 구분된다. 교환의 이익은 수입재 가격의 하락으로부터 발생하는 이익이며, 특화의 이익은 세계적 수준에서 자원의 효율적 배분으로부터 발생하는 이익이다.

03. 헥셔-오린 모형에서 재화가격과 요소가격간에는 1:1 대응관계가 성립한다. 따라서 무역으로 두 나라의 재화가격이 같아지면, 요소의 상대가격만이 아니라 절대가격도 양국에서 서로 같아진다. 그러나 현실적으로 국가마다 노동의 질이 다르고, 국가간 생산함수가 동일하지 않으며, 서로 중복되는 재화를 생산하지 않거나, 무역장벽으로 재화가격이 서로 같지 않기 때문에 국가간에 요소가격이 균등화되지 않는다.

04. 스톨퍼-새뮤엘슨 정리에 의하면 자유무역은 풍부요소의 보수를 증가시키고 희소요소의 보수를 감소시킨다. 무역 후 노동풍부국에서는 실질임금이 올라가고, 자본의 실질보수가 떨어진다.

05. 립진스키 정리에 의하면 소규모 개방경제에서 어떤 한 생산요소의 부존량이 증가하면, 그 요소를 집약적으로 사용하는 재화의 생산은 절대적으로 증가하는 반면, 다른 요소를 집약적으로 사용하는 재화의 생산은 절대적으로 감소한다. 이는 재화가격이 주어져 있다는 가정에 바탕을 두고 있다는 점에서 소규모 개방경제에 적용되는 이론이다.

06. 소국의 경제성장은 반드시 그 국가의 후생수준을 높이지만, 대국의 경제성장은 그 국가의 후생수준을 낮출 수 있다. 이는 대국에서 수출재 부문의 경제성장으로 그 나라의 교역조건이 악화되는 경우에 나타나며, 이를 궁핍화 성장(immiserizing growth)이라고 한다.

07. 한국에서는 경제성장 과정에서 지속적으로 자본축적이 이루어졌다. 자본축적으로 자본집약적인 중화학공업의 생산이 노동집약적인 경공업 생산에 비해 더 빠르게 증가하였다. 그리고 한국의 제조업 생산에서 자본-노동 비율이 증가했다. 이는 임금이 빠르게 상승하면서 기업들이 노동을 자본으로 대체하는 생산방식을 채택했기 때문이다.

08. 생산구조의 변화는 수출구조의 변화로 이어진다. 한국의 산업구조가 노동집약적인 부문에서 자본집약적인 부문으로 이동하면서 수출상품도 자본집약적인 제품으로 변해왔다. 자본집약적인 중화학공업제품의 수출 비중은 지속적으로 증가하였고, 반면에 노동집약적인 경공업제품의 수출 비중은 계속 감소해왔다. 그리고 한국의 주요 무역대상국은 미국, 일본, 중국인데, 1990년대 이후 미국과 일본과의 무역 비중은 점차 줄어들고, 중국의 비중이 빠르게 증가하고 있다.

복습문제

01. 재화가격, 요소가격, 그리고 요소집약도 사이의 상호관계에 대해 설명하라.

02. 스톨퍼-새뮤얼슨 정리란 무엇인가? 이 정리에 따르면, 노동풍부국에서 자유무역을 하면 노동과 자본의 실질보수는 어떻게 변하게 되는가?

03. 요소 가격 균등화 정리를 설명하고, 실제로 국가 간에 요소 가격이 동일해지지 않는 이유를 설명하라.

04. 립진스키 정리가 무엇인지 설명하고, 어떤 국가에서 자본축적이 발생할 경우, 재화의 생산량이 어떻게 변하는지 서술하라. 이 결과는 소국과 대국에서 동일한가?

05. 경제성장에도 불구하고 후생수준이 하락하는 경우가 있다. 이런 현상이 나타나는 이유는 무엇인가? 작은 나라에서도 이런 현상이 나타날 수 있는가?

연습문제

01. 국가간 무역은 재화의 가격만이 아니라 요소의 가격도 균등화시킨다고 한다. 그러나 현실적으로 국가간 요소가격이 동일하지가 않다. 그 이유는 무엇인가?

02. 생산요소의 지역간 이동이 자유로운 한국 내에서도 지역간 임금수준이 동일하지 않다. 그 이유는 무엇인가? 국가 내 지역간 임금수준이 동일하지 않은 이유와 국가간 임금수준이 동일하지 않은 이유가 서로 같은가?

03. 립진스키 정리에 의하면 자본량의 증가는 자본집약재의 생산량을 증가시키고, 노동집약재의 생산량을 감소시킨다. 왜 특정 요소부존량의 증가가 한 재화의 생산만을 증가시키는지를 설명하라.

04. 1960년대 이후 한국의 생산구조 변화를 살펴보면, 노동집약적인 섬유산업의 생산량은 상대적으로 감소하고, 반면에 자본집약적이고 기술집약적인 자동차 산업의 생산량은 증가하였다. 이러한 변화가 발생한 이유를 설명하라. 또 섬유와 자동차 생산에

서 요소집약도는 과거와 비교해 변화가 있을까?

05. 한국의 임금 수준은 미국이나 일본의 임금 수준에 비해 보다 빠른 속도로 증가해 왔다. 이를 이론적으로 설명하라.

06. 노동집약재의 가격이 올라가면 임금은 이 재화의 가격보다 더 높게 상승한다. 그 이유는 무엇인가?

07. 다음 물음에 답하라.

1) 생산가능곡선의 탄력성에 따라 무역이 생산특화에 미치는 영향이 달라짐을 그림으로 설명하라.
2) 임금-임대료 비율이 올라가면 생산 방법이 자본집약적으로 바뀜을 그림으로 설명하라.

08. 경제가 성장하였는데도 후생이 감소할 수 있음을 설명하라. 또 이론적으로 후생감소가 나타날 수 있지만, 현실적으로는 이런 가능성이 거의 없음을 설명하라.

09. 자본풍부국에서 다음의 변화가 교역조건과 후생에 미치는 효과를 설명하라. 이 나라는 대국이다.

1) 자본량 증가
2) 노동량 증가
3) 수출재 부문의 기술진보
4) 수입재 부문의 기술진보

10. 1950년대에 한국은 미국으로부터 트랜지스터 라디오(transistor radio) 등 가전제품을 수입하였으나, 1970년대에 와서는 이들 제품을 미국으로 수출하게 되었다. 이를 이론적으로 설명하라.

11. 의류는 노동집약재이고 반도체는 자본집약재이다. 이 두 재화만을 생산한다고 하자. 의류를 수입하고, 반도체를 수출하는 나라에서 반도체의 가격이 하락하면 임금과 임대료에 어떤 영향을 미치는가? 의류나 반도체 생산에서 노동과 자본의 결합 비율은 바뀌는가?

12. 최근 한국으로 중국, 동남아시아에서 많은 노동자들이 유입되고 있다. 이러한 노동자의 유입으로 한국의 자본집약재 생산량에 변화가 발생할까?

13. 저소득층과 고소득층 중에서 자유무역으로 더 이익을 얻는 그룹은 누구인가?

06 특정요소 모형과 해외아웃소싱

앞장에서 공부한 헥셔-오린 모형에서는 모든 생산요소가 산업 간에 자유롭게 이동한다고 가정하고 있지만, 현실에서는 모든 생산요소가 자유롭게 이동하지는 않는다. 일부 생산요소는 특정 산업에 국한되어 사용되며, 단기적으로는 이동성이 제한적인 경우도 있다. 특정요소 모형은 생산요소의 이동이 제한된 상황에서의 무역현상을 설명해준다. 그리고 전 세계적으로 중간재의 무역이 크게 증가하고 있는데, 이는 해외아웃소싱과 관련이 있다.

이 장에서는 먼저 특정요소 모형을 이용해 무역패턴과 무역의 소득분배효과를 살펴보고, 이러한 소득 분배 효과가 단기와 장기에서 어떻게 달라지는지를 알아본다. 다음으로 해외아웃소싱 모형을 이용해 숙련노동자와 비숙련노동자 간의 임금격차 발생 원인과 해외아웃소싱의 이익을 알아본다.

제 1 절 특정요소 모형과 무역

1. 경제 구조

생산요소로 노동(L), 자본(K)과 토지(T)의 세 요소가 있고, 이 세 요소를 이용해 X재와 Y재라는 두 재화를 생산하는 경제를 생각해보자. 이 경제의 구조는 [그림 6-1]과 같다. 노동은 두 재화 생산에 모두 이용되지만, 자본은 X재 생산에, 토지는 Y재 생산에만 이용된다. X재를 공산품, Y재를 농산품이라고 하자.

이 모형의 자본이나 토지와 같이 특정 재화의 생산에만 이용되는 요소를 특정요소(特定要素; specific factor)라고 한다. 특정요소인 토지와 자본은 다른 산업으로

그림 6-1 특정요소 모형의 경제구조

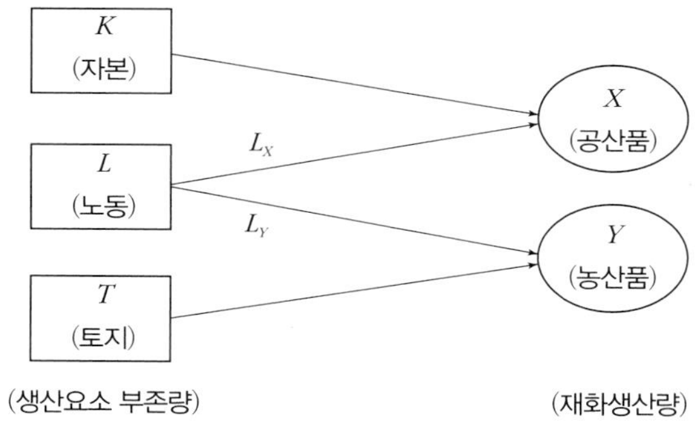

이동할 수 없기 때문에 어떤 재화를 더 생산하기 위해서는 다른 산업에서 노동을 가져와야 한다. 따라서 한 재화의 생산이 증가하면, 반드시 다른 재화의 생산은 감소한다.

2. 생산가능곡선

특정요소모형에서 자본과 토지는 고정되어 있으므로 각 재화의 생산량은 노동의 부문 간 배분에 의해 결정된다. 노동의 배분에 의해 각 재화의 생산량이 결정된다는 점에서 이는 리카도 모형과 유사하다. 그러나 리카도 모형의 생산가능곡선은 직선임에 비해 특정요소모형의 생산가능곡선은 [그림 6-2]에서 보듯이 볼록한 형태다. 그 이유는 리카도 모형과 달리 특정요소모형에서는 노동의 한계생산성이 체감하기 때문이다.

제4장에서 공부했듯이 생산가능곡선의 접선의 기울기를 한계전환율(MRT: marginal rate of transformation)이라고 한다. 이 기울기는 기회비용을 나타낸다. 즉 한 재화의 생산을 늘리기 위해 포기해야 하는 다른 재화의 양을 나타낸다. [그림 6-2]의 볼록한 생산가능곡선에서는 X재 생산 증가에 따라 접선의 기울기가 점차 경사져간다. 이는 X재의 기회비용이 체증함을 의미한다.

기회비용이 체증하는 이유를 알아보자. 생산가능곡선의 접선의 기울기는 (dY/dX)로 정의 된다. 이제 노동 한 단위를 Y재 생산에서 X재 생산으로 이동한다고 하자. 이 경우 Y재 생산량은 노동의 한계생산성인 MPL_Y만큼 감소하고, 대신 X재 생산량은 노동의 한계생산성인 MPL_X만큼 증가한다. 노동 한 단위 이동으로 Y재 감소분은 $dY=MPL_Y$이고, X재 증가분은 $dX=MPL_X$이다. 이를 생산가능곡선의 접선의 기울기, 즉 한계전환율(MRT_{XY})에 대입하면 다음이 된다.[1]

$$MRT_{XY}=-\frac{dY}{dX}=\frac{MPL_Y}{MPL_X} \tag{6.1}$$

식 (**6.1**)을 이용해 X재 생산이 증가함에 따라 생산가능곡선의 기울기가 어떻게 변해 가는지 알아보자. X재 생산이 증가하면 노동투입량이 증가하므로 노동의 한계생산성 MPL_X는 감소한다. 반대로 Y재 부문에서는 노동이 유출되어 노동의 한계생산성 MPL_Y는 증가한다. MPL_X는 감소하고, MPL_Y는 증가하므로 식 (**6.1**)로부터 한계전환율은 점차 커짐을 알 수 있다. 한계전환율이 점차 커진다는 것은 생산가능곡선의 기울기가 점차 경사져간다는 뜻이므로 생산가능곡선은 볼록한 형태가 된다.

리카도 모형과 마찬가지로 특정요소 모형에서도 각 재화의 생산량은 노동의 부문 간 배분에 의해 결정된다. 그런데 리카도 모형에서는 생산가능곡선이 직선의 형태고, 특정요소 모형에서는 생산가능곡선이 볼록한 형태다. 그 이유는 리카도 모형에서는 노동의 한계생산성이 불변이고, 특정요소모형에서는 노동의 한계생산성이 체감하기 때문이다. 직선의 생산가능곡선에서는 기회비용이 불변이고, 볼록한 생산가능곡선에서는 기회비용이 체증한다.

3. 비교우위 결정

국가의 요소부존도에 따라 생산가능곡선의 모양이 달라진다. 자본풍부국에서는 자본을 특정요소로 하는 X재의 생산량이 상대적으로 많고, 토지풍부국에서는 토지를 특정요소로 하는 Y재의 생산량이 상대적으로 많다. [그림 6−2]에서 자본풍부국인 A국의 생산가능곡선은 (a)와 같고 토지풍부국인 B국의 생산가능곡선은 (b)와 같다.

헥셔−오린 모형의 가정과 같이 양국의 선호체계가 동일하다면, 폐쇄경제의 국내가격은 공급조건에 의해 결정된다. [그림 6−2]에서 폐쇄경제의 균형점은 A와 A^*이고, 이 때 A국에서 X재의 상대가격은 p, B국에서의 상대가격은 p^*이다. 여기서 상대가격 p는 (P_X/P_Y)임을 상기하라.

그림에서 $p<p^*$이므로 A국은 X재, B국은 Y재에 각각 비교우위를 갖는다. 즉,

---

1 일반적으로 어떤 곡선의 기울기는 dY/dX로 정의된다. 그런데 생산가능곡선의 기울기가 음(−)이므로 그 값을 양(+)으로 하기 위해 한계전환율의 정의식에 음(−)의 부호를 부친다.

그림 6-2 요소부존량과 생산가능곡선

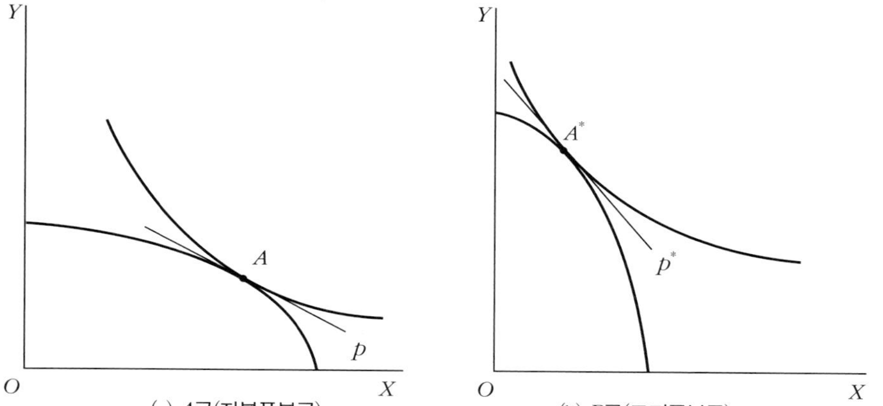

(a) A국(자본풍부국) (b) B국(토지풍부국)

〈폐쇄경제에서 자본풍부국의 생산 및 소비점은 A점으로 국내가격이 p이고, 토지풍부국의 균형점은 A^*점으로 국내가격이 p^*이다.〉

자본이 풍부한 A국은 자본을 특정요소로 이용하는 X재 생산에 비교우위를 갖고, 토지가 풍부한 B국은 토지를 특정요소로 이용하는 Y재 생산에 비교우위를 갖는다. 특정요소 모형은 이처럼 상대적 요소부존량에 의해 무역패턴이 결정된다는 점에서 헥셔-오린 모형의 특수한 경우로 볼 수 있다.

한국과 호주와의 무역구조를 생각해보자. 상대적으로 호주는 한국에 비해 토지가 풍부한 국가이므로 토지집약재인 농산물이나 축산물에 비교우위를 갖고, 한국은 자본집약재인 제조업 제품에 비교우위를 갖는다. 실제로 한국의 호주에 대한 수출품 중 90% 이상은 공산품이고 토지집약적인 농산품이나 축산품은 거의 없다. 한국-호주 간의 무역패턴은 특정요소모형으로 잘 설명됨을 알 수 있다.

제 2 절 재화 가격과 생산 및 소득분배

1. 노동에 대한 수요

먼저 노동에 대한 수요곡선을 생각해보자. 노동에 대한 수요는 노동의 한계생산물가치(value of marginal product of labor: VMPL)에 의해 결정된다. 노동의 한계생산물가치는 노동의 한계생산물에 재화 가격을 곱한 값으로 이는 한 단위의 추가적인 고용으로 벌어들인 수입을 나타낸다.

만일 노동의 한계생산물가치가 임금보다 높으면 한 단위 노동을 고용할 때 얻는 수입이 비용보다 크므로 노동을 더 고용하고자 한다. 같은 이유로 노동의 한계생산물가치가 임금보다 낮으면 수입이 비용보다 낮으므로 고용을 줄이고자 한다. 노동에 대한 수요의 균형은 한계생산물가치와 임금이 같아지는 상태에서 결정된다.

X재와 Y재 부문에서 노동에 대한 수요곡선은 다음과 같다.

$$w = VMPL_X = P_X \cdot MPL_X \quad \textbf{(6.2.a)}$$
$$w = VMPL_Y = P_Y \cdot MPL_Y \quad \textbf{(6.2.b)}$$

여기서 w는 임금, $VMPL$는 노동의 한계생산물가치, P는 재화가격, MPL은 노동의 한계생산성이다. 노동의 부문 간 이동이 자유롭기 때문에 X재 부문과 Y재 부문에서 임금은 w로 서로 같다.

위의 식을 그림으로 나타내면 [그림 6-3]과 같다. 이 선이 우하향하는 것은 노동의 한계생산성이 체감하기 때문이다. 그림을 보면, 임금이 올라가면 고용을 줄이고, 임금이 낮아지면 고용을 늘린다. 이 곡선이 노동에 대한 수요곡선이다.

식 (**6.2.a**)와 (**6.2.b**)에서 보듯이 재화가격(P)이나 노동의 한계생산성(MPL)이 변하면 노동에 대한 수요곡선이 이동한다. 재화가격이 상승하면 노동의 수요곡선이 위로 이동하고, 재화가격이 하락하면 노동의 수요곡선이 아래로 이동한다. 또 노동

그림 6-3 노동에 대한 수요

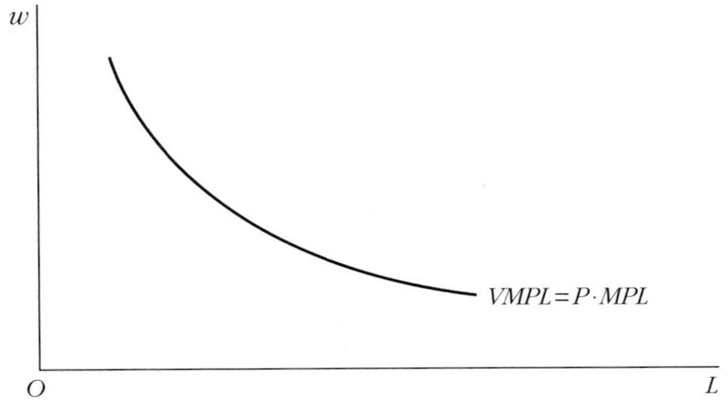

〈노동에 대한 수요량은 노동의 한계생산물가치와 임금이 일치하는 수준에서 결정된다.〉

생산성이 증가하면 수요곡선이 위로 이동하고, 노동생산성이 하락하면 수요곡선은 아래로 이동한다.

2. 임금과 노동 배분

만일 노동의 부문 간 이동이 자유롭다면, 양 산업에서 임금은 같아진다. 노동은 X재 부문의 임금이 더 높으면 X재 부문으로 이동하고, Y재 부문의 임금이 더 높으면 Y재 부문으로 이동한다. 노동의 부문 간 이동은 양 부문에서 임금이 같아질 때까지 계속되고, 양 부문의 임금이 같아지면 노동은 더 이상 이동하지 않는다.

완전고용조건에 따라 노동에 대한 총수요와 총공급은 항상 일치한다. 노동에 대한 완전고용조건식은 다음 식과 같다.

$$L_X + L_Y = \overline{L} \tag{6.3}$$

여기서 L_X는 X재 부문에 고용된 노동량, L_Y는 Y재 부문에 고용된 노동량이고, $\overline{L}$은 경제 전체의 총노동량이다.

[그림 6-4]는 식 (**6.2.a**)와 식 (**6.2.b**)를 같은 평면에 그린 것이다. 그림에서 횡축은 경제 전체의 노동량을, 종축은 임금을 나타낸다. O_X로부터 오른쪽으로는 X재 생산에 고용된 노동량을, O_Y로부터 왼쪽으로는 Y재 생산에 고용된 노동량을 나타낸다.

그림 6-4 임금과 고용량

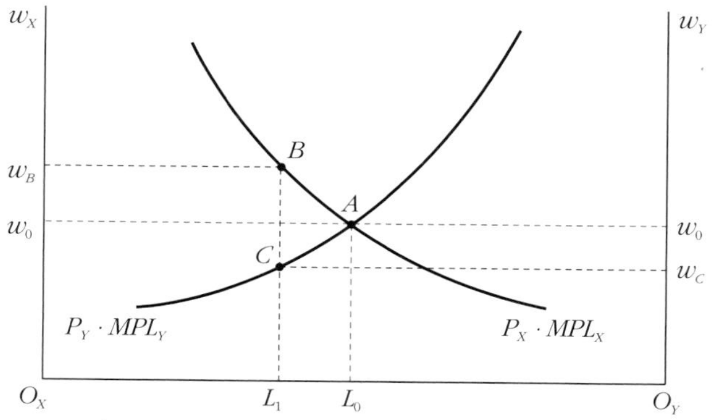

〈이 경제의 명목임금수준은 w_0이며, O_XL_0의 노동이 X재 부문에 O_YL_0의 노동이 Y재 부문에 각각 고용된다.〉

임금은 양부문의 노동에 대한 수요곡선이 서로 만나는 A점에서 이루어진다. 여기서 균형임금은 w_0이고, X재 생산에 고용된 노동량은 O_XL_0, Y재 생산에 고용된 노동량은 O_YL_0이다.

만일 X재와 Y재에 사용되는 노동량이 L_1점에서 배분된다면 어떤 현상이 나타나는가? 이 경우 O_XL_1의 노동이 X재 생산에 고용되어 X재 부문의 임금은 w_B가 되고, O_YL_1의 노동이 Y재 생산에 고용되어 Y재 부문의 임금은 w_C가 된다. X재 부문의 임금이 Y재 부문보다 높기 때문에 노동은 Y재 부문에서 X재 부문으로 이동한다. 이러한 노동의 이동은 양 부문의 임금이 같아질 때까지 계속되고, 최종적으로 균형은 A점에서 이루어진다.

3. 재화가격과 생산의 변화

이제 재화 가격이 바뀌면 산업간 요소의 배분과 생산 구성이 어떻게 바뀌는가를 알아보자. 재화가격이 바뀌면 노동에 대한 수요곡선이 이동한다. 재화가격이 상승하면 노동의 수요곡선이 위로 이동하고, 재화가격이 하락하면 노동의 수요곡선이 아래로 이동한다.

[그림 6-5]에서 X재 가격이 올라가면 X재 부문의 노동 수요곡선이 상방으로 이동하여 균형점이 A점에서 B점으로 이동한다. 그 결과 X재에 고용된 노동량이 O_XL_1으로증가하고, Y재에 고용되는 노동량은 O_YL_1으로 감소한다. X재와 Y재에 사용되는 특정요소인 자본과 토지는 일정하므로 노동량이 증가한 X재 생산량은 증

그림 6-5 재화가격의 변화와 요소가격

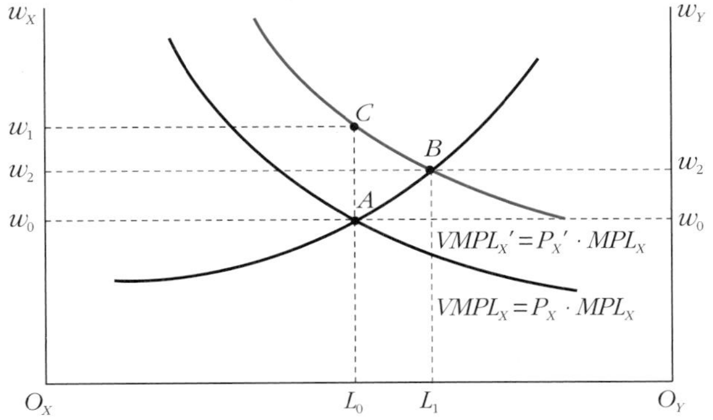

〈X재 가격이 올라가면 균형점이 A점에서 B점으로 이동하여 임금이 w_0에서 w_2로 올라가고 Y재 부문에서 X재 부문으로 노동이 이동한다.〉

그림 6-6 재화가격 변화와 생산량 변화

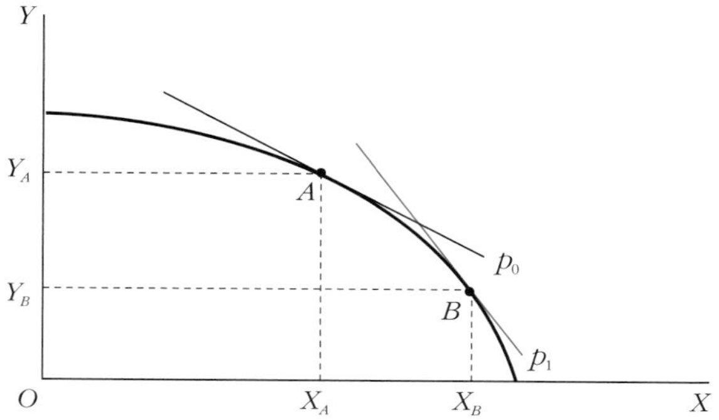

〈X재 상대가격이 p_0에서 p_1으로 상승하면, X재 생산이 X_A에서 X_B 로 증가하고 Y재 생산은 Y_A에서 Y_B로 감소한다.〉

가하고, 노동량이 감소한 Y재 생산량은 감소한다.

[그림 6-6]은 재화가격 변화로 인한 생산량 변화를 보여준다. X재 가격의 상승으로 상대가격이 p_0에서 p_1으로 상승하면, 생산가능곡선상에서 균형생산점이 A점에서 B점으로 이동한다. 이는 X재 생산이 X_A에서 X_B로 증가하고, Y재 생산은 Y_A에서 Y_B로 감소함을 나타낸다. 이처럼 X재 생산이 늘고 Y재 생산이 줄어든 이유는 노동이 Y재 부문에서 X재 부문으로 이동했기 때문이다. [그림 6-6]의 A점과 B점은 각각 [그림 6-5]의 A점, B점과 대응되는 점이다.[2]

4. 재화가격과 소득분배

1) 명목보수의 변화

이제 재화 가격의 변화가 노동, 자본, 토지의 보수에 미치는 영향을 알아보자. Y재 가격은 변화가 없는 상태에서 X재 가격만 상승했다고 하자. 이 경우 임금에 어떤 변화가 나타나는가를 알아보자.

임금결정방정식은 다음과 같다.

$$w = P_X \cdot MPL_X = P_Y \cdot MPL_Y \qquad (6.4)$$

---

2 [그림 6-5]에서 두 부문의 임금이 서로 같으므로 $w = P_X \cdot MPL_X = P_Y \cdot MPL_Y$이다. 이를 다시 정리하면, $P_X/P_Y = MPL_Y/MPL_X$가 된다. 이 식의 왼쪽은 X재 상대가격이고, 오른쪽은 식 (6.1)에서 설명한 X재 기회비용이다. 이는 [그림 6-6]의 상대가격이 기회비용과 같음을 말해준다.

위 식의 두 번째 항은 X재 부문의 임금이고, 마지막 항은 Y재 부문의 임금을 나타낸다. 노동은 부문 간 이동이 자유롭기 때문에 X재 부문의 임금과 Y재 부문의 임금은 같다.

X재 가격이 올라가면, [그림 6–5]에서 보았듯이 노동이 X재 부문으로 이동한다. 그런데 특정요소인 자본량과 토지량은 변하지 않으므로 노동이 유입된 X재 부문에서는 노동의 한계생산성 MPL_X가 감소하고, 노동이 유출된 Y재 부문에서 노동의 한계생산성 MPL_Y는 증가한다.[3]

위의 식 (**6.4**)에 이러한 변화를 적용하면 명목임금의 변화를 알 수 있다. P_X는 올라갔으나 MPL_X는 하락했으므로 X재 부문의 임금 변화는 모호하다. 그러나 P_Y는 불변인데 MPL_Y는 상승했으므로 Y재 부문의 임금은 명백히 상승한다. 균형 상태에서는 두 부문의 임금이 항상 같으므로 Y재 부문 임금 상승은 X재 부문 임금 상승을 뜻한다. 결론적으로 X재 가격이 상승하면 명목임금은 상승함을 알 수 있다.

하지만 명목임금 상승폭은 X재 가격 상승폭보다는 작다. 식 (**6.4**)에서 임금은 노동생산성과 재화가격의 곱인데, 노동생산성(MPL_X)이 하락했으므로 명목임금(w) 상승폭은 가격(P) 상승폭보다 작아진다. 이는 [그림 6–5]에서도 확인할 수 있다. X재 가격의 상승으로 균형점이 A점에서 B점으로 이동하면 임금이 w_0에서 w_2로 올라간다. 그림에서 보듯이 X재 가격의 상승폭은 선분 AC인데, 임금 상승폭은 그 보다 작은 $\overline{w_0w_2}$이므로 임금 상승폭이 X재 가격 상승폭보다 더 작음을 알 수 있다.

다음으로 특정요소인 자본과 토지의 보수가 어떻게 변하는가를 알아보자. 자본과 토지의 보수는 다음과 같다.

$$r_K = P_X \cdot MPK_X \tag{6.5}$$

$$r_T = P_Y \cdot MPT_Y \tag{6.6}$$

r_K는 자본의 명목보수, r_T는 토지의 명목보수이고, MPK와 MPT는 각각 자본과 토지의 한계생산물을 나타낸다.

앞에서 설명하였듯이, X재 가격이 올라가면 Y재 부문의 노동이 X재 부문으로 이동한다. 노동의 이동으로 특정요소인 자본과 토지의 한계생산성이 변하게 된다. X재 부문에서는 노동이 증가하므로 자본의 한계생산성이 올라가고, Y재 부문에서는 노동이 감소하므로 토지의 한계생산성이 하락한다.[4]

---

3 어떤 요소의 투입량이 증가하면 수확체감의 법칙에 의해 그 요소의 한계생산성은 감소한다. 같은 논리로 투입량이 줄어들면 그 요소의 한계생산성은 증가한다.

4 어떤 생산요소의 투입량이 증가하면, 그 요소의 한계생산성은 하락하지만, 다른 요소의 한계생

X재 부문에서는 X재 가격 P_X가 올라가고 자본의 한계생산성 MPK_X도 상승하므로 이를 식 (**6.5**)에 대입하면 자본의 보수 r_K는 올라가고, 또 r_K의 상승폭은 P_X 상승폭보다 커짐을 알 수 있다. 반면에 Y재 부문에서는 Y재 가격 P_Y는 불변이고 토지의 한계생산성 MPT_Y는 하락하므로 이를 식 (**6.6**)에 대입하면 토지의 보수 r_T는 하락함을 알 수 있다.

X재 가격 상승이 요소의 보수에 미치는 영향을 정리하면 다음과 같다. X재 가격 상승 후 임금은 올라가지만, X재 가격보다는 덜 올라가고, Y재 가격보다는 더 올라간다. 그리고 X재 특정요소인 자본의 보수는 X재 가격보다 더 올라가고, Y재 특정요소인 토지의 보수는 절대적으로 하락한다.

이상의 논의를 요약하면, X재 가격 상승에 따른 요소가격의 변화는 다음과 같이 정리된다.[5]

$$\underset{(-5\%)}{\widehat{r_T}} < 0 = \underset{(0\%)}{\widehat{P_Y}} < \underset{(5\%)}{\widehat{w}} < \underset{(10\%)}{\widehat{P_X}} < \underset{(15\%)}{\widehat{r_K}} \tag{6.7}$$

여기서 ^는 각 변수의 변화율(%)로 $\widehat{w} = dw/w$를 뜻한다. 각 변수의 아래에 있는 %는 예시이다. Y재 가격은 불변인 상태에서 X재 가격이 10% 상승한 경우, X재 부문에서 자본 보수는 그보다 높은 15% 상승하고, 임금은 그보다 낮은 5% 상승하며, Y재 부문에서 토지 보수는 5% 하락한다.

식 (**6.7**)은 재화가격 변화로 요소의 보수가 변함을 보여준다. 재화가격이 변할 때 임금도 변하지만, 특정요소인 자본과 토지의 보수는 가격보다 훨씬 더 많이 변한다. 이처럼 재화가격 변화가 요소가격을 더 많이 변화시키는 확대효과(magnification effect)가 나타난다. 이는 제5장의 스톨퍼-새뮤얼슨 정리에서 재화가격의 변화가 임금과 임대료를 더 많이 변화시킨다는 확대효과와 유사하다.

2) 실질보수의 변화

식 (**6.7**)로부터 요소의 실질보수(實質報酬) 변화를 알아보자. 실질보수는 명목보수를 재화가격으로 나눈 값이다. 식 (**6.7**)을 보면, 명목임금은 X재 가격보다 더 적

산성은 증가한다. 예를 들어, 노동투입량이 증가하면, 한계수확체감의 법칙에 의해 노동의 한계생산성은 하락하지만, 한 기계에 더 많은 노동이 투입되므로 기계의 한계생산성은 증가한다.

5 재화가격은 요소가격의 가중평균치이다. 따라서 재화가격 변화율은 항상 요소가격 변화율의 사이에 위치한다. 식 (6.7)에서도 $\widehat{P_Y}$은 Y재 생산에 사용되는 요소의 보수인 $\widehat{r_T}$와 $\widehat{w}$ 사이에 있고, $\widehat{P_X}$도 X재 생산에 사용되는 요소의 보수인 $\widehat{w}$와 $\widehat{r_K}$ 사이에 있다.

게 올라가고, Y재 가격보다는 더 많이 올라간다. 따라서 X재로 측정한 실질임금은 하락하고, Y재로 측정한 실질임금은 상승한다.[6] 그러므로 노동자들 중에서 X재를 더 많이 소비하는 노동자들은 무역으로 손해를 보고, Y재를 더 많이 소비하는 노동자들은 무역으로 이익을 얻는다. 노동자들이 어떤 재화를 더 많이 소비하는가에 따라 이익을 얻을 수도 있고 손해를 볼 수도 있다. 그러므로 노동자들의 실질보수가 증가하는가 또는 감소하는가에 대해서는 명확한 판단을 내릴 수 없다.

이에 비해 특정요소의 실질보수 변화는 명확하다. X재 가격이 올라가는 경우, X재 특정요소인 자본의 명목보수는 X재 가격이나 Y재 가격보다 더 많이 올라가므로 어느 재화로 측정하든지 자본의 실질 보수는 올라간다. 반면에 Y재 특정요소인 토지의 명목보수는 하락하므로 어느 재화로 측정하든 토지의 실질보수는 하락한다. 이는 가격이 상승한 산업의 특정요소는 이익을 얻고, 다른 산업의 특정요소는 반드시 손해를 보게 됨을 말해준다.

무역을 시작하면 비교우위가 있는 재화의 가격은 상승하지만, 비교열위에 있는 재화의 가격은 하락하게 된다. 따라서 비교우위산업에 특정된 요소의 보수는 재화가격보다 더 올라가고, 비교열위산업에 특정된 요소의 보수는 전보다 하락하게 된다. 그러므로 비교우위산업의 특정요소 보유자는 무역으로 이득을 보지만, 비교열위산업의 특정요소 보유자는 손해를 보게 된다.

1986년 우루과이라운드 이후 한국의 농업 개방이 대폭 확대되었다. 앞의 예측에 의하면, 농업의 개방으로 농산물 가격이 하락하면, 농업에 특정된 요소의 보수는 재화가격 하락보다 더 많이 하락하게 된다. 농민들은 대부분 농지를 소유하고 있고, 또 쉽게 제조업으로 이동하기 어렵다. 그래서 농민들은 농업에 특정된 요소로 보아야 한다. 한국의 농업 개방은 농민들에게 소득감소와 농지가격 하락에 따른 자산가치 감소라는 이중의 어려움을 주었다. 특정요소 모형은 개방으로 인한 한국 농민의 소득 감소를 잘 설명해준다.

6 식 (**6.4**)에서 X재로 평가한 실질임금 w/P_X은 MPL_X와 같아지고, Y재로 평가한 실질임금 w/P_Y은 MPL_Y와 같음을 알 수 있다. 그러므로 MPL_X 하락은 X재로 측정한 실질임금의 하락을, MPL_Y 상승은 Y재로 측정한 실질임금의 상승을 뜻한다.

한국 공업화의 소득분배 효과

특정요소 모형을 이용해 한국경제의 성장과 임금의 변화를 설명해 보자. 1960년 이후 경제개발 5개년 계획과 수출주도형 성장정책으로 공업부문이 지속적으로 확대되고, 농업 부문의 비중이 상대적으로 감소해 왔다. 1970년 농림어업이 *GDP*에서 차지하는 비중이 26.5%였으나 2018년에는 1.8%로 줄어들었다. 공업의 확대와 농업의 위축으로 농업부분의 인력이 도시·공업부문으로 이동하였기 때문이다. 통계청 자료에 의하면, 2018년 기준으로 2,680만 명의 한국 취업자 중에서 농·임·어업에 종사하는 인구는 134만 명으로 전체 노동인력의 5.0%에 불과하다.

[그림 6-7]에서 1960년대 임금 수준이 w_0였다고 하자. 이 때 공업부문의 한계생산물가치곡선이 $VMPL_M^1$라면, 농업부문의 노동량은 O_AL_1, 공업부문의 노동량은 O_ML_1이 된다. L_1의 노동 배분점에서 공업부문에서는 임금과 한계생산물가치가 일치하지만, 농업부문에서는 임금이 한계생산물가치보다 크다. w_0의 임금수준에서 농업부문의 적정 노동고용량은 O_AL_0다. 따라서 L_0L_1만큼의 노동량이 농업부문에 잠재실업 상태로 남아 있는 것으로 풀이된다.

농업부문에 잠재실업이 남아있는 상태에서는 [그림 6-7]에서처럼 공산품 가격이 상승하여 공업부문의 한계생산물가치곡선이 $VMPL_M^1 \rightarrow VMPL_M^2 \rightarrow VMPL_M^3$로 이동해도 임금은 상승하지 않는다. 그러나 지속적 공업화로 한계생산물가치곡선이 $VMPL_M^3$에서 $VMPL_M^4$로 이동하면 비로소 임금이 w_0에서 w_1으로 상승한다. 이 과정에서 공업부문 특정요소인 자본의 보수는 증가하지만, 농업부문 특정요소인 토지의 보수는 하락한다.

한국에서는 1960년대 이후 농업부문에서 공업부문으로 꾸준히 노동력이 이동하였으며, 1970년대

그림 6-7 공업화에 따른 임금 변화

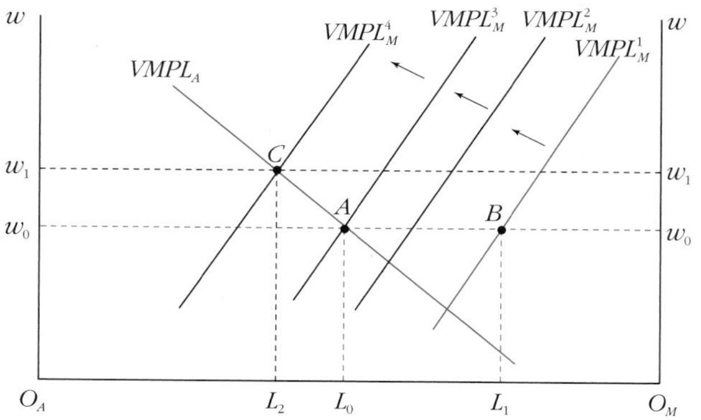

〈공산품 가격이 상승하면 공업부문의 한계생산물가치 곡선이 위로 이동해 가는데, *AB*구간에서는 노동이 이동해도 임금이 올라가지 않고, *A*점 이후부터 임금이 상승하기 시작한다.〉

중반에 이르러서는 농업 부문에 잠재해 있던 유휴노동력이 더 이상 존재하지 않게 되었다. 이는 농업부문에 존재하던 루이스(Arthur Lewis)형의 무한 탄력적인 노동공급, 즉 잠재실업이 1970년대 중반에 종료됨을 뜻한다.[7]

[그림 6-7]에서 1960년대 B점에서 출발한 한국경제는 1970년대 중반 A점에 도달하고, 이후 C점과 같은 방향으로 이동하였다고 설명된다. 따라서 1970년대 중반 이전까지는 임금이 크게 변하지 않았지만, 이후 임금이 빠르게 상승하였다. 그리고 이 과정에서 공업 부문의 자본 임대료는 증가한 반면, 농업 부문의 토지 임대료는 감소하였다.

제 3 절 장단기 소득분배와 무역의 이익

1. 장기와 단기의 소득분배

1) 장단기 구분과 특정요소모형

경제에 어떤 외생적 충격이 발생하면 새로운 균형을 향해 조정이 이루어지는데, 이러한 조정에는 시간이 필요하다. 다른 부문으로 빠르게 이동하는 요소도 있지만, 단기적으로 이동이 어려운 요소들도 있다. 단기적으로 이동이 불가능한 생산요소는 특정요소로 볼 수 있으므로 단기분석에는 특정요소 모형이 적절하다.

시간의 변화를 단기와 장기로 구분해 보자. 흔히 장단기의 구분은 요소의 이동성을 기준으로 한다. 노동이 자본보다 이동성이 높다는 점에서 노동만 이동하고 자본은 이동하지 못하는 상태를 단기라고 하고, 노동과 자본 모두가 이동 가능한 상태를 장기로 본다. 예를 들어, 방직공장의 기계시설은 전자산업의 컴퓨터 시설과 완전히 대체적일 수는 없다. 섬유산업은 섬유산업으로서, 전자산업은 전자산업으로서 각 산업 고유의 생산시설의 특수성을 지니고 있다. 이에 비해 노동자들은 섬유산업과 전자산업 간에 상대적으로 쉽게 직장을 바꿀 수 있다. 이처럼 생산시설, 즉 자본은 노동에 비해 다른 산업으로 전환이 어렵다. 그래서 단기에는 노동만 이동가능하다고 가정한다.

7 Bai, Moo Ki, "The Turning Point in the Korean Economy," *The Developing Economies, Institute of Developing Economies*, June 1982.

단기에 이동 불가능했던 자본도 장기적으로는 다른 산업으로 이동해간다. 어떤 산업에서 사용하던 기계가 다른 산업으로 이동하는 것이 아니라, 새로운 자본이 다른 산업으로 투자된다는 뜻이다. 이처럼 장기에서는 모든 생산요소가 이동가능하게 된다. 그러므로 장기 현상에 대한 설명에는 헥셔-오린 모형이 적절하고, 자본이 이동 불가능한 단기 현상에 대한 설명에는 특정요소 모형이 적절하다.

2) 무역의 장단기 소득분배 효과

무역이 소득분배에 미치는 효과를 단기와 장기로 구분하여 알아보자. 단기에는 노동만 이동 가능하고, 장기에는 노동과 자본이 모두 이동가능하다. 즉, 단기에는 노동만이 수입재 부문에서 수출재 부문으로 이동하고, 장기에는 노동과 자본이 모두 수입재 부문에서 수출재 부문으로 이동한다.

먼저 단기에 나타나는 임금의 변화를 알아보자. 수출재 부문에서는 노동의 유입으로 노동의 한계생산성이 하락하고, 수입재 부문에서는 노동의 유출로 노동의 한계생산성이 올라간다. 앞에서 살펴보았듯이 실질임금은 노동의 한계생산성과 같다.[8] 그러므로 수출재로 평가한 실질임금은 하락하고, 수입재로 평가한 실질임금은 상승한다. 이처럼 무역 후 실질임금 변화는 어느 재화로 평가하느냐에 따라 달라진다. 가격이 상승한 수출재를 더 많이 소비하면 후생수준이 하락하고, 가격이 하락한 수입재를 더 많이 소비하면 후생수준은 증가한다.

다음으로 단기에 나타나는 자본 가격의 변화를 알아보자. 수출재 부문에서는 노동 유입으로 자본의 한계생산성이 상승하고, 반대로 수입재 부문에서는 노동 유출로 자본의 한계생산성이 하락한다. 실질보수는 한계생산성과 같으므로 수출재 부문에서 자본의 실질보수는 상승하고, 수입재 부문에서 자본의 실질보수는 하락한다. 그리고 명목보수는 재화가격과 한계생산성의 곱이므로 수출재 부문에서 자본의 명목보수는 재화가격보다 더 올라가고, 수입재 부문에서 자본의 명목보수는 절대적으로 하락한다. 수출재 부문에서 자본의 한계생산성은 상승했고, 수입재 부문에서 자본의 한계생산성은 하락했기 때문이다.

요약하면, 단기적으로 수출재 부문에 사용된 자본의 보수는 절대적으로 상승하고, 수입재 부문에 사용된 자본의 보수는 절대적으로 하락한다. 그러므로 자본가들은 수출재 산업과 수입재 산업 중 어디에 속하는가에 따라 자유무역에 대한 견해가 달라진다. 노동자들은 가격이 상승한 수출재를 더 많이 소비하면 손해고, 가격이 하락한 수입재를 더 많이 소비하면 이익이다. 따라서 자유무역으로 인한 노동자들의

8 명목임금은 $W=P\times MPL$이므로 실질임금(W/P)는 $W/P=MPL$이 된다. 실질임금은 해당 재화로 평가한 노동의 한계생산성(MPL)과 같음을 알 수 있다.

손익 여부는 명확하지 않다.

다음으로 장기효과를 알아보자. 단기적으로 수출재 부문의 자본보수가 더 높기 때문에 시간이 흐름에 따라 자본이 수입재 부문에서 수출재 부문으로 이동해간다. 이 과정에서 자본의 보수만이 아니라 노동의 보수도 변하게 된다. 그리고 장기균형에 도달하면 수출재 부문과 수입재 부문의 요소 보수가 서로 같아진다. 새로운 장기균형에서 요소 보수의 변화는 스톨퍼-새뮤얼슨 정리에 따른다. 즉, 풍부요소의 실질보수는 올라가고, 희소요소의 실질보수는 하락한다. 그러므로 노동풍부국에서는 장기적으로 풍부요소인 노동의 실질보수는 올라가고 희소요소인 자본의 실질보수는 하락한다. 자본풍부국에서는 반대의 결과가 나온다.

이처럼 자유무역의 소득분배 효과는 단기와 장기에서 차이가 난다. 단기적으로 수출재 부문에 사용된 자본의 실질보수는 증가하지만, 수입재 부문에 사용된 자본의 실질보수는 하락한다. 그래서 다른 산업으로 재배치되기 어려운 수입재 산업의 특정요소는 소득 감소가 크기 때문에 자유무역을 강하게 반대한다. 그러나 장기적으로는 모든 요소들이 더 높은 수익을 얻기 위해 이동한다. 생산요소 이동이 종료된 장기균형에서는 스톨퍼-새뮤얼슨 정리에 따라 풍부요소의 보수는 증가하고 희소요소의 보수는 하락하게 된다. 자유무역을 하면 장기적으로 희소요소는 손해를 보게 되지만, 국가 전체적으로는 이익을 얻는다.

2. 장단기 무역의 이익

생산가능곡선은 그 경제가 생산할 수 있는 최대생산량을 나타낸다. 이 최대생산량은 완전고용이 충족되고, 자원이 효율적으로 배분될 때 달성된다. 그런데 단기에는 자본이 다른 산업으로 이동하지 못하므로 자본의 효율적 배분이 이루어지지 않는다. 즉, 생산성이 더 높은 다른 산업으로 자본이 이동하지 못하므로 단기 생산점은 생산가능곡선의 내부에 위치하게 된다.

시간의 흐름에 따라 무역의 이익이 어떻게 달라지는지 알아보자. [그림 6-8]에서 폐쇄경제의 초기 균형점은 A점이다. 무역 이후 국제시장가격이 p_1이 되면, 생산과 소비는 p_1의 가격에 의해 결정된다. 그런데 X재 상대 가격이 p_1으로 올라가면 단기에서 노동은 X재 부문으로 이동하지만 자본은 X재 부문으로 이동하지 않으므로 X재 생산량이 충분히 늘어나지 못해 생산점이 생산가능곡선상의 C점이 아니라 내부의 B점이 된다. 그리고 B점을 지나는 가격선과 사회무차별곡선이 만나는 D점이 소비점이 된다. 이때 후생수준은 W_1으로 폐쇄경제보다는 높다.

장기적으로 자본이 X재 부문으로 이동하면 새로운 생산균형점은 생산가능곡선

그림 6-8 장단기 무역의 이익

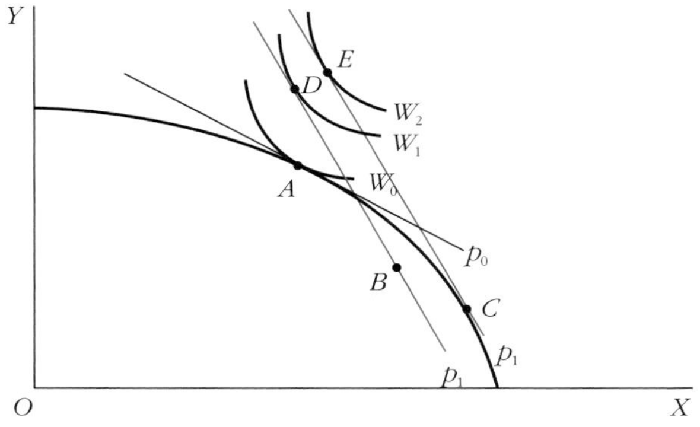

〈단기적으로 후생수준이 W_1으로 증가하지만, 생산요소의 이동이 완결된 장기에는 후생수준이 W_2까지 증가한다.〉

과 가격선이 접하는 C점이 되고 소비점은 새로운 가격선상의 E점으로 이동한다. 이때 후생수준은 W_2로 단기에서보다 더 높아진다. 이와 같이 시간의 흐름에 따라 모든 요소가 이동해 가면 생산의 효율성이 증가하여 무역의 이익도 증가해 간다. 따라서 부문간 요소의 이동성이 높은 국가일수록 짧은 시간 내에 무역의 이익을 극대화할 수 있다.

3. 실업과 무역의 이익

헥셔–오린 모형은 생산점이 항상 생산가능곡선상에 위치한다고 가정한다. 이는 언제나 완전고용이 달성되고 있다는 가정과 같다. 그러나 현실에서는 실업이 존재하는 경우가 많다. 무역이 시작되면 비교열위산업의 노동과 자본이 비교우위산업으로 이동해야 하는데, 부문간 요소의 이동성이 불완전하여 비교열위산업에서 방출된 노동과 자본을 비교우위산업에서 충분히 흡수하지 못하면 실업이 발생한다. 완전고용을 달성하지 못하면 생산점은 생산가능곡선 내부에 위치한다.

[그림 6–9]에서 폐쇄경제의 균형점이 A점이라고 하자. 무역 이후 X재 상대가격이 p_0에서 p_1으로 올라가면, 수출재인 X재의 생산은 증가하고 수입재인 Y재의 생산은 감소한다. 요소의 부문간 이동이 원활하면, 새로운 생산점은 C점, 소비점은 E점이 되어 후생수준이 높아진다. 그러나 수입재 생산의 감소로 방출된 노동과 자본이 수출재 부문에 충분히 고용되지 않아 실업이 발생하면, 생산은 생산가능곡선의 내부점인 B점에서 이루어지고 소비는 D점이 되어 폐쇄경제의 소비점인 A점에서보

그림 6-9 실업과 무역의 이익

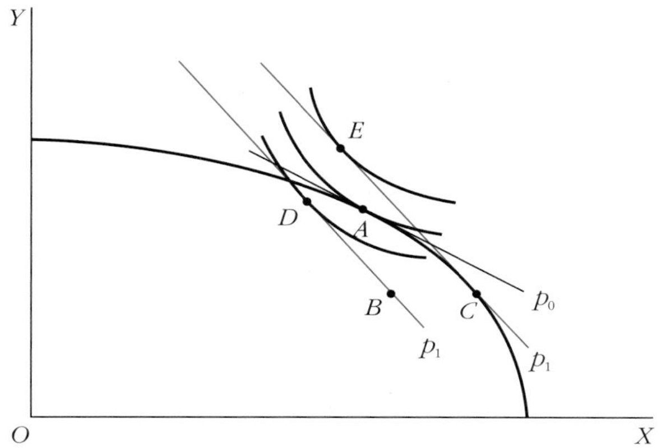

〈수입재인 *Y*재 부문으로부터 방출된 노동을 수출재인 *X*재 부문에서 흡수하지 못할 경우 생산은 생산가능곡선 내부인 *B*점에서 이루어지고 후생수준은 폐쇄경제에서보다 낮아진다. 장기적으로는 수출부문의 고용증가로 생산이 *C*점에서 이루어지고 후생수준이 증가한다.〉

다 후생수준이 낮아질 수 있다.[9]

이는 수입재 부문의 위축으로 방출된 노동과 자본을 수출재 부문에서 즉각적으로 흡수하지 못하기 때문에 나타난 현상이다. 장기적으로 수입재 부문에서 방출된 노동과 자본이 수출재 부문에서 모두 흡수되어 완전고용이 이루어지면, 생산점이 생산가능곡선상의 *C*점으로 이동하고 반드시 후생수준이 증가한다.

자유무역을 반대하는 사람들의 주장은 많은 경우 장기적인 관점보다는 단기적인 관점에 바탕을 두고 있다. 특히 자유무역이 특정산업을 위축시켜 실업을 발생시키기 때문에 보호가 필요하다는 주장은 단기적인 관점에 근거하고 있다. 장기적으로 부문 간 요소의 이동이 유연하게 이루어지면 실업문제도 해결되고, 특정산업이 위축되더라도 이는 다른 산업의 성장으로 상쇄된다. 한국의 경우도 1970년대 주력 산업이었던 의류나 신발산업이 위축되었지만, 반도체나 자동차 산업의 성장이 이를 대신하고 있다.

자유무역과 보호무역 중에서 어느 것을 선택할 것인가는 어떤 산업에 자원을 집중적으로 배분할 것인가를 결정하는 문제이다. 자유무역을 채택하게 되면 비교우

9 여기의 B점과 앞의 [그림 6-8]의 B점은 생산가능곡선의 내부에 위치한다는 공통점이 있지만, [그림 6-8]의 B점은 Y재에서 방출된 노동이 X재 부문에 전부 고용된 상태를 나타내는데 비해 [그림 6-9]의 B점은 Y재에서 방출된 노동과 자본이 X재 부문에 충분히 고용되지 못한 실업 상태를 나타낸다는 점에 차이가 있다. 따라서 [그림 6-9]의 B점은[그림 6-8]의 B점보다 X재 생산량이 더 적은 상태를 나타냄에 유의하라.

위를 가진 산업으로 자원이 집중되게 되며, 반면 보호무역을 채택하면 비교열위 산업에 더 많은 자원이 배분된다. 이렇게 무역정책은 자원배분의 방향성을 결정하는 역할을 하는 반면, 실업 문제는 거시경제의 관점에서 총수요 확대를 통해 해결해야 하는 문제이다. 따라서 실업을 해결하기 위해서는 재정정책이나 금융정책과 같은 거시경제정책의 도입이 필요하다. 무역정책은 자원배분의 방향에 영향을 미칠 뿐, 총수요 확대에 영향을 미치는 것은 아니므로, 무역정책을 통해 실업 문제를 직접 해결하려는 접근은 적절하지 않다고 판단된다.

네덜란드병

1959년 네덜란드에서 천연가스가 발견되자 경제가 크게 발전할 것으로 기대했다. 그런데 네덜란드 경제는 오히려 어려움을 겪게 되었다. 자원개발로 인한 임금 상승, 그리고 해외자본 유입으로 인한 자국 화폐가치의 상승이 네덜란드 제조업의 수출경쟁력을 떨어뜨렸기 때문이다. 이처럼 자원개발의 이익이 다른 산업의 생산이나 수출을 위축시켜 경제에 나쁜 영향을 미치는 현상을 네덜란드 병(Dutch disease)이라고 부른다. 이러한 현상은 자원부국에서 흔히 볼 수 있는 현상이다.

네덜란드병은 특정 부문의 발전이 다른 부문에 부정적인 영향을 미쳐서 경제 전체에 오히려 나쁜 영향을 줄 수 있음을 지적하고 있다. 예를 들어, 어떤 산업에서 기술이 진보하면, 이 산업의 임금이 올라간다. 이 산업의 임금 상승이 산업 전반적인 임금 상승으로 이어지면 여타 산업은 비용 인상의 어려움을 겪게 된다. 또 어떤 산업의 수출 증가로 외화수입이 증가하고 이로 인해 환율이 하락하면, 이는 다른 수출 산업의 경쟁력에 나쁜 영향을 미친다. 이처럼 한 산업의 기술진보나 수출증가가 다른 산업에 부정적인 영향을 줄 수가 있다. 1970년대 북해에서 새로운 원유를 채굴하게 된 영국이 파운드화가 강세가 되면서 제조업 부문에서 많은 어려움을 겪게 되었는데, 이것이 한 예이다.

이러한 현상은 특정요소모형으로 설명가능하다. 이 모형에서는 노동만 산업 간 이동이 가능하다. 따라서 어떤 산업이 성장하면 다른 산업에서 노동을 가져오게 되고, 이는 노동에 대한 수요를 증가시켜 경제 전체적으로 임금을 인상시키게 된다. 임금 인상은 생산비를 상승시켜서 다른 산업의 위축을 가져온다. 이처럼 특정 산업의 성장이 다른 산업에게 부정적인 영향을 미칠 수 있다. 네덜란드에서는 자원 개발에 필요한 노동 수요 증가로 임금이 상승하면서 전통적인 제조업의 수출경쟁력이 떨어지게 되었다. 자원 개발의 이점에도 불구하고 주력 산업인 제조업의 경쟁력이 하락하면서 경제 전체적으로 어려움을 겪게 되었다.

네덜란드병은 한 산업의 성장이 다른 산업에 피해를 줄 수 있음을 말해준다. 이는 정부의 산업육성정책이 신중하게 시행되어야 함을 시사한다. 특정산업에 대한 정부 지원정책은 그 산업의 성장에는 도움을 주지만, 다른 산업의 생산을 위축시킬 수 있다. 특히 정부 지원을 받는 산업이 비효율적인 산업일 때는 부작용이 더 크다.

제 4 절 해외아웃소싱과 중간재 무역

1. 국제생산분할과 해외아웃소싱의 개념

일반적으로 하나의 완제품은 여러 단계의 생산과정을 거친다. 컴퓨터나 자동차와 같이 복잡한 제품만이 아니라 장난감 같이 단순한 제품도 수많은 부품 및 중간재로 구성되어 있다. 그리고 하나의 완제품 생산에 사용된 부품에는 자국 부품과 외국 부품이 섞여 있다. 이는 부품의 일부를 외국에서 수입함을 나타낸다. 이러한 부품의 수출입을 중간재 무역이라고 한다. 점차 최종재 무역보다 중간재 무역의 비중이 더 커지고 있다.

중간재 무역을 표현하는 용어는 여러 가지다. 먼저 국제생산분할(international production fragmentation)이란 하나의 완제품 생산에 필요한 여러 과정이 서로 다른 국가에서 수행되는 것을 말한다. 그리고 해외아웃소싱(foreign outsourcing)은 생산과정의 일부를 해외에 위탁하는 현상을 말한다.[10] 해외아웃소싱과 유사한 개념인 역외생산(offshoring)은 생산과정의 일부를 다른 국가로 이전하는 것을 말한다. 해외아웃소싱은 위탁이고, 역외생산은 이전이라는 점에서 약간 차이가 있다. 국제생산분할, 해외아웃소싱, 역외생산이라는 용어가 약간의 차이가 있지만, 하나의 완제품 생산에 필요한 여러 생산단계가 여러 국가에 걸쳐 이루어지는 현상을 표현하고 있다는 점에서 같은 의미를 갖는다.

해외아웃소싱은 중간재 무역을 증가시킨다. 기업들이 생산비 절감을 위해 외국 부품을 사용하는 과정에서 중간재 무역이 증가한다. 최근에는 정보통신기술의 발달로 서비스분야에서도 해외아웃소싱이 나타나고 있다. 국제통화료의 하락으로 미국 기업들의 콜센터가 임금이 낮은 인도로 옮겨가고 있다. 단순노동 분야만이 아니라 컴퓨터프로그램전문가, 의사, 공학자와 같은 숙련노동자에 의해 공급되는 서비스 분야에서도 해외아웃소싱이 나타나고 있다. 주로 제조업에서 이루어지던 해외아웃소싱이 최근에는 서비스업으로 확산되고 있다.

1990년대부터 중간재 무역이 빠르게 증가하였다. 이는 해외아웃소싱의 증가와 관련이 있다. 운송비의 감소나 무역 장벽의 완화에 따른 거래비용의 하락이 해외아웃소싱의 증가에 기여하였다고 본다. 다음에는 글로벌 가치사슬과 부가가치기준 무역

10 생산 활동의 일부를 다른 기업에 위탁하는 것을 아웃소싱(outsourcing)이라고 한다. 이를 해외 기업에 위탁하면 해외아웃소싱이라고 하고, 국내 기업에 위탁하면 그냥 아웃소싱이라고 한다.

의 개념을 살펴보고, 또 해외아웃소싱이 노동자의 임금과 후생수준에 미치는 영향을 알아보자.

2. 글로벌 가치사슬과 부가가치기준 무역

1) 글로벌 가치사슬 무역

글로벌 가치사슬(Global Value Chain)이란 상품과 서비스의 부가가치 형성 과정, 즉 기획, 생산, 유통, 판매 등의 과정이 여러 나라에 걸쳐 분업을 통해 이루어지는 것을 말한다. 이는 두 국가 또는 그 이상의 국가들 사이에 복잡한 형태로 이루어진다. 이 과정에서 각 국가나 기업은 경쟁력이 있는 부분을 맡아 생산하게 된다. 아웃소싱은 글로벌 가치사슬의 한 형태로 볼 수 있다. 기업은 임금이나 자원비용이 더 낮은 국가로 생산과정의 일부나 특정 서비스를 아웃소싱함으로써 글로벌 가치사슬 내에서 자신의 위치를 확립하고, 기업의 경쟁력을 높일 수 있다.

글로벌 가치사슬이 1990년대 들어 빠르게 증가하였는데, 그 요인은 다음과 같다. 첫째, 교통과 통신의 발달로 운송비와 거래비용이 크게 감소했다. 여러 국가에 걸쳐 제품을 생산하게 되면, 운송비와 통신비는 큰 부담이 된다. 그런데 이런 비용이 크게 줄어들면서 국경을 넘나드는 생산이 가능해졌다.

둘째, 세계화의 확대로 선진국뿐만 아니라 개도국의 투자와 무역 장벽이 낮아졌다. 선진국끼리의 무역이 주를 이뤘던 1990년 이전과 달리, 이후에는 개도국도 세계화에 적극 참여하면서 개도국들의 낮은 임금과 자원을 활용할 수 있게 되었다. 이에 글로벌 가치사슬 무역이 크게 증가하였다.

셋째, 1990년대에 중국, 소련, 동유럽 등이 시장경제로 전환하면서 세계 시장이 크게 확장되었다. 이에 따라 기업들은 저렴한 노동자와 새로운 고객을 확보할 기회를 얻었고, 이를 통해 해외아웃소싱으로 생산 비용을 줄이고 경쟁력을 강화했다.

이처럼 거래비용 감소, 개도국의 개방 확대, 세계시장의 확대 등의 요인으로 인해 1990년대 들어 글로벌 가치사슬 무역이 빠르게 증가하였다. 글로벌 가치사슬의 확대로 인해 소비재와 중간재의 가격이 크게 감소했고, 선택할 수 있는 상품의 범위와 수량도 늘어났다. 그 결과 소비자들은 큰 이익을 보았다. 그런데 이 시스템에 참여한 기업들은 큰 이익을 얻었지만 참여하지 못한 기업이나 노동자들은 손해를 보았다. 이러한 현상은 소득 불평등 문제를 야기했고, 이는 반세계화 정서로 연결되었다.

[그림 6-10]은 1990년대 이후 글로벌 가치사슬 무역이 빠르게 증가하고 있음을 보여준다. 다만, 빠르게 증가하던 글로벌 가치사슬 무역이 2008년 글로벌 금융

그림 6-10 글로벌 가치사슬 무역의 비중 변화

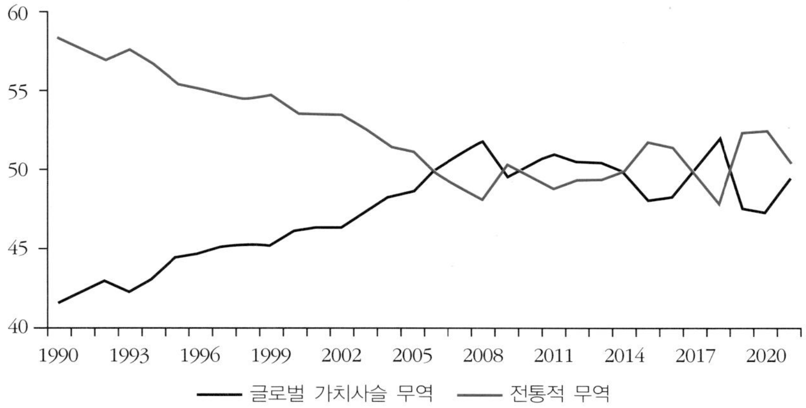

* 주: 1) 총무역에 대한 비중(%)이며, 총무역은 전통적 무역과 가치사슬 무역의 합이다.
2) 전통적 무역은 한 국가에서 생산되어 다른 국가로 수출되는 상품을 말하고, 가치사슬 무역은 여러 국가에 걸쳐 생산되어 수출되는 상품을 말한다.

* 자료: Crowe, David and Rawdanowicz, Łukasz(2023), Risks and opportunities of reshaping global value chains, Economics Department Working Papers No. 1762.

위기 이후 세계경제의 침체와 세계화에 대한 반대여론의 영향을 받아 정체되고 있다. 하지만, 글로벌 가치사슬의 확대로 인해 개도국의 경제성장이 빨라지고 소득수준이 제고되었다는 점을 고려하면, 다시 이를 활성화시키는 것이 필요하다고 생각한다.

개도국들은 글로벌 가치사슬에 참여함으로써 직접투자와 수출이 증가하고, 선진기술을 습득하여 생산성이 향상되었다. 글로벌 가치사슬을 통해 개도국들은 경제발전을 가속화할 수 있었다. 제품 생산 전 과정을 국내에서 모두 수행하기보다는, 공급사슬에 참여하여 자국이 강점을 갖는 분야에서 비교우위 효과를 누림으로써 소득 증가를 가져올 수 있었다.

한국은 글로벌 가치사슬 참여로 혜택을 본 국가로 평가된다. 외국에서 부품을 수입하거나 조립 생산을 위탁하는 방식으로 한국은 적극적으로 글로벌 가치사슬에 참여하였다. 특히 한국의 주력 산업인 IT 산업에서 글로벌 가치사슬의 비중이 높았다. 한국은 외국의 부품과 서비스를 국내 부가가치와 잘 결합하는 등 글로벌 가치사슬을 잘 활용하였다. 글로벌 가치사슬은 한국경제의 성장에 크게 기여하였다.[11]

11 World Bank (2019). "CH. 7, Should high domestic value added in exports be an objective of policy?" *Global Value Chain Development Report 2019*, Washington, D.C., World Bank Group.

2) 부가가치 기준 무역

최근 들어 글로벌 가치사슬이 확대되면서 부가가치 기준 무역에 대한 관심이 커가고 있다. 부가가치 기준 무역(TiVA; Trade in Value-Added)은 수출입을 통해 창출되는 부가가치의 이출입을 말한다. 수출로 자국의 부가가치가 창출되는 것을 부가가치의 이입(VA-in; 수출과 대응)이라고 하고, 수입으로 타국의 부가가치가 창출되는 것을 부가가치의 이출(VA-out; 수입과 대응)이라고 한다. 다음의 예를 통해 부가가치 무역과 실제 무역의 차이를 이해해 보자.

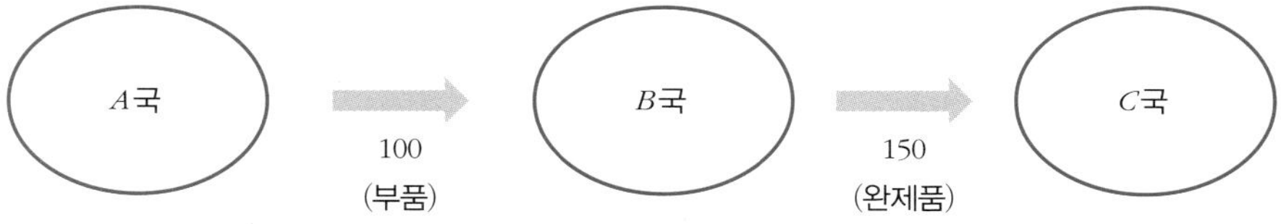

이 예는 B국가가 A국가에서 100달러의 부품을 수입하여 150달러짜리 완제품을 생산한 후, 이를 C국에 수출하는 경우이다. 이 예에서 세계 총무역량은 A에서 B로의 100달러와 B에서 C로의 150달러를 합한 250달러가 된다. 그런데 부가가치 기준으로는 A에서 B로의 100달러와 B에서 C로의 50달러를 합한 150달러이다. 실제 무역에서는 중간재 무역이 중복 계산되기 때문에 부가가치 무역보다 무역액이 많아진다. 어떤 재화가 여러 나라에 연결된 가치사슬에 의해 생산될수록 실제무역과 부가가치 무역의 차이는 더 커진다.

다른 나라와의 무역적자 규모가 얼마인가에 대한 판단도 실제 무역통계와 부가가치 무역통계 간에는 차이가 있다. 실제 무역량 기준으로 C국가는 B국가에게 150달러의 무역적자이지만, 부가가치 기준으로는 B국가에 50달러, A국가에 100달러의 무역적자를 보고 있다. 실제 무역액 통계로는 A국과 C국 사이의 무역을 설명할 수 없지만, 부가가치 기준으로는 A국과 C국의 무역관계를 설명할 수 있다.

애플의 아이폰에는 세계 여러 나라에서 생산한 부품과 소재가 들어간다. 연구개발과 디자인, 마케팅은 미국에서, 고기술 부품은 일본, 한국, 독일, 미국에서 생산하고. 이들 부품이 중국에서 조립된다. 아이폰은 중국에서 조립 생산되므로 중국제품(made in China)으로 기록되지만, 중국이 아이폰 생산에 추가한 부가가치는 5% 미만으로 알려져 있다.[12] 나머지 부가가치는 연구개발, 디자인, 마케팅을 담당한 미국이나 고기술 부품을 공급하는 일본, 한국, 독일 등의 기여분이다. 부가가치 기준으

12 West J. (2018) "Getting Better Value Out of Global Value Chains," in Asian Century… on a Knife-edge. Palgrave Macmillan, Singapore

로는 아이폰은 미국 제품으로 보는 것이 맞다. 아이폰 생산에서 미국의 부가가치 비중이 가장 크기 때문이다.

미국이 중국에서 100달러짜리 아이폰을 수입하면 중국에 대해 100달러의 무역적자가 늘어난다고 생각한다. 그런데 부가가치 기준으로는 중국에 대해 5달러의 적자가 늘어날 뿐이다. 나머지는 일본, 한국, 독일 그리고 미국 제품의 수입으로 봐야 한다. 아이폰의 사례와 같이 중국은 다른 선진국의 부품을 수입하여 조립 생산한 완제품을 미국에 수출하는 경우가 많기 때문에, 실제 무역액으로 판단한 미국의 대중국 무역적자는 부가가치 기준으로 보면 과대평가된 측면이 있다.

반도체 생산의 글로벌 가치사슬

일본 정부는 2019년 7월 플루오린 폴리이미드, 포토레지스트, 애칭가스(고순도 불화수소) 등 3종에 한해 수출우대대상국에서 한국을 제외하겠다고 발표했다. 반도체 소재에 대한 일본의 수출규제가 전세계 반도체 공급망의 안정성을 흔들 것이란 우려가 일어났다. 글로벌 시장조사업체 IHS마킷 자료에 의하면, 2019년 1분기 삼성전자와 SK하이닉스는 세계 디램 생산에서 64%의 점유율을 보였고 낸드플래시는 43.2%였다. ABC뉴스 등 다수의 외신은 "완제품을 사고파는 산업과 달리 반도체 산업은 상호의존적"이라며 "PC, 스마트폰 등 글로벌 공급망에 도미노 효과를 일으킬 가능성이 높다. 미국, 중국 등 한국 반도체에 의존하는 대부분의 국가 모두에게 악영향을 미칠 것"이라고 전했다. 이는 일본의 수출 규제가 글로벌 반도체 시장의 가치사슬을 교란시키고 있다는 뜻이다.

반도체 공정은 디자인 및 설계, 웨이퍼 가공, 조립 및 테스트의 3단계로 구성된다. 디자인 및 설계 공정은 PC, 휴대폰, 디지털TV 등 용도에 맞게 반도체 회로를 디자인하고 설계하는 공정이고, 웨이퍼 가공(Wafer fabrication process)은 실리콘 웨이퍼 위에 복잡한 회로를 만드는 공정이며, 조립 및 테스트는 가공이 끝난 웨이퍼로부터 개별 반도체 칩을 재단하고 패키징 및 테스트하는 공정이다. 생산된 반도체는 이후 컴퓨터, 휴대폰, 가전제품, 자동차, 군사용 등의 부품으로 사용된다.

[그림 6-11]은 반도체 가치사슬의 분화 형태이다. 공정마다 특성이 다르므로 공정별로 분화가 이루어진다. 디자인 공정은 지식 집약적이고, 웨이퍼 가공 공정은 자본집약적이며, 조립 공정은 노동집약적이다. 노동집약적인 조립공정은 주로 임금이 낮은 중국이나 동남아시아 국가로 이관되고, 다른 두 공정도 분화가 이루어지면서 팹리스(Fabless) 기업과 파운드리(Foundry) 기업이 등장했다. 팹리스 기업이란 생산설비 없이 반도체 설계를 전문으로 하는 기업이고, 파운드리 기업은 팹리스 기업으로부터 제조를 위탁받아 반도체를 생산하는 기업이다. 팹리스(Fabless)는 제조의 'fabrication'과 없다는 'less'의 조합으로 만들어진 용어다.

팹리스와 파운드리 기업이 삼성전자, 하이닉스, 인텔, IBM, TI(Texas Instrument)와 같은 종합반도체 기업보다 빠르게 성장했다. 반도체 설계의 표준소프트웨어가 개발됨에 따라 팹리스 기업이 파

그림 6-11 반도체 가치사슬의 분화 형태

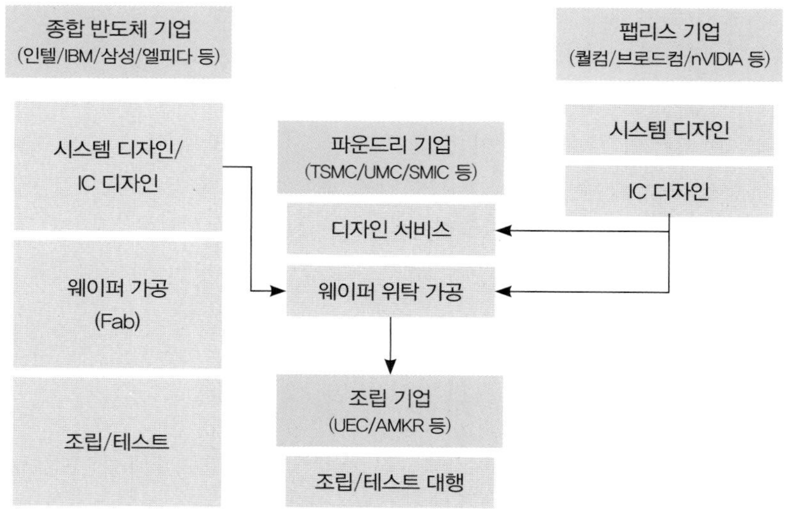

* 자료: 복득규, 글로벌 네트워크형 산업모델의 부상과 시사점, 연구보고서, 삼성경제연구소, 2008.7.

운드리 기업에 반도체 제작을 빠르고 쉽게 의뢰할 수 있게 되었다. 또 여러 팹리스 기업의 제품들을 하나의 파운드리 기업에서 생산함으로써 규모의 경제를 달성하여 제조비용을 절감하고, 또 높은 가동률을 유지할 수 있게 되었다.

대규모 투자를 통해 기격과 비용의 경쟁력을 높여야 하는 DRAM, Nand Flash 등 메모리 반도체는 소수의 종합기업이 시장을 주도하고 있으나, 비메모리 반도체 부문에서는 공정별 분화가 활발해서 대규모 자본 없이 혁신능력만으로도 수익 창출 가능성이 높다. NVIDIA의 경우 3D 등 고성능 그래픽 칩에 대한 기술력을 바탕으로 제조설비 없이 반도체 시장에서 막대한 매출을 올리고 있다.

종합반도체 기업과 달리 팹리스와 파운드리 기업은 특정용도의 전문화된 반도체를 주로 생산한다. 글로벌 팹리스 기업들은 원천 특허, 기술 표준 등을 적극 활용하여 각기 해당 분야에서 독보적 기업으로 성장하고 있다. 퀄컴, 브로드컴, 샌디스크, NVIDIA 등이 우리가 알고 있는 주요 팹리스 기업이다.

3. 해외아웃소싱과 임금의 변화

앞에서 살펴보았듯이 어떤 제품을 생산하여 판매하기까지는 여러 단계를 거치게 된다. 연구개발단계에서 새로운 제품을 구상하고, 다양한 부품들을 생산한 후, 이들 부품을 조립하여 완제품을 생산하고, 이를 소비자들에게 판매한다. 연구개발, 부품생산, 조립, 그리고 마케팅 및 판매의 단계를 거치면서 제품의 가치가 점점 높아지기 때문에 이를 생산의 가치사슬(value chain)이라고 한다. 그런데 각 생산단계마다 사용하는 숙련노동과 비숙련노동의 비중에는 차이가 있다. 연구개발 단계에서는 숙련노동이 더 많이 필요하고, 조립단계에서는 비숙련노동이 더 많이 필요하다.

[그림 6-12]의 가로축은 생산단계를 나타내고, 세로축은 각 생산단계에 필요한 숙련노동과 비숙련노동의 비율이다. 생산단계의 순서는 연구개발, 부품생산, 조립, 마케팅 및 판매의 순인데, 이를 숙련/비숙련 노동 비율의 크기순으로 그림처럼 재구성하였다. 숙련 노동자가 가장 많이 필요한 단계가 연구개발 단계이고, 다음이 마케팅 및 판매활동, 부품생산, 조립의 순이다. 조립 단계에서 숙련/비숙련 노동 비율이 가장 낮다. 그리고 같은 단계 내에서도 숙련/비숙련 노동 비율이 모두 같지는 않다. 예를 들어, 부품 중에는 단순한 부품과 정교한 부품이 있고, 상대적으로 정교한 부품에서 숙련노동 사용 비율이 더 높다.

여러 생산단계가 모두 한 국가 내에서 이루어질 필요는 없다. 생산비를 낮추고 이윤을 높일 수 있다면, 생산단계의 일부를 해외에 아웃소싱할 수 있다. 이 경우 생산단계마다 숙련/비숙련 노동 비율이 서로 다르기 때문에, 숙련노동이 많은 국가에서는 연구개발 단계를 담당하고, 비숙련 노동이 많은 국가는 조립 단계를 담당하게 된다. 구체적으로 어떤 생산단계가 해외로 아웃소싱 될 것인가는 두 국가의 숙련노동 임금과 비숙련노동 임금의 차이에 의해 결정된다.

[그림 6-12]를 이용하여 선진국과 개도국 간의 해외아웃소싱 형태와 임금 결정에 관해 알아보자. 개도국은 선진국에 비해 단순노동자가 풍부하므로 비숙련노동 임금수준이 상대적으로 낮은 편이다. 그래서 비숙련 노동이 상대적으로 더 많이 필요한 조립과 같은 생산단계는 개도국에서 수행된다. 그림에서 분할선 A를 기준으로 해외아웃소싱이 이루어지는 경우, A의 우측 생산단계는 개도국에서, A의 좌측 생산단계는 선진국에서 수행된다. 분할선 A에 해당하는 생산단계의 숙련/비숙련 노동비율은 세로축에 있는 A'으로 표시되어 있다.

이제 해외아웃소싱 비용의 하락이 두 국가의 숙련/비숙련 노동의 상대임금에 미치는 영향을 알아보자. 해외아웃소싱 비용이란 일부 생산활동을 국내에서 수행하지 않고 해외에서 수행하기 때문에 들어가는 추가적인 비용을 말한다. 추가적인 비용에는 자본비용과 무역비용이 있다. 자본비용이란 개도국에 자회사를 설립하기 위해 들어가는 비용이고, 무역비용이란 부품 수입 과정에 들어가는 운송비, 통신비, 그리고 수입관세와 같은 비용을 말한다. 개도국이 투자 유치를 위해 규제를 완화하면 자본비용이 하락하고, 관세를 인하하는 등 개방적인 정책을 펴면 무역비용이 하락

그림 6-12 생산 순서와 단계별 숙련/비숙련 노동비율

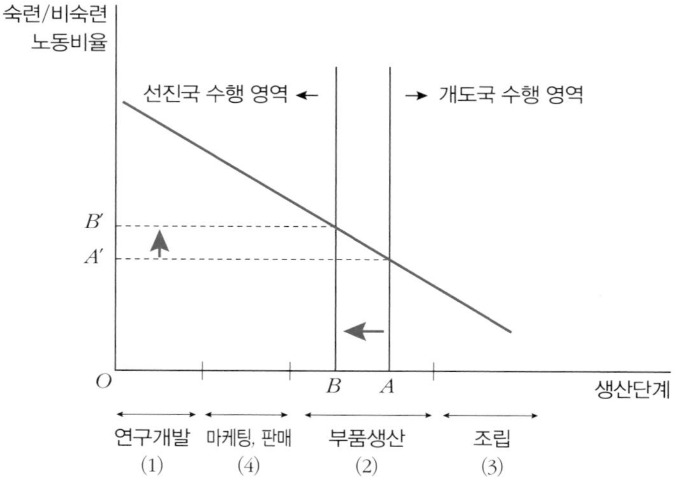

〈생산의 순서는 (1)연구개발, (2)부품생산, (3)조립, (4)마케팅 및 판매의 순인데, 이를 숙련/비숙련 노동비율에 따라 위의 그림처럼 재구성하였다. 해외 아웃소싱 증가로 분할선이 A에서 B로 이동하면, 개도국에서 수행하는 생산활동이 늘어난다. 그리고 선진국과 개도국 모두에서 숙련/비숙련 노동비율이 A'에서 B'으로 올라간다.〉

한다.

이제 개도국에서 자본비용 또는 무역비용이 감소하였다고 하자. 이 경우 해외아웃소싱이 증가하여 개도국으로 더 많은 생산단계가 이전된다. 즉, [그림 6-12]에서 분할선 A가 좌측으로 이동하여 선진국의 생산활동은 줄어들고, 개도국의 생산활동은 늘어난다. 분할선이 B까지 이동한다면, 분할선 A와 B 사이에 있는 생산단계가 선진국에서 개도국으로 이전된다. A와 B 사이의 생산단계는 개도국에서는 숙련노동 집약적인 분야이다. 이 영역의 생산 증가로 개도국에서 숙련노동에 대한 '상대적 수요'가 증가하게 되고, 그 결과 숙련노동의 상대 임금이 올라가게 된다. 그리고 개도국에서는 생산활동이 늘어나므로 숙련노동과 비숙련노동 모두의 '절대적 수요'가 증가한다. 즉, 개도국에서는 새로운 고용이 창출된다.

해외아웃소싱 증가는 개도국에서만이 아니라 선진국에서도 숙련노동에 대한 상대적 수요를 증가시킨다. 비숙련노동 집약적인 분야가 해외로 아웃소싱 되면, 선진국에서는 상대적으로 숙련노동집약적인 분야로 생산이 집중되기 때문이다. [그림 6-12]에서 해외아웃소싱 증가로 분할선이 A에서 B로 이동하면, 숙련/비숙련 노동비율이 A'에서 B'으로 올라간다. 즉, 선진국에서 숙련노동에 대한 상대적 수요가 증가한다. 그 결과 선진국에서도 숙련노동의 상대 임금이 상승하게 된다. 그런데 해

외아웃소싱으로 숙련노동에 대한 '상대적 수요'가 증가할 뿐, 기업활동이 해외로 이전되기 때문에 비숙련노동과 숙련노동 모두의 '절대적 수요'는 줄어든다. 즉, 선진국에서는 해외아웃소싱 증가로 고용이 감소한다.

앞에서 보았듯이 해외아웃소싱으로 선진국과 개도국 모두에서 숙련노동의 상대임금이 올라간다. 그 이유는 해외아웃소싱으로 두 국가 모두에서 숙련노동에 대한 상대적 수요가 증가하기 때문이다. 즉, 가치사슬의 중간 영역에 위치한 생산활동이 해외로 이전되면, 선진국에서는 상대적으로 비숙련노동집약적인 영역이 줄어들어 숙련노동에 대한 상대적 수요가 증가하고, 개도국에서는 상대적으로 숙련노동집약적인 단계의 생산이 추가되어 숙련노동에 대한 상대적 수요가 증가한다. 이처럼 두 국가 모두에서 숙련노동에 대한 상대적 수요가 증가하므로 양국 모두에서 숙련노동의 상대적 임금이 상승한다.

해외아웃소싱이 숙련노동과 비숙련노동의 임금에 미치는 영향은 헥셔-오린 모형의 예측과 다르다. 헥셔-오린 모형에서는 요소가격 균등화 정리에 따라 선진국과 개도국의 숙련/비숙련 임금이 서로 같아진다. 그런데 해외아웃소싱에서는 양국 모두에서 숙련노동의 임금이 더 상승하므로 서로 같아지지 않을 뿐만 아니라 숙련노동과 비숙련노동의 임금 격차가 더 커지게 된다. 해외아웃소싱은 중간재 무역이라는 특성은 있지만 일종의 무역현상이다. 하지만 무역이 숙련노동과 비숙련노동의 임금에 미치는 영향은 최종재 무역을 설명하는 헥셔-오린 모형과 차이가 있다.

무역과 임금 논쟁

지난 수십 년간 미국의 숙련노동자 임금은 비숙련노동자 임금보다 더 빠르게 증가해 왔다. 그동안 숙련노동자의 공급이 더 많이 증가하였으나, 비숙련노동자 대비 숙련노동자의 상대 임금은 하락하지 않고 오히려 증가하였다. 숙련노동자의 공급 증가에도 불구하고 이들의 상대 임금이 상승한 원인은 무엇인가? 그 원인은 다음의 세 가지 측면에서 설명할 수 있다.

첫째, 헥셔-오린 모형에서 공부한 스톨퍼-새뮤얼슨 정리에 의한 설명이다. 미국은 숙련노동 풍부국이므로 무역이 증가하면서 숙련노동자의 임금이 상대적으로 상승하여 숙련노동과 비숙련노동의 임금 격차가 벌어졌다는 해석이다. 그러나 미국의 무역규모는 GDP의 20% 미만으로 그 비중이 작기 때문에 무역이 경제 전체의 숙련/비숙련 노동의 임금격차를 확대했다고 보기는 어렵다.[13] 따라서 스

13 Edward E. Leamer (2000), "What's the use of factor contents?" *Journal of International Economics* 50, 17–50.

그림 6-13 한국 숙련/비숙련 노동의 상대임금 변화

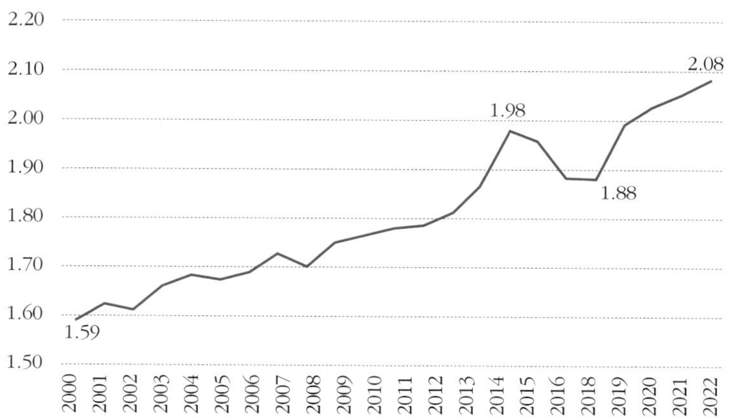

* 주: 1) 숙련임금/비숙련임금의 비율임.
2) 숙련노동 임금으로는 관리자, 전문가, 사무종사자의 임금을 단순평균하고, 비숙련노동 임금으로는 기능원, 조립종사자, 단순노무종사자의 임금을 단순평균함.

* 자료: 통계청, KOSIS, 고용형태별근로실태조사, 2023.

톨퍼-새뮤얼슨 정리로 미국의 숙련/비숙련 노동자의 임금격차를 설명하기에는 무리가 있다.

둘째, 숙련노동 편향적인 기술진보(skill-biased technical progress)가 숙련/비숙련 노동자의 임금격차를 확대했다는 설명이다. 기술진보는 대체로 숙련노동자의 생산성을 높이기 때문에 숙련노동자의 임금이 비숙련노동자보다 더 빠르게 상승했다는 설명이다.[14] 미국만이 아니라 개도국에서도 숙련/비숙련 노동자의 임금격차가 확대되고 있는데, 이는 숙련노동 편향적인 기술진보 때문이라고 설명한다.

마지막으로 해외아웃소싱이 숙련/비숙련 노동자의 임금격차를 확대했다는 견해다. 미국이 비숙련노동집약재를 해외에 아웃소싱 함에 따라 비숙련노동에 대한 상대적 수요가 감소하여(즉, 숙련노동에 대한 상대적 수요가 증가하여) 숙련노동의 상대 임금이 상승했다고 설명한다.[15]

미국에서 숙련/비숙련 노동자의 임금격차가 확대된 것은 어느 한 요인 때문이 아니라 여러 요인이 복합적으로 영향을 미쳤기 때문이다. 한국의 경우에도 숙련/비숙련 노동자의 임금격차가 확대되고 있는데, 그 원인도 앞의 세 가지 요인으로 설명할 수 있다고 본다.

[그림 6-13]은 한국의 숙련/비숙련 노동의 상대임금 변화다. 그림을 보면 한국에서 숙련노동과 비

14 Paul Krgman (2000), "Technology, trade and factor prices," *Journal of International Economics* 50, 51–72.

15 Robert C. Feenstra and Gordon H. Hanson (1999), "The Impact of Outsourcing and High-Technology Capital on Wages: Estimates for the United States, 1979–1990," *Quarterly Journal of Economics* 114(3), 907–940.

숙련노동의 임금 차이가 커지고 있다. 2000년에 숙련노동 임금은 비숙련노동 임금보다 1.59배 높았는데, 2015년에는 1.98배로 커졌고, 2018년에는 잠깐 1.88배로 줄었지만, 2022년에는 다시 2.08배로 늘어나서 숙련노동임금이 비숙련노동 임금의 약 두 배가 되었다. 숙련노동 임금이 더 많이 오른 것은 숙련노동의 생산성이 더 빨리 증가했고, 숙련노동에 대한 수요가 더 많이 증가했다는 것을 의미한다. 한국에서 숙련/비숙련노동 고용비율은 2000년 0.91배에서 2022년 1.18배로 증가하여 2000년에 비해 2022년에 숙련노동자가 상대적으로 더 많이 증가했음을 보여준다.

한국에서 숙련노동자의 임금이 상대적으로 더 많이 올라간 것은 미국과 마찬가지로 숙련노동에 대한 수요 증가, 숙련노동 편향적 기술진보, 해외아웃소싱 등으로 설명할 수 있다. 어떻든 간에 2000년 이후 중간재 무역이 크게 늘었고, 중국으로의 아웃소싱이 증가하였는데, 이런 변화가 숙련노동자의 상대임금을 높이는데 영향을 미쳤다고 본다.

4. 해외아웃소싱의 이익

해외아웃소싱이 증가하면, 숙련노동자의 임금은 상승하지만, 비숙련노동자의 임금은 하락한다. 즉, 숙련노동자들은 이익을 얻지만, 비숙련노동자들은 손해를 본다. 이처럼 해외아웃소싱에 대해 노동자 그룹별로 손해와 이익이 엇갈리지만, 경제 전체에는 이익을 준다. 해외아웃소싱의 후생효과를 알아보자.

첨단부품과 단순부품의 조립으로 최종재가 생산된다고 하자. 생산요소로는 숙련노동과 비숙련노동이 있고, 첨단부품은 숙련노동집약재이고, 단순부품은 비숙련노동집약재라고 하자. 기업은 보유하고 있는 숙련노동자와 비숙련노동자로 첨단부품과 단순부품의 두 종류를 생산하고, 다시 이 두 부품을 조립하여 최종재를 생산한다고 하자. 부품의 조립과정에는 노동력이 필요 없다고 하자. 이러한 모형에서 아웃소싱의 이익을 [그림 6-14]를 이용해 설명해보자.

[그림 6-14]에서 이 기업의 첨단부품과 단순부품의 최대 생산량은 생산가능곡선 $TBAT'$로 표시된다. 이 생산가능곡선은 한 국가의 생산가능곡선이 아니라 개별 기업의 생산가능곡선으로 기업이 보유한 숙련노동과 비숙련노동으로 생산할 수 있는 첨단부품과 단순부품의 최대 생산량을 나타낸다.

첨단부품과 단순부품을 조립한 최종재의 생산량은 Y_0와 같은 등량곡선(isoquant curve)으로 표시된다고 하자. 해외아웃소싱이 없는 상태에서 생산 균형점을 찾아보자. 기업이 가지고 있는 숙련노동과 비숙련노동으로 생산할 수 있는 최대생산량은 A점에서 결정되고, 이때 최종재의 양은 Y_0이다. A점이 아닌 다른 생산가능곡선상의 점에서 등량곡선을 그려보면 그 등량곡선은 Y_0의 등량곡선보다 아래에 위치하

그림 6-14 해외아웃소싱의 이익

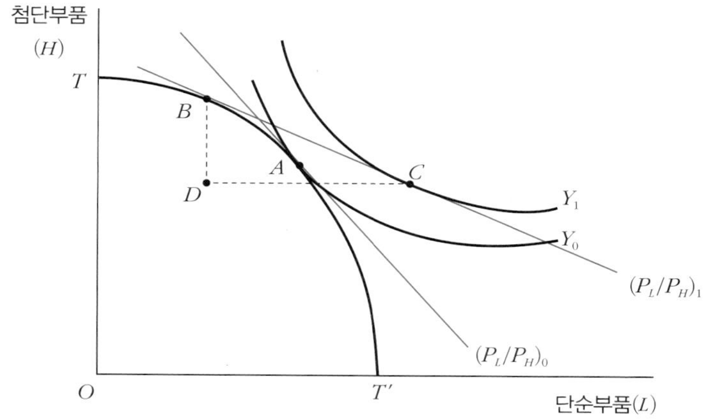

〈국제시장 단순부품의 상대가격이 $(P_L/P_H)_1$로 자국의 단순부품 상대가격인 $(P_L/P_H)_0$보다 낮으면, DC만큼의 단순부품을 해외에 아웃소싱함으로써 생산량이 Y_0에서 Y_1으로 증가하는 이익을 얻는다.〉

게 된다. 따라서 해외아웃소싱이 없는 경우에는 A점에서 최종재 생산량이 Y_0가 되고, 이때 두 부품의 상대가격은 $(P_L/P_H)_0$가 된다. 생산가능곡선의 접선의 기울기는 첨단부품에 대한 단순부품의 상대가격, 즉 (P_L/P_H)임을 이해하라. 여기서 P_L은 단순부품의 가격, P_H는 첨단부품의 가격이다.

이제 단순부품을 해외에 아웃소싱할 때 어떤 변화가 나타나는지 알아보자. 그림에서 보듯이 세계시장 단순부품 상대가격이 $(P_L/P_H)_1$로 자국의 단순부품 상대가격 $(P_L/P_H)_0$보다 낮다고 하자. 이 경우 가격선의 기울기가 더 완만해지고, 이 가격선은 생산가능곡선의 B점에서 접하게 된다. 생산점이 A점에서 B점으로 이동한다는 것은 단순부품의 상대가격 하락으로 자국기업이 단순부품의 생산을 줄이고 첨단부품의 생산을 늘림을 뜻한다. 그리고 해외아웃소싱으로 최종재는 C점에서 Y_1만큼 생산한다. 즉, BD의 첨단부품을 수출하고, DC의 단순부품을 수입하여 기존 생산량 Y_0보다 더 많은 Y_1을 생산하게 된다. 부품의 일부를 해외에 아웃소싱함으로써 생산량 증가의 이익을 얻는다.

해외아웃소싱으로 기업의 생산량이 Y_0에서 Y_1으로 증가하므로 자국 기업은 이득을 얻는다. 그리고 노동량에 변화가 없는 상태에서 기업의 최종재 생산량이 증가한다는 것은 생산비 하락을 의미한다. 생산비 하락은 최종재 가격의 하락으로 이어지게 되므로 궁극적으로 소비자들도 이득을 얻게 된다. 즉 해외아웃소싱은 기업에게 이득을 줄 뿐만이 아니라 소비자에게도 이익을 준다.

최종재 무역을 다루고 있는 리카도 모형이나 헥셔-오린 모형과 마찬가지로 해외아웃소싱모형에서도 교역조건의 변화가 무역의 이익에 영향을 미친다. [그림 6-14]에서 수입재인 단순부품 가격이 하락하면, 이 국가의 교역조건은 개선되고, 무역의 이익은 커진다. 그림에서 단순부품 가격이 하락하면 가격선의 기울기가 더 완만해지므로 최종재 생산량은 Y_1곡선보다 위에 위치한다. 반대로 수출재인 첨단부품의 가격이 하락하면 이 국가의 교역조건이 악화되어 이익이 줄어든다. 첨단부품 가격이 하락하면, 가격선의 기울기가 더 경사지게 되므로 최종재 생산량은 Y_1곡선보다 아래에 위치한다. 이처럼 교역조건의 변화에 따라 기업의 이익에 차이가 난다. 하지만 해외아웃소싱은 항상 더 많은 생산을 가능하게 한다. 교역조건이 악화되면 손실이 발생하는 것이 아니라 이익이 줄어들 뿐이다.

이상의 논의를 정리하면 다음과 같다. 해외아웃소싱이 증가하면 양 국가 모두에서 숙련노동은 이득을 얻고 비숙련노동은 손해를 보게 된다. 그리고 해외아웃소싱은 기업의 생산량을 늘리고 생산비를 하락시켜 소비자에게 가격 하락의 이득을 준다. 해외아웃소싱으로 일부 생산요소는 손해를 보지만, 국가 전체적으로는 이득이 있다. 그리고 교역조건이 개선될수록 그 국가의 이득은 커진다.

5. 아시아 지역의 해외아웃소싱

1990년대부터 글로벌 가치사슬의 급속한 확대로 중간재 무역과 해외 아웃소싱이 크게 증가했다. 여기에는 관세율 인하와 교통·통신비의 하락으로 인한 거래비용 감소가 주요 역할을 했다. 지리적으로 가까운 아시아 지역 국가들 간에도 글로벌 가치사슬 무역이 활발하게 전개되었다. 중국과 동남아 지역은 낮은 임금을 바탕으로 글로벌 가치사슬에 참여하였고, 이로 인한 생산 증가는 외국인투자를 유발하여 기술수준이 향상되었다. 이들 국가들은 저숙련 제조업에서 벗어나 점차 숙련노동 제조업으로 이동하였다. 아시아 지역의 국가들은 글로벌 가치사슬의 최대 수혜국으로 평가되고 있다.

아시아 지역에서 글로벌 가치사슬 무역이 급속하게 증가한 것은 중국의 역할이 크다. 중국은 일본이나 한국으로부터 중간재를 수입하여 조립한 후, 최종재를 다른 국가에 수출하는 가공 무역의 형태를 취하고 있었다. 한국, 일본, 대만 등의 직접투자기업들은 본국의 중간재를 중국의 저임금 노동자를 활용하여 조립 생산한 후, 최종재를 본국과 다른 국가에 수출하였다. 중국의 가공무역 증가와 대중국에 대한 직접투자 증가는 모두 지역 내 중간재 무역의 증가를 촉진하는 요인이었다.

한국에서도 1990년대부터 기계 및 운송 산업을 중심으로 부품 무역의 비중이 증

그림 6-15 아시아 주요국의 글로벌 가치사슬 참여 정도(2000년과 2017년)

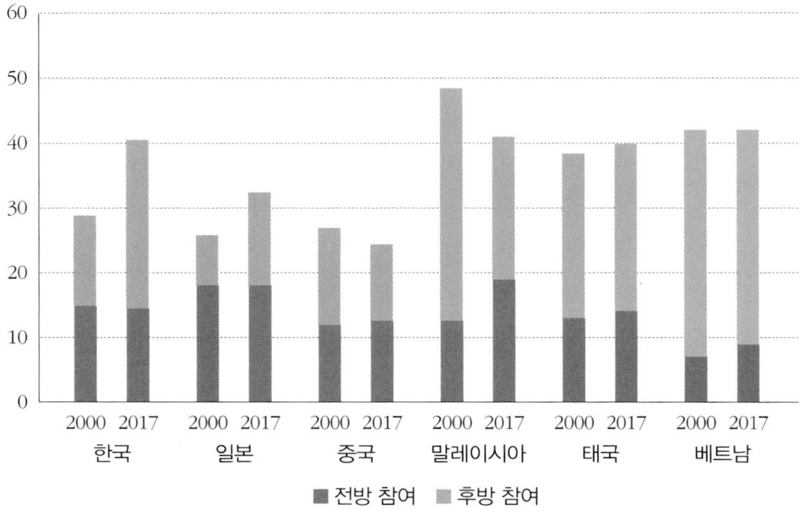

* 주: 후방참여는 '해외부가가치/총수출'이고, 전방참여는 '국내부가가치/총수출'로 계산함. 이 둘을 한한 값이 전체 가치사슬 정도를 나타냄.

* 자료: Yamashita, Nobuaki (2021), East Asian trade integration in the era of global value chains: Prospects and challenges, ARTNeT Working Paper Series, No. 205, Bangkok, ESCAP. (p.14의 그림을 편집한 것임)

가해 왔다. 한국의 부품무역도 동아시아 국가들과의 무역에서 더 크게 증가하였다. 특히 중국으로의 부품 수출 비중이 매우 높았다. 2008년 기준으로 한국의 부품 수출에서 OECD 선진국 21개국이 차지하는 비중이 17%, 일본의 비중이 7%임에 비해 중국의 비중은 30%나 되었다.[16] 한국은 중국으로 가장 많은 부품을 수출하였다. 이는 중국이 컴퓨터, 정보통신기기 등에 사용되는 핵심 부품을 일본, 한국 등으로부터 수입하여 완제품을 조립 생산하여 수출하고 있음을 시사한다.

[그림 6-15]는 아시아 주요국의 글로벌 가치사슬 무역을 보여주고 있다. 글로벌 가치사슬은 전방참여와 후방참여로 구분된다.[17] 여기서 전방참여는 제품 생산에 이

16 주경원·김태기(2010), "국제적 생산분할과 한국 부품무역의 결정요인", 무역학회지, 제35권 제5호, pp. 83-105.

17 전방참여(Forward Participation, or Downstream Linkage)는 어떤 기업이 다른 기업에게 부품을 판매하는 형태의 거래를 말한다. 부품회사가 완제품 회사에 부품을 판매하는 것이 여기에 해당한다. 이에 비해 후방참여(Backward Participation, or Upstream Linkage)는 어떤 기업이 다른 기업으로부터 부품을 구입하는 형태의 거래를 말한다. 자동차 회사가 다른 회사에서 부품을 구입한다면, 이는 자동차 회사의 관점에서 후방참여가 된다.

용되는 중간재를 다른 국가에 수출하는 것을 말하고, 후방참여는 수출을 목적으로 재화를 생산하기 위해 중간재를 수입하는 것을 말한다. 부품을 수입해 조립 생산을 하는 국가일수록 후방참여의 비중이 높고, 부품 등을 다른 국가에 공급하는 국가일수록 전방참여의 비중이 높다. 이 둘을 합한 값이 그 국가의 글로벌 가치사슬 참여 정도를 나타낸다.

[그림 6-15]에서 2000년과 2017년을 비교하면, 한국, 일본, 중국에서 각 국가의 전방참여 비율은 두 기간 동안 거의 변하지 않았다. 다만, 일본의 전방참여 비율이 가장 높고, 다음으로 한국, 중국의 순이다. 전방참여 비율이 높다는 것은 중간재 부품 수출의 비중이 높다는 것을 의미한다. 기술수준이 높은 국가에서 중간재를 생산하고, 임금이 낮은 국가에서 이를 수입하여 조립 생산하는 형태의 가치사슬을 감안할 때, 기술수준이 높은 일본이 이 비중이 가장 높고 다음은 한국이며, 중국은 상대적으로 부품을 수입하여 조립생산을 하였기 때문에 후방참여 비율이 높았다고 생각된다.

그런데 2017년에는 2000년에 비해 한국과 일본의 후방참여의 비율은 증가하고, 중국의 후방참여 비율은 감소하였다. 한국과 일본의 후방참여 증가는 한국과 일본 기업들이 해외에서 부품수입을 늘렸다는 것을 의미한다. 부품 수입의 증가 요인은 크게 두 가지 측면에서 생각해 볼 수 있다. 하나는 자국 기업의 해외진출이 활발해지면서 자국의 다국적기업에서 생산한 부품의 수입이 증가했거나, 다른 하나는 기술 수준이 높아진 중국이나 동남아 국가에서 생산된 수입 부품이 자국에서 생산된 부품을 대체하게 되었음을 나타낸다.

중국은 2000년에는 총수출에서 후방참여가 더 큰 비중을 차지하였으나, 2017년에는 후방참여가 감소하고 전방참여가 증가하였다. 이는 중국이 부품을 수입하여 최종재를 조립하여 수출하던 가공무역 단계에서 벗어나고 있음을 나타낸다. 중국의 기술 수준이 상승하고 다국적 기업 활동이 활발해짐에 따라, 중국에서 자국 부품 사용 비율이 증가하고 나아가서는 이를 해외에 수출하고 있음을 말해준다. 그리고 중국에서는 전체 가치사슬 비중이 줄고 있는데, 이는 미중 무역분쟁의 영향도 있고, 또 중국의 경제 규모가 커지면서 내수 경제가 확대되어 상대적으로 무역의 역할이 축소되었기 때문으로 보인다.

말레이시아, 태국, 베트남 등 동남아 국가는 2000년 이후 글로벌 가치사슬 참여율이 매우 높아 총수출의 40% 정도를 차지하고 있다. 이들 국가는 후방 참여 비율이 높은데, 이는 이들 국가들이 조립 생산에 참여하고 있음을 나타낸다. 말레이시아는 2000년에 비해 2017년에는 전방참여가 증가한 반면 후방참여는 감소하였다. 이는 말레이시아가 조립 중심 국가에서 부품을 공급하는 국가로 이동함을 보여준다. 태국은 두 기간 동안 거의 변화가 없고, 베트남은 전방참여의 비중이 약간 증가하였다. 이 두 국가의 가치사슬 참여의 비중은 거의 변화가 없다. 두 국가 모두 전방참여보다는 후방참여의 비중이 훨씬 높다. 이는 이 두 국가가 여전히 조립 생산에 적극 참여하고 있음을 말해준다.

1990년 이후 빠르게 성장하던 글로벌 가치사슬 무역이 2008년 글로벌 금융위기와 이후 미중 무역갈등 등으로 인해 성장세를 보이지 못하고 있다. 이러한 현상은 아시아 지역의 글로벌 가치사슬에도 부정적인 영향을 미치고 있다. 특히 중국의 침체가 아시아 지역 글로벌 가치사슬이 침체되는 주요 원인으로 작용하고 있다.

주요용어

• 특정요소	• 노동에 대한 수요	• 노동의 한계생산물가치
• 단기 소득분배	• 장단기 무역이익	• 무역과 실업
• 네덜란드 병	• 국제생산분할	• 해외아웃소싱
• 역외생산	• 중간재 무역	• 글로벌 가치사슬
• 부가가치 기준 무역	• 숙련노동	• 비숙련노동
• 임금 논쟁		

요약

01. 특정 산업에만 이용되는 생산요소를 특정요소라고 한다. 특정요소모형에서도 비교우위는 요소부존도에 의해 결정된다. 이런 점에서 특정요소모형은 헥셔-오린 모형의 특수한 경우에 해당한다.

02. 어떤 재화의 가격이 올라가면, 그 재화에 특정된 요소의 명목보수는 재화가격보다 더 올라가고, 다른 재화에 특정된 요소의 명목보수는 하락한다. 이동 가능한 요소의 명목보수는 재화가격보다는 더 적게 올라간다. 이를 무역현상에 적용하면, 무역 이후 수출재 부문에만 사용되는 특정요소는 이익을 얻음에 비해, 수입대체재 부문에만 사용되는 특정요소는 손해를 본다. 그리고 부문 간 이동이 자유로운 요소는 이익을 볼 수도 있고 손해를 볼 수도 있다.

03. 부문 간 요소의 이동성이 제한되면 자원의 효율적 배분이 이루어지지 못하므로 생산가능곡선이 원래의 효율적인 생산가능곡선의 내부에 위치한다. 무역의 이익은 요소의 이동성이 제한된 단기보다는 요소의 이동성이 높은 장기에서 더 크다.

04. 요소의 이동성이 제한된 단기에는 수입대체재 산업의 위축으로 실업이 발생할 수 있다. 그러나 이는 요소의 부문 간 이동이 제한되어 나타나는 단기적 현상일 뿐 요소의 이동성이 높아지면 실업문제도 해결되고 무역의 이익도 확대된다. 무역은 자원을 어느 부문에 얼마만큼 배분하는 것이 좋은가를 결정해 주는 하나의 수단일 뿐이다. 실업문제 해결을 위해서는 보호무역정책보다는 재정정책이나 금융정책 같은 거시경제정책이 필요하다.

05. 자원개발 등 어떤 산업의 경제호황이 다른 전통적인 부문에 어려움을 가져올 수 있는데, 이를 네덜란드 병(Dutch disease)이라고 한다. 이는 자원개발로 인한 임금 상승이 다른 수출재 부문의 생산비를 높여서 수출경쟁력을 약화시키고 경제를 위축시키는 요인이 됨을 말해준다.

06. 하나의 완제품 생산과정이 여러 단계로 나뉘고, 그 단계가 서로 다른 국가에서 수행되는 것을 국제생산분할(international production fragmentation)이라고 한다. 해외아웃소싱(foreign outsourcing)은 생산과정의 일부를 해외에 위탁하는 현상을 말한다. 또 역외생산

(offshoring)은 생산과정의 일부를 다른 국가로 이전하는 것을 말한다. 국제생산분할, 해외아웃소싱, 그리고 역외생산이라는 용어는 약간의 차이가 있지만, 완제품 생산과정이 여러 단계로 나뉘고 일부의 생산과정이 다른 국가에서 수행되는 현상을 표현하고 있다는 점에서 같은 의미를 갖는다.

07. 글로벌 가치사슬(Global Value Chain)이란 상품과 서비스의 부가가치 형성 과정, 즉 기획, 생산, 유통, 판매 등의 과정이 생산 분업을 통해 여러 나라에 걸쳐 이루어지는 것을 말한다. 생산 분업은 두 국가 사이에 이루어지기도 하지만, 세 국가 이상 여러 나라의 국경을 넘나드는 복잡한 형태로 이루어지기도 한다. 개발도상국은 글로벌 가치사슬을 통해 경제 발전 속도를 높일 수 있다. 제품 생산의 광범위한 과정 모두를 국내에서 수행하기보다는 공급사슬에 참여함으로써 자국이 강점을 갖는 비교우위의 효과를 누릴 수 있다.

08. 부가가치 기준 무역은 수출입을 통해 창출되는 부가가치의 이출입을 말한다. 수출로 자국의 부가가치가 창출되는 것을 부가가치의 이입(VA-in; 수출과 대응)이라고 하고, 수입으로 타국의 부가가치가 창출되는 것을 부가가치의 이출(VA-out; 수입과 대응)이라고 한다. 아이폰의 사례와 같이 중국은 다른 선진국의 부품을 수입하여 조립 생산한 완제품을 미국에 수출하는 경우가 많기 때문에, 실제 무역액으로 판단한 미국의 대중국 무역적자는 부가가치 기준으로 보면 과대평가된 측면이 있다.

09. 해외아웃소싱으로 생산활동이 해외로 이전되면, 두 국가 모두에서 숙련노동에 대한 상대적 수요가 증가하고, 그 결과 양국 모두에서 숙련/비숙련 상대임금이 상승한다. 즉, 숙련노동과 비숙련노동의 임금 격차가 더 커진다. 이는 무역의 결과 두 국가의 요소의 보수가 서로 유사해지는 방향으로 움직인다는 헥셔-오린 모형의 예측과 다른 결과를 보이고 있다.

10. 해외아웃소싱으로 숙련노동은 이득을 얻고 비숙련노동은 손해를 보게 된다. 하지만, 해외아웃소싱 기업의 생산량 증가와 생산비 감소로 최종재 가격이 하락하므로 소비자는 이득을 얻는다. 즉, 일부 생산요소의 손해에도 불구하고 해외아웃소싱은 국가 전체에 이득을 준다. 그리고 교역조건이 개선되면 그 이득은 더 커진다.

11. 무역자유화의 확대와 국제운송비 및 통신비의 하락으로 해외아웃소싱이 빠르게 증가하고 있다. 특히 인근 국가들 간에는 상대적으로 운송비가 낮기 때문에 해외아웃소싱이 더 활발하게 이루어지는 경향이 있다. 동아시아 국가들 간에 지역 내 무역의 비중이 빠르게 증가한 요인 중 하나는 중간재 무역의 증가 때문이다. 중국은 동아시아 국가에서 부품을 수입하여 조립한 후, 최종재를 선진국으로 수출하는 무역패턴을 보이고 있다.

복습문제

01. 특정요소 모형에서 생산가능곡선의 한계전환율이 두 재화의 한계노동생산성에 의해 결정됨을 설명하라.

02. 특정요소 모형에서 재화가격의 변화가 노동의 배분 및 생산의 변화를 가져오는 과정을 설명하라.

03. 특정요소 모형에서 재화 가격의 변화는 요소의 실질보수에 어떤 영향을 미치는가?

04. 글로벌 가치사슬의 개념과 부가가치 기준 무역의 개념에 대해 설명하라.

05. 해외 아웃소싱은 두 나라의 임금에 어떤 영향을 미치는가?

06. 해외아웃소싱의 이익에 대해 설명하라.

연습문제

01. 농산품(A)에는 토지(T), 공산품(M)에는 자본(K)이 특정요소로 이용되고 있고, 노동은 두 부문 모두에서 이용되고 있다. 무역을 시작하면, 자본이 상대적으로 풍부한 나라에 어떤 변화가 나타나는지 다음 물음에 답하라.
   1) 무역 이후 공산품과 농산품 생산량에 어떤 변화가 있을까?
   2) 무역 이후 노동, 자본, 토지의 명목보수 변화를 설명하라.
   3) 무역 이후 노동, 자본, 토지의 실질보수 변화를 설명하라.
   4) 자본의 보수는 공산품 가격보다 더 높게 올라간다. 그 이유는 무엇인가?

02. 개방정책에 대해 비교열위재인 수입대체재 산업에 종사하는 자본가들의 반대가 가장 크지만, 이 산업에 종사하는 노동자들도 수입개방을 반대하는 경우가 많다. 수입 개방시 노동자와 자본가의 보수가 반대방향으로 움직인다는 스톨퍼-새뮤얼슨 정리와는 달리 자본가와 노동자가 이해를 함께 하는 이유는 어디에 있는가?

03. 무역을 시작하면 최단기에는 가격의 변화에도 불구하고 생산의 변화가 나타나지 않

는다. 이 시점에서 무역의 이익은 있는가? 그리고 무역은 단기보다 장기적으로 이익이 확대된다고 한다. 그 이유는 무엇인가?

04. 농림부 보고에 의하면 전남지역의 농지가격은 어떤 지역보다도 낮고, 또 지가상승률도 가장 낮다고 한다. 전남의 농지가격과 지가상승률이 낮은 것은 일부 농산물 수입개방의 영향 때문이라고 할 수 있다. 이를 특정요소모형으로 설명하라.

05. X재에는 자본이, Y재에는 토지가 특정요소로 사용되는 경제에서 자본량의 증가가 생산량과 요소가격에 미치는 영향에 대한 다음 물음에 답하라.
1) 그림을 이용해 임금의 변화를 표시하라.
2) 자본의 보수와 토지의 보수는?
3) X재와 Y재의 생산량은?

06. 어떤 국가에서 자원이 새로 개발되면 임금이 올라가고 소비가 늘지만, 경제가 전반적으로 어려움을 겪게 되는 경우가 있다. 자원 개발에 따른 이득이 왜 경제에 어려움을 가져오는지를 특정요소모형을 이용해 설명하라.

07. 한국과 중국 간에는 해외아웃소싱이 활발하다. 여러 종류의 부품을 조립하여 최종재를 생산하는데, 고기술 부품은 한국에서 생산하고 저기술 부품은 중국에 아웃소싱 한다고 하자. 한-중 FTA가 체결되었다고 가정하고, 해외아웃소싱 모형을 이용해 다음 물음에 답하라.
1) 한국의 중국으로의 해외아웃소싱에 어떤 영향을 미칠까?
2) 한국과 중국의 숙련/비숙련 임금에는 각각 어떤 영향을 미칠까?
3) 한국 기업의 생산량에 어떤 영향을 미칠까?
4) 한국 경제에 이득이 있는가?
5) 중국 경제는 이득을 얻는가?

08. 중국의 기술수준이 한국보다 빠르게 증가하고 있다. 앞의 7번 문제의 해외아웃소싱 모형을 가정하고, 중국의 이러한 기술진보가 한국경제에 이득을 주는지를 그림을 이용하여 설명하라.

09. 한국의 숙련/비숙련 노동의 임금 격차가 2000년 이후 꾸준히 증가하고 있다. 이러한 임금 격차가 나타나는 원인을 전통적 무역이론으로는 어떻게 설명되는가? 이에 대한 반론과 함께 임금 격차를 설명하는 다른 견해를 소개하라.

10. "해외아웃소싱은 국내 일자리를 해외로 이전하는 효과가 있다. 이는 국내 고용을 줄이므로 국가 경제에 손해를 준다." 이 주장을 논평하라.

07 규모의 경제, 불완전경쟁과 국제무역

앞에서 공부한 비교우위론은 서로 차이가 있는 국가들 간의 무역을 설명하는 데 유용하다. 그런데 세계 무역 현황을 보면, 상이한 발전 단계에 있는 선진국과 개발도상국 간의 무역보다는 유사한 경제 수준의 선진국들 사이의 무역이 더 많은 비중을 차지하고 있다. 이처럼 서로 유사한 국가들 사이의 무역을 설명하기 위해 등장한 새로운 이론이 산업내무역이론이다. 이 이론은 비교우위론과는 달리 규모의 경제와 불완전경쟁시장을 가정하고 있다.

이 장에서는 규모의 경제와 제품차별이 있는 독점적 경쟁시장에서 발생하는 무역을 설명한다. 이 형태의 무역은 같은 산업 내에서 수출과 수입이 동시에 이루어지므로, 이를 산업내무역이라고 한다. 먼저 산업내무역이론을 공부하고, 산업내무역의 측정방법과 실증분석에 대해서 알아본다. 그리고 외부적 규모의 경제에서 나타나는 무역현상에 대해서도 알아본다.

제 1 절 규모의 경제와 국제무역

1. 규모의 경제

리카도 모형과 헥셔-오린 모형의 비교우위론은 규모에 대한 보수불변의 생산함수를 가정하고 있다. 그러나 그렇지 않은 재화도 많다. 실제로 많은 재화의 생산에는 규모의 경제가 있다. 규모의 경제(economies of scale)란 생산량이 증가함에 따라 단위당 평균비용이 하락하는 경우를 말한다. 초기 시설투자가 많아 고정비용이 큰 통신, 항공, 철도 등의 산업에서 규모의 경제 현상을 볼 수 있다.

고정비용이 있는 경우에는 규모의 경제가 발생한다. 예를 들어, 공장을 건설하는 데 100만원의 고정비용을 투자하였고, 한 단위 생산마다 1만원의 가변비용이 필요하다고 하자. 평균고정비용은 '100만원÷생산량'이므로 생산량이 증가하면 평균고정비용은 떨어지고, 평균가변비용은 생산량이 증가하더라도 1만원으로 일정하다. 평균비용은 평균고정비용과 평균가변비용의 합이다. 따라서 10개를 생산할 때 평균비용은 평균고정비용 10만원에 평균가변비용 1만원을 더한 11만원이고, 20개를 생산할 때는 평균고정비용이 5만원이므로 평균비용은 여기에 평균가변비용 1만원을 더한 6만원이다. 이런 방법으로 계산하면 평균비용은 50개를 생산하면 3만원, 100개를 생산하면 2만원이 된다. 이와 같이 고정비용이 존재하면, 생산량 증가에 따라 평균비용이 감소하기 때문에 규모의 경제가 나타난다.

철도, 통신, 항공 산업같이 고정비용이 매우 큰 산업에서는 흔히 독점시장이 형성된다. 초기 투자비용이 크기도 하지만, 무엇보다도 규모의 경제 효과가 커서 새로운 기업이 진입하기 어렵기 때문이다. 규모의 경제가 있는 경우 새로 진입하는 기업의 생산단가는 항상 기존 기업의 생산단가보다 높을 수밖에 없다. 따라서 새로운 기업의 진입이 어렵다. 또 두 기업이 경쟁하는 경우에도 큰 기업의 단가가 더 낮기 때문에 다른 한 기업이 시장에서 퇴출될 수밖에 없다. 그래서 규모의 경제가 있는 경우에는 독점기업이 형성된다. 하지만, 고정비용의 규모가 크지 않다면, 독점기업이 형성되지 않을 수 있다. 초기 투자비용이 크지 않으면, 기업 설립이 어렵지 않고 규모의 경제 효과가 크지 않아서 기업들의 경쟁이 가능하게 된다.

2. 제품차별과 다양성에 대한 선호

완전경쟁시장에서는 모든 기업들이 가격순응자(price taker)이다. 모든 제품이 동질적이므로 한 제품이 다른 제품보다 더 높은 가격을 받을 수 없다. 또 개별 기업이 시장 전체에서 차지하는 비중이 매우 미미하기 때문에 이 기업이 더 많은 양을 시장에 내다 판다고 해도 시장 가격에 영향을 미치지 못한다. 모든 기업들은 주어진 시장가격에서 원하는 만큼을 생산하여 판매한다.

그런데 산업 내의 여러 기업에서 생산되는 제품들이 서로 차별화된 경우가 있다. 같은 종류의 제품이지만 서로 차이가 있는 경우를 제품차별화(product differentiation)라고 한다. 백화점에 가면 다양한 브랜드의 양복이 있는데, 각 브랜드의 양복은 다른 브랜드의 양복과 유사하지만 차별화(差別化)되어 있다. 양복만이 아니라 셔츠, 양발, 신발, 가방 등 대부분의 공산품들은 브랜드, 디자인 등으로 차별화되어 있고, 가격들도 서로 다르다. 이런 제품차별화로 인해 각 기업들은 자기 제품에 대해 어느 정도 독점력을 갖게 된다. 독점력을 가진 기업들은 가격을 설정할 수 있기 때문에 기업들은 가격설정자(price maker)가 되고, 이 시장은 불완전경쟁의 특성을 지니게 된다.

제품차별이 발생하는 이유는 사람들이 다양성을 선호(選好)하기 때문이다. 사람들이 같은 품목의 제품을 가능한 다양하게 구입하는 것을 흔히 볼 수 있다. 신발도 여러 종류를 사고, 옷도 다양한 색깔과 다양한 형태로 입고 싶어 한다. 이는 사람들의 '다양성 선호(love of variety)' 현상 때문이다.

또 한 개만 구입하는 경우에도 시장에서 다양한 제품이 공급되길 원한다. 사람마다 선호하는 제품이 서로 다르기 때문이다. 예를 들어, 같은 차를 사더라도 어떤 사람은 흰색 차를 사고, 어떤 사람은 검은색 차를 산다. 이는 사람들마다 '이상적 선호(ideal variety)'가 서로 다르기 때문이다.

소비자들의 선호체계가 다양성 선호든, 아니면 이상적 선호(理想的 選好)든 간에 시장에 다양한 제품이 공급되면 사람들의 효용이 증가한다. 그러나 제품의 다양성을 한없이 증가시킬 수는 없다. 시장 전체 수요량을 여러 종류로 분산할수록 한 종류 당 생산량이 감소하므로 규모의 경제의 이점을 누리지 못해 생산 단가가 올라가기 때문이다. 다시 말해서 제품의 다양성이 증가할수록 소비자들의 다양성 선호를 충족시켜주지만, 가격이 올라가게 된다. 그러므로 제품의 다양성을 확대하는 데에는 한계가 있다.

고가 브랜드의 명품은 생산량을 제한하고 대신 높은 가격을 받는다. 자신을 차별화하고 싶은 성향이 강한 사람들은 높은 가격을 지불하고 고가 브랜드의 제품을 구입한다. 반면에 대중적인 브랜드의 제품은 생산량이 많은 대신 가격이 낮다. 소득수준이 낮거나 차별화 의식이 강하지 않은 소비자는 가격이 낮은 제품을 구입한다. 대체로 소득수준이 낮은 국가일수록 제품의 다양성이 적고, 소득 수준이 높은 선진국일수록 제품의 다양성 정도가 크다. 한국도 1960-70년대에 비해 최근에는 의류 등 패션 분야만이 아니라 모든 분야에서 제품의 다양성이 많이 증가하였다. 이는 소득수준이 증가하여 사람들이 상대적으로 높은 가격을 지불하고라도 자기가 원하는 다양한 제품을 사고자하기 때문이다.

3. 제품차별, 규모의 경제와 국제무역

어떤 제품 생산에 규모의 경제가 있다면, 세계 전체 생산량을 한 나라에서 담당할 때 가장 낮은 비용으로 생산할 수 있다. 그러므로 제품들이 서로 차별화되어 있다면, 국가마다 몇몇 제품씩을 특화 생산하고 이를 서로 교환함으로써 모두 이익을

그림 7-1 동일한 두 국가의 무역이전 상황

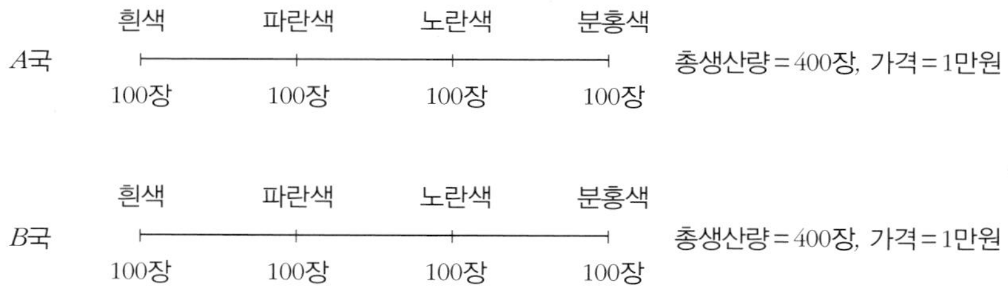

〈A국과 B국은 모든 것이 똑같은 나라이며, 무역 이전에는 4색상의 와이셔츠를 각각 100장씩 생산하여 소비하고 있다.〉

얻을 수 있다.

[그림 7-1]을 통해 규모의 경제와 제품차별이 있는 산업에서 이루어지는 무역을 알아보자. 간단한 이해를 위해 이 산업이 와이셔츠 산업이고, A국과 B국은 소비자의 선호체계와 생산자의 생산함수 등 모든 것이 동일한 국가라고 하자.

폐쇄경제에서는 4종류의 와이셔츠가 생산되고 있으며, 한 종류당 100장씩 와이셔츠의 총생산량은 400장이고, 와이셔츠 한 장의 가격은 1만원이라고 하자. A국과 B국은 생산과 소비에서 서로 차이가 없는 국가이므로 무역 이전에 와이셔츠의 종류, 가격, 생산량은 양국에서 동일하다.

이제 이 두 나라가 무역을 시작하면, 어느 국가에서 어떤 종류의 셔츠를 생산하느냐에 따라 생산방식이 다음의 세 가지 경우로 나누어진다.

1) 국가마다 각각 두 종류씩 특화하여 생산하는 경우

A국은 흰색과 노란색, B국은 파란색과 분홍색을 특화 생산한다면, 각 국가는 한 종류의 와이셔츠를 200장씩 생산하여 100장은 자국이 소비하고 나머지 100장은 수출을 한다. 따라서 각 국가의 소비량은 무역 이전과 같다. 그런데 각 색상의 와이셔츠 생산량이 100장에서 200장으로 증가하였으므로 규모의 경제가 나타나 와이셔츠의 가격이 하락한다. 따라서 무역 이후 소비량은 무역 이전과 같지만 제품 가격이 낮아져서 이익을 얻는다.

2) 와이셔츠 종류를 총 8가지로 다양화하는 경우

무역 이후에 국가마다 서로 다른 4색상의 와이셔츠를 100장씩 생산하고, 각 색상마다 50장씩을 서로 교환한다고 하자. 이 경우 각 색상별 생산량은 무역 이전과 같기 때문에 가격은 변함이 없다. 그러나 무역 이전에는 4가지 색상의 와이셔츠를 소비했는데, 무역 이후에는 8가지 색상을 소비할 수 있어서 다양성 증가의 이익을 얻는다.

3) 와이셔츠 종류를 총 6가지로 다양화하는 경우

국가마다 서로 다른 3색상의 와이셔츠를 133장씩 생산하고, 각 색상마다 절반씩을 서로 교환한다고 하자(각 국가의 전체 생산량과 소비량은 무역 이전과 같이 400장이다). 각 색상의 와이셔츠 생산량이 100장에서 133장으로 증가하였으므로 와이셔츠의 가격이 하락한다. 또 무역 이전에는 4색상의 와이셔츠만 소비했는데, 이제 6색상을 소비할 수 있어서 다양성 증가의 이익을 얻는다. 이 경우에는 가격 하락과 다양성 증가의 두 가지 이익을 얻는다.

이상의 예는 서로 차이가 없는 국가 간에도 무역이 가능함을 보여준다. 각각의 제품이 차별화되어 있고, 또 각 제품의 생산에 규모의 경제가 있다면, 국가마다 서로 다른 제품에 특화 생산하고 이를 서로 교환하면 가격 하락과 다양성 증가의 이익을 얻을 수 있다. 이 무역은 같은 산업 내에서 수출과 수입이 이루어지는 것이므로 이를 산업내무역(Intra-Industry Trade)이라고 한다.

이에 비해 리카도 모형이나 헥셔-오린 모형의 비교우위무역에서는 수출산업과 수입산업이 서로 다르다. 서로 다른 산업의 제품을 교환하므로 이를 산업간무역(Inter-Industry Trade)이라고 한다. 다음 절에서는 산업내무역을 이론 모형으로 설명해보자.

제 2 절 독점적 경쟁시장의 무역모형

1. 독점적 경쟁시장의 균형

독점적 경쟁시장은 불완전경쟁시장의 한 형태이다. 불완전경쟁시장이란 완전경쟁시장의 조건을 달성하지 못하는 시장을 말하며, 불완전경쟁시장에는 독점시장(獨占市場), 과점시장(寡占市場), 독점적 경쟁시장(獨占的 競爭市場)이 있다. 독점시장은 시장 전체적으로 공급자가 1개인 경우이고, 과점시장은 공급자가 2개 이상의 소수인 경우이며, 독점적 경쟁시장은 어느 정도 독점력을 갖는 수많은 기업이 있는 시장이다.

독점적 경쟁시장은 다음과 같은 특성을 갖는다. 첫째, 같은 산업 내에 수많은 기업이 있고, 각 기업의 제품은 차별화되어 있다. 소비자들은 차별화된 제품 중에서 자신의 선호에 맞는 제품을 구매한다. 소비자마다 선호하는 제품이 다르기 때문에 각 제품을 생산하는 기업은 어느 정도의 독점력을 갖게 된다. 하지만 서로 유사한 제품으로 경쟁하기 때문에 독점력(가격설정 권한)은 크지 않다.

둘째, 각 제품의 생산에는 규모의 경제가 있다. 각 제품을 더 많이 생산할수록 단가(평균비용)가 낮아진다. 시장 전체 수요가 주어져 있다면, 기업 수가 적을수록 개별 기업의 생산량이 많아지므로 평균비용이 하락하고 가격이 낮아진다.

마지막으로 기업의 진입과 탈퇴가 자유로워서 장기적으로 초과이윤은 영(0)이 된다. 초과이윤이 있으면 새로운 기업이 진입하고, 기업이 진입하면 이윤이 점차 감소하여 궁극적으로는 초과이윤이 사라지게 된다.

다음에는 독점적 경쟁시장의 균형을 알아보자. 독점적 경쟁시장의 기업들은 가격설정자이긴 하지만, 수많은 기업이 유사 제품으로 경쟁하기 때문에 가격설정의 범위는 매우 제한적이다. 그리고 시장 내에 수많은 기업이 있기 때문에 한 기업의 가격 변화는 다른 기업에 거의 영향을 미치지 않는다고 가정한다. 차별화된 제품을 생산하는 n개의 기업이 있는 독점적 경쟁시장에서 각 개별기업의 수요곡선이 다음과 같다고 하자.

$$Q = S \cdot \left[\frac{1}{n} - b(P - \overline{P})\right] \tag{7.1}$$

여기서 Q는 개별 기업의 판매량, S는 산업 전체의 판매량, n은 기업 수, b는 가격에 대한 반응을 나타내는 상수, P는 이 기업의 가격, $\overline{P}$는 경쟁자 가격의 평균이다. 이 기업의 수요함수는 다음과 같은 의미를 지닌다. 모든 기업의 생산함수가 서로 같고 모두 동일한 가격 $\overline{P}$를 매길 때, 어느 한 기업의 판매량 Q는 S/n이다. 어떤 기업이 평균가격 $\overline{P}$보다 조금이라도 높게 받으면, 판매량은 가격반응계수 b에 따라 감소한다.

각 제품의 생산에는 규모의 경제가 있고, 비용함수는 다음과 같다고 하자.

$$C = F + cQ, \quad c > 0 \tag{7.2}$$

여기서 C는 총비용, F는 고정비용, c는 한계비용, Q는 산출량이다. 평균비용(AC)은 총비용을 산출량으로 나누면 되므로 다음과 같다.

$$AC\left(=\frac{C}{Q}\right)=\frac{F}{Q}+c \tag{7.3}$$

여기서 Q가 증가함에 따라 평균비용 AC는 감소한다. 평균비용이 감소하는 이유는 고정비용이 있기 때문이다. 생산량의 증가에 따라 평균비용이 감소하므로 이 제품은 규모의 경제가 있다.

독점적 경쟁시장에서는 기업의 진입과 탈퇴가 자유롭기 때문에 각 개별기업의 이윤은 영(0)이고, 또 모든 기업은 한계수입(MR)과 한계비용(MC)이 일치하도록 생산하여 이윤을 극대화 한다. 이윤 영(0) 조건과 이윤극대화 조건이 독점적 경쟁시장의 균형조건이다.

먼저 이윤 영(0) 조건을 살펴보자. 시장가격(P)과 평균비용(AC)이 같을 때 초과이윤이 없어지므로 이윤 영(0) 조건은 $P=AC$이다. 이 조건의 AC 대신 식 (**7.3**)을 대입하면

$$P=\frac{F}{Q}+c \tag{7.4}$$

이 된다. 그런데 모든 기업이 가격을 같은 수준으로 책정한다면 $P=\overline{P}$이므로 식 (**7.1**)에서 개별기업의 판매량 Q는 S/n가 된다. 따라서 Q 대신 S/n을 위의 식 (**7.4**)에 대입하면

$$P=\frac{F}{S}n+c \tag{7.5}$$

이 된다. 식 (**7.5**)는 각 기업의 이윤이 영(0)이 되는 기업의 수와 가격의 조합을 나타내며, [그림 7-2]에서 우상향하는 CC곡선으로 표현된다. CC곡선상에서 각 기업의 초과이윤은 없다. 시장의 크기 S가 주어진 상태에서 이 시장에 진입하는 기업의 수가 많아지면, 각 개별기업의 생산량이 줄어들어 생산비가 올라가므로 가격이 올라갈 수밖에 없다. 이것이 바로 CC곡선이 우상향하는 이유다.

다음으로 이윤극대화 조건을 살펴보자. 이윤극대화는 한계비용(限界費用)과 한계수입(限界收入)이 일치하는 점에서 이루어진다. 위의 식으로부터 $MR=MC$조건을 구하면 다음과 같다(유도과정은 부록 참조).

그림 7-2 독점적 경쟁시장의 균형

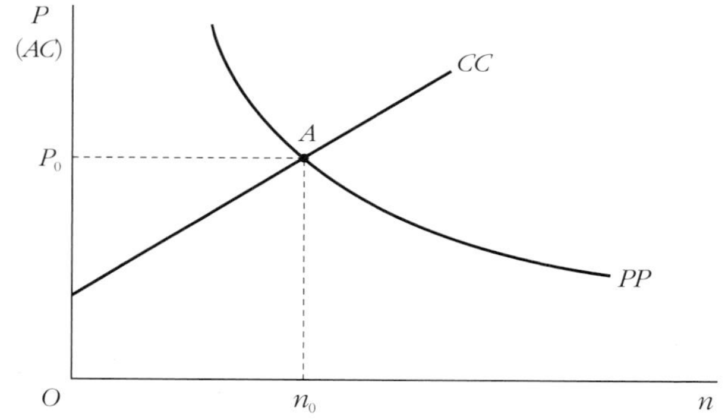

〈기업의 초과이윤이 영(0)이 되는 CC곡선과 기업의 이윤극대화가 이루어지는 PP곡선이 서로 만나는 A점에서 기업의 수 n_0와 독점적 경쟁시장의 가격 P_0가 결정된다.〉

$$P = c + \frac{1}{bn} \tag{7.6}$$

이 식은 이윤극대화를 만족시키는 기업의 수와 가격의 조합을 나타내며, [그림 7-2]에서 우하향하는 PP곡선으로 표현된다. PP곡선상에서는 각 기업의 이윤극대화가 이루어지고 있다. 독점적 경쟁시장에서 많은 기업들이 진입하여 경쟁수준이 높아질수록 기업들은 낮은 가격을 책정하지 않을 수 없다. 이것이 PP곡선이 우하향하는 이유다.

[그림 7-2]의 CC와 PP의 교차점 A에서 차별적 제품의 가격과 기업의 수가 결정된다. 균형상태에서 각 제품의 가격은 P_0, 차별화된 제품을 생산하는 기업 수(제품 수)는 n_0가 된다. 모든 기업의 생산함수는 서로 같기 때문에 차별적 제품의 가격은 서로 같다.

2. 산업내무역의 이익과 조정비용

1) 산업내무역의 발생과 이익

어떤 제품이 다양한 형태로 차별화되어 있고, 생산에는 규모의 경제가 있다고 하자. 무역 이전에는 국가 내의 시장규모에 따라 제품 수와 가격이 결정된다. 경제규모가 작은 나라는 시장규모가 작아서 제품 종류가 적고 가격은 높을 것이고, 경제규모가 큰 나라는 시장규모가 커서 제품 종류가 다양하고 가격은 낮을 것이다.

이제 두 국가가 무역을 시작하면, 같은 종류의 제품을 두 국가가 함께 생산할 필요는 없다. 각각 다른 종류의 제품을 생산하여 서로 교환하면 규모의 경제에 따른 가격하락과 다양성 증가의 이익을 얻을 수 있다. 이 경우 같은 산업 내에서 수출과 수입이 이루어지므로 이를 산업내무역(Intra-Industry Trade)이라고 한다. 이에 비해 비교우위무역은 다른 산업의 제품을 서로 교환하므로 산업간무역(Inter-Industry Trade)이라고 부른다. 다음에는 산업내무역의 이익을 좀 더 구체적으로 알아보자.

무역을 하면 다른 나라에 제품을 판매하게 되므로 시장규모가 확대된다. A국과 B국의 시장규모를 S와 S^*라고 하면, 무역 이후 전체 시장규모는 $(S+S^*)$로 커진다. CC곡선의 기울기는 (F/S)이므로 시장규모 S가 커지면, CC곡선의 기울기 값이 완만해져서 [그림 7-3]에서 보듯이 CC곡선이 아래로 이동한다. 그런데 S의 증가는 PP곡선에는 영향을 미치지 않으므로 PP곡선은 전과 같다. CC곡선의 이동으로 무역 이후 균형점은 B점이 되고, 가격은 P_0에서 P_1로 하락하며, 기업의 수는 n_0에서 n_1으로 많아진다. 즉, 무역을 하면 제품 가격이 하락하고, 차별적 제품 수는 증가한다.

무역 이후 전체 차별적 제품 수는 증가하지만, 국내에서 생산하는 차별적 제품 수는 무역 이전보다 줄어든다. 어떻게 알 수 있는가? 무역 후 가격이 하락했다는 것은 개별 기업의 생산량이 증가하여 규모의 경제가 작용했음을 말한다. 개별 기업의 생산량이 증가했다는 것은 전체 기업의 수가 무역 이전 기업수보다는 감소했음을 뜻한다. 무역 후 자국의 제품 수는 과거보다 줄어들지만, 다른 국가의 제품을 수입하므로 소비자들은 과거보다 더 다양한 제품을 소비할 수 있다.

그림 7-3 독점적 경쟁시장과 무역

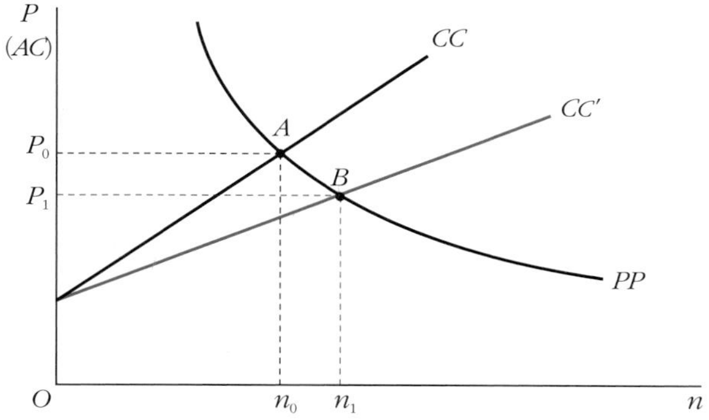

〈시장이 커짐에 따라 CC곡선이 CC'곡선으로 이동하여 제품가격은 P_0에서 P_1으로 떨어지고, 제품 종류는 n_0에서 n_1으로 많아진다.〉

[그림 7-3]의 n_1은 무역 후 세계 전체 제품 수이다. 이 중에서 A국이 몇 개 제품에 특화하고, B국이 몇 개 제품에 특화할 것인가는 각 나라의 경제규모에 달려있다. 그 나라의 경제규모가 클수록 더 많은 수의 제품을 생산할 가능성이 높다. 즉 경제규모가 큰 나라에서 더 다양한 제품이 생산된다. 각 나라마다 몇 종류를 생산하든 서로 특화 생산된 제품을 서로 교환함으로써 두 나라 모두에서 소비의 다양성이 증가하게 된다.

앞에서 보았듯이 산업내무역은 가격 하락과 다양성 증가의 이익을 준다. 무역을 하면, 시장규모가 확대되어 규모의 경제가 발생하므로 가격이 하락하고, 다른 나라의 제품을 소비할 수 있어서 선택의 폭이 넓어진다. 자동차 산업을 생각해보자. 무역 이후에는 수출을 할 수 있어 생산량이 확대되므로 규모의 경제가 작용하여 가격이 하락한다. 그리고 무역 이전에는 자국에서 생산되는 자동차 모델만을 구입했지만, 무역 이후에는 타국의 자동차 모델도 구입할 수 있어서 선택의 범위가 넓어진다. 이처럼 자동차 시장이 개방되면, 소비자는 가격하락과 다양성 증가의 이익을 얻는다.

한국은 자동차 생산량의 절반 이상을 수출하고 있다. 만일 한국이 외국 시장에 자동차를 수출하지 않는다면, 자동차 가격은 지금보다 훨씬 높아질 것이다. 또 자동차 시장 개방으로 소비자들은 우리나라 자동차만이 아니라 외국의 자동차를 선택할 수 있어서 만족도가 증가한다. 이처럼 산업내무역은 가격 하락과 다양성 증가의 이익을 준다. 무역은 우리에게 비교우위무역의 이익 이외에도 산업내무역의 이익을 준다.

2) 산업내무역의 조정비용

무역을 하면 수출재의 생산은 증가하지만, 수입대체재의 생산은 감소한다. 이처럼 무역은 국내 산업구조에 변화를 가져온다. 그런데 서로 다른 산업 간의 요소 이동은 쉽지 않지만, 같은 산업 내에서 다른 기업으로의 요소 이동은 상대적으로 쉽다. 비교우위론의 무역에서는 수출산업과 수입산업이 서로 상이하여 산업간 요소의 이동이 쉽지 않고, 그래서 자유무역에 대해 수입대체재 산업에 종사하는 사람들의 반발이 크다. 이에 비해 산업내무역에서는 수입재에 종사하던 노동과 자본이 같은 산업 내의 수출기업으로 쉽게 이동할 수 있으므로 생산요소의 이동에 따른 조정비용이 크지 않다.

또 비교우위론의 산업간무역에서는 이익집단(gainer)과 손실집단(looser)이 서로 다른 산업에 속해 있기 때문에 갈등 조정이 쉽지 않다. 그러나 산업내무역에서는 이익집단과 손실집단이 같은 산업 내에 속해 있기 때문에 조정이 쉽고 보호주의 압력도 크지 않다. 그래서 산업내무역에서는 비교우위무역에서보다 조정비용이 작다.

비교우위 무역에서는 국가 전체의 이익에도 불구하고 구성원 중에는 손해를 보는 자가 있다. 그러나 비교우위 무역보다 산업내무역이 압도적이면 규모의 경제 이익과 다양성 증가의 이익이 비교우위에서 나타나는 일부 그룹의 소득손실을 상쇄할 수 있다. 이 경우에는 자유무역으로 모두가 이익을 얻게 된다.

1957년 유럽경제공동체(European Economic Community)의 결성으로 무역장벽이 완화됨에 따라 유럽 국가 간 무역이 급속히 증가하였다. 1960년대 유럽의 무역증가율은 세계 무역증가율보다 두 배 정도 높았다. 만일 산업간무역이 크게 확대되었다면, 국가마다 산업구조가 크게 바뀌면서 많은 정치적 문제가 야기되었을 것이다. 그러나 대부분의 무역 확대는 산업내무역 형태였기 때문에 대규모의 산업 재편은 없었다. 가맹국 노동자들은 여전히 자기들이 과거에 종사했던 산업에 종사하면서 시장규모 확대로 인한 무역의 이익을 얻을 수 있었다. 그래서 사회적·정치적 문제가 거의 발생하지 않았다.

이처럼 산업내무역의 확대는 조정비용이 크지 않아 정치적 지지를 얻기 쉽다. 선-후진국간 자유무역의 확대는 산업구조의 재편 가능성이 높아서 정치적 갈등이 심함에 비해 유사한 산업구조를 가진 선진국 간에는 산업내무역의 가능성이 높아 정치적 갈등이 크지 않다. 그래서 선-후진국 사이보다는 선진국들 사이에 보다 쉽게 자유무역협정이 결성된다.

3. 무 역 량

앞의 모형을 이용해 국가간 무역량의 규모를 설명해 보자. 두 국가의 소비구조가 동일하면, 각 국가는 자국의 경제규모에 비례해서 타국의 제품을 소비한다. 예를 들어, A국의 경제규모가 B국의 2배라고 하면, A국의 소비량도 B국의 2배가 된다.

A국의 국민소득은 S이고, B국의 국민소득은 S^*라고 하면, 세계전체 소비량 중에서 A국의 소비가 차지하는 비중은 $S/(S+S^*)$이고, B국의 소비가 차지하는 비중은 $S^*/(S+S^*)$이다. A국의 수입액은 B국의 생산량 S^*에 A국의 소비비중을 곱한 값이고, B국의 수입액은 A국의 생산량 S에 B국의 소비비중을 곱한 값이다. 무역이 균형을 이룬다면 양국의 무역량은 다음과 같이 표시된다.

$$M = S^* \cdot \left(\frac{S}{S+S^*}\right) = S \cdot \left(\frac{S^*}{S+S^*}\right) = M^* \qquad \textbf{(7.7)}$$

여기서 M은 A국의 수입액, M^*는 B국의 수입액이다. 양국의 수입량이 서로 일치할 때 무역이 균형을 이루므로 $M=M^*$이다.

위의 식 (**7.7**)은 무역량이 두 나라의 경제규모, S와 S^*에 의해 결정됨을 말해준다. 경제규모의 크기에 따라 무역량이 어떤 영향을 받는가는 다음의 미분식으로부터 알 수 있다.

$$\frac{\partial M}{\partial S}\left(=\frac{\partial M^*}{\partial S}\right)=\frac{S^{*2}}{(S+S^*)^2}>0 \tag{7.8. a}$$

$$\frac{\partial M}{\partial S^*}\left(=\frac{\partial M^*}{\partial S^*}\right)=\frac{S^2}{(S+S^*)^2}>0 \tag{7.8. b}$$

위의 식에서 미분값이 양(+)이라는 것은 자국이나 타국의 경제규모가 클수록 무역량이 증가함을 말해준다. 이것이 중력모형(gravity model)의 이론적 배경이다. 중력(重力)이 두 물체의 질량에 비례하고 거리에 반비례하듯이, 무역량이 국가 간 경제규모의 크기에 비례하고 거리에 반비례한다는 것이다.

두 국가의 경제규모가 서로 비슷할수록 무역 거래량은 많아진다. 이를 알아보기 위해 식 (**7.7**)에서 $S+S^*=1$로 일정하다고 가정하면, 식 (**7.7**)은 다음과 같이 정리된다.

$$M(=M^*)=S\cdot S^*=S-S^2 \tag{7.9}$$

위의 식에서 $S=1/2$일 때 무역량 M은 최대값이 된다. 이는 $S=S^*$일 때, 즉 두 나라의 경제규모가 서로 같을 때 무역량(M)이 가장 많아지고, S와 S^*의 차가 커질수록 무역량이 작아짐을 말해준다.

이상의 논의는 양국의 경제규모가 클수록, 또 두 국가의 경제규모가 서로 비슷할수록 무역거래량이 많아짐을 말해준다. 세계 전체 교역량 중에서 50% 정도가 서로 유사한 선진국간 무역이고, 서로 상이한 선-후진국간 무역은 35% 정도이며, 후진국간 무역은 15% 정도다. 이처럼 산업구조가 서로 비슷한 선진국간의 무역이 가장 많고, 산업규모가 크지 않은 후진국간의 무역은 매우 작다. 산업내무역 모형은 산업구조가 비슷한 국가 간에도 무역이 발생하고, 나아가서 비슷한 선진국 간에 더 많은 무역이 발생하는 이유를 잘 설명해 준다.

중력모형

중력모형(gravity model)은 무역량이 두 국가의 경제규모와 지리적 거리에 의해 결정된다는 견해다. 이는 뉴튼(Newton)의 중력법칙에서 따온 이름이다. 중력법칙은 중력의 크기가 두 물체의 질량에 비례하고 거리에 반비례한다는 것이다. 두 물체의 질량 대신 경제규모를, 물체 간의 거리 대신 국가 간의 거리를 대체하면 물리학의 중력법칙이 경제학의 중력모형이 된다. 중력모형은 다음의 식으로 표시된다.

$$VT_{ij} = A\frac{Y_i Y_j}{D_{ij}}$$

여기서 VT는 무역액, Y는 GDP, D는 양국의 지리적 거리, i와 j는 국가를 나타내고, A는 상수이다.

[그림 7-4]는 2014년 한국과의 무역액 상위 50개국의 GDP와 무역액 사이의 관계다. 그림을 보면 GDP와 무역액 간에 양(+)의 상관관계가 있다. 즉 경제규모(GDP)가 큰 국가와 무역량도 많다. 대

그림 7-4 한국의 대상 국가별 경제규모와 무역량의 관계

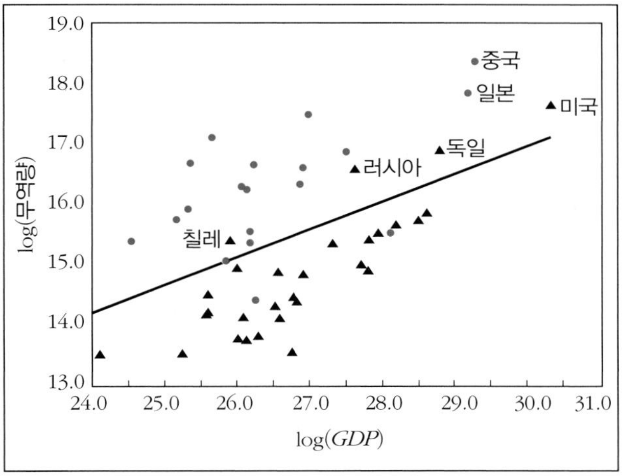

* 주: 1) 2014년 자료임.

2) 직선은 추세선을 나타내고, 동그라미 표시는 아시아 국가, 세모 표시는 여타 지역의 국가임.

3) 무역량과 GDP에 log를 취하였음.

* 자료 : 무역량은 KOSIS(통계청, 2015), GDP는 *World Development Indicators*(World Bank, 2015)를 이용함.

체로 아시아 국가들은 추세선의 위쪽에 위치해 있고, 아시아 외 지역의 국가들은 추세선 아래쪽에 위치해 있다. 이는 지리적으로 가까운 아시아 국가가 다른 지역의 국가들보다 상대적으로 무역액이 더 많음을 나타낸다. 그림으로부터 무역량은 경제규모에 비례하고, 국가 간의 거리에 반비례함을 알 수 있다.

아시아 외 국가 중에서 추세선 위쪽에 있는 국가로는 미국, 독일, 러시아 정도다. 그리고 멕시코와 칠레도 추세선 근처에 있어 *GDP* 규모에 비해 상대적으로 무역량이 많은 국가에 속한다. 칠레와의 무역량이 많은 것은 한-칠레 FTA의 영향 때문으로 생각된다.

한국의 주요국들과의 무역비중을 보면, 2014년 기준으로 총무역액 중에서 상위 5개국과의 무역액은 47.1%, 상위 10개국과의 무역액은 60.7%이며, 상위 50개국과의 무역액은 94.4%를 차지하고 있다. 이처럼 무역이 여러 나라에 고루 분포된 것이 아니라 몇 개국에 집중된 것은 한국만이 아니라 대부분의 나라가 비슷하다.

4. 무역과 기업의 이윤 변화

1) 기업의 퇴출과 이윤 변화

무역 이후에는 세계 전체적으로 제품의 다양성이 증가하여 소비자들의 선택 범위가 넓어진다. 하지만, 각 국가가 생산하는 제품 수는 무역 이전보다 감소할 가능성이 크다. 왜냐하면, 무역 이후 두 국가의 제품 수 합계는 무역 이전 두 국가의 제품 수 합계보다는 적어지기 때문이다. 예를 들어, 무역이전에 자국의 자동차 모델이 5개, 외국의 자동차 모델이 10개라고 가정하면, 무역 이후 세계 전체 자동차 모델은 15개보다 적어진다. 이는 무역 이후 일부 기업은 시장에서 퇴출됨을 말해준다.

어떤 기업이 퇴출될 것인가? 앞의 이론 모형에서는 대칭성 가정을 했기 때문에 어떤 기업이 퇴출될 것인가를 알 수 없다. 그리고 중요하지도 않다. 그런데 현실 세계에서는 기업이 대칭적이지 않다. 같은 제품을 생산하더라도 어떤 기업은 효율적이고 어떤 기업은 비효율적이다. 그러므로 무역 이후 경쟁이 시작되면 비효율적인 기업은 퇴출되고, 효율적인 기업은 해외 수출을 할 수 있어 과거보다 더 성장하게 된다.

효율적인 기업이 성장하고 비효율적인 기업이 퇴출되면, 산업 전반적으로 생산성이 증가하게 된다. 마치 산업 내에서 기술진보가 발생한 것과 같은 효과가 나타난다. 기업의 퇴출과 성장의 조정 정도가 클수록 산업의 생산성 증가효과는 커진다. 자유무역이나 경제통합은 기업의 성장과 퇴출을 통해 산업 전체의 생산성 증가에 기여한다.

그림 7-5 기업의 효율성과 이윤

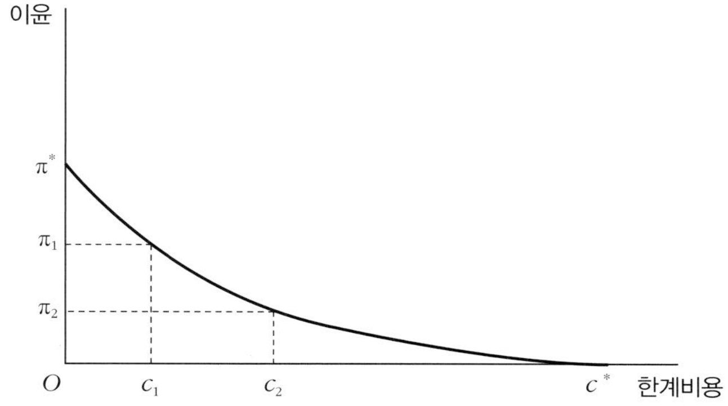

〈효율성이 서로 다른 기업들이 시장에 존재한다. 한계비용이 큰 비효율적인 기업일수록 이윤이 작아진다.〉

[그림 7-5]는 서로 다른 한계비용을 갖는 기업들의 이윤 분포이다. 한계비용이 작을수록 효율적인 기업이고, 한계비용이 클수록 비효율적인 기업이다. 다양한 기업이 같은 제품을 생산한다면, 효율적인 기업은 이윤이 크고, 비효율적인 기업은 이윤이 작게 된다. 그림에서 c_1의 낮은 한계비용을 갖는 기업은 더 높은 π_1의 이윤을 얻음에 비해, c_2의 높은 한계비용을 갖는 기업은 더 낮은 π_2의 이윤을 얻는다. 그리고 한계비용이 c^*보다 큰 기업은 이윤이 음(−)이 되어 시장에서 퇴출된다. 효율성이 서로 다른 기업들 중에서 이윤을 낼 수 있는 기업은 시장에 진입하고, 이윤을 내지 못하는 기업은 시장에서 퇴출된다.

무역을 시작하면, 시장규모가 확대되는 이점이 있지만, 경쟁이 심화되어 일부 기업이 퇴출되는 현상이 나타난다. 비효율적인 기업들이 퇴출되고, 효율적인 기업들은 수출을 통해 더 많은 이윤을 얻는다.

[그림 7-6]은 무역 이후 기업의 이윤곡선 변화를 보여준다. 무역으로 경쟁이 심해지면서 일부 비효율적인 기업들은 시장에서 퇴출된다. 무역 이전에는 한계비용이 c^* 이상인 기업이 퇴출되었지만, 무역 이후에는 경쟁 심화로 한계비용이 $c^{*\prime}$ 이상인 기업들이 퇴출된다. 반면에 효율적인 기업은 과거보다 더 많이 팔 수 있게 되어 이윤이 증가한다. 무역 이후 가장 효율적인 기업의 이윤이 $\pi^{*\prime}$로 증가하면, 기업의 이윤 변화를 나타내는 곡선은 $c^{*\prime}$과 $\pi^{*\prime}$을 연결하는 선으로 바뀐다.

그림을 보면, 무역 이후에는 한계비용이 $c^{*\prime}$보다 큰 기업은 시장에서 퇴출되고, c_3와 $c^{*\prime}$ 사이의 기업은 이윤이 감소한 반면, 한계비용이 c_3보다 작은 기업은 무역 이전보다 이윤이 증가한다. 이처럼 무역으로 인해 비효율적인 기업은 퇴출되거나

그림 7-6 무역 이후 기업의 이윤 변화

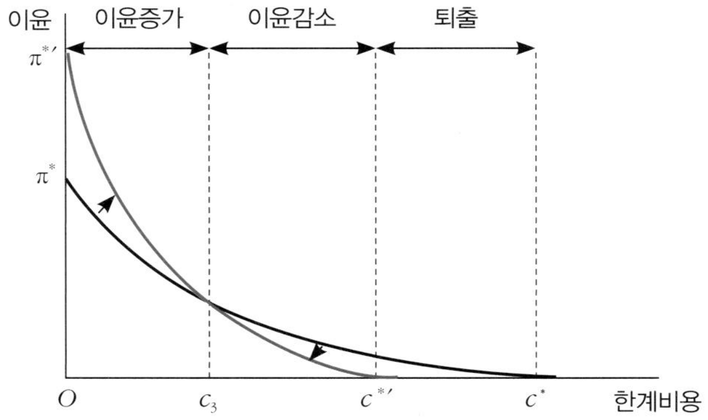

〈무역 이후, 시장규모가 확대되고 기업 간 경쟁이 심화되면서, 한계비용이 $c^{*\prime}$보다 큰 비효율적인 기업은 퇴출되고, 다음으로 한계비용이 $c_3-c^{*\prime}$ 사이인 기업은 이윤이 감소하며, 한계비용이 c_3보다 작은 효율적인 기업은 이윤이 증가한다.〉

과거보다 이윤이 감소하게 되고, 효율적인 기업들은 과거보다 더 높은 이윤을 얻는다. 그리고 효율적 기업의 성장과 비효율적인 기업의 퇴출을 통해 산업 전반의 생산성이 높아진다. 무역은 마치 그 산업에 기술진보가 발생한 것과 같은 생산성 증가 효과를 준다.

2) 수출기업의 규모와 생산성

만일 운송비나 관세와 같은 무역비용(trade cost)이 없다면, 기업들은 국내시장에 팔든 해외시장에 팔든 이윤에 차이가 없다. 그러나 실제로 해외시장 판매에는 무역비용이 추가되기 때문에 국내 시장 판매보다 이윤이 작게 된다. 무역비용을 부담할 수 없는 비효율적인 기업들은 수출을 할 수 없다.

효율성이 서로 다른 많은 기업들이 같은 제품을 생산 판매하고 있다고 하자. 이 제품의 국제시장 가격이 c^*라고 하면, 한계비용이 c^*보다 작은 기업은 이 제품을 판매할 수 있지만, 한계비용이 c^*보다 큰 비효율적인 기업은 이 시장에 진입할 수가 없다. 또 어떤 기업이 해외 판매를 하고 있다면, 이 기업의 수출시장 가격이 c^*보다 낮음을 의미한다. 이 기업의 한계비용이 c_i이고 무역비용이 t라고 하면, 이 기업의 수출시장 가격은 (c_i+t)가 된다. 이 기업이 수출을 한다는 것은 수출가격이 국제시장가격 c^*보다 낮다는 뜻이므로 $(c_i+t)<c^*$이다. 이를 다시 정리하면, $c_i<(c^*-t)$가 된다. 이는 한계비용이 (c^*-t)보다 낮은 기업만이 해외 판매가 가능함을 말해준다. 이를 정리하면, [그림 7-7]과 같다.

그림 7-7 기업의 한계비용과 국내/해외 판매 가능성

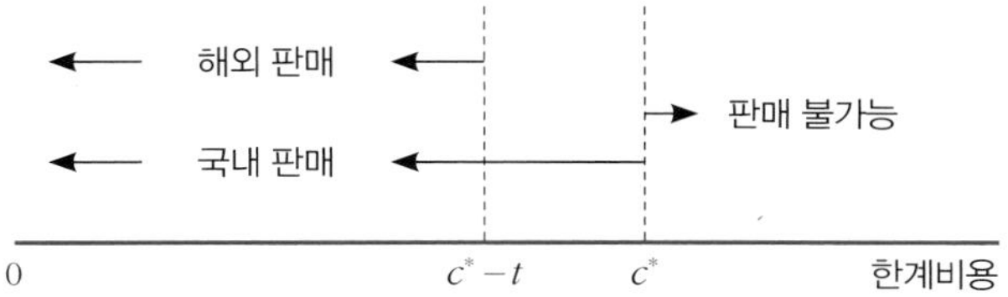

〈한계비용이 (c^*-t)보다 작은 기업은 국내와 해외 판매가 모두 가능하고, 한계비용이 (c^*-t)와 c^* 사이인 기업은 국내 판매만 가능하고, 한계비용이 c^*보다 큰 기업은 판매가 불가능하다.〉

[그림 7-7]에서 보듯이, 한계비용이 (c^*-t)보다 작은 기업은 국내와 해외 판매가 모두 가능하고, 한계비용이 (c^*-t)와 c^* 사이인 기업은 국내 판매만 가능하고, 한계비용이 c^*보다 큰 기업은 해외는 물론 국내에도 판매가 불가능하다. 효율성 차이에 따라 기업은 세 종류가 있다. 이의 구분은 국제시장가격(c^*)과 무역비용(t)에 의해 결정된다. 무역비용이 클수록 내수기업과 수출기업의 효율성 차이가 커지고, 무역비용이 작을수록 내수기업과 수출기업의 효율성 차이가 줄어든다.

수출기업은 수출시장에서 무역비용을 부담해야하기 때문에 내수기업보다 더 효율적이어야 한다. 어느 나라든지 수많은 기업 중 일부만이 수출을 한다. 수출기업들은 대체로 규모가 크고 생산성이 높은 기업들이다. 미국이나 유럽의 수출기업들만이 아니라 한국의 수출기업들도 내수기업보다 규모가 더 크고 생산성도 더 높다.

〈표 7-1〉은 한국의 수출/내수기업의 규모와 총요소생산성 증가율을 보여주고 있다. 수출/내수 기업의 구분을 A기준은 조금이라도 수출을 하면 수출기업으로 나머

■ ■ 표 **7-1** 내수기업과 수출기업의 규모와 총요소생산성 증가율

수출/내수 기업 구분 기준	A 기준		B 기준	
	내수 기업	수출 기업	내수 기업	수출 기업
매출(억 원)	1,497	10,924	2,392	23,237
종업원 수(명)	217	1,171	306	2,431
총요소생산성 연평균 증가율(%)	1.96	2.55	1.67	4.05
기업 수	1,029	511	1,375	165

* 주: 1) 수출/내수기업 구분의 A기준은 '매출 중 조금이라도 수출'을 하는가의 여부이고, B기준은 '매출의 50% 이상을 수출'하는가의 여부임.
2) 총요소생산성 연평균 증가율은 1985−2010년 기간 증가율이고, 나머지 변수는 2010년 기준 자료임.
* 자료: 김태기·김홍기(2015), "한국 수출기업과 내수기업의 총요소생산성 비교 분석," 한국경제연구, 제33권 제1호, pp. 145−167.

지는 내수기업으로 분류한 것이고, B기준은 매출의 50% 이상을 수출하면 수출기업으로 나머지는 내수기업의 분류한 것이다. A기준보다 B기준이 더 엄격한 분류기준이다. 총 1,540개 기업 중에서 A기준에서는 수출기업이 511개인데, 좀 더 엄격한 B기준에서는 수출기업이 165개로 줄어든다.

표에서 보듯이 수출기업의 매출이나 종업원 수가 내수기업보다 훨씬 크다. 총요소생산성 증가율도 수출기업이 내수기업보다 더 크다. 그리고 수출기업의 구분을 더 엄격하게 한 B기준에서 내수기업과 수출기업의 규모나 총요소생산성 증가율의 차이가 더 크다. 한국에서도 수출기업이 내수기업보다 규모도 더 크고, 생산성 증가율도 더 높음을 보여준다.

5. 산업간무역과 산업내무역

비교우위론의 무역과 같이 서로 다른 산업 간에 이루어지는 무역을 산업간무역(inter-industry trade)이라고 하고, 동종 산업 내에서 수출과 수입이 동시에 이루어지는 무역을 산업내무역(intra-industry trade)이라고 한다. 현실 세계에서는 산업간무역(産業間貿易)과 산업내무역(産業內貿易)이 공존한다. 전자제품을 수출하고 의류를 수입하는 것과 같이 서로 다른 산업의 제품을 교환하는 산업간무역이 있고, 또 자동차를 수출하면서 다른 나라의 자동차를 수입하는 것과 같이 동일 산업 내에서 수출과 수입이 이루어지는 산업내무역이 있다. 산업내무역이론과 비교우위이론은 서로 대체적인 이론이 아니라 보완적인 이론이다.

다음과 같은 경제를 가정해보자. A국은 자본풍부국, B국은 노동풍부국이고, X재는 자본집약재, Y재는 노동집약재라고 하자. 그리고 X재 산업은 차별화된 제품으로 구성되어 있고, Y재 산업은 동질적인 제품들로 구성되어 있다고 하자.

[그림 7-8]이 두 나라의 무역패턴을 설명해준다. 화살표의 길이는 무역액의 크기를, 화살표의 방향은 수출을 나타낸다. 차별적 재화를 생산하는 X재 산업에서는 두 나라 모두 서로 수출을 하지만, 자본풍부국인 A국의 수출액이 더 많다. 대신 동질적인 재화인 Y재는 노동풍부국인 B국만이 수출한다. 양국의 무역이 균형이라면, A국의 X재 수출액(E_X)은 B국의 X재 수출액(E_X^*)과 Y재 수출액(E_Y^*)의 합과 같다.

[그림 7-8]에서 화살표의 길이는 자본풍부국(A국)이 자본집약재(X재)의 순수출국이고, 노동풍부국(B국)이 노동집약재(Y재)의 순수출국이며, X재 산업에서는 차별화된 제품을 서로 수출입함을 보여 준다. X재와 Y재간의 교환이 산업간무역이고, X재 산업 내에서 교환이 산업내무역이다.

A국과 B국의 요소부존량이 서로 같다면 [그림 7-8]의 화살표는 어떻게 변할까?

그림 7-8 산업간무역과 산업내무역

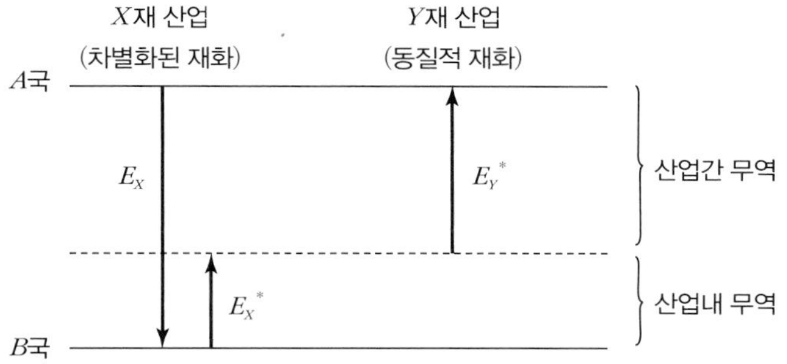

* 주: 1) A국은 자본풍부국, B국은 노동풍부국이고, X재는 자본집약재, Y재는 노동집약재이다.
2) E_X는 A국의 X재 수출, E_X^*와 E_Y^*는 각각 B국의 X재와 Y재 수출을 나타낸다.

〈차별화된 재화인 X재 산업에서는 산업내무역이 이루어지고, 동질적 재화인 Y재 산업에서는 한 국가만 수출을 담당하는 산업간무역이 이루어진다.〉

양국의 요소부존도가 같기 때문에 비교우위에 근거한 산업간 무역은 없어진다. 즉, Y재 산업에서는 무역이 이루어지지 않는다. 그러나 두 나라가 같을 때, 차별화된 제품을 생산하는 X재 산업에서는 A국의 X재 수출액과 B국의 X재 수출액은 서로 같아진다. [그림 7-8]에서 E_Y^*의 화살표는 없어지고, E_X와 E_X^*의 화살표 길이는 같아져서 산업내무역만 발생하고 산업간무역은 발생하지 않는다.

양국의 요소부존도의 유사성 정도에 따라 E_X^*의 길이가 결정된다. 양국의 요소부존량이 유사할수록 [그림 7-8]에서 E_X^*의 길이가 길어지고 E_Y^*의 길이가 짧아져서 산업내무역은 증가하고 산업간무역은 감소하며, 양국의 요소부존도가 상이할수록 E_X^*의 길이가 짧아지고 E_Y^*의 길이가 늘어나서 산업내무역은 감소하고 산업간 무역은 증가한다.

이상의 논의는 무역패턴에 대해 다음과 같은 예측을 가능하게 한다. 첫째, 서로 유사한 국가 간에는 산업내무역의 비중이 높고, 서로 차이가 나는 국가 간에는 산업간무역의 비중이 높다. 둘째, 차별화된 제품을 생산하는 산업에서는 산업내무역의 비중이 높고, 동질적 제품을 생산하는 산업에서는 산업간무역의 비중이 높다. 다음에서는 이런 이론의 예측이 실제 무역패턴과 일치하는지 알아보자.

대표수요설과 산업내무역

대표수요설(代表需要設; representative demand theory)은 1961년 린더(S.B. Linder)가 처음 내세운 이론이다. 국내에서 상당한 정도의 수요, 즉 대표수요가 있는 제품이 수출될 수 있다는 주장이다. 즉, 어떤 재화가 세계시장에 진출하기에 앞서 국내시장에서 탄탄한 기반이 있어야 함을 강조한다. 이 이론은 수요측면을 강조하고 있다는 점에서 공급측면에 기반을 둔 리카도 모형이나 헥셔-오린 모형과 대비된다.

대표수요설은 다음과 같은 예에서 직관적인 설득력이 있다. 북극지방에서는 냉장고가 대표수요가 될 수 없고, 또 이것이 수출될 가능성도 없다. 마찬가지로 아프리카 국가에서 난방기구는 대표수요가 될 수 없고, 또 수출가능성도 없다. 이러한 점에서 수출되는 재화는 그 경제에서 대표적으로 수요되는 재화일 것이라는 린더의 가설은 설득력이 있다. 예를 들어 한국의 대표적인 승용차가 '쏘나타'이고, 미국인들이 많이 타고 다니는 자동차가 '캐딜락'이라고 하면, 한국은 쏘나타를 미국에 수출하고 미국은 캐딜락을 한국에 수출한다. 또 식품시장에서 한국의 대표적인 식품이 '김치'이고, 미국의 대표적인 식품이 '햄버거'라면, 한국은 미국으로 김치를 수출하고 미국에서 햄버거를 수입한다.

린더의 대표수요설로부터 국가간 교역량의 규모를 알 수 있다. 국내수요가 없는 재화를 수출하지 못하는 것과 마찬가지로 국내수요가 없는 재화를 수입하지 않는다. 소비패턴은 소득수준과 밀접한 관련이 있으므로 소득수준이 유사한 국가들은 수요패턴도 유사하여 서로 교역량이 많아진다. 예를 들어, 소득수준이 높은 선진국 간에는 자동차의 수출과 수입이 활발하게 이루어지지만, 소득수준이 서로 다른 선진국과 후진국간에는 상대적으로 자동차의 거래량이 많지 않을 것이다.

린더의 대표수요설은 공산품 무역이나 수요패턴이 유사한 선진국들 간의 무역은 잘 설명하지만, 선진국과 후진국간의 무역패턴에 대해서는 설명력이 약하다. 린더의 대표수요이론은 수요측면을 강조하고 있다는 점에서 산업내무역이론과 관련이 있다.

제 3 절 산업내무역에 대한 실증분석

1. 산업내무역의 측정

1) 산업내무역지수

산업내무역은 주로 그루벨-로이드(Grubel-Lloyd) 지수를 사용해 측정한다. 특정

산업의 총 무역액 중 수출과 수입의 차이는 산업간 무역액으로 간주하고, 그 나머지는 해당 산업의 수출과 수입이 중복된 부분인데 이를 산업내무역액으로 간주한다. 산업내무역지수는 산업내무역액을 총 무역액으로 나눈 값으로 계산된다. 이를 식으로 표시하면 다음과 같다.

$$B_i = \left[1 - \frac{|X_i - M_i|}{(X_i + M_i)}\right] \cdot 100 \qquad \textbf{(7.10)}$$

위 식에서 B_i는 i산업의 산업내무역지수, X_i는 i산업의 수출액, M_i는 i산업의 수입액을 나타낸다. 산업내무역지수 B_i는 0과 100 사이의 값을 갖는다. 그 산업에서 수출액과 수입액의 차이가 클수록 B_i값은 0에 가까워지고, 산업 내의 수출액과 수입액이 비슷할수록 B_i는 100에 가까워지므로 B_i가 클수록 산업내무역의 정도는 크다.

산업내무역지수를 측정하기 위해서는 산업의 분류기준이 필요하다. 산업별 무역통계는 국제표준무역분류(SITC: Standard International Trade Classification)에 의해 집계된다. SITC 분류 코드는 8자리 숫자로 세분화되어 있는데, SITC 코드의 몇 자리 숫자까지를 동종 산업의 기준으로 할 것인가에 대해 다양한 견해가 있다.

산업분류 기준을 1자리 숫자로 하면 너무 다른 제품들이 같은 산업으로 분류되는 오류가 발생하고, 산업분류 기준을 8자리 숫자로 하면 유사한 제품이 다른 산업으로 분류되는 오류를 범하게 된다. 어떻든 SITC 코드에서 산업 분류기준을 찾는 문제는 서로 다른 제품이 같은 산업으로 분류되지 않고, 또 유사한 제품이 다른 산업으로 분류되지 않는 단위를 찾는 문제이다. 이런 점에서 산업 분류기준이 너무 통합되거나 또는 너무 세분화되어서는 안 된다. 대부분의 연구들은 SITC 코드 3자리를 산업분류 기준으로 적합하다고 한다.

〈표 7-2〉의 간단한 예를 통해 SITC 분류기준에 따라 산업내무역지수의 값이 어

■ ■ 표 **7-2** 산업분류에 따른 산업내무역지수의 예

SITC	수출(만달러)	수입(만달러)	분류별 산업내무역지수	(SITC 78) 산업의 평균지수
78 자동차	1,000	800	88.9	88.9
781 승용자동차	900	300	50.0	41.7
782 화물자동차	100	500	33.3	

* 주: 분류별 산업내무역지수는 식 (**7.10**)에 따라 계산한 것이며, (SITC 78) 산업의 평균지수는 781과 782의 지수를 단순평균한 값임.

떻게 달라지는지 알아보자. SITC 2자리에서 '78'은 자동차산업을 의미하며, 이는 SITC 3자리에서 '781' 승용자동차와 '782' 화물자동차로 구분된다. 표에서 보듯이, SITC 2자리 수준에서 계산된 자동차산업의 산업내무역지수는 88.9인데 비해, SITC 3자리 수준에서는 '781'은 50.0, '782'는 33.3이다.

이처럼 산업내무역지수는 사용하는 SITC 코드의 자릿수에 따라 다른 값을 가질 수 있다. 〈표 7-2〉의 예에서 SITC 2자리 코드를 기반으로 계산했을 때의 지수는 88.9인 반면, SITC 3자리 코드를 기반으로 한 평균값은 41.7이다. 따라서 SITC 몇 자리에서 계산 한 값이 적절한가의 문제가 있는데, 대다수의 기존 연구에서는 SITC 3자리를 산업 분류의 기준으로 사용하고 있다. 그러므로 〈표 7-2〉의 예에서 자동차산업의 산업내무역지수는 SITC 3자리 기준 평균인 41.7로 간주하는 것이 적절하다고 본다.

2) 수평적 산업내무역과 수직적 산업내무역

산업내무역은 다시 수평적 산업내무역과 수직적 산업내무역으로 구분된다. 수평적 산업내무역(Horizontal Intra-industry Trade)은 동일한 산업 내에서 유사한 제품을 서로 교환하는 무역을 말한다. 이 형태의 무역은 제품차별화나 소비자의 다양성 선호 등의 요인에 의해 발생한다. 한국의 현대차와 미국의 포드 자동차의 교환과 같이 서로 유사한 제품을 교환하는 것이 한 예이다.

수직적 산업내무역(Vertical Intra-industry Trade, VIIT)은 동일한 산업 내에서 품질이나 생산단계가 서로 다른 제품을 서로 교환하는 형태의 무역을 말한다. 이 형태의 무역은 제품의 품질, 가공 정도 등의 차이에 의해 발생한다. 예를 들면, 가공도가 높은 전자 부품과 가공도가 낮은 전자 부품을 서로 교환하는 형태의 무역이 한 예이다.

수평적 산업내무역은 유사한 제품을 서로 주고 받는 무역이므로 제품차별이 주요 요인이고, 이는 요소부존도나 기술수준 그리고 소득수준이 유사한 국가 간에 주로 나타난다. 그리고 수직적 산업내무역은 같은 산업 내의 제품이지만 품질에 차이가 있거나 생산단계가 다른 제품을 서로 주고 받는 무역이므로, 요소부존도나 기술 수준에 차이가 있고 소득 수준에 차이가 나는 국가들 간에 주로 나타난다. 그러므로 수직적 산업내무역의 요인은 비교우위 무역의 요인과 유사하다.

Greenaway 등은 수출재와 수입재의 단위가치(unit value) 비율을 이용하여 Grubel-Lloyd지수를 수평적 산업내무역과 수직적 산업내무역으로 구분한다.[1] 어떤

1 Greenaway, D., R. Hine, and C. Milner (1994), "Country Specific Factors and the Pattern of Horizontal and Vertical Intra-Industry Trade in the U.K.," *Welwirtschaftliches Archiv* 130: 77-99.

제품의 ‘수출재단위가치/수입재단위가치’ 비율이 일정범위(a) 이내이면 수평적 산업내무역으로 보고, 이 범위를 벗어나면 수직적 산업내무역으로 분류한다. 그리고 이 비율이 일정비율 이상이면 우위품질 산업내무역(high quality IIT)이라고 하고, 반대로 이 값이 일정비율 이하면 열위품질 산업내무역(low quality IIT)이라고 한다. 일정범위 a의 값으로 어느 정도가 적정한가에 대해서는 주어진 기준이 없지만, 대체로 기존 연구에서는 0.15 또는 0.25를 이용하고 있다.

2. 산업별 및 국별 산업내무역

[그림 7-9]는 한국의 산업내무역지수 변화를 나타낸다. 국제표준무역분류(SITC) 코드의 첫 번째 자릿수를 기준으로, 0-4는 1차 산업, 5-8은 제조업, 그리고 9는 기타 산업으로 분류한다. 그림에 나타난 산업별 평균 산업내무역지수는 SITC 코드의 3자리를 바탕으로 계산한 후, 각 그룹별로 단순 평균한 값이다.

그림을 보면, 제조업의 산업내무역지수는 1차 산업보다 높다. 그리고 1차 산업

그림 7-9 한국의 산업별 산업내무역지수 변화

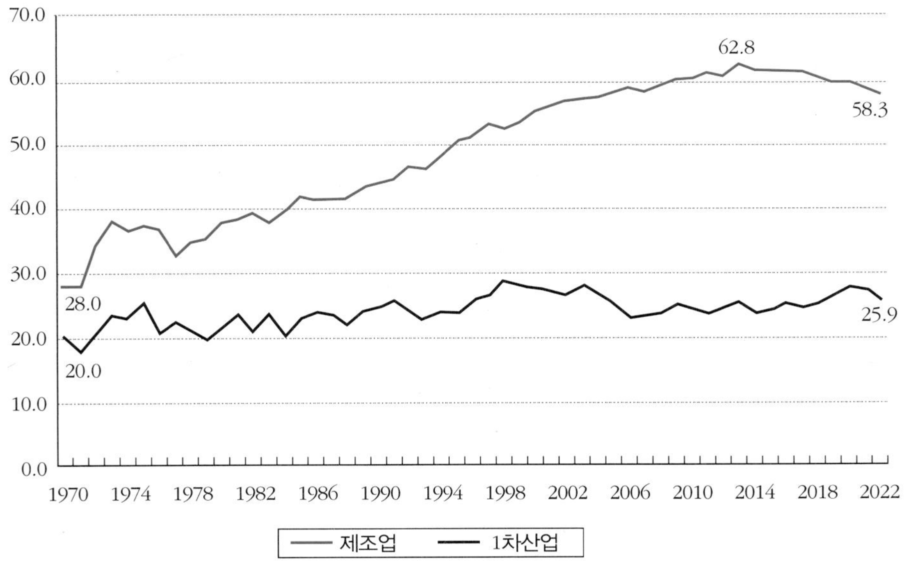

* 주: 1) SITC 코드 3자리에서 계산한 산업내무역지수를 그룹별로 단순 평균함.
2) SITC 코드 1자리의 0-4를 1차 산업으로, 5-8을 제조업으로 분류함.
* 자료: UN Comtrade 무역통계, 2023.

의 산업내무역지수는 크게 변화하지 않았지만, 제조업의 지수는 빠르게 증가하였다. 그래서 1970년에는 두 산업 간의 산업내무역지수 차이가 크지 않았으나, 2022년에는 큰 차이를 보였다. 제조업에서 산업내무역지수가 높고, 또 빠르게 증가한 것은 제조업에서 제품 차별이나 규모의 경제 효과가 잘 나타나 산업내무역이 활발하게 이루어졌음을 말해준다. 그런데 빠르게 증가하던 제조업의 산업내무역지수가 2013년 62.8로 증가한 이후 2022년에는 58.3으로 약간 감소하였다.

한국의 산업내무역이 빠르게 증가한 요인은 다음의 세 가지로 설명할 수 있다. 첫째, 한국의 소득수준이 지속적으로 증가하였기 때문이다. 소득 증가로 소비자들의 다양성에 대한 선호가 증가하면서 산업내무역이 활발해졌다. 일반적으로 선진국에서 산업내무역이 개도국보다 더 활발한 것도 같은 맥락에서 설명할 수 있다. 둘째, 한국의 기술수준이 높아졌기 때문이다. 기술수준이 높을수록 제품차별화가 잘 이루어지므로, 이는 산업내무역 활성화에 기여하게 된다. 일반적으로 기술집약적인 산업에서는 노동집약적인 산업보다 산업내무역의 비중이 높게 나타난다. 셋째, 한국에서 공산품 무역이 빠르게 증가하였기 때문이다. 한국 수출의 90% 이상이 공산품이고, 공산품 중에서도 우리의 수출비중이 높은 전자, 자동차, 조선 등은 산업내무역지수가 높다. 이처럼 산업내무역의 비중이 상대적으로 높은 부문에서의 교역 확대로 인해 한국의 산업내무역이 전체적으로 증가하였다.

[그림 7-10]은 1970~2018년의 국가별 산업내무역지수 변화다. 이 그림으로부터 다음과 같은 사실을 알 수 있다. 첫째, 한국이나 태국과 같은 개발도상국은 영국이나 미국과 같은 선진국에 비해 산업내무역지수 증가 속도가 더 빠르다. 이는 개도국의 소득수준이 선진국보다 더 빠르게 증가하고, 공산품 무역도 더 빠르게 증가하기 때문이다. 둘째, 선진국인 영국과 미국의 산업내무역지수가 개도국인 한국이나 태국의 산업내무역지수보다 높다. 이는 소득수준이 높은 선진국에서 다양성에 대한 선호가 더 크고, 기술수준이 높아 차별화된 제품의 생산 비중이 높기 때문이다. 셋째, 선진국 중에서도 영국의 산업내무역지수가 미국보다 더 높다. 이는 영국 등 유럽 국가들은 유럽 내 선진국들과 무역이 많음에 비해, 미국은 멕시코나 중국 등 개도국과의 무역이 상대적으로 많기 때문에 나타나는 현상이다. 마지막으로 2010년대 중반 이후 태국을 제외한 나머지 국가에서 산업내무역지수가 감소하는 추세를 보이고 있다. 이러한 현상은 2008년 금융위기와 미중 무역분쟁 등으로 세계 전체적으로 무역이 침체되면서 산업내무역 또한 침체를 겪고 있는 것으로 해석된다.

그림에 표시하지는 않았지만, 일본의 산업내무역지수는 다른 선진국에 비해 낮은 편이다. 2009년 일본의 제조업 평균 산업내무역지수는 49.1로 한국의 59.8보다

그림 7-10 국가별 산업내무역지수의 변화

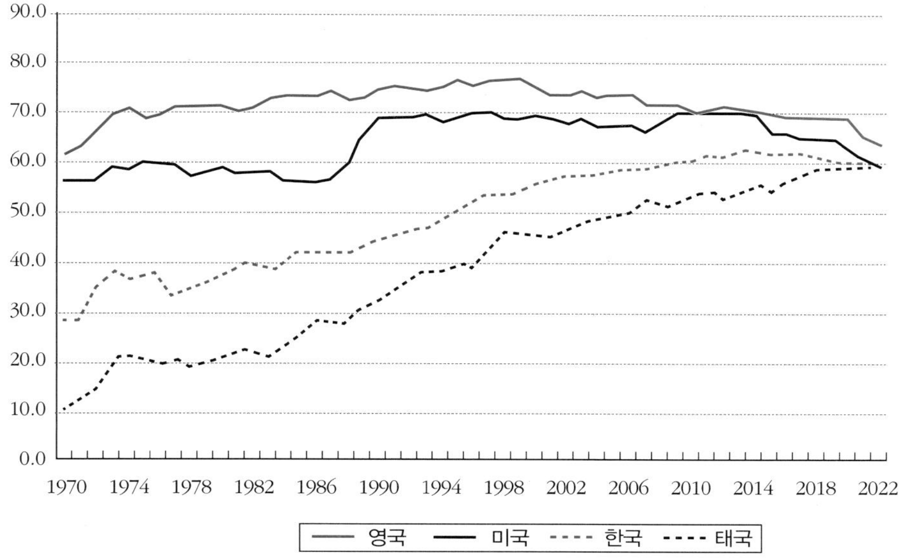

* 주: 1) SITC 3단위 수준에서 계산한 산업내무역지수를 단순 평균함.
2) SITC 1단위의 5–8, 즉 제조업만을 대상으로 한 평균값임.
* 자료: UN Comtrade 무역통계, 2023.

도 낮았다. 일본의 산업내무역지수가 낮은 것은 일본이 중국이나 동남아시아와 같은 경제 발전 단계에서 큰 차이를 보이는 개도국과의 무역비중이 높기 때문이다. 유럽의 경우는 산업 구조가 유사한 선진국들과의 무역이 많아서 산업내무역이 활발하지만, 일본의 경우는 산업구조가 상이한 아시아 내 개도국들과의 무역이 많아서 산업내무역의 비중이 상대적으로 줄어든다.

[그림 7–9]와 [그림 7–10]의 실증분석 결과는 산업내무역에 대한 이론모형의 예측이 타당함을 보여준다. [그림 7–9]는 제품차별과 규모의 경제가 있는 제조업 부문에서 산업내무역이 활발하고, 또 자본집약적이고 기술집약적인 부문의 무역이 증가할수록 산업내무역의 비중이 높아감을 보여준다. 그리고 [그림 7–10]은 소득수준이 높은 선진국에서 산업내무역이 활발하고, 또 산업구조가 유사한 국가 간 무역이 많을수록 산업내무역의 비중이 높아짐을 보여준다. 특히 개도국에서 산업내무역이 빠르게 증가하고 있는데, 이는 소득이 증가하고 공산품 무역이 빠르게 증가하였기 때문으로 해석된다.

제 4 절 외부적 규모의 경제와 국제무역

1. 외부적 규모의 경제

규모의 경제는 생산량이 증가함에 따라 평균비용이 하락하는 것을 말한다. 규모의 경제에는 내부적 규모의 경제와 외부적 규모의 경제가 있다. 내부적 규모의 경제(internal economies of scale)는 앞서 독점적 경쟁 모형에서 가정한 기업들의 생산함수와 같이 개별기업 내에서 생산이 증가할수록 생산단가가 하락하는 경우를 말한다. 반면에 외부적 규모의 경제(external economies of scale)는 개별기업이 아니라 산업 전체적으로 생산량이 증가할수록 생산단가가 하락하는 경우를 말한다. 산업의 생산규모가 그 산업에 속한 기업들의 생산단가에 영향을 미치는 경우이다.

외부적 규모의 경제는 흔히 생산이 특정 지역에 집적(集積; cluster)될 때 나타난다. 스위스에는 시계 기업들이 모여 있고, 런던과 뉴욕에는 금융관련 기업들이 모여 있으며, 미국 실리콘 밸리에는 첨단 컴퓨터 관련 기업들이 모여 있다. 이렇게 특정 지역에 관련 기업들이 함께 모이는 이유는 집적이 커짐에 따라 평균비용이 하락하기 때문이다.

영국의 경제학자였던 마셜(Alfred Marshall)은 기업들이 특정지역에 모일수록 생산비가 낮아지는 이유로 다음의 세 가지를 든다.[2] 첫째, 특수한 장비를 이용할 수 있고, 둘째, 그 산업에 특화된 기술을 가진 노동자를 공동으로 이용할 수 있으며, 셋째, 사람들 사이에 지식 확산이 이루어지기 때문이라는 것이다. 이를 좀 더 구체적으로 살펴보면 다음과 같다.

첫째, 관련 기업이 모여 있으면 특화된 공급(specialized supplier)의 이점이 있다. 관련 기업들이 많기 때문에 질 좋은 중간재를 보다 저렴하게 구입할 수 있다. 또 개별 기업이 구입하기에는 비싼 특수장비를 공동으로 이용할 수 있어서 비용을 절약할 수 있다. 예를 들어, 미국 실리콘 밸리에서는 컴퓨터 관련 부품을 쉽게 구입할 수 있고, 반도체 설계 등에 필요한 고가의 장비를 공동으로 이용함으로써 비용을 낮출 수 있다. 하지만, 다른 지역의 기업들은 컴퓨터 관련 부품이나 장비 이용이 쉽지 않기 때문에 그만큼 비용이 더 들게 된다. 따라서 실리콘 밸리에 집적된 기업들은 다른 지역 기업보다 비용을 낮출 수 있다.

둘째, 관련 기업이 모여 있으면 그 산업에 필요한 기술을 가진 노동력을 공동이

2 Marshall, A., *Principles of Economics*, London: Macmillan, 1920.

용(labor market pooling)할 수 있다. 이 지역의 기업들은 관련 기술의 노동자를 쉽게 구할 수 있고, 또 실직된 노동자들도 관련 기업에서 쉽게 일자리를 찾을 수 있다. 예를 들어, 실리콘 밸리에서는 컴퓨터 전문가를 쉽게 구할 수 있고, 또 컴퓨터 전문가들은 관련 일자리를 쉽게 찾을 수 있다. 이처럼 관련 기업이 모여 있으면 노동력을 공동 이용할 수 있어서 다른 지역에 비해 생산비가 낮아진다.

마지막으로, 관련 기업이 모여 있으면 사람들 사이에 지식 확산(knowledge spillover)이 잘 이루어진다. 지식은 노동, 자본, 원자재만큼이나 중요한 생산요소다. 필요한 지식이나 기술은 기업 자체적인 연구개발투자를 통해 얻기도 하지만, 다른 기업으로부터 구입하기도 하고, 또 정보나 아이디어의 비공식적인 교환을 통해 얻기도 한다. 관련 기업들이 모여 있으면 전문가들의 공식적 또는 비공식적 접촉이 빈번해져 최신의 지식과 기술을 쉽게 얻을 수 있다. 이러한 지식확산은 다른 지역에 비해 생산비를 낮추는 요인이 된다.

앞서 설명한 바와 같이 특화된 장비 이용, 노동력의 공동이용, 지식확산 등으로 인해 특정 지역에 기업들이 모일수록 생산비가 낮아진다. 즉 다른 지역에 있는 기업들에 비해 이점을 갖게 된다. 이것이 외부적 규모의 경제다.

2. 외부적 규모의 경제와 무역유형

외부적 규모의 경제가 국제무역에 미치는 영향을 알아보자. 어떤 산업에 외부적 규모의 경제가 있으면, 수많은 기업이 함께 모임으로써 산업 전체적으로 생산비가 하락한다. 편의상 그 산업의 생산량이 많을수록 기업의 수도 많다고 하면, 산업 전체 생산량이 많은 국가에서 생산비가 낮아진다. 따라서 외부적 규모의 경제가 있는 산업의 경우, 어떤 제품을 누가 수출할 것인가는 무역 이전에 어느 나라에서 이 제품을 더 많이 생산하고 있었는가에 달려있다.

[그림 7-11]을 이용해 무역패턴을 알아보자. 시계 산업에 외부적 규모의 경제가 있고, 시계의 생산기술은 어느 나라에서나 같다고 하자. 그리고 중국의 임금이 스위스보다 낮다고 하자. 외부적 규모의 경제로 인해 시계 생산량이 증가할수록 평균비용이 하락하므로 AC곡선은 우하향한다. [그림 7-11]에서 AC_S는 스위스의 평균비용 곡선이고, AC_C는 중국의 평균비용 곡선이다. 중국의 임금이 더 낮기 때문에 같은 양을 생산할 때의 평균비용이 스위스보다 중국에서 더 낮다. 따라서 중국의 평균비용곡선 AC_C는 스위스의 평균비용곡선 AC_S보다 아래에 위치한다.

스위스는 일찍이 시계를 생산하여 세계시장에 공급하고 있고, 중국은 이제 시계 생산을 시작하려는 상황이라고 하자. 그리고 시계에 대한 세계 전체의 수요곡선이

그림 7-11 외부적 규모의 경제와 무역

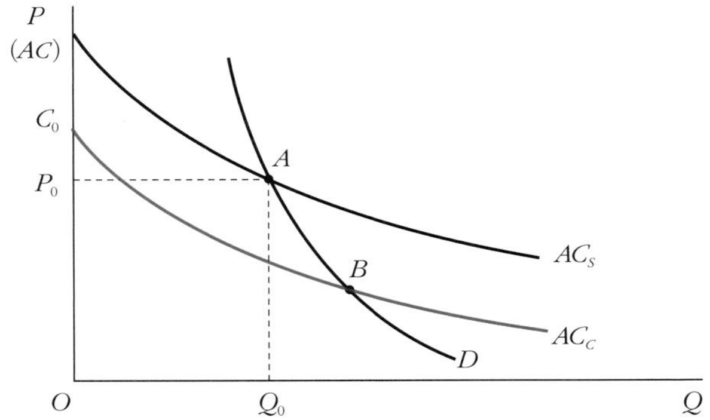

〈같은 양을 생산하면 중국의 생산비가 스위스보다 낮지만, 중국이 생산을 시작하는 초기비용(C_0)이 현재 생산을 담당하고 있는 스위스의 시계가격(P_0)보다 높아서 중국은 시계 생산을 시작하지 못한다.〉

D와 같다고 하면, 현재 스위스 혼자 세계시장의 시계공급을 담당하므로 균형점은 A가 되어 세계 전체 소비량은 Q_0, 가격은 P_0가 된다. 만일 중국이 세계시장에 시계를 공급할 수 있다면, 중국의 가격은 B에서 결정되므로 중국의 가격이 더 낮아 스위스는 시계를 수출할 수 없게 되고 중국만이 시계를 수출하게 된다. 그러나 개방경제에서는 중국이 시계생산을 시작하기가 어렵다.

중국이 시계생산을 시작하면, 중국 시계의 초기 비용은 C_0가 된다. 초기비용 C_0는 국제시장에서 스위스 가격인 P_0보다 높으므로 중국은 시계 생산을 시작할 수가 없다. 중국의 생산량이 증가하면 스위스보다 낮은 비용으로 생산할 수 있으나, 기업들이 생산을 시작하지 못하므로 생산량을 늘리는 것이 불가능하다. 중국은 시계 산업에서 잠재적 경쟁력이 있지만, 시계 생산을 시작하지 못하므로 스위스가 시계수출국의 지위를 지속적으로 유지하게 된다.

이처럼 외부적 규모의 경제가 있는 산업에서는 이 산업의 제품을 누가 수출할 것인가가 역사적 사실에 의해 결정되는 측면이 있다. 스위스가 시계 생산에서 경쟁력을 유지하는 것은 시계 생산을 먼저 시작하여 수많은 시계기업이 집적되어 있다는 역사적 사실에 기인한다. 중국이 스위스보다 먼저 시계 생산을 시작하였다면, 당연히 중국이 시계 산업에서 세계적 경쟁력을 가지고 있을 것이다.

이 같은 상황에서 중국이 보호무역을 하면, 중국만이 아니라 세계 전체의 후생수준이 올라갈 수 있다. 그 이유는 다음과 같다. 만일 중국이 시계수입을 금지하면, 자국 시장에 판매할 시계를 생산하기 시작하고, 시계 생산이 점차 증가하면서 가격이 하락한다. 그 결과 중국 가격이 스위스 가격보다 낮아진다면 중국이 시계를 수출하게 된다. 이 경우 세계시장에서 시계가격은 [그림 7-11]의 B점까지 떨어진다. B점의 가격은 스위스 가격인 A점보다 낮으므로 중국만이 아니라 세계 전체 소비자가 이익을 얻게 된다. 즉 중국의 보호무역으로 모든 국가의 후생수준이 증가한다. 이는 외부적 규모의 경제가 있는 산업에서는 자유무역이 반드시 최적 정책이 아님을 보여준다.

그러나 보호무역으로 후생수준을 높이는 일은 현실적으로 쉬운 일은 아니다. 어떤 산업이 외부적 규모의 경제를 갖고 있고 또 보호의 대상인지를 판단하기 어려울 뿐만 아니라 적절한 산업을 선정했다고 하더라도 이 산업이 경쟁력을 확보하는 데는 많은 어려움이 있다. 이 산업에 많은 기업이 진입하고 생산에 필요한 지식과 정보를 습득하여 규모의 경제를 달성하는 데는 상당한 시간이 필요하기 때문이다.

3. 지식축적과 학습효과

외부적 규모의 경제는 지식의 축적으로부터 발생하기도 한다. 생산 경험이 쌓이면 지식이 축적되고 이로 인해 생산비가 낮아진다. 즉 경험에 의한 학습효과(learning by doing)가 나타나면서 생산단가가 하락한다. 앞에서 살펴본 기업의 집적에 따른 외부경제는 정태적임에 비해, 학습효과는 시간의 흐름에 따라 발생한다는 점에서 동태적이다.

그림 7-12 학습곡선과 무역

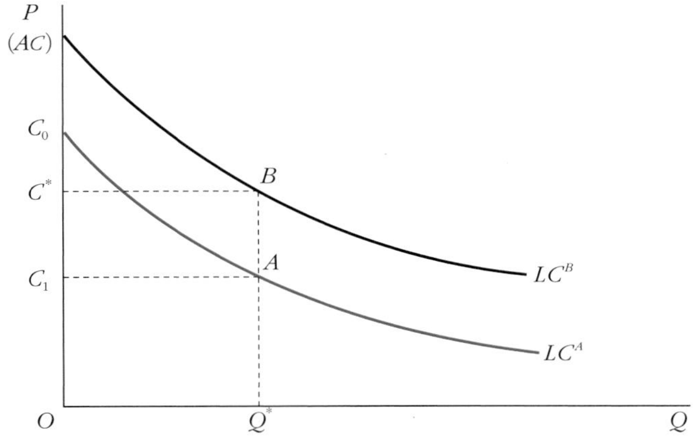

〈같은 Q^*를 생산하면 A국의 생산비가 더 낮지만, 생산경험이 없는 A국의 초기 생산비 C_0는 생산경험이 축적된 B국의 생산비 C^*보다 높다.〉

지식 축적에 의한 규모의 경제는 학습곡선(learning curve)으로 표시된다. 학습곡선(學習曲線)은 시간이 흐름에 따라 산업 전체적으로 누적 생산량이 증가하면 경험이 축적되어 생산비가 낮아짐을 나타낸다. 이는 [그림 7-12]와 같이 우하향하는 곡선이다. 학습효과가 있는 산업에서 무역이 어떻게 결정되는가를 [그림 7-12]를 이용해 알아보자.

[그림 7-12]에서 LC^A곡선과 LC^B곡선은 각각 A국과 B국의 학습곡선이다. LC^A곡선이 LC^B곡선 아래에 위치한 것은 A국의 임금이 B국보다 낮기 때문이다. 이처럼 A국의 생산비가 B국보다 낮지만, A국은 아직 생산 경험이 없다면, 생산 경험이 있는 B국이 이 제품을 수출하게 된다.

B국이 현재 Q^*를 생산하고 있다고 하자. 이때 단가는 C^*이다. 이 상황에서 생산 경험이 없는 A국이 생산을 시작하면 초기 생산비가 C_0가 된다. 이 생산비가 현재 B국의 생산비인 C^*보다 높기 때문에 A국은 생산을 시작하기 어렵다. 그래서 생산 경험을 축적한 B국이 계속 경쟁력을 유지하게 된다.

만일 A국이 생산경험을 쌓을 수만 있다면 B국보다 낮은 가격에 생산할 수 있다. 수입금지나 생산보조금과 같은 보호무역정책을 실시하여 생산 경험을 축적하면 A국의 생산비가 하락해간다. A국의 생산비가 B국의 생산비 C^*보다 낮아지면, 이제 A국이 국제시장에서 경쟁력을 갖게 된다. 세계 전체의 소비량이 Q^*라면 세계시장 가격도 과거 C^*에서 C_1으로 낮아진다.

이처럼 국제경쟁력을 확보하기 위해 일정 기간 동안 산업을 보호하자는 주장을 유치산업보호론(幼稚産業保護論; infant industry argument)이라고 한다. 그런데 일정기간 보호 후 국제경쟁력을 갖게 되는 산업을 찾아내기는 쉽지 않다. 학습효과가 있더라도 그 효과가 크지 않으면, 미래 국제경쟁력을 갖추지 못해 보호로 인한 손실만 발생하게 된다. 그러므로 학습효과에 바탕을 둔 보호무역의 주장은 한계가 있다. 유치산업보호론에 대해서는 제10장에서 다시 살펴본다.

아담 스미스의 규모의 경제

아담 스미스(A. Smith) 무역이론은 외부적 규모의 경제에 바탕을 두고 있다. 아담 스미스는 일반적인 분업의 원리를 국제무역에 적용하고 있다. 핀을 생산하는 공장에서 핀 생산의 전체 공정을 혼자서 담당하면 한 사람의 하루 생산량이 20개도 안 되지만, 10명이 공정을 나누어 담당하면 일인당 하루 생산량이 4천 8백여 개나 된다. 분업으로 일인당 생산량이 약 240배 증가한다. 국가마다 우위가 있는 재화에 특화하여 서로 무역을 하면, 국제적 분업이 형성되어 규모의 경제를 얻을 수 있으므로 세계 전체의 생산량이 증가하고 모든 국가의 후생수준이 높아진다.

어떤 국가가 어떤 재화에 우위를 가질 것인가는 각 재화 생산의 경험에 의해 결정된다고 본다. 수달(beaver)과 사슴(deer) 사냥을 예로 들어보자. A마을과 B마을이 있는데, 어떤 이유에서인지는 모르지만 A마을은 수달 사냥에, B마을은 사슴 사냥에 경험이 더 축적되어 있다고 하자. 이 경우 A마을에서는 수달 비용이 낮아지고, B마을에서는 사슴 비용이 낮아진다. 따라서 두 마을이 수달과 사슴을 교환하면 둘 다 이익을 얻는다. 교환이 가능해지면 두 마을은 각각 수달과 사슴 사냥에 전념하게 되고, 한 동물 사냥에 전념하면 경험이 더 축적되면서 비용이 하락하는 이익을 얻는다. 마찬가지로 무역에서도 개별 국가가 특정 재화 생산에 특화함으로써 학습효과에 의한 규모의 경제를 누릴 수 있다.

이처럼 아담 스미스의 무역이론은 절대우위의 원인과 무역의 이익이 규모의 경제로부터 발생함을 강조한다. 이때의 규모의 경제는 내부적 규모의 경제가 아니라 기업집적이나 학습효과에 의한 외부적 규모의 경제이다.

부록 이윤극대화조건: PP곡선의 도출

한계수입(MR: marginal revenue)은

$$MR = \frac{d(P \cdot Q)}{dQ} = P + Q \cdot \frac{dP}{dQ} \tag{7A.1}$$

로 정의한다. 앞의 식 (7.1)의 수요곡선식을 다시 정리하면,

$$P = -\frac{1}{b} \cdot \left(\frac{Q}{S} - \frac{1}{n}\right) + \overline{P} \tag{7A.2}$$

이다. 이 식을 Q로 미분하면,

$$\frac{dP}{dQ} = -\frac{1}{bS} \tag{7A.3}$$

이다. 모든 기업의 가격이 같다면, 각 기업의 판매량 Q는 S/n가 된다. 앞에서 구한 dP/dQ와 $Q=S/n$를 앞의 MR식에 대입하면,

$$MR=P-\frac{1}{bn} \tag{7A.4}$$

이다.

또 비용함수는,

$$C=F+cQ,\ c>0 \tag{7A.5}$$

이므로 한계비용은,

$$MC\left(=\frac{\partial C}{\partial Q}\right)=c \tag{7A.6}$$

이다.

이윤극대화 조건 $MR=MC$에 위에서 구한 식 (**7A.4**)와 (**7A.6**)을 대입하여 정리하면,

$$P=c+\frac{1}{bn} \tag{7A.7}$$

이 된다. 위의 식이 이윤극대화를 나타내는 PP곡선이다.

주요용어

• 규모의 경제	• 제품차별화	• 불완전경쟁시장
• 대표수요설	• 산업내무역	• 산업간무역
• 산업내무역지수	• 내부적 규모의 경제	• 외부적 규모의 경제
• 지식확산	• 학습효과	• 유치산업보호론

요 약

01. 규모의 경제란 생산량이 증가함에 따라 단위당 평균비용이 하락하는 경우를 말한다. 그리고 제품차별이란 어떤 산업 내의 기업들이 서로 동질적인 제품이 아니라 차별화된 제품을 생산하는 경우를 말한다. 제품차별이 발생하는 이유는 사람들이 '다양성을 선호'하거나 '이상적 선호'를 갖기 때문이다.

02. 규모의 경제와 제품차별이 있는 시장은 독점적 경쟁의 특성을 갖는다. 그리고 이 시장에서는 같은 산업 내에서 수출과 수입이 동시에 이루어지는 산업내무역이 나타난다. 산업내무역에서는 규모의 경제가 실현되어 가격이 떨어지고, 제품의 다양성이 증가하여 소비자에게 선택의 폭을 넓혀주는 이익이 발생한다.

03. 무역을 시작하면, 시장규모가 확대되는 이점이 있지만, 경쟁이 심화되어 일부 기업이 퇴출되는 현상이 나타난다. 비효율적인 기업은 퇴출되거나 과거보다 이윤이 감소하게 되고, 효율적인 기업들은 과거보다 더 높은 이윤을 얻는다. 그리고 효율적 기업의 성장과 비효율적인 기업의 퇴출을 통해 산업 전반의 생산성이 높아진다. 무역은 마치 그 산업에 기술진보가 발생한 것과 같은 생산성 증가 효과를 준다.

04. 수출기업은 해외시장에서 무역비용을 부담해야하기 때문에 내수기업보다 더 효율적이어야 한다. 수출기업들은 대체로 규모가 크고 생산성이 높은 기업들이다. 미국이나 유럽의 수출기업들만이 아니라 한국의 수출기업들도 내수기업보다 규모가 더 크고 생산성 증가율도 더 높다.

05. 산업내무역량은 두 국가의 경제규모가 비슷할수록 많아지고, 두 국가의 경제규모 차이가 클수록 작아진다. 현실 세계에서는 산업간무역과 산업내무역이 함께 나타나는데, 서로 차이가 큰 국가 간에는 산업간무역의 비중이 크고, 서로 유사한 국가간에는 산업내무역의 비중이 크다.

06. 산업내무역은 흔히 그루벨-로이드(Grubel-Lloyd) 지수로 측정한다. 어떤 산업 내의 무역에서 수출과 수입의 차이를 산업간무역으로 보고, 총무역에서 산업간무역을 뺀 부분을 산업내무역으로 본다. 산업내무역지수는 총무역액에 대한 산업내무역액의 비율로 계산한다.

07. 산업내무역은 규모의 경제나 제품차별의 가능성이 큰 공산품에서 나타나고, 후진국보다

는 소득수준이 높은 선진국에서 활발하다. 1970년 이후 한국의 산업내무역은 지속적으로 증가하고 있는데, 이는 한국의 무역에서 공산품의 비중이 확대되어 왔고, 한국의 소득수준이 증가하여 선호의 다양성이 증가한 것이 주요 요인이다.

08. 산업간무역에서는 수출산업과 수입산업이 서로 상이해서 요소의 산업간 이동이 쉽지 않다. 따라서 자유무역에 대해 수입대체재 산업에 종사하는 사람들의 반발이 크다. 이에 비해 산업내무역에서는 같은 산업 내에서 생산요소의 재배분이 이루어지므로 조정비용이 상대적으로 크지 않다.

09. 기업들이 특정지역에 모일수록 외부적 규모의 경제가 나타나는 이유는 다음의 세 가지이다. 첫째, 특수한 장비를 이용할 수 있고, 둘째 그 산업에 특화된 기술을 가진 노동자를 공동으로 이용할 수 있으며, 셋째 사람들 사이에 지식 확산이 이루어지기 때문이다.

10. 집적이나 생산경험의 축적에 의해 외부적 규모의 경제가 나타나는 경우에는 역사적 사실에 의해 우위가 결정된다. 이 경우 더 낮은 생산비로 생산할 수 있는 국가가 보호무역을 실시하면 자국만이 아니라 세계 전체의 후생수준이 증가할 수 있다. 그러나 어떤 산업이 외부적 규모의 경제를 갖는지를 판단하기 어렵기 때문에 이에 근거한 보호무역의 주장은 한계가 있다.

복습문제

01. 두 나라의 요소부존도에 차이가 없는 경우에도 무역이 발생할 수 있음을 설명하라.

02. 산업내무역으로 얻게 되는 이익에 대해 서술하라.

03. 무역 이후에 비효율적인 기업들은 시장에서 퇴출되고, 효율적인 기업들은 더 많은 이익을 얻게 됨을 설명하라.

04. 국가 간 요소부존도의 유사성 변화가 산업간무역과 산업내무역에 미치는 영향을 설명하라.

05. 외부적 규모의 경제가 있는 제품의 경우, 더 낮은 비용으로 생산할 수 있는 국가가 이 제품을 수출하지 못하는 현상을 볼 수 있다. 그 이유는 무엇인가?

연습문제

01. 다음 물음에 답하시오.

- 수요함수: $Y=S[1/n-a(P-\overline{P}]$, $0<a<1$
- 비용함수: $C=F+cY$

여기서 Y는 기업의 판매량, S는 산업전체 판매량, n은 기업의 수, P는 이 기업이 책정한 가격, $\overline{P}$는 산업 전체의 평균가격, a는 상수이다. C는 총비용, F는 고정비용, c는 한계비용이다. CC곡선과 PP곡선은 본문의 함수를 이용하라.

1) 이 기업이 자기 제품의 가격을 산업 평균가격보다 높게 책정하면 판매량은 어떻게 되는가?
2) 이 재화의 생산에 규모의 경제가 있음을 보여라.
3) 두 나라가 무역을 하면 왜 CC곡선의 기울기가 완만해지는가?
4) 무역으로 CC곡선이 이동하면 P와 n은 폐쇄경제와 비교하여 어떻게 변하는가?
5) 산업전체의 판매량(S)이 동일한 경우, 고정비용이 높아지면 제품의 가격과 산업 전체의 제품 수가 어떻게 변하는가? 그림으로 설명하라.

02. 농산품은 동질적인 노동집약재이고, 공산품은 차별화된 자본집약재라고 하자. A국은 노동풍부국이고, B국은 자본풍부국이다. 두 국가의 무역패턴을 설명하라.

03. 자동차산업에서 한국과 미국간에 산업내무역이 이루어지고 있다. 그런데 한국은 미국에 주로 중소형차를 수출함에 비해 미국은 한국에 주로 중대형차를 수출하고 있다. 동종 산업 내에서도 이렇게 수출입 상품이 다른 이유는 무엇인가?

04. 세계 전체 교역량을 보면 서로 유사한 선진국간의 무역이 50% 정도를 차지하고 있고, 서로 상이한 선진국과 후진국간의 무역은 약 35% 정도밖에 안 된다. 이는 비교우위론의 예측과 다르다. 왜 이런 현상이 나타나는지 설명하라.

05. 실리콘 밸리에는 IT 산업이 집중되어 있고, 충무로에는 영화산업이 집중되어 있다. 왜 이런 산업집중화가 이루어지는가?

06. EEC의 경제통합으로 EEC 내 무역은 세계 무역보다 2배 이상 빠르게 증가하였다. 무역의 확대는 산업의 재배치를 필요로 하기 때문에 국내 산업간 갈등을 유발한다. 그러나 EEC 내 국가간 갈등은 예상보다 크지 않았다. 그 이유를 설명하라.

07. 광양항이 자연적 입지조건도 좋고 이용비용이 낮음에도 불구하고, 선박회사들은 주로 부산항을 이용하고 있다. 그 이유를 설명하라.

08. "한국의 산업내무역은 지난 30여년간 꾸준히 증가하고 있다. 특히 한국의 산업내무역은 대상 국가별로는 선진국과의 무역에서 그 비중이 크고, 산업별로는 제조업 부문에서 그 비중이 크다." 이러한 분석에 대해 논평하시오.

09. 다음 서술의 진위를 판정하고, 논평하시오.

1) "규모의 경제가 있는 경우에는 생산량이 많을수록 단위비용이 하락하기 때문에 큰 나라의 가격이 작은 나라의 가격보다 낮아질 수밖에 없다. 따라서 큰 나라가 무역의 이득을 전부 가져가게 될 것이다."

2) "광주 기아자동차 공장은 부품의 30%만이 지역 내 기업에서 조달하고 나머지는 경인지역이나 영남지역에서 조달하고 있다. 타지역에서 부품을 조달하면 추가적으로 물류비용을 부담하여야 하므로 지역 내에서 부품을 조달하면 비용을 줄일 수 있다."

3) "개방경제를 택하고 있는 서구 자본주의경제의 소비자는 개방되지 않는 사회주

의경제에서의 소비자보다 품질이 차별화된 다양한 제품을 싼 가격에 소비한다."

10. 생산함수와 효용함수뿐만 아니라 요소부존량도 서로 같은 두 국가가 있다. 무역이전 두 국가는 독점적 경쟁시장에서 차별적 제품을 각각 N개씩을 생산하고 있다. 이 두 국가가 무역을 하면, 소비자가 누리는 제품 수 N^C는 $1 < \frac{N^C}{N} < 2$의 조건을 만족시킨다. 그 이유는 무엇인가?

11. 2000년대에 들어와서는 한국의 대중(對中)무역비중이 대미(對美)무역비중을 넘어서고 있다. 한국과 중국과의 무역이 크게 늘어난 이유를 이론적으로 설명하라.

12. 소국과 대국이 무역을 하면 누가 더 이득을 얻는가를 산업내무역의 측면에서 설명하라.

13. 자유무역은 기술진보가 없는 상태에서도 산업의 생산성을 높이는 효과를 준다. 그 이유는 무엇인가?

08 노동과 자본의 이동 및 지역경제

제3장부터 제7장까지의 무역이론은 노동과 자본과 같은 생산요소가 국가 간에 이동하지 않는다는 가정 하에 전개되었다. 그런데 노동과 자본과 같은 생산요소도 더 높은 수익을 찾아 다른 국가로 이동하고 있으며, 점차 생산요소의 국가 간 이동이 확대되고 있다. 국경을 넘는 생산요소의 이동에는 많은 장벽이 존재하지만, 국가 내의 지역간 이동에는 거의 제약이 없다. 이러한 지역간 생산요소의 이동은 지역의 생산과 소득에 많은 영향을 미친다.

이 장에서는 생산요소의 국가 간 이동이 경제에 어떤 영향을 미치는지를 알아보고, 또 생산요소의 이동에 제약이 있는 국가경제와 거의 제약이 없는 지역경제 간에 어떤 차이가 있는지 살펴본다.

제 1 절 국가 간 노동의 이동

1. 노동 이동의 경제적 효과

재화는 하나뿐이고, 생산요소는 노동과 토지의 두 요소가 있는 경제를 생각해 보자. 재화의 생산함수가 신고전파 생산함수라면, 노동의 한계생산물곡선 MPL은 [그림 8-1]과 같이 우하향한다. 이는 노동 투입량이 증가함에 따라 노동의 한계생산력이 체감함을 반영하고 있다. 여기서는 재화가 하나뿐이므로 노동의 한계생산물이 이 나라의 실질임금이 된다.

[그림 8-1]에서 고용량이 L_1이면 실질임금은 w_1이다. 실질임금에 노동자의 수를 곱한 값인 $\square OL_1Aw_1$는 임금총액이다. 그리고 한계생산물곡선 MPL의 하부면적은

그림 8-1 한계생산물곡선

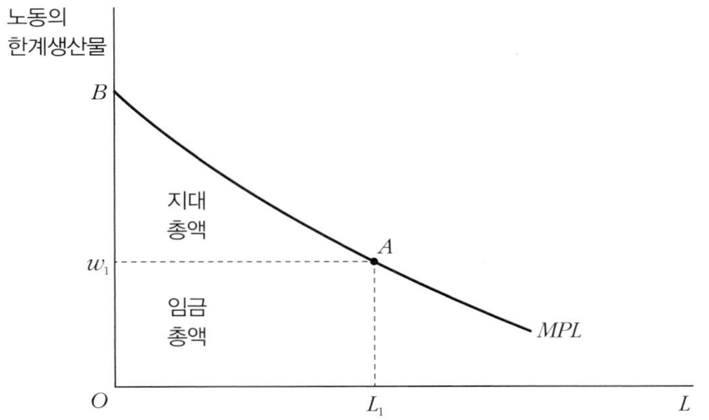

〈우하향하는 한계생산물곡선의 아래 면적은 총생산량이고, 이는 임금총액과 지대총액으로 나누어진다.〉

총생산량이므로 여기서 임금총액을 제외한 나머지 $\triangle w_1AB$가 토지의 보수인 지대의 총액이 된다.

이제 생산기술은 같지만 노동-토지의 비율이 다른 두 국가가 있다고 하자. 노동부존량이 더 적은 자국은 한국이고, 노동부존량이 더 많은 외국은 중국이라고 하자. [그림 8-2]에서 수평축은 한국과 중국의 노동량을 합한 세계 전체 노동량이다. 한국의 노동량은 축의 왼쪽부터, 중국의 노동량은 축의 오른쪽으로부터 측정된다. 또 왼쪽 수직축은 한국의 실질임금, 오른쪽 수직축은 중국의 실질임금을 나타낸다.

애초에 한국의 노동량은 OL_1, 중국의 노동량은 O^*L_1이라고 하자. 임금은 노동의 한계생산물에 의해 결정되므로 한국의 실질임금은 B, 중국의 실질임금은 C에서 결정된다. 한국의 임금은 중국의 임금보다 높다.

양국 간 노동의 이동이 자유롭다면, 임금이 낮은 중국에서 임금이 높은 한국으로 노동자가 이동한다. 이러한 노동의 이동은 양국의 임금이 같아지는 A점까지 계속된다. 노동의 이동이 종료된 시점에서 한국의 노동량은 과거에 비해 OL_2로 증가하고, 중국의 노동량은 과거에 비해 O^*L_2로 감소한다.

노동의 국가 간 이동으로 한국의 임금은 B점에서 A점으로 하락하고, 중국의 임금은 C점에서 A점으로 상승한다. 그리고 한국에서는 노동공급이 증가하여 토지의 한계생산물이 상승하므로 토지소유자의 보수는 증가한다. 그런데 중국에서는 노동량의 감소로 토지의 한계생산력이 하락하기 때문에 토지소유자의 보수는 감소한다. 이는 그림을 통해 확인할 수 있다. 앞에서 설명한 바와 같이 총생산량에서 임금총

그림 8-2 노동의 이동

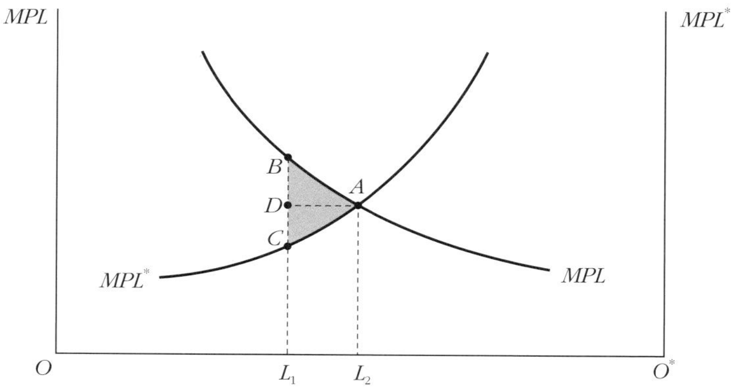

〈노동의 국가간 이동으로 양국의 임금은 같아지고, 세계전체 생산량은 $\triangle ABC$만큼 증가하며, 이 중 한국의 국민소득은 $\triangle ABD$만큼, 중국의 국민소득은 $\triangle ACD$만큼 증가한다.〉

액을 제외한 나머지 면적이 토지소유자의 지대총액인데, [그림 8-2]를 보면 양국의 노동배분점이 L_2로 바뀜에 따라 지대총액의 면적이 한국에서는 증가하고 중국에서는 감소한다(독자들이 그림을 이용해 확인하기 바란다).

국가 간 노동이동의 효과는 다음의 네 가지로 요약된다. 첫째, 양국의 임금이 수렴한다. 임금이 높았던 한국의 임금은 내려가고, 임금이 낮았던 중국의 임금은 올라간다.

둘째, 세계 전체 생산량이 증가한다. 노동의 유입으로 한국의 생산량은 $\square L_1L_2AB$만큼 증가하고, 노동의 유출로 중국의 생산량은 $\square L_1L_2AC$만큼 감소한다. 한국에서 증가한 면적이 중국에서 감소한 면적보다 $\triangle ABC$만큼 더 크다. 이는 세계적 수준에서 자원을 효율적으로 배분하여 세계 전체 생산량이 증가함을 의미한다.

셋째, 노동의 이동은 한국과 중국의 국민소득을 모두 증가시킨다. 중국으로부터 L_1L_2의 노동이 한국으로 유입되면 한국의 생산량은 $\square L_1L_2AB$만큼 증가하는데, 이 중 $\square L_1L_2AD$는 중국 노동자에게 지불되는 임금총액이고, 나머지 $\triangle ABD$만큼 한국의 국민소득이 증가한다. 그리고 한국에서 일하는 중국 노동자가 소득의 전액을 중국으로 송금한다면, 중국은 노동의 해외유출로 감소한 생산량 $\square L_1L_2AC$보다 많은 $\square L_1L_2AD$의 소득을 얻으므로 국민소득은 $\triangle ACD$만큼 증가한다. 노동 이동으로 증가한 생산량 $\triangle ABC$ 중 $\triangle ABD$는 한국에게, 나머지 $\triangle ACD$는 중국에게 분배되어 두 나라 모두 국민소득이 증가한다.

넷째, 노동의 이동으로 모든 사람이 이익을 얻는 것은 아니고 손해를 보는 집단이 있다. 한국 노동자들은 과거보다 임금이 하락하고, 중국 노동자들은 과거보다 임금이 상승한다. 반대로 한국 토지소유자의 보수는 올라가고, 중국 토지소유자의 보수는 내려간다. 재화의 국가 간 이동과 마찬가지로 생산요소의 국가 간 이동에서도 국가 전체적으로는 이익을 얻지만 어떤 집단은 손해를 본다.

2. 요소의 이동과 무역

국가 간 요소의 이동과 재화의 이동 사이에 어떤 관계가 있는지 생각해보자. 생산요소의 이동이 허용되면, 요소가격이 낮은 국가에서 높은 국가로 이동하고, 궁극적으로 양국의 요소가격은 같아진다. 양국의 요소가격이 같아지면, 두 국가의 가격차이가 없어지므로 비교우위에 근거한 무역은 발생하지 않는다. 즉 생산요소의 이동이 허용되면 재화 무역은 없어진다. 이처럼 생산요소의 이동은 재화의 이동을 대체한다.

다른 한편으로 국가 간에 재화의 이동이 자유롭다면, 요소의 이동이 없어진다. 요소가격균등화정리에 따라 무역으로 양국의 요소가격이 서로 같아진다면 생산요소들은 다른 국가로 이동하지 않을 것이다. 이처럼 재화의 자유로운 이동은 생산요소의 국가 간 이동을 대체한다.

그런데 자유무역을 하더라도 현실적으로 국가 간 요소가격이 같아지지 않으므로 생산요소의 국가 간 이동은 계속될 수밖에 없다. 또 국가 간 생산요소의 자유로운 이동이 허용되더라도 무역은 없어지지 않을 것이다. 그 이유는 다음과 같다. 첫째, 생산요소의 자유로운 이동으로 양국의 요소부존도가 같아지면, 비교우위무역은 없어지지만 규모의 경제에 근거한 산업내무역은 가능하다. 둘째, 국가 간 생산요소의 이동이 허용되더라도 모든 생산요소가 이동 가능한 것은 아니다. 토지나 자연자원 등은 이동이 불가능하다. 이런 이동 불가능한 요소들 때문에 요소부존도의 차이에 의한 비교우위 무역이 여전히 발생하게 된다.

요소가격균등화 정리의 예측과는 달리 자유무역이 확대됨에도 불구하고 국가 간 임금이 균등화되지 않고 있다. 국가 간 임금 차이의 요인은 노동의 질이나 생산기술의 국가 간 차이 때문이다. 국가 간 임금 차이가 있는 한, 노동의 국가 간 이동은 계속될 것이다. 최근 들어 노동과 자본의 국가 간 이동이 더욱 활발해지고 있다.

3. 한국의 외국인 노동자

우리나라는 1991년부터 외국인 노동자 고용을 법적으로 허용하였다. 1980년대 후반 민주화가 확산되고 노동조합이 활성화되면서 임금이 매우 빠른 속도로 상승하였다. 이에 임금부담이 급격히 상승한 중소기업들의 비용부담을 덜어주기 위해 외국인 노동자의 고용을 허용하였다. 이후 외국인 노동자의 유입이 크게 늘어났다. 주로 소득수준이 낮은 중국과 동남아시아 국가에서 저임금 노동자들이 유입되었다. 한국에서 일하는 외국인 노동자들 중에는 합법적으로 취업한 사람들도 있지만, 불법체류자들도 매우 많다.

〈표 8-1〉은 2023년에 합법적으로 취업자격을 취득한 외국인 노동자의 현황이다. 취업자격 취득 외국인은 단순기능인력과 전문인력으로 구분된다. 취업자격 체류외국인은 약 50만 명인데, 전문인력이 약 6만 명으로 11.6%이고, 단순기능인력이 44만 명으로 88.4%였다. 이를 통해 외국인 노동자 대다수가 단순노동자라는 것을 알 수 있다. 국적별로는 중국인이 17.5%로 가장 많으며, 그 다음은 베트남, 캄보디아, 네팔, 인도네시아, 필리핀, 그리고 미얀마 순서다. 이들 국가들은 임금이 낮은 나라들로서 높은 임금을 얻기 위해 한국으로 들어오고 있다.

합법적 취업자 외에 불법체류자도 적지 않다. 외국인 노동자가 불법 체류할 수 있는 것은 국내에서 이들에 대한 수요가 있기 때문이다. 특히 저임금 단순노동이 필요한 중소기업에서 외국인 노동자에 대한 수요가 많다. 중소기업들은 불법체류자임을 알면서도 비용을 절약하기 위해 외국인 노동자를 채용한다. 외국인 노동자에 대한 국내수요가 이들의 불법체류를 가능하게 한다.

표 8-1 취업자격 체류 외국인의 출신국별 현황

국가	중국	베트남	캄보디아	네팔	인도네시아	필리핀	미얀마	합계
인원	101,952	59,757	44,306	48,507	43,265	33,151	27,163	
비율	17.5	10.3	7.6	8.3	7.4	5.7	4.7	
국가	태국	우즈베키스탄	스리랑카	방글라데시	미국	몽골	카자흐스탄	
인원	27,007	24,023	23,249	14,762	9,106	5,329	5,261	504,746
비율	4.6	4.1	4.0	2.5	1.6	0.9	0.9	
국가	파키스탄	동티모르	인도	남아프리카공화국	영국	키르키스스탄	기타	
인원	5,285	3,723	3,248	3,122	2,609	2452	17,469	
비율	0.9	0.6	0.6	0.5	0.4	0.4	3.0	

* 주: 1) 2023.7.31.현재 통계임.
2) 취업자격 체류외국인 중 전문인력이 58,351(11.6%)명이고, 단순기능인력이 442,809(88.4%)명임.
* 자료: 법무부, 출입국·외국인정책 통계월보(2023. 7월호).

이론적으로 외국인 노동자의 유입으로 노동공급량이 증가하면, 임금이 하락한다. 실제로 외국의 저임금 노동자가 유입되면서 우리나라 단순노동자의 임금 상승은 완화되었을 것이다. 그런데 외국인 노동자의 유입에 대해 한국 노동조합의 반발은 거의 없다. 그 이유는 우리나라 노동조합원들의 취업 영역과 외국인 노동자들의 취업 영역이 중복되지 않고, 노동의 질에도 차이가 커서 상호 대체적이지 않기 때문이다. 외국인 노동자들은 주로 중소기업에 취업함에 비해, 한국 노동조합의 조합원들은 대부분 대기업 노동자로 구성되어 있다.

한국도 과거 많은 사람들이 외국으로 이주하였고, 지금도 많은 사람들이 외국으로 이민을 가고 있다. 한국인들의 미국 이민은 1900년대 초 하와이 사탕수수 농장의 노무자로 고용되면서 시작되었다. 또 일제 강점기에는 국내의 정치적·경제적 혼란을 피해 많은 사람들이 만주, 사할린, 일본으로 이주하였다. 해외 이민에는 여러 이유가 있지만, 미국 등 선진국으로의 이민에는 높은 소득을 기대하는 경제적 요인이 크다. 외교통상부 자료에 따르면, 2021년 재외동포는 총 732만 명으로, 한국 인구의 약 15%나 된다. 이 중에서 미국에는 263만 명, 중국에는 235만 명, 일본에는 82만 명이 거주하고 있다.

장기간에 걸쳐 대규모의 노동이동이 이루어지면, 이는 궁극적으로 국가 간 임금 차이를 줄이는 역할을 한다. 1870년대부터 1900년대 초까지 유럽에서 미국, 남미, 호주 등 신대륙으로 대규모의 노동이동이 있었다. 당시 신대륙의 임금 수준이 유럽보다 훨씬 높았기 때문이다. 유럽 사람들은 더 높은 소득을 기대하고 신대륙으로 이주하였다. 당시 대규모 노동이동으로 신대륙의 임금 상승폭은 둔화되고, 유럽의 임금은 크게 상승하여 유럽과 신대륙의 임금차이가 줄어들었다.

제 2 절 국제 자본이동

1. 국제 자본이동의 유형

자본의 이동은 노동의 이동보다 훨씬 자유롭다. 자본은 수익률이 높은 곳을 찾아 다른 국가로 쉽게 이동한다. 여기서 말하는 자본은 기계나 공구와 같은 자본재가 아니라 자본의 대부(貸付)와 차입(借入)과 같은 금융거래를 뜻한다.

국제 자본이동은 경영권의 융합 여부에 따라 국제포트폴리오투자와 해외직접투자로 구분된다. 국제포트폴리오투자(international portfolio investment)는 경영권과 관계없는 외국의 채권 또는 주식과 같은 금융자산에 대한 투자를 말하며, 이를 간접투자라고 한다. 반면에 해외직접투자(foreign direct investment: FDI)는 경영권을 수반하며, 공장, 자본재, 토지 등과 같은 실물자산에 대한 해외투자를 말한다. 해외직접투자는 일반적으로 외국에 자회사를 설립하거나 외국의 현지기업을 인수하는 형태로 이루어진다. 전자를 그린필드 FDI(Green Field FDI)라고 하고, 후자를 브라운필드 FDI(Brown Field FDI)라고 한다. 해외직접투자는 주로 다국적기업(多國籍企業)의 형태로 나타난다.

그런데 국제포트폴리오투자와 해외직접투자의 구분이 명확하지 않은 경우가 있다. 외국인이 포트폴리오투자로 주식을 매입하더라도 그 양이 일정 비율을 초과하면 경영권을 확보한 직접투자가 되기 때문이다. 어느 정도의 주식을 보유해야 경영권을 확보할 수 있는가는 기업의 주주비율에 따라 다르다. 미국 통계청은 외국인이 어떤 회사의 주식을 10% 이상 매입하면 경영권을 가진다고 보고, 이를 직접투자로 분류한다.

2. 국제 자본이동의 동기

1) 국제포트폴리오투자의 동기

국제포트폴리오투자의 동기는 해외에서 높은 수익을 얻는 데 있다. 따라서 국가 간 수익률의 차이가 자본이동의 주요 원인이 된다. 어떤 국가의 채권수익률이 높으면 다른 나라 사람들도 그 국가의 채권을 구입한다. 채권수익률에 차이가 있는 한 이러한 자본이동이 계속될 것이고, 궁극적으로 양국의 채권수익률은 같아진다.

그런데 자본은 반드시 수익률이 낮은 국가에서 높은 국가로 이동하지만은 않는다. 채권수익률이 높은 국가에서 낮은 국가로 자본이 이동하기도 한다. 두 국가가 서로 상대국에 투자하는 것을 교차투자(交叉投資; cross hauling)라고 한다. 교차투자가 발생하는 이유는 위험 분산을 위해서다. 여기서 위험(risk)이란 채권가격이나 증권가격의 변동성을 말한다. 투자자들은 수익률의 변동성을 완화하여 위험을 최소화시키려고 한다. 예를 들어, A국 채권은 수익률이 높으나 변동성이 크고, B국 채권은 수익률이 낮으나 변동성도 작다면, 투자자는 이 두 증권 모두를 구입함으로써 위험을 감소시키고자 한다. 위험 분산을 목적으로 수익률이 낮은 국가로도 자본이 이동해 간다.

국가마다 경제상황이 서로 다르기 때문에 두 나라의 채권가격이 서로 다른 방향으로 변동하는 경우가 많다. 이 경우 자국의 유가증권만을 보유하는 것보다 외국의 유가증권을 함께 보유함으로써 위험을 낮출 수 있다. 따라서 한 국가의 수익률이 낮더라도 위험을 분산할 목적으로 그 국가의 증권을 구입하는 해외투자가 발생한다.

2) 해외직접투자의 동기

해외직접투자는 대부분 다국적기업에 의해 이루어진다. 다국적기업(Multinational Enterprises: MNE)이란 적어도 두 국가 이상에 자회사를 가지고 있고 국제적으로 경영활동을 하는 기업을 말한다. 일반적으로 기업은 비용이 가장 낮은 곳을 찾아 생산을 하는데, 다국적기업은 비용이 가장 낮은 곳만이 아니라 여러 나라에서 생산을 한다는 점에서 비용 절감이 유일한 목적이라고 할 수는 없다.

다국적기업이 발생하는 이유는 크게 다음의 두 가지로 설명할 수 있다. 첫째, 자국에서 생산하여 해외로 수출하는 것보다는 해외에서 생산하는 것이 더 이익이기 때문이다. 이는 입지(location)의 문제다. 외국에서 직접 생산하는 것이 유리한 이유를 열거하면 다음과 같다. 먼저 의류와 같은 노동집약재를 생산하는 기업은 임금이 낮은 중국이나 동남아시아 같은 지역에 자회사를 설립하면 외국의 낮은 임금을 이용할 수 있다. 또 운송비를 절약하고 관세장벽을 회피하거나, 또 그 국가의 넓은 시장을 활용하기 위해 다국적기업이 형성되기도 한다. 미국이나 유럽 등에 자회사를 설립하는 것은 운송비를 절약하고 그 국가의 넓은 시장을 활용하기 위함이다. 또 외국의 부존자원을 활용하기 위해 다국적기업이 형성되기도 한다. 철강은 철광석이 풍부하거나 전력 등 에너지 비용이 낮은 곳에서 생산되고, 반도체 설계는 고급 인력이 밀집된 캘리포니아 실리콘 밸리 같은 지역에서 이루어진다. 이처럼 임금, 무역장벽, 시장, 부존자원 등의 입지적 특성 때문에 다국적기업이 형성된다.

둘째, 외국의 다른 기업에 위탁 생산하는 것보다 자회사를 설립하여 직접 생산하는 것이 더 이익이기 때문이다. 이것은 내부화의 문제다. 내부화(內部化; internalization)란 원자재, 중간재, 기술 등을 시장거래에 의존하지 않고, 외국에 자회사를 설립하여 기업 내 거래로 통제하는 것을 말한다. 내부화에는 기술의 내부화와 수직적 통합에 의한 내부화가 있다.

먼저 기술의 내부화란 모기업이 가지고 있는 기술을 외국의 다른 회사에 라이센스(license) 형태로 이전하지 않고, 해외에 자회사를 설립하여 직접 생산하는 것을 말한다. 기술을 다른 기업에 파는 일은 쉽지 않다. 복잡한 기술을 서류로 정리하기가 어렵고, 어떤 기술은 사람들에게 체화되어 있어서 다른 기업에 팔 수가 없다. 그리고 기술은 그 유용성이 불확실하여 가격 책정이 어렵다. 또 지적재산권 제도가 약한 국가의 기업에게 기술을 판 경우에는 그 기술이 다른 기업에 무단으로 복제될 위험이 있다. 이런 이유들로 인해 기술을 팔기보다는 내부화하는 것이 좋다고 생각하면 다른 국가에 자회사를 설립하여 직접 생산한다.

다음으로 수직적 통합(vertical integration)에 의한 내부화는 부품 기업과 최종재 기업을 하나의 회사로 결합하는 것을 말한다. 이는 원자재나 중간재를 안정적으로 확보하기 위해서다. 부품 회사와 최종재 회사가 서로 독점적 위치에 있다면, 부품회사는 부품가격을 높이고자 할 것이고, 최종재 회사는 부품가격을 낮추고자 할 것이므로 가격이 불안정해진다. 두 회사가 수직적으로 결합된 하나의 회사로 묶이면, 자회사에서 부품이 안정적으로 조달되어 공급의 불안정성이 줄어든다. 이것이 수직적 통합에 의한 내부화 이익이다. 개발도상국 자연자원에 대한 선진국의 직접투자는 이러한 유형에 속한다. 또한 현대자동차가 중국과 미국에 완성차 공장을 설립하고 다국적기업 형태로 운영하는 것도 수직적 통합의 일종이다. 본국에서 주요 부품을 조달하고 현지에서 조립 생산하기 때문이다.

3. 세계 해외직접투자의 변화

1980년대 중반 이후로 세계 전체의 해외직접투자가 매우 빠른 속도로 증가하였다. 1985년부터 1997년까지의 기간 동안 무역의 연평균 증가율이 6%였던 반면, 해외직접투자의 연평균 증가율은 13%로, 해외직접투자의 증가 속도가 무역의 증가 속도보다 2배 이상 빨랐다. 1980년대 이후 해외직접투자의 빠른 증가는 선진국뿐

그림 8-3 해외직접투자의 국가 그룹별 유입액의 변화

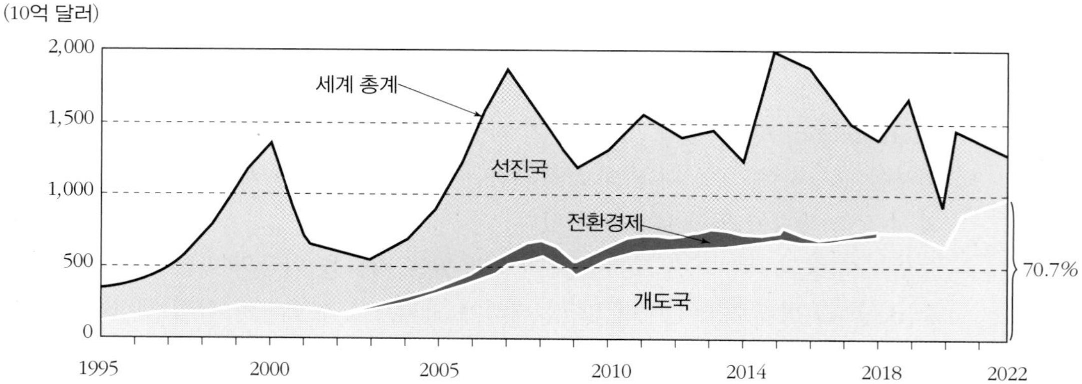

* 주: 2018년 이후에는 전환경제가 개도국에 포함됨.
* 자료: UNCTAD, *World Investment Report*의 2015(p.3), 2019(Fig.1.1), 2023(Annex Table 1)을 이용해 그렸음.

만 아니라 개도국에서도 자본의 유출과 유입에 대한 규제를 완화하고, 특히 개도국들이 해외직접투자 유치를 위한 정책을 적극적으로 시행했기 때문이다.

[그림 8-3]은 해외직접투자의 국가 그룹별 유입액 변화를 보여준다. 해외직접투자의 세계 총규모는 1995년 약 4,000억 달러에서 2015년 2조 달러까지 증가하였으나, 이후 하락하여 2022년에는 1.3조 달러로 감소하였다. 대상국별 투자규모를 보면, 2010년 이전에는 주로 선진국에 집중되었으나, 이후 개도국으로의 투자 비중이 꾸준히 증가하면서 2022년에는 전체 투자의 70.7%가 개도국에 이루어졌다. 과거에 해외직접투자가 선진국에 집중되었던 이유는 투자자들이 위험성이 적은 선진국을 선호하였기 때문이다. 그러나 개도국 정부가 해외직접투자 유치를 위해 규제를 완화하는 등 적극적 정책을 실시한 결과, 2022년에는 개도국으로의 투자 비중이 선진국보다 더 높아졌다.

해외직접투자액은 전반적으로 증가 추세를 보이지만, 2000년, 2007년, 2015년 이후의 기간에는 급속히 감소하는 등 변동 폭이 심하다. 이러한 변동성은 해외직접투자가 국제경제 환경의 변화에 민감하게 반응하기 때문이다. 그리고 2015년 이후에는 세계 전체 해외직접투자는 감소 추세를 보이고 있는데, 이는 반세계화 흐름이 무역뿐만 아니라 해외직접투자에도 영향을 미치고 있음을 말해준다. 그러나 이 기간 동안에도 개도국으로의 투자는 지속적으로 증가하고 있어, 전체적인 투자 감소는 주로 선진국으로 향하는 투자의 감소 때문임을 알 수 있다.

투자액 규모의 크기에는 투자받는 국가보다 투자국의 여건이 더 영향을 미친다. 투자국의 경기가 나쁘면 투자할 자본 여력이 줄어서 해외직접투자가 감소하게 된다. 실제로 2008년 금융위기 때는 선진국의 경제 침체로 인해 투자 여력이 크게 줄어들어 해외직접투자의 총액이 급격히 감소했다. 물론 투자받는 국가의 경제 상황이 좋지 않으면 투자수익률이 낮아지므로 외국에서 들어오는 투자도 줄어들 수 있다. 그러나 그 영향은 상대적으로 덜하다.

〈표 8-2〉는 2000년부터 2022년까지의 해외직접투자 스톡의 국가 그룹별 비중을 보여준다. FDI 유입스톡과 유출스톡에서 모두 선진국의 비중이 압도적이다. 하지만 점차 선진국의 비중은 줄어들고, 개도국의 비중이 증가하고 있다. 유입스톡을 살펴보면 선진국의 비중은 2000년의 79.4%에서 2022년의 65.7%로 감소하였으며, 개도국의 비중은 2000년의 20.6%에서 2022년의 34.3%로 증가하였다. 유출스톡에서도 선진국의 비중은 2000년의 91.0%에서 2022년의 75.9%로 감소하였고, 개도국의 비중은 2000년의 9.0%에서 2022년의 24.1%로 증가하였다. FDI의 유입과 유출 모두에서 개도국의 비중이 늘어나고 있다. 유출과 유입을 비교하면, 선진국은 유입보다는 유출의 비중이 더 높고, 개도국은 유출보다는 유입의 비중이 더 높다. 이는

■ ■ 표 8-2 해외직접투자 스톡의 국가 그룹별 비중 변화

	유입스톡			유출스톡		
	2000	2010	2022	2000	2010	2022
선진국	79.4	69.4	65.7	91.0	85.8	75.9
개도국	20.6	30.6	34.3	9.0	14.2	24.1
세계	100.0	100.0	100.0	100.0	100.0	100.0
(총액, 십억달러)	(7,377)	(119,855)	(44,252)	(7,408)	(20,450)	(39,852)

* 주: 표의 숫자는 총FDI스톡에서 각 그룹이 차지하는 비중(%)이고, 맨 아래 줄은 세계 전체 FDI스톡 총액임.
* 자료: UNCTAD, *World Investment Report*, 2023. Annex Table 2: *FDI stock, by region and economy.*

상대적으로 자본이 풍부한 선진국에서 자본이 부족한 개도국으로 자본이 이동하고 있음을 나타낸다.

세계 전체 FDI 스톡 총액의 변화를 보면, 유입스톡의 총액은 2000년의 7.3조 달러에서 2022년에는 44.2조 달러로 증가하였고, 유출스톡 총액도 2000년의 7.4조 달러에서 2022년에 39.8조 달러로 크게 증가하였다. 이는 세계 전체적으로 FDI스톡이 빠르게 증가하고 있음을 보여준다.

4. 한국 해외직접투자의 유입과 유출

[그림 8-4]는 한국 해외직접투자의 유입과 유출의 추이를 보여주고 있다. 그림을 보면, 유입액과 유출액이 모두 증가하고 있으나, 유입액보다 유출액의 증가 속도가 훨씬 빠르다. 유입액은 1990년 9억달러에서 2022년 181억 달러로 약 20배 증가하였으나, 유출액은 1990년 11억 달러에서 2022년 807억 달러로 약 73배 증가하였다. 1999년과 2000년에는 FDI의 유입액이 다른 해에 비해 매우 컸는데, 이는 당시 IMF 외환위기 극복을 위해 정부가 외국인투자촉진법을 제정하여 투자유치에 적극 나섰고, 또 구조조정과정에서 우리 기업이 외국인에게 매도되었기 때문이다. 1999년과 2000년 이후에는 외국인직접투자 유입액이 2000년보다 감소하였고, 10여년이 지난 2012년에 이르러서야 2000년 수준을 회복하였다.

한국의 해외직접투자에서 유출액은 유입액보다 훨씬 빠르게 증가하였다. 2006년부터는 유출액이 유입액을 초과하였고, 이후 유출액은 빠르게 증가하였다. 한국의 주요 투자대상국은 미국과 중국이다. 특히 중국은 1990년 수교 이후로 한국의 가장 중요한 투자대상국으로 부상했으며, 2005년에는 한국의 해외직접투자 중 약

그림 8-4 한국 해외직접투자의 유입과 유출

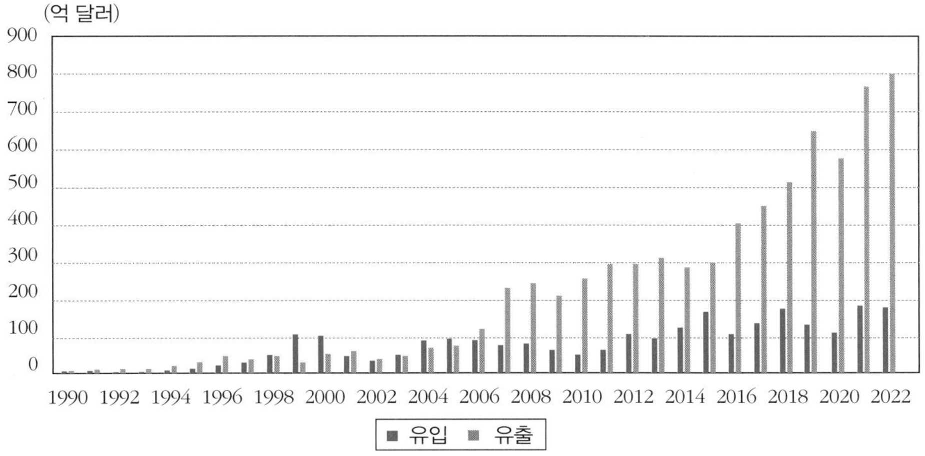

* 주: 해외직접투자의 유입은 도착금액, 유출은 투자금액임.
* 자료: 유입은 산업자원부 홈페이지, 유출은 한국수출입은행 홈페이지, 2023.

39.3%가 중국에 투자되는 등 2007년까지 한국의 최대 투자대상국이었다. 그러나 이후 중국으로의 투자는 정체되고, 미국으로의 투자가 급속히 증가하여 2008년부터는 미국이 한국의 최대 투자대상국이 되었고, 2022년에는 전체 투자액의 35.4%가 미국에 투자되었다.

해외직접투자는 본국의 모회사와 해외 자회사 간의 거래를 유발하여 무역을 증가시키고, 또 해외 자회사가 제3국과 무역을 하면서 제3국과의 무역을 증가시키기도 한다. 이처럼 해외직접투자는 무역을 증가시키는 효과를 갖는다.

〈표 8-3〉은 한국의 해외투자기업이 우리나라와의 무역에 미치는 영향을 보여주고 있다. 표에서 수출액은 한국이 현지법인으로 수출한 금액이고, 수입액은 현지법인으로부터 한국이 수입한 금액이다. 2021년 기준으로 현지법인에 대한 수출액은 2,804억 달러에 이르며, 반면 현지법인으로부터의 수입액은 1,407억 달러로, 순수출액은 1,397억 달러에 달한다. 이로서 한국은 우리의 해외직접투자 기업과의 거래에서 수입보다 수출이 더 많으며, 한국의 해외직접투자 기업이 한국의 수출 증가에 기여하고 있음을 알 수 있다.

현지법인을 통한 수출과 수입을 지역별로 살펴보면, 수출액이 아시아 지역은 1,166억 달러, 북미는 1,053억 달러, 유럽은 434억 달러로 아시아와 북미 지역의 비중이 매우 높다. 아시아와 북미 지역으로의 수출비중이 각각 41.6%, 37.6%로 전체 수출의 약 80%를 차지하고 있다. 이처럼 이 두 지역과의 수출비중이 큰 것은

■ ■ ■ 표 8-3 한국 해외투자기업의 수출입 효과 (단위: 십억 달러, %)

	수출(한국 → 현지법인)		수입(현지법인 → 한국)		순수출(수출-수입)	
	금액	비중	금액	비중	금액	비중
아시아	1,166	41.6	1,273	90.5	-107	-7.7
북미	1,053	37.6	64	4.5	989	70.8
유럽	434	15.5	48	3.4	386	27.6
기타	15	5.3	22	1.6	128	9.2
전체	2,804	100.0	1,407	100.0	1,397	100.0

* 주: 1) 2021년 회계연도 자료이며, 금액 단위는 '억달러'임.
2) 수출액은 한국이 현지법인으로 수출한 금액이고, 수입액은 현지법인으로부터 한국이 수입한 금액임.

* 자료: 한국수출입은행, 2021 회계연도 해외직접투자 경영분석(p.82), 2022.

한국이 이 두 지역으로의 직접투자액 규모가 크기 때문이다.

그런데 순수출액을 보면, 북미는 989억 달러 흑자, 유럽은 386억 달러 흑자임에 비해, 아시아 지역은 77억 달러 적자이다. 아시아와 북미의 수출액은 비슷하나, 아시아는 수입액이 매우 커서 순수출이 적자를 기록하고 있다. 이는 중국 등 아시아 지역으로의 직접투자보다는 북미와 유럽 등 선진국으로의 직접투자가 무역수지 개선에 더 큰 효과를 보이고 있음을 말해준다. 즉, 북미나 유럽의 자회사로는 주로 수출이 이루어짐에 비해, 아시아 지역 자회사와는 수출만이 아니라 수입 거래도 활발함을 말해준다.

제 3 절 국가경제와 지역경제

1. 국가경제와 지역경제의 차이

1) 국가경제와 지역경제의 개념

어떤 지역은 여러 개의 국가로 나뉘어 있지만, 어떤 지역은 하나의 국가로 통합되어 있다. 예를 들어, 유럽은 여러 국가로 나뉘어 있지만, 비슷한 넓이를 가진 미국은 하나의 국가로 운영된다. 또 여러 국가가 하나로 통합되기도 하고, 하나의 국가가 여러 나라로 나뉘기도 한다. 소련은 1980년대 후반 여러 국가로 나누어졌고,

서독과 동독은 통일 후 하나의 국가로 통합되었다.

어떤 지역이 여러 국가로 나뉘어 있으면 국가경제(national economy)라고 하고, 한 국가로 통합되어 있으면 지역경제(regional economy)라고 하자. 지역경제에서는 재화나 생산요소의 이동이 자유로운데 비해, 국가경제에서는 국경과 같은 장벽 때문에 재화와 생산요소의 이동에 제약이 있다. 국가 간에는 제도 차이나 관세 장벽과 같은 명시적인 장애가 있고, 또 언어와 문화의 차이 같은 암묵적(暗默的)인 장애가 있다. 특히 노동의 국가 간 이동에는 제약이 크다. 이처럼 국경은 재화와 생산요소 이동의 장애가 되기 때문에 어떤 지역이 여러 국가로 나뉘어 운영되느냐, 아니면 하나의 국가로 통합되어 운영되느냐에 따라 그 지역의 경제적 성과에 차이가 난다.

2) 재화의 이동성과 산업의 지역집중도

국가간 거래는 지역간 거래보다 재화의 이동성이 낮다. 국경을 통과하는 과정에 명시적 또는 묵시적 장애가 있기 때문이다. 캐나다의 미국과의 거래액은 캐나다 내 거래액의 1/20에 불과하다. 만일 캐나다와 미국 사이에 국경이 없다면 캐나다는 미국과 더 많은 거래를 했을 것이다. 국경은 두 나라의 영토를 구분하기 위한 경계선일 뿐임에도 불구하고 재화의 이동에 제약을 준다.

한 국가로 통합되어 있는 경우에는 지역간 재화 이동에 제약이 없어 특정 지역에 생산을 집중하고 이를 다른 지역에 판매하지만, 여러 국가로 분할되어 있는 경우에는 국가 간 거래가 불편하기 때문에 국가마다 자국의 수요를 자체적으로 충당하는 경향이 나타난다. 어떤 지역이 여러 국가로 분할되어 있으면 특정 산업이 여러 국가에 분산되므로 규모의 경제의 효과를 거두기 어렵다. 여러 국가로 나뉜 지역보다는 통합된 지역에서 특정지역에 생산이 집중되고 규모의 경제 효과도 커진다.

[그림 8-5]는 미국과 유럽의 자동차산업의 지역별 분포이다. 그림에서 보듯이 미국은 유럽보다 자동차 생산이 특정 지역에 더 집중되어 있다. 미국은 중서부 지역의 생산비중이 66.3%로 매우 높음에 비해, 유럽에서는 독일 38.5%, 프랑스 31.1%, 이탈리아 17.6%로 여러 지역에 분산되어 있다. 또 미국에는 자동차 회사가 3개뿐이지만, 유럽에 있는 자동차 회사 수는 미국보다 훨씬 많다. 이처럼 유럽과 미국은 그 넓이가 서로 비슷하지만, 미국에는 자동차 생산이 특정지역에 집중되어 있는 반면, 유럽에는 자동차 생산이 여러 국가에 분산되어 있다. 이는 유럽지역이 미국과 달리 여러 국가로 나누어져 있기 때문이다.

미국은 규모의 경제의 이익을 얻기 위해 중부 디트로이트(Detroit) 지역에서 자동차를 집중 생산하고 이를 다른 지역에 판매한다. 그러나 여러 국가로 나뉘어져

그림 8-5 미국과 유럽 자동차산업의 지역별 비중

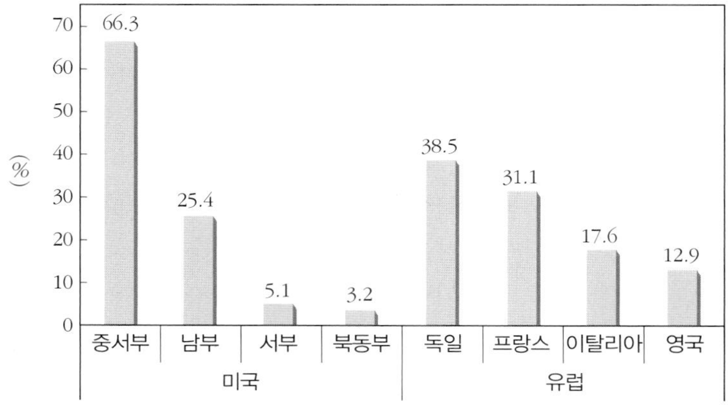

* 자료: Krugman, *Geography and Trade*, Cambridge, MIT Press, 1991.

있는 유럽은 국가 간 거래의 제약 때문에 자동차 산업이 여러 국가로 분산된다. 자동차 산업만이 아니라 다른 산업도 유럽은 미국보다 여러 국가로 생산이 분산되는 경향이 있다. 이는 유럽이 여러 국가로 분할되어 있어서 미국보다 재화와 요소의 이동에 제약이 크기 때문이다.

이렇게 볼 때, 세계경제가 통합되어 국경의 장애 요인이 완화될수록 산업의 지역집중도가 높아질 것으로 예상된다. 예를 들어, EU의 통합이 진전되면 특정 국가로 산업이 집중되어 갈 것으로 전망된다. 그러나 EU가 통합되더라도 국가 간 제도나 문화의 차이를 완전히 극복할 수는 없기 때문에 미국과 같은 단일 국가에서 볼 수 있는 지역집중도가 일어나기는 어려울 것이다.

3) 요소의 이동성과 지역 간 소득 차이

생산요소의 국가 간 이동은 국가 내 지역 간 이동보다 제약이 많다. 특히 자본의 이동보다 노동의 이동에 제약이 많다. 인구의 이동이 자유롭다면 소득이 낮은 국가에서 높은 국가로 노동이 이동하면서 국가 간 임금 차이가 해소될 것이다. 하지만 국가 간 노동이동에는 제약이 있어서 임금이 같아지지 않는다. 반면에 국가 내 지역 간에는 노동의 이동이 자유로워서 임금차이가 노동이동으로 해소될 수 있다. 따라서 국가 간 임금 차이는 국가 내 지역 간 임금 차이보다 크게 나타난다.

이처럼 여러 국가로 나뉘어 있으면 요소 이동이 원활하지 못하기 때문에 통합된 지역에 비해 소득 격차가 커진다. 유럽연합(EU) 내 국가 간 일인당 소득의 분산도는 미국 내 지역 간 일인당 소득의 분산도보다 두 배 정도 더 크다. 이는 EU 내 국가 간 소득 격차가 미국의 지역 간 소득격차보다 더 큼을 말해준다. 국가 간 거래의 제약이 완화되고 통합될수록 국가 간 소득격차는 줄어들 것이다.

2. 지역경제의 특성

통합된 지역경제는 분할된 국가경제와는 달리 다음과 같은 특성을 갖는다. 첫째, 특정지역의 경쟁력은 비교우위가 아니라 절대우위에 의해 결정된다. 둘째, 규모의 경제로 인해 지역 간 불균형이 누적적으로 확대된다. 국가경제와 구분되는 이러한 지역경제의 특징을 자세히 알아보자.

1) 지역경제와 절대우위

비교우위론에 의하면. 모든 산업에서 절대열위에 있는 국가도 비교우위 산업에서는 다른 국가보다 가격경쟁력을 갖는다. 절대열위에 있는 국가가 비교우위 산업에서 가격경쟁력을 갖게 되는 이유는 이 국가의 임금이 다른 국가보다 낮기 때문이다. 생산성이 낮은 국가는 낮은 임금으로 가격경쟁력을 확보하게 된다.

그런데 한 국가 내에서는 노동의 이동이 자유롭기 때문에 각 지역의 임금이 같아진다. 만일 한 지역의 임금이 다른 지역보다 높으면 이 지역으로 노동이 이동한다. 즉, 임금이 높은 절대우위지역으로 인구가 몰리고, 절대열위지역은 더욱 더 위축된다. 이처럼 국가 내에서는 노동의 이동이 자유롭기 때문에 지역의 경쟁력은 비교우위가 아니라 절대우위에 의해 결정된다.

노동생산성이 서로 다른 두 지역을 생각해보자. 생산성이 높은 지역은 임금이 높고, 생산성이 낮은 지역은 임금이 낮다. 지역 간 인구 이동이 없다면, 각 지역은 비교우위산업에 특화하여 서로 교역을 하게 된다. 그러나 지역 간 인구 이동이 가능하면, 임금이 낮은 지역에서 높은 지역으로 인구가 이동한다. 생산성이 높은 지역은 인구가 증가하고, 생산성이 낮은 지역은 인구가 감소한다. 그러므로 다른 지역보다 절대우위산업이 많은 지역은 성장하고, 절대열위지역은 더욱 위축됨을 알 수 있다.

한국의 태백과 정선의 탄광지역은 석탄에 절대우위가 있는 지역이었으나, 석탄 수요가 감소하면서 지역경제가 쇠퇴해갔다. 석탄산업 위축으로 인구는 떠나고 지역경제는 사양화 과정을 밟게 되었다. 지역 경제를 회복하는 방법은 지역 내에 절대우위산업을 확보하는 길이다. 정부가 이 지역에 카지노 영업을 특별히 허용해준 것은 이 지역에 절대우위산업을 확보해준 것으로 풀이된다. 이후 정선과 태백 지역은 관광산업 활성화로 새로운 활력을 찾게 되었다.

2) 규모의 경제와 불균형 확대

어떤 지역이 다른 지역보다 규모의 경제의 이점이 있으면 이 지역으로 인구가 이동한다. 그리고 이 지역으로 인구가 모이면 규모의 경제의 이점이 더 커지면서 누적적으로 인구집중이 확대된다. 어떤 지역이 다른 지역에 비해 노동력이나 자연환경이 우수하여 이점을 갖는 경우도 있지만, 역사적 우연성으로 인해 이점을 갖기도 한다. 미국 실리콘 밸리의 전자산업, 뉴욕과 런던의 금융산업, 할리우드의 영화산업 등은 역사적 우연성에 의해 초기 이점을 확보하였고, 이러한 초기 이점이 누적적 자기강화과정을 거치면서 세계적인 산업 중심지가 되었다.

이러한 지역집중 현상을 운송비와 외부적 규모의 경제로 설명해보자. [그림 8-6]과 같이 A, B, C의 세 지역이 있고, 초기에 각 지역의 인구는 그림과 같이 A지역은 200만 명, B와 C지역은 각각 100만 명이라고 하자. 인구가 많은 지역일수록 더 많은 기업들이 집적하므로 외부적 규모의 경제가 크다. 따라서 인구가 많은 A지역의 생산비가 B지역이나 C지역보다 낮아진다.

이제 A지역과 B지역 사이에 재화 거래가 시작된다고 하자. 그리고 편의상 운송비는 없다고 하자. 두 지역간 거래가 시작되면 경제규모가 커서 생산비가 낮은 A지역의 제품이 B지역 시장을 장악하게 된다. B지역 기업들은 시장에서 퇴출되고 A지역 기업들의 생산은 더욱 증가하게 된다. A지역은 더욱 성장하고 더 많은 인구가 유입되면서 규모의 경제는 더욱 확대된다. 인구 유입, 생산비 하락, 다시 인구 유입

그림 8-6 운송비와 지역집중

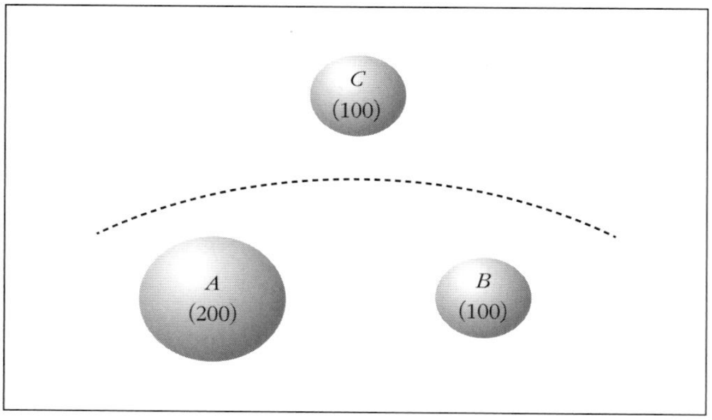

〈외부적 규모의 경제가 있다면, 인구가 더 많은 A지역으로 경제력 집중이 확대된다.〉

의 과정을 거치면서 B지역 인구는 줄어들고, A지역 인구는 더 늘어난다.

그런데 C지역과는 운송비가 너무 높아 다른 두 지역과 거래가 불가능하다고 하자. 이 경우 C지역의 소비량은 C지역에서 생산된다. 만일 운송비가 하락하여 C지역과 A지역의 거래가 가능해지면, 생산비가 낮은 A지역 제품이 C지역 시장을 장악하게 되어 C지역 인구도 A지역으로 이동하게 된다. 이는 두 지역 간 운송비가 하락하면 소규모지역에서 대규모지역으로 인구가 이동하게 됨을 설명해준다.

그런데 지역 간 재화와 요소의 이동성이 높아진다고 하더라도 모든 인구가 대도시로 이동하지는 않는다. 규모의 경제가 없는 산업은 대규모지역으로 집중될 필요가 없고, 토지와 같이 이동불가능한 요소를 이용한 산업은 다른 지역으로 이동할 수 없기 때문이다. 도시로 인구가 집중되어 감에도 불구하고 지방에는 여전히 토지를 이용해 생산에 참여하는 농민들이 남아 있다. 대체로 규모의 경제가 크고 지역 간 운송비가 작은 산업일수록 단일 지역으로 집중되고, 규모의 경제가 작거나 운송비가 큰 산업일수록 여러 지역에 분산된다.

지역간 운송비가 비싼 경우에는 각 지역의 경제가 독립적으로 유지되지만, 운송비가 낮아지면 생산비가 더 낮은 지역으로 경제력이 집중된다. 미국의 경우 20세기 초 철도사업을 통해 운송체계가 정비되고 운송비가 하락하고 지역통합이 확대되었는데, 이 시기에 산업의 지역별 집중이 크게 확대되었다. 산업의 지역적 집중도가 유럽보다 미국에서 더 큰 이유도 유럽의 국가간 통합정도보다 미국의 지역간 통합정도가 더 크기 때문이다.

그림 8-7 수도권 인구 비중의 변화

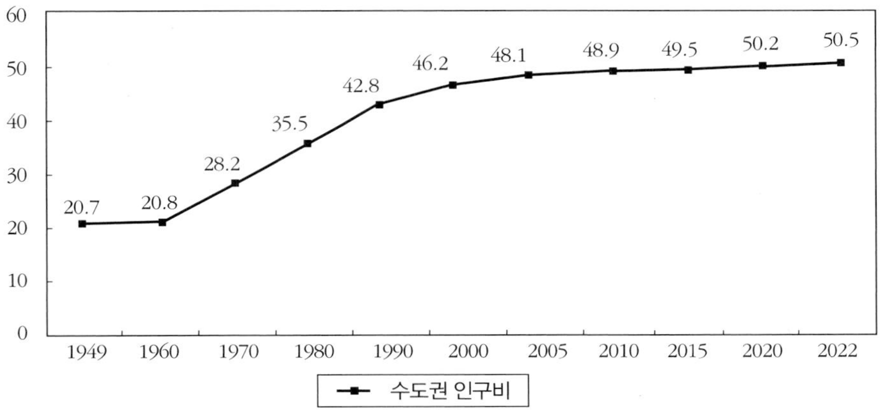

* 주: 수도권 인구의 전국 인구에 대한 비중(%)이며, 여기서 수도권은 서울시, 인천시, 경기도를 포함함.
* 자료: 통계청, KOSIS, 2023.

어느 국가에서나 지역간 소득 불균형 문제가 있다. 이탈리아는 남부에 비해 북부가 훨씬 잘 살고, 멕시코도 남부지역에 비해 미국과의 국경지역인 북부지역이 훨씬 잘 산다. 국토가 그렇게 넓지 않은 한국도 수도권과 지방간의 소득 격차가 크다. 한국은 인구의 절반이 수도권에 집중되어 있고, 미국은 인구의 25%가 보스턴에서 워싱턴에 이르는 동부지역에 집중되어 있다. 어느 국가에서나 지역간 불균형을 볼 수 있다.

[그림 8-7]은 수도권(서울, 인천, 경기도)의 인구 변화를 나타낸다. 1949년에는 전체 한국 인구의 20.7%만이 수도권에 거주하였으나, 2022년에는 그 비율이 50.5%로 증가하였다. 현재 한국 인구의 절반 가량이 수도권에 집중되어 있다. 이러한 변화는 수도권의 경제력 집중으로 수도권이 다른 지역에 비해 외부적 규모의 경제 효과가 크게 나타나고, 이로 인한 규모의 경제 효과가 누적적 인과관계(因果關係)를 형성하면서 수도권 집중 현상을 확대시킨 것으로 분석된다.

역사가 결정한다!(History matters!)

특정 산업의 경쟁력은 역사적 우연에 의해 결정되는 경우가 많다. 어떤 이유에서든지 특정 산업을 먼저 시작한 국가나 지역에서 그 이후 지속적으로 이 산업에 대해 경쟁력을 갖는 경우가 많다.

미국 실리콘 밸리는 1950년대 스탠포드대 공과대학 터먼 교수가 우수인력이 동부로 유출되지 않도록 학생들에게 창업을 독려하면서 시작되었다. 이후 1970년대 '실리콘 밸리'라는 명성을 얻으면서 컴퓨터 관련 기업의 설립이 크게 늘어났다. 이 지역의 기업들은 표준화된 대량생산방식을 지양하고 설비자본을 최소화하면서 제품 설계와 생산의 유연성에 초점을 맞췄다. 그리고 각 기업들은 자신들이 강점을 갖는 핵심 분야만을 담당하고 나머지 분야는 외부 전문기업으로부터 공급을 받는 네트워크를 활용했다. 또한 지역 내 전문가 간에 다양한 사회적 네트워크가 형성되어 정보의 흐름이 원활하고 신속했다.

실리콘 밸리는 다른 지역보다 지가가 비싸고 임금도 높지만 외부적 규모의 경제가 커서 다른 지역보다 우위를 점유하고 있다. 실리콘 밸리의 우위는 이 지역이 다른 지역보다 먼저 기업집적을 달성하였다는 역사성에 바탕을 두고 있다. 앞에서 설명한 바와 같이 실리콘 밸리는 스탠포드 대학 교수의 아이디어에서 출발하여 이후 컴퓨터와 관련된 수많은 기업이 진입하고 이들 간의 네트워크가 강화되면서 외부경제가 확대되어 높은 지가와 임금에도 불구하고 다른 지역보다 정보통신 산업에서 우위를 유지하고 있다.

미국의 실리콘 밸리만이 아니라 미국의 할리우드나 한국의 충무로와 같은 영화산업 메카도 유사한 사례다. 어떤 이유에서든지 영화산업과 관련된 수많은 기업들이 이들 지역에 집적됨에 따라 외부경제가 작용하여 이 지역의 영화 생산비가 다른 지역에 비해 낮아졌다. 처음부터 이들 지역이 다른 지역에 비해 자원이나 인력이 우수해서 기업집적이 시작된 것은 아니다. 우연한 사건으로부터 이 지역에 영화 산업이 시작되었고, 이후 관련 기업의 설립이 증가하면서 우수인력과 자원의 집적이 가속화되었다. 이러한 사례들은 어떤 국가나 지역의 우위 산업들이 자원이나 노동력 같은 부존량만이 아니라 역사적 우연성에 의해서 결정됨을 보여준다.

3. 무역과 지리적 요인

생산지는 시장을 찾아 움직이기 때문에 인구가 많은 지역으로 산업이 밀집되는 경향을 보인다. 1980년 이전 멕시코의 산업생산지는 수도인 멕시코시티의 주변에 밀집되었다. 당시 멕시코는 수입대체정책을 실시하고 있어서 생산의 주요 판매처가 국내의 최대시장인 멕시코시티였기 때문이다. 그러나 1980년 후반 멕시코가 개방정책을 추진하면서 산업들이 멕시코시티에서 미국과의 국경지역인 북부지역으로 이동하였다. 개방정책으로 주요 시장이 국내시장에서 미국 시장으로 전환되었기 때문이다.

그림 8–8 GDP 밀도

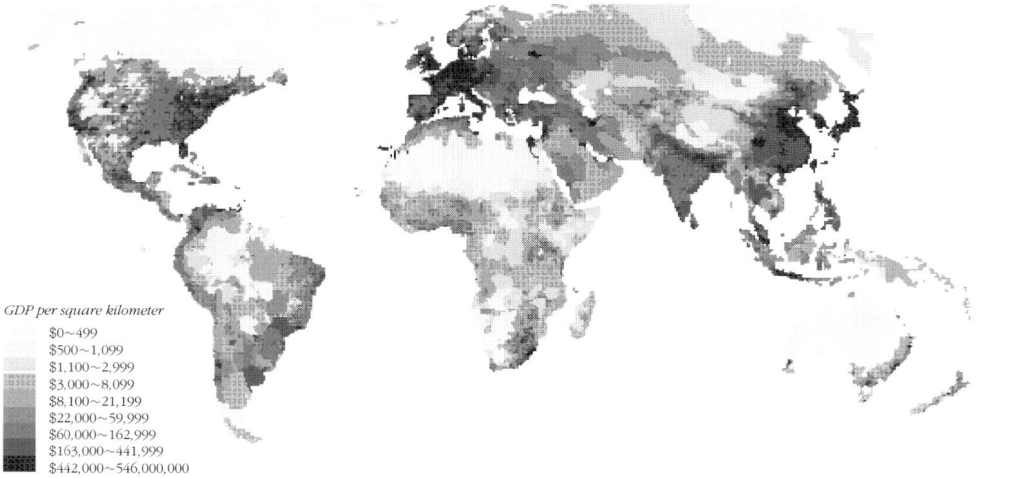

* 자료: Gallup and Sachs, "Geography and Economic Development," *CID Working Paper, No.*1, March 1999.

〈온대지역과 해안지역의 소득수준이 열대지역이나 내륙지역보다 더 높은데, 그 원인은 운송비와 시장규모로 설명된다.〉

[그림 8-8]은 세계의 지역별 GDP밀도를 보여주고 있다. GDP밀도는 그 지역의 GDP를 면적으로 나눈 값이다. 지도를 보면 일반적으로 적도지방 국가들보다는 온대지방 국가들의 소득수준이 높고, 내륙지역 국가들보다는 해안지역 국가들의 소득수준이 높다. 또 국가 내에서도 지역별로 소득수준에 차이가 있다. 중국의 경우 서부 내륙지역보다는 동부 해안지역의 소득수준이 훨씬 더 높다. 중국 동부 해안지역은 다른 지역과 교류가 활발해 이들 지역에 생산이 집중되었기 때문이다. 미국의 경우도 내륙지역보다는 동부와 서부의 해안지역의 소득수준이 더 높다. 이처럼 지리적 위치가 지역의 소득수준에 영향을 미친다.

지역의 기후와 위치에 따라 소득수준에 차이가 나는 이유는 지리적 요인이 운송비, 질병, 농업생산성 등에 영향을 미치기 때문이다. 내륙지역은 해안지역보다 운송비가 높아서 생산이 적고 소득수준이 낮아진다. 또 열대지방은 온대지방에 비해 질병 부담이 커서 소득수준이 낮아지는 것으로 설명한다. 또한 온대지방 중에서도 남반구보다 북반구에 경제력이 집중되어 있으므로 북반구 국가들은 서로 큰 시장을 활용할 수 있어서 소득수준이 높아진다.

어떤 지역의 이점은 역사적 우연성에 의해 출발하기도 하지만, 기후나 지정학적 위치와 같은 지리적 요인에 의해 출발하기도 한다. 어떤 이유에서든지 초기 이점이 형성되면 인구의 이동이 시작되고 이후 외부경제에 의해 누적적 인과관계가 작용하여 [그림 8-8]에서 보듯이 지역별로 소득수준에 차이가 나타난다.

주요용어

• 국제자본이동	• 국제포트폴리오투자	• 간접투자
• 해외직접투자	• 위험	• 위험분산
• 수직적 통합	• 입지	• 내부화
• 기술이전	• 지역경제	• 누적적 인과관계
• 절대우위	• 지역집중	

요 약

01. 생산요소의 이동은 국가간 요소가격의 차이 때문에 발생한다. 요소의 이동으로 양국의 요소가격은 수렴해가고, 세계 전체 생산량이 증가하며, 양국 모두 이익을 얻는다.

02. 해외로부터 노동이 유입되면 국내 임금 수준은 떨어지고 자본가의 보수는 올라간다. 무역과 마찬가지로 요소의 이동도 소득 재분배효과를 가져온다.

03. 재화의 이동이 양국의 요소가격을 균등화시켜 요소의 이동을 대체하는 것과 마찬가지로 요소의 이동은 양국의 요소부존도를 유사하게 하여 재화의 이동을 대체하는 효과가 있다.

04. 국가간 자본이동에는 포트폴리오투자와 해외직접투자가 있는데, 이 둘은 경영권의 확보 여부에 의해 구분된다. 포트폴리오투자는 수익률 제고와 위험분산이 목적이고, 해외직접투자는 주로 다국적기업의 형태로 이루어진다.

05. 다국적기업의 발생 원인으로는 입지 요인, 내부화 요인, 독점적 우위요인을 들 수 있다. 입지문제는 해외의 지역적 특성을 활용하고 무역장벽을 극복함으로써 비용을 줄이고자 해외로 진출하는 것을 말한다. 내부화 문제는 생산물이나 기술을 시장거래에 의존하지 않고 기업 내에서 거래함으로써 이익을 얻을 수 있어 해외에 자회사를 설립하는 것을 말한다. 독점적 우위이론은 자기 기업이 가지고 있는 독점적 우위를 이용해 해외시장에서 이윤을 확보하기 위해 해외로 진출하는 것을 말한다.

06. 국가경제와 지역경제의 차이는 재화와 요소의 이동에 대한 제약의 차이다. 요소의 이동이 자유로울수록 지역별 생산특화가 잘 이루어지고 지역간 소득격차도 크지 않다.

07. 지역간 임금이 같아지는 국가 내의 지역경제에서는 지역의 우위가 비교우위가 아니라 절대우위에 의해 결정된다. 따라서 생산성이 높은 지역으로 인구집중현상이 나타난다.

08. 어떤 지역의 초기 이점은 외부경제에 의한 누적적 인과관계를 강화시켜 지역집중을 가속화시킨다. 이러한 초기 이점은 역사적 우연성에 기인하기도 하지만, 기후나 위치 등 지리적 요인에 기인하기도 한다.

복습문제

01. 국가 간 노동의 이동이 각국의 요소소득에 미치는 영향을 설명하라.

02. 국가 간 노동의 이동이 양국의 국민소득에 미치는 영향을 설명하라.

03. 해외직접투자(FDI)가 발생하는 동기는 무엇인가?

04. 국가경제와 지역경제는 어떤 점이 서로 다른지에 대해 설명하라.

05. 도시 집중 현상이 나타나는 이유는 무엇인가?

연습문제

01. 최근 한국에 해외로부터 외국인 취업자와 불법취업자가 증가하고 있다. 외국 노동자의 유입에 대한 다음 물음에 답하시오.

1) 이는 한국경제에 이득인가?
2) 한국 내 노동자와 자본가의 보수에 어떤 영향을 미치는가?
3) 노동이 유출된 중국과 동남아 국가의 경제에는 어떤 영향을 미치는가?

02. '중국에서 회사를 운영하는 한국기업 A'와 '한국에서 회사를 운영하는 중국기업 B'가 있다. A와 B 중 어느 기업이 한국경제에 미치는 영향이 더 큰가?

03. 최근 한국 대기업들의 해외직접투자가 증가하고 있다. 어떤 회사는 중국과 같은 개도국에 투자하고, 어떤 회사는 미국과 영국과 같은 선진국에 투자한다. 이들 기업들이 외국으로 나가는 이유는 무엇인가?

04. 미국은 EU보다 면적이 더 넓음에도 불구하고 지역적 특화가 더 잘 이루어져 있다. 그 이유는 무엇인가? 또 EU는 단일통화체제를 운영하는 등 통합경제를 지향하고 있는데, 이러한 경제통합으로 EU 내 지역별 생산특화가 강화될까? 그리고 지역별 생산특화가 강화된다면 궁극적으로 미국 정도의 지역별 특화가 나타날까?

05. 규모의 경제가 있는 재화를 생산하고 있는 두 지역이 있다. A지역은 인구가 100만이고 B지역은 인구가 50만이라고 하자. 두 지역간 운송비는 없다고 하자.

1) 두 지역이 동일한 한 재화만을 생산하고 있다면, 지역별 생산은 어떻게 될까?
2) 1)번의 문제에서 인구는 이동하는가?
3) 두 지역이 규모의 경제가 있는 차별적인 재화들만을 생산하고 있다면, 지역별 생산은 어떻게 될까?
4) 3)번 문제에서 인구는 이동하는가?
5) 3)번 문제에서 재화의 이동이 불가능하다고 가정하면, 인구의 이동이 발생할까?

06. 중국은 경제개방을 시작하면서 해안지역에 경제특구를 설정하였다. 경제특구의 소득 수준에 어떤 변화가 있을 것인가를 다음 두 가지 경우로 구분하여 설명하라.

1) 경제특구와 타 지역간 노동이동에 제약이 있을 때
2) 지역간 노동이동에 제약이 없을 때

07. "국가간 생산요소의 이동은 재화의 이동을 대체하므로 요소의 국가간 이동이 자유로워지면 국가간 무역의 필요성은 없어진다." 이를 논평하라.

제 2 부

국제무역정책

09 관세, 수량할당 및 비관세정책

앞에서 공부한 무역이론은 자유무역을 실시하면 모든 국가의 후생수준이 증가한다고 설명한다. 그러나 실제로 완전한 자유무역을 시행하는 국가는 거의 없다. 대다수의 국가들은 무역에 제약을 두는 다양한 정책을 운용하고 있다. 무역정책 수단으로 가장 일반적인 것이 관세이고, 이 외에도 수입쿼터, 수출자율규제, 행정적 규제 등이 있다. 또 국제 카르텔, 덤핑, 수출보조금 등도 무역정책 수단으로 이용된다.

이 장에서는 무역정책이 생산, 소비 그리고 후생수준에 미치는 경제적 효과를 살펴보고, 또 다양한 무역정책 수단이 경제에 미치는 효과를 서로 비교하고자 한다.

제 1 절 관세의 경제적 효과

1. 관세의 형태

관세(tariff)란 교역되는 재화가 국경을 넘을 때 부과되는 조세 또는 징수금을 말한다. 수입관세(import tariff)는 수입품에 부과하는 관세이고, 수출관세(export tariff)는 수출품에 부과하는 관세이다. 수출관세는 자국의 수출품 가격을 높여서 교역조건을 개선하고 재정수입을 확보하기 위해 부과한다. 하지만 수출관세를 부과하는 국가는 거의 없다. 일반적으로 관세라고 하면 이는 수입관세를 의미한다.

관세는 부과 방식에 따라 종가세(從價稅)와 종량세(從量稅)로 구분된다. 종가관세(ad valorem tariff)는 수입재 가격의 일정비율을 관세로 부과하는 것이고, 종량관세(specific tariff)는 수입재 한 단위에 대해 일정액을 관세로 부과하는 것이다. 예를 들어, 수입 의류에 10%의 종가관세를 부과하면, 100달러짜리 의류의 관세액은 10달러, 200달러짜리 의류의 관세액은 20달러가 된다. 그런데 수입 의류에 종량관세 10달러를 부과하면, 의류의 가격에 관계없이 한 장당 10달러의 세금이 부과된다. 어느 나라에서나 종가관세가 일반적이다.

한국에서 와인 가격은 왜 비싼가?

우리나라 와인 값은 세계적으로 가장 비싼 것으로 알려져 있다. 일본과 비교해도 2배 이상 비싸다고 한다. 특히 저가 와인보다 고가 와인에서 다른 나라와 가격 차이가 더 크다. 한국에서 와인 가격이 비싼 이유가 무엇일까? 유통구조의 문제도 있지만, 세금 부과 방식의 문제 때문이기도 하다. 주류세 부과 방식이 일본은 종량세 형태임에 비해, 한국은 종가세 형태이다.

국내에 수입되는 와인에는 관세, 주세, 교육세, 부가세를 포함하여 수입가격의 68% 만큼 세금이 붙는다. 종가세가 68%이므로 1만원짜리 와인을 수입하면 세금 포함한 가격이 16,800원이 된다. 그런데 일본은 주류에 매기는 세금이 종량세이다. 병당 153엔의 세금(관세와 주세 포함)에 최종적으로 5%의 소비세가 붙는다. 1엔을 10원으로 환산하면, 1만원짜리 수입 와인의 세금포함 가격이 12,100원이 된다. 같은 1만원짜리 수입와인이 세금 때문에 한국에서 4,700원이나 더 비싸게 된다.

고가 와인일수록 한국과 일본의 가격 차이는 더 벌어진다. 예를 들어, 10만원짜리 와인을 수입하는 경우, 한국에서는 168,000원이 되고, 일본에서는 102,100원이 된다. 1만원짜리를 수입할 때는 4,700원 차이였지만, 10만원짜리를 수입할 때는 무려 65,900원 차이가 난다. 한국은 수입가격의 68%가 세금이므로 가격이 비쌀수록 세금도 많아지지만, 일본은 병당 153엔의 세금을 부담하는 종량세로서 가격이 올라가도 세금이 올라가지 않는다. 이처럼 한국과 일본의 관세 부과 방식의 차이 때문에 고가 와인일수록 한국에서 더 비싸게 된다.

와인 수입에 대해 미국, 유럽 등 대부분의 선진국은 일본과 같은 종량세 형태의 관세를 채택하고 있다. 관세만이 아니라 주세(酒稅)도 선진국들은 대부분 종량세를 채택하고 있다. 종가세 체제에서는 가격에 비례하여 세금을 부담하므로 생산비가 높은 소규모 양조장이 대기업보다 불리한 측면이 있다. 대기업은 대량생산으로 생산단가가 낮으나 소규모 양조장은 소량 생산으로 생산단가가 높기 때문이다.

우리나라는 국내 주세(酒稅)도 종량세가 아닌 종가세를 채택하고 있다. 일본에는 지역마다 다양한 전통주가 있다. 이렇게 다양한 전통주가 생산될 수 있는 것은 주세가 종량세 형태이기 때문이라고 한다. 우리도 다양한 전통주, 다양한 수제맥주 생산을 장려하기 위해서는 종량세 도입이 필요하다는 주장이 계속되었다. 종량세에서는 생산비와 관계가 없이 일정한 세금이 부과되므로 생산단가 높은 소규모 양조장의 세금 부담을 줄여줄 수 있기 때문이다. 이에 정부는 2020년부터 맥주와 막걸리의 주세를 종량세로 전환하기로 했다. 수제맥주업계는 종량세 개편을 크게 반겼다. 다품종 소량생산으로 생산비가 높은 전통주나 수제맥주 생산자들의 세금부담이 줄어들기 때문이다.

2. 관세의 생산, 소비 및 후생효과

1) 소국의 관세

수입관세의 경제적 효과를 수입재 시장만을 고려한 부분균형 분석을 이용해 알아보자. 국제시장가격에 영향을 미치지 못하는 소규모 국가(small country)에서 관세를 부과하면, 수입재의 국내가격은 다음과 같이 결정된다.

$$P^d = P^w(1+t) \quad (9.1.a)$$

$$P^d = (P^w + t) \quad (9.1.b)$$

여기서 P^d는 국내가격, P^w는 국제시장가격이고, 식 (9.1.a)의 t는 관세율, 식 (9.1.b)의 t는 종량관세를 나타낸다. 어떤 형태든지 관세를 부과하면 국내가격은 국제가격보다 관세만큼 더 올라간다.

[그림 9-1]의 D와 S는 수입재의 국내시장에서의 수요곡선과 공급곡선이다. 자유무역 상태에서 국제시장가격이 P^w라고 하면 이 재화의 국내 생산량은 S_1, 국내 소비량은 D_1이 되고, 생산과 소비의 차이인 S_1D_1만큼을 수입한다.

이제 이 국가가 수입재 한 단위에 대해 t만큼의 종량관세를 부과하면, 수입재의 국내가격이 그림의 P^d로 상승한다. 수입재 가격이 올라가면, 국내생산량은 S_2로 증가하고 국내소비량은 D_2로 감소하며, 그 차이인 수입량은 S_2D_2로 감소한다. 이와 같이 관세를 부과하면, 국내생산은 증가하고 국내소비는 감소하여 수입이 줄어든다.

그림 9-1 관세의 경제적 효과: 소국

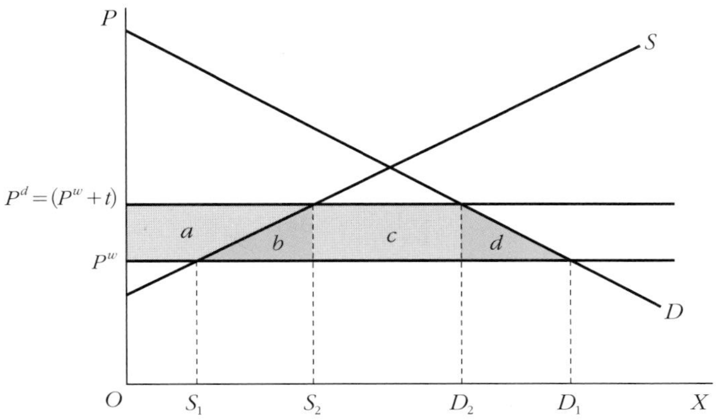

〈b와 d의 합이 관세부과에 따른 사회적 비용이다.〉

관세부과로 얼마만큼 수입이 줄어들 것인가는 수요곡선과 공급곡선의 탄력성에 달려있다. 수요곡선과 공급곡선이 탄력적일수록 가격 상승에 따른 소비감소와 생산 증가의 효과가 커지므로 수입도 많이 감소한다.

[그림 9-1]에서 관세를 부과하면 수입재 가격이 올라가서 소비자잉여는 $(a+b+c+d)$만큼 감소한다. 그런데 수입재 가격 상승으로 생산자잉여는 a만큼 증가하고, 정부는 수입량에 관세를 곱한 c만큼의 관세수입을 얻는다. 따라서 관세의 후생효과는 다음과 같다.

$$\begin{aligned}\text{관세의 후생효과(소국)} &= [a+c]-[a+b+c+d] \\ &= -(b+d)\end{aligned}$$

관세 부과로 인해 이 나라는 $(b+d)$만큼 후생이 감소하는데, 이를 사회적 순손실(deadweight loss)이라고 한다. 순손실 $(b+d)$ 중 b를 생산왜곡으로 인한 손실, d를 소비왜곡으로 인한 손실이라고 한다. 생산왜곡으로 인한 손실은 자원을 비효율적인 수입대체재 부문에 배분하여 발생한 손실이고, 소비왜곡으로 인한 손실은 수입재를 보다 높은 가격으로 소비하기 때문에 발생한 손실이다. 이와 같이 소국에서는 관세를 부과하면 반드시 후생수준이 감소한다.

2) 대국의 관세

소국의 관세는 국제시장가격에 영향을 미치지 못하지만, 대국의 관세는 그렇지 않다. 대국은 국제시장에서 차지하는 비중이 크기 때문에, 대국의 수요가 줄어들면 세계시장의 전체 수요도 줄어들어 국제시장가격이 하락하게 된다. 즉, 대국이 관세를 부과하면, [그림 9-2]에서처럼 국제시장가격은 P^w에서 P_1^w로 떨어진다. 국제시장가격은 내려갔지만, 이에 관세를 더한 국내가격은 이전의 P^w보다 높은 P^d가 된다. 국내가격 상승으로 인해 국내 생산량은 S_1에서 S_2로 증가하고, 국내 소비량은 D_1에서 D_2로 감소한다.

관세를 부과하면 국내가격이 상승하여 소비자잉여는 $(a+b+c+d)$만큼 감소하고, 생산자잉여는 a만큼 증가한다. 그리고 정부는 $(c+e)$만큼의 관세수입을 얻는다. 이를 종합하면, 관세의 후생효과는 다음과 같이 정리된다.

$$\begin{aligned}\text{관세의 후생효과(대국)} &= [a+(c+e)]-[a+b+c+d] \\ &= e-(b+d)\end{aligned}$$

여기서 $(b+d)$는 는 생산과 소비의 왜곡으로 인한 사회적 순손실을 나타내며, e

그림 9-2 관세의 경제적 효과: 대국

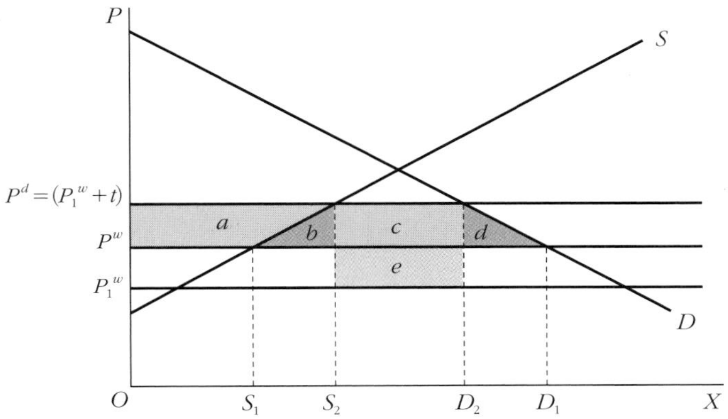

〈교역조건 개선에 의한 이익을 나타내는 e가 사회적 비용 $(b+d)$보다 클 경우 관세부과 이후 사회후생은 오히려 증가한다.〉

는 교역조건 개선으로 인한 이익을 나타낸다. 만약 교역조건 개선으로 인한 이익 e가 사회적 순손실 $(b+d)$보다 크다면, 해당 국가의 후생수준은 올라가게 된다. 관세 부과로 인한 수입재 가격의 하락 폭이 클수록, 이익 e는 커지고, 사회적 비용 $(b+d)$는 줄어든다. 따라서 관세 부과 시, 수입재의 가격이 얼마만큼 하락할 것인가가 후생수준 변화에 영향을 미치게 된다. 그런데 소국은 관세를 부과하더라도 수입재 가격이 하락하지 않으므로 교역조건 개선의 이익인 e를 얻을 수 없다. 그러므로 소국이 관세를 부과하면 항상 후생수준은 감소하게 된다.

대국에서 관세율을 올릴수록 세계 수요는 크게 위축되고, 국제시장가격이 하락하게 된다. 이로 인해 교역조건은 개선되지만, 관세율을 계속 올리는 것이 항상 후생수준을 증가시키는 것은 아니다. 왜냐하면, 초기에는 관세율 증가에 따른 교역조건 개선의 이익 (e)가 사회적 순손실 $(b+d)$보다 더 빠르게 증가하지만, 관세율이 일정 수준을 넘어서면 $(b+d)$의 증가가 (e)의 증가보다 더 빨라지기 때문이다. 다시 말해서, 관세율을 과도하게 인상하면, 교역조건이 개선됨에도 불구하고 사회적 비용이 커져서 후생수준이 오히려 하락하게 된다. 이는 관세 부과로 후생수준을 높일 수 있지만, 마냥 높이는 것이 좋은 것은 아님을 시사한다. 후생수준을 극대화할 수 있는 관세율을 '최적관세율(optimum tariff)'이라고 한다.

최적관세율 t^*는 외국의 수출공급탄력성 ε^*의 역수로 다음과 같이 계산된다.[1]

1 최적관세율은 $t^* = \frac{1}{(\eta^* - 1)}$의 식으로 계산하기도 한다. 여기서 η^*는 수입수요탄력성이다. 무역

$$t^* = \frac{1}{\varepsilon^*} \quad (9.2)$$

이 식에서 보듯이 외국의 수출공급탄력성이 클수록 최적관세율은 낮아진다. 외국의 수출공급탄력성(elasticity of foreign export supply)이란 수출상품의 국제가격이 1% 변할 때 수출량이 몇 퍼센트(%) 변하는가를 말한다.

대국의 수요 변화는 세계시장 가격에 영향을 미치므로 외국의 수출공급곡선은 우상향의 형태를 갖는다고 할 수 있다. 대국의 관세부과로 수요가 감소하면 국제시장가격이 하락하는데, 외국의 수출공급곡선이 비탄력적일수록 가격 하락폭이 더 커진다. 따라서 외국의 수출공급탄력성(ε^*)이 작을 때(비탄력적일 때), 식 (**9.2**)에서 알 수 있듯이 최적관세율은 더 높아지게 된다. 이는 자국이 대국일수록 국제시장가격에 미치는 영향력이 커서 후생수준을 극대화할 수 있는 관세율도 높아짐을 의미한다. 그러나 소국은 주어진 국제시장가격에서 무한대의 공급이 주어지므로 외국의 수출공급탄력성이 무한대가 되고, 따라서 최적관세율은 영(0)이 된다. 이는 소국에서는 후생수준을 높일 수 있는 관세 부과가 불가능하다는 것을 의미한다.

최적관세를 부과하면 자국은 이익을 얻지만, 상대국은 교역조건이 악화되어 손해를 보게 된다. 따라서 상대국이 보복관세(retaliatory tariff)를 부과할 가능성이 있다. 만일 상대국이 보복관세를 부과하면, 두 국가의 후생수준은 모두 하락하게 된다. 이에 대한 내용은 다음 절의 일반균형분석에서 다시 설명하기로 한다.

다음으로 대국에서 관세를 부과할 때 나타나는 메츨러 효과(Metzler effect)에 대해 알아보자. 대국에서 관세를 부과하면 수입재의 국제시장가격이 하락하지만, 여기에 관세를 더한 국내가격은 관세부과 전보다 상승하는 것이 일반적이다. 그런데 관세부과 후 수입재의 국제시장가격이 크게 하락하면, 여기에 관세를 더한 국내가격이 자유무역의 국제시장가격보다 오히려 낮아질 수 있다. 예를 들어, 국제시장가격이 100원인 상품에 10%의 관세를 부과했을 때, 해당 상품의 국제시장가격이 90원으로 떨어지면, 10%의 관세를 합친 국내 가격은 99원이 되어 자유무역에서의 가격보다 낮아진다. 이러한 현상을 메츨러 효과(Metzler effect)라고 한다.

메츨러 효과가 있는 경우에는 관세를 부과하더라도 수입재의 국내가격이 오히려 하락하기 때문에, 관세정책으로 국내 산업을 보호할 수 없게 된다. 메츨러 효과는 그 나라의 수요가 세계시장수요에서 차지하는 비중이 매우 크고, 또 그 상품의 수요와 공급이 매우 비탄력적이어서 수요 감소가 가격을 크게 하락시킬 때 나타난다. 그러나 이런 현상은 현실에서는 거의 발생하지 않는다.

균형 상태에서 이 식과 본문의 식 (**9.2**)는 서로 같다. 이는 연습문제로 확인하라.

3. 실효보호관세

관세는 수입재의 국내가격을 인상하여 국내 생산자를 보호하는 데 그 목적이 있다. 국내 생산자에 대한 보호 정도는 관세율의 크기로 평가한다. 그러나 관세율의 크기로만 보호의 정도를 평가하는 것은 타당하지 않다. 그 이유로는 다음의 두 가지가 있다.

첫째, 대국에서 관세를 부과하면 수입재의 국제시장가격이 떨어지기 때문에 국내가격의 상승률이 관세율보다 낮아진다. 즉, 국내가격 상승률이 관세율보다 낮아지므로 실질적인 보호의 정도도 관세율보다 낮아진다.

둘째, 어떤 산업의 실질적인 보호 정도는 그 산업의 부가가치가 얼마 정도 증가하는가에 달려있다. 관세부과로 재화가격이 올라가더라도 부가가치가 증가하지 않으면 그 재화의 생산은 증가하지 않을 것이다.

관세 부과 후 부가가치의 변화율을 실효보호율(effective rate of protection)이라고 한다. 부가가치 증가 여부는 최종재 관세율과 중간재 관세율의 크기에 의해 결정된다. 중간재 관세율이 최종재 관세율보다 낮을수록, 실효보호율은 높아진다. 이를 다음의 사례를 통해 알아보자.

〈표 9-1〉은 실효보호율의 사례를 보여주고 있다. 최종재의 가격은 100, 중간재의 가격은 60이어서 부가가치가 40인 재화가 있다고 하자. CASE A, B, C는 모두 최종재 관세율은 20%이지만, 중간재에 대한 관세율은 서로 다르다. CASE A에서는 중간재의 관세율이 없고, CASE B에서는 중간재의 관세율이 최종재와 같은 20%이며, CASE C에서는 중간재의 관세율이 최종재보다 높은 40%이다. CASE A에서는 실효보호율이 50%로 최종재 관세율보다 높고, CASE B에서는 실효보호율이 20%로 최종재 관세율과 같다. 그런데 CASE C에서는 이 산업의 명목관세율은 20%이지만 실효

■ ■ **표 9-1** 실효보호율의 예

	자유무역	CASE A		CASE B		CASE C	
	가격	관세율	가격	관세율	가격	관세율	가격
최종재(F)	100	20%	120	20%	120	20%	120
중간재(M)	60	–	60	20%	72	40%	84
부가가치(F-M)	40		60		48		36
실효보호율		50%		20%		−10%	

*주: 실효보호율 계산 공식은 $\frac{(V_t - V_w)}{V_w}$이다. 여기서 V_w는 자유무역시 부가가치인 40이고, V_t는 관세부과 후 부가가치이다.

보호율이 −10%로 실질적으로 보호를 받지 못하고 있다. 이는 중간재의 관세율이 최종재의 관세율보다 높아서 나타난 현상이다.

이상의 예에서 중간재 관세율이 최종재 관세율보다 낮으면 실효보호율은 높아지고, 중간재 관세율이 최종재 관세율보다 높으면 실효보호율은 오히려 음(−)이 됨을 알 수 있다. 어떤 산업의 실질적인 보호 정도를 높이기 위해서는 중간재 관세율을 최종재의 명목관세율보다 낮추어야 함을 말해준다.

선진국이나 개발도상국 모두 원자재에 대해서는 극히 낮은 관세율을 부과하고, 중간재에서 최종재로 갈수록 점점 높은 관세율을 부과하고 있다. 이러한 관세구조는 원자재에서 최종재로 갈수록 점차 관세율이 높아지는 계단식 형태여서 이를 경사관세(tariff−escalation)라고 한다. 경사관세 체계에서는 산업의 실질적인 보호 정도가 최종재의 명목관세율보다 높아진다.

[그림 9−3]은 한국과 아르헨티나의 섬유산업의 가공단계별 관세율이다. 두 나라 모두 최종재의 관세율이 가장 높고, 1차 가공단계의 제품에 대한 관세율이 가장 낮다. 가공단계가 높아질수록 관세율이 높아진다. 이러한 경사관세 구조는 실효보호율을 높이기 위함이다.

GATT와 WTO체제에서는 자유무역 제한수단으로 특별한 경우를 제외하고는 관세만 허용하고 있다. 따라서 세계 각국은 자유무역을 지향하는 GATT와 WTO의 취지에 크게 어긋나지 않으면서 실질적으로 자국 산업을 보호할 수 있는 제반수단을

그림 9−3 섬유산업의 가공단계별 관세율

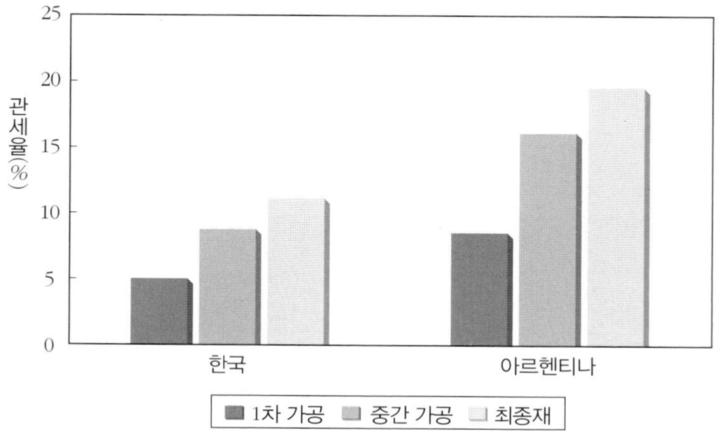

* 주: 한국은 2004년, 아르헨티나는 2001년 자료임.
* 자료: WTO, *Trade Policy Review*.

강구한다. 경사관세구조는 높은 명목관세를 피하면서 실질적인 보호효과를 높이는 방법으로 이용된다.

제 2 절 관세 효과의 일반균형분석

1. 소국의 후생효과

앞절에서는 부분균형분석을 이용하였는데, 여기에서는 일반균형분석을 통해 관세의 경제적 효과를 알아보자. 부분균형분석은 수입재 시장만을 고려하는데, 일반균형분석은 수입재 시장과 수출재 시장을 함께 고려한다.

[그림 9-4]는 X재를 수출하고 Y재를 수입하는 소국(小國)의 관세효과를 보여주고 있다. 자유무역 상태에서 X재의 상대가격이 p^w라고 하면, 생산점은 A점, 소비점은 C점이고, 후생수준은 W_0이다. 그림에서 p는 X재의 상대가격(P_X/P_Y)이므로 관세 부과로 수입재인 Y재의 가격(P_Y)이 관세율만큼 올라가면 국내 상대가격(p^d)은 하락한다. 상대가격이 p^d로 바뀌면 생산점이 B점으로 이동하여 수입재인 Y재 생산은 증가하고, 수출재인 X재 생산은 감소한다.

소비점의 변화는 조금 복잡하다. 일단 생산점이 B점으로 바뀌면, B점의 생산량을 외국과는 국제가격 p^w로 교환하기 때문에 예산선은 선분 BD의 직선이 된다. 소비자가 국제가격으로 소비한다면 소비점은 D점이 되고, 이 때 후생수준은 W_1이 된다. 그러나 소비자도 국내 가격으로 소비를 하므로 최종 소비점은 E점이 되고, 이 때 후생수준은 W_2가 된다.

최종소비점 E는 다음과 같은 조건을 만족한다. 먼저 국내생산자는 국내가격 p^d에 따라 생산을 하므로 생산점은 B점이 된다. B점에서 외국과의 교환은 국제시장가격에 의해 이루어지므로 p^w로 계산된 예산선상에서 소비가 이루어진다. 이 예산선상에서 국내 소비자는 국내상대가격에 따라 소비를 하므로 최종소비점은 p^d의 가격선과 사회무차별곡선이 접하는 점이 된다.

관세 부과로 인한 후생수준 감소는 2단계로 구분된다. 첫째, W_0에서 W_1으로의

2 장근호, 『열린 시대의 관세율정책: 수입구조의 변화와 우리나라 관세율체계의 평가』, 한국조세재정연구원, 1997. p. 41.

그림 9-4 관세의 효과: 소국

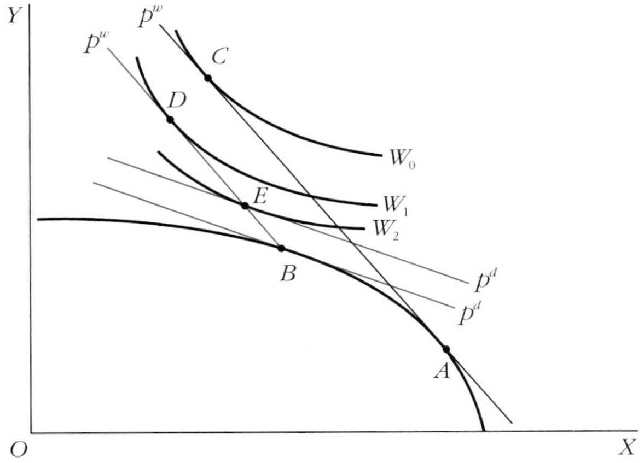

〈관세부과로 사회후생은 W_0에서 W_2로 떨어진다. $W_0 - W_1$은 생산왜곡으로 인한 비용이고, $W_1 - W_2$는 소비왜곡으로 인한 비용이다.〉

후생 감소는 자원의 비효율적 배분 때문에 발생하는 생산왜곡을 나타낸다. 다음으로 W_1에서 W_2로의 후생 감소는 국제시장가격으로 소비하지 못하여 발생하는 소비왜곡을 뜻한다. W_0에서 W_1으로의 후생 감소는 생산비용을, W_1에서 W_2로의 후생 감소는 소비비용을 나타낸다. 관세의 전체 사회적 비용은 W_0에서 W_2로의 후생 감소다.

이상에서 살펴본 일반균형분석 결과는 부분균형분석 결과와 유사하다. 첫째, 수입대체재의 생산은 증가하고 수출재의 생산은 감소한다. 둘째, 수입재의 소비가 감소하고 교역량이 감소한다. 셋째, 후생수준이 감소하며 이는 생산비용과 소비비용으로 구분된다.

2. 대국의 교역조건 개선 효과

소국과 달리 대국이 관세를 부과하면 수입재의 국제시장가격이 하락한다. 즉 대국의 교역조건이 개선된다. 대국에서 관세의 교역조건 개선 효과를 오퍼곡선을 이용하여 알아보자.

[그림 9-5]의 OG는 A국의 오퍼곡선이고, OG^*는 B국의 오퍼곡선이다. 오퍼곡선 형태로부터 A국은 X재 수출국이고, B국은 Y재 수출국임을 알 수 있다. 자유무역 상태에서 무역균형은 양국의 오퍼곡선이 만나는 A점에서 이루어지고, 이 때 국

그림 9-5 대국에서 관세의 교역조건 개선 효과

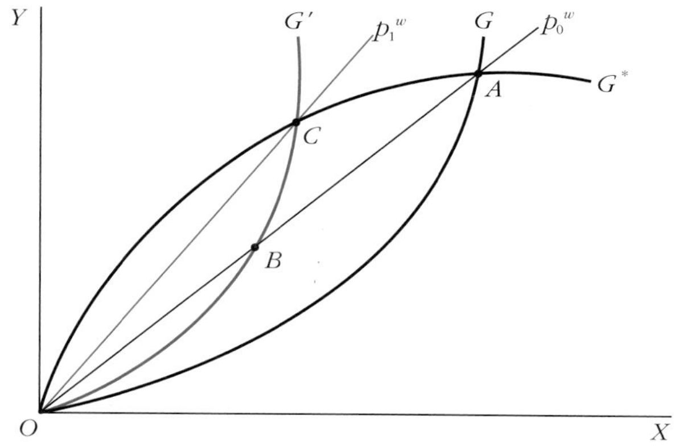

〈A국의 관세부과로 국제가격이 p_0^w에서 p_1^w로 바뀌는데, 이는 A국의 교역조건이 개선되고 반대로 B국의 교역조건은 나빠짐을 나타낸다.〉

제가격은 원점과 A점을 연결한 선의 기울기인 p_0^w다.

A국이 수입재인 Y재에 관세를 부과하면 A국의 오퍼곡선이 왼쪽으로 이동한다. 그 이유는 다음과 같다. 교역조건이 일정할 때, A국이 관세를 부과하면 교역량이 감소하여 무역균형점이 A점에서 B점으로 이동한다. 따라서 관세 부과 후 A국의 오퍼곡선은 B점을 지나는 오퍼곡선으로 이동한다. 관세율이 높아질수록 교역량이 더 많이 감소하므로 오퍼곡선도 왼쪽으로 더 많이 이동한다.

A국의 오퍼곡선이 OG'으로 이동하면 새로운 무역균형점은 C점이 되고, 이 때 국제균형가격은 원점과 C점을 연결한 선의 기울기인 p_1^w가 된다. 여기서 p는 X재의 상대가격 (P_X/P_Y)이므로 p가 상승했다는 것은 X재를 수출하는 A국의 교역조건이 개선되었음을 뜻한다.

3. 최적관세와 관세보복

[그림 9-6]은 관세 부과 후 교역조건 개선으로 인한 후생수준의 변화를 보여준다. 여기서 후생수준은 무역무차별곡선(trade indifference curve)으로 표시된다. 무역무차별곡선은 생산가능곡선과 사회무차별곡선으로부터 도출되며, 무역무차별곡선에서 효용의 크기는 수출량과 수입량의 크기에 의해 결정된다. 동일한 무역무차별곡선상의 점들은 효용수준이 서로 같은 수출량과 수입량의 조합을 나타낸다.

[그림 9-6]의 I_0과 I_1은 X재를 수출하는 국가의 무역무차별곡선이다. I_1에서는 I_0

그림 9-6 최적관세

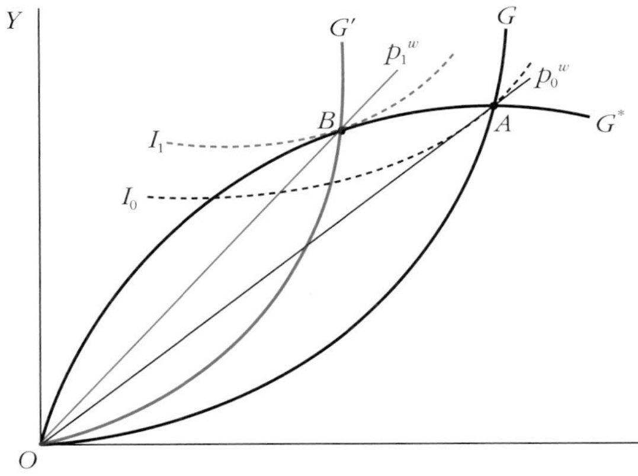

〈A국이 최적관세를 부과하면, 교역조건은 p_0^w에서 p_1^w로 개선되고, 후생수준은 I_0에서 I_1으로 높아진다.〉

에서보다 같은 양의 수출로 더 많은 양을 수입할 수 있으므로 I_1은 I_0보다 더 높은 효용수준을 나타낸다. 반대로 Y재를 수출하는 국가의 무역무차별곡선은 아래로 오목한 형태이며, 아래에 위치한 무차별곡선일수록 더 높은 효용을 나타낸다.

자유무역 상태에서 무역균형점은 두 국가의 오퍼곡선이 만나는 A점이고, 이 때 A국의 후생수준은 무역무차별곡선 I_0로 평가된다. A국이 관세를 부과하면 오퍼곡선이 좌측으로 이동하여 새로운 무역균형점은 B가 되고, A국의 교역조건은 p_0^w에서 p_1^w로 개선되며, 후생수준은 I_0에서 I_1으로 증가한다.

A점에서 시작해 관세율을 점차 높이면 A국의 오퍼곡선은 좌측으로 이동한다. B점에 이를 때까지는 후생수준이 증가해가지만, 그 이후에는 후생수준이 감소해 간다. 이는 관세율이 높을수록 교역조건이 개선되어 후생수준이 증가하지만, 관세율이 너무 높으면 교역조건 개선으로 인한 이익보다 소비왜곡과 생산왜곡의 비용이 더 커서 후생수준이 오히려 감소함을 말해준다. 이는 앞의 부분균형분석에서 설명한 최적관세율 개념과 같은 내용이다. [그림 9-6]의 B점은 A국의 후생수준이 극대화되는 점이다. B점에서 균형이 이루어지도록 오퍼곡선을 OG'으로 이동시키는 관세율을 최적관세율(optimum tariff)이라고 한다.

최적관세를 부과하면 자국은 이익을 얻지만, 상대국은 교역조건이 악화되어 손해를 보게 된다. 따라서 상대국이 보복관세(retaliatory tariff)를 부과할 가능성이 있다. 만일 상대국이 보복관세(報復關稅)를 부과하면, 무역량이 감소하고 두 국가의 후생수준은 모두 하락하게 된다. 특히 두 국가 간에 관세보복의 악순환이 계속되면, 두 나라의 후생수준은 더욱 낮아진다. 1930년대에 자국 산업을 보호하기 위해 경쟁적으로 관세율을 높였던 관세전쟁(tariff war)의 경험은 최적관세 정책이 현실적으로 타당하지 않음을 말해준다.

미·중 무역분쟁

2017년부터 미국과 중국 간의 무역 갈등이 점점 확대되어 왔다. 미·중 무역분쟁의 배경에는 미국의 대중국 무역수지 적자 문제가 있다. 미국의 대중국 무역수지 적자는 2000년 이후 지속적으로 확대되어 왔다. 2018년 미국 무역적자의 약 50%가 중국과의 무역에서 발생했다. 미국의 대중국 수입액은 약 5,400억 달러, 수출액은 약 1,200억 달러로, 대중국 무역수지 적자가 무려 4,200억 달러나 되었다. 두 국가 간 무역불균형이 매우 심했다.

과거 중국은 노동집약적인 가공무역제품을 주로 수출하였으나, 중국의 기술수준이 향상되면서 수출품의 질이 성장하고 있었다. 중국의 대미국 수출에서 가공무역 비중이 2007년에는 62.5%였으나, 2018년에는 41.0%로 감소하였다. 미국은 중국의 기술진보가 기술탈취의 결과라고 의심하고 있었다.

■ ■ **표 9-2** 미 · 중 무역분쟁의 경과

구분	미국측		중국측	
	일시	세부내용	일시	세부내용
1차	'18.7.6	340억 달러, 818개 품목 관세 25% 부과	동일자	340억 달러, 545개 품목 관세 25% 부과
2차	'18.8.23	160억 달러, 279개 품목 관세 25% 부과	동일자	160억 달러, 114개 품목 관세 25% 부과
3차	'18.9.24	2,000억 달러, 745개 품목 관세 10% 부과	동일자	600억 달러, 5,140개 품목 관세 5-10% 부과
4차	'19.5.10	3차 대상 품목 관세 25%로 상향	'19.6.1	3차 대상 품목 관세 5~25%로 상향
5차	'19.9.1	1,120억 달러, 3,243개 품목 관세 15% 부과	동일자	1,717개 품목, 관세 5-25% 부과
	'19.10.1	1,2,3차 대상 품목 2,500억 달러, 관세 30%로 상향		
	'19.12.15	1,560억 달러, 556개 품목 관세 15%	동일자	3,361개 품목, 관세 5-25% 부과

* 주: 수출입은행상해사무소, 미·중 무역 분쟁의 실체와 5대 쟁점 분석, 2019. 5. 22.
KOTRA, 최근 미중 통상분쟁의 확산 동향, Global Market Report 19-093, 2019.09.

미국 트럼프 대통령은 중국이 정부지원의 경제운영으로 시장을 왜곡하고 있다고 비난하고, 세계경제를 위해 중국의 시장경제 왜곡을 저지해야 한다고 주장하였다. 미·중 무역분쟁은 무역불균형 해소를 넘어 체제 경쟁의 양상으로 확대되고 있었다.

〈표 9-2〉에서 보듯이 미국은 중국에 대해 2018년 7월과 8월에 각각 818개와 279개 품목에 대해 25% 관세를 부과하였다. 2018년 9월에는 2000억 달러에 달하는 5,745개 품목에 대해 10% 관세를 부과하였으며, 다시 2019년 5월에는 이 품목의 관세율을 25%로 상향하였다. 또 2019년 10월부터는 이상의 품목 전부에 대해 관세율을 30%로 상향하였고, 추가적으로 3,805품목의 일부에 대해서는 9월부터, 나머지 일부에 대해서는 12월부터 15% 관세를 부과하였다. 미국은 대중국 수입 총액에 해당하는 5,500억 달러에 대해 관세를 대폭 인상하였다. 이에 대해 중국은 〈표 9-2〉에서 보듯이 미국 조치와 거의 같은 날짜에 보복관세를 부과하였다. 다만, 중국은 미국에서 수입하는 금액이 적기 때문에 보복관세 부과 대상이 적을 뿐이었다.

중국은 당시 위안화를 평가절하하였다. 위안화의 평가절하는 미국의 관세인상에 대한 보복적 성격이 강했다. 미국은 중국이 수출경쟁력을 높이기 위해 환율을 조작하고 있다고 비난하였다. 2019년 8월 위안/달러 환율이 7위안을 상회하자 미국은 중국을 환율조작국으로 지정하면서 양국의 갈등이 더욱 심화되었다. 미국과 중국은 무역분쟁을 끝내기 위해 수차례에 걸쳐 회담을 가졌으나, 갈등상황이 상당기간 지속되었다.

제 3 절 수입쿼터, 수출자율규제와 반덤핑 관세

1. 수입쿼터

수입쿼터(import quota)는 수입량을 제한하는 정책이다. 관세는 수입재의 국내가격을 높여 수입량을 제한하는 반면에, 수입쿼터는 직접적으로 수입량을 제한한다. 수입쿼터는 제2차 세계대전 직후 서부 유럽에서 보편적으로 이용되었고, 오늘날에도 선진국이나 개도국들이 국내 농업이나 국내 산업을 보호하기 위하여 이용하고 있다. 쿼터정책은 주로 수입을 제한하기 위해 사용하지만, OPEC의 석유처럼 수출량을 제한하기 위해 이용하기도 한다.

[그림 9-7]을 이용해 관세와 쿼터의 효과를 비교해보자. 그림에서 국제시장가격이 P^w일 때, 수요는 H점, 공급은 F점에서 결정되므로 수입량은 $\overline{CD}$가 된다. 그런

데 $\overline{AB}$ 만큼의 수입쿼터를 부과하면, P^w의 가격에서는 초과수요가 발생하므로 국내가격이 P^d로 상승하여 초과수요를 해소한다. 만일 t%의 관세 부과로 국내가격이 $P^d(=P^w(1+t))$가 된다면, 수입쿼터 $\overline{AB}$와 관세 t%의 후생효과는 같아진다. 즉, 두 정책 모두 $(b+d)$의 사회적 순손실을 초래한다.

그런데 관세정책에서는 c 부분이 정부의 관세수입이 되지만, 수입쿼터정책에서는 이 부분이 수입업자의 수익이 된다. 따라서 관세와 수입쿼터 사이의 주요 차이점은 c 부분이 정부의 수입이 되느냐, 아니면 수입업자의 이익이 되느냐에 있다. 그런데 정부가 수입업자에게 수입면허권(import licences)을 판매하게 되면, c가 수입면허권 판매로 얻어지는 정부수입이 되므로 이 경우에는 정부세수 면에서도 관세와 수입쿼터의 효과가 같아진다.

그럼에도 불구하고 관세와 수입쿼터의 정책효과가 항상 같지는 않다. 그 이유는 다음과 같다. 첫째, 관세는 가격규제 방식이고 수입쿼터는 수량규제 방식인데, 이러한 규제방식의 차이 때문에 정책효과에 차이가 나타난다. 관세에서는 국내수요가 변동해도 국내가격은 국제가격에 관세를 더한 금액으로 일정하므로 국내생산이 변하지 않고, 수요 증가는 수입 증가로 해소된다. 하지만, 수입쿼터에서는 수입량이 제한되어 있으므로 국내수요가 증가하면 국내가격 상승과 함께 국내 생산량이 증가하게 된다. 그 결과 수입쿼터에서 왜곡으로 인한 손실이 더 커지게 된다 ([그림 9-7]에서 수요곡선이 우측으로 이동할 때, 두 정책에서 발생하는 왜곡의

그림 9-7 수입쿼터의 경제적 효과

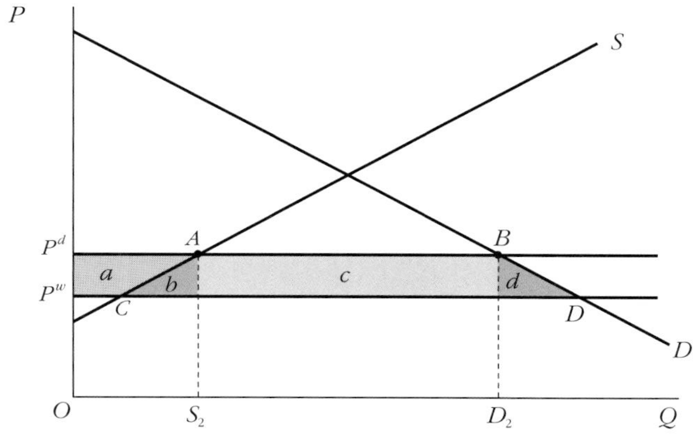

〈$\overline{AB}$만큼의 수입쿼터를 부과하거나, t%의 관세 부과로 국내가격이 P^d가 된다면, 두 정책 모두 $(b+d)$의 사회적 순손실을 초래한다. 그런데 관세정책에서는 c 부분이 정부의 관세수입이 되지만, 수입쿼터정책에서는 이 부분이 수입업자의 수익이 된다.〉

삼각형 면적이 어떻게 다른지 비교해보면 된다).

둘째, 관세는 수입규제 효과가 불확실한 반면, 수입쿼터는 수입량을 일정수준으로 확실하게 제한한다. 수입재에 대한 수요탄력성과 공급탄력성을 정확히 모르는 상황에서, 관세를 부과하더라도 실제로 수입량이 얼마나 줄어들지는 예측하기 어렵다. 또 관세를 부과한 후 외국의 수출업자들이 가격을 인하할 경우 국내가격의 상승 효과가 줄어들게 되어, 수입량의 감소폭이 예상보다 작아질 수 있다. 이런 이유로 농산물 보호와 같이 수입량을 확실하게 제한하고자 할 때, 수입쿼터 정책이 선호된다.

셋째, 관세 부과의 경우에는 가격 상승폭이 쉽게 예측되지만, 수입쿼터의 경우에는 가격 상승폭을 예측하기 어렵다. 국제시장가격과 국내가격의 차이로 보호의 정도를 측정하는데, 관세와 달리 수입쿼터는 가격 상승폭의 예측이 어렵기 때문에 보호의 정도를 측정하기가 쉽지 않다.

마지막으로, 수입쿼터 정책에는 수입면허 배분의 문제점이 있다. 수입면허를 받게 되면 수입가격과 국내가격 사이의 차익을 획득할 수 있어, 많은 사람들이 수입면허권을 얻고자 한다. 이로 인해 사람들은 수입면허를 받기 위해 로비활동을 하는 등 부정부패의 소지가 있다. 따라서 수입쿼터 정책에서는 불필요한 자원낭비가 발생하게 된다. 수입면허의 이득을 누구에게 주어야 할지는 간단한 문제가 아니다. 한국은 농산물 수입을 개방할 때, 오렌지의 수입면허권은 감귤협회에, 소고기의 수입면허권은 축산협회에 배정하였다. 이는 수입개방으로 인해 손해를 보게 된 당사자들에게 수입면허의 혜택을 제공함으로써 일정부분의 손실을 보전하기 위함이었다.

한국의 쌀시장 개방: 관세화 유예와 전환

1994년 타결된 우루과이라운드(UR)협상에서는 모든 농산물의 수입규제 수단을 관세화하기로 결정했다. 그러나 우리나라 쌀은 예외를 인정받아 10년간(1995~2004년) 관세로의 전환을 유예했다. 대신 1995년 5.1만 톤에서 2004년 20.5만 톤의 쌀을 의무적으로 수입하고, 2005년부터는 관세로 전환하기로 하였다.

그러나 2004년, 10년의 기간이 끝나갈 무렵 한국 농민들은 관세화 전환에 강력히 반대했다. 이는 한국의 쌀 생산비가 미국, 중국, 태국의 4~5배에 달하고, 관세만으로는 수입량을 효과적으로 제한하기 어렵다고 판단했기 때문이다. 이에 정부는 협상을 통해 관세화 유예를 2005년부터 2014년까지 10년간 더 연장하고, 의무 수입 물량을 매년 균등하게 증가시켜 2005년 22.5만 톤에서 2014년 40.9만 톤까지 늘리기로 했다. [그림 9-8]은 연도별 쌀 의무수입물량을 나타낸다.

그림 9-8 연도별 쌀 의무수입물량 (단위: 천 톤)

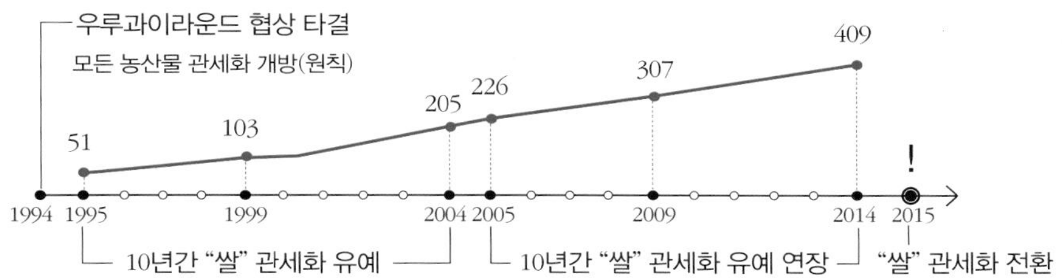

* 주: 2014년 의무수입물량 40.9만톤은 2015년 이후에도 5%의 낮은 관세율로 수입해야 함.
* 자료: 농림축산식품부 홈페이지, http://www.mafra.go.kr/rice/01/01_01.html, 2015.

다시 10년이 지난 2014년, 농민들은 또다시 관세화 전환에 강력히 반대했다. 그러나 이러한 주장은 더 이상 실익이 없었다. 10년을 더 연장하기 위해서는 의무수입물량을 80만 톤까지 늘려야 하는데, 2014년 현재 의무수입물량인 40.9만 톤이 이미 우리나라 쌀 소비량의 9%에 달하고 있고, 국내 쌀 재고가 쌓여있는 상황에서 더 이상 의무수입을 늘리면 재고 부담이 가중되었기 때문이다. 더구나 추후 관세로 전환하더라도 의무수입물량 80만 톤을 관세율 5% 낮은 관세로 계속 수입해야 하는 부담이 있었다.

결국 정부는 2015년부터 관세율 513%를 적용해 쌀 시장을 전면 개방하기로 했다. 의무 수입 물량인 40.9만 톤은 5%의 관세율을 적용하여 수입하고, 그 이외의 쌀은 513%의 관세율로 수입할 수 있게 되었다. 어떻든 2014년까지 쌀 수입을 쿼터로 규제하고자 한 것은 쌀 수입량을 확실하게 규제함으로써 국내 쌀 산업을 보호하자는 것이었다. 관세를 통한 가격 규제로는 수입량을 일정 수준으로 제한하는 것이 어렵다고 판단하였기 때문이다.

2. 수출자율규제

수출자율규제(voluntary export restraint: VER)는 수출국이 스스로 수출량을 일정 수준으로 제한하는 정책을 의미한다. 하지만 대부분의 경우, 이 규제는 수출국의 자발적인 선택이 아닌 수입국의 압력 혹은 요청에 따라 시행된다. 특히 수입국의 영향력이 강할 경우 수출국은 그 요청을 무시하기 어렵기 때문에 수출자율규제가 실행되게 된다.

수출자율규제는 수량을 제한한다는 점에서 수입쿼터와 유사하다. 다만, 수출자율규제에서는 수량제한이 수출국에 의해 이루어진다는 점에서 수입쿼터와 차이가 있다. 수출자율규제에서도 [그림 9-7]의 수입쿼터에서와 마찬가지로 $(b+d)$의 사회적 순손실이 발생한다. 그런데 c 부분이 수입쿼터에서는 수입업자의 몫이 되지만,

수출자율규제에서는 수출업자의 몫이 된다. 이처럼 수출자율규제에서는 c가 외국으로 유출된다는 점에서 관세정책이나 수입쿼터에 비해 후생수준의 감소가 더 크다고 말할 수 있다.

그런데 왜 수입국은 스스로 수입쿼터를 부과하지 않고, 더 큰 손실을 초래하는 수출자율규제를 상대국에 요구하는 것일까? 이유는 수입쿼터를 통한 무역규제는 국제기구로부터 제재를 받지만, 수출자율규제는 무역규제를 하지 않는 것처럼 보이면서 자국 산업을 보호할 수 있기 때문이다. 반면에, 수출국은 수출자율규제를 실시하면 수출가격 상승으로 인한 초과이익을 얻을 수 있기 때문에 수입국의 이런 제안을 수용하게 된다. 수출자율규제 정책이 시행되는 동안, 수입국의 생산자는 가격 상승과 생산 증가의 이익을 얻지만, 수입국의 소비자는 가격 상승으로 인해 크게 손해를 보게 된다.

1980년대 초, 미국은 경기침체로 자동차 산업에서 실업이 증가하자 일본에게 자동차 수출자율규제를 요구하였다. 일본은 이를 받아들여 미국으로의 자동차 수출을 일정량으로 제한하였다. 일본은 자동차 수출 제한량을 1981년에는 168만대로 한정하였고, 1984년에는 185만대로 상향하였으며, 1985년에는 다시 230만대로 상향 조정하였다. 1980년대 후반에 이르러서는 일본이 미국으로 수출하는 자동차 대수가 수출자율규제의 수량을 밑돌게 되었다. 일본 자동차회사들이 미국 내 조립생산을 늘림에 따라 수출량이 줄어들었기 때문이다. 하지만, 수출자율규제 정책은 1994년까지 지속되었고, 1995년 출범한 WTO에서 이를 금지하면서 폐지되었다.

일본 자동차에 대한 수출자율규제는 미국 경제에 이득이 되지 못했다. 1980년에서 1985년 동안 일본 자동차 가격이 56%나 상승하였고, 가격 상승분 중 38%가 일본이 가져간 쿼터렌트였다.[3] 또한, 일본 자동차 가격이 상승함에 따라 유럽 자동차 가격도 함께 상승하였는데, 이는 미국의 손실을 더욱 확대시켰다. 그리고 1979년에서 1981년 사이에 미국 자동차 가격은 43% 상승하였지만, 품질 개선은 거의 이루어지지 않았다. 반면에, 수출자율규제로 인해 수출량을 제한받은 일본은 제한된 물량 내에서 수익을 극대화하고자 고급 승용차를 개발하여 수출하기 시작했다. 그 결과 미국이 과거에 경쟁 우위를 가졌던 고급승용차 시장에서도 일본의 경쟁력이 높아졌다. 일본 자동차 회사는 가격 상승에 따른 쿼터렌트를 얻었을 뿐만 아니라, 품질 개선을 통해 더욱 경쟁력을 강화하였다. 그런데 미국 자동차 회사들은 가격 상승의 혜택을 누렸지만 품질 개선을 소홀히 하였고, 미국 소비자들만이 자동차 가격 상승으로 인해 큰 손해를 보았다.

---

3 Feenstra, Robert and Alan M. Taylor(2021), International Trade, 5th ed. (p.285-288 참조).

미국과 일본 사이에 실시된 수출자율규제는 GATT의 규정을 위반한 것은 아니다. GATT는 수입량 제한을 규제하지만, 수출량 제한은 상대국이 시행한 것이기 때문에 GATT의 규정 위반으로 간주하지 않았다. 1980년대와 1990년대 초, 많은 국가들이 수출자율규제를 활용해 자동차나 철강 같은 제품의 수입을 제한했다. 이는 GATT 협정의 허점을 악용한 것이었다. 그러나 1995년 출범한 WTO에서는 수출자율규제의 사용을 금지하고 있어, 이 정책은 더 이상 사용할 수 없게 되었다.

3. 반덤핑 관세

1) 덤핑

덤핑(dumping)은 해외시장에서 자국시장 판매가격이나 평균비용보다 낮은 가격으로 제품을 판매하는 행위를 말한다. 덤핑은 경쟁을 왜곡하고 수입국 산업에 해를 끼칠 수 있기 때문에 WTO는 이를 불공정 무역으로 간주하고 있다. 대부분의 국가들은 이러한 덤핑행위에 대해 반덤핑 관세를 부과한다. 반덤핑 관세는 덤핑 제품의 가격을 정상가격 또는 수출국의 국내시장 가격 수준으로 인상하는 관세를 말한다.

덤핑에는 지속적 덤핑, 약탈적 덤핑 그리고 산발적 덤핑이 있다. 지속적 덤핑은 기업이 자국에서는 높은 가격으로, 해외에서는 낮은 가격으로 판매하여 이윤을 극대화하는 가격차별 전략이다. 약탈적 덤핑은 일시적으로 비용보다 낮은 가격으로 판매해 타국의 경쟁자를 제거한 뒤, 가격을 상승시키는 전략을 가리킨다. 산발적 덤핑은 잉여상품을 처분하기 위해 일시적으로 해외에서 생산비 이하의 낮은 가격으로 판매하는 것을 말한다.

이 세 가지 덤핑에서 문제가 되는 것은 약탈적 덤핑이다. 약탈적 덤핑은 불공정 무역이므로 이를 방지하기 위한 규제가 필요하다. 그런데 약탈적 덤핑과 다른 덤핑의 구별이 쉽지 않다는 이유로 모든 형태의 덤핑이 규제 대상이 된다. 규제수단으로는 국내 가격과 해외 가격의 차이를 상쇄하는 반덤핑 관세가 있다. 반덤핑 관세를 부과하면, 수입국의 생산자들은 생산과 이윤을 늘릴 수 있으나, 국가 전체의 후생수준은 하락한다. 그래서 지속적 덤핑과 산발적 덤핑에 대한 관세는 정당하지 않다고 본다. 특히 지속적 덤핑은 기업의 이윤극대화를 위한 가격차별 행위이므로, 이를 불공정하다고 볼 수 없다고 한다.

그럼 기업이 왜 해외시장에서 국내시장보다 낮은 가격으로 판매를 하는가? 국내시장에서는 독점적 지위에 있는데, 해외시장에서는 경쟁 상태에 있는 기업이 있다고 하자. 이 기업은 독점적 지위에 있는 국내시장에서는 높은 가격으로 판매하고, 경쟁이 치열한 해외시장에서는 낮은 가격으로 판매함으로써 이윤을 극대화할 수 있다. 이는 일종의 가격차별 전략이다. 가격차별 전략을 시행하기 위해서는 시장이 분리되어야 하는데, 두 국가 간 운송비 등으로 시장분리가 가능하다면 가격차별을 시행할 수 있다.

이처럼 두 시장에서 서로 다른 가격을 부과하는 가격차별 전략을 시행하면, 기업이 자국시장에서보다 낮은 가격으로, 때로는 생산비보다도 낮은 가격으로 해외시장에 판매하더라도 이윤을 얻을 수 있다. 이와 같은 덤핑 행위는 기업의 이윤극대화 전략의 결과라고 할 수 있다. 이를 [그림 9-9]를 이용해 설명해 보자.

독점기업의 수요곡선은 우하향하므로 [그림 9-9]에서 D와 같고, 이의 한계수입곡선은 MR이 된다. 그러나 수출 시장에서는 외국 기업과 경쟁 상태에 있기 때문에 기업의 수요 곡선은 탄력적인 형태가 될 것이고, 수출시장이 매우 경쟁적이라면 수요곡선은 가격 P^*에서 수평이 될 것이다. 이는 P^*의 가격에서 얼마든지 판매가 가능함을 나타낸다. 따라서 수출시장에서 한계수입(MR)은 가격 P^*와 같아진다.

기업의 이윤극대화 조건은 '한계수입(MR)=한계비용(MC)'인데, 두 시장에 제품을 판매하는 기업은 다음과 같이 각각의 시장에서 이윤극대화 조건을 충족해야 한다.

$$MR = MR^* = MC$$

여기서 MR은 자국시장에서의 한계수입이고, MR^*는 외국시장에서 한계수입이며, MC는 이 제품의 한계비용이다. 이 조건은 일반적인 이윤극대화조건과 같다. 다만, 두 개의 시장에서 판매 행위를 하고 있기 때문에 각각의 시장에서 한계수입과 한계비용이 일치해야 한다는 점을 나타내고 있을 뿐이다.

[그림 9-9]로부터 이 균형조건의 의미를 알아보자. 이 기업이 해외시장에 수출을 한다면 A점에서 한계수입(MR^*)과 한계비용(MC)이 일치하게 되고, 생산량은 Q_2가 된다. 국내 판매는 A점에서의 한계비용 MC와 국내 한계수입곡선 MR이 일치하는 B점에서 결정되므로, 국내판매량은 Q_1이 된다. 이 기업은 Q_2를 생산하여 Q_1은 국내에서 판매하고, 나머지 Q_1Q_2를 수출한다. 즉, 총생산량은 A점에서, 국내 판매량은 B에서 결정되고, 이 A점과 B점에서는 이윤극대화 조건인 $MR = MR^* = MC$의 조건이 충족된다.

해외시장에서는 주어진 시장가격인 P^*로 판매하지만, 국내시장에서는 독점적 지위에 있기 때문에 P^d의 가격을 부과한다. 국내시장 판매량은 Q_1인데, 이 판매량에서는 수요곡선과 만나는 P^d에서 가격이 결정된다. 이처럼 국내시장가격 P^d는 해외시장가격 P^*보다 높게 된다. 이렇게 동일한 제품을 수출시장에서 더 낮은 가격으로

그림 9-9 국내 독점기업의 덤핑

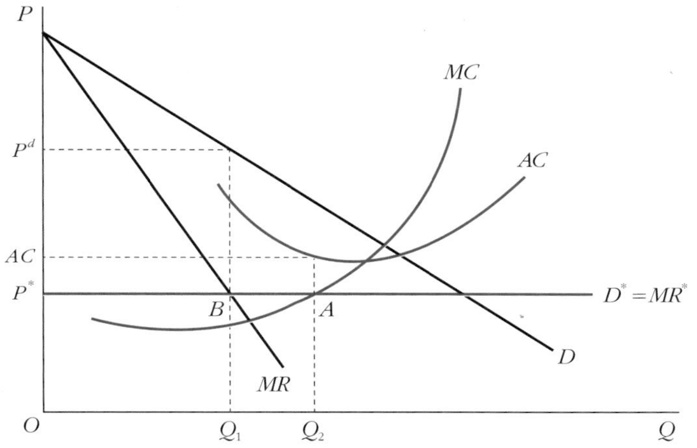

〈국내시장에서 독점인 기업이 해외시장에 수출을 하는 경우, 한계수입(MR^*)과 한계비용(MC)이 일치하는 Q_2만큼을 생산하여, Q_1은 국내에서 판매하고 나머지 Q_1Q_2를 수출한다. 해외시장에서는 P^*로 판매하지만, 국내시장에서는 P^d의 가격으로 판매한다. 이처럼 동일한 제품을 국내시장보다 수출시장에서 더 낮은 가격으로 판매하므로 덤핑으로 간주한다.〉

판매하므로, 이 기업은 덤핑을 하는 것으로 평가된다.

[그림 9-9]를 보면, 수출시장가격 P^*는 평균비용 AC보다도 더 낮게 형성되어 있다. 이처럼 생산비보다 더 낮은 가격으로 수출을 하면, 이 기업은 손해를 보는 것이 아닌가 하는 의문이 든다. 그런데 이 경우에도 수출을 하는 것이 더 낫다. 그 이유는 수출가격이 한계비용보다는 높기 때문이다(그림에서 마지막 판매분 이전까지의 한계비용이 수출가격 P^*보다 낮음을 볼 수 있다). 이 경우에는 가격이 평균비용(AC)보다 낮기 때문에 손실이 발생하고 있지만, 수출을 통해 가변비용을 보전함으로써 손실을 줄일 수 있다는 뜻이 된다.

기업들은 가격이 평균비용(평균고정비용과 평균가변비용의 합)보다 낮더라도 평균가변비용보다만 높으면 생산을 하고자 한다. 고정비용은 이미 투자된 매몰비용(sunk cost)이므로 가변비용을 보전할 수만 있다면 제품 판매로부터 이익을 얻을 수 있기 때문이다. 그래서 평균비용보다 낮은 가격에도 수출을 하는 기업이 있을 수 있다. [그림 9-9]의 기업이 여기에 해당된다. 그런데 이 기업은 국내시장에서는 독점이므로 독점가격을 부과함으로써 이윤을 극대화하려고 할 것이다. 이 국내시장의 독점가격은 수출가격보다 높다. 그러므로 이 기업은 같은 제품을 국내시장과 해외시장에서 서로 다른 가격을 부과하여 판매하게 된다. 이 경우 수출시장가

덤핑과 가격차별

덤핑(dumping)은 가격차별의 한 형태로 볼 수 있다. 특히, 지속적 덤핑은 이윤을 극대화하기 위한 가격차별 행위로 볼 수 있다. 가격차별(price discrimination)이란 독점기업이 서로 다른 소비자 집단에 대해 서로 다른 가격을 부과하는 것을 말한다. 예를 들어, 영화관은 학생보다 일반인에게 높은 요금을 부과하고, 출판사는 교수보다 도서관에 훨씬 더 비싼 가격으로 학술잡지를 판매한다. 이렇게 동일한 상품에 대해 소비자 집단마다 서로 다른 가격을 책정하는 것은 기업의 이윤극대화 행위의 결과이다.

가격차별을 실행하기 위해서는 다음의 조건이 충족되어야 한다. 첫째는 독점기업이어서 가격을 결정할 능력이 있어야 하고, 둘째는 소비자를 분리할 수 있어야 하며, 셋째는 소비자 각각의 수요탄력성에 차이가 있어야 한다. 소비자의 분리가 가능하다면, 수요탄력성이 낮은 소비자에게는 높은 가격을, 수요탄력성이 높은 소비자에게는 낮은 가격을 책정함으로써 이윤을 극대화할 수 있다. 수요탄력성이 높은 소비자들에게 가격을 낮추어주면 가격 인하율보다 소비가 더 많이 늘어 총수입이 증가하기 때문이다.

덤핑(dumping)은 같은 제품의 가격이 국내시장과 해외시장에서 서로 다르다는 점에서 가격차별의 일종이다. 국내 시장에서는 독점적인 위치에 있는 기업이 해외에서는 수많은 기업들과 경쟁을 해야 하는 경우, 독점인 국내시장에서는 수요가 비탄력적이지만, 경쟁이 심한 해외시장에서는 수요가 탄력적일 수밖에 없다. 이 경우 수요탄력성이 높은 해외시장에서는 국내시장보다 낮은 가격으로 판매함으로써 이 기업은 이윤을 증가시킬 수 있다. 그 결과 같은 제품 가격이 국내시장보다 해외시장에서 더 낮아지는 덤핑이 발생하게 된다.

많은 소비자들은 현대자동차가 국내보다 미국에서 같은 모델을 더 저렴하게 판다고 불만을 표현한다. 관세와 운송비를 고려하면 미국에서의 가격이 국내가격보다 더 비싸야 할 것 같은데, 실제로는 그렇지 않아 이해가 되지 않는다는 것이다. 한국 소비자의 불만에도 불구하고, 현대자동차는 독점력을 유지하고 있는 국내 시장에서는 높은 가격으로, 경쟁이 치열한 미국 시장에서는 낮은 가격으로 판매함으로써 이윤을 극대화하고 있다. 만일 국내 자동차 시장이 경쟁적으로 변하여 현대자동차의 독점적 지위가 약해진다면, 현대차의 수출가격과 국내가격 사이의 차이는 줄어들 것이다.

격은 국내가격보다 낮을 뿐만 아니라 생산비보다도 낮아지기 때문에 이러한 가격차별은 덤핑으로 간주된다. 하지만, 이 덤핑은 기업이 이윤을 극대화하는 과정에서 나타난 결과일 뿐이므로 이를 약탈적 의미에서의 덤핑이라고 볼 수는 없다.

2) 반덤핑 관세

앞서 살펴본 바와 같이, 국내시장에서 독점적 지위에 있는 독점기업은 자국시장 판매가격보다 해외시장에서 더 낮은 가격으로 제품을 판매하여 이윤을 극대화할 수 있다. 때로는 해외시장에서 평균생산비용보다 더 낮은 가격으로 판매하더라도 이윤을 얻을 수 있음을 알아보았다. 하지만, 국내가격 또는 평균비용보다 낮은 가격으로 해외에 판매하는 것은 덤핑으로 간주되어 수입국은 이에 반덤핑 관세를 부과할 수 있다.

세계무역기구(WTO)는 회원국이 반덤핑 조치를 이행할 수 있는 방법에 대한 지침을 제공하고 있다. 이 지침에 따르면 반덤핑 관세를 부과할 때 특정 절차를 준수하고 투명성을 보장해야 한다. WTO 규정에서는 수입품의 가격이 수출국의 국내시장 또는 제3의 시장에서의 가격보다 낮거나, 또는 수출자의 평균생산비용보다 낮으면 덤핑으로 판정한다. 이들 기준 중 하나라도 충족하면, 수입국은 반덤핑관세를 부과할 수 있다. 반덤핑 관세액은 수출국의 국내가격과 수입국의 덤핑 가격의 차이로 계산된다.

반덤핑 관세(anti-dumping tariff)는 덤핑 제품의 가격을 정상가격 수준으로 인상하는 수단이다. 반덤핑 관세의 주요 목적은 덤핑으로 인한 시장경쟁의 왜곡을 제거하고, 국내 산업에 대한 피해를 방지하기 위함이다. 반덤핑 관세는 공정 무역을 보장하기 위한 것이지만, 이것이 위장된 보호주의의 수단으로 사용되기도 한다. 그리고 반덤핑 관세의 부과는 수입품 가격을 인상하므로 소비자에게 피해를 주게 된다.

2003년 미국은 한국과 유럽 등 여러 국가들의 철강 수출에 대해 반덤핑관세를 부과하였다. 이러한 미국의 무역규제조치를 철강 수출국들은 WTO에 제소하였고, 2004년 WTO는 미국의 무역규제가 근거가 없다고 판정하였다. 제소기간 동안 미국 철강 생산자들은 이익을 보았지만, 미국 소비자들은 가격 상승의 손해를 입었고, 수출국도 수출 감소의 불이익을 겪었다. 현실적으로 수입국이 덤핑을 제소하면 수출국은 제소에서 승리할지라도 그 과정에서 수출이 감소하는 불이익을 감수해야 한다. 그래서 미국과 같이 시장규모가 큰 나라가 반덤핑 관세를 부과하겠다고 위협하면, 수출국들은 불이익을 받지 않기 위해 덤핑 제소 전에 수출가격을 미리 올리는 경향이 있다.

제 4 절 수출보조금과 기타의 비관세장벽

1. 수출보조금

1) 소국의 수출보조금

수출보조금(export subsidy)은 수출에 보조금을 지급하는 제도이다. [그림 9-10]으로부터 수출보조금의 경제적 효과를 알아보자. 자유무역 상태에서 국제시장가격은 P^w이다. 이 가격에서 이 나라의 공급량은 S_1, 수요량은 D_1이 된다. 수요량이 공급량보다 적기 때문에 D_1S_1만큼을 다른 나라로 수출을 한다.

그런데 수출재 한 단위에 대해 s만큼 보조금을 지급한다면, 수출업자는 수출재 한 단위에 대해 자유무역 가격인 P^w에 더해서 s만큼을 더 받게 된다. 즉, 수출업자의 수출가격은 (P^w+s)가 되므로 국내 가격이 이보다 낮으면 기업들은 국내 판매는 하지 않고 수출만 하려고 할 것이다. 따라서 이 제품의 (P^w+s)로 상승하게 된다. 즉, 국내시장 가격이 수출가격과 동일하게 된다.

국내가격이 (P^w+s)로 상승하면, 국내 소비자는 국내에서 설탕을 구입하는 대신 P^w의 가격으로 해외에서 수입을 하고자 할 것이다. 그런데 수출보조금을 실시하는 국가들은 해외 수입품이 국내로 유입되는 것을 방지하기 위해 수출보조금과 동일하거나 그보다 높은 수입관세를 부과하는 경향이 있다. 다시 말해서, 수출을 증가시키기 위한 정책을 실시하는 국가는 같은 제품이 수입되는 것을 방지하기 위해 수입관세로 보호하고 있다. 이는 수출보조금을 시행하고 있는 국가의 국내가격이 세계시장가격보다 높다고 하더라도 이 제품이 수입되지 않는다는 것이다. 그래서 수출보조금을 지급하면 자국의 국내가격이 보조금만큼 인상되는 결과가 나오게 된다.

수출보조금 지급으로 국내가격이 상승하면 국내생산은 증가하고 국내소비는 감소하고, 수출은 D_1S_1에서 D_2S_2로 증가한다. 그리고 국내가격 상승으로 소비자 잉여는 $(a+b)$만큼 감소하고, 생산자 잉여는 $(a+b+c)$만큼 증가하며, 수출보조금은 수출량 D_2S_2와 보조금 s를 곱한 면적인 $(b+c+d)$만큼 지급된다. 따라서 순후생 효과는 다음과 같이 정리된다.

$$\text{소국 수출보조금의 순후생 효과} = -(a+b)+(a+b+c)-(b+c+d)$$
$$= -(\mathrm{b}+\mathrm{d})$$

그림 9-10 수출보조금 효과: 소국

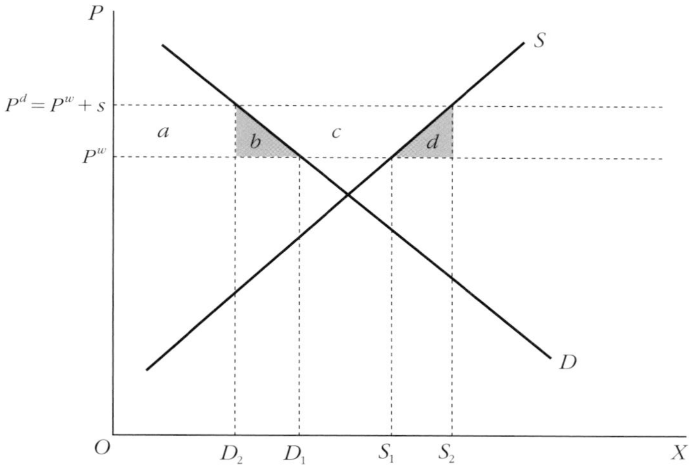

〈수출보조금 지급액은 $(b+c+d)$이고, 수출보조금의 사회적 비용은 $(b+d)$이다.〉

이 $(b+d)$는 수출보조금 실시로 인한 후생 순손실(deadweight loss)을 나타낸다. 수출보조금 제도를 통해 수출은 증가하지만, 후생손실이 발생함을 말해준다. 이 후생손실은 관세부과에 따른 후생손실과 유사하다. b의 면적은 소비왜곡에 따른 후생손실을 나타내고, d의 면적은 생산왜곡에 따른 후생손실을 나타낸다. 이 둘을 한한 것이 수출국의 후생 순손실이 된다.

수출보조금이 지급되면, 국제가격보다 생산비가 더 높은 기업들도 보조금을 받기 때문에 수출이 가능해진다. 또 수출보조금은 기업들에게 국내 판매보다는 수출을 하도록 유도한다. GATT는 수출보조금을 불공정경쟁(unfair competition) 수단으로 규정하여 금지하였으며, 수입국에게 이에 대한 상계관세의 보복을 허용하였다. 수출보조금 형태로는 우리나라의 수출입은행이 취급했던 저리융자, 수출업자를 위한 홍보비 지출, 조세감면 등이 있다.

2) 대국의 수출보조금

이제 대국의 수출보조금 효과를 알아보자. 대국이란 자국의 수요나 공급의 변화가 세계시장가격에 영향을 미칠 수 있는 나라를 말한다. [그림 9-11]에서 (a)는 자국시장, (b)는 세계시장의 균형을 나타내고 있다. 그림 (b)의 EX곡선은 자국의 수출공급곡선이고, IM은 자국 수출품에 대한 외국의 수입수요곡선이다. 자국이 대국이기 때문에 수입수요곡선은 우하향하는 형태를 갖는다.

그림 9-11 수출보조금 효과: 대국

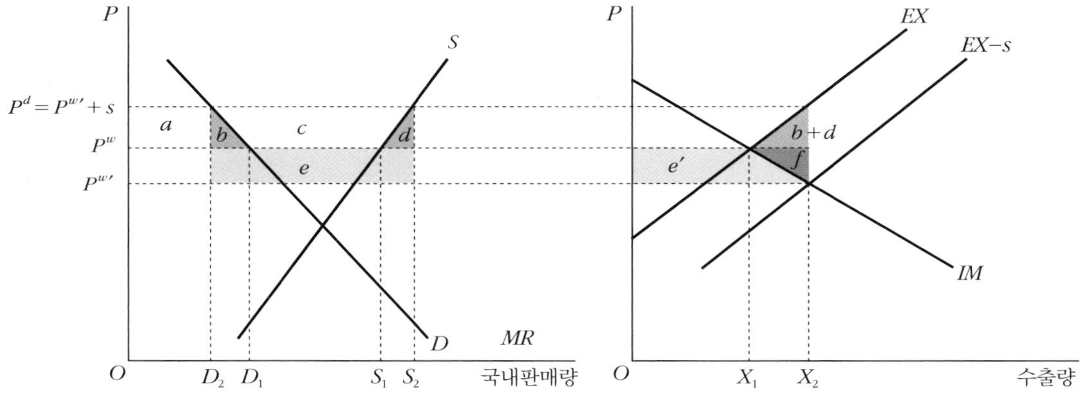

(a) 자국 시장 (b) 세계 시장

〈수자국의 수출보조금 지급액은 $(b+c+d+e)$이다. 자국은 이 정책으로 $(b+d+e)$만큼 손실이 발생하고, 외국은 교역조건 개선으로 e'만큼 후생이 증가한다. 세계 전체적으로는 $(b+d+f)$만큼 순손실이 발생한다.〉

그림 (a)에서 수출보조금을 실시하기 이전에 국제시장가격은 P^w이고, 자국은 이 가격에서 D_1S_1만큼을 수출한다. 이 수출량은 그림 (b)의 OX_1과 동일한 수량이다. 자국이 s만큼 수출보조금을 지급하면, 그만큼 더 낮은 가격에서도 수출이 가능해지기 때문에 수출공급곡선 EX가 s만큼 아래로 이동하여 $(EX-s)$곡선이 된다. 그 결과 세계시장가격은 $p^{w'}$으로 낮아지고, 국내가격은 $(p^{w'}+s)$로 올라간다.

수출보조금 지급으로 인한 후생효과를 알아보자. 그림 (a)에서 국내 가격이 P^w에서 $p^{w'}+s$로 올라가면, 소비자잉여는 $(a+b)$만큼 감소하고, 생산자잉여는 $(a+b+c)$만큼 증가한다. 그리고 보조금 이후 수출량은 D_2S_2이므로, 수출보조금 총액은 D_2S_2에 보조금 s를 곱한 면적인 $(b+c+d+e)$가 된다. 이 보조금 총액은 그림 (b)에서 (OX_2)에 s를 곱한 면적과 같다. 이상의 내용을 정리하면 다음과 같다.

$$\text{대국 수출보조금의 순후생 효과} = -(a+b)+(a+b+c)-(b+c+d+e)$$
$$= -(\mathrm{b}+\mathrm{d}+\mathrm{e})$$

그림 (b)에서 $(b+d)$의 면적은 그림 (a)의 $(b+d)$와 같은 면적이고, 이는 소국에서와 같이 수출보조금으로 인한 생산왜곡과 소비왜곡에 따른 순손실을 나타낸다. 그런데 대국에서는 그림 (a)의 e와 같은 추가적인 손실이 있다. e는 교역조건이 악화되어 발생하는 손실이다. 이처럼 대국은 수출보조금을 지급하면 수출재 가격이 하락하므로 소국보다 후생손실이 더 커진다.

자국은 교역조건 악화로 인해 손해를 보지만, 외국은 교역조건이 개선되므로 반드시 이익을 얻는다. 그림 (b)에서 외국의 수입은 X_1에서 X_2로 증가하는데, 가격은 P^w에서 $P^{w\prime}$으로 하락하였기 때문에 외국의 소비자잉여는 수입수요곡선 아래의 면적인 e'만큼 증가하게 된다. 자국의 교역조건 악화로 인한 손실은 그림 (a)의 e인데, 이는 그림 (b)에서 e'과 f로 나누어진다. 즉, $e=e'+f$이다. 자국은 교역조건 악화로 인해 e만큼 손실을 보는데 비해, 외국에게 돌아가는 몫은 이보다 적은 e'이 되고, 나머지 f는 순손실로 사라지게 된다.

외국의 후생수준이 증가하기는 하지만, 자국의 후생손실이 커서 세계 전체적으로는 후생 순손실이 발생하게 된다. 자국의 후생 순손실 $-(b+d+e)$에서 외국의 후생증가분 e'을 빼면, 이는 그림 (b)의 $-(b+d+f)$로 측정된다. 세계 전체적으로 후생손실이 나타남을 보여준다. 면적 f는 세계 시장에서 발생하는 후생 순손실 부분이다. 이는 교역조건 악화로 인한 자국의 손실분이 모두 타국으로 이전되지 못하고 일부가 사라지면서 발생하는 순손실을 말한다.

소국의 경우에는 국제시장가격이 주어져 있으므로 외국의 수입수요곡서이 수평인 형태다. 따라서 이 경우에는 수출보조금을 지급하더라도 국제시장가격이 변하지 않고, 따라서 그림 (a)에서 e가 나타나지 않고, 또 그림 (b)에서 e'이나 f가 나타나지 않는다. 즉, 자국의 순손실 $(b+d)$가 세계시장의 순손실 $(b+d)$와 같아진다.

대국에서는 관세를 부과하면 수입재의 국제시장가격이 하락(교역조건 개선)하므로 후생이 증가하지만, 수출보조금을 지급하면 수출재의 국제시장가격이 하락(교역조건 악화)하므로 후생손실이 발생한다. 대국에서는 관세를 부과하면 후생수준이 증가할 가능성이 있으나, 수출보조금을 지급하면 반드시 후생수준이 하락하게 됨을 알 수 있다.

2. 기타의 비관세정책

제2차 세계대전 이후 점차 관세율이 낮아짐에 따라 비관세 무역장벽(non-tariff barrier)을 이용하는 국가들이 늘어났다. 특히 1970년대 중반 이후 비관세 장벽은 그 종류가 다양해지고 사용빈도가 증가하여 비관세 무역장벽이 관세보다 더 큰 장애 요인이 되었다. 세계무역기구(WTO)는 비관세 무역장벽을 원칙적으로 허용하지 않지만, 대부분의 나라들은 자국의 경제적 이익을 위해 어떤 형태로든지 비관세 무역장벽을 운영하고 있다.

다양한 비관세정책의 종류와 내용을 간략하게 알아보면 다음과 같다.

1) 시장질서유지협정(orderly marketing agreement: OMA): 수입증가로 인한 시장교란을 방지하기 위하여 상호간 협정에 따라 수출자율규제와 마찬가지로 수출국이 일정량의 범위 내에서 수출을 자율적으로 규제하는 조치를 말한다. 만일 수출국이 이 할당량을 초과하여 수출하는 경우에는 수입국이 수입할당제를 실시한다. 대표적인 것이 다자간섬유협정(Multi-Fiber Arrangement)이다.
2) 관세할당제(tariff quota): 수입국이 일정한 수량까지는 저관세율을 적용하고, 그 이상의 수입에 대해서는 고관세율을 적용하는 다단계 관세부과제도이다.
3) 상계관세(countervailing tariff): 수출국 정부가 수출보조금을 지급함으로써 실제가격보다 낮은 가격으로 수출할 때, 수입국이 이를 정상가격으로 회복시키기 위해 수출보조금만큼 관세를 부과하는 정책이다.
4) 긴급수입제한조치(safeguard clause): 수입의 급증으로 수입국의 국내 산업이 중대한 위협을 받거나 국제수지를 긴급히 보호해야 하는 상당한 이유가 있을 경우, 수입국이 특정품목의 수입량을 규제하거나 특별관세를 무차별하게 적용할 수 있는 조치다.
5) 행정적 규제(administrative restriction): 일선 행정기관을 통해서 또는 수입업자에게 행정력을 행사하여 수입을 제한하는 정책으로, 예를 들면 수입재의 특허 및 상표권 침해에 따른 불공정 거래 혐의 제소 같은 것이 여기에 속한다.
6) 기술적 규제(technology restriction): 제품의 기술수준 및 규격에 대한 인준, 허가 등에 제한을 가하여 수입절차를 어렵게 하고 수출 비용을 증가시키는 규제방법이다. 예를 들어, 공업제품의 국내표준규격을 외국과 다르게 정하여 수입품에도 이 규격을 요구하는 정책이 일종의 기술적 규제이다.
7) 일반특혜관세(generalized system of preference: GSP): 선진국이 개발도상국의 경제개발과 수출확대를 돕기 위하여 개발도상국의 수출품에 대해 일방적으로 관세의 전면 철폐, 또는 부분적 인하 등 특혜를 공여하는 국제적 관세제도이다. 선진국에서 이를 철폐하는 것은 개발도상국의 수출을 제한하는 정책이 된다.
8) 외환통제(exchange control): 관세와 수량제한이 수입가격과 수입량에 대한 제한임에 비해, 외환통제는 수입의 수단이 되는 외환의 공급을 통제함으로써 간접적으로 수입을 제한하는 조치이다.

3. 보호무역주의 수단의 변화

관세를 수입규제의 주요 수단으로 삼던 보호무역주의가 1970년대 후반에는 관세

그림 9-12 관세와 비관세조치 추이 (단위: 건, %)

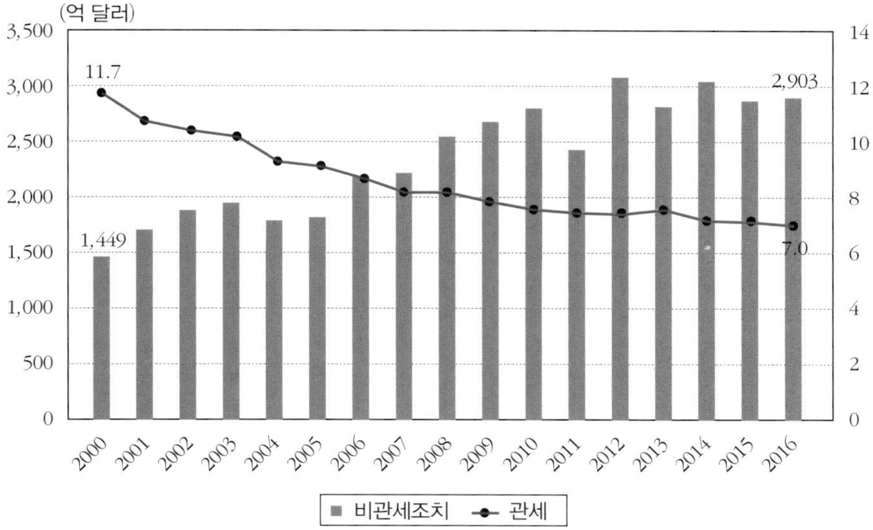

* 주: 통계에 반영된 비관세조치는 총 7개(SPS, TBT, 수량제한, 반덤핑, 상계관세, 세이프가드, 특별세이프가드)로 2000년대 이후 조치 건수가 미미한 관세할당과 수출보조금은 제외함.

* 자료: 조문희·김종덕·박혜리·정민철 (2017), "신보호무역주의하에서의 비관세조치 현황과 영향에 관한 연구: UNCTAD 비관세조치 분류체계를 중심으로," 연구보고서 17-24, 대외경제정책연구원.

가 아닌 쿼터나 수출자율규제와 같은 비관세조치를 활용하기 시작하였다. 이를 신보호무역주의(new protectionism)라고 한다. 1973년과 1978년의 1, 2차 오일쇼크로 세계 경제의 성장이 둔화되고 불황이 지속되면서 실업이 급증하자 신보호무역주의가 등장한 것이다. 당시 제조업 경쟁력을 상실한 미국 등 선진국들이 적극적으로 보호무역정책을 실시하였다.

1980년대 초반까지 광범위하게 전개되던 보호무역주의는 1986년 우루과이 라운드의 시작과 함께 완화되었고, 1995년 WTO가 출범하면서 개방 확대로 전환되었다. 이후 2000년대 중반까지 약 20여 년간 무역이 증가하고 경제가 성장하면서 세계경제가 호황을 누렸다. 하지만 2008년 세계금융위기가 발발하면서 세계무역의 증가세는 급속히 둔화되었고, 일자리 감소와 소득 불평등이 심화되면서 세계경제는 보호무역주의로 회귀하였다. 이러한 보호무역의 확산은 미국을 비롯한 선진국이 주도하고 있었고, 보호무역의 수단으로는 다양한 비관세조치를 활용하고 있었다. 이러한 현상은 과거 1970년대 후반에 등장한 신보호무역주의와 유사하였다.

[그림 9-12]는 관세와 비관세조치의 변화 추이다. 그림에서 보듯이 관세율은 점

차 하락하고 있으나, 비관세조치는 증가하고 있다. 특히 2008년 글로벌 금융위기 이후 세계 경제가 불황에 빠지자 비관세조치의 보호무역주의가 크게 증가하였다. 당시 각국 정부가 WTO 등 국제기구에 의해 통제되는 관세 대신 통제가 어려운 비관세조치를 활용하였기 때문이다. 불황이 지속되자 일자리 창출이나 국내 산업 보호를 목적으로 하는 비관세조치가 크게 증가하였다.

[그림 9-12]를 보면, 세계 전체 비관세조치 건수가 2000년 1,449건에서 2012년 3,086건으로 10여 년 동안 2배 이상 증가하였다. 2016년 기준으로 비관세조치 중 무역에 관한 기술장벽(TBT: Technical Barrier to Trade)의 비중이 57%로 가장 많고, 다음으로 동식물위생검역조치(SPS: Sanitary and Phytosanitary Measures) 29%, 무역구제조치 12%였다.

2008년 세계금융위기 이후의 신보호무역주의의 특징은 다음의 세 가지로 요약할 수 있다.[4] 첫째, 선진국이 주도하고 신흥국들이 동참하는 형식으로 보호무역주의가 확산되었다. 1970년대에는 미국을 중심으로 한 선진국들이 신흥국을 견제하기 위해 보호무역정책을 활용하였으나, 2008년 글로벌 금융위기 이후에는 세계적인 경기 불황이 지속되면서 선진국뿐 아니라 개도국도 보호무역조치를 활용하였다.

둘째, 비관세조치의 비중이 증가하고 유형이 다양화되었다. 기술조치(무역구제조치, TBT, SPS)뿐 아니라 제도적 조치(투자조치, 서비스 제한, 유통제한, 보조금, 정부조달, 지식재산권, 원산지 규정, 환경 등) 등 다양한 비관세조치를 활용하였다.

셋째, 보호조치의 대상범위가 확대되었다. 1970년대 후반에는 국경간 무역에 직접적으로 영향을 미치는 무역정책을 시행하였으나, 2010년대에는 국내 정책과 연관된 분야까지 비관세조치의 대상범위가 확대되었다. 국내 정책이 무역장벽으로 활용되는 이유는 관세나 국경 조치와 달리 이를 규율하는 통상규범이 확립되지 못했기 때문이다. 국내 정책과 관련된 비관세조치는 수입 감소를 목적으로 한 것이 아니라 소비자 보호나 안전 확보 등 공공이익을 목적으로 한 경우가 많다. 이 경우 이를 보호무역수단이라고 할 수 없어서 통상규범에 포함하기가 어려운 점이 있다.

4 조문희·김종덕·박혜리·정민철(2017), "신보호무역주의하에서의 비관세조치 현황과 영향에 관한 연구: UNCTAD 비관세조치 분류체계를 중심으로," 연구보고서 17-24, 대외경제정책연구원.

주요용어

• 관세	• 수입쿼터	• 수출자율규제
• 비관세장벽	• 후생순손실	• 메츨러 효과
• 실효보호율	• 경사관세	• 최적관세
• 무역무차별곡선	• 수출보조금	• 반덤핑관세
• 덤핑	• 가격차별	• 시장질서유지협정
• 관세할당제	• 상계관세	• 긴급수입제한조치
• 일반특혜관세		

요 약

01. 소국에서 관세를 부과하면, 수입재의 국내가격이 상승하여 국내생산은 증가하고 소비는 감소하며 수입도 감소한다. 그리고 소비왜곡과 생산왜곡으로 후생순손실이 발생한다.

02. 대국에서 관세를 부과하면, 교역조건이 개선되어 후생수준이 증가할 수 있다. 후생수준을 최대로 증가시킬 수 있는 관세를 최적관세라고 한다. 그러나 최적관세로 상대국의 후생수준이 감소하므로 상대국이 보복관세를 부과할 수 있고, 관세보복이 나타나면 양국의 후생수준이 모두 감소하게 된다.

03. 대국에서 관세 부과 후 수입재의 가격이 너무 하락하여 관세 부과 후 국내가격이 오히려 하락하는 경우가 있는데, 이를 메츨러 효과라고 한다. 그러나 이는 국제시장 점유율이 매우 큰 국가의 관세부과나 공급탄력성이 매우 낮은 재화에서 나타난다는 점에서 일반적인 현상은 아니다.

04. 실효보호율은 부가가치의 보호 정도로 계산되는데, 이는 관세의 실질적인 보호정도를 나타낸다. 많은 나라들이 실효보호율을 높이기 위해 최종재보다는 중간재에 낮은 관세율을 부과하는 경사관세구조를 채택하고 있다

05. 수입쿼터는 관세에 비해 수입량을 확실하게 규제할 수 있는 장점이 있으나, 수입재의 국내수요가 증가하는 경우 가격이 상승하여 관세보다는 후생손실이 커지고, 수입권의 배분에 어려움이 있다.

06. 관세정책에서 정부수입이 되는 부분이 쿼터정책에서는 수입업자의 초과이윤이 되고 수출자율규제에서는 수출업자의 초과이윤이 된다. 수출자율규제는 주로 수입국이 수출국에 요구하여 시행되는 정책이다.

07. 수출보조금은 수출을 확대하는 정책이지만, 다른 보호무역 정책과 같이 후생순손실이 발생하고, 또 교역조건을 악화시킬 가능성이 있어서 수출국에 더욱 불리한 측면이 있다.

08. 반덤핑 관세는 수출국이 자국 시장에서보다 낮은 가격으로 수출할 때, 수입국이 그 가격차이를 상쇄시키기 위해 부과하는 관세를 말한다. 덤핑 중 약탈적 덤핑이 문제지만 다른 덤핑과 구분이 어렵기 때문에 모든 덤핑이 규제 대상이 된다.

복습문제

01. 관세 부과로 국내 산업을 보호하여 후생수준을 높일 수 있는지 설명하라.

02. 최적관세의 의미를 설명하라.

03. 수입쿼터가 관세에 비해 비효율적으로 여겨지는 이유는 무엇인가?

04. 수출보조금으로 후생수준을 향상시킬 수 있는지, 그리고 소국과 대국에서의 효과에 차이가 있는지 설명하라.

05. 반덤핑관세는 일종의 가격차별 행위의 결과임을 설명하라.

연습문제

01. A국과 B국의 수요공급곡선에 근거하여 다음에 답하라.

- A국: 국내수요곡선: $D=100\text{-}10P$, 국내공급곡선: $S=20+10P$
- B국: 국내수요곡선: $D=80\text{-}10P$, 국내공급곡선: $S=40+10P$

1) A국과 B국의 국내가격은 각각 얼마인가?
2) A국의 수입수요곡선과 B국의 수출공급곡선은?
3) A국과 B국이 무역을 하면 국제균형가격과 무역량은 각각 얼마인가?
4) 만일 A국이 0.5원의 종량세를 부과한다면, 국제균형가격과 무역량은 어떻게 바뀌는가?
5) 0.5원의 종량세 부과로 인한 후생의 순효과는 얼마인가? 후생수준은 증가하였는가 아니면 감소하였는가?
6) 만일 A국이 소국이고, 국제가격이 3)에서 구한 값과 같다고 할 때, 0.5원의 종량세는 5)의 후생수준 변화와 차이가 있는가?

02. 대국에서 관세를 부과하면 교역조건이 개선되어 후생수준이 증가한다. 그런데 관세율이 높아질수록 교역조건 개선 정도가 증가함에도 불구하고, 최적관세율 이상의

관세율에서는 다시 후생수준이 감소해 간다. 그 이유는 무엇인가?

03. 국내 산업보호를 위한 무역정책으로 관세, 수입쿼터, 수출자율규제를 이용할 수 있다.

1) 이들 정책은 어떤 차이가 있는가?
2) WTO에서 관세 이외의 정책은 특별한 경우를 제외하고 규제하는 이유는 무엇인가?

04. 어떤 국가가 자동차 산업을 육성하기 위해 자동차의 부품수입에는 관세를 부과하지 않고, 자동차의 수입에는 30%의 관세를 부과하고 있다. 수입부품이 자동차 생산비의 50%를 차지하고 있다고 하자. 자동차 산업의 실효보호율은 얼마인가?

05. 한국은 60년대와 70년대에 수출을 장려하기 위해 정책적으로 수출보조금을 지급하였다. 이러한 수출보조금이 한국의 교역조건과 후생수준에 미친 영향을 분석하여라(참고: 한국을 소국으로 가정하는 경우와 대국으로 가정하는 경우에 차이가 있다).

06. 본문의 [그림 9-1]에서 S_2D_2만큼으로 수입량을 제한하는데 관세와 수입쿼터는 동등한 효과를 갖는다. 이제 이 재화의 국내 수요가 증가한 경우 관세보다는 수입쿼터에서 후생순손실이 더 커짐을 보여라(관세율과 쿼터량은 과거와 동일하다).

07. 다음 서술의 진위를 판정하고, 논평하시오.

1) "이동통신 회사들이 청소년들에게는 요금할인제를 다양하게 시행하고 있으나, 성인들에 대해서는 거의 할인제도를 실시하지 않고 있다. 성인과 청소년을 구분하여 할인제를 시행하는 것은 부당하다."
2) "한국산 액정 TV가 한국에서는 800만원인데 미국에서는 600만원에 팔린다고 보도하면서 기자는 자국 소비자에게 높은 가격을 부과하는 것은 부당하다고 주장한다."

08. 최적관세율은 '1/외국의 수출공급탄력성'으로 계산된다. 그런데 이는 무역균형상태에서 '1/(외국의 수입수요탄력성－1)'과 같음을 보여라.

10 국제무역, 경제발전 및 경제성장

국제무역은 경제발전과 경제성장에 핵심적인 역할을 한다. 제2차 세계대전 후 많은 개발도상국들이 등장했으며, 이들은 경제성장을 가속화하기 위해 산업화의 필요성을 인식했다. 당시 많은 개발도상국들은 산업화를 위해 보호무역이 자유무역보다 우선한다고 믿었지만, 개방적인 무역정책을 택한 국가들이 더 빠른 경제성장을 달성하였다. 개방은 자원의 효율적 배분만이 아니라 국가 간 기술 확산을 촉진하여 경제성장에 기여하였다.

이 장에서는 경제발전을 위해 보호무역이 필요하다는 논거가 되는 외부효과이론, 유치산업 보호론, 교역조건 악화설을 공부하고, 또 경제성장의 요인, 개방이 경제성장에 미치는 영향에 대해 알아본다.

제 1 절 국내시장 왜곡과 공업화

1. 경제발전과 경제성장의 구분

경제성장과 경제발전이라는 용어는 대체로 그 차이를 구분하지 않고 사용하지만, 경우에 따라서는 그 의미를 구분하기도 한다. 두 용어를 구분하는 경우 경제성장(經濟成長)은 국민소득의 증가를 뜻하고, 경제발전(經濟發展)은 국민소득의 증가 외에도 정치, 사회, 문화 등 사회 전반에 걸친 제도적 개선 등을 포함한다. 즉, 경제성장은 단순히 양적 성장만을 지칭하고, 경제발전은 양적 성장 이외에 질적 개선까지를 포함한다.

경제발전은 흔히 공업화를 통한 경제성장의 의미로 사용된다. 공업 부문은 1차

산업보다 외부경제효과가 크고, 또 기술진보가 더 빠르다. 그래서 같은 경제성장이라도 1차 산업보다는 공업부문의 성장이 더 바람직하다고 본다. 공업부문이 취약한 개도국들은 공업화를 통한 경제발전에 관심이 있다. 한국도 1960~70년대에는 공업화를 통한 경제발전이 정부정책의 우선순위에 있었다. 그래서 당시에는 경제발전이라는 용어가 일반적으로 사용되었다.

제2차 세계대전 이후, 식민지로부터 독립한 국가들의 소득수준은 매우 낮았다. 이들은 빠른 경제성장을 희망하였고, 빠른 경제성장을 달성하기 위해서는 공업화가 필요하다고 믿었다. 그러나 개도국은 선진국에 비해 공업부문에서 경쟁력이 매우 낮았다. 그래서 공업화를 위해서는 자유무역보다는 보호무역이 필요하다고 생각하였다. 그 논리적 근거로는 외부경제로 인한 국내시장 왜곡, 유치산업보호론, 교역조건 악화설이 있다. 이들 내용을 알아보도록 하자.

2. 국내시장 왜곡의 개념

시장왜곡(市場歪曲; market distortion)이란 생산의 비용이나 편익이 시장에 제대로 반영되지 않는 것을 말한다. 시장왜곡을 초래하는 요인에는 여러 가지가 있으나 대표적인 것이 외부경제이다. 외부경제(external economy)란 대가를 받지 않고 제3자에게 편익(benefit)을 주는 것을 말하고, 반대로 외부비경제(external diseconomy)란 대가를 지불하지 않고 제3자에게 비용(cost)을 부과하는 것을 말한다. 외부경제나 외부비경제가 있으면 비용이나 편익이 시장에서 거래되지 않기 때문에 시장기구가 제대로 작동하지 않아 시장실패(market failure)가 나타난다.

생산에 외부경제가 있으면 시장에서 결정된 생산량은 사회적으로 바람직한 생산량보다 작아진다. 예를 들어, 어떤 기업에서 훈련받은 노동자가 다른 기업으로 이직을 하는 경우, 이 기업은 훈련비용을 지불하지 않고 숙련된 노동자를 채용하게 된다. 사회 전체적으로는 그 노동자가 어디에서 일을 하든 교육훈련을 받은 만큼 이익이지만, 원래의 기업은 그 노동자를 훈련한 교육비를 보상받지 못하기 때문에 교육에 대한 지출을 줄이고자 한다. 따라서 과소생산(過少生産)의 문제가 나타난다. 반대로 외부비경제가 있으면 과다생산(過多生産)의 문제가 발생한다. 예를 들어, 공해를 방출하는 기업은 제3자에게 오염이라는 비용을 발생시키지만, 제3자에게 오염비용을 보상해 줄 필요가 없다면 오염 발생량이 사회적 기준보다 늘어나게 된다.

외부경제 이외에도 개도국에서는 부문간 생산요소의 이동이 자유롭지 않다거나 부문간 요소가격에 차이가 나는 시장왜곡이 있다. 이와 같은 시장왜곡이 있으면 자유무역이 최적정책이 아니고 정부의 개입이 필요하게 된다.

3. 재화시장의 왜곡

공업부문에서 얻어진 학습효과가 다른 부문에도 파급되는 외부경제가 있다고 하자. 이 경우 시장에서 나타나는 공업부문의 생산량은 사회적으로 바람직한 생산량보다 적어진다. 따라서 공업부문의 생산을 확대하기 위한 정부정책이 필요하다.

[그림 10-1]은 외부경제가 있는 산업에서 보호무역의 후생효과를 보여준다. [그림 10-1]의 (b)에서 *MEB*는 한계외부편익(marginal external benefit: *MEB*) 곡선으로 외부효과로 인한 편익을 나타낸다.

그림 (a)에서 관세 부과 후 가격이 P^w에서 (P^w+t)로 상승하면, 국내소비는 감소하고 국내생산은 증가하여 $(a+b)$만큼 후생이 감소한다. 그런데 국내 생산량이 S_1

그림 10-1 외부경제와 관세의 효과

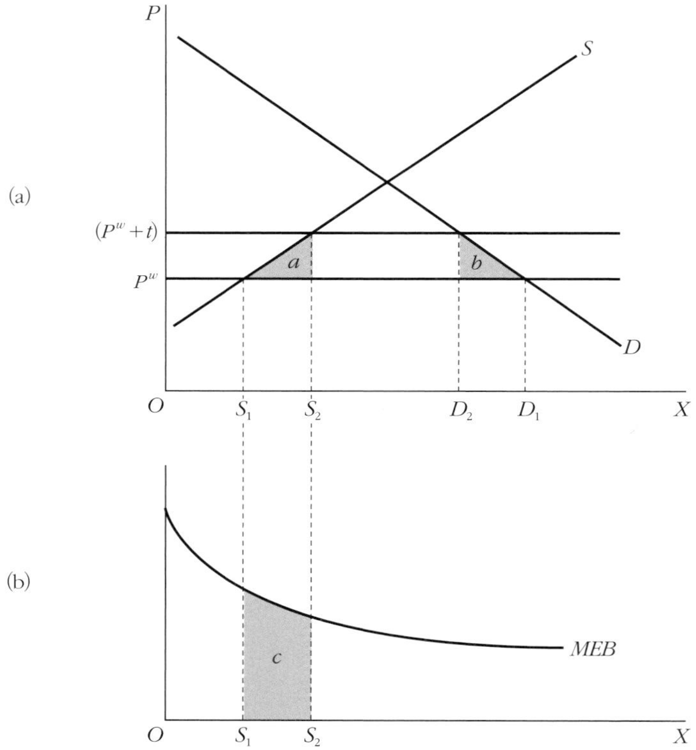

〈*MEB* 곡선은 한계외부편익(marginal external benefit)을 나타낸다. 이 곡선의 하부면적은 외부효과로 인한 편익의 총합계가 된다. 관세부과로 생산량이 증가하여 얻게 되는 외부효과의 편익 증가분 *c*가 후생손실분 $(a+b)$보다 크다면, 관세로 인해 후생수준이 증가하게 된다.〉

에서 S_2로 증가하면, 그림 (b)의 c만큼 외부효과로 인한 편익이 발생한다. 만일 외부효과의 편익 증가분 c가 후생손실분 $(a+b)$보다 크다면, 관세로 인해 후생수준이 증가하게 된다. 그러나 외부효과의 편익 c가 후생손실분 $(a+b)$보다 항상 큰 것은 아니므로 관세 부과로 후생수준이 반드시 증가하는 것은 아니다.

외부경제가 있는 재화는 과소생산의 문제가 있으므로 정부개입을 통해 생산량을 늘릴 필요가 있다. 이때 생산량을 늘리기 위한 최적정책은 관세가 아니라 생산보조금이다. [그림 10-2]는 관세와 생산보조금의 정책효과를 비교하고 있다. (a)의 관세정책에서는 $(a+b)$만큼의 후생순손실이 발생하는데 비해, (b)의 생산보조금 정책에서는 d만큼의 후생손실이 발생한다. 생산보조금 정책에서의 후생손실은 다음과 같이 계산한다. 단위당 s만큼의 보조금을 지급하면 생산량이 S_1에서 S_2로 증가하고 생산보조금 총지급액은 $(c+d)$가 되는데, 이중 c는 생산자잉여 증가분에 해당하므로 순손실은 d가 된다. 생산보조금 정책의 후생손실분 d는 관세정책의 후생손실분 $(a+b)$보다 작다. 즉, 생산보조금 정책에서 후생손실이 더 적다.

생산보조금 정책에서 후생손실이 더 적은 이유는 생산보조금 정책은 관세정책과 달리 소비자 가격을 왜곡시키지 않기 때문이다. 즉 관세 부과는 가격을 올려서 소비비용이 발생하는데 비해, 생산보조금 지급은 가격을 왜곡하지 않아 소비비용이 나타나지 않는다. 그러므로 외부경제가 있는 산업의 생산량을 늘리기 위한 최적무역정책은 관세정책이 아니라 생산에 직접 개입하는 생산보조금정책이다.

그림 10-2 관세 효과와 생산보조금 효과의 비교

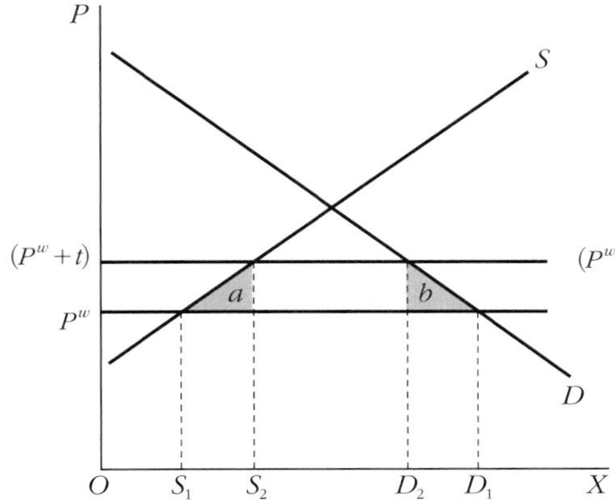

(a) 관세정책

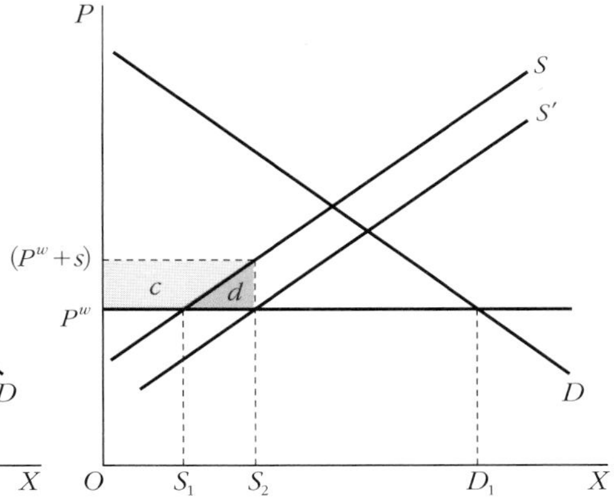

(b) 생산보조금 정책

〈관세정책은 가격을 올리므로 후생순손실이 $(a+b)$가 된다. 생산보조금정책은 가격을 올리지 않으므로 후생순손실이 d가 되어 관세정책에서보다 손실분이 작아진다.〉

4. 요소시장의 왜곡

노동시장이 불완전하고 부문간 노동의 이동이 자유롭지 않으면, 산업간에 임금 차이가 나타난다. 그러나 작업환경의 차이나 노동 숙련도의 차이 때문에 나타나는 부문간 임금격차는 진정한 의미에서 노동시장의 왜곡(distortion)은 아니다. 진정한 의미에서 노동시장의 왜곡은 합리적인 요인으로 설명할 수 없는 부문간 임금차이를 말한다.

노동시장의 왜곡은 루이스(W. A. Lewis)의 저개발경제모형에서 찾아볼 수 있다. 루이스는 근대화된 공업부문의 임금은 노동의 한계생산성에 의해 결정되지만, 전통적인 가족생산을 하는 농업부문에서는 산출물을 가족들이 균등 분배하므로 임금이 평균생산성에 의해 결정된다고 한다. 따라서 농업부문과 공업부문의 임금수준이 서로 같더라도, 노동의 한계생산력, 즉 실질임금은 공업부문에서 더 높다.

이 경우 노동이 농업부문에 과다 고용되어 있으므로 농업부문의 노동력을 생산성이 더 높은 공업부문으로 이동함으로써 공업화와 생산력 확대가 가능하다. 농업부문의 노동력을 공업부문으로 이동하기 위한 정책으로는 관세정책, 생산보조금정책, 요소에 대한 보조금정책 등이 있다. 이들 정책의 효과를 비교 검토해 보자.

첫째, 공업부문에 관세를 부과하면 공산품 가격이 올라가고, 가격 상승으로 공산품 생산량이 증가하면서 농업부문의 노동력이 공업부문으로 이동해 간다. 이 경우 노동시장의 왜곡은 해결되지만, 관세로 인한 가격 상승으로 소비비용이 발생하므로 관세를 최적정책이라고 할 수 없다.

둘째, 공산품 생산에 보조금을 지급하면, 공산품 생산이 증가하면서 농업부문의 노동력이 공업부문으로 이동해 간다. 이 경우에는 노동시장의 왜곡이 해결되고, 또 재화 가격이 올라가지 않아 소비비용이 발생하지 않는다는 점에서 관세정책보다 우월하다. 하지만, 공산품 생산에 지급된 보조금이 노동 고용만이 아니라 자본 고용에 사용되어 왜곡이 없는 자본시장에 영향을 주기 때문에 최적정책이 아니다.

마지막으로, 공업부문의 노동에 보조금을 지급하면, 농업부문의 노동력이 임금이 상승한 공업부문으로 이동하게 된다. 이 정책은 재화가격을 올리지 않으므로 소비비용이 없을 뿐만이 아니라 자본시장 등 다른 요소시장에도 영향을 주지 않는다. 따라서 노동 고용에 대한 보조금 정책이 최적정책이다. 관세나 생산보조금 정책은 노동시장의 왜곡을 교정할 수는 있으나, 다른 부분에 부작용을 발생시킨다는 점에서 최적정책이 아니다.

이와 같이 요소시장에 왜곡이 있다면, 자유무역보다는 적절한 정부개입으로 왜곡을 교정하면 자원배분의 효율성을 높일 수 있다. 최적정책은 관세와 같은 보호무역정책이 아니라, 왜곡이 있는 곳에 직접 개입하는 보조금정책이다. 예를 들어, 생산에 왜곡이 있으면 생산에 대한 보조금정책을, 요소시장에 왜곡이 있으면 요소에 대한 보조금정책을 실시하는 것이 최적정책이다.

5. 무역정책과 보조금정책

시장왜곡을 교정하기 위한 최적정책의 일반적 원칙은 왜곡이 있는 부문에 대한 직접적인 개입이다. 간접적으로 시장왜곡을 교정하고자 하면 다른 부문에서 예기치 않은 왜곡이 나타난다. 보호무역정책으로 시장왜곡을 교정하여 후생수준이 증가할 수는 있지만, 보호무역이 자유무역보다 더 낫다고 주장하는 경제학자는 거의 없다. 그 이유로는 다음을 들 수 있다.

첫째, 관세정책에서는 국내가격이 올라가므로 소비자의 후생손실이 발생하는 반면, 국내 보조금 정책에서는 가격이 올라가지 않으므로 소비자에게 미치는 영향이 없다. 따라서 국내시장의 왜곡을 교정하는 데는 관세부과와 같은 무역정책보다는 조세와 보조금 같은 국내정책이 더 바람직하다.

둘째, 보호무역을 실시하기 위해서는 왜곡이 있는 부분을 알아야 하는데, 이를 정확하게 찾아내기 어렵다. 시장왜곡을 잘못 인지하여 부적절하고 잘못된 정책을 사용하면 오히려 후생손실이 발생하게 된다. 따라서 시장왜곡의 문제점이 있더라도 차라리 자유무역을 실시하는 것이 시장왜곡을 교정하기 위한 잘못된 정책을 실시하는 것보다 더 낫다.

셋째, 관세정책은 장기간 지속될 가능성이 높은 반면, 보조금정책은 철폐되기 쉽다. 관세정책의 시행에는 예산이 사용되지 않으므로 보호무역의 비용이 쉽게 눈에 띄지 않아 불필요한 보호가 오랫동안 지속될 가능성이 있다. 이에 비해 보조금정책은 정부예산을 사용하므로 국회나 일반인으로부터 지속적인 평가를 받게 되고, 그 결과 보조금 지급이 불필요하다고 판정되면 쉽게 철폐된다. 불필요한 보호는 철폐되어야 한다는 점에서 관세정책보다는 보조금정책이 더 나은 정책이다.

실제로 시장왜곡을 찾아내는 것은 쉽지 않고, 또 시장왜곡을 인지했다고 하더라도 적절한 정책수단을 시행하는 것은 더욱 어렵다. 또한 잘못된 보호무역정책을 실시하면 그 부작용으로 인해 자유무역에서보다 후생수준이 더 낮아진다. 이런 이유로 인해 경제학자들은 보호무역보다는 자유무역이 대체로 더 우월한 정책이라고 주장한다.

제 2 절 유치산업보호론과 교역조건 악화설

앞서 설명하였듯이 개도국들은 공업화를 통해 빠른 경제성장을 달성하고자 했다. 공업부문의 경쟁력이 낮은 개도국들은 공업화를 위해 자유무역보다는 보호무역이 더 나은 정책이라고 생각했다. 보호무역이 필요하다는 논리적 근거 중 하나는 앞 절에서 살펴본 공업부문의 외부효과이다. 또 다른 이론적 논거는 유치산업보호론과 교역조건 악화설이다. 여기서는 이들을 알아보자.

1. 유치산업보호론

1) 유치산업보호론의 내용

유치산업보호론(幼稚産業保護論; infant industry argument)이란 유치산업이 일정 수준으로 성장할 때까지 일정기간 동안 보호한 후 자유무역을 실시해야 한다는 주장이다. 여기서 유치산업은 아직 성숙하지 못한 어린 산업을 말한다. 리스트(F. List)는 무역정책이 각 경제발전 단계에 따라 달라야 하며, 후진국은 공업화를 위해 유치산업의 보호가 필요하다고 주장하였다.

유치산업보호론에서는 어린 산업 모두를 보호 대상으로 보지는 않는다. 보호 대상이 되는 유치산업은 다음의 조건을 충족해야 한다. 첫째, 외부경제가 있는 산업이어야 한다. 외부경제가 있는 경우에는 시장실패로 인해 과소생산이 이루어지므로 생산량을 늘리기 위한 보호무역정책이 정당화될 수 있다. 둘째, 일시적인 보호 후에는 국제경쟁력을 갖게 되고, 나아가서 개방 후에 얻은 이득이 보호기간 동안 입은 손실을 보상하고 남음이 있는 산업이어야 한다. 유치산업이 일정기간 보호 후 경쟁력을 확보해야 한다는 것을 밀의 테스트(Mill's test)라고 하고, 보호 후 얻은 후생 증가분이 보호기간 동안 입은 후생 손실분을 상쇄하고도 남음이 있어야 한다는 것을 베스터블 테스트(Bastable's test)라고 한다. 이처럼 유치산업보호론에서 정의한 유치산업이란 미숙한 산업 모두를 지칭하는 것이 아니라 미래 전망이 확실한 산업만을 지칭한다.

유치산업보호론은 정태적인 측면이 아니라 동태적인 측면에서 비교우위를 고려하고 있다. 즉, 현재 상태의 비교우위가 아니라 미래 잠재력에 근거한 비교우위를 주장한다. 유치산업보호론에 의한 공업화 전략은 다음과 같이 요약된다. 현재 농업부문에 비교우위가 있는 개도국도 외부경제가 있는 공업부문을 일정 기간 보호하면, 공업부문에 비교우위를 가질 수 있다. 그리고 공업부문에는 외부경제가 있으므로 공업부문에서 얻어진 경험에 의한 학습효과(learning by doing)가 다른 산업에 파급되어 경제 전체의 생산량이 증가해간다. 그러므로 후진국은 공업부문을 보호함으로써 공업화를 달성하고 경제발전을 이룰 수 있게 된다는 주장이다.

미국은 독립초기에 원료를 수출하고 당시 선진공업국이던 영국 및 유럽 국가들로부터 공산품을 수입하는 무역패턴을 갖고 있었으나, 보호를 통해 공업 부문에서 비교우위를 확보하였고 성공적인 경제발전을 이룩하였다. 산업화가 늦었던 독일이나 일본도 보호무역을 통해 공업화에 성공하였다. 이처럼 선진국 중에서도 적절한 보호무역을 통해 공업화에 성공한 국가들이 있다.

한국의 자동차 산업도 유치산업보호의 예가 될 수 있다. 초기에 한국은 자동차의 수입을 금지하였고, 한국 자동차산업이 경쟁력을 갖게 된 후 수입을 개방하였다. 만일 한국이 초기에 자동차 시장을 개방하였다면, 외국차가 국내 자동차 시장을 점유하게 되어 국내 자동차 산업의 육성이 불가능했을 것이다. 외국 자동차 수입이 금지된 동안에 국내 자동차 회사들은 국내수요를 기반으로 자동차의 생산경험을 축적함으로써 이후 국제시장에서 경쟁력을 갖게 되었다고 볼 수 있다.

2) 유치산업보호론의 한계

유치산업보호론은 하나의 경제발전정책으로서 타당한 논리를 가지고 있지만, 경제학자들은 이 정책의 효과에 대해서 신중한 입장을 가지고 있다. 실제로 유치산업보호론은 성공 사례보다는 실패 사례가 훨씬 많다. 유치산업보호를 통한 경제발전이 성공하기 어려운 이유는 다음과 같다.

첫째, 어떤 산업을 유치산업보호의 대상으로 선정할 것인가가 쉽지 않다. 정부가 보호 대상이 되는 산업을 선정할 능력이 있는가의 문제다. 일반적으로 정부는 민간기업보다 시장 상황에 대한 정보가 충분하지 않고 사업의 실패로부터 직접적인 영향을 받지 않기 때문에 사업 선정에서 정확성을 기하기가 어렵다. 만일 정부가 유치산업을 잘못 선정하면 보호비용만을 부담하게 된다.

인도나 파키스탄은 수십년 동안 중화학공업을 육성하였으나, 이들 국가의 주요 수출품은 중화학공업 제품이 아니라 경공업 제품이다. 한국이 일찍이 1960년대에 자동차 산업을 보호·육성하였다면 당시 기술과 자본이 부족한 우리로서는 성공하기 어려웠을 것이다. 한국의 자동차 산업이 수출산업으로 성장할 수 있었던 것은 기술과 자본이 어느 정도 축적된 1970년대 중반 이후 산업정책이 실시되었기 때문이다. 어느 시기에 어떤 산업을 보호할 것인가는 어느 누구에게나 쉽지 않은 일이다.

둘째, 어떤 산업을 보호하여 국제경쟁력 확보에 성공했다고 하더라도 이것이 반드시 보호의 타당성을 정당화하지는 못한다. 보호가 없었어도 이 산업이 성공할 수 있었다면 보호기간 동안의 비용은 불필요한 손실일 뿐이다. 또 유치산업보호비용을 다른 산업에 지출하였다면 그 산업이 더 크게 성공했을 수도 있기 때문이다.

한국은 1970년대부터 중화학공업육성정책을 실시하였고, 그 결과 철강, 조선, 자동차, 반도체 등 중화학공업제품이 주요 수출상품이 되었다. 이러한 결과를 유치산업보호론의 성공사례로 보는 견해가 있는 반면, 중화학공업육성정책이 없었더라도 한국의 성장과정에서 자본과 기술이 축적되어 산업구조가 중화학공업부문으로 전환되었을 것으로 보는 견해도 있다. 후자는 어떤 국가의 산업별 경쟁력은 산업정책보다는 그 국가의 부존자원과 기술수준 등의 시장의 힘에 의해 결정된다는 주장이다.

셋째, 정책결정의 정치적 과정 때문에 유치산업을 일시적으로 보호하는 것은 어렵다. 유치산업보호는 일시적이어야 하지만, 역사적으로 그리고 현실적으로 어떤 산업의 보호를 철폐하는 것은 쉽지 않다. 국제경쟁력의 확보 여부와는 관계없이 보호를 받는 산업은 보호를 통해 더 많은 이익을 얻을 수 있으므로 지속적인 보호를 주장한다. 따라서 보호를 철폐하는 것은 정치적으로 쉽지 않다.

마지막으로, 정책수단의 선택문제다. 어떤 산업이 유치산업으로 성공할 수 있는 모든 조건을 갖추었다고 하더라도 산업보호수단으로 관세보다는 생산보조금정책이 더 낫다. 관세는 소비비용이 발생하고, 또 불필요한 보호가 지속될 가능성이 있다. 반면에 보조금정책은 소비비용이 없고, 예산이 투입되므로 항상 정책 효과에 대한 검토가 이루어져 불필요한 보호가 철폐되기 쉽다.

2. 교역조건 악화설

프레비시(R. Prebish) 등에 의해 주장된 교역조건 악화설은 역사적으로 1차 상품의 교역조건이 공산품에 비해 악화되어 왔다는 사실에 바탕을 두고 있다. 개도국들은 주로 1차 상품을 수출하기 때문에 개도국의 교역조건은 점차 악화될 수밖에 없다고 한다. 즉 자유무역으로는 경제발전을 이룩할 수 없다는 주장이다. 경제발전을 달성하기 위해서는 보호를 통한 공업화가 필요하다고 주장한다.

개도국의 교역조건이 악화되는 이유에는 다음 두 가지가 있다. 첫째, 노동시장의 상황이 선후진국간에 서로 다르기 때문이다. 선진국에서는 노동조합이 활성화되어 생산성의 증가가 임금인상과 이윤증대로 흡수되어 가격하락이 일어나지 않는 반면, 개발도상국의 경우에는 실업률이 높고 노동조합이 발달되지 않아 생산성 증가가 임금인상에 반영되지 않고 가격하락으로 이어지는 경향이 있다. 따라서 개도국의 교역조건이 악화되어 간다.

둘째, 개도국 수출품인 농산품에 대한 소득탄력성이 낮기 때문이다. 즉, 소득이 증가하더라도 소득탄력성이 낮은 농산품에 대한 수요 증가는 크지 않다. 경제발전에 따라 소득이 높아지면 농산품에 대한 수요보다는 공산품에 대한 수요가 더 많아지고, 그 결과 공산품 가격이 상대적으로 올라간다. 따라서 농산품을 수출하는 개도국의 교역조건이 나빠진다.

이와 같은 이유로 개도국의 교역조건이 나빠지면, 선진국과 후진국간의 소득 격차는 더욱 확대된다. 개도국들은 교역조건 악화로 인한 소득 감소를 방지하고 경제발전을 달성하기 위해서는 공업화를 지향하는 보호무역정책이 필요하다고 주장한다.

그런데 프레비쉬 가설에서 농산품의 교역조건 문제를 개도국의 문제로 보는 데는 문제가 있다. 현재 신흥공업국들은 대부분 공산품을 수출하고 있고, 선진국도 1차 상품을 수출하는 경우가 많다. 한국도 총수출에서 공산품의 수출 비중이 90% 이상이다. 그러므로 농산품 가격 하락으로 인해 교역조건이 나빠진다는 프레비쉬 가설을 개도국들이나 한국에 적용하는 것은 적절하지 않다.

제 3 절 수입대체정책과 수출지향정책

1. 정책의 성과 비교

1950~60년대에 대부분 개발도상국들은 적극적으로 공업화를 추진하여 왔다. 개도국의 공업화 전략에는 수입대체정책과 수출지향정책이 있다. 수입대체정책(輸入代替政策)은 공산품 수입을 제한하여 국내 공업을 육성하는 정책이고, 수출지향정책(輸出指向政策)은 공산품의 수출을 확대하여 국내 공업을 육성하는 정책이다. 제2차 세계대전 이후 브라질, 아르헨티나, 멕시코 등 남미 국가들은 수입대체정책을 실시하였고, 한국, 대만, 홍콩, 싱가포르 등 아시아 국가들은 수출지향정책을 실시하였다.

그런데 그간 수입대체정책을 채택하였던 남미 국가들의 경제성장률은 수출지향정책을 채택하였던 아시아 국가들보다 훨씬 낮았다. [그림 10-3]은 1961~2006년 기간 동안 남미 국가와 아시아 국가들의 연평균 개방도와 연평균 경제성장률이다.

그림 10-3 남미 국가와 아시아 국가의 개방도와 경제성장률 (1961~2006년)

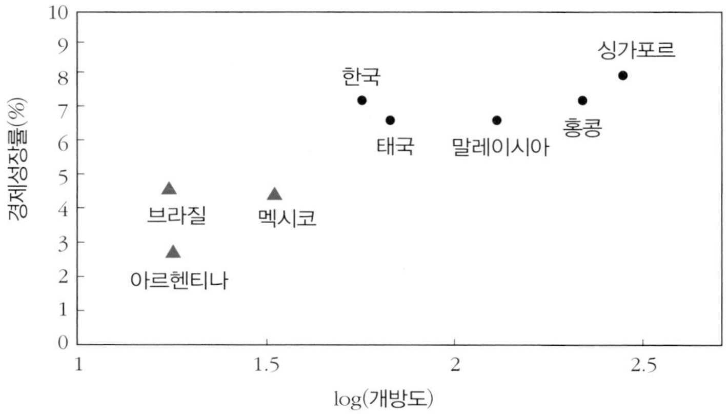

* 주: 개방도는 (상품 및 서비스 교역량/GDP)을 나타낸다. 다만 싱가포르는 자료 부족으로 개방도 계산에 상품교역량만을 이용하였다.
* 자료: World Bank, *World Development Indicators*, 2007.

그림에서 보듯이 1960년대 이후 남미 국가의 개방도는 아시아 국가의 개방도보다 더 낮고, 경제성장률도 아시아 국가의 경제성장률보다 더 낮다.

남미 국가들의 연평균 경제성장률은 2.7~4.5%의 범위 안에 있음에 비해, 아시아 국가들의 연평균 경제성장률은 6.6~8.0%의 범위에 있다. 45년의 장기간에 걸친 경제성장률의 차이는 두 지역의 국가들 간 소득 차이를 크게 벌려 놓았다. 남미 국가들의 경제성장률이 낮은 이유가 단순히 수입대체정책 때문이라고 할 수는 없지만, 수입대체정책이 아시아 국가들의 수출지향정책보다 그 성과가 낮았음은 사실이다.

역사적으로 수입대체정책의 결과는 성공적이지 못했다. 이에 대한 반성으로 남미 국가들은 1980년대 후반부터 수입대체정책에서 수출지향정책으로 전환하기 시작하였다. 브라질, 멕시코 등은 개방정책으로 전환함으로써 수출이 증가하고 경제적 성과가 높아지기 시작하였다. 그러나 아직도 남미국가들의 개방화 정도는 동아시아 국가들보다는 낮다.

2. 정책의 장단점 비교

수입대체정책이 보호무역론의 입장이라면, 수출지향정책은 자유무역론의 입장이다. 초기에는 수출지향정책과 수입대체정책 중 어떤 정책이 더 우월한가에 대해 명확한 결론이 없었다. 어떤 정책이 우월한가는 이론적인 측면보다는 실증적인 경험에 의해 판명되었다. 앞서 살펴보았듯이 수출지향정책을 채택한 한국, 대만 등 동아시아 국가들의 경제적 성과는 수입대체정책을 채택한 브라질, 아르헨티나, 멕시코 등 남미 국가들의 경제적 성과보다 훨씬 좋았다.

제2차 세계대전 이후 많은 개도국들이 수입대체정책을 채택한 것은 이 정책이 다음과 같은 장점이 있었기 때문이다. 첫째, 수입이 제한되므로 경쟁력이 낮은 국내 생산자들도 국내 소비자를 대상으로 생산을 시작할 수 있다. 둘째, 수출지향정책에서는 수출보조금 지급을 위한 예산이 필요하지만, 관세나 쿼터와 같은 수입대체정책은 재원조달이 필요 없으므로 정책 실시가 용이하다. 셋째, 무역장벽을 높이면 수출이 어려워진 외국 기업들은 그 나라 내에 공장을 설립하여 수익을 창출하고자 한다. 그러므로 외국인 직접투자를 유치할 수 있다.

남미 국가들의 낮은 경제성장률에서 보듯이 수입대체정책은 성공적이지 못했다. 개도국들이 제조업에서 경쟁력을 갖추기 위해서는 숙련노동, 기술, 그리고 기업가의 경영능력이 필요한데, 경쟁을 제한하는 보호무역으로는 이런 능력을 키울 수가 없었다. 보호무역은 비효율적인 기업을 생존하게 할 수는 있었지만, 이 기업이 효율적인 기업으로 성장하기 위한 유인을 주지는 못했다. 보호무역정책으로는 자국 기업의 경쟁력을 키울 수 없었다. 이에 비해 수출지향정책을 채택한 아시아 국가들은 높은 경제성장을 달성하였다.

수출지향정책이 수입대체정책보다 더 나은 성과를 가져온 이유는 다음과 같다. 첫째, 수출지향정책에서는 국내 기업이 해외시장에서 외국 기업들과 경쟁해야 하므로 기술개발과 비용절감에 노력하게 된다. 즉, 해외시장에서의 경쟁을 통해 국내 기업들이 국제수준의 경쟁력을 갖도록 유도한다. 반면에 수입대체정책에서는 외국 기업과의 경쟁을 제한하고 국내기업에게 높은 수익률을 보장해주기 때문에 국내기업들이 기술개발이나 생산성 제고에 노력하지 않는다.

둘째, 수출지향정책에서는 새로운 수출제품을 생산하는 과정에서 학습효과를 얻게 되고, 외국과의 교류를 통해 새로운 기술을 습득한다. 학습효과와 습득된 선진기술은 다른 산업으로 흘러들어가 경제 전체의 생산성을 높이는 데 기여한다. 반면에 수입대체정책은 다른 나라와의 교류를 제한하므로 학습효과나 기술도입이 잘 이루어지지 않는다.

셋째, 수출지향정책에서는 세계시장을 대상으로 제품을 생산하므로 규모의 경제가 실현된다. 예를 들어, 한국의 주요 수출재인 반도체, 자동차, 철강, 조선과 같은 제품의 생산이 국내시장만을 대상으로 한다면 규모의 경제를 달성할 수 없어서 이들 산업이 경쟁력을 가질 수 없다. 특히 시장규모가 작은 나라에서는 해외시장이 더욱 중요하다. 한국이나 대만과 같은 작은 나라는 규모의 경제를 얻기 위해서도 수출지향정책의 선택이 불가피하다.

넷째, 수출지원정책은 수입제한정책보다 투명하고 폐지가 쉽다. 수출보조금 지급에는 정부예산이 필요하므로 정책의 유효성을 검토하게 되고, 또 예산의 한계 때문에 장기간 지속되기 어렵다. 반면에 관세 등의 수입제한정책은 정부예산이 필요 없으므로 실시가 용이하여 불필요한 보호가 장기간 지속되는 경향이 있다.

마지막으로, 수출지향정책에서는 수출을 통해 외환(外換)이 공급되므로 경제발전에 필요한 원자재나 자본재의 수입이 가능하다. 반면에 수입대체정책에서는 수출이 순조롭게 이루어지지 못하는 까닭에 외환이 부족하게 되고, 이 경우 생산에 필요한 원자재나 자본재의 해외조달이 어려워진다.

국가 규모, 개방의 이익 및 개방도

경제규모가 작은 국가일수록 개방(開放)의 이익이 크다. 그 이유에는 다음의 네 가지가 있다. 첫째, 경제규모가 작은 나라는 국내 시장만으로는 규모의 경제의 이익을 얻기 힘들지만, 대외무역으로 시장이 확대되면 규모의 경제로 인한 비용절감이 가능해진다. 둘째, 경제규모가 작은 나라일수록 몇 개의 기업이 국내시장을 독점하는 현상이 나타나는데, 개방으로 해외기업과 경쟁이 이루어지면 이런 독점의 폐해를 줄일 수 있다. 셋째, 개방 후 세계 곳곳의 제품을 소비할 수 있으므로 제품의 다양성이 많이 증가하는데, 경제규모가 작은 나라에서 큰 나라보다 다양성이 더 많이 증가한다. 마지막으로, 큰 나라보다 작은 나라에서 개방으로 인한 기술 확산의 이익이 더 크다.

또 산업집적(産業集積)의 이익을 얻기 위해서도 작은 나라는 개방이 필요하다. 유사한 업종이 집적되면 특수장비의 이용, 노동의 공동이용, 지식확산 등의 이점으로 외부경제가 발생한다. 대표적인 예가 미국의 실리콘 밸리인데, 이런 산업의 집적은 주로 선진국에서 이루어지고 있다. 산업의 집적이 계속되면 한편으로는 외부경제가 나타나 비용이 낮아지지만, 다른 한편으로는 임금과 렌트가 올라간다. 만일 집적의 이점보다 집적으로 인한 비용이 높아지면 기업들은 다른 지역으로 이동하기 시작한다. 이 때 임금과 렌트가 낮은 개도국들이 개방적인 정책을 실시한다면, 이들 국가로 기업들이 이동할 것이므로 개도국으로의 해외투자가 증가하게 된다.

개방도의 지표로는 흔히 무역의존도를 이용한다. 무역의존도는 GDP 대비 무역(수출과 수입)의 비중이다. 대체적으로 경제규모가 클수록 무역의존도가 작고, 경제규모가 작을수록 무역의존도가 크다. 2018년 국가별 무역의존도를 보면, 경제규모가 큰 나라인 미국과 일본은 30-35% 정도이고, 영국, 독일, 프랑스 등 유럽의 국가들은 60~80% 수준이며, 중국은 40%, 한국은 80% 수준이다. 홍콩과 싱가포르 같은 도시국가들의 무역의존도는 300~400%나 된다.[1]

1 무역의존도 값에는 재화 무역만이 아니라 서비스 무역도 포함되어 있음(자료: World Bank, World Development Indicators, 2019).

3. 아시아 경제의 성공

제2차 세계대전 이후 아시아 국가들의 고도성장은 시기별로 세 그룹으로 구분된다. 제2차 세계대전 후 먼저 일본이 높은 경제성장을 달성하였고, 다음으로는 1960년부터 네 마리 호랑이라고 불리는 한국, 대만, 홍콩, 싱가포르가 연평균 8~9%의 높은 경제성장률을 달성하였으며, 마지막으로 1980년대부터는 말레이시아, 태국, 인도네시아, 중국이 높은 경제성장률을 달성하였다. 이들은 모두 해외 시장을 적극적으로 활용하였고, 다른 개도국들보다 대외무역의 비중이 높은 편이었다.

[그림 10-4]는 한국과 브라질의 무역의존도다. 여기서 무역의존도는 GDP에 대한 재화와 서비스의 무역 비중이다. 한국의 무역의존도는 1960년 이후 빠르게 증가한 반면, 브라질의 무역의존도는 거의 증가하지 않은 채 낮은 수준에 머물러 있다. 한국의 무역의존도는 1975~2007년 기간 동안 60~80%의 수준을 유지하다가 2011년 이후 100%를 넘어섰다. 이에 비해 브라질의 무역의존도는 10~30%의 낮은 수준에 머물러 있다. 수출지향정책을 실시한 한국의 무역량은 꾸준히 증가하여 왔으나, 수입대체정책을 실시하였던 브라질의 개방도는 매우 낮은 수준에 머물러 있음을 보여준다.

그림 10-4 한국과 브라질의 무역의존도 변화

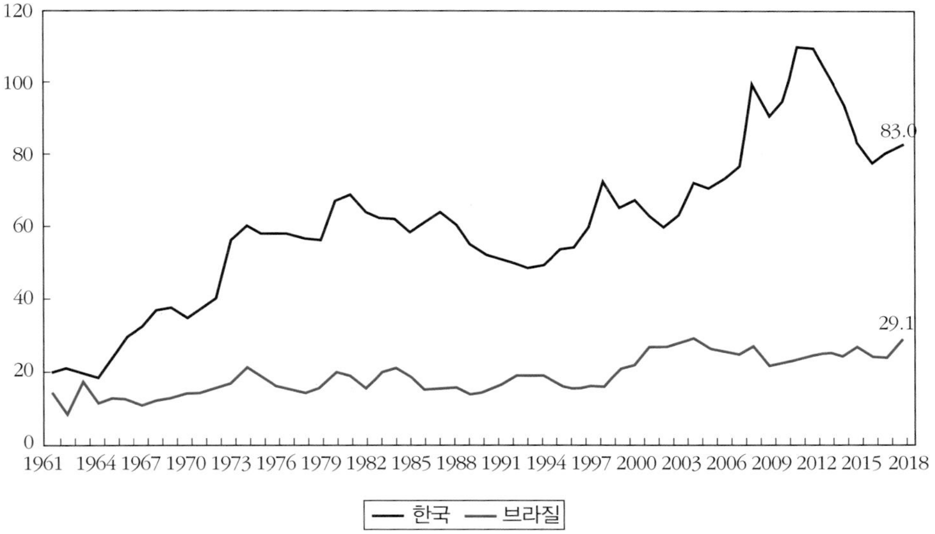

* 주: 재화와 서비스 교역의 GDP에 대한 비중임.
* 자료: World Bank, *World Development Indicators*, 2019.

수출지향정책을 채택하였던 아시아 국가들도 완전한 자유무역을 실시한 것은 아니다. 홍콩과 싱가포르는 거의 관세가 없었으나, 나머지 국가들은 국내 시장을 보호하기 위한 수입제한정책을 병행하고 있었다. 그러나 동아시아 국가들은 남미 등 다른 개도국에 비해 보호무역의 정도가 더 낮았고, 수출 확대에 보다 적극적이었다. 한국의 예를 보면 다음과 같다.

1960년대부터 한국은 수출을 늘리기 위해 수출지원정책을 실시하였다. 수출기업에 대한 다양한 지원정책 중의 하나가 수출에 필요한 자금을 낮은 금리로 지원하는 무역금융제도다. 〈표 10-1〉을 보면 1961~81년 기간에 무역금융 금리가 일반대출 금리보다 훨씬 낮다. 1961~65년의 경우 일반대출 금리는 18.2%임에 비해 무역금융 금리는 9.3%에 불과하고, 1966~72년에는 일반대출 금리가 23.2%나 됨에 비해 무역금융 금리는 6.1%로 매우 낮다. 또 1973~81년의 기간에도 일반대출 금리는 17.3%임에 비해 무역금융 금리는 9.7%이다. 1981년까지 무역금융 금리는 일반대출 금리의 1/2~1/4 수준이다. 이와 같은 저금리의 수출보조금형 금융지원은 수출량 증가에 크게 기여하였다.

그러나 1980년대 들어서는 무역금융과 일반대출 사이에 금리차가 거의 없어졌다. 이는 1980년대 들어서 한국기업들이 국제시장에서 경쟁력을 갖춘 기업으로 성장하였고, 또 국제경제환경이 자유무역을 확대하는 방향으로 변함에 따라 수출지원제도의 사용이 극히 제한되었기 때문이다.

아시아 국가들이 성공적인 경제성장을 달성한 것이 산업정책의 성공 때문이라는 견해가 있으나, 이에 대한 뚜렷한 증거는 없다. 아시아 국가들이 채택한 산업정책은 국가마다 독특한 형태를 갖추고 있었다. 싱가포르는 경제 전반에 대해 세부적인 관리정책을, 홍콩은 자유무역정책을, 한국은 대기업 육성정책을, 대만은 중소기업 육성정책을 추진하였다. 국가마다 서로 다른 산업정책을 실시하였지만, 모두 성공적인 경제성장을 달성하였다. 그래서 어떤 특정의 산업정책이 바람직한 정책이라고 말하기가 어렵다.

세계은행은 산업정책과 같은 정부 주도의 관리정책보다는 다른 요인이 아시아 국가들의 성공적인 경제성장에 더 큰 영향을 미쳤다고 평가한다. 아시아 국가들은 공

■ ■ 표 10-1 무역금융금리와 일반대출금리

	1961~65	1966~72	1973~81	1982~86	1987~91
일반대출 금리	18.2	23.2	17.3	10~11.5	10~13
무역금융 금리	9.3	6.1	9.7	10.0	10~11

* 자료: 차동세·김광석 편, 한국경제 반세기: 역사적 평가와 21세기 비전, 한국경제연구원, 1995, p. 356.

그림 10-5 한국, 미국, 브라질의 제조업 평균관세율 변화

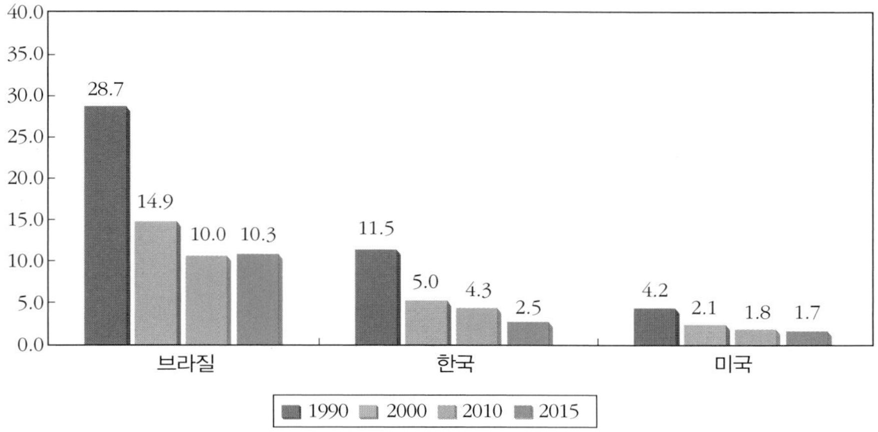

* 주: 실행관세율(applied tariff rate)을 이용한 제조업 분야 가중평균관세율임.
* 자료: World Bank, *World Development Indicators*, 2019.

통적으로 개방적이었고 대외무역에 적극적이었다. 또 저축률과 투자율이 높았고, 교육에 대한 투자가 많았으며, 특히 공교육 비중이 높았다. 경제성장에 긍정적인 이들 요인이 복합적으로 작용하여 아시아 국가들이 높은 경제성장을 달성했다고 본다.

아시아 경제의 성공은 여타지역의 개도국들에게 개방의 긍정적 효과를 알려주는 계기가 되었다. 그간 보호무역주의 정책을 시행하였던 남미 국가들은 1990년 이후 개방적인 정책으로 전환하기 시작하였다. 칠레가 가장 적극적이었고, 다른 남미 국가들도 높았던 관세율을 낮추어 나갔다.

[그림 10-5]는 한국, 미국, 브라질의 제조업 분야 평균관세율의 변화다. 1990년 한국의 평균관세율은 11.5%로 브라질의 28.7%보다는 훨씬 낮다. 하지만 미국의 평균관세율 4.2%보다는 높다. 한국이 브라질보다는 개방적인 정책을 실시하였으나, 선진국인 미국보다는 보호무역적인 정책을 실시하고 있었음을 알 수 있다. 1990년 이후 브라질이 개방적인 정책으로 전환함에 따라 평균관세율이 1990년 28.7%에서 2000년에는 14.9%로 대폭 인하되었다. 그러나 관세율 대폭 인하에도 불구하고 2015년 브라질의 평균관세율은 10.3%로 한국의 평균관세율 2.5%보다는 훨씬 높다. 한국의 평균관세율은 1990년에만 하더라도 선진국들보다 상당히 높은 편이었으나, 이후 빠르게 하락하여 2015년에는 선진국과 차이가 크지 않다. 2015년 한국의 평균관세율은 2.5%이고, 미국의 평균관세율은 1.7%이다.

한국 관세율의 변화

한국은 경제발전 초기에는 국내 산업을 보호하기 위해 비교적 높은 관세율을 부과하였다. 그러나 경제의 성장과 함께 산업경쟁력이 향상되면서 관세율은 점차 인하되었다. [그림 10-6]은 한국에서 관세율이 점차 낮아져왔음을 보여준다. 먼저 조세 총수입에서 관세수입이 차지하는 비율인 '관세/조세 비율'을 보면, 1978년에는 15.8%까지 올라갔으나, 1980년대 후반부터 빠르게 하락하여 2021년에는 1.8%로 줄어들었다. 다음으로 총수입액 대비 관세수입액의 비율을 나타내는 '실행관세율'도 1983년 7.17%에서 2021년 1.17%로 하락하였다. 1970년 이후 수입은 계속 증가했지만, 관세율의 지속적인 하락으로 인해 관세수입의 비중이 계속해서 줄어든 것이다. '관세/조세 비율'과 '실행관세율'은 모두 하락하는 추세를 보이며, 이 두 지표의 추세는 유사하다.

한국은 관세율을 인하하면서도 국내 산업의 실질적인 보호를 높이기 위해 가공단계별로 차등관세율을 도입하였다. 가공단계별 관세율을 보면, 원자재, 중간재, 최종재의 관세율이 각각 1982년에는 15.5%, 25.4%, 33.1%였고, 1994년에는 2.8%, 7.0%, 7.1%였다.[2] 한국은 실효보호율을 높이기 위해 원자

그림 10-6 한국 관세율의 변화

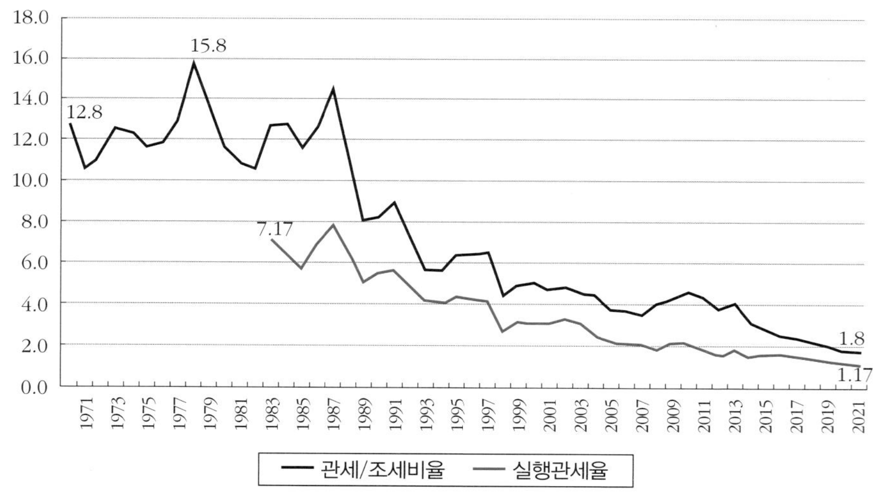

* 주: '관세/조세 비율'은 한국의 조세수입 총액에서 관세수입이 차지하는 비율이고, '실행관세율'은 총수입액에서 관세수입이 차지하는 비율임.
* 자료: 한국조세재정연구원, 조세·재정통계, 2019; 통계청, KOSIS, 2023.

2 장근호, 『열린 시대의 관세율정책: 수입구조의 변화와 우리나라 관세율체계의 평가』, 한국조세재정연구원, 1997. p. 41.

재에 낮은 관세율, 최종재에는 높은 관세율을 적용하는 경사관세 구조를 선택하였으나, 전반적으로는 관세율이 점차 인하되었다.[3]

제 4 절 개방과 경제성장

1. 경제성장의 요인

경제성장은 생산량의 증가를 의미한다. 다음의 생산함수로부터 경제성장의 의미를 이해해 보자.

$$Y = A \cdot F(L,\ K) \tag{10.1}$$

여기서 Y는 산출이고, L은 노동, K는 자본, A는 기술수준을 나타낸다. 위의 함수에서 생산요소인 L과 K가 증가하거나, 기술진보로 A가 증가하면, 생산량 Y가 증가한다. 따라서 경제성장은 노동과 자본과 같은 요소투입에 의한 성장과 기술진보에 의한 성장으로 구분된다.

먼저 자본은 국내저축에 의한 투자나 해외로부터의 자본유입에 의해 증가한다. 아시아 국가들은 다른 개도국에 비해 저축률이 높다. 저축으로 모아진 자금이 투자로 전환되고 또 부족한 투자재원은 해외 차입으로 보완함으로써 아시아 국가의 자본이 빠르게 증가하였고, 자본 증가로 경제성장률이 높아졌다. 한국도 1960~70년대의 경제발전 초기에 부족한 투자재원을 선진국에서 차입함에 따라 한국의 외채수준은 매우 높아졌지만, 대신 외채의 도입은 한국 경제의 성장에 기여했다.

다음으로 노동 투입에는 단순한 노동력의 증가보다는 노동의 질(質)을 개선하는 것이 더 중요하다. 인적자본이 축적되면 노동의 질은 좋아진다. 인적자본은 지식이나 기술과 같이 사람에게 체화(體化; embody)되어 있는 눈에 보이지 않는 자본을 말하며, 이는 교육이나 생산과정의 학습효과로부터 형성된다. 인적자본이 축적될수록 경제성장률이 높아진다.

3 최적관세율과 경사관세구조에 관해서는 9장의 설명을 참고할 것.

마지막으로 기술이 진보하면 경제가 성장한다. 기술진보에 의한 경제성장은 투입요소의 증가 없이 생산량을 늘릴 수 있다는 점에서 가장 바람직한 형태의 경제성장이다. 그러나 새로운 기술을 개발하기는 쉬운 일이 아니다. 자체적인 연구개발투자(R&D)로 새로운 기술을 개발하기도 하지만, 개방경제에서는 외국의 새로운 기술을 도입하기도 한다.

앞에서 살펴본 바와 같이 경제성장은 생산요소의 투입 증가나 기술진보에 의해 발생한다. 그런데 솔로우(Solow)의 신고전파 성장모형에서는 자본축적에 의한 경제성장은 지속될 수 없고 언젠가는 정지하게 된다. 자본의 한계생산성이 체감하기 때문이다. 기술진보가 일어나는 경우에만 경제성장이 지속될 수 있다. 그런데 기술진보가 내부적으로 생성되는 것이 아니라 외부적으로 주어진다고 한다. 신고전파 성장모형을 외생적 성장이론이라고 부르는 까닭이 여기에 있다. 다음에는 기술진보가 경제 내부에서 생성된다고 설명하는 내생적 성장이론을 알아보자.

2. 내생적 성장이론

신고전파 성장이론에서는 소득의 일정부분이 저축되고, 이 저축은 모두 투자된다고 본다. 투자로 경제 내의 자본량이 많아지면, 생산량이 증가하여 경제가 성장한다. 그런데 자본이 축적될수록 자본의 한계생산성이 체감하므로 경제성장률은 둔화되어 가고 결국에는 일인당 소득이 더 이상 증가하지 않는 정체상태(停滯常態; stationary state)에 도달한다. 다시 말해서 자본축적만으로는 일인당 소득의 지속적 성장을 가져올 수 없게 된다. 기술진보가 일어나면 성장이 지속되지만, 자본축적만으로는 언젠가 성장이 멈추게 된다. 지속적 성장을 위해서는 기술진보가 필요하다.

내생적 성장이론(endogenous growth theory)은 기술진보가 경제 내부에서 형성되어 가고, 이러한 기술진보에 의해 경제가 지속적으로 성장해감을 설명해준다. 기술진보가 외부에서 주어지는 것이 아니라 내부적 요인에 의해 형성된다는 의미에서 이를 내생적 성장이론이라고 한다.

기술진보의 요인을 다음의 식으로 표시해 보자.

$$\frac{\dot{A}}{A}=f(RND,\ HC,\ Tr) \tag{10.2}$$

여기서 $\frac{\dot{A}}{A}$는 기술진보율, RND는 연구개발투자, HC는 인적자본, Tr은 기술이전이다.

기술은 저절로 축적되지 않는다. 기술을 개발하기 위해서는 자원을 투입해야 하는데, 이를 연구개발투자(research and development; R&D)라고 한다. 연구개발투자가 활발한 경제에서 기술진보율도 높다. 또 인적자본이 높은 경제에서 기술진보율이 높다. 인적자본의 축적은 교육에 대한 투자나 경험을 통한 학습(learning by doing)으로부터 형성된다. 경험을 통한 학습이란 어떤 일을 할수록 생산성이 향상되는 것을 말한다. 마지막으로 기술을 외부에서 도입함으로써 기술진보를 이룰 수 있다. 선진기술의 이전은 공식적으로 도입되기도 하지만, 비공식적인 모방을 통해 이루어지기도 한다.

식 (**10.2**)는 더 많은 연구개발투자를 하거나, 인적자본을 형성하거나, 기술이전이 활발할수록 기술진보율이 높아짐을 말해준다. 내생적 성장모형에서는 생산자의 이윤동기에 의해 기술이 개발된다. 즉 기술이 외부에서 주어지는 것이 아니라 내부적 요인에 의해 개발된다. 그리고 기술진보율이 높은 경제에서 경제성장률도 높아진다. 내생적 성장모형은 국가 간 경제성장률의 차이를 국가 간 기술진보율의 차이로 설명한다.

기술진보에 의한 성장은 한계가 없으며 영원히 지속될 수 있다. 따라서 요소투입에 의한 경제성장보다는 기술진보에 의한 경제성장이 바람직하다. 과거에는 물적자본이 성장의 주요 동력이었으나, 오늘날은 인적자본이나 연구개발투자를 통한 기술진보가 보다 중요한 성장의 동인이 되고 있다.

3. 개방과 경제성장

국제무역이 경제성장에 미치는 효과에 대해서 많은 연구가 이루어져왔다. 앞서 공부한 바와 같이, 경제성장은 노동과 자본의 증가나 기술의 진보에 의해 이루어진다. 그런데 무역이 노동이나 자본의 증가에 직접적인 영향을 미치지 않기 때문에, 무역의 경제성장 효과는 기술진보에 의해 이루어진다고 할 수 있다.

비교우위론에 의하면, 무역은 비효율적인 비교열위산업에서 효율적인 비교우위산업으로 자원을 이동시킴으로써 국가 전체의 생산량을 증가시킨다. 즉, 국제무역은 자원의 효율적 재분배를 통해 생산량을 증가시키는데, 이는 동일한 자원으로 더 많은 생산을 가능하게 한다는 점에서 기술진보와 유사하다. 이처럼 무역은 자원의 효율적 배분을 통해 경제성장률을 높인다.

내생적 성장이론은 기술의 중요성을 강조한다. 이 이론에 따르면, 자체적인 연구개발투자나 인적자본 축적에 의한 기술개발만이 아니라 외국의 선진기술 습득도 기술진보의 주요 원천이 된다. 그런데 개방은 국가 간 지식확산을 촉진하여 기술을 향상시킨다. 개방경제에서 지식확산(knowledge spillover) 경로로는 무역, 해외 직접투자, 라이센스(license) 등이 있다. 개방경제의 지식확산에 대해 좀 더 구체적으로 알아보자.

첫째, 무역은 외국의 중간재와 자본재의 이용을 가능하게 한다. 보다 다양한 중간재를 활용하고, 또 보다 품질 좋은 중간재를 활용하게 되면 생산성이 높아져서 경제성장률이 올라간다. 또 선진국의 기술이 체화된 자본재의 수입은 선진국의 기술을 수입하는 것과 같으므로 무역은 외국의 선진기술을 간접적으로 이용하는 수단이 된다. 그러므로 개도국과의 무역보다는 기술수준이 높은 선진국과의 무역에서 기술이전효과가 더 크고, 무역의 경제성장 효과도 더 크다.

둘째, 외국과의 접촉은 선진기술을 배우고, 이를 국내 생산에 적절히 활용할 수 있는 기회가 된다. 무역은 해외기업과의 경쟁을 촉진하여 끊임없이 기술을 개발하고, 외국 기술을 습득하게 한다. 특허등록이 되어 있는 기술은 라이센스를 통해 이용하고, 그렇지 않은 기술은 모방을 통해 활용한다. 개방적인 동아시아 국가들은 해외시장에서 외국의 기술을 배우고 모방하였는데, 이는 이들 국가의 고도성장 달성에 주요 역할을 했다.

셋째, 무역으로 해외시장을 활용하면, 시장규모가 확대되어 규모의 경제를 실현할 수 있다. 새로운 제품을 개발하여 판매하고자 하는 기업은 시장규모가 클수록 이윤이 커지므로 제품 개발에 더 노력하게 된다. 국내시장이 협소한 한국에서 철강, 자동차, 전자 등 규모의 경제가 큰 산업이 성장할 수 있었던 것은 해외시장을 활용할 수 있었기 때문이다.

마지막으로 무역에서 얻어진 경험과 기술은 해당 산업의 생산성을 높일 뿐만 아니라 다른 국내 산업으로 확산되면서 경제 전반의 생산성을 높인다. 즉, 무역은 해당 산업만이 아니라 간접적인 경로를 통해 국가 전체의 생산성 증가에 기여한다.

이상에서 알아본 바와 같이, 개방은 국가 간 지식확산을 가능하게 하여 기술진보율을 높인다. 그러므로 기술수준이 낮은 국가보다는 기술수준이 높은 국가와의 무역에서 지식 습득 가능성이 더 높다. 즉, 개도국과의 무역보다는 선진국과의 무역에서 기술습득효과가 더 크다. 또 기술수준이 낮은 제품보다는 기술수준이 높은 제품의 수입에서 기술습득효과가 더 크다. 즉, 1차 상품이나 단순한 노동집약적인 제품보다는 하이테크 제품의 수입에서 기술습득효과가 더 크다. 다시 말해서, 선진기술을 보유한 국가와의 무역, 그리고 높은 기술수준이 내포된 하이테크 제품의 무역에서 기술진보효과가 더 크고, 무역의 경제성장효과도 더 커진다.

외국과의 접촉으로 선진기술을 배울 기회가 제공되더라도, 자국이 이를 습득할 능력이 없으면 개방의 경제성장효과를 얻을 수 없다. 외국의 기술을 습득할 수 있

그림 10-7 개도국의 개방도와 경제성장률간의 관계

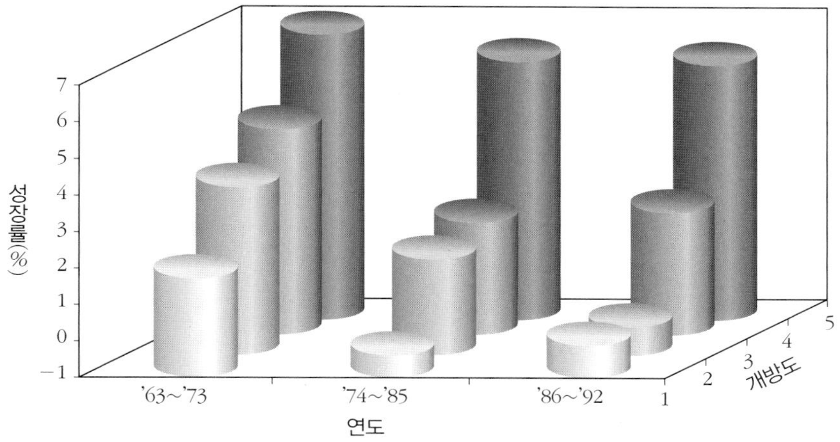

* 주: (1)은 강한 내부지향형(strongly inward-oriented), (2)는 보통 내부지향형(moderately inward-oriented), (3)은 보통 개방형(moderately outward-oriented), (4)는 강한 개방형(strongly outward-oriented)을 나타낸다.

* 자료: WTO, *Annual Report* 1998(International Monetary Fund(1993), "Trade as an Engine of Growth," in World Economic Outlook 70-80; World Bank(1987), *The World Development Report* 1987, Oxford University Press).

는 능력은 자국의 노동의 질에 의존한다. 그래서 인적자본 수준이 높은 국가일수록 기술습득효과가 커서 개방의 경제성장효과도 크다. 반면에 인적자본 수준이 낮은 국가는 기술습득효과가 크지 않아서 개방의 경제성장효과도 크지 않을 것이다.

개방이 경제성장을 촉진하는가에 대해서는 많은 연구가 이루어졌다. 그런데 개방과 경제성장의 관계를 엄밀하게 분석하는 것은 쉬운 일이 아니다. 왜냐하면, 경제성장에 영향을 미치는 요인은 매우 복잡하고 다양한데, 개방의 효과만을 분리하여 측정하기는 쉽지 않기 때문이다. 그럼에도 불구하고 대부분의 실증연구들은 다양한 분석방법을 통해 개방이 경제성장에 긍정적이라고 분석하고 있다.

[그림 10-7]은 41개 개도국을 개방도에 따라 4개 그룹으로 분류하고, 1963~1992년의 기간을 세 기간으로 구분하여, 각 그룹의 기간별 경제성장률을 보여주고 있다. 여기서 개방도(openness)는 관세 등의 무역규제 정도와 정부정책이 수출 중심인가 아니면 국내시장 중심인가에 따라 구분하였고, 1에서 4로 갈수록 개방도가 높음을 나타낸다. 그림에서 보듯이, 어느 기간에서나 개방도가 높은 국가일수록 경제성장률이 높다. 이처럼 개방도와 경제성장 간에는 양(+)의 상관관계가 있다.

무역으로 국가 간 소득은 수렴하는가?

무역이 국가 간 소득 수렴(收斂; converge)에 미치는 영향을 알아보자. 한 국가의 일인당 국민소득(y)은 다음과 같이 쓸 수 있다.

$$y = \frac{(wL + rK)}{L} = w + r\frac{K}{L} \quad \textbf{(10.3)}$$

L과 K는 노동과 자본이고, w와 r은 노동과 자본의 가격인 임금과 임대료이다. 기술이 진보하면 이는 임금이나 임대료를 변화시켜 일인당 국민소득에 영향을 미친다. 따라서 식 (**10.3**)은 일인당 국민소득 y가 생산요소 가격(w, r), 요소부존도 비율(K/L), 기술수준에 의해 결정됨을 말해준다. 따라서 무역이 생산요소 가격, 요소부존도 비율, 기술진보에 미치는 영향을 이해하면, 무역이 국가간 소득을 수렴시키는가, 그렇지 않은가를 설명할 수 있다. 이를 알아보자.

첫째, 무역이 요소가격(w, r)에 미치는 영향을 생각해보자. 무역으로 두 나라의 요소가격이 같아진다는 요소가격균등화정리는 국가 간 기술수준이 같고 완전 자유무역을 한다는 매우 엄격한 가정에 바탕을 두고 있다. 그런데 이런 엄격한 가정을 완화하더라도 무역은 국가 간 요소가격을 균등화시키는 방향으로 변화시킨다. 이 점에서 무역은 국가 간 소득의 수렴에 기여한다.

다음으로 자본부존량의 변화를 생각해보자. 후진국이 개방정책을 실시하면, 이 국가에 대한 투자위험이 감소하여 자본이 유입됨으로써 자본이 축적된다. 하지만, 스톨퍼-새뮤엘슨정리에 따르면 자유무역으로 자본희소국인 후진국에서는 자본수익률이 하락하므로 자본축적이 저해되는 측면이 있다. 이처럼 개방으로 후진국의 자본이 더 빨리 축적될 것인가는 명확하지 않다. 이 점에서 무역이 국가 간 소득 수렴을 촉진하는가는 분명하지 않다.

마지막으로 기술을 생각해보자. 재화의 무역은 국가간 기술이전의 매개수단이다. 후진국은 무역을 통해 선진국의 기술을 습득하게 되어 생산성이 올라가고 요소가격도 올라간다. 이 경우 후진국 소득이 선진국 소득으로 수렴하게 된다. 그런데 후진국이 개방 이후에도 여전히 낮은 수준의 기술에 특화하면 국가 간 요소가격은 수렴하지 않는다.

이상에서 살펴보았듯이, 무역이 국가 간 소득 수렴에 기여하는가는 이론적으로 명확하지 않다. 이에 관한 실증분석 연구들도 서로 다른 결과를 보여주고 있다. Sachs and Warner(1995)는 무역자유화로 국가 간 소득이 수렴했다고 설명한다.[4] 이들은 1970년과 1989년 사이에 폐쇄적인 정책을 실시한 국가 그룹 내에서는 소득의 수렴현상이 없었으나 개방적인 정책을 실시한 국가그룹 내에서는 소득 수렴현상이 나타남을 보여줌으로써 개방이 국가간 소득을 수렴시킨다고 설명한다. 반면에

4 Sachs, J. D. and A. Warner(1995), "Economic Reform and the Process of Global Integration," *Brookings Papers on Economic Activity*, pp. 1–118.

Slaughter(2001)는 EEC, EFTA, EEC-EFTA간의 자유무역, GATT의 케네디라운드의 4가지 무역자유화 사례를 중심으로 한 분석에서 무역자유화가 소득수렴을 가져온다는 실증적 증거가 없다고 주장한다.[5] 그는 무역자유화 이후의 소득수렴 정도가 그 이전에 비해 더 가속화되었다는 증거가 없기 때문에 무역자유화로 인해 소득 수렴이 촉진되었다고 말하기 어렵다는 주장이다. 무역이 소득 수렴을 가져오는가에 대해서는 이론도, 그리고 실증분석 결과도 분명한 답을 주고 있지 않다.

5 Slaughter, M.J.(2001), "Trade Liberalization and Per Capita Income Convergence: A Difference-In-Differences Analysis," *Journal of International Economics*, Vol.55, pp. 203–228.

주요용어

- 최적무역정책
- 외부경제
- 밀의 테스트
- 교역조건 악화설
- 정체상태
- 수렴과 격차
- 시장왜곡
- 외부비경제
- 베스터블 테스트
- 수입대체정책
- 내생적 성장이론
- 시장실패
- 유치산업보호론
- 학습효과
- 수출지향정책
- 지식확산

요 약

01. 개도국들은 외부경제가 있는 공업부문을 육성하여 경제 발전을 이루기 위해서는 보호무역이 필요하다고 주장한다.

02. 시장왜곡이 발생하면 정부개입이 정당화되지만, 최적정책은 왜곡이 있는 부문에 직접 개입하는 것이다. 생산에 외부경제가 있는 경우에는 생산보조금, 요소시장에 외부경제가 있는 경우에는 생산요소에 보조금을 주는 정책이 최적정책이다. 관세 등 보호무역은 소비왜곡이 나타나는 부작용이 있다.

03. 유치산업보호론은 현재 경쟁력이 없지만 미래에 경쟁력을 갖출 수 있는 산업을 일정기간 보호하면 생산과 후생이 증가한다는 주장이다. 그러나 유치산업을 찾아내기 어렵고, 보호의 수단으로는 관세 등 무역정책보다는 국내정책이 바람직하며, 보호의 기간이 불필요하게 장기간 지속될 수 있기 때문에 잘못 선택된 유치산업보호보다는 자유무역이 바람직하다.

04. 수출지향정책을 채택한 아시아 국가들의 경제성장률이 수입대체정책을 채택한 남미 국가들의 경제성장률보다 훨씬 높았다. 수입대체정책은 경쟁을 제한하여 기업의 기술개발과 생산성 제고에 대한 유인을 감소시킴에 비해, 수출지향정책은 해외 기업과의 경쟁을 촉진하고 기술이전을 용이하게 하여 기업의 경쟁력을 강화하기 때문이다.

05. 경제성장은 요소투입에 의한 성장과 기술진보에 의한 성장으로 구분된다. 요소투입에 의한 성장은 장기적으로 한계가 있으므로 지속적인 성장을 위해서는 기술진보가 필요하다. 기술진보는 자체적인 연구개발투자, 인적자본 축적, 기술이전에 의해 이루어진다.

06. 내생적 성장이론은 기술의 중요성을 강조한다. 이 이론에서는 연구개발투자나 인적자본의 축적에 의한 자체적인 기술개발만이 아니라 외국의 선진 기술을 습득하는 것도 기술진보의 주요 원천이 된다. 개방은 국가간 지식확산(knowledge spillover)을 가능하게 하여 기술진보율을 높인다. 해외 기술의 이전 통로로는 무역, 해외직접투자, 라이센스가 있다.

07. 개방과 경제성장간에는 양(+)의 상관관계가 있다. 그런데 개방이 경제성장을 촉진하는가를 검증하는 것은 쉽지 않다. 개방정책을 채택하는 국가들이 대체로 성장에 긍정적인 다른 경제정책을 함께 사용하는 경우가 많은데 각각의 정책 효과를 분리하기가 어렵기 때문이다.

복습문제

01. 시장 왜곡이 있을 때, 보호무역정책이 후생 수준을 높일 수 있는지, 그 이유는 무엇인지, 그리고 최적의 정책은 무엇인지에 대해 설명하시오.

02. 어떤 상황에서 유치산업보호론에 근거한 보호무역정책이 타당성을 갖게 되는가?

03. 수출지향정책이 수입대체정책보다 더 나은 성과를 낼 수 있었던 원인은 무엇인가?

04. 경제성장의 요인들을 설명하고, 내생적 성장이론이 중요시하는 요소들에 대해 서술하라.

05. 개방경제에서 경제성장률이 높아지는 이유에 대해 생각해보라.

연습문제

01. 개도국들은 공업화를 통한 경제발전을 추구하고자 보호무역정책을 실시하였다. 왜 공업 부문을 보호해야 하고, 보호를 위한 최적 정책은 무엇인가?

02. 농업부문에 비해 공업부문의 노동 생산성이 더 높다면, 이는 노동시장에 왜곡이 있음을 나타낸다. 이를 교정하기 위해 관세정책, 생산보조금정책, 노동에 대한 보조금정책을 실시할 수 있다. 각각의 정책 효과를 비교하라.

03. 정부가 어떤 산업이 향후 20여년 동안 다른 산업에 비해 유망한 산업임을 정확하게 판단할 수 있다고 하자. 그렇다면 이 정부가 이런 산업을 집중 지원하고 육성하는 것이 바람직하고 올바른 정책인가?

04. "한국은 1970년대 중화학 육성정책을 성공적으로 수행하여 수출산업이 노동집약적 산업에서 자본집약적 산업으로 변화하고 성공적인 경제성장을 달성하였다." 이를 비판적으로 논평하라.

05. 노동시장의 왜곡이란 무엇인가? 저개발국에서 농업과 공업 부문의 임금수준이 서로 같은 경우에도 노동시장에 왜곡이 있다고 판단하는 이유는 무엇인가?

06. 수출주도형 정책에 비해 수입대체형 정책을 추진한 국가는 경제성장의 달성에 실패하였다. 수입대체형 정책의 문제는 무엇인가? 그리고 수입대체정책이 소국보다는 브라질과 같은 대국에서 실시된 이유는 무엇인가?

07. 브라질과 아르헨티나는 1960년 이후 40년간 각각 연평균 2.35%, 0.96% 성장했음에 비해, 같은 기간 동안 한국과 대만은 각각 6.45%, 6.14%의 높은 성장률을 달성하였다. 한국과 대만이 남미 국가들에 비해 높은 성장을 달성할 수 있었던 원인은 무엇인가?

08. 내생적 성장이론은 기존의 신고전파 성장이론과 어떤 차이가 있는가? 또 이 이론은 개방이 경제성장에 미치는 효과를 어떻게 설명하는가?

11 선진국의 산업정책과 지적재산권

보호무역 정책은 개발도상국뿐 아니라 선진국에서도 실시되고 있다. 개발도상국이 산업화를 촉진하기 위해 보호무역을 시행한다면, 선진국은 특정 산업을 육성하기 위해 이와 같은 정책을 시행한다. 선진국의 보호무역정책이 타당한지를 경제적 측면과 정치적 측면에서 검토해본다.

또한, 개방이 확대되면서 전 세계적으로 기술 확산이 가속화되고 있다. 기술 개발에 앞장서는 선진국들은 지적재산권의 강화를 주장하는 반면, 새로운 기술을 수입에 의존하는 개발도상국들은 지적재산권의 강화에 소극적인 입장을 취하고 있다. 지적재산권의 중요성과 지적재산권 강화가 경제에 미치는 영향에 대해 알아보자.

제 1 절 전략적 무역정책과 산업정책

1. 전략적 무역정책

전략적 무역정책(戰略的 貿易政策; strategic trade policy)이란 과점시장에서 자국의 이익을 위해 자국 기업을 지원하는 정책을 말한다. 그러나 이는 다른 국가의 기업에게 손해를 가져온다는 점에서 최적관세에서와 마찬가지로 상대국의 보복 가능성이 있다.

다음의 예를 이용해 전략적 무역정책을 이해해 보자. 미국의 보잉사(Boeing)와 유럽의 에어버스사(Air Bus)는 항공기의 국제시장에서 서로 경쟁하고 있다. 이제 신제품 생산을 시작할 것인가 아니면 포기할 것인가의 시장전략을 검토해보자.

〈표 11-1〉은 두 기업의 전략에 따라 기업에게 돌아가는 보수행렬표이다. 왼

■ ■ 표 11-1 보잉과 에어버스의 보수행렬

(보잉/에어버스)	생산	생산 않음
생산	(−5, −5)	(100, 0)
생산 않음	(0, 100)	(0, 0)

쪽 열은 보잉의 의사결정이고, 위쪽의 행은 에어버스의 의사결정이다. 보수(報酬; payoff)의 첫 번째 항은 보잉의 이윤이고, 두 번째 항은 에어버스의 이윤이다. 보잉사만 신제품을 생산하고 에어버스는 생산을 하지 않는다면 보잉사의 이윤은 100이고, 마찬가지로 에어버스사만 생산한다면 에어버스의 이윤도 100이 된다. 그러나 두 기업이 모두 신제품을 생산한다면 두 기업 모두 이윤이 −5로 손해를 보게 되므로 어떤 기업이 이미 신제품 생산을 시작했다면 다른 기업은 신제품 생산을 시작하지 않는다. 즉, 먼저 시장을 점유한 기업이 독점적 이익을 누리게 된다.

이제 유럽이 에어버스에 25의 보조금을 지급한다고 하자. 이 경우 에어버스는 항공기 생산시 25의 보조금을 받게 되므로 보수행렬은 〈표 11-2〉와 같이 바뀐다. 이미 보잉이 신제품 시장을 독점한 상태에서 에어버스가 뒤늦게 시장에 진입하면, 에어버스는 보조금의 혜택으로 20의 이윤을 얻는데 보잉은 −5의 손해를 보게 된다. 그래서 보잉은 생산을 중단하고 에어버스가 이 시장을 독점함으로써 125의 이윤을 얻는다. 따라서 유럽은 보조금 25를 회수하고도 100의 이윤을 남긴다. 이처럼 정부가 보조금을 주면 자국 기업이 국제시장에서 전략적 우위를 확보할 수 있다는 점에서 이를 전략적 무역정책이라고 한다.

앞의 예에서 보듯이 전략적 무역정책을 시행하면 이익을 얻을 수 있지만, 실제 사용에는 현실적으로 어려움이 많다.

첫째, 전략적 무역정책은 다른 국가의 희생을 대가로 자국의 이익을 추구하는 일종의 인근궁핍화정책(隣近窮乏化政策; beggar-thy-neighbor policy)이다. 따라서 최적관세에서와 마찬가지로 다른 국가의 보복 가능성이 높다. 상대 국가가 보복을 한다면 전략적 이점을 주었던 보조금의 효과는 사라진다.

둘째, 보수행렬에 대한 정확한 정보를 알기 어렵다. 부정확한 보수행렬에 근거한 보조금 지급으로는 정책효과를 얻기 어렵다. 예를 들어, 〈표 11-1〉의 보수행렬

■ ■ 표 11-2 에어버스에 대한 보조금 지급

(보잉/에어버스)	생산	생산 않음
생산	(−5, 20)	(100, 0)
생산 않음	(0, 125)	(0, 0)

에서 두 기업이 모두 신제품을 생산하면, 에어버스는 −20의 손해를 보지만 생산성이 더 높은 보잉은 5의 이윤을 얻는다고 하자. 이 경우 유럽이 에어버스사에 25의 보조금을 지급하면 에어버스는 5의 이윤이 생기므로 생산을 시작한다. 그러나 에어버스가 시장에 진입하더라도 보잉은 여전히 5의 이윤을 얻기 때문에 생산을 계속한다. 에어버스가 시장을 독점하면 유럽은 보조금 이상의 이득을 얻지만, 보잉이 생산을 계속하면 유럽은 항공기 생산으로 계속 손해를 보게 된다. 즉 에어버스는 보조금 25 덕분에 5의 이윤을 얻으므로 생산을 계속하지만, 시장에서는 지속적으로 −20의 손해를 보게 된다.

이처럼 보수행렬이 부정확하면 전략적 무역정책으로 이익을 얻기 어렵다. 그리고 특정회사나 특정집단이 자기 이익을 위해 정부정책을 이용할 수 있고, 그 회사가 정부보조금으로 이익을 얻더라도 그 이익은 국가 경제 규모에 비해 매우 미미하다. 더구나 몇 개의 기업들이 경쟁하는 세계시장은 거의 없고, 한 국가의 보조금 지원은 다른 국가의 보복을 불러오게 된다. 따라서 전략적 무역정책은 효과를 거두기 어렵다. 특정 기업이나 특정 산업을 지원하는 전략적 무역정책보다는 자유로운 시장경쟁에 맡기는 것이 바람직하다.

미국과 EU의 항공기 보조금 분쟁

2004년 10월 미국과 유럽연합(EU)이 항공기 제조업체에 대한 보조금을 둘러싸고 세계무역기구(WTO) 사상 최대 규모의 무역분쟁에 들어갔다. 보잉과 에어버스는 세계 민간항공기 시장을 양분하고 있다. 보잉은 미국회사고, 에어버스는 유럽 각국이 콘소시움 형태로 공동 출자하여 설립한 항공사다. 에어버스의 시장 점유율은 1992년 보잉의 절반인 32%에 불과하였으나, 2003년 에어버스가 시장점유율 54%를 차지하며 보잉을 누르자 항공기 시장을 둘러싼 미국과 EU 간의 갈등이 커졌다.

보잉이 경쟁에서 밀리기 시작하자 미국은 2004년 10월 대통령선거 기간 중 EU가 최소 150억 달러 규모의 불법 보조금을 에어버스에 제공했다며 WTO에 제소했고, 1992년 유럽과 맺은 항공보조금 협정을 폐기할 것이라고 밝혔다. 양측은 1992년 EU가 에어버스에 새 항공기 개발비 3분의 1까지를 보조하고, 미국은 보잉의 연구개발비를 보조하는 내용의 협정을 체결한 바 있다.

미국의 제소에 대해 EU도 미국 정부가 1992년부터 연구개발 지원금 형태로 보잉에게 230억 달러를 제공했다며 WTO에 맞제소했다. 또 워싱턴주가 보잉의 새 비행기인 '7E7'에 대해 30억 달러 규모의 세금우대를 해주기로 한 것도 문제 삼았다. 에어버스의 노엘 포기어 최고경영자(CEO)는 "보잉이 1992년 맺은 미국−유럽 항공보조금 협정을 폐기하려는 것은 에어버스 신형여객기 A350의 자금 조달을 어렵게 하기 위한 것"이라고 말했다.

또 항공기 보조금을 둘러싼 미국과 EU의 무역분쟁에서 제3국인 일본의 보조금이 문제가 되었다.

EU 집행위원회는 "보잉이 1992년 맺은 EU-미국간 항공기 보조금 제한 협정을 피하기 위해 일본이 우회적으로 보조금을 지급하도록 했다"고 말했다. EU에 따르면 일본 정부는 보잉의 3대 협력업체인 미쓰비시, 후지, 가와사키중공업에 16억 달러의 보조금을 배정했고, 이들 일본 협력업체들은 보잉 7E7 기체의 35%를 제작하기로 계약했으며, 일본 항공사인 일본항공은 7E7 비행기 50대(60억 달러 규모)를 주문했다는 것이다.

양측 제소에 대해 WTO는 두 회사 모두 WTO 규정을 위반한 자금지원을 받은 것으로 결론 내리고, 수십억 달러 규모의 무역보복을 인정하는 사상 유례없는 이중판정이 내려질 것이라는 전망이 나왔다. 이에 미국과 EU는 2005년 1월 '항공산업 보조금'을 둘러싼 무역 분쟁을 멈추고 협상을 통해 해결하기로 합의했다.(중앙일보 관련 기사를 요약 정리한 것임.)

2. 선진국의 산업정책

바람직한 산업을 육성하기 위해서는 적극적인 산업정책(産業政策)이 필요하다는 주장이 있다. 이러한 주장은 산업 중에는 좋은 산업과 나쁜 산업이 있고, 좋은 산업을 육성해야 경제가 성장한다는 생각에 바탕을 두고 있다. 그러나 바람직한 산업이 국가마다 같을 수는 없다. 국가마다 부존자원이 다르고, 또 기술수준이 다르기 때문이다. 각 국가에 알맞은 산업은 시장 경쟁을 통해 자연스럽게 발전하고 성장해 나간다.

특정 산업을 육성하고자 하는 산업정책은 성공하기 어렵다. 시장실패가 발생한 경우에만 산업정책은 그 정당성이 인정될 수 있다. 산업정책의 시행은 좋은 산업과 나쁜 산업의 기준보다는 시장실패의 존재 여부로 판단해야 한다. 대체로 사람들은 부가가치가 높은 산업, 임금수준이 높은 산업, 기술수준이 높은 산업을 좋은 산업이라고 생각한다. 그렇다면 이러한 산업을 육성하기 위한 산업정책이 정당한가를 알아보자.

1) 부가가치가 높은 산업만이 좋은 산업인가?

부가가치가 높은 산업을 육성하여 국민소득을 높이자는 주장이 있다. 국민소득은 부가가치의 합이므로, 이런 주장이 일견 타당한 것처럼 보일 수 있다. 그러나 그렇지는 않다. 부가가치는 최종산출액에서 중간투입액을 뺀 금액이므로, 부가가치가 높은 산업이란 중간투입물이 적게 들어가는 산업을 말한다. 국가마다 요소부존도나 기술수준 등 경제적 여건이 다르기 때문에 중간투입물이 적게 들어가는 산업이 반드시 더 좋은 산업이라고 할 수는 없다. 단순히 부가가치가 높다는 기준만으

끊임없이 변화하고 이러한 변화 과정에서 어떤 산업은 성장하고 어떤 산업은 쇠퇴해 간다. 어떤 기업의 기술진보로 다른 경쟁기업의 퇴출이 불가피하듯이 자유무역으로 경쟁력이 없는 산업이 퇴출되는 것도 불가피한 일이다.

둘째, 자유무역의 이득으로 손해를 보상하는 정책이 보호무역정책보다 더 낫다. 보상의 원리는 다른 형태의 경제변화에도 똑같이 적용된다. 기술 변화나 소비자의 기호 변화로 어떤 산업이 위축되는 경우, 선진국들은 위축되는 산업을 유지하기보다는 실업수당, 이직훈련 등 사회안전망(safety net)을 통해 산업구조 변화가 원활히 이루어지도록 지원하고 있다. 마찬가지로 자유무역으로 위축되어 가는 수입대체재 산업을 유지하기 위해 보호무역정책을 시행하기보다는 산업구조 변화를 보완할 수 있는 추가적인 국내정책을 시행하는 것이 적절하다.

셋째, 보호무역으로 특정집단이 얻는 이득은 국가 전체의 손실보다 작다. 그럼에도 불구하고 보호무역이 시행되는 것은 정부정책이 경제논리에 바탕을 두기보다는 정치적 과정의 결과이기 때문이다. 일반적으로 손해를 보는 집단과 이익을 보는 집단 사이의 힘의 불균형이 정치과정에 반영되어 무역정책이 왜곡된다.

보호무역에 대한 일반인들의 인식

1980년대 후반 중국과 동남아시아의 등장으로 한국의 주요 수출산업이었던 섬유와 신발 산업이 사양산업으로 전락하면서 많은 노동자들이 일자리를 잃게 되었다. 이를 무역의 폐해라고 생각하여 자유무역에 대해 부정적인 견해를 갖는 사람들이 많다. 미국의 여론조사에 의하면, 미국의 보호무역정책에 대해 경제학자는 90% 이상이 반대하고 있으나, 일반인들은 반대 비율이 훨씬 낮다. 경제학자와 일반인들 사이에 견해 차이가 나는 이유는 무엇인가?

첫째, 일반인들은 눈에 보이는 이익과 비용으로 판단하는 반면, 경제학자들은 눈에 보이지 않는 간접효과까지를 고려하기 때문이다. 경제 전반에 대한 이해가 없는 일반인들은 간접효과를 보기 어렵다. 예를 들어, 자유무역으로 직업을 잃는 사람들의 손실은 크게 생각하면서 낮은 가격으로 수입하여 얻는 소비 이득은 거의 고려하지 않는다.

둘째, 자유무역으로 손해를 보는 생산자들은 결집력이 강력하여 사회적 분위기가 보호무역에 우호적으로 형성되기 때문이다. 자유무역으로 이익을 얻는 소비자들은 결집력이 없는 반면, 손해를 보는 소수의 생산자들은 강력한 결집력으로 자유무역의 문제점을 제기한다. 이러한 영향으로 사람들은 자유무역의 후생증가 효과보다는 일부 집단의 손실을 크게 생각하게 된다.

보호무역의 타당성을 주장하기 위해서는 보호무역으로 인한 이익과 손해를 함께 검토해야 한다. 그런데 일반인들은 보호무역의 이익만을 생각하고 손실을 간과하는 경향이 있다. 하지만 보호무역으로 인한 국가 전체의 후생손실을 알게 되면 일반인들도 보호무역보다는 자유무역을 찬성하게 될 것이다.

무역만이 아니라 사람들의 기호나 기술의 변화로 인해 수많은 기업이 새로 생겨나기도 하고 망하기도 한다. 1957년 '포춘(Fortune)'지가 선정한 세계 500대 기업 가운데 오늘날까지 존재하는 기업은 32%인 160개사에 불과하고, 1980년대 미국의 초우량기업으로 소개한 46개사 중에서 오늘날까지 생존한 기업은 6개사에 불과하다. 사람들은 국내 환경 변화로 인한 기업의 부침(浮沈)은 자연스러운 현상으로 받아들이면서도 외국과의 경쟁을 이겨내지 못해 자국 기업이 사라지는 것에 대해서는 무역을 탓한다. 그러나 국내기업과의 경쟁과 외국기업과의 경쟁을 구분할 이유는 없다.

2. 이익집단과 무역정책

보호무역이 시행되는 이유 중의 하나는 이익집단의 영향력 때문이다. 보호무역으로 이익을 얻는 수입대체산업 생산자들은 이득을 얻기 때문에 이들은 이익집단(interest group)을 구성하여 보호무역을 강력하게 주장한다. 반면에 보호무역으로 손해를 보는 소비자들은 정책 결정에 관심이 없다. 그래서 생산자 집단의 주장이 받아들여져 보호무역이 시행되는 경향이 있다.

생산자 집단이 소비자 집단에 비해 이익집단의 구성이 강력한 이유는 무엇인가? 생산자들은 보호무역으로 얻는 이득이 매우 크고, 또 정보가 많으며 수가 적어서 이익집단의 구성이 용이한 반면에, 소비자들은 개인별 손실이 매우 미미하고 수가 많아서 이익집단의 구성이 어렵다. 다시 말해서, 보호무역을 주장하는 생산자의 이익집단은 강력한데 비해 소비자들은 이익집단의 구성조차 쉽지 않다. 생산자들은 이익집단을 구성하여 보호무역을 주장하는 강력한 로비를 하지만, 소비자들은 정책 결정에 영향력을 행사하지 않는다. 그 결과 보호무역이 국가 전체적으로 손해임에도 불구하고 보호무역이 채택된다.

미국 설탕 산업의 예를 살펴보자. 미국의 설탕가격은 세계 평균가격의 두 배나 된다. 이렇게 경쟁력이 없는 설탕산업을 미국은 오랫동안 수입 규제로 보호해주고 있다. 설탕의 수입규제로 인해 미국 소비자들은 연간 20억 달러의 손실을 보는 것으로 추정되었다. 손실 총규모는 매우 크지만, 일인당 손실은 연간 8달러 정도로 아주 작은 금액이다. 또 8달러도 대부분 과자나 음식 등의 원료에 포함된 비용이므로 소비자들은 그 손실을 인식하지 못한다. 설령 이러한 손실을 안다고 하더라도, 8달러 때문에 설탕 보호정책에 대해 항의하거나, 항의를 위해 이익집단을 구성한다거나, 국회의원들에게 법 개정을 청원하는 서한을 보내는 행동을 하지는 않는다.

반면에 설탕 생산자의 입장은 전혀 다르다. 설탕 생산자의 수는 많지 않기 때문에 설탕의 수입 규제로 각 생산자들은 평균적으로 수만 달러의 이익을 얻는다. 따라서 생산자들은 쉽게 조직이 되고 정책 채택을 위한 정치활동에 적극적이다. 결과적으로 소비자들은 손실이 작기 때문에 정책에 대해 무관심한 반면, 생산자들은 이득이 크기 때문에 이익집단을 구성하여 적극적으로 협력한다. 이러한 정치과정의 영향력 차이로 정부는 설탕의 수입규제 정책을 채택하게 된다.

한국과 칠레의 자유무역협정(FTA)에 대해 손해를 보는 농민집단은 강력한 반대를 제기하였고, 한-칠레 자유무역협정으로 이익을 얻는 공산품 생산자 집단은 조속한 체결을 주장하였다. 그런데 개방정책으로 이익을 얻는 일반 소비자들은 대체로 자유무역협정 체결에 대해 무관심하였다. 이는 무역정책에 대한 주장이 주로 생산자 집단을 중심으로 이루어지는 예다.

실증연구에 의하면, 강력한 이익집단이 있는 산업에서 보호 정도가 더 높다. 또 중간재 산업에서 소비재 산업보다 보호 정도가 낮은데, 이는 소비재를 이용하는 일반 소비자들은 수입관세로 인한 가격 상승에 무관심한 반면, 수입중간재를 이용하는 생산자들은 중간재의 수입관세 인하를 주장하기 때문이다. 정부가 실효보호율을 높이기 위해 중간재의 관세율을 낮게 유지하는 측면도 있지만, 중간재를 사용하는 생산자들의 관세저항이 강해서 중간재의 관세율이 소비재의 관세율보다 낮아지는 측면도 있다.

제 3 절 개방경제와 지적재산권

1. 지적재산권의 특성

세계적으로 지적재산권(知的財産權; Intellectual Property Rights: IPR)이 강화되고 있다. 특히 1986년 우루과이라운드 이후 지적재산권 보호제도가 크게 강화되었으며, 이는 WTO의 TRIPs(trade-related aspects of intellectual property rights) 협정에 반영되어 있다. 지적재산(intellectual property)은 상업적으로 이용되는 발명, 문학작품이나 예술작품과 같은 인간의 창작물을 지칭하며, 이에 대해 통제권을 부여하는 법적 장치를 지적재산권이라고 한다. 지적재산권 제도에는 특허(patents), 실용신안(utilities), 저작권(copyrights), 상표권(trademarks), 영업비밀(industrial secrets) 등이 있다.

지적재산권의 보호에는 본질적으로 두 가지 측면이 상충관계(trade-off)에 있다. 하나는 지적재산권을 완화해야 모든 사람들이 지적재산을 자유롭게 이용할 수 있어 지적재산의 효율성이 제고된다는 것이고, 다른 하나는 지적재산권을 강화해야 개발자가 이익을 얻을 수 있어서 추가적인 지적재산이 창출되고 기술진보가 촉진된다는 것이다.

바람직한 지적재산권 제도는 이 두 측면을 적절하게 조화시킬 수 있는 제도여야 한다. 약한 지적재산권 제도는 지적재산의 활용도를 높여서 정태적인 효율을 달성할 수 있지만, 새로운 지적재산을 창출하기 위한 유인을 주지 못해 기술진보를 둔화시키게 된다. 반면에 강한 지적재산권제도는 기술개발을 촉진하지만, 지적재산의 이용을 제한함으로써 효율성을 약화시킨다.

2. 개방경제에서의 지적재산권 제도

1) 지적재산권 강화의 요인

지적재산권 제도의 국가간 차이는 오랫동안 국가간 갈등의 요인이 되어 왔다. 개도국들은 아직 기술 수준이 낮기 때문에 외국의 선진 기술을 가능한 저렴하게 이용하고자 약한 지적재산권 제도를 선호한다. 반면에 많은 기술을 보유하고 있는 선진국들은 지적재산으로부터 수익을 얻기 위해 강한 지적재산권 제도를 선호한다. 1990년대 들어 국가간 기술이전과 기술집약적인 제품의 교역이 증가하고, 또한 특허와 상표권의 출원이 증가함에 따라 지적재산권의 강화가 세계적 추세가 되고 있다.

세계적으로 지적재산권이 강화되고 있는 이유는 다음과 같다. 첫째, 세계 경제가 통합되어 가면서 지식과 기술이 성공의 핵심요소가 되어가고 있기 때문이다. 새로운 기술을 개발한 기업들은 세계적 수준에서 우위를 확보하고자 자국만이 아니라 외국에서도 지적재산권의 강화를 요구한다.

둘째, 최근 들어 복제와 모방 비용이 하락하여 기술의 침해가 보다 쉽고 광범위하게 이루어지기 때문이다. 특히 소프트웨어, 컴퓨터게임, 음악CD, 비디오 같은 제품은 복제가 쉽고 복제품의 품질 하락이 거의 없으며, 또 의약품과 생명공학 제품의 경우도 연구개발 비용은 매우 크지만 복제비용은 거의 없다. 제품개발 비용은 증가하고 있으나, 복제기술의 발달로 복제가 쉬워짐에 따라 지적재산권 침해가 증가하였다.

마지막으로 새로운 기술들 중에는 과거의 지적재산권 개념을 적용하기가 어려운 것들이 많아졌다. 반도체, 컴퓨터 소프트웨어, 생명공학 발명, 전자 전송 등은 전통적 지적재산권 제도로는 보호가 어렵다. 따라서 지적재산권에 대한 새로운 제도를 만들어야 한다는 주장이 늘어났다.

이와 같이 기술의 중요성이 높아가고, 복제비용이 점차 낮아지며, 새로운 기술을 보호하기 위한 지적재산권 제도의 개편이 필요해지면서 세계적으로 지적재산권이 강화되고 있다.

2) 지적재산권과 경제성장

1990년대 이후 한국, 브라질, 멕시코, 중국 같은 개도국들이 지적재산권을 강화하고 있다. 이들 국가들은 초기에는 외국의 선진기술을 모방하기 위해 약한 지적재산권 제도를 선호하였으나, 선진국으로부터 기술을 도입하고 자국 내의 기술 개발을 촉진하기 위해 점차 지적재산권을 강화하고 있다. 소득과 지적재산권 강화는 U자형의 관계를 갖는 것으로 알려져 있다. 소득이 일정 수준에 이를 때까지는 지적재산권이 약해지다가 일정 수준을 넘어서면 지적재산권이 강화되어 감을 의미한다.

경제발전 과정에서 지적재산권의 역할은 단순하지 않다. 지적재산권 강화는 기술진보를 촉진하고 제품의 질을 제고하지만, 가격상승, 모방감소, 독점지위의 남용이라는 비용을 초래한다. 아프리카는 강한 지적재산권 제도를 갖고 있으나 FDI 유입도 적고 특허출원도 적은 반면, 아시아는 1990년대 이전까지 약한 지적재산권 제도를 갖고 있었지만 FDI 유입도 많고 기술 발전도 순조롭게 이루어졌다. 따라서 지적재산권 강화 자체가 기술진보나 경제성장을 가져온다고 볼 수는 없다.

그리고 초기에 외국인에 대해 차별적인 저작권을 부여하였던 미국의 경우나 약한 지적재산권 제도로 기술확산을 용이하게 하여 기술을 습득한 일본의 경우, 그리고 지적재산권을 거의 보호하지 않은 상황에서 기술습득을 이룩한 한국의 경우는 초기 경제발전단계에서는 지적재산권의 완화가 경제성장을 촉진할 수 있음을 보여주는 사례다.

지적재산권의 강화가 긍정적인 효과를 갖기 위해서는 국내 정책과 경제 환경이 보완적으로 작용해야 한다. 국내 시장이 경쟁적·위험수용적이고, 적절한 기술력을 보유하고 있을 때 지적재산권 강화의 긍정적 효과가 크다. 따라서 지적재산권의 경제적 효과를 극대화하기 위해서는 적절한 국내정책이 필요하다. 이를 열거하면 다음과 같다.

첫째, 기술 습득과 흡수에 필요한 교육, 훈련, 기능 개발을 촉진해야 한다. 인적자본 수준이 높은 국가에서 기술 흡수를 잘 하므로 이들 국가에서 지적재산권 강화의 긍정적 효과가 더 크게 나타난다.

둘째, 기술의 하부구조가 중요하다. 공공기관에서 개발된 기술을 상업화할 수 있어야 하고, 공공기관과 민간기업과의 협력이 이루어져야 한다. 공공기관의 연구개발에는 도덕적 해이(moral hazard)가 있으므로 이를 수익과 연결하여 실질적 연구가 이루어지도록 해야 한다. 1990년대 미국은 대학의 연구개발 결과에 대해 수익을 인정한 결과, 대학의 특허가 급증하고 대학 특허의 이용이 늘어났다.

셋째, 시장의 개방이 필요하다. 지적재산권은 기술이전을 용이하게 하는 측면이 있지만, 다른 한편으로는 독점력을 부여한다. 따라서 경쟁을 촉진하여 독점력을 완화하고 소비자의 선택을 확대하기 위해 시장을 개방해야 한다. 또 시장개방은 선진국과의 무역이나 FDI를 확대하여 선진국의 기술과 경영방법 등을 습득하게 한다.

넷째, 요소시장이 신축적이어야 한다. 지적재산권이 강화되면 모조품 생산이 감소하므로 현재 모조품에 종사하는 사람들이 다른 직업으로 이직해야 한다. 노동시장이 유연할수록 이러한 구조조정이 용이하게 이루어진다.

다섯째, 지적재산권이 독점의 수단으로 이용되지 않도록 하는 경쟁정책이 필요하다. 지적재산권은 독점력을 허용하는 것이므로 이의 남용을 방지하기 위한 적절한 경쟁정책이 필요하다. 경쟁의 확대에 관한 예로 병행수입(竝行輸入; parallel import) 허용의 문제가 있다. TRIPs에서는 지적재산권과 경쟁정책의 연결을 고려하고 있으나, 병행수입 허용여부에 대해서는 확정된 결론이 없다.

이상의 논의를 요약하면 다음과 같다. 지적재산권 강화가 반드시 경제성장을 가져온다고 볼 수 없다. 후진국의 경우에는 자체 기술수준이 낮기 때문에 오히려 약한 지적재산권제도가 기술습득을 통한 경제성장에 도움이 될 수 있다. 그리고 지적재산권 강화를 통해 기술습득효과를 높이고자 하는 경우에는 적절한 국내정책이 보완적으로 시행되어야 한다.

병행수입

병행수입(parallel import or grey import)이란 제3자가 국내의 상표권자 또는 전용사용권자의 허락 없이 외국에서 같은 상품을 수입하는 것을 말한다. 예를 들어, 해외 유명 브랜드 핸드백 가격이 국내 시장보다 해외 시장에서 더 싼 경우, 제3의 유통업자가 이 핸드백을 해외에서 수입하여 독점수입업자보다 더 낮은 가격으로 국내 소비자에게 판매하는 행위를 말한다. 병행수입은 국내외 가격 차이가 큰 고가 브랜드 제품에서 흔히 볼 수 있다. 병행수입 제품을 구입하는 소비자들은 낮은 가격으로 소비하는 이득을 얻는다.

병행수입의 허용여부에 대해서는 논란이 있으나, WTO의 TRIPs 협정에서는 이를 규제하지 않고 있다. 병행수입을 허용하면 라이센스를 얻은 기업이 다른 나라에 상품을 판매할 수 있으므로 최초 개발자의 상표권 판매가 제약을 받는다. 따라서 기술보유가 많은 선진국은 병행수입 금지를 원하고,

기술보유가 많지 않은 개도국들은 병행수입 허용을 원할 것으로 생각된다. 그런데 미국, EU, 일본은 일부 예외를 두긴 하지만, 전체적으로는 병행수입을 허용하고 있다. 병행수입 허용 여부는 라이센스를 얻은 자의 권리를 어디까지 허용할 것인가의 문제다. 병행수입을 허용한다는 것은 라이센스 권리가 한 국가 내에 국한되지 않고 다른 국가에까지 적용된다고 보는 것이다.

병행수입 금지는 비관세 장벽의 일종이다. 이는 시장통합의 이익을 저해하며 자유무역의 이익을 제약한다. 병행수입을 허용하면 독점수입업자가 광고 등으로 높여 놓은 상표의 인지도를 병행수입업자가 비용 부담 없이 누리는 문제가 있다. 하지만 소비자 이익의 관점에서 보면 병행수입 금지는 바람직하지 않다.

한국은 병행수입을 허용하고 있다. 대체로 병행수입 가격은 독점 수입업자 가격보다 상당히 낮다. 정부는 물가안정을 위해 병행수입을 권장하고 있다. 특히 관세청은 독점적 수입구조를 경쟁구조로 바꿔 물가를 안정시키고 또 소비자의 후생수준을 높이기 위해 병행수입을 권장하고 있다.

3. 주요 지적재산권 협약

〈표 11-4〉는 주요 지적재산권조약의 회원국가수 추이를 보여준다. 세계지적재산권기구(WIPO)에는 24개 협약이 있는데, 표에서 보듯이 주요 협약에 가입하는 회원국 수가 빠르게 증가하고 있다. 이는 세계적으로 지적재산권이 강화되어가고 있음을 말해준다. 지적재산권 관련 주요 협약을 간단히 설명하면 다음과 같다.

세계지적재산권기구(WIPO: World Intellectual Property Organization)는 산업재산권의 국제적 보호와 협력을 위한 국제기구다. WIPO는 1970년에 설립되었고, 1974년에 국제연합의 전문기구가 되었다. WIPO의 주요 임무는 지적재산권의 효율적 보호를 촉진하고, 지적재산권 관련 조약의 체결·운용 및 각국 법제의 조화 도모,

■ ■ 표 11-4 주요 지적재산권조약의 회원국가수 추이

협약	1980	1990	2000	2011	2023
세계지적재산권기구(WIPO)	92	123	175	184	193
파리협약(Paris Convention)	87	97	160	173	177
베른협약(Berne Convention)	70	83	147	164	179
부다페스트 협정(Budapest Treaty)	6	22	48	75	89
특허협력조약(PCT)	30	45	108	144	157
국제식물신품종보호연맹(UPOV)	12	19	46	70	78

* 주: 1) PCT: Patent Cooperation Treaty
  2) UPOV: Union for the Protection of New Varieties of Plants
* 자료: WIPO, 홈페이지, 2023.

개도국에 대한 법제·기술측면의 원조를 실시하는 것이다. 한국은 1979년 3월에 가입하였다.

파리협약(Paris Convention)은 산업재산권, 즉 특허, 디자인, 상표, 원산지, 영업비밀 등의 국제적 보호를 위하여 1883년 파리에서 체결되었다. 각국의 특허제도상의 차이를 인정하면서 중요한 사항에 대하여 국제적으로 통일된 규범을 규정하고 있다. 1980년대에 비해 1990년대 들어 개도국과 사회주의 경제에서 시장경제로 전환한 국가들이 가입하여 회원수가 대폭 증가하였다. 우리나라는 1980년 5월에 가입하였다.

베른협약(Berne Convention)은 서적, 예술, 저작권(copy right)에 관한 것이며, 이 조약은 저작물의 완성으로 저작권이 발생하는 것으로 보고, 따로 저작물을 보호받기 위한 등록을 필요로 하지 않도록 했다. 가맹국은 다른 가맹국 내에서 공표된 저작물도 서로 보호하도록 하고, 또 자국민 저작물과 외국인 저작물을 같은 정도로 보호하도록 한다. 가입국 수가 1990년대 들어 급속히 증가하고 있다. 한국은 1996년 가입하였다.

부다페스트협정(Budapest Treaty)은 발명이 미생물(microorganism)이나 미생물의 이용(use of microorganism)을 포함하고 있는 경우, 문서를 통한 공개가 불가능하기 때문에 사람들이 이용하기 쉬운 특별 기관에 미생물 표본을 기탁하는 방법에 의해서만 공개가 이루어지도록 한다. 선진국 몇 개에서 출발하였으나, 표본을 한곳에만 제출하면 되므로 절차가 간편하여 가입이 증가하고 있다. 이 협약도 1990년대 개도국과 전환국들의 가입으로 회원수가 대폭 증가하였다. 한국은 1988년 3월 가입하였다.

특허협력협정(PCT: Patent Cooperation Treaty)은 출원인 및 특허청의 불편을 해소하기 위해 어떤 한 국가에 출원하여 여러 나라의 특허보호를 받도록 한 제도이다. PCT 체결 이전에는 파리조약에 의해 출원인이 특허를 받고자 하는 나라마다 특허를 출원하여야 했다. 1990년대 회원국 수가 크게 증가하였고, 우리나라는 1984년에 가입하였다.

국제식물신품종보호연맹(UPOV: Union for the Protection of New Varieties of Plants)은 식물 발명에 관한 것으로 식물신품종 개발자에게 15년간 독점 판매권을 보장하고 있다. 이 조약에 가입하면 유전자원에 대한 지식재산권 보호가 가능하고, 보호품종을 육종재료로 자유롭게 사용할 수 있으며, 신품종보호, 수목류에 대한 국제보호에 참여할 수 있다. 특히 1990년대 후반 회원수가 급속히 증가하였다.

4. 한국 특허의 변화

한국 특허제도는 1908년에 제정된 대한제국 특허령에서 시작되었으나, 한일합방 때문에 제대로 시행되지 못했다. 해방 이후 1947년에 미군정에서 특허법을 제정했지만, 이 역시 제대로 활용되지 못했다. 그러다가 1961년에 산업재산권법이 제정되면서 한국 특허제도의 기본 틀이 마련되었다. 처음에는 지적재산권제도가 느슨하게 운영되었지만, 1980년대에 들어서는 특허권을 강화하는 방향으로 변화되었다. 특히 1986년의 우루과이 라운드를 계기로 지적재산권 강화가 세계적 추세가 됨에 따라, 우리나라도 지적재산권 제도를 크게 강화하였다.

[그림 11-1]은 미국 특허청에 등록된 한국, 미국, 일본, 독일의 특허 건수이다. 네 국가 모두 특허 건수가 점차 증가하고 있으나, 한국의 특허 건수가 가장 빠르게 증가하고 있다. 특히 1990년대 이후 한국 특허출원 건수의 증가 속도가 매

그림 11-1 미국에 출원된 미국, 일본, 독일, 한국의 특허 추이

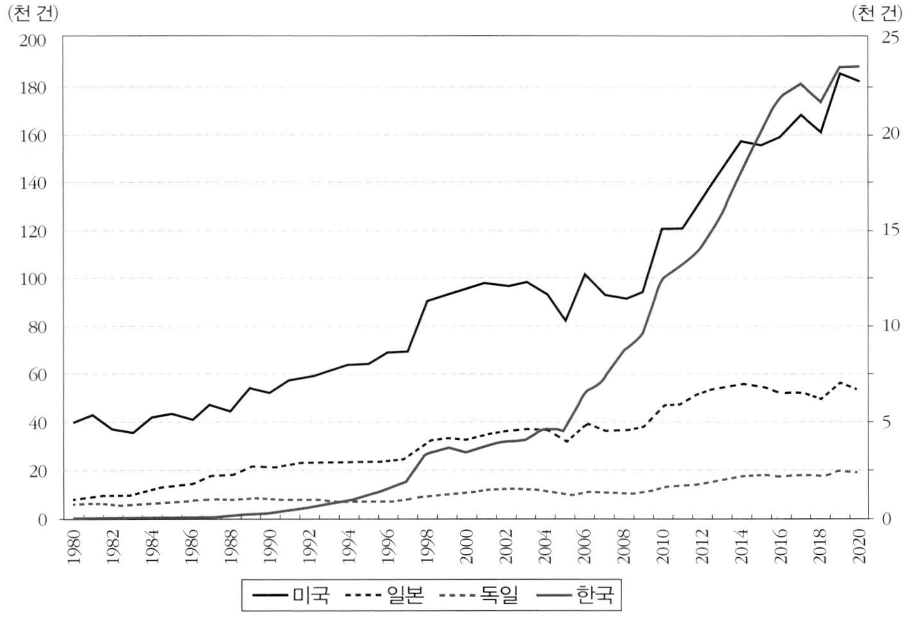

* 주: 1) 미국 특허청에 등록된 특허건수이고, 국가별 분류는 첫 번째 출원자의 국적을 기준으로 함.
2) 미국, 일본, 독일은 좌측 축, 한국은 우측 축의 값으로 표시됨.

* 자료: 미국 특허청 홈페이지, Patents By Country, State, and Year: All Patent Types, 2015; Calendar Year Patent Statistics (January 1 to December 31), General Patent Statistics Reports Available For Viewing, 2023.

우 빠름을 볼 수 있다. 미국과 일본 특허에 대한 한국 특허의 비중이 1980년에는 미국의 0.02%, 일본의 0.12%에 불과하였으나, 1990년에는 미국의 0.55%. 일본의 1.40%로 높아졌고, 2020년에는 미국의 12.9%, 일본의 44.0% 수준까지 올라갔다. 한국의 특허출원 건수가 미국이나 일본에 비해 매우 빠르게 증가하고 있음을 보여준다.

WIPO에 의하면, 2021년에 세계에서 국내총생산(GDP) 대비 특허출원 건수가 가장 많은 나라는 한국이다.[1] 경제규모가 큰 국가일수록 특허출원 건수가 많을 가능성이 있으므로 GDP 단위당 특허출원 수 비교는 의미가 있다. 한국은 GDP 1,000억 달러당 8,159건의 특허 출원을 기록하였고, 다음으로 중국(5,738), 일본(4,341), 스위스(1,581), 독일(1,494)이 그 뒤를 이었다. 다음으로는 핀란드(1,351), 미국(1,253), 스웨덴(1,216), 덴마크(1,089) 및 네덜란드(869)가 상위 10개 국가에 포함되었다. 한국의 GDP 대비 국내 특허출원 수(8,159건)은 3위인 일본(4,341)의 거의 두 배나 된다. 특허출원 수는 그 국가의 기술수준을 나타내는 지표라는 점에서 한국은 기술진보 속도가 다른 국가들에 비해 상대적으로 빠름을 알 수 있다.

한국의 특허가 빠르게 증가하고 있는 원인은 무엇인가? 첫째, 1990년 이후 한국이 지적재산권 제도를 강화하면서 모방이나 복제가 어려워진 것이 하나의 원인이다. 이로 인해 기술 개발이 촉진되었고, 이는 다시 특허 증가로 이어졌다. 1980년대 초반부터 미국은 수퍼 301조와 연계하여 특허권 보호를 강화하여 왔고, 1986년 시작된 우루과이라운드에서 지적재산권 강화가 세계적 추세로 자리 잡았다. 한국 역시 이러한 흐름에 따라 1980년에는 파리협약, 1984년에는 PCT에 가입하였고, 1995년에는 WTO의 무역관련지적재산권협정(TRIPs)을 반영하여 특허법을 개정하였다. 이러한 국제적 환경 변화의 영향으로 한국의 지적재산권제도가 점차 강화되었으며, 이에 따라 기업들은 기술 개발 및 특허 출원 활동을 확대하였다.

둘째, 1990년 이후에 나타난 한국경제의 성장동력의 변화가 특허출원을 증가시키는 원인이 되었다. 1980년대 들어 중국과 동남아시아가 세계 시장에 진출하면서 한국의 노동집약적 산업은 비교 우위를 잃기 시작했다. 노동과 자본의 단순투입에 의한 경제성장이 한계에 봉착하자, 한국은 기술진보를 통한 경제성장 모델로 전환하게 되었다. 지속적 성장을 위해서는 제품의 품질 개선이 필요하게 되었고, 이에 필요한 기술 개발을 위해 연구개발투자(R&D)가 빠르게 증가하였다. 그 결과 특허 수도 크게 증가하게 되었다.

특허는 R&D 투자에 의해 개발된 기술의 결과물이다. R&D 지출액과 특허 건수 사이에는 양(+)의 상관관계가 있다. 즉, R&D 지출이 많은 국가는 대체로 특허 건

1 WIPO, World Intellectual Property Indicators, 2022, p.13.

그림 11-2 주요국의 R&D 집약도 변화

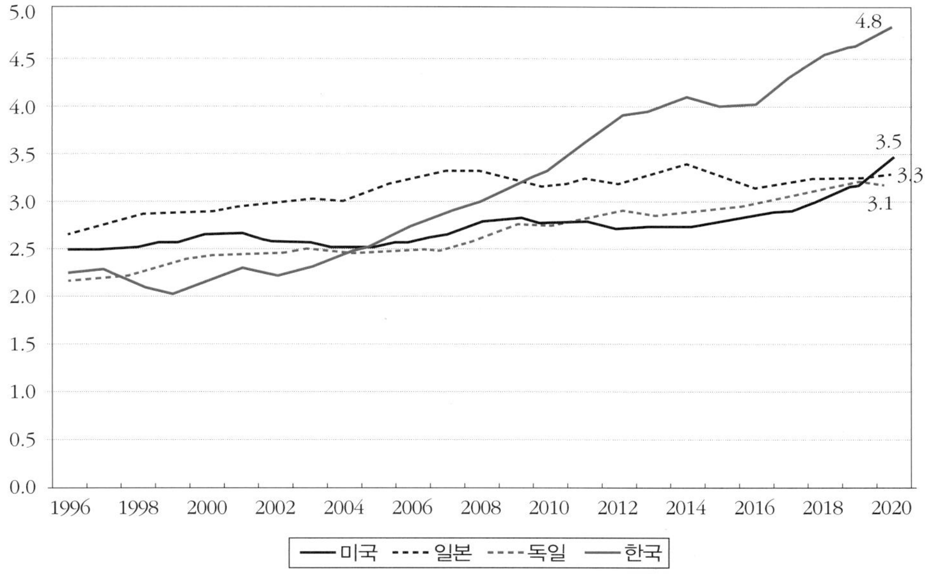

＊ 주: R&D집약도는 국내총생산(GDP) 대비 R&D지출액의 비율(%)임.
＊ 자료: World Bank, *World Development Indicators*, 2023.

수도 많다. [그림 11-2]는 주요 국가들의 R&D 집약도를 나타낸다. R&D 집약도는 국내총생산(GDP) 대비 R&D 지출의 비율로 정의된다. 그림에서 보듯이, 미국, 일본, 독일, 한국 모두 GDP대비 R&D지출액이 증가하고 있는데, 한국의 상승률이 가장 가파르고, 또 그 비율도 가장 높다. 2020년 기준으로, 이 비율이 독일 3.1%, 일본 3.3%, 미국 3.5%임에 비해 한국은 4.8%나 된다. GDP 대비 R&D 지출액이나 특허출원 수 지표에서 한국이 세계 최고 수준이라는 것은 한국이 다른 나라에 비해 기술개발에 더욱 집중하고 있음을 말해준다.

[그림 11-3]은 국제수지표에 나타난 1980~2022년의 한국 지적재산권 사용료의 지급액(支給額), 수입액(收入額), 그리고 수지(收支)의 변화를 보여준다. 지급액은 해외 기술 도입을 위해 지급한 금액이고, 수입액은 국내 기술 수출로 얻은 금액이다. 한국은 지적재산권 분야에서 지급액이 수입액보다 더 많아 적자 상태다. 이는 기술 도입이 기술 수출보다 더 많음을 뜻한다. 2018년까지는 수지 적자가 점차 줄어들었으나, 그 이후로는 다시 증가하는 추세를 보이고 있다. 그런데 지적재산권 수지가 적자임에도 불구하고 기술 수출이 지속적으로 증가하는 것은 한국에서 기술 개발이 꾸준히 증가하고 있음을 말해준다.

그림 11-3 한국의 지적재산권 사용료 수지 변화

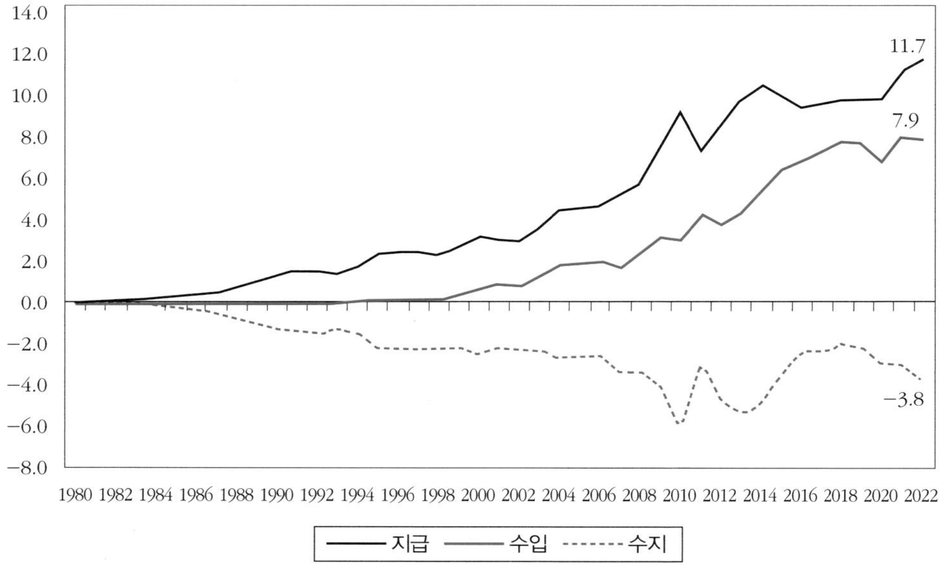

* 주: 1) 단위는 십억 달러임.
  2) 그림에서 지급액과 수입액은 각각 지적재산권 등 사용료의 지급액과 수입액을 나타내고, 수지는 수입액에서 지급액을 뺀 값임.
* 자료: 한국은행, 경제통계시스템, 2023.

주요용어

• 전략적 무역정책	• 인근궁핍화정책	• 첨단산업
• 신중상주의	• 스톨퍼-새뮤엘슨 정리	• 소득분배
• 이익집단	• 지적재산(권)	• 특허
• R&D	• 도덕적 해이	• 병행수입
• WIPO	• 파리협약	• 베른협약
• 부다페스트협정	• 특허협력협정(PCT)	• 국제식물신품종보호연맹(UPOV)

요 약

01. 전략적 무역정책이란 과점경쟁시장에서 자국의 이익을 위해 자국 기업을 지원하는 정책을 말한다. 그러나 이는 다른 국가의 기업에게 손실을 초래하므로 상대방의 보복 가능성이 있고, 또 얻을 수 있는 이익도 미미하다. 그래서 현실적으로 실행 가능성이 낮은 정책이다.

02. 부가가치가 높은 산업이나 임금수준이 높은 산업을 육성하기 위해 보호무역이 필요하다는 주장이 있다. 그러나 이는 논리적 근거가 박약하다. 첨단산업과 같이 시장실패 가능성이 있는 경우에만 제한적으로 보호무역의 타당성이 인정된다.

03. 실업문제 해결, 저임금 후진국과의 경쟁, 국제수지 개선 등을 위해 보호무역이 필요하다는 주장이 있다. 이 또한 논리적 근거가 없다. 실업이나 국제수지는 거시경제 여건에 의해 결정되며, 보호무역으로 해결할 수 있는 문제가 아니다.

04. 보호무역은 이익집단의 정치적 논리에 의해 결정되는 측면이 강하다. 보호무역으로 손해를 보는 소비자들은 정책결정에 관심이 없는 데 비해, 보호무역으로 이익을 얻는 생산자들은 이익단체를 형성하고 로비를 통해 보호무역정책을 결정하도록 영향력을 행사한다.

05. 지적재산권제도에는 특허, 실용신안, 저작권, 상표권, 영업비밀 등이 있다. 지적재산권의 강화에는 두 가지 측면이 충돌하고 있다. 하나는 지적재산권을 완화해야 모든 사람들이 개발된 지식을 자유롭게 이용할 수 있어 효율성이 제고된다는 것이고, 다른 하나는 지적재산권을 강화해야 개발자가 이익을 얻을 수 있어서 추가적인 기술이 창출되고 기술진보가 촉진된다는 것이다.

06. 소득과 지적재산권 강화 간에는 U-자형의 관계가 있다. 즉, 일정 소득수준에 이를 때까지는 지적재산권이 약해지다가 일정 소득을 넘어서면 지적재산권이 강화되어 간다. 미국, 일본, 한국 등도 초기에는 약한 지적재산권제도를 운영하여 선진기술을 흡수하였는데, 이는 낮은 경제발전단계에서는 지적재산권의 완화가 경제성장을 촉진할 수 있음을 보여주는 사례다.

07. 한국의 특허는 1990년대 들어 급속히 증가하였다. 이렇게 특허 출원이 급속히 증가한 것은 당시 특허제도가 강화되었고, 또 R&D투자가 급속히 증가하였기 때문이다. 또 다른 한편으로는 한국경제의 성장 동력이 투입성장에서 기술진보에 의한 성장으로 전환되었기 때문이다.

복습문제

01. 특정 기업을 지원해 이익을 증가시키려는 전략적 무역정책이 국가 전반의 후생 수준을 높일 수 있는지 설명하라.

02. 임금수준이 높고 부가가치가 높은 산업의 육성이 국민소득을 증대시킬 수 있는 타당한 전략인지에 대해 평가하라.

03. 자유무역으로 국가 전체의 후생수준을 높일 수 있음에도 불구하고 많은 국가에서 보호무역을 실시하는 이유는 무엇인가?

04. 새로 개발된 기술을 모든 사람들이 자유롭게 사용하는 것이 효율적임에도 불구하고, 지적재산권 제도를 통해 이를 규제하는 이유는 무엇인가?

05. 한국의 특허출원과 R&D 지출의 변화를 서술하고, 이러한 변화의 배경을 설명하라.

연습문제

01. 전략적 무역정책이론에 의하면, 특정 기업을 보호하거나 지원함으로써 국가 전체적으로 이익을 얻는다. 그러나 이는 현실적으로 타당한 정책은 아니다. 그 이유는 무엇인가?

02. 부가가치가 높은 산업이나 임금수준이 높은 산업을 육성하면 국민소득이 높아질 것으로 생각하지만, 이러한 정책이 모든 국가에 맞는 적절한 정책이라고 할 수는 없다. 그 이유는 무엇인가?

03. 대부분의 국가에서 기술개발에 대해 정부가 지원을 하고 있다. 기술개발 지원정책이 다른 산업정책과는 달리 타당성이 인정되는 이유는 무엇인가?

04. 지적재산권을 강화해도 문제가 있고, 완화해도 문제가 있다. 이를 정태적인 측면과 동태적인 측면으로 설명하라.

05. 선진국들은 지적재산권 강화를 주장하는 데 비해 후진국들은 이에 적극적이지 않다. 그 이유는 무엇인가?

06. 한국은 1990년대에 들어서 특허수가 급속히 증가하고 있다. 여기에는 제도적인 요인과 경제적인 요인이 있다. 이를 설명하라.

07. 다음 서술을 논평하라.

1) "정부는 연구개발에 지원을 해야 하고, 특히 응용분야보다는 기초분야 기술개발에 더 많은 연구비를 지원해야 한다."

2) "미국의 섬유산업을 보호하면 169,000명의 노동자를 추가 고용할 수 있다. 따라서 고용을 촉진하기 위해 보호정책이 필요하고, 고용확대로 미국은 더 잘 살게 될 것이다."

3) "한때 한국의 수출상품이었던 의류나 장난감을 이제는 중국으로부터 수입하고 있다. 이들 산업에서 한국의 노동생산성은 여전히 중국보다 높다. 그럼에도 불구하고 이들 상품을 수입하는 것은 중국의 임금이 한국보다 낮기 때문이다. 중국과의 경쟁에서 한국의 임금이 하락하는 것을 방지하기 위해 중국 수입품에 대해 보호무역을 실시해야 한다."

4) "중국의 경제성장으로 미국과 일본 시장에서 중국의 시장점유율이 높아가고 있다. 이는 한국의 경쟁력을 위축시켜 한국 경제에 부정적으로 작용하고 있다."

12 경제통합, 경제협력과 WTO

무역이론은 자유무역을 하면 국가의 후생수준이 증가한다고 하지만, 실제로 완전한 자유무역을 실시하는 국가는 거의 없다. 자국 산업의 보호라는 유혹을 뿌리치기는 쉽지 않기 때문이다. 만약 다른 나라들이 보호무역을 시행하는 상황에서 자국만 자유무역을 고수한다면, 오히려 후생 수준이 떨어질 수 있어서 독자적으로 자유무역을 추진하기는 쉽지 않다. 자유무역을 확대하려면 WTO와 같은 국제기구를 통한 국제협력이 필수적이다. 다자간 협상이 어려울 때는 몇몇 국가들이 경제통합을 형성하여 무역 자유화를 추진하기도 한다.

이 장에서는 경제통합의 다양한 형태와 경제적 효과를 살펴본 후, 제2차 세계대전 이후 다자간 무역협정을 주도한 GATT와 그 역할을 이어받은 WTO의 설립과 기능에 대해 알아본다. 더불어, 최근 중요한 이슈로 떠오른 무역과 환경 문제에 대해서도 공부한다.

제 1 절 경제통합

1. 경제통합의 형태

경제통합(economic integration)은 여러 국가들이 상호간 협의를 통해 자유무역을 확대하는 것을 의미한다. 가맹국 간의 통합 정도에 따라, 경제통합은 ① 자유무역지역, ② 관세동맹, ③ 공동시장, ④ 경제동맹의 네 가지 형태로 구분된다. 경제통합은 자유무역지역부터 시작하여 최종적으로는 경제동맹을 지향한다. 최종 단계인 경제동맹은 모든 가맹국들이 경제적으로 완전한 통합체가 됨을 의미한다. 경제

그림 12-1 경제통합 단계별 통합내용

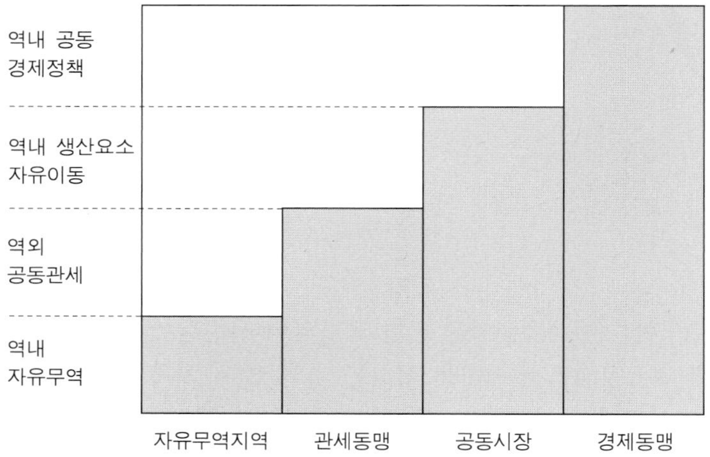

〈경제통합은 자유무역지역에서 출발하여 자유화의 항목들이 추가됨에 따라 점차 관세동맹, 공동시장으로 발전해 가며 최종적으로 경제동맹의 형성이 목적이다.〉

통합의 단계별 통합내용은 [그림 12-1]과 같다.

자유무역지역(free trade area)은 가맹국 간에는 관세를 완전히 철폐하고, 역외 국가에 대해서는 각 가맹국이 독자적인 관세를 부과한다. 제3국에 대한 관세율이 가맹국마다 다르기 때문에, 관세율이 낮은 가맹국을 경유하여 관세율이 높은 가맹국으로 흘러가는 우회수출을 방지하기 위해 원산지 규정이 설정되어 있다. 자유무역지역의 예로는 NAFTA(North America Free Trade Area; 북미자유무역지역)를 들 수 있다.

원산지 규정(rules of origin)의 목적은 제3국에서 생산된 제품이 FTA 회원국을 경유하여 다른 회원국으로 이동할 때, 우대 관세 혜택을 받는 것을 방지하기 위한 것이다. 가맹국마다 제3국에 대한 관세율이 서로 다른 경우, 제3국은 관세율이 낮은 가맹국으로 수출한 후 이를 다른 가맹국으로 재수출하여 무관세 혜택을 받고자 하는 유인이 있다. 예를 들어, 어떤 상품의 미국 관세율이 멕시코보다 높으면, 제3국은 멕시코로 수출을 한 후 이를 다시 무관세로 미국에 수출하고자 한다. 그러나 제3국 상품은 무관세의 대상이 아니므로 미국은 이러한 우회수출을 규제하는 것이 원칙이다. 그런데 제3국 상품이라도 멕시코에서 재가공단계를 거치면서 멕시코 부품의 사용 비율이 일정 기준을 충족하면, 이 상품은 무관세 혜택을 받을 수 있다. 그래서 무관세 혜택을 받을 수 있는 가맹국 부품의 사용 비율 기준이 원산지 규정의 핵심이 된다.

NAFTA 협상 시 미국은 자동차 산업에 70%의 원산지 비율을 주장하였다. 이러한 높은 원산지 비율은 멕시코에 공장을 설립하여 미국으로 수출하려고 하는 일본 회사들이 일본 부품을 충분히 사용하기 어렵게 만들어 멕시코로의 투자를 꺼리게 된다. 멕시코의 입장에서는 원산지 비율이 낮은 것이 투자 유치에 유리하였다. 그래서 멕시코는 물론 캐나다도 원산지 비율을 낮추기를 원했다. 이처럼 원산지 비율에 대해 합의가 쉽지 않다. 또한, 이에 합의하더라도 가맹국 간 국경을 통과할 때 무관세 여부를 가리기 위해 제품의 국적과 부품 사용비율을 검증해야 하는 행정부담이 발생한다.

다음으로 관세동맹(customs union)은 자유무역지역보다 한 단계 더 밀착된 형태로 비가맹국에 공동관세를 부과한다. 이러한 공동관세는 자유무역지역에서 나타나는 원산지 규정의 문제점을 해결할 수 있다. 그러나 어떤 상품에 어느 정도의 관세를 부과할 것인가에 대해 국가마다 이해가 서로 다르기 때문에 공동관세율을 합의하기가 쉽지 않다. 관세동맹의 예로는 EU의 과거 형태였던 EEC(European Economic Community; 유럽경제공동체)와 남미에 있는 MERCOSUR(남미공동시장)를 들 수 있다.

공동시장(common market)은 관세동맹에서 발전된 형태로, 가맹국간 생산요소의 자유로운 이동을 허용한다. 예를 들어, 노동자는 어느 가맹국에서든 취업이 가능하고, 자본도 가맹국 간에 자유롭게 이동할 수 있다. 공동시장의 예로는 EU의 과거 형태인 EC(European Community; 유럽공동체)를 들 수 있다.

마지막으로 경제동맹(economic union)은 공동시장보다 발전된 형태로, 가맹국간 상호협조하에 재정금융정책을 시행한다. 경제동맹은 경제통합의 최종 단계로 볼 수 있다. 예로는, EU(European Union; 유럽연합)을 들 수 있다. EU는 초기 EEC에서 EC로, 그리고 다시 EU로 발전하였으며, 1999년에는 공동화폐인 유로(Euro)통화를 출범시켜 거의 완전한 경제통합체를 형성하였다.

2. 경제통합의 후생효과

경제통합의 후생효과를 알아보자. 결론부터 말하자면, 경제통합이 가맹국의 후생수준을 반드시 증가시키는 것은 아니다. 오히려 가맹국의 후생수준이 감소할 수도 있다. 다음에서는 경제통합의 후생효과를 생산측면과 소비측면으로 나누어 알아보자.

1) 생산측면에서 본 후생효과

(1) 무역창출효과와 무역전환효과

바이너(Viner)는 관세동맹의 경제적 효과를 무역창출효과와 무역전환효과로 구분하여 설명한다. 무역창출효과(trade creation effect)는 자국에서 생산하던 제품을 관세동맹 이후에 보다 효율적인 가맹국 제품으로 대체하는 현상을 말하고, 무역전환효과(trade diversion effect)는 효율적인 제3국 제품 대신 관세동맹 후 덜 효율적인 가맹국 제품으로 대체하는 현상을 말한다. 무역창출효과는 효율성을 제고하여 후생수준을 증가시키지만, 무역전환효과는 효율성을 떨어뜨려 후생수준을 감소시킨다. 만약 경제통합 이후 무역전환효과가 무역창출효과보다 크다면, 가맹국의 후생수준은 하락할 것이다.

이를 좀 더 자세히 알아보자. 관세동맹을 결성하면 가맹국 상품은 무관세가 적용되어 가격이 하락하게 된다. 이러한 변화로 인해 세 가지 상황이 발생할 수 있다. 바이너는 후생수준의 변화를 생산과 소비가 효율적인 국가로 이동하는가 아니면 비효율적인 국가로 이동하는가에 의해 판단한다. 생산과 소비가 효율적인 국가로 옮겨가면 후생수준이 증가한다고 판단한다.

첫 번째는 관세동맹 후에도 소비자의 선택이 바뀌지 않는 경우다. 이는 관세동맹 이전에 가격이 가장 낮은 제3국 제품을 소비하고 있었는데, 관세동맹 이후 가맹국 제품 가격이 무관세로 인해 내려가더라도 제3국 제품 가격이 여전히 더 낮은 경우다. 이 경우에는 무역패턴이 변하지 않으므로 후생수준은 변하지 않는다.

두 번째는 관세동맹 이후 소비자들이 자국 제품에서 가맹국 제품으로 소비를 변경하는 경우다. 이는 모든 외국 제품에 관세가 부과되던 관세동맹 이전 상황에서는 자국 제품 가격이 가장 낮았으나, 관세동맹 이후에는 가맹국 제품이 무관세가 되어 자국 제품보다 가격이 더 낮아진 경우다. 이 경우 자국 제품을 소비하던 소비자들이 가맹국 제품을 소비할 것이므로 새로운 무역이 창출된다. 이를 무역창출효과라고 한다. 이 경우 비효율적인 자국에서 더 효율적인 가맹국으로 생산과 소비가 변경되었기 때문에 후생수준이 증가하게 된다.

세 번째는 소비자들이 제3국 제품에서 가맹국 제품으로 소비를 변경하는 경우다. 이는 더 비쌌던 가맹국의 제품이 관세동맹 이후 무관세가 되어 제3국 제품보다 가격이 낮아진 경우다. 이 경우 제3국 제품을 사던 소비자들이 가맹국 제품으로 소비를 전환하게 된다. 이를 무역전환효과라고 한다. 이 경우에는 효율적인 제3국의 제품이 비효율적인 가맹국 제품으로 생산과 소비가 전환되므로 후생수준이 감소하게 된다.

관세동맹 이후, 수많은 상품 중에서 어떤 상품은 무역창출 형태로, 그리고 어떤 상품은 무역전환 형태로 생산과 소비가 바뀌어 갈 것이다. 무역창출효과와 무역전환효과 중 어느 것이 더 큰가에 따라 후생수준이 증가할 수도 있고 아니면 감소할 수도 있다. 관세동맹 이후, 무역창출효과가 더 크면 가맹국의 후생수준은 증가하겠지만, 무역전환효과가 더 크면 후생수준은 감소하게 된다.

(2) 후생수준 변화에 대한 판단

관세동맹의 경제적 효과는 상황에 따라 달라지지만, 다음과 같은 일반적인 판단이 가능하다.

첫째, 서로 무역량이 많은 국가들 간의 관세동맹에서 후생수준이 증가할 가능성이 크다. 이 경우에는 제3국과의 교역 비중이 작기 때문에 관세동맹 이후 제3국에서 가맹국으로 수입선이 바뀌는 무역전환효과의 가능성이 적기 때문이다.

둘째, 관세율이 높은 국가가 관세동맹에 참여하면 후생수준이 증가할 가능성이 크다. 가맹국 제품이 무관세가 되면 그 가격이 크게 하락할 것이므로 자국 제품에서 가맹국 제품으로 소비가 바뀌게 될 것이다. 즉, 무역창출효과의 가능성이 커서 후생수준 증가가 기대된다.

셋째, 경제통합에 참여하는 가맹국의 수가 많을수록, 가맹국들의 후생수준이 증가할 가능성이 높다. 생산비가 낮은 국가가 가맹국에 포함되어야 무역창출효과의 가능성이 높은데, 가맹국 수가 많으면 이런 국가가 경제통합에 포함될 가능성이 높아지기 때문이다.

넷째, 산업구조가 유사한 국가들 간의 경제통합에서는 가맹국들의 후생수준이 증가할 가능성이 높다. 흔히 경제통합 내 국가들의 산업구조가 보완적일수록 가맹국 간에 갈등이 적기 때문에 더 좋은 경제통합이라고 생각할 수 있다. 그러나 보완적인 국가들 간의 경제통합에서는 무역전환효과가 나타날 가능성이 커서 후생의 증가를 기대하기 어렵다. 반면에 산업구조가 유사하고 경쟁적인 국가들 간의 경제통합에서 무역창출효과의 발생 가능성이 크다.

산업구조가 유사한 국가들은 제품 구성이나 가격이 서로 비슷하기 때문에, 무관세로 가격이 약간만 하락해도 가맹국 제품을 수입할 가능성이 커진다. 따라서 무역창출효과의 가능성이 크다. 반면 가맹국들의 산업구조가 서로 상이한 경우에는 자국 제품과 가맹국 제품이 경쟁하기 보다는 제3국 제품과 가맹국 제품이 경쟁할 가능성이 크다. 이 경우 무관세로 가맹국 가격이 낮아지면 생산비가 낮은 제3국 제품 대신 가맹국 제품을 소비하는 무역전환효과가 나타나므로 후생 감소 가능성이 커진다.

산업구조가 보완적인 국가들 사이에서는 수출 제품이 서로 중복되지 않기 때문에 무역마찰이 적다. 이 두 나라는 무역마찰이 적기 때문에 경제통합이 긍정적일 것처럼 보이지만, 그렇지는 않다. 산업구조가 유사하고 서로 경쟁적인 국가들 간의 경제통합일수록 통합 이후 경쟁력 없는 제품은 도태되고 효율적인 제품의 생산과 수출이 증가하는 무역창출효과가 더 나타난다. 여러 경제통합체 중에서 가장 성공적인 경제통합체인 EU는 가맹국들의 소득수준이나 산업구조가 비교적 유사하다. 이러한 경쟁적인 산업구조는 EU가 성공적인 경제통합체로 발전하는 주요 요인이 되었다고 볼 수 있다.

2) 소비측면을 고려한 후생효과

앞의 무역창출효과와 무역전환효과에 근거한 후생수준 변화는 생산측면만을 고려하고 있다. 관세동맹 후, 수입이 보다 효율적인 국가에서 이루어지는지, 아니면 비효율적인 국가로 변경되는지에 따라 후생효과를 판단하고 있다. 이는 생산측면에만 중점을 두고, 경제통합으로 인한 가격 하락에 따른 소비자의 후생증가 효과를 고려하고 있지 않다. 립시(Lipsey)는 이러한 소비효과를 포함하여 관세동맹의 후생 효과를 평가해야 한다고 주장한다.

관세동맹 이후에는 소비자 가격이 하락하므로 소비자들의 후생수준이 증가한다. 따라서 무역전환효과가 나타나더라도 후생수준이 반드시 감소한다고 말할 수는 없다. 무역전환효과가 발생할 때는 두 개의 상반되는 효과가 나타난다. 하나는 효율적인 제3국 제품이 비효율적인 가맹국 제품으로 대체되면서 나타나는 교역조건 악화 효과이고, 다른 하나는 수입재의 국내가격 하락으로 인한 소비자의 후생증가 효과다. 전자는 후생을 감소시키지만, 후자는 후생수준을 증가시킨다.

이를 그림으로 알아보자. [그림 12-2]는 무역전환효과가 있는 경우 관세동맹의 후생효과를 보여준다. P^M은 가맹국(member)의 가격, P^{NM}은 비가맹국(non-member)의 가격이다. 비가맹국(NM)이 보다 효율적이어서 그 가격이 가맹국(M) 가격보다 낮다고 하자. 관세동맹 이전에는 두 나라 제품 모두에 관세(t)가 부과되므로 더 효율적인 비가맹국 제품이 $(P^{NM}+t)$의 가격으로 수입된다. 그런데 관세동맹 이후에는 가맹국 제품 가격이 P^M이 되어 비가맹국 제품 가격 $(P^{NM}+t)$보다 낮아지므로, 소비자들은 가맹국 제품으로 소비를 전환한다. 즉, 무역전환효과가 나타난다. 그러나 소비자 가격이 하락하였으므로 소비자잉여는 $(a+b+c+d)$만큼 늘어난다. 그리고 생산자잉여는 a만큼 줄어들고, 또 비가맹국 제품을 수입할 때 얻었던 관세수입 $(c+e)$가 없어진다. 따라서 무역전환으로 인한 후생효과는 다음과 같이 정리된다.

$$\begin{aligned}\text{무역전환에서 후생효과} &= (a+b+c+d)-(a)-(c+e)\\ &= (b+d)-e\end{aligned}$$

그림 12-2 관세동맹의 후생효과

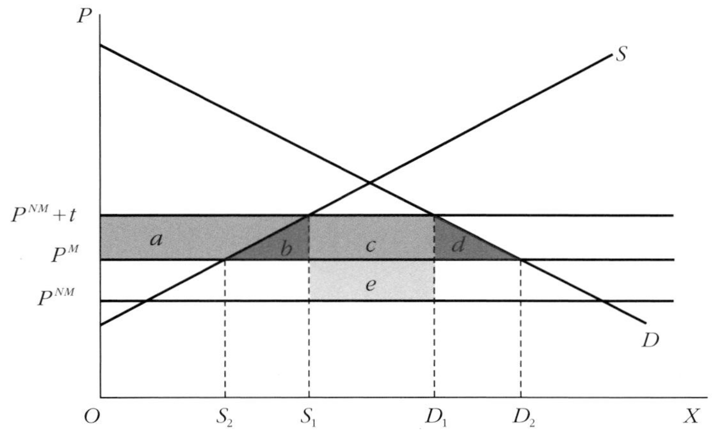

〈무역전환이 발생하더라도 가격하락으로 인한 소비측면의 이익이 크면 후생수준이 증가할 수 있다.〉

위 식에서 $(b+d)$는 가격 하락으로 인한 후생증가효과이고, e는 효율적인 제3국 제품에서 비효율적인 가맹국 제품으로 수입이 바뀜에 따른 후생손실을 나타낸다. e의 손실이 바이너(Viner)가 말한 무역전환효과다. 만일 $(b+d)$가 e보다 크면 무역전환이 발생하더라도 후생수준은 높아진다. 즉, 무역전환효과가 있더라도 소비측면의 이익이 더 크면 후생수준이 증가할 수 있다.

3. 관세동맹과 차선의 이론

관세동맹이론은 립시-랜카스터(Lipsey-Lancaster)에 의해서 주장된 차선의 이론(theory of the second best)과 관계가 있다. 차선(次善)의 이론은 모든 최적조건이 달성되지 않은 상태에서 몇 가지 조건이 더 충족된다고 해서 반드시 후생수준이 증가하지는 않음을 말한다.

전 세계의 완전한 자유무역이 모두의 후생수준을 극대화하는 최적조건이다. 최적조건이 아닌 두 가지 하위조건을 생각해보자. 하나는 모든 국가가 서로 관세를 부과하는 경우이고, 다른 하나는 몇몇 국가들이 서로 관세동맹을 맺은 경우이다. 두 경우 중 관세동맹은 몇몇 국가들이 서로 자유무역을 한다는 점에서 모두 관세를 부과하는 경우보다는 자유무역 조건을 더 충족하고 있다. 그러나 앞 절에서 보았듯이 관세동맹으로 가맹국의 후생수준이 반드시 증가하지는 않는다. 이는 자유무역 조건의 일부 추가로 후생수준이 반드시 증가하는 것은 아니라는 점을 설명해준다. 이 점에서 관세동맹의 경제적 효과는 차선의 이론과 일치한다.

차선의 이론은 시장 자유화의 경제적 효과를 설명하는 데도 적용된다. 재화시장, 자본시장, 그리고 요소시장이 모두 불완전한 개도국을 생각해보자. 일반적으로 시장자유화는 자원배분의 효율성을 높여 후생수준을 증가시킨다. 그러나 다른 시장이 불완전한 상태에서 한 시장만을 자유화하면 그 국가의 후생수준이 반드시 증가하지는 않는다. 왜곡이 여러 곳에 산재해 있는 개도국에서는 한두 분야의 자유화를 추진한다고 반드시 후생수준이 증가하는 것은 아니다. 따라서 개도국에서 자유화를 추진할 때는 그 정책이 후생수준을 증가시킬 수 있는지를 따져보아야 한다.

노벨경제학상 수상자인 스티글리츠(Stiglitz)는 재화시장과 요소시장의 불완전성이 존재하는 개도국에서 자본시장 자유화 정책은 다른 시장의 왜곡을 심화시켜 오히려 후생수준을 떨어뜨릴 수 있음을 지적한다.[1] 이는 차선의 이론의 한 예이다. 차선의 이론은 경제여건에 따라 정책의 효과가 달라지기 때문에 그 효과를 일반화하기 보다는 주어진 여건에 따라 그 효과를 반드시 따져야 함을 말해준다.

4. 관세동맹의 동태적 효과

앞에서 살펴본 관세동맹의 후생효과는 정태적 측면에서의 후생변화이다. 즉, 관세동맹으로 재화 가격이 변함에 따라 나타나는 생산의 변화와 소비의 변화가 후생수준에 미치는 효과를 평가하고 있다. 시간이 흐름에 따라 나타나는 동태적인 측면을 고려하지 않고 있다.

관세동맹의 동태적 효과로는 다음을 들 수 있다. 첫째, 관세동맹은 수출시장을 확대하므로 규모의 경제의 이익을 준다. 시장규모가 크지 않은 국가는 규모의 경제가 있는 산업을 육성할 수 없다. 그런데 경제통합으로 시장규모가 확대되면 시장규모가 작은 국가도 규모의 경제가 있는 산업을 육성할 수 있게 된다. 유럽의 개별 국가들은 경제규모가 크지 않지만, 이들 시장을 통합함으로써 미국과 비슷한 시장규모가 되었다. 역으로 미국의 주들이 독립국가처럼 나뉘어 있다면 미국의 산업들은 충분한 규모의 경제를 얻지 못할 것이다.

둘째, 관세동맹은 기업들의 경쟁을 촉진시켜 경쟁력을 높인다. 관세동맹으로 자유무역이 확대되면 보호를 받던 기업이 가맹국의 다른 기업들과 경쟁을 하게 되므로

---

1 Stiglitz, Joseph E., *Globalization and its Discontents*, W.W. Norton and Company, New York: 2002.

기업들은 기술개발과 기술도입 등을 통한 비용절감 노력을 하게 된다. 비효율적인 기업은 퇴출되고, 경쟁력이 있는 산업으로 신규투자가 확대되어 간다. 이와 같이 관세동맹은 기술진보를 촉진하고 자원을 효율적으로 배분하여 경제성장에 기여한다.

한국 최초의 자유무역협정인 한-칠레 자유무역협정(FTA)은 두 국가의 산업구조가 서로 보완적이라는 점에서 무역전환효과가 더 클 수 있다. 따라서 칠레와의 자유무역협정은 정태적인 측면에서 그 이익을 기대하기 어렵다. 하지만 두 국가는 자유무역협정으로 다른 국가에 비해 무역이 더 빠르게 증가하였고, 칠레를 중심으로 남미 수출시장이 확대되는 등 동태적인 측면의 이익이 더 컸다.

5. 경제통합의 현황

FTA(Free Trade Agreement; 자유무역협정)는 두 국가 이상이 서로 무역을 자유화하는 협정을 말한다. FTA는 RTA(Regional Trade Arrangement; 지역무역협정)라고도 한다. 앞에서 살펴본 자유무역지역이나 관세동맹은 당연히 FTA에 포함된다. 제한된 범위의 재화에 대한 자유무역협정도 FTA에 포함되며, 재화만이 아니라 서비스, 투자 등의 자유화 협정도 FTA에 포함된다. FTA협정을 맺으면 반드시 이를 GATT/WTO에 보고해야 한다.

제1장의 [그림 1-2]에서 보듯이, 1990년 이전까지는 지역무역협정 체결 건수가 많지 않았으나, 1990년대 들어 협정 체결 건수가 급격히 증가하였다. 개방과 자유무역이 1990년대 들어 크게 확대되었음을 알 수 있다. WTO 자료에 의하면, 2019년 1월 기준으로 발효 중인 지역무역협정의 누적 체결 건수는 472건이고, 이 중 44건만이 1994년 이전에 체결되었고, 나머지 428건은 1995년 WTO 설립 이후에 체결되었다. 거의 모든 WTO 가맹국들이 하나 또는 그 이상의 FTA에 참여하고 있다.

WTO 출범 후 DDA 협상이 지체되자, 다자간 협상을 통한 자유무역 확대가 한계에 부딪혔다. DDA(Doha Development Agenda)협상은 GATT의 마지막 다자간 협상인 우루과이라운드 협상을 이어받은 아홉 번째 다자간 협상이고, WTO 출범 이후 최초의 다자간 무역협상이다. 다자간 협상을 통한 자유무역 확대가 어려워지자 몇몇 국가끼리 자유무역협정을 추진하였다. 자유무역협정에 참여하지 않으면 불이익을 겪게 되므로 많은 국가들이 적극적으로 자유무역협정에 참여하였다. 그 결과 자유무역협정이 빠르게 증가하였다.

대부분의 FTA는 두 국가 간에 체결되지만, TPP(Trans-Pacific Partnership, 환태평양경제동반자협정)와 같이 여러 국가가 함께 참여하는 경우도 있다. 이처럼 여러 국가가 하나의 FTA에 참여하면, 스파게티 그릇 효과(Spaghetti bowl effect)가 완화되는

■ ■ 표 12-1 주요 경제통합체

	명칭	창설 연도	가입 국 수	무역 비중 (%, 2017)		비고
				세계	역내	
유럽	EU (유럽연합)	1993	28	33.0	70.5	1958년 EEC, 1967년 EC, 1999년 Euro 통화 창설,
미주	NAFTA (북미자유무역지역)	1994	3	15.8	42.0	1990년 미국과 캐나다의 자유무역협정, 1994년 멕시코 참가
	MERCOSUR (남미공동시장)	1991	5	1.6	14.7	아르헨티나, 브라질, 파라과이, 우루과이로 출범하여 베네수엘라가 가입함
	Andean (안데스공동시장)	1969	4	0.6	6.8	가입국은 볼리비아, 콜롬비아, 에콰도르, 페루이며, 통합의 실효성은 크지 않음
아시아	ASEAN (동남아시아국가연합)	1967	10	7.2	24.1	AFTA(ASEAN Free Trade Area)로 발전했고, 중국, 일본, 한국, 인도, 호주, 뉴질랜드와도 FTA를 결성함

* 주: 무역비중에서 '세계'는 세계 총무역에서 해당 경제통합체의 무역비중이고, '역내'는 해당 통합체의 총무역 중에서 역내무역이 차지하는 비중임.
* 자료: WTO, International Trade Statistics, 2019.

측면이 있다. 스파게티 그릇 효과는 여러 국가와 각각의 FTA를 체결하면 무역규칙이 복잡해지는 것을 말한다. 예를 들어, 각각의 FTA마다 원산지규정이 다른 경우, 상대 국가마다 서로 다른 규정을 적용해야 하므로 수출입 기업들이 혼란스럽게 된다. 대신 하나의 FTA에 여러 국가가 함께 참여하면 이런 혼란이 줄어드는 효과가 있다.

〈표 12-1〉은 주요 경제통합체들의 설립연도, 가입국가수, 그리고 세계 무역비중과 역내 무역비중을 정리한 것이다. EU는 경제동맹의 형태이고, MERCOSUR는 공동시장, NAFTA는 자유무역지역의 형태로 서로 차이가 있다. 2017년 기준으로 세계 총무역에서 각 경제통합체가 차지하는 비중은 EU가 33.0%, NAFTA가 15.8%, MERCOSUR 1.6%, Andean 0.6%, ASEAN 7.2%이다. EU의 비중이 가장 크고, 남미의 경제통합체인 MERCOSUR와 Andean의 비중은 매우 작다. 또 역내 무역비중은 EU가 70.5%, NAFTA가 42.0%, MERCOSUR 14.7%, Andean 6.8%, ASEAN 24.1%이다. EU나 NAFTA에서 역내 무역비중이 높은 것은 가맹국들의 경제규모가 상대적으로 커서 무역량이 많기 때문이고, 마찬가지로 MERCOSUR와 Andean에서 역내 무역비중이 낮은 것은 가맹국들의 경제규모가 작기 때문이다.

2 Russ, K. N. and D. L. Swenson (2019), "Trade Diversion and Trade Deficits: The case of the Korea-U.S. Free Trade Agreement," NBER Working Paper No. 25613.

한국 FTA 현황과 효과

한국은 2004년 칠레와 처음으로 FTA를 체결하였다. 이미 1990년부터 전 세계적으로 FTA가 활발하게 체결되었음을 생각해보면 한국이 2004년에야 처음으로 FTA를 체결했다는 것은 늦은 감이 있다. 하지만 한국은 2004-2019년의 15년 동안 무려 57개국과 FTA를 체결하였다. 비록 최초의 FTA체결 시기는 다른 나라에 비해 늦은 편이었지만, 이후 짧은 기간 동안 활발하게 FTA를 체결해 왔다. 2019년 현재 한국과 FTA를 체결한 국가의 경제규모의 합은 세계 총 GDP의 75%를 넘는다. 우리와의 FTA 체결국에는 경제규모가 매우 큰 미국, EU, 중국 등 세계 주요 국가들이 대부분 포함되어 있고, 지역적으로도 아시아, 유럽, 북미, 남미의 국가들로 광범위하게 확산되어 있다.

[그림 12-3]에서 보듯이 FTA 체결국과의 무역이 빠르게 증가하고 있다. 2004년 한·칠레 FTA가 발효되었을 때 약 7억 달러이던 FTA 체결국에 대한 수출액은 2018년에는 3,986억 달러로 급증하였고, FTA 체결국에서의 수입액도 같은 기간 19억 달러에서 3,026억 달러로 크게 증가하였다. 총수출에서 FTA 체결국이 차지하는 수출 비중은 2004년 0.3%에서 2018년 65.9%로 증가하였고, 수입 비중은 2004년 0.9%에서 2018년 56.6%로 증가하였다. FTA 체결국과의 무역이 총무역액의 약 60%를 차지하

그림 12-3 한국의 FTA 체결국과의 수출 및 수입 비중

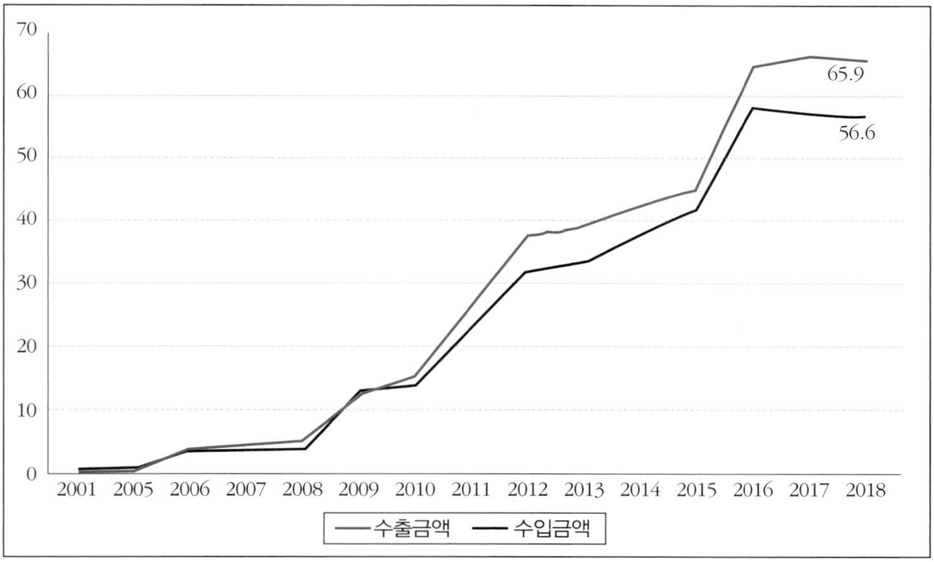

* 주: 한국의 FTA 체결 현황은 다음과 같다. 2004년 칠레; 2006년 싱가포르, EFTA(4); 2009년 ASEAN(10); 2010년 인도; 2011년 EU(28), 페루; 2012년 미국; 2013년 터키; 2014년 호주; 2015년 캐나다, 중국, 뉴질랜드, 베트남; 2016년 콜롬비아; 2019년 중미 5개국.
* 자료: 관세청, FTA현황, 무역통계, 2019.

고 있다. 한국은 FTA 체결국과의 무역에서 전체적으로 수입보다는 수출이 더 많아 무역수지 흑자 상태다.

FTA를 체결하면 체결국의 관세가 낮아지면서 무역창출효과와 무역전환효과가 발생한다. Russ and Swenson (2019)은 2012년 한미 FTA가 체결된 후 2년 동안 미국의 무역전환효과가 2013년 131억 달러, 2014년 138억 달러가 발생한 것으로 추정한다.[2] 당시 미국의 한국에 대한 무역수지 적자는 대체로 같은 금액만큼 증가하였다. 그러나 이는 다른 나라에서 수입하던 재화가 한국에서의 수입으로 전환된 것으로 미국 전체 무역수지 적자폭에 영향을 미치지는 않았다. 그리고 무역전환효과의 20% 정도는 기존의 다른 FTA체결국에서 수입하던 재화를 한국에서 수입하도록 전환한 것으로, 이는 기존 FTA에서 발생한 왜곡을 교정한 것이므로 진정한 무역전환효과가 아니라고 한다.

앞서 설명한 바와 같이 한미 FTA로 인해 미국은 한국과의 무역에서 적자가 증가했으나, 이는 다른 국가로부터의 수입이 전환된 것이고 미국의 전체 무역수지 적자를 증가시키지는 않았다. 자유무역협정이 협정 체결국 간의 무역수지에는 영향을 미치지만, 국가 전체의 무역수지에는 영향을 미치지는 않는다는 일반적 견해와 일치한다. 협정 체결로 인해 장기적으로 경제가 성장하고 거시경제적 여건이 변하는 경우에만 협정체결이 전체 무역수지에 영향을 미치게 된다.

제 2 절 국제협력

1. 국제협력의 이익

어떤 나라든지 보호무역으로 자국 산업을 보호하고자 하는 경향이 있다. 그런데 이는 상대국에 손해를 끼치게 되므로 손해를 보는 상대국이 보복관세를 부과하면 두 나라 모두 후생수준이 하락하게 된다. 최선의 정책은 모든 국가가 자유무역을 시행하는 것이지만, 보호무역의 유혹 때문에 개별 국가가 독자적으로 자유무역을 시행하기는 어렵다. 전 세계적으로 자유무역을 확대하기 위해서는 국가 간 협력이 필요하다.

게임이론에서 죄수의 딜레마(prisoner's dilemma)로 알려진 〈표 12-2〉를 이용해 국가 간 협력이 필요한 이유를 설명해 보자. 두 나라가 자유무역과 보호무역 중 하나를 선택할 수 있고, 이 때 얻을 수 있는 이익(payoff)이 표 안의 숫자로 표시되어 있다. 괄호 안에서 첫 번째 항은 자국의 이익이고, 두 번째 항은 타국의 이익이다.

〈표 12-2〉에서 개별 국가들이 어떤 무역정책을 채택하는 것이 최선인지 알아보

■ ■ 표 12-2 관세전쟁의 문제

자국 \ 타국	자유무역	보호무역
자유무역	(20, 20)	(5, 25)
보호무역	(25, 5)	(10, 10)

자. 먼저 타국이 자유무역을 실시하는 경우, 자국이 자유무역을 채택하면 20, 보호무역을 채택하면 25의 이익을 얻으므로 자국은 보호무역을 선택한다. 그리고 타국이 보호무역을 실시하는 경우, 자국이 자유무역을 실시하면 5, 보호무역을 실시하면 10의 이익을 얻으므로 자국은 역시 보호무역을 선택한다. 결국 타국이 자유무역을 하든 보호무역을 하든 자국은 보호무역을 선택하는 것이 최선이다.

마찬가지로 타국도 자국이 자유무역을 실시하든, 보호무역을 실시하든 보호무역을 채택하는 것이 최선이다(각자 〈표 12-2〉의 보수행렬을 이용하여 타국이 채택할 수 있는 최선의 정책을 찾아보라). 이처럼 두 나라가 각자 독립적으로 최선의 정책을 선택하면, 두 나라 모두 최선의 정책은 보호무역이 된다.

그런데 〈표 12-2〉를 보면 두 나라가 모두 보호무역을 하면 각각 10의 이익을 얻음에 비해, 두 나라 모두 자유무역을 하면 각각 20의 이익을 얻는다. 이처럼 보호무역보다는 자유무역에서 두 나라 모두 더 많은 이익을 얻는다. 보호무역을 하면 이익이 더 적음에도 불구하고 각국이 독립적으로 최선의 정책을 선택하면 보호무역을 선택하게 된다. 그래서 이를 딜레마라고 한다.

두 나라 모두 더 많은 이익을 얻는 자유무역을 선택하기 위해서는 상호 대화와 협력이 필요하다. 서로 협의를 하지 않고 독자적으로 최선의 정책을 선택하면 보호무역이 최선이지만, 두 국가가 서로 협의할 기회를 갖게 되면 더 많은 이익을 얻을 수 있는 자유무역을 선택할 것이다. 그러므로 자유무역을 확대하기 위해서는 국제협력의 장을 제공할 수 있는 국제기구가 필요하게 된다.

국제협력은 무임승차자(free rider)에게 이익을 주는 공공재적 성격이 있다. 국제협력의 약속을 지키지 않고 위반한 국가들은 이익을 얻을 수 있다. 그래서 국제협력의 약속을 위반하는 국가들이 생겨난다. 그런데 이들 국가의 약속위반과 보호무역은 국제분업을 해치고 다른 국가에게 손해를 가져다준다. 따라서 비협조적 행위로부터 야기되는 시장의 불안정성을 제거하고 국제협력의 위반을 제재하기 위해서도 국제기구가 필요하다.

2. GATT와 무역확대

제2차 세계대전 이후 세계 각국은 자유무역 확대의 필요성을 인식하였다. 1930년대 대공황과 관세전쟁으로 국가 간 경제협력 없이는 세계경제가 침체할 수밖에 없다는 것을 경험하였기 때문이다. 서방 주요국들은 외교와 협상을 통해 모든 국가가 함께 성장할 수 있는 국제기구를 만들고자 노력한 결과 IMF, IBRD, GATT가 설립되었다.

IMF(International Monetary Fund; 국제통화기금)는 국제금융정책을 조정하는 역할을 하였고, IBRD(International Bank for Reconstruction & Development; 국제부흥개발은행)는 개도국의 경제발전을 지원하기 위한 자본 대부기능을 하였다. IBRD는 세계은행(World Bank)이라고 부르기도 한다. 국제무역기구로는 ITO(International Trade Organization; 국제무역기구)를 만들고자 하였으나 미국 의회의 반대로 실패하였고, GATT(General Agreement on Tariffs and Trade; 관세 및 무역에 관한 일반협정)가 이를 대신하였다. GATT는 조직체가 아니고 협정이었지만 사무국을 유지하고 있었고, 1995년 WTO가 창설되기까지 국제무역기구의 역할을 담당하였다.

GATT는 1948년 23개국에 의해 창립되었으며, 규제 없는 무역을 위한 협상의 장을 제공함으로써 세계무역의 확대에 기여하였다. GATT는 관세인하와 무역장벽의 완화를 위해 딜론라운드, 케네디라운드, 동경라운드, 우루과이라운드 등 8차의 다자간 무역협상을 성공적으로 수행하였다. 1964~67년간의 케네디라운드에서는 관세의 일괄인하를 타결함으로써 관세율이 평균 35%가 인하되었으며, 1973~79년의 동경라운드에서는 비관세장벽의 철폐를 위한 협정을 제정하였다. 1986~94년의 우루과이라운드는 추가적인 33% 이상의 관세인하는 물론 대폭적인 비관세장벽의 철폐와 함께 농산물, 서비스, 지적재산권, 직접투자 등을 새로운 의제로 추가하였다.

GATT의 8번에 걸친 다자간 협상의 결과, 1947년 1차 협상인 제네바라운드 이전에 40% 수준이던 선진국의 평균 관세율이 제8차 협상인 우루과이라운드가 종료되었을 때는 4.3%로 인하되었다. 제2차 세계대전 후 관세율은 지속적으로 낮아졌고, 무역과 경제성장은 확대되었다. 세계 각국은 자유로운 교역으로 경제가 성장함을 경험하였다.

제2차 세계대전 이후 GATT를 중심으로 한 다자간 협상이 성공을 거두었고 그 결과 자유무역이 확대되었다. 다자간 협상의 성공요인은 다음과 같다. 첫째, 대부분의 국가들이 역사적 경험을 통해 자유무역의 이익을 이해하고 있었다. 1914년 제1차 세계대전부터 무역장벽은 높아지기 시작하여 대공황을 전후로 극심한 관세전쟁을 경험하였다. 당시 국가 간 무역과 자본 거래가 위축되면서 모든 국가가 경기 침체의 어려움을 겪었다. 이러한 경험이 제2차 세계대전 이후 GATT 설립과 자유무역 확대의 주요 계기가 되었다.

둘째, 지속적이고 반복적인 합의 과정을 통해 점차 많은 국가가 무역의 이점을 이해하게 되었다. 협상에 의해 결정된 규칙을 지켜나가는 과정에서 무역의 이익을 경험하였고, 이 국가들이 추후 협상에서도 신뢰를 바탕으로 진전된 제도를 마련하면서 자유무역이 더욱 확대되었다.

GATT를 중심으로 한 국제협력이 없었거나 협상에 참여한 국가들이 자기 이익만을 위해 규칙을 지키지 않았다면, 세계 무역의 지속적인 확대는 어려웠을 것이다.

제 3 절 WTO와 국제경제질서

1. WTO의 출범

전후 자유무역은 GATT 체제에 의해 유지되어 왔다. GATT는 8차례의 다자간 무역협상을 통해 지속적으로 관세를 인하하도록 함으로써 1950년대와 60년대에 연간 약 8%의 무역 성장률을 달성하였다. 그러나 1970년대와 1980년대에는 경제가 침체되면서 실업률이 높아지자 자국 산업을 보호하려는 경향이 나타났다. 이러한 변화는 GATT의 신뢰도나 유효성을 훼손시켰다. 게다가 서비스 교역이나 직접투자 확대 등으로 무역환경이 복잡해짐에 따라 GATT 규정으로 통제할 수 없는 분야가 더욱 늘어났다.

GATT는 세계 무역의 확대에 많은 기여를 하였으나, 협상위반을 효과적으로 규제하지 못하였고, 새로운 국제무역환경의 변화에 적절하게 대처하지 못하였다. 이러한 한계를 극복하고 새로운 국제무역질서를 형성하고자 WTO(World Trade Organization; 세계무역기구)가 출범하였다.

1986년 9월 우루과이의 푼타 델 에스테(Punta del Este)에서 시작된 우루과이라운드는 1994년 4월 세계 120여 국가의 각료들이 모로코의 마라케쉬(Marrakech)에 모여 최종협정서에 서명함으로써 공식적으로 마무리되었다. 이에 따라 1948년 1월 1일 공식 발효되어 지난 48년간 국제무역질서를 이끌어 오던 GATT 체제가 정식 해체되고, WTO가 1995년 1월 1일을 기하여 정식으로 출범하였다. 이후 가맹국이 꾸준히 증가하여 2015년 WTO 회원국은 161개국이 되었다.

WTO는 각료협의회에서 주요 결정을 내리면, 일반이사회가 상설로 이러한 결정을 수행한다. 일반이사회는 산하에 과거 GATT에 해당하는 상품교역이사회를 비롯하여 서비스교역이사회(GATS) 및 지적재산권이사회(TRIPs)를 관할하고 있다. 이처럼 WTO는 상품은 물론 농산물, 섬유, 금융, 통신, 정부구매, 공업규격, 식품위생규제, 지적재산권 등 광범위한 분야를 포괄하고 있으며, 이와 같은 분야별 국제교역규범을 효율적으로 수행하기 위해 관련기구들을 신설하였다.

또 WTO는 무역정책검토기구(TPRB: Trade Policy Review Body)를 설립하여 각 회원국의 무역 정책을 정기적으로 평가하기 위한 무역정책검토제도(TPRM: Trade Policy Review Mechanism)를 시행하고 있다. 이 제도는 각국의 무역관련 법, 제도 및 정책을 다른 회원국에게 투명하고 명료하게 보여줌으로써 세계교역을 보다 자유롭게 하고, 장기적으로 보호무역주의 추세를 예방하는 데 중요한 역할을 담당한다.

WTO 체제에서 모든 분쟁은 분쟁해결기구(DSB: Dispute Settlement Body)를 통하여 해결하도록 규정되어 있다. 분쟁해결과 관련하여 과거 GATT에서는 명확한 관련조항이 없이 관련 절차가 여기저기 분산되어 있었으나, WTO에서는 분쟁해결 절차 및 능력을 대폭 강화하는 '분쟁해결 규칙 및 절차에 관한 양해'를 채택하였다. 만약 양국 간에 분쟁이 발생할 경우에는 반드시 분쟁해결기구의 패널에 의해 조정되어야 한다. 어느 국가도 분쟁해결기구에 의하지 않고는 협정위반에 대한 판결을 내릴 수 없으며, 일방적인 무역 보복조치는 더욱 용납되지 않는다.

서비스재의 특성과 무역

일반적으로 의류나 잡화 같은 재화는 저장이 가능하고 다른 소비자에게로 이전이 가능하다. 내가 읽던 책을 후배에게 물려줄 수도 있고, 또 책장 위에 꽂아 두었다가 필요할 때 다시 꺼내서 읽을 수도 있다. 그러나 서비스는 저장이 어렵고, 다른 소비자에게로 이전할 수도 없다. 예를 들어, 의사에게 받은 진료결과를 다른 이웃에게 그대로 적용할 수는 없다. 비록 같은 질환을 가진 환자라도 증상이 똑같을 수 없기 때문이다.

서비스는 소비자에게 제공됨과 동시에 사라지는 특성이 있다. 변호인에게 의뢰한 법률 서비스는 재판의 판결과 동시에 사라지고, 또 택시를 이용한 운송서비스는 승객이 원하는 지점에 도달함과 동시에 사라진다. 이처럼 서비스 재화는 보관이 되지 않고 사라지기 때문에 소비자는 신뢰를 바탕으로 한 서비스를 선호한다. 즉, 믿을 수 있는 의료기관이나 신뢰할 수 있는 변호인을 찾는다. 금융 서비스도 신용이 불분명한 펀드(fund)보다는 신용이 확실한 펀드를 더 선호한다.

지적재산과 관련된 서비스는 비경합적(non-rival)이고 비배제적(non-excludability)인 특성이 있다. 일반적인 재화는 어느 한 소비자가 사용하면 이를 다른 소비자가 사용할 수 없기 때문에 경합적인 반면에, 기술이나 소프트웨어는 다수의 사용자가 함께 사용할 수 있으므로 비경합적(非競合的)이다. 그리고 일반적인 재화는 소유자만이 그 재화를 사용할 수 있는 반면에, 만유인력 법칙이나 상대성원리와 같은 지식은 그 사용을 누구도 막을 수 없다는 점에서 비배제적(非排除的)이다. 지적재산 서비스는 이와 같이 공공재(公共財; public goods)처럼 비경합적이고 비배제적인 특성을 가지고 있다.

지적재산은 공공재의 특성이 있어서 사람들이 무임승차(無賃乘車; free ride)하고자 한다. 그러므로 지적재산을 보호해주지 않으면 아무도 지식을 생산하고자 하지 않을 것이다. 정부는 특허제도를 통해 지적재산에 독점권을 부여함으로써 지식창출을 지원한다. 선진국은 지식과 기술수준이 높아 후진국에 비해 지적재산 서비스 무역에서 절대적인 우위에 있다. 지적재산만이 아니라 다른 서비스 산업에서도 선진국은 후진국보다 앞서 있다.

산업구조가 제조업에서 서비스업으로 전환되고 있고, 또 서비스 무역이 점차 확대되고 있다. 세계 전체적으로 총무역에서 서비스 무역이 차지하는 비중이 1975년 18%에서 2018년 23%로 증가하고, 세계 총GDP 대비 서비스 무역의 비중도 75년 6%에서 2018년 13.1%로 크게 증가하였다(World Bank, World Development Indicators, 2019). 인터넷과 디지털기술이 발달하면서 서비스의 생산비중과 무역비중이 증가하고 있다.

2. WTO의 역할

WTO에는 그 기능과 관련해 몇 가지 기본적인 원칙이 있다. 첫째는 무차별원칙이고, 둘째는 예측 및 개선 방향으로 시장접근을 추진하는 것이며, 셋째는 공정한 경쟁을 촉진하는 것이고, 마지막은 경제개혁과 개발을 촉진하는 것이다. 이를 구체적으로 설명하면 다음과 같다.

첫째, 무차별원칙(無差別原則; non-discrimination principle)을 채택하고 있다. 무차별원칙에는 최혜국대우와 내국민대우 원칙이 있다. 최혜국대우(最惠國待遇; most-favoured-nation) 원칙은 어떤 국가에 특별한 혜택을 주는 것이 아니라 모든 국가를 동등하게 대우한다는 것이고, 내국민대우(內國民待遇; national treatment) 원칙은 자국 상품과 외국 상품 간에 차별을 두지 않는다는 것이다. 다만, 자유무역협정(FTA)을 체결한 국가들의 경우에만 역외 국가와 역내 국가의 제품에 대한 차별을 인정하여 최혜국대우 원칙의 예외를 인정한다. 무차별원칙은 같은 제품이나 서비스에 대해서는 모든 국가에게 똑같은 대우를 하게 함으로써 무역 장벽을 없애고 시장을 개방하려는 취지를 담고 있다.

둘째, WTO는 협상에 의해 무역장벽 완화를 추진하고, 개별 국가가 임의로 무역장벽을 높이지 못하도록 하고 있다. GATT의 8회에 걸친 다자간협상에서와 마찬가지로 WTO도 관세나 수량할당 등 각종 규제 완화를 추진한다. 다만, 국가마다 경제상황에 차이가 있음을 인정하여 WTO협정은 개도국들에게는 점진적 개방을 허용하고 있다. 대신 미리 약정을 통해 미래의 상황을 보다 명확히 함으로써 예측가능성을 높이고 있다.

셋째, WTO는 보다 공정한 경쟁을 촉진하고, 무역 분쟁을 해결하기 위한 중재 역할을 한다. 수출보조금이나 덤핑과 같은 비관세 무역정책 수단을 금지하고, 일반적 무역정책 수단으로는 관세를 이용하도록 하고 있다. 국가 간 협의를 통해 무역규제조치를 완화하고, 합의된 규칙에 근거해 중립적인 입장에서 분쟁을 해결함으로써 공정한 무역이 이루어지도록 하고 있다. 그렇다고 WTO체제가 완벽한 자유무역을 주장하는 것은 아니다. 특정 상황에서는 관세부과나 다른 보호제도를 인정하고 있다.

마지막으로, WTO는 제도개선과 경제발전을 촉진하는 역할을 한다. 저개발국에게 조정시간이나 특혜와 같은 혜택을 인정하고 있다. WTO 회원국의 3/4 이상이 개도국이거나 사회주의 경제에서 시장경제로 전환한 국가들이다. WTO는 이들 국가들의 경제발전을 촉진하기 위해 저개발국들의 협정 수용 시기에 유연성을 부여하고, 저개발국에 대한 특별원조나 무역특권을 인정한다.

3. GATT와 WTO의 차이

WTO와 GATT는 다음과 같은 점에서 차이가 있다. 첫째, 법적인 측면에서 GATT는 회원국 의회의 비준을 받지 않은 임시적 협정이었으나 WTO는 항구적인 국제조직이다. 각 회원국들이 국제기구로 비준하였으므로 WTO는 법률적 힘과 구속력이 있다.

둘째, GATT체제가 '자유로운 무역'을 추구하였던 반면, WTO는 '더욱 자유롭고 보다 공정한 무역'을 목표로 하고 있다. 시장개방의 폭을 크게 확대하고 있으며, 또한 공정무역의 확대를 위한 다자간무역체계의 기능도 강화하고 있다.

셋째, GATT는 상품교역의 확대에 초점을 두었으나, WTO는 개방의 대상으로 상품교역 이외에도 서비스교역, 지적재산권, 투자 등 GATT에서 다루지 않았던 새로운 분야들을 포괄하고, 섬유교역규제, 농산물교역의 예외적용, 수출자율규제 등 GATT체제에서 용인되어 온 보호무역조치들을 자유화시키고 있다.

마지막으로 WTO의 가장 새로운 측면은 분쟁해결절차(dispute settlement procedure)에 있다. GATT에도 국가 간 무역분쟁을 해결하는 국제심판소가 있었지만, 소송기간이 수년 또는 수십 년을 끄는 경우가 많았다. 그리고 판결이 나도 이를 강력하게 집행하는 방법이 없었다. 이에 비해 WTO는 훨씬 더 공식적이고 효과적인 절차를 가지고 있다. 소송이 제기되면 전문가 패널을 구성하고 최종판결을 최소한 1년 이내에 종결하고, 상고절차도 15개월 이내에 끝내게 되어 있다.

WTO에서도 어떤 국가가 WTO의 판결을 준수하지 않은 경우 이를 강제로 집행할 권한은 없다. 그러나 심판 결과를 불복한 국가에 대해서는 상대국가가 그 국가의 수출상품 중 어느 상품이든지 보복관세를 부과할 수 있는 권한을 부여하였다. 따라서 불공정 무역에 대한 제소가 있는 경우, WTO 판결까지 가지 않고 사전에 해당 국가 간의 협의를 통해 해결하거나, 최종 판결까지 가는 경우에는 대부분의 국가들이 이 판결을 받아들인다.

4. DDA협상의 내용과 특징

1) DDA협상의 출범과 의제

DDA(Doha Development Agenda; 도하개발아젠다)협상은 우루과이협상에 이어 아홉번째의 다자간 무역협상이고, WTO 출범 이후 최초의 다자간 무역협상이다. WTO회원국들은 우루과이협상을 타결하면서 농산물과 서비스분야의 시장 개방 내용이 미흡하다고 판단하여 추가적인 자유화 협상을 시작하기로 약속하였다. 그러나 1999년 12월 시애틀에서 개최된 각료회의에서는 여러 분야의 합의에도 불구하고 뉴라운드 출범에는 실패하였다. 그리고 2001년 11월에 카타르의 도하(Doha)에서 개최된 제5차 각료회의에서 협상의 출범을 공식 선언하였다.

DDA협상은 협상의 명칭에 개발이라는 용어를 사용한 데서 알 수 있듯이 개도국의 경제개발에 대한 관심이 크다. 개도국들은 그 동안 무역자유화가 선진국에게만 유리하게 작용하였을 뿐 개도국들의 경제개발에는 도움이 되지 않는다는 주장을 제기해왔다. DDA협상에서는 무역자유화가 개도국의 경제개발에 도움이 되는 방안을 논의함으로써 개도국 문제가 세계무역협상의 의제로 등장하는 계기가 되었다.

DDA협상은 무역자유화의 혜택을 개도국이 공유하도록 하며, 지역무역협정보다는 세계 전체적인 무역자유화가 필요하다는 것을 밝히고 있다. 또한 무역자유화와 환경보호 및 지속가능한 개발 증진이 상호보완적이도록 하며, 건강, 안전, 환경보호 관련 조치를 보호주의 목적으로 사용하지 않기로 합의하였다. DDA협상에서는 농업, 공산품, 서비스시장 개방뿐만 아니라, 규범개정 등 광범위한 의제를 다룬다.

DDA의 협상방식은 모든 의제에 대한 협의를 동시에 진행, 동시에 종결하고, 모든 참가국이 협상 결과를 수용하는 일괄타결방식이다. 일부 분야의 협상결과만을 선별적으로 받아들인다면 협상 자체가 의미가 없기 때문에 우루과이협상과 마찬가지로 일괄타결방식이 채택되었다. 다만 조기 합의사항은 조기 시행이 가능하도록 했다.

2) DDA협상의 특징

DDA협상은 세계무역의 자유화를 통해 세계경제의 활성화에 기여한다는 점에서 기존 협상과 다를 바가 없다. 그러나 DDA협상은 기존 협상과 다음과 같은 점에서 차이가 있다.

첫째, 개도국에 대한 특별대우를 해야 한다는 점이 모든 협상분야의 고려사항이다. 우루과이협정이 기대만큼 이익이 없었다는 개도국들의 주장을 받아들여 개도국에 도움이 되는 방향에서 협정내용을 이행하기 위한 단계적 조치에 합의하였다. 따라서 개도국들은 DDA협상을 통해 자국의 경제발전을 위한 가시적인 성과를 거두도록 협상전략을 구사할 것이다.

둘째, 최근 FTA가 확산됨에 따라 WTO 회원국들간에 협상에 대한 기본자세가 변하고 있다. 그동안 GATT의 다자간 협상이 자유무역 확대의 주요 수단이었으나, 1990년 이후 자유무역협정(FTA)이 급속히 확산되고 있다. DDA협상과 같은 다자간협상이 성공적이지 못한 경우에는 FTA를 대안으로 모색하는 국가들이 증가할 것이다.

셋째, DDA협상은 우루과이협정보다 협상의제의 폭이 넓다. DDA협상에서는 농산품, 서비스 등에 대해 시장개방협상을 조기에 착수하였고, 일정단축을 위해 양허안을 협상 출범 후 2년 내에 제출토록 결정하였다. 또한 환경 이슈가 DDA 협상의제에 포함되었고, 아울러 투자, 경쟁정책, 정부조달의 투명성, 무역원활화 등에 대해 새로운 통상이슈를 제기함으로써 국제무역규범의 질적인 변화를 추구하였다.

제 4 절 무역과 환경

1. 환경의 외부성과 국제협력

자유무역은 환경에 어떤 영향을 미칠까? 환경을 개선할까, 아니면 악화시킬까? 이 질문에 대한 확실한 답은 없다. 무역은 환경 개선에 도움을 줄 수도 있고, 반대로 악화시킬 수도 있다. 그 이유는 환경의 외부효과 때문이다.

외부효과란 어떤 경제활동이 시장기구(market mechanism)를 통하지 않고, 즉 대가의 교환 없이 무상으로 다른 경제주체에게 비용이나 편익을 주는 것을 말한다. 외부효과가 있으면 시장실패가 발생하므로 자원배분의 효율성을 달성하기 위해서는 정부 개입이 필요하다.

환경에는 외부효과가 있으므로 환경문제를 해결하기 위해서는 정부 개입이 필요하다. 예를 들어, 화학공장에서 배출되는 폐수로 인해 농사를 짓는 농민이 피해를 입을 경우, 정부는 폐수를 방출하는 공장에게 세금을 부과하고 손해를 본 농민에게 보조금을 지급할 필요가 있다. 이것이 생산에서 일어나는 외부비경제(external diseconomy)를 교정하기 위한 이른바 세금-보조금 정책이다. 외부성에 의한 가해자와 피해자를 확실하게 찾아낼 수 있다면, 세금-보조금의 정책이 효과적이다.

그러나 가해자와 피해자가 불특정 다수이고 그 외부성이 광범위하면 세금-보조금 정책을 시행하기가 어렵다. 예를 들어, 공업화에 따른 탄산가스의 배출로 대기가 오염되고 질병이 발생할 경우, 대기오염 유발자를 식별해내기는 쉬운 일이 아니다. 대기를 오염시킨 생산자가 국내 생산자일 수도 있고, 인접 국가의 생산자일 수도 있고, 또 과거 생산 활동의 결과일 수도 있기 때문이다. 또 대기오염의 가해자와 피해자가 명확히 밝혀지더라도 국적이 서로 다르면 조세-보조금 정책을 시행하기 쉽지 않다. 다른 국가의 기업에게 조세를 부과할 권리가 없기 때문이다.

한 가지 방법은 환경을 오염시킨 정도에 따라 국가별로 그 비용을 부담시키는 것이다. 그러나 총비용을 국가별로 적절하게 배분하기가 쉽지 않다. 현재는 공업화를 추진하고 있는 개발도상국들이 지구를 오염시키고 있지만, 과거에는 선진국들이 공업화 과정에서 많은 오염을 발생시켰고 그 폐해가 현재까지 누적되어 있다고 볼 수 있다. 따라서 개도국과 선진국 중 누가 더 많은 비용을 부담해야 할 것인가를 명확하게 해결하기가 쉽지 않다. 그렇다고 해서 산업화의 폐해를 미래세대에게 물려줄 수는 없다. 문제해결을 위해서는 국제협력이 필요하다. 1992년 체결된 UN의 기후변화협약은 환경오염문제 해결을 위한 국제협력이다. 그리고 EU도 환경기준을 정해서 가맹국에게 이를 강제화하고 있고, 또 NAFTA도 강력하지는 않지만 환경문제를 모니터링 하는 기구를 두고 있다.

지구의 환경문제 해결방안으로는 오염배출권을 각 국가에 배정한 후, 이 배출권을 국제적으로 거래하게 하는 배출권거래제(cap and trade) 방식이 있다. 그런데 이 방식에도 현실적으로 어려움이 있다. 각 국가에 얼마만큼씩 배출권을 배당할 것인가를 합의하기가 어렵다. 공업화가 필요한 개도국들은 선진국보다 더 많은 배출권 배당을 요구하고 있다. 배출권 배당에 관해 선진국과 개도국의 협상이 필요한데 서로 견해가 달라서 이의 해결이 쉽지는 않다.

2. 환경과 무역정책

외부경제가 있는 산업은 자유무역보다 정부개입으로 후생수준을 증가시킬 수 있음을 앞의 제10장에서 논의하였다. 마찬가지로 어떤 재화의 생산이나 소비로부터 환경에 부정적인 외부성이 발생한다면, 정부개입이 필요하게 된다. 예를 들어, 생산과정에서 폐수나 공기오염과 같은 공해물질이 배출되는 재화에 대해 정부규제가 없다면, 과다생산 문제가 발생하게 된다. 따라서 재화 생산에 부정적인 외부경제가 있는 재화에 대해서는 세금을 부과하여 생산량을 제한함으로써 과다생산 문제를 해결할 필요가 있다.

지구 온난화 방지를 위한 국제협력

지구 온난화는 지구의 평균 기온이 점점 높아지는 현상을 말한다. 온난화가 진행되면서 대기 중에 수증기가 증가하고, 북극의 빙하가 녹으면서 해수면이 상승하고 있다. 이러한 대기와 해수면의 변화가 태풍, 홍수, 가뭄 등 자연재해의 발생 빈도와 강도를 높이고 있다.

지구 온난화의 주요 원인으로는 온실가스를 들고 있다. 이산화탄소는 온실가스 감축의 주된 대상이다. 산업화가 빠르게 진행되면서 이산화탄소 배출량이 계속 증가하고 있다. 또 무분별한 삼림 벌채로 공기 중의 이산화탄소를 자연계가 흡수하지 못해 이산화탄소 양이 계속 증가하고 있다. 대기 중의 온실가스 농도가 높아지면서 지구의 평균 기온이 상승하는 지구 온난화 현상이 심해지고 있다.

지구 온난화를 해결하기 위해서는 온실가스 배출량을 줄여야 한다. 국제 사회는 지구 온난화에 따른 기후 변화에 대응하기 위해 1992년 유엔 기후변화협약(UNFCCC: UN Framework Convention on Climate Change)을 맺었다. 그런데 기후변화협약은 그 자체적으로 법적 구속력이나 강제성이 없었기 때문에 이 협약의 후속조치로 1997년 12월 일본 교토에서 보다 실효성 있는 교토의정서(Kyoto protocol)를 채택하였으며 2005년 2월 발효시켰다. 선진국의 온실가스 감축 목표치를 규정하였고, 의무이행 대상국은 총 37개국이었다. 감축률은 국가별로 차등을 두었다. 2008~2012년 기간에 EU는 8%, 일본 6%의 온실가스를 2012년까지 줄이기로 하였고, 러시아는 0%였다.

2009년 코펜하겐에서 개최된 제15차 기후변화협약 당사국총회에서는 2012년 이후 기후변화체제에 대해 결론을 내리도록 예정되어 있었다. 그러나 법적 구속력을 가지는 최종 결론을 도출하지 못하고, 정치적 합의문으로서 '코펜하겐 협정(Copenhagen Accord)'을 도출하는데 그쳤다. 이 협정에 따르면 지구평균기온 상승폭을 산업화 이전 대비 섭씨 2도 내로 제한하고, 선진국과 개도국 모두 2010년 1월 말까지 2020년 온실가스 감축 목표를 자발적으로 제출한다는 것이었다. 그러나 선진국과 개도국 간 이해관계가 맞서 구속력 있는 조치를 끌어내는 데는 실패하였다.

1992년 유엔 기후변화협약 이후 17년이 지난 2009년 탄산가스 배출량은 30% 늘어난 것으로 관측되었다. 이 배출량은 산업혁명 이전의 280ppm 대기오염도가 430ppm으로 올라갔음을 뜻한다. 이 추세면 금세기 말까지 지구의 온도가 5°C 올라갈 위험이 50% 정도 있다는 관측이다. 2009년 이탈리아에서 가진 G8 회의에서는 지구의 온도를 산업화 이전에 비해 2°C 이상 올라가는 것을 제한하는 데에 합의한 바 있다. 이를 위해서는 2050년까지는 1990년에 방출된 오염수준을 그 반으로 줄여야 한다.

(*Economist*, 2009. 12. 5.)

이제 생산에 부정적인 외부경제가 있는 재화의 자유무역이 후생수준에 미치는 영향을 알아보자. 일반적으로 자유무역은 수출국과 수입국 모두의 후생수준을 증가시키지만, 외부경제가 있는 재화의 자유무역에서는 수출국과 수입국의 후생변화가 서로 다르게 나타난다. 수출국은 공해물질 유발 재화를 더 많이 생산하게 되고, 수입국은 오염 발생 재화의 국내 생산이 줄어들기 때문이다.

생산 과정에서 폐수나 공기오염과 같은 공해물질을 배출하는 재화를 생각해보자. 이 재화는 환경오염재이므로 부정적인 외부경제가 있다. [그림 12-4]는 생산에 부정적 외부경제가 있는 재화가 교역될 때 나타나는 수출국과 수입국의 후생수준 변화이다. 그림 (a)는 수출국, 그림 (b)는 수입국의 상황이다. 그림에서 SMC는 사회적 한계비용(social marginal cost)을 나타내며, 사회적 한계비용 SMC는 사적비용 S보다 환경오염 비용만큼 더 크다. 즉, SMC곡선은 S곡선에 환경오염 비용을 더한 값이다.

그림 (a)는 수출국의 후생 변화다. 자유무역을 하면 수출가격이 상승하므로 생산자잉여가 $(a+b)$만큼 증가하고, 소비자잉여가 a 만큼 감소한다. 그런데 이 재화가 환경오염재이므로 생산이 S_1에서 S_2로 증가하면서 c만큼 후생 감소가 발생한다. 그러므로 자유무역으로 인한 후생의 순변화는 $(b-c)$가 된다. 즉, 자유무역의 일반적 후생증가 효과인 b보다 오염재 생산 증가로 인한 후생감소분 c가 더 크면, 자유무역으로 수출국의 후생수준이 감소할 수도 있다.

반면에 환경오염재의 수입국은 일반 재화의 무역에서보다 후생이 더 많이 증가한다. 그림 (b)는 수입국의 후생변화다. 수입국에서는 가격이 하락하므로 소비자잉여는 $(a+b)$만큼 증가하고, 생산자잉여는 a만큼 감소한다. 그리고 환경오염재의 국내 생산이 S_1에서 S_2로 감소하면서 공해가 줄어들어 c만큼 후생이 증가하게 된다. 따라서 자유무역으로 인한 후생의 순증가분은 $(b+c)$가 된다. 수입국은 일반적인 후생증가분 b이외에도 c만큼 추가적인 후생증가를 얻는다. 이처럼 환경오염재 수출국은 환경이 나빠져서 후생 감소 가능성이 있고, 환경오염재 수입국은 환경이 좋아지므

그림 12-4 생산에 부정적 외부경제가 있는 재화의 무역

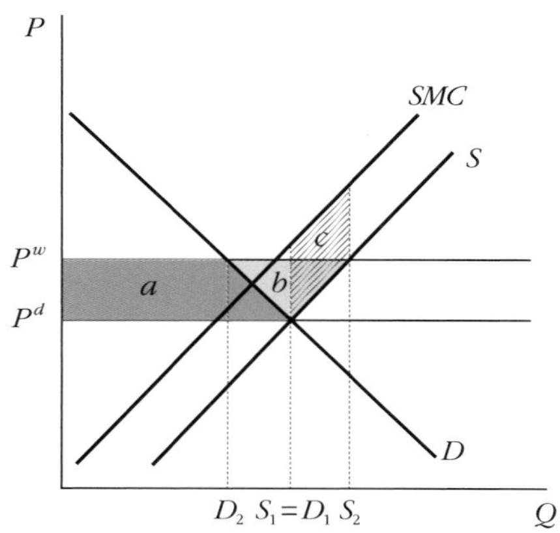

(a) 수출국의 후생수준 변화

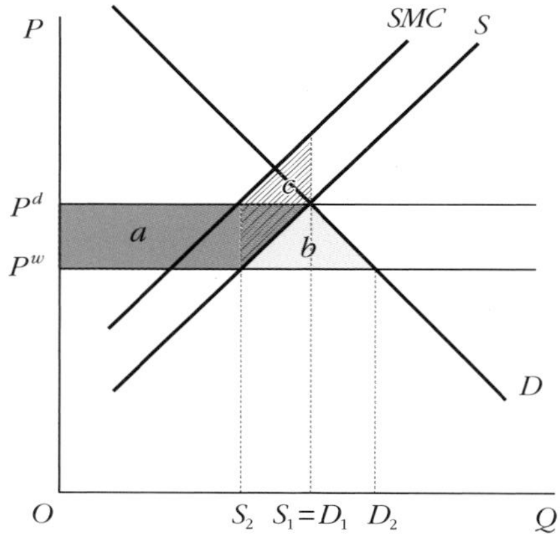

(b) 수입국의 후생수준 변화

〈환경오염재의 자유무역에서는 (a)의 수출국은 오염배출이 증가하므로 일반적 자유무역 이익 외에 c만큼 후생 감소 효과가 나타나고, (b)의 수입국은 오염배출이 감소하므로 일반적 자유무역 이익 외에 c만큼 후생이 더 증가한다.〉

로 일반 재화보다 후생이 더 증가한다.

대체로 경제성장을 목표로 하는 개도국은 공업화를 위해 환경규제가 강하지 않다. 이에 비해 선진국은 환경규제가 강한 편이다. 그래서 개도국들은 오염집약적인 재화에 비교우위를 갖고, 선진국은 환경친화적인 재화에 비교우위를 갖게 된다. [그림 12-4]에서 (a)의 수출국은 개도국이고, (b)의 수입국은 선진국으로 볼 수 있다. 그림에서 보듯이 자유무역을 하면 개도국에서는 환경오염재 생산이 증가하므로 환경이 더 악화되는 반면에, 선진국은 환경오염재 생산이 줄어들므로 개방 이후 환경이 개선된다.

오염배분의 관점에서 볼 때 자유무역은 개도국에 더 많은 오염을 발생하게 한다는 점에서 불공평하다. 개도국이 선진국에서 수입하는 환경친화적인 재화에 관세를 부과하거나, 환경오염재 생산에 세금을 부과하고 환경친화재 생산에 보조금을 지급하면 환경을 개선하는 효과를 얻을 수 있다. 그런데 환경, 노동, 보건 등과 같은 대내적 목적으로 자유무역을 제한하는 것은 GATT 제20조(Article XX)의 자유무역 원칙에 어긋난다. 따라서 환경문제와 관련한 자유무역 제한이 지구 전체의 오염 확산을 방지하는 효과가 있는지에 대해 연구가 필요하다.

앞서 보았듯이 환경오염재 무역은 수출국과 수입재의 환경변화에 서로 다른 영향

을 미친다. 환경오염재 수출국의 환경은 나빠지고, 수입국의 환경은 개선되는 효과가 있다. 그런데 Copeland and Taylor(2001)는 이론모형과 실증분석을 통해 자유무역이 지구의 환경개선에 기여함을 보여주고 있다. 즉, 자유무역으로 소득이 1% 증가하면 대기오염이 1% 줄어든다는 것이다.[3]

자유무역으로 환경이 나빠지는 나라도 있고 좋아지는 나라도 있다. 또 환경문제는 한 국가에 국한되는 것이 아니라 국경을 넘어 영향을 미치기도 한다. 중국의 공업화로 인해 발생한 미세먼지가 한국의 공기를 오염시키고 있다. 한 국가의 환경악화는 다른 국가의 환경에 나쁜 영향을 미치기 마련이다. 환경문제를 해결하기 위해서는 국제적 공조와 협력이 필요하다.

환경과 생태경제학

생태경제학(ecological economics)은 인간 경제활동과 자연 생태계의 상호의존성을 연구하는 분야이다. 생태경제학자들은 인간의 경제활동은 자연의 원초적인 환경에 의해 영향을 받고, 또 역으로 자연환경에 영향을 미치는 것으로 본다. 재화 생산에 투입되는 노동이나 자본과 같은 생산요소는 거슬러 올라가면 모두가 태양과 같은 원초적인 에너지에서 나온다. 그러나 우리는 생산과 소비의 과정에서 공해를 유발하고 쓰레기를 자연으로 되돌려 준다. 생태경제학자들은 경제활동이 자연환경과 맞물려 돌아가야 한다고 생각한다. 이 둘의 상호의존적인 균형이 유지되지 못하면 기후 변화와 같은 예기치 못한 결과가 발생하게 된다는 것이다.

Georgescu-Rogen(1971)은 경제발전을 물리학의 열역학 개념인 엔트로피(entropy)의 변화로 해석한다. 경제발전은 저엔트로피(low entropy)의 자원이 고엔트로피(high entropy)의 자원으로 변화하는 현상이라고 본다. 이를테면 농지, 숲, 호수나 광물과 같은 지하자원은 저엔트로피 상태에 있다. 저엔트로피의 석탄이 연소되어 화력이 발생하면서 고엔트로피의 열역학적인 상태로 변화된다. 경제발전을 이러한 물리적인 현상의 하나로 보아야 된다는 것이 Georgescu-Rogen의 관점이다. 석탄이나 석유의 연소로 말미암아 우리는 전기나 교통의 편의 같은 소비와 서비스의 풍요를 누리지만, 반면에 어쩔 수 없이 대기를 오염시키는 공해를 자연에게 되돌려 준다. 인간의 경제활동이 자연환경에 미치는 영향에는 시장이 해결할 수 없는 경제적 외부성(externality)이 있다.

〈참고: Georgescu-Rogeen, Nicholas (1971), *The Entropy Law and the Economic Process, Cambridge, Massachusetts: Harvard University Press.*〉

3 Copeland and Taylor (2001), "Is Free Trade Good for the Environment?", *American Economic Review* 91(4): 877-908.

3. 환경과 경제성장

경제학에서 사용하고 있는 생산함수나 효용함수는 자연자원이나 환경의 문제를 명시적으로 다루고 있지 않다. 원유, 석탄, 천연가스 및 수자원 등의 자연자원도 재화 생산의 투입요소로 필요하고, 깨끗하고 오염되지 않은 공기와 물도 소비자의 효용에 필수적이다. 자연자원이 무한히 풍부하고, 오염되지 않은 환경을 비용 없이 누릴 수 있다면, 자원고갈이나 환경오염을 걱정할 필요가 없다. 그러나 산업화로 인해 깨끗한 물이 부족하게 되고 대기가 오염되며 자원이 고갈되어 가는 현실에서는 지속적인 경제성장을 위해 환경문제를 고민하지 않을 수 없다. 그래서 환경문제를 어떻게 해결할 것인가가 새로운 과제가 되고 있다.

오염된 환경은 자연적으로 치유되는 복원력이 있다고 자연과학자들은 지적한다. 그러나 여기에는 한계가 있다. 어느 임계점을 넘어 서면 훼손된 자연의 회복이 어려워진다. 그 임계점이 어디인지를 구체적으로 규정하기는 어렵다. 단지, 미래의 불확실성을 어떻게 대처할 것인가는 미래 자연가치를 어떻게 평가하는가에 달려있다. 이 평가는 사회적 할인율에 의해 결정된다. 사회적 할인율의 크기에 따라 지속성장을 위한 정책방향이 정해진다.

경제성장은 현재의 소비를 높일 수 있으나, 과도하면 미래의 자원과 환경을 해침으로써 지속성장을 제한한다. 그런데 소득수준이 일정 수준 이상이 되면 환경이 개선되므로 지속성장이 가능하다는 반론이 있다. 이는 소득과 환경이 역-U자의 관계에 있다는 환경 쿠츠네츠 곡선(Environmental Kuznets Curve)에 근거하고 있다.

[그림 12-5]는 환경 쿠츠네츠 곡선이다. 그림에서 보듯이 경제성장 초기에는 소득 증가에 따라 환경이 점차 나빠지지만, 소득이 일정수준 이상이 되면 소득 증가에 따라 환경이 점차 개선된다. 경제발전 초기에는 공업화가 진전될수록 환경이 악화되어 가지만, 경제발전이 일정 수준에 도달하면 산업구조나 생산방식이 좀 더 환경 친화적으로 바뀌어가면서 환경이 개선되어 간다는 것이다.

환경 쿠츠네츠 곡선의 역-U자의 관계를 실증적으로 보여준 Grossman and Krueger(1995)는 1985년 불변가격으로 일인당 소득이 약5,000~6,000달러에서 환경개선의 분기점이 형성된다고 한다.[4] 현재로서는 대부분의 개도국이 아직 이 소득수준에 도달하지 않았기 때문에 개도국들의 경제성장은 환경을 악화시킬 가능성이 크다.

산업구조의 변화가 환경 개선에 영향을 미치기도 한다. 경제가 성장함에 따라 농

4 Grossman, Gene, and Alan Krueger. "Economic Growth and the Environment." *Quarterly Journal of Economics* Vol. 110, No. 2 (1995), pp. 353-77.

그림 12-5 환경 쿠츠네츠 곡선

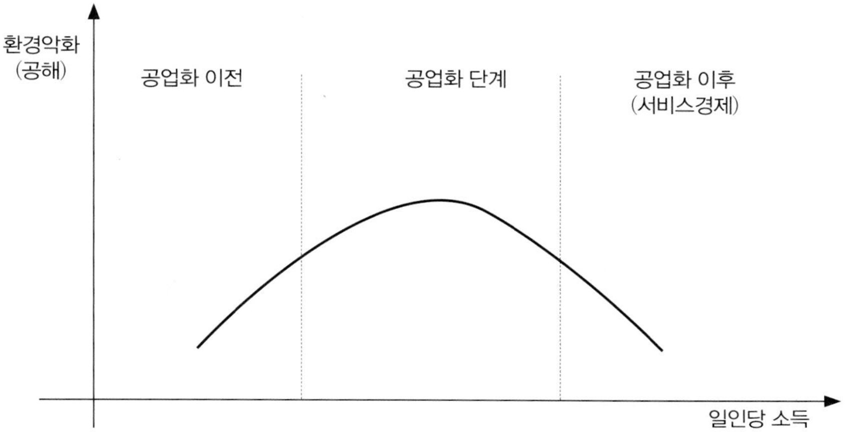

〈경제발전 초기에는 소득이 증가함에 따라 환경이 악화되지만, 소득이 일정수준에 이르면 그 이후에는 소득 증가에 따라 환경이 개선되어 간다.〉

업에서 제조업 중심으로 산업구조가 바뀌면서 환경오염이 증가한다. 그런데 이후 다시 경제가 성장해 가면, 제조업에서 서비스업으로 산업구조가 바뀌고, 또 제조업 중에서도 공해발생이 낮은 제품으로 산업구조가 바뀌면서 환경이 개선되어 간다.

경제성장으로 말미암아 자연자원이 고갈되고 환경이 오염되기는 하나, 소득이 증가하면서 청정재화에 대한 수요가 증가하면 환경이 개선될 수 있다. 환경 쿠츠네츠 곡선은 이 가설을 반영하고 있다. 일정수준 이상의 소득이 되면 경제가 성장할수록 환경이 개선되어 간다면, 개도국의 성장이 환경문제 때문에 제약받지는 않을 것이다. 또 경제성장에 따라 청정기술의 개발이 증가한다면, 성장은 환경개선에 도움을 주게 된다.

주요용어

- 자유무역지역
- 관세동맹
- 공동시장
- 경제동맹
- 원산지 규정
- 무역창출효과
- 무역전환효과
- 차선의 이론
- FTA(자유무역협정)
- RTA(지역무역협정)
- 스파게티 그릇 효과
- 죄수의 딜레마
- 무임승차자
- 무차별원칙
- 최혜국대우
- 내국민대우

요 약

01. 경제통합으로 가맹국의 후생수준이 반드시 증가하는 것은 아니다. 경제통합의 무역창출효과와 무역전환효과의 상대적 크기에 의해 후생수준이 증가할 수도 있고 감소할 수도 있다. 두 국가 간 경제교류가 활발하거나 산업구조가 유사할수록 경제통합으로 후생수준이 증가할 가능성이 커진다.

02. 관세동맹은 무역창출효과와 무역전환효과와 같은 정태적 효과 이외에도 규모의 경제, 경쟁 확대, 기술이전과 같은 동태적 효과가 있다. 따라서 무역전환효과가 더 큰 관세동맹도 동태적인 측면을 고려하면 장기적으로 후생수준이 증가할 수 있다.

03. 차선(次善)의 이론은 모든 최적조건이 달성되지 않은 상태에서 몇 가지 조건이 더 충족된다고 해서 반드시 후생수준이 증가하지는 않는다는 이론이다. 관세동맹은 부분적으로 자유무역을 실시한다는 점에서 모두에게 관세를 부과하는 것보다는 일부 조건을 더 충족하고 있지만, 가맹국의 후생수준이 반드시 증가하지는 않는다. 더 많은 조건을 충족하였지만 후생수준이 반드시 증가하는 것은 아니라는 점에서 이는 차선의 이론과 일치한다.

04 1990년대 중반 이후 지역무역협정(RTA)이 급속히 증가하고 있다. GATT 체제인 1948~1994의 46년 동안 124개의 FTA가 체결되었는데, 1995년 WTO 출범 이후 20년 동안에 400개가 넘는 FTA가 추가로 체결되었다.

05. 죄수의 딜레마 문제를 극복하고, 국제협정의 공공재적 성격을 해결하기 위해서는 국제협력이 필요하고, 이러한 협력이 지속될 수 있도록 관리하는 국제기구로 GATT나 WTO가 설립되었다.

06. GATT를 이어받아 1995년에 WTO가 출범하였다. WTO는 최혜국대우와 내국민대우와 같은 무차별원칙을 준수하고, 예측 및 개선 방향으로 시장접근을 추진하며, 공정한 경쟁을 촉진하고, 경제개혁과 개발의 촉진을 목적으로 한다.

07. GATT와 달리 WTO의 가장 새로운 측면은 분쟁해결절차에 있다. GATT와는 달리 WTO는 소송이 제기되면 전문가 패널을 구성하고 최종판결을 최소한 1년 이내에 종결하고, 판정

결과를 따르지 않으면 상대국이 보복할 수 있는 권한을 부여함으로써 집행력을 강화했다.

08. 도하개발아젠다(DDA)협상은 WTO 출범 이후 최초의 다자간 무역협상이다. DDA협상은 협상의 명칭에 개발이라는 용어를 사용한 데서 알 수 있듯이 무역자유화가 개도국의 경제개발에 도움이 되는 방안을 논의함으로써 개도국 문제가 세계무역협상의 의제로 등장하는 계기가 되었다.

09. 지구의 환경문제를 해결하는 방안으로 오염배출권을 각 무역당사국에 배정한 후, 이 배출권을 국제적으로 거래하게 하는 배출권거래제(cap and trade) 방식이 있다. 이 방식에도 현실적으로 어려운 문제점이 남아 있다. 배출권거래제 시행으로 더 많은 제약을 받게 될 개도국들이 선진국보다 더 많은 배출권 배당을 요구하고 있기 때문이다. 따라서 배출권 배당에 관해 선진국과 개도국의 협상이 필요하다.

10. 환경오염재 무역은 수출국과 수입재의 환경변화에 서로 다른 영향을 미친다. 환경오염재 수출국의 환경은 나빠지고, 수입국의 환경은 개선되는 효과가 있다. 그런데 Copeland and Taylor(2001)는 이론모형과 실증분석을 통해 자유무역이 지구의 환경개선에 기여한다고 한다.

11. 환경 쿠츠네츠 곡선은 경제성장 초기에는 소득 증가에 따라 환경이 점차 나빠지지만, 소득이 일정수준 이상이 되면 소득이 증가함에 따라 환경이 점차 개선된다는 이론이다. 환경 쿠츠네츠 곡선 가설이 옳다면, 개도국의 지속적 성장은 환경문제 때문에 제약받지는 않을 것이다. 경제성장 초기에는 환경이 나빠지지만, 나중에는 경제성장에 따라 환경이 개선되기 때문이다.

복습문제

01. 경제통합의 다양한 형태를 설명하고, 자유무역지역(FTA)에서 왜 원산지 규정이 필요한지 그 이유를 설명하라.

02. 어떤 국가들 간의 경제통합에서 무역창출효과가 무역전환효과보다 더 클 가능성이 있는가?

03. 경제통합에서 무역전환효과가 발생하더라도 소비측면을 고려하면 후생수준이 증가할 수 있음을 설명하라.

04. 세계적인 자유무역의 확대는 개별 국가들의 독자적 결정에만 의존할 수 없고, 국가 간의 협력이 필수적이다. 이를 죄수의 딜레마를 이용해 설명하라.

05. 환경오염재와 같이 부정적 외부효과가 있는 재화의 경우, 자유무역의 후생효과가 일반 재화와 같지 않다. 이에 대해 설명하라.

06. 환경보호와 경제성장의 상호관계에 대해 설명하라.

연습문제

01. 국가 간 무역정책을 각국의 자유로운 의사에 맡기지 않고, 서로 견제하고 협력하는 이유는 무엇인가?

02. 2004년 동유럽과 구소련 국가들이 EU에 가입하였는데, 이들 국가들의 EU가입이 기존의 EU국가와 미국이나 일본과 같은 역외국가에 어떤 영향을 미치는지 설명하라.

03. 차선의 원리란 무엇인가? 그리고 경제통합의 후생효과를 차선의 원리로 설명하시오.

04. 경제발전단계도 다르고 산업구조도 서로 다른 미국과 멕시코의 경제통합을 정태적인 측면과 동태적인 측면에서 그 효과를 평가하라.

05. GATT와 WTO는 모두 무역의 확대를 목적으로 한 기구이다.

1) GATT에서 WTO로 전환된 배경을 설명하라.

2) 그리고 GATT와 WTO는 어떤 점에서 차이가 있는가를 설명하라.

06. 한다음 서술의 진위를 판정하고, 논평하시오.

1) "자유무역은 그 국가의 후생수준을 증가시킨다. 따라서 미국은 일본이나 유럽의 보호정책에 상관없이 자유무역을 실시하는 것이 바람직하다."

2) "한국은 공산품, 칠레는 농업에 비교우위가 있어서 두 국가의 산업구조가 서로 보완적이므로 한-칠레 자유무역협정은 두 국가에게 이익을 줄 것이다."

07. 무역과 환경에 관한 다음 문제에 답하라.

1) 공해문제로 인한 지구상의 기후변화 문제를 해결하기 위해 왜 국제협력이 필요한가?

2) 오염물질의 확산 방지를 위해서는 국가 간에 세금-보조금 정책 보다는 배출권거래제(cap and trade) 방식이 세계경제의 입장에서 왜 더 효율적인가?

제 3 부

환율, 국제수지 및 개방경제 거시경제이론

13 국제수지

제12장까지의 국제무역론이 미시경제학에 기초를 두고 있다면, 제13장 이후의 국제금융론은 거시경제학에 기반을 두고 있다. 국제금융론은 개방경제에서 국민소득, 물가, 실업률, 국제수지, 환율과 같은 경제 변수들의 상호관계를 분석한다. 국제수지는 국가 간에 이루어지는 모든 경제적 거래를 정리한 것으로 그 국가의 대외거래 상황을 파악할 수 있게 해준다.

이 장에서는 국제수지의 개념을 이해하고, 국제수지 균형이 무엇을 의미하는지, 국제수지의 실제 통계자료를 어떻게 해석하는지를 살펴보며, 국제수지가 다른 경제변수와 어떻게 연관되어 있는지를 알아본다.

제 1 절 국제수지의 개념과 내용

1. 국제수지의 개념

국제수지표(國際收支表)는 일정 기간 동안에 일국의 거주자와 여타국의 거주자들 사이에 발생한 모든 경제적 거래를 체계적으로 분류한 표이다. 국제수지(balance of payments)는 어느 한 경제의 대외거래 수지를 알려준다. 가계의 살림살이가 가계부에 기록되는 것과 같이 국가 경제의 대외거래는 국제수지표에 기록된다. 국제수지의 정의와 관련된 세부 내용을 좀 더 알아보면 다음과 같다.

먼저 '일정 기간 동안에'라는 말은 국제수지가 스톡(stock; 貯量) 변수가 아니고 플로우(flow; 流量) 변수임을 의미한다. 스톡 변수는 일정 시점에서의 양을 나타내는 것으로 외채, 통화량 등이 여기에 속하고, 플로우 변수는 일정 기간의 양을 합계한 것으로 국민소득, 수요량, 공급량 등이 그 예이다. 국제수지표는 한국은행에서 작성하는데 월 단위, 분기 단위, 그리고 년 단위 기간으로 작성된다.

국제수지표는 '일국의 거주자와 여타국의 거주자' 사이의 거래를 대상으로 한다. 국제수지표의 작성 기준은 국적에 따른 국민이 아니라 지역을 경계로 한 국경이다. 예를 들어, 외국에 있는 자국민과 국내 자국민과의 거래는 국경을 통과하므로 국제수지표에 집계되고, 국내에 있는 외국인과 자국민과의 거래는 국내에서 이루어지므로 국제수지표에 집계되지 않는다. 이처럼 국경을 통과하는 거래는 모두 국제수지표에 기록된다.

국제수지표는 '모든 경제적 거래'를 기록한다. 이는 국경을 통과하는 실물거래와 금융거래 등 모든 경제적 거래를 기록함을 말한다. 마지막으로, '체계적으로 분류'한다는 것은 모든 거래를 거래의 성격에 따라 재화 거래, 서비스 거래, 이전거래, 자본거래, 금융거래 등으로 분류하고, 이를 복식부기의 원리를 따라 작성함을 말한다.

2. 국제수지표의 내용

국제수지표는 1955년 IMF 가입을 계기로 한국은행이 1957년부터 작성하였으며, 1958년부터는 IMF의 국제수지매뉴얼(BPM)에 따라 작성 공표해왔다. 현행 국제수지표는 2010년 개정된 IMF의 「국제수지매뉴얼 제6판」(BPM6)을 기준으로 작성되고 있다. 국제수지표는 크게 경상수지, 자본수지, 금융계정, 오차 및 누락 등 4개의 계정으로 구성된다. 국제수지표의 세부항목을 보다 상세히 설명하면 다음과 같다.

1) 경상수지

경상수지(current account)는 상품수지, 서비스수지, 본원소득수지, 이전소득수지로 구성된다.

(1) 상품수지

상품수지에는 상품의 수출과 수입을 기록한다. 수출입 상품은 일반상품, 가공용재화, 운수조달재화, 비화폐용 금 등으로 세분된다. 무역수지(貿易收支)는 상품수지를 말한다. 그런데 두 수지의 실제 통계 값에는 차이가 있다. 하지만, 이는 집계방식의 차이 때문일 뿐이다.[1] 수출이 수입보다 많으면 무역수지 흑자, 수입이 수출보

1 무역수지는 통관 기준이고, 상품수지는 인도 기준이다. 그리고 무역수지는 운임·보험료 포함 가격(CIF)을 기준으로 하고, 상품수지는 운임과 보험료를 뺀 상품 가격, 즉 본선 인도 가격(FOB)을 기준으로 한다. 무역수지는 관세청에서, 상품수지는 한국은행에서 발표한다.

다 많으면 무역수지 적자라고 한다.

(2) 서비스수지

서비스수지에는 서비스의 국가 간 거래를 기록한다. 세부항목은 운송, 여행, 통신서비스, 보험서비스, 지적재산권 등의 사용료, 사업서비스, 정부서비스 등으로 구분된다. 예를 들어, 우리나라 거주자가 해외 여행경비를 외국에 지급하거나, 외국의 선박이나 항공기를 이용하거나, 외국보험회사에 가입하여 보험 비용을 지급하거나, 외국특허권 사용료를 지급하면 서비스수지의 지출이 되고, 반대로 외국의 거주자가 위의 항목에 해당하는 비용을 우리나라에 지급하면 서비스수지의 수입이 된다. 수입과 지출 중 수입이 많으면 흑자이고, 지출이 많으면 적자이다.

(3) 본원소득수지

본원소득수지에는 우리가 외국에서 벌어들인 소득과 외국인이 우리나라에서 벌어간 소득이 기록된다. 우리나라가 외국에 투자하여 벌어들인 배당과 이자나 우리 근로자가 외국에서 벌어들인 소득은 수입이 되고, 같은 내용으로 외국인들이 우리나라에서 벌어간 소득은 지출이 된다.

(4) 이전소득수지

여기에는 수혜자에게 아무런 대가없이 제공되는 송금, 구호를 위한 식량, 의약품 등의 무상원조, 국제기구 출연금 등의 국가 간 거래가 기록된다. 외국으로 나간 것은 지급, 외국에서 우리나라로 들어온 것은 수입이다.

2) 자본수지

자본수지(capital account)는 자본이전과 비생산·비금융자산의 취득 및 처분을 기록하는 항목이다. 자본이전은 자산 소유권의 무상이전, 거래 상대방의 자산 취득 또는 처분과 관련된 현금이전, 채권자에 의한 채무면제 등을 포괄한다. 비생산·비금융자산 취득 및 처분에는 상표권, 영업권, 독점판매권 등이나 임차권 또는 기타 양도 가능한 계약 같은 무형자산의 취득과 처분이 포함된다.

3) 금융계정

금융계정(financial account)은 직접투자, 증권투자, 파생금융상품, 기타투자 및 준비자산으로 구성되며 거주자의 입장에서 자산 또는 부채 여부를 판단하여 계상한다. 금융계정 부호 표기방식은 2016년 2월부터 '순유출입액 기준'에서 '자산·부채의 증감 기준'으로 변경되었다.

(1) 직접투자

직접투자(direct investment)에는 직접투자관계에 있는 투자자와 투자기업 간에 일어나는 대외거래를 계상한다. 투자자가 투자기업의 경영에 대해 통제 혹은 상당한 영향력을 행사할 수 있는 경우 이들은 직접투자관계에 있다고 본다.

(2) 증권투자

증권투자(portfolio investment)는 주식, 부채성증권 거래를 나타내며 이 중 직접투자 또는 준비자산에 해당되는 주식 및 부채성증권에 대한 거래 등은 제외된다. 증권에 대한 투자라고 하더라도 직접투자관계에서 일어나는 거래는 직접투자로 계상하며, 증권 형태나 파생금융상품에 대한 투자가 아닌 경우는 기타투자로 분류한다.

(3) 파생금융상품

파생금융상품(financial derivatives)으로 실현된 손익 및 옵션 프리미엄 지급·수취가 파생금융상품 자산 및 부채로 계상된다.

(4) 기타투자

기타투자(other investment)는 직접투자, 증권투자, 파생금융상품 및 준비자산에 포함되지 않는 모든 금융거래를 계상하는 항목으로 무역신용, 대출·차입, 현금 및 예금, 기타지분, 특별인출권 및 기타자산·부채 등으로 구성된다.

(5) 준비자산

국제수지에 계상되는 준비자산(reserve assets)은 준비자산(잔액) 증감액 중 비거래적 요인을 제외한 거래적 요인에 의한 변동분만 포함한다. 비거래적 요인에 의한 변동분은 국제투자대조표상 기타변동에 계상된다. 준비자산은 유가증권, 외화예치금, 금 및 SDR 보유, IMF포지션 등으로 구성된다.

'준비자산' 항목의 변화는 한국은행의 외환보유액 변화로 나타난다. 그런데 시중은행이 보유하고 있는 외환은 준비자산 항목이 아닌 다른 금융계정 항목에 포함되어 있어서 외환보유고나 중앙은행의 통화공급량에 영향을 미치지 않는다.

그림 13-1 국제수지표의 세부 구성 항목

I. 경상수지

1. 상품수지
   1.1 일반상품
   1.2 중계무역순수출
   1.3 비화폐용금
2. 서비스수지
   2.1 가공서비스
   2.2 운송
   2.3 여행
   2.4 건설
   2.5 보험서비스
   2.6 금융서비스
   2.7 통신, 컴퓨터, 정보서비스
   2.8 지식재산권사용료
   2.9 유지보수서비스
   2.10 기타사업서비스
      2.10.1 연구개발서비스
      2.10.2 전문, 경영컨설팅서비스
      2.10.3 기술, 무역, 기타사업서비스
   2.11 개인, 문화, 여가서비스
   2.12 정부서비스
3. 본원소득수지
   3.1 급료 및 임금
   3.2 투자소득
      3.2.1 직접투자소득
         3.2.1.1 직접투자배당
         3.2.1.2 직접투자이자
      3.2.2 증권투자소득
         3.2.2.1 증권투자배당
         3.2.2.2 증권투자이자
      3.2.3 기타투자소득
4. 이전소득수지
   4.1 일반정부
   4.2 기타부문
      4.2.1 개인이전
      4.2.2 기타경상이전

II. 자본수지

1. 자본이전
2. 비생산·비금융자산

III. 금융계정

1. 직접투자
   1.1 직접투자(자산)
      1.1.1 주식
      1.1.2 수익재투자
      1.1.3 채무상품
   1.2 직접투자(부채)
      1.2.1 주식
      1.2.2 수익재투자
      1.2.3 채무상품
2. 증권투자
   2.1 증권투자(자산)
      2.1.1 주식
         2.1.2 부채성증권
         2.1.2.1 장기증권
         2.1.2.2 단기증권
   2.2 증권투자(부채)
      2.2.1 주식
      2.2.2 부채성증권
         2.2.2.1 장기증권
         2.2.2.2 단기증권
3. 파생금융상품
   3.1 파생금융상품(자산)
   3.2 파생금융상품(부채)
4. 기타투자
   4.1 기타투자(자산)
      4.1.1 무역신용
         4.1.1.1 장기무역신용
         4.1.1.2 단기무역신용
      4.1.2 대출
         4.1.2.1 장기대출
         4.1.2.2 단기대출
      4.1.3 현금 및 예금
      4.1.4 기타자산
      4.1.5 기타지분
   4.2 기타투자(부채)
      4.2.1 무역신용
         4.2.1.1 장기무역신용
         4.2.1.2 단기무역신용
      4.2.2 차입
         4.2.2.1 장기차입
         4.2.2.2 단기차입
      4.2.3 현금 및 예금
      4.2.4 기타 부채
      4.2.5 기타 지분
      4.2.6 특별인출권
5. 준비자산

IV. 오차 및 누락

자료: 한국은행, 우리나라 국제수지통계의 이해, 2016.

3. 국제수지표 작성의 예

국제수지표는 복식부기에 의해 작성되는데, 왼쪽이 차변(借邊; debit)이고 오른쪽이 대변(貸邊; credit)이다. 복식부기에서는 어떤 거래든지 차변에 한 번, 그리고 같은 금액을 대변에 한 번, 총 두 번 기록한다. 그리고 차변의 값은 음(−)으로, 대변의 값은 양(+)으로 표시한다.

국제수지표의 작성 방법을 간단히 설명하기는 쉽지 않지만, 다음과 같은 원칙에 의해 작성된다고 보면 된다. 외화를 유입시키는 거래(상품 수출이나 자산 수출)는 대변(+)에 기록하고, 반대로 외화를 유출시키는 거래(상품 수입이나 자산 수입)는 차변(−)에 기록한다. 그리고 이 내용을 관련된 항목에 한 번 더 기록한다. 예를 들어, 외국에 2만 달러짜리 승용차를 수출하고, 그 대가로 2만 달러 외화현금을 송금 받은 경우, 상품의 수출은 경상수지의 대변에 기록하고, 현금 2만 달러를 받은 것은 금융계정에 자산 증가로 기록한다. 즉, 경상수지 수출항목의 대변에 2만 달러, 금융계정 기타투자에 자산증가로 2만 달러를 기록한다. 이처럼 모든 대외거래는 복식부기 형태로 항상 두 번 기록된다.

2016년 2월 이전에는 금융계정의 부호 표기방식이 '순유출입액 기준'이었으나, 이후에는 새로운 국제수지매뉴얼인 BPM6에 의거 '자산·부채의 증감 기준'으로 변경되었다. 즉, 과거에는 자산 증가 및 부채 감소 등 자본의 유출에는 (−)로, 자산 감소 및 부채 증가 등 자본의 유입에는 (+)로 각각 계상했는데, 현재는 자산·부채의 증가는 (+), 감소는 (−)로 표기한다. 이에 따라 부채 항목의 부호는 종전과 동일하나 자산 항목의 부호는 종전과 반대 방향으로 바뀌게 되었다. 또한 금융계정 각 항목은 자산 및 부채를 합산하여 산출한 과거와 달리 자산에서 부채를 차감하여 계상하게 되었다. 경상수지가 흑자를 보일 때 종전에는 금융계정이 (−)로 나타났지만 현행 방식에서는 (+)로 나타나게 된다.

다음의 예를 통해 국제수지표가 어떻게 작성되는가를 알아보자.[2] 무역신용, 대출 또는 차입, 현금 및 예금, 기타 지분, 특별인출권 및 기타 자산 또는 부채 등은 금융계정 기타투자 항목에 기록하고, 자산 또는 부채의 증가는 (+), 감소는 (−)로 표시한다.

거래 1. 상품 90만 달러를 현금으로 수출
거래 2. 상품 60만 달러를 3개월 후에 대금을 지급하는 조건으로 외상 수입

2 '한국은행(2016), 우리나라 국제수지통계의 이해 (p.26-28)'을 참고하여 정리함.

거래 3. 해외여행시 17만 달러의 여행경비 사용

		차변(-)	대변(+)	수지
경상수지	상품수지	60	90	13
	서비스수지	17		
		자산	부채	순자산
금융계정	기타투자	90	60	13
		−17		

상품 수출은 경상수지의 상품수지 대변(+)에 기록하고, 수출에 따른 대금 수취는 외화자산 증가이므로 금융계정 기타투자에 자산 증가(+)로 기록한다. 수입은 경상수지의 상품수지 차변(−)에 기록하고, 수입에 따른 대금 지급이 3개월 외상(무역신용)이므로 금융계정 기타투자에 부채 증가(+)로 기록한다. 해외여행 17만 달러 사용은 서비스수지의 차변(−)에 기록하고, 외화가 유출되므로 금융계정 기타투자에 자산 감소(−)로 기록한다. 위의 예에서 경상수지는 13만 달러 흑자이고, 이는 금융계정의 13만 달러 순자산 증가와 같다.

거래 4. 외채에 대한 이자로 외국에 13만 달러 지급
거래 5. 국내친지가 해외교포로부터 현금 2만 달러를 송금 받음

		차변(−)	대변(+)	수지
경상수지	본원소득수지	13		−11
	이전소득수지		2	
		자산	부채	순자산
금융계정	기타투자	−13		−11
		2		

외채의 이자지급은 본원소득수지의 차변(−)에 기록하며, 이자지급으로 인해 외화자산이 감소하므로 기타투자에 자산 감소(−)로 기록한다. 교포로부터 송금 받은 돈은 이전소득수지의 대변(+)에 기록하고, 외화 유입으로 외화자산이 증가하므로 기타투자에 자산 증가(+)로 기록한다. 위의 거래로부터 경상수지는 11만 달러 적자이고, 금융계정에는 11만 달러 자산 감소로 표시된다.

거래 6. 외국기업이 현금 50만 달러를 국내에 직접투자
거래 7. 국내기업이 해외에서 외화증권을 30만 달러 발행
거래 8. 해외거주 외국인이 국내에서 원화증권 1억원(10만 달러)을 발행

		차변(−)	대변(+)	수지
경상수지				0
		자산	부채	순자산
금융계정	직접투자		50	0
	증권투자	10	30	
	기타투자	50		
		30		
		−10		

외국기업의 국내직접투자 50만 달러는 금융계정 직접투자의 부채(+)에 기록하고, 국내기업의 외화증권 발행 30만 달러도 금융계정 증권투자의 부채(+)에 기록한다. 그리고 이 두 거래로 외화가 유입되므로 기타투자에 자산 증가(+)로 기록한다. 외국인이 국내에서 발행한 원화증권 10만 달러는 금융계정 증권투자에 자산 증가(+)로 기록하고, 이로 인한 외화 현금 지급은 외화자산 유출이므로 기타투자에 자산 감소(−)로 기록한다. 이상의 거래는 금융계정에만 기록되고, 그 수지는 영(0)이다.

거래 9. 거주자가 외국으로 이민가면서 이주비용으로 15만 달러를 환전 송금
거래 10. 국내기업이 특허권을 외국기업에 매각하고 현금 3만 달러를 받음
거래 11. 외환보유액에 대한 외화증권 이자 6백만 달러를 현금으로 받음

		차변(-)	대변(+)	수지
경상수지	서비스수지		3	9
	본원소득수지		6	
		자산	부채	순자산
금융계정	기타투자	3		9
	준비자산	6		

〈거래 9〉와 같이 이민자의 이주비나 재산반출 또는 반입의 경우는 거래가 아니고 비거래변동(한 주체의 거주성 변동으로 인한 자산의 국경 간 이동)이므로 국제수지표에 계상하지 않는다. 특허권 매각 3만 달러는 서비스수지의 대변(+)에 기록하고,[3] 판매에 따른 외화 수취는 외화자산 유입이므로 기타투자에 자산 증가(+)로 기록한다. 한국은행의 6만 달러 외환 매입은 외화자산의 유입이므로 준비자산 항목에 자산 증가(+)로 기록하고, 본원소득수지 대변(+)에 6만 달러를 기록한다. 이들

3 지식재산권 사용에 대한 대가가 아닌 프랜차이즈 및 상표의 매매는 자본수지의 비생산·비금융자산에, 특허권 등 연구개발로 창출된 지식재산권의 매매는 연구개발서비스에 계상한다.

거래에서 경상수지는 9만 달러 흑자이고, 금융계정에 9만 달러 자산 증가가 기록된다.

앞의 예에서 보았듯이, 국제수지표는 하나의 거래가 복식부기의 원리에 따라 두 번 기록되기 때문에, 경상수지에서 금융계정을 차감하면 항상 영(0)이 된다. 그러나 실제로 작성된 국제수지표에서는 경상수지와 금융계정의 차이가 영(0)이 되지는 않는다. 그래서 그 차이를 오차 및 누락(errors and omissions)이라는 항목으로 조정한다.

실제 국제수지표 작성에서 오차 및 누락이 발생하는 이유는 하나의 거래와 관련된 통계 자료가 여러 기관에서 수합되기 때문이다. 예를 들어, 어떤 상품의 수출을 국제수지표에 기록하는 경우, 수출거래 자료는 관세청에서 수합되고, 이의 대금지급 내용은 금융기관에서 수합된다. 그런데 각 자료마다 계상시점 및 평가방법에 차이가 있고, 통계작성 과정에서 보고 잘못이나 누락 등으로 기초통계 자체에 오류가 발생한다. 오차 및 누락 항목은 국제수지표 작성에 이용된 다양한 기초통계들의 불일치를 조정하기 위한 항목이다. 한국은행은 우리나라 국제수지표의 오차 및 누락률은 주요 선진국에 비해 낮은 편이라고 한다.

무역수지는 적자인데, 왜 상품수지는 흑자인가?

2022년 상반기에 무역수지 적자 폭이 커지자 여기저기서 우려의 목소리가 나오고 있었는데, 한국은행에서 추계한 국제수지표의 상품수지는 여전히 흑자를 보이고 있었다. [그림 13-2]에서 보듯이, 2022년 3월부터 6월의 기간에 무역수지는 적자인데, 상품수지는 흑자를 보이고 있다. 무역수지와 상품수지는 유사한 방향으로 변화하지만, 그 값에 차이가 있다. 무역수지도 상품수지도 모두 재화의 수출과 수입의 차이를 나타내는 경제변수이다. 그런데 왜 무역수지와 상품수지는 차이가 나는가?

무역수지와 상품수지는 아래 표에서 보듯이 작성기관, 수출입 가격 기준, 계상시점, 작성자료 등에서 차이가 있다. 가장 큰 차이는 무역수지는 국경 통과가 기준이고, 상품수지는 소유권 이전이 기준이라는 점이다. 상품수지는 중계무역 순수출을 포함하고, 수입가를 FOB로 조정하기 때문에 무역수지보다 흑자가 더 커지는 경향이 있다.

먼저 계상 시점에 따른 차이를 선박 수출의 예를 통해 알아보자. 선박은 수주에서 건조까지 보통 2년 이상의 기간이 걸리는데, 수출대금은 선박 건조 진행 과정에서 여러 차례 나누어 받는다. 무역수지는 선박의 건조가 끝나고 통관수출신고가 이뤄지는 시점에 총선박금액을 수출로 잡지만, 상품수지는 건조 진행과정 중 부분적으로 선박대금을 받을 때마다 그만큼의 소유권이 이전됐다고 보고 수출에 반영한다.

■ ■ ■ 표 13-1　무역수지와 상품수지의 차이

구분	무역수지	상품수지
작성 기관	관세청	한국은행
수출입 가격 기준	수출은 FOB, 수입은 CIF	수출입 모두 FOB
계상 시점	상품의 수출입 신고일 기준	상품의 소유권 이전 기준
작성 자료	상업, 비상업 모든 물품의 이동을 집계	상업적 물품만 집계, 중계무역 순수출 포함 (통관수출입에서 재수출입, 견본물품 수출입 등을 제외하고 밀수출입 적발 실적을 더함)

그림 13-2　한국 무역수지와 상품수지의 변화

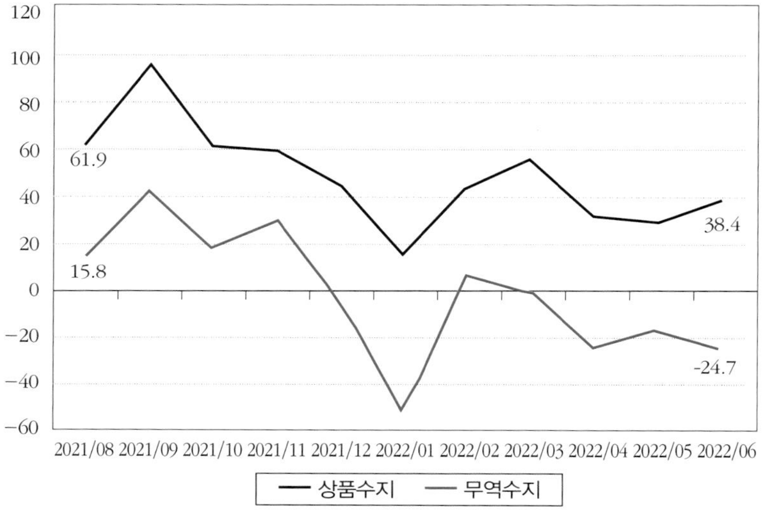

* 자료: 한국은행, 경제통계시스템, 2023.

다음으로 '중계무역 순수출'이 무역수지와 상품수지에 달리 반영됨을 알아보자. 중계무역은 수입한 물품을 국내에 반입하지 않고 원형 그대로 제3국으로 수출하는 무역거래를 말한다. 중계무역업자는 수출입의 당사자로서 대금결제를 한다는 점에서 중개무역과 다르다. 중간재나 부품을 B국의 생산업체에 수출하는 것은 '일반 상품 수출'로 잡히고, 완제품을 되사서 제3국에 되파는 '중계무역 순수출'이 상품수지에 잡힌다. 그러나 이 '중계무역 순수출'은 해외에서 이루어지는 거래이므로 무역수지에는 기록되지 않는다.

중계무역과 유사한 거래로는 중개무역과 가공무역이 있다. 중개무역은 단순히 중개수수료 취득만을 목적으로 하는 거래로서 수출입의 주체가 되지 않기 때문에 무역수지나 상품수지에 기록되지 않는다.

그리고 가공무역에서는 A국의 다국적 기업에서 B국의 생산업체에 중간재나 부품이 넘어갈 때 소유권이 이전되지 않으므로 상품수지에 기록되지 않고(무역수지에는 기록됨), B국 생산업체가 만든 완제품을 현지나 제3국에 넘길 때 A국의 상품수지로 잡힌다.

국경을 통과하는 거래는 모두 무역수지에 기록되지만, 소유권 변동 없으면 상품수지에는 기록되지 않는다. 그래서 동일한 거래가 무역수지와 상품수지에 달리 기록될 수 있다. 이런 이유들로 인해 무역수지는 적자이지만, 상품수지는 흑자인 경우가 발생하게 된다.

참고: 한국은행, 우리나라 국제수지 통계의 이해, 2016.

제 2 절 국제수지 균형과 그 의미

1. 국제수지 균형의 개념

국제수지표는 경상수지, 자본수지, 그리고 금융계정으로 구분된다. 그런데 모든 대외거래가 복식부기로 기입되기 때문에 대외거래 전체를 기준으로 국제수지 균형을 판단하는 것은 적절하지 않다. 그래서 국제수지 균형의 판단은 민간부문의 자율적 거래만을 기준으로 해야 한다.

대외거래는 그 성격에 따라 자율적 거래(autonomous transaction)와 보정적 거래(accommodating transaction)로 나눌 수 있다. 자율적 거래는 국가 간의 가격, 소득, 이자율 등 경제적 요인에 의해 발생하는 반면, 보정적 거래는 자율적 거래를 뒷받침하기 위해 보조적으로 발생한다. 자율적 거래와 보정적 거래의 합은 항상 영(0)이 되므로, 전체 거래를 기준으로 하면 국제수지가 항상 균형을 이루는 이룬 것처럼 보인다. 따라서 어떤 국가의 국제수지 균형 여부를 판단할 때는 자율적 거래만을 기준으로 해야 한다.

예를 들어, 어떤 국가가 1년 동안 다른 국가와의 무역에서 100억 달러를 수출하고, 120억 달러를 수입했다고 하자. 이 국가는 수출로 100억 달러를 벌었지만, 수입에는 120억 달러가 필요하므로 20억 달러의 외화가 부족하다. 이 부족한 20억 달러를 외국에서 단기자본으로 도입했다면, 이 20억 달러의 도입은 보정적 거래로 간주된다. 그래서 자율적 거래를 기준으로 하면 이 나라의 국제수지는 20억 달러 적자다.

국제수지표에서 위쪽에 위치한 항목일수록 자율적 성격이 강하고, 아래에 위치한 항목일수록 보정적 성격이 강하다. 적당한 경계선을 정하여 그 선 위의 거래를 자율적 거래로 보고, 해당 거래의 수입(收入)과 지급(支給)의 차이로 국제수지 균형 여부를 판단한다. 국제수지표에서 대변은 외화의 수입이고, 차변은 외화의 지급을 나타낸다. 따라서 자율적 거래에서 대변과 차변의 값이 같으면 국제수지는 균형이라고 하고, 대변이 크면 흑자, 차변이 크면 적자로 판단한다.

어떠한 거래를 자율적 거래로 볼 것인가에 대해서는 명확한 기준이 없다. 그렇지만, 대체로 무역수지나 경상수지의 균형이 금융계정의 균형보다 중요하다는 점에 대해 이의를 제기하는 사람은 없다. 경상수지는 국제수지에서 가장 중요한 항목으로 간주된다. 만약 경상수지가 적자 또는 흑자라면, 해당 국가의 국제수지도 각각 적자나 흑자로 평가한다. 경상수지와 금융계정을 합하면 대체로 영(0)이 되는데, 그렇다고 이를 바탕으로 국제수지가 균형이라고 판단하지는 않는다.

경상수지의 중요성은 그것이 대외채권과 대외채무의 변동을 가져오기 때문이다. 예를 들어, 경상수지가 적자라는 것은 수출보다 수입이 많음을 의미한다. 즉, 벌어들인 외화보다 사용한 외화가 더 많음을 의미한다. 그렇다면 어떻게 번 것보다 더 많은 외화를 사용할 수 있었을까? 그것은 부족한 외화를 외국에서 차입하였기 때문이다. 따라서 경상수지 적자는 그 만큼 대외채무를 증가시키게 된다.

반대로 경상수지 흑자의 경우, 수출이 수입보다 많기 때문에 외화가 남게 된다. 이 남는 외화를 경상수지 적자국에게 빌려줄 수 있으므로, 흑자국의 대외채권은 증가하게 된다. 이처럼 경상수지의 변동은 순대외자산의 변동을 가져온다. 경상수지 흑자국에서는 순대외자산이 증가하고, 적자국에서는 감소한다.

[그림 13-3]은 1994년 이후 한국의 경상수지와 순대외자산의 변화를 나타낸다. 순대외자산은 대외채권에서 대외채무를 뺀 값이다. 1999년까지는 순대외자산이 음(−)으로 순채무국이었으나, 이후에는 양(+)의 값으로 전환되어 순채권국이 되었다. 경상수지가 적자였던 1997년까지는 순대외자산이 감소하고 있고, 이후 경상수지가 흑자로 전환되면서 순대외자산도 증가하고 있다. 특히 1998년 이후 순대외자산의 증가속도가 빠른데, 이는 경상수지 흑자뿐만이 아니라 직접투자와 증권투자에 의한 외환 유입 증가 때문이다. 당시 한국은 외환위기 극복을 위해 해외 자본을 적극적으로 유치하였고, 이것이 대외자산 증가로 이어졌다.

그리고 2006~2008년 기간을 보면, 경상수지가 흑자임에도 불구하고 순대외자산이 급격히 줄어들고 있다. 이는 당시 세계금융위기 상황에서 한국의 금융시장과 외환시장이 불안정해지면서 해외자본이 유출되었기 때문이다. 이후 경상수지 흑자폭이 확대되고 해외자본이 유입되면서 순대외자산이 빠르게 증가하였다. 경상수지

그림 13-3 한국의 경상수지와 순대외자산 변화

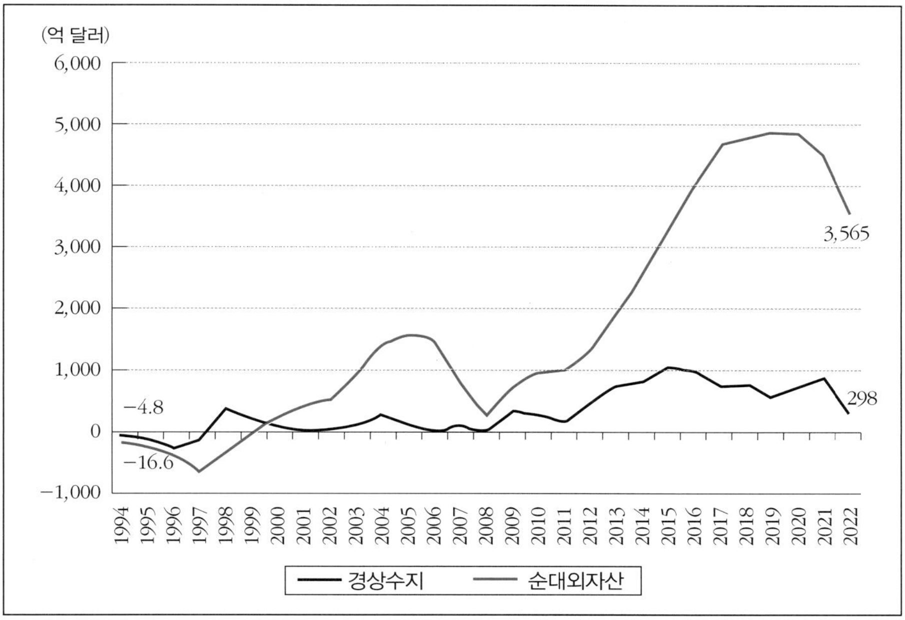

* 주: 순대외자산(net external wealth)은 대외채권에서 대외채무를 뺀 값임.
* 자료: 한국은행, 경제통계시스템, 2023.

는 1994년에 48억 달러 적자에서 2018년에 764억 달러 흑자로 전환되었고, 순대외자산은 1994년의 −166억 달러에서 2018년에는 4,675억 달러로 크게 증가하였다. 이후 경상수지 흑자폭이 줄어들면서 2022년 기준 순대외자산도 3,565억 달러로 약간 감소하였다. 일반적으로 경상수지의 변화가 순대외자산의 증감에 영향을 미치지만, 그 외 자본의 유출과 유입도 순대외자산의 변동에 영향을 미친다.

경상수지 흑자는 언제나 좋은 것인가?

국제수지 균형은 민간부문의 자율적 거래에 의한 대외거래의 균형을 나타낸다. 흔히 경상수지 균형을 한 나라의 국제수지 균형의 대표적인 지표로 본다. 왜 경상수지 적자는 문제가 되는가, 그리고 경상수지 흑자는 언제나 좋은 것인가를 생각해보자.

경상수지 적자의 상황에서는 수출보다 수입이 많아져 외화의 유출이 발생한다. 만약 이러한 적자 상태가 계속된다면, 외화의 지속적인 유출로 인해 결국에는 외화가 고갈되게 된다. 외화가 고갈되면 필요한 상품이나 서비스를 수입하는 데 어려움을 겪게 되어, 국가의 경제 운영에 장애가 발생하게 된다. 이러한 이유로 대부분의 국가들은 경상수지 적자가 지속되지 않도록 적극적인 정책을 실시한다.

이에 비해 경상수지 흑자는 외화의 유입을 의미하기 때문에 대체로 긍정적으로 평가한다. 그렇지만, 지속적인 경상수지 흑자가 항상 좋은 것만은 아니다. 흑자로 인해 얻어진 외화는 축적 자체에 의미가 있는 것이 아니라, 외국에서 다양한 상품과 서비스를 수입하여 국민의 생활수준 향상에 사용되어야 한다. 식 (13.4)에서와 같이, 경상수지 흑자는 지출이 소득보다 적다는 것을 의미한다. 따라서 지속적인 흑자는 국민이 누려야 할 소비수준을 누리지 못하고 있음을 의미한다. 반면, 경상수지 적자는 그 나라의 소득보다 더 높은 소비수준을 누리고 있음을 뜻한다.

그리고 식 (13.6)에 따르면, 경상수지 흑자는 투자가 저축보다 적음을 나타낸다. 이는 우리나라가 벌어들인 외화를 자국보다는 해외에 더 많이 투자하고 있다는 것을 의미한다. 만약 경상수지 흑자가 지속되면 국내에 대한 투자가 감소하게 되어, 국내 고용 및 소득의 증가를 저해할 수 있다. 따라서 지속적이고 과도한 경상수지 흑자는 국내 경제에 반드시 긍정적이지만은 않다.

그렇다면, 대부분의 국가들이 흑자를 선호하는 이유는 무엇일까? 경상수지 흑자는 현재의 소비가 줄어들더라도 외화의 축적을 통해 미래의 소비 가능성을 확대하기 때문이다. 이 점에서 경상수지 흑자는 저축과 유사하다. 저축이 현재 소비를 줄이지만 미래 소비를 늘리기 때문에 바람직하다고 생각하는 것과 같다. 그러나 사용하지 않는 저축은 의미가 없듯이 지속되는 흑자도 바람직하지 않다.

일본은 경상수지 흑자가 지속되는 나라로, 이는 일본의 소비수준이 소득수준보다 더 낮음을 뜻한다. 장기간의 경상수지 흑자는 일본 국민의 삶의 질을 낮추는 요인이 된다. 반면, 지속적인 경상수지 적자국인 미국은 국민들이 소득수준 이상의 삶의 질을 누리고 있다. 그런데 일본보다는 미국이 경상수지 불균형을 더 염려한다. 이는 앞서 설명한 바와 같이 경상수지 적자가 현재의 후생수준을 높이지만, 미래의 후생수준을 낮출 위험이 있기 때문이다.

경상수지 적자도, 경상수지 흑자도 지속되는 것은 바람직하지 않다. 한 나라의 경상수지는 균형을 이루는 것이 좋다. 그래서 국제수지의 균형은 완전고용, 물가안정과 함께 정부 경제정책의 3대 목표 중 하나로 간주된다.

2. 국제수지통계의 이해

실제 통계자료를 이용해 국제수지표의 개념을 이해해보자. 〈표 13-1〉은 2022년 한국 국제수지표를 간단하게 정리한 표이다.[4] 경상수지는 298.3억 달러 흑자이고,

4 금융계정 부호 표기방식이 2016년 2월부터 '순유출입액 기준'에서 '자산·부채 증감 기준'으로 변경되었다. 경상수지가 흑자일 때 종전에는 금융계정이 (−)로 나타났지만, 현행 방식에서는 (+)로 나타나게 된다(한국은행(2016), 「국제수지통계의 이해」 참조).

자본수지는 0.01억 달러 흑자이다. 금융계정을 보면 순자산 증가가 388.3억 달러이고, 오차 및 누락 항목은 90.0억 달러이다. 모든 거래가 복식부기에 따라 기록되므로 경상수지와 자본수지의 합은 금융계정과 일치해야 하나, 오차나 누락으로 인해 이 값들이 다를 수 있다. 이 오차 및 누락을 고려하면, 〈표 13-1〉에서 보듯이 항상 (A+B+D)=C가 된다. 즉, 2022년 한국의 자료를 보면, 경상수지, 자본수지 그리고 오차 및 누락의 합은 388.3억 달러 흑자이고, 이는 금융자산 388.3억 달러 증가와 일치한다. 이는 경상수지와 자본수지의 흑자가 금융자산 증가를 가져옴을 말해준다.

경상수지 298.3억 달러 흑자는 다시 몇 가지 세부 항목으로 나뉜다. 먼저 수출과 수입의 차액을 나타내는 상품수지는 150.6억 달러 흑자, 서비스수지는 –55.5억 달러 적자, 본원소득수지는 228.3억 달러 흑자로 해외로 유출된 요소소득보다는 해외에서 벌어들인 요소소득이 더 많았으며, 이전소득수지는 –25.7억 달러 적자로 한국에서 해외로 이전된 소득이 더 많았음을 알 수 있다.

자본수지는 0.01억 달러 흑자다. 자본이전수지는 0.759억 달러, 비생산비금융자산 수지는 −0.746억 달러로 거래규모가 크지 않다. 자본수지의 거래규모는 어느 나라에서나 다른 항목에 비해 미미하다.

금융계정의 직접투자 항목은 484.1억 달러의 자산 증가를 보여주며, 이는 내국

■ ■ 표 13–1 한국의 국제수지표(2022년) (단위: 억 달러)

항목명1	항목명2	항목별 수지	항목별 수지
I. 경상수지(A)	상품수지	150.6	298.3
	서비스수지	−55.5	
	본원소득수지	228.8	
	이전소득수지	−25.7	
II. 자본수지(B)	자본이전	0.8	0.01
	비생산비금융자산	−0.7	
III. 금융계정(C)	직접투자	484.1	388.3
	증권투자	253.8	
	파생금융상품	75.7	
	기타투자	−146.5	
	준비자산	−278.8	
IV. 오차 및 누락(D)		90.0	90.0

* 주: 1) 금융계정은 순자산 기준임. 자산·부채 증가는 (+), 자산·부채 감소는 (−)임.
2) 국제수지표에서는 항상 $(A+B-C+D)=0$이 됨.

* 자료: 한국은행, 경제통계시스템, 2023.

인의 해외직접투자가 외국인의 국내직접투자보다 많았음을 말해준다. 증권투자 항목도 253.8억 달러의 자산 증가를 나타내는데, 이는 내국인의 해외증권투자가 외국인의 국내증권투자보다 많았음을 말해준다. 파생금융상품 항목에서는 75.7억 달러의 자산증가가 있었고, 기타투자 항목에서는 146.5억 달러의 자산감소를 기록하였다. 마지막으로, 준비자산 항목에서 -278.8억 달러 감소는 중앙은행의 외환보유액이 2022년에 대외거래로 인해 278.8억 달러 감소했음을 나타낸다.

한국의 국제수지와 외환보유액의 변화

대외거래의 흑자는 중앙은행의 준비자산 증가로 연결되며, 이는 외환보유액 증가로 이어진다. 우리나라는 1997년에 외환보유액 부족으로 외환위기를 경험한 적이 있는데, 이와 같은 긴급한 경제상황에 대비하기 위해 중앙은행은 외환보유액을 비축하고 있다.

외환보유액 구성은 금, IMF포지션, 특별인출권 및 외환으로 이루어져 있으며, 약 3%는 유동성자산,

그림 13-4 준비자산과 외환보유액의 변화

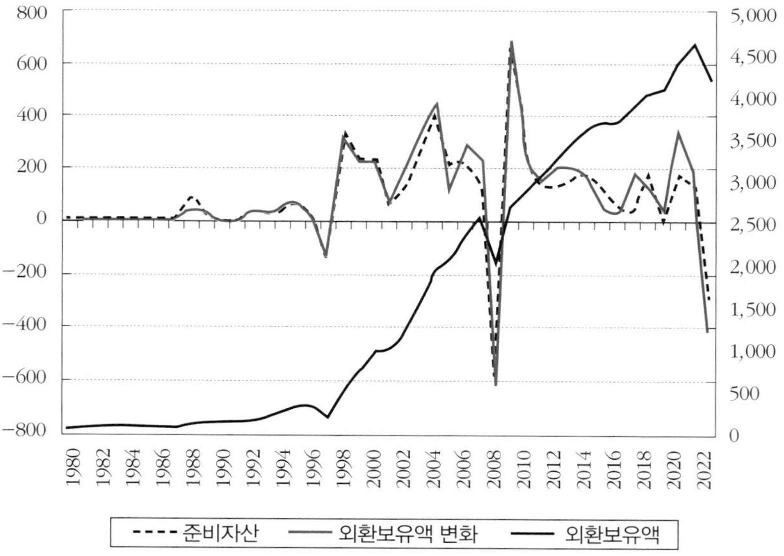

* 주: 1) 단위는 억 달러임.
2) 좌측 축은 준비자산과 외환보유액 변화이고, 우측 축은 외환보유액임.
* 자료: 한국은행, 경제통계시스템, 2023.

나머지는 수익성자산이나 위탁자산으로 관리되고 있다. 외환보유액은 수익성보다는 안정성이 더 중요하기 때문에 약 95%를 유가증권으로 보유하고 있으며, 그 중 절반 이상은 정부채와 정부기관채이다. 통화별 구성을 보면, 대략 60%가 미달러화이고, 나머지는 유로, 파운드, 엔화 등으로 구성되어 있다.

[그림 13-4]는 1980년 이후의 준비자산 증감과 외환보유액 변화를 보여준다. 이론적으로 준비자산의 증감과 외환보유액 변화는 일치해야 하는데, 실제 그림에서도 두 값이 거의 일치함을 확인할 수 있다. 약간의 차이가 나는 이유는 준비자산 변화분에 추가하여 환율변동에 의한 외환보유액의 변동분을 포함하고 있기 때문이다.

한국의 외환보유액은 1987년까지 100억 달러 미만이었지만, 1996년에는 330억 달러까지 증가하였다. 1990년대 초에 경상수지는 적자였으나 자본금융계정의 흑자로 인해 외환보유액이 증가했다. 하지만 1997년에는 외환보유액이 급격히 감소하여 외환위기를 맞게 되었다. 이후로는 경상수지와 자본금융계정이 모두 흑자를 기록하면서 준비자산 및 외환보유액이 빠르게 증가하였다. 그림에서 1997년 외환위기 이후 준비자산의 증가폭도 크고, 외환보유액도 빠르게 증가해 감을 볼 수 있다.

2008년 세계금융위기를 맞이하면서 급등하는 환율을 방어하기 위해 중앙은행이 외환시장에 개입하였고, 이로 인해 준비자산이 감소하고 더불어 외환보유액이 급격히 줄어들었다. 그러나 이듬해인 2009년에는 다시 준비자산이 크게 증가하고 외환보유액도 빠르게 증가하였다. 2021년에는 한국의 외환보유액은 4631억 달러까지 증가하였으나, 2022년에는 4,231억 달러로 소폭 감소하였다.

제 3 절 국제수지와 다른 경제변수와의 관계

1. 국제수지와 국민소득

국제수지와 국민소득과의 관계를 이해하기 위해서는 균형국민소득의 결정과정을 알아야 한다. 국제수지는 크게 경상수지와 자본수지의 합을 말하는데, 여기에서의 국제수지는 경상수지를 말한다. 수출이나 수입의 변화는 경제 내의 수요를 변화시켜 균형국민소득에 영향을 미친다. 경상수지가 국민소득과 어떤 관련이 있는지 알아보자. 이에 관한 보다 자세한 내용은 제15장에서 다루고 있다.

균형국민소득은 총수요에 의해 결정된다. 총수요는 소비, 투자, 정부지출, 해외수요로 구성된다. 이를 식으로 표기하면 다음과 같다.

$$Y = C + I + G + (X - M) \tag{13.1}$$

여기서 Y는 총생산량 또는 국민소득을 나타내고, C는 소비, I는 투자, G는 정부지출, X는 수출, M은 수입을 나타낸다. 우리의 소비, 투자, 정부지출에는 우리 재화에 대한 지출만이 아니라 외국 제품에 대한 지출도 포함되어 있다. 그런데 총수요(aggregate demand)는 우리 재화에 대한 수요의 총액을 의미한다. 따라서 총수요를 계산하기 위해서는 소비, 투자, 정부지출의 총액 중에서 외국제품에 지출한 수입(M)을 빼고, 외국인의 우리 재화에 대한 수요인 수출(X)을 합해야 한다. 위 식은 자국 재화에 대한 총수요에 의해 자국의 총생산량이 결정됨을 뜻한다.

국내총지출(aggregate spending)은 우리 재화든 외국 재화든 우리나라 사람이 지출한 총액을 나타낸다. 국내총지출은 흡수(吸收) 또는 압솝션(absorption)이라고 한다. 이는 다음과 같이 정의된다.

$$A = C + I + G \tag{13.2}$$

여기서 A는 자국의 총지출(압솝션)을 나타낸다. 외국과 거래가 없는 폐쇄경제에서는 우리의 총지출이 모두 우리 재화에 대한 총수요와 같고, 따라서 국민총생산은 총지출과 일치한다. 그러나 개방경제에서 우리의 총지출에는 자국 재화만이 아니라 외국 재화에 대한 지출이 포함되어 있기 때문에 총지출이 우리 재화에 대한 총수요와 반드시 일치하지는 않는다.

식 (13.2)를 식 (13.1)에 대입하면,

$$Y = A + (X - M) \tag{13.3}$$

이 된다. 식 (13.3)을 다시 정리하면,

$$(Y - A) = (X - M) \tag{13.4}$$

이다.

식 (13.4)는 총생산량 Y와 총지출 A의 차이가 경상수지 $(X-M)$과 일치함을 나타낸다. 총생산량(Y)이 총지출(A)보다 많으면 경상수지는 흑자가 되고, 총지출(A)이 총생산량(Y)보다 많으면 경상수지는 적자가 된다. 즉 자국의 생산량보다 더 많은 양을 소비하는 경우에는 외국의 재화를 수입하게 되므로 경상수지 적자가 발생한다. 이러한 원리는 개인의 살림살이에서 한 달간 벌어들인 소득보다 더 많이 지

2. 외환거래의 형태

1) 현물환거래

현장에서 즉각적으로 이루어지는 거래를 현물환거래(現物換去來)라고 하고, 이 거래에 적용되는 환율을 현물환율(spot exchange rate)이라고 한다. 그러나 현물환 거래에서도 결제가 즉각적으로 이루어지지는 않고 계약체결 후 2일 후에 현물이 결제된다. 이는 은행에서 결제시스템을 통해 결제를 종료하는 데는 2일 정도가 소요되기 때문이다. 그러나 최근에는 정보통신 기술의 발달로 주요 통화의 경우 거의 실시간으로 결제가 이루어지고 있다.

2) 선물환거래

일정량의 외환을 미래의 특정시점에 거래계약 당시에 약정된 환율로 팔거나 사기로 하는 거래를 선물환거래(先物換去來)라고 하고, 이때 약정한 환율을 선물환율(forward exchange rate)이라고 한다. 선물환거래가 발생하는 이유를 생각해보자. 한국의 어느 회사가 시계를 미국에 수출하고, 미국 수입상으로부터 30일 후 시계 값으로 100달러를 받기로 계약을 했다고 하자. 현재의 환율이 1,000원이라고 할 때 100달러는 10만원인데, 30일 후 환율이 900원으로 하락하면 100달러는 9만원이 된다. 따라서 환율이 하락하면 수출업자는 1만원의 손해를 본다. 이러한 손해를 예방하기 위해 수출업자는 수출과 동시에 선물환시장에서 100달러를 30일 후 1,000원에 거래하기로 합의하면, 30일 후에도 정확하게 10만원을 받을 수 있다. 이처럼 선물거래를 이용하면 미래 환율변동으로 인한 손실을 예방할 수 있다.

선물환거래의 특수한 형태인 차액결제 선물환(non-deliverable forward: NDF)은 일반선물환(outright forward)과는 달리 만기에 차액만을 정산하는 것으로 주로 비거주자들이 국제화되지 않은 통화의 환위험 헤지나 환투기를 목적으로 이용한다. 우리나라에서는 1999년 비거주자와 국내 외국환은행간 NDF거래가 허용되었고, 이후 거래규모가 꾸준히 증가하고 있다.

앞서 설명한 바와 같이 환율은 외환의 가격이다. 따라서 선물환율이 현물환율보다 높으면 선물환 가격이 현재가격보다 높아진다는 점에서 선물환할증(forward premium)이라고 하고, 선물환율이 현물환율보다 낮으면 선물환 가격이 현재가격보다 낮아진다는 점에서 선물환할인(forward discount)이라고 한다.

3) 스왑거래

스왑(swap)이란 거래 쌍방이 미리 정한 계약조건에 따라 일정기간 동안 원금이나 이자 등을 서로 교환하는 거래를 말하는데, 외환거래와 관련해서는 외환스왑과 통화스왑이 있다.

외환스왑(foreign exchange swap)은 현물환매입/선물환매도 또는 현물환매도/선물환매입이 동시에 일어나는 거래로 통상 두 통화간의 자금조정을 위해 이루어진다. 예를 들어, 어떤 은행이 원화자금은 풍부하나 외화자금이 부족한 경우 현물환을 매입하고 동시에 선물환을 매도하는 외환스왑거래로 환리스크나 외환포지션의 변동 없이 자금부족을 해결할 수 있다.

통화스왑(currency swap)은 거래당사자가 보유하고 있는 이종 통화를 서로 바꾸어 사용하고 만기일에 원금을 다시 교환하는 거래이다. 계약기간 중 이자에 대해서는 일정 기간마다 서로 교환하고, 만기 시에는 원금을 계약 당시 약정된 환율로 반대거래를 하므로 환위험에 노출되지 않는다. 통화스왑은 외환스왑과 유사하나 주로 1년 이상의 장기거래에 이용되고, 원금과 함께 이자도 교환한다는 점에 차이가 있다.

4) 통화선물

통화선물(currency future)은 약정일에 미리 정한 가격으로 외화를 사거나 파는 계약으로 일반적인 선물환거래와는 달리 선물거래소를 통하여 이루어진다. 거래단위나 결제일 등 계약조건이 표준화되어 있고, 표준화된 조건으로 거래가 이루어지므로 거래의 유동성이 높고, 거래의 결제 및 이행이 보증되어 계약불이행위험(default risk)이 거의 없다는 특징이 있다. 또한 통화선물거래는 주로 소액거래이고 외국환은행과의 거래 시 요구되는 거래이행담보 등의 부담이 없어 선물환거래가 어려운 개인이나 중소기업 등이 환위험을 헤지(hedge)하는 수단으로 이용한다.

5) 통화옵션

통화옵션(currency option)은 미래의 특정 시점에 외화를 미리 약정한 행사가격(strike price)으로 사거나 팔 수 있는 권리를 매매하는 것으로 기업의 주요 환리스크 헤지 수단으로 사용된다. 이 거래는 선물환이나 통화선물에 비해 거래비용이 적고 여러 옵션상품 및 기초자산과 합성하여 새로운 파생상품의 개발이 가능한 장점을 지니고 있다. 미래 일정시점에 주어진 환율로 외국 화폐를 판매할 권리를 갖는 것을 풋옵션(put option)이라고 하고, 반대로 외국화폐를 매입할 권리를 갖는 것을 콜옵션(call option)이라고 한다.

옵션매입자는 시장가격의 변동 상황에 따라 자기에게 유리한 경우 옵션을 행사하며 불리한 경우에는 포기할 수 있는데, 이와 같은 선택권의 대가로 거래상대방인 옵션매도자에게 프리미엄을 지급한다. 그리고 옵션매도자는 프리미엄을 받는 대신

옵션매입자의 옵션 행사에 의무적으로 따라야 한다. 옵션거래의 손익은 행사가격, 현재가격 및 프리미엄에 의해 결정된다.

3. 외환시장의 균형

[그림 14-1]은 외환시장의 균형을 보여주고 있다. 외환시장의 균형은 외환에 대한 수요와 공급에 의해 결정되고, 균형상태의 환율이 균형환율이 된다. 외환의 수요곡선($D_\$$)과 공급곡선($S_\$$)이 만나는 A점에서 외환시장의 균형이 이루어지고, 이 점에서 환율은 e_0, 외환 거래량은 Q_0로 결정된다. 외환에 대한 수요나 공급이 변하면 환율이 변하게 된다. 외환에 대한 수요가 증가하면 환율이 올라가고, 공급이 증가하면 환율이 내려간다.

그렇다면 외환에 대한 수요와 공급을 결정하는 요인은 무엇인가? 국제수지표상의 대외거래에서 나타나는 외환의 유출과 유입에 의해 외환의 수요와 공급이 발생한다. 예를 들면, 경상계정에서 수출이 증가하면 외환이 유입되므로 외환 공급이 증가하고, 수입이 증가하면 외환의 유출이 증가하므로 외환 수요가 증가한다. 그리고 금융계정에서 외국인이 우리나라에 투자(직접투자, 채권, 주식투자 등)를 늘리면 외환 공급이 증가하고, 반대로 우리 국민의 해외투자가 증가하면 외환 수요가 증가한다. 외환에 대한 수요공급의 변화가 환율결정에 영향을 미치게 된다.

그림 14-1 외환시장의 균형과 환율의 결정

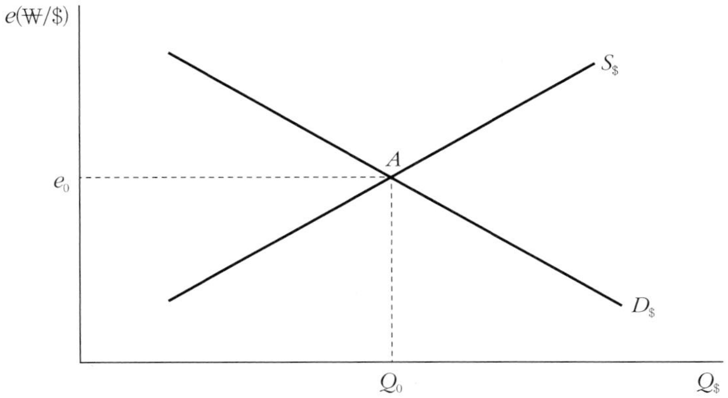

〈외환의 유입을 가져오는 거래(수출 증가, 외국인의 국내투자 증가 등)는 공급곡선을 우측으로 이동시키므로 환율이 하락하고, 반대로 외환의 유출을 가져오는 거래(수입 증가, 자국민의 해외투자 증가)는 수요곡선을 우측으로 이동시키므로 환율이 상승한다.〉

국제수지표 상의 대외거래에서 외환의 유입을 가져오는 거래는 공급곡선을 우측으로 이동시키므로 환율이 하락한다. 반면에, 외환의 유출을 가져오는 거래는 수요곡선을 우측으로 이동시키므로 환율이 상승한다. 그런데 외환시장에서의 거래량 중 경상거래와 관련된 부분은 전체 거래량의 10%이내고, 나머지 90% 이상이 금융상품 거래와 연관되어 있다. 이는 대부분의 외환거래가 외국 통화 자산에 대한 기대수익률에 바탕을 둔 금융상품 거래라는 것을 의미한다. 따라서 금융자산의 대외거래가 환율결정의 주요 역할을 한다고 할 수 있다. 다음 절에서 다루고 있는 자산접근모형은 금융자산 거래에 중점을 둔 환율결정모형이다.

외환의 수요와 공급에 영향을 주는 요인은 다양하다. 이러한 요인들은 단기적 요인과 장기적 요인으로 구분될 수 있다. 다음 절에서 다루고 있는 자산접근모형은 단기적인 측면에서의 환율결정모형이다. 장기적인 측면에서 환율결정모형은 19장의 구매력평가설에서 자세히 다룰 예정이다. 구매력평가설에서는 국가 간의 물가 수준 차이에 의해 환율이 결정된다고 설명한다.

제 3 절 환율에 대한 자산접근모형

1. 자산에 대한 수요

외국 화폐는 일종의 자산(資産)이다. 따라서 외환의 가격인 환율도 자산가격 결정원리에 따라 결정된다고 본다. 이 이론을 환율에 대한 자산접근모형이라고 한다. 자산가격 결정요인인 기대실질수익률, 변동의 위험성, 유동성을 좀 더 자세히 알아보자.

첫째, 사람들은 여러 자산 중에서 수익률이 높은 자산을 선호한다. 그런데 대부분의 자산은 그 수익률이 불확실하기 때문에 사람들은 현재의 수익률보다는 미래 예상되는 기대실질수익률(expected real rate of return)을 기준으로 자산을 선택한다. 주식은 변동성이 심해 실질수익률이 불확실하고, 정기예금은 물가의 변동 때문에 실질수익률이 불확실하다. 사람들은 미래 예상되는 실질수익률이 높은 자산을 보유하고자 한다.

둘째, 수익률의 변동성도 자산선택에 영향을 미친다. 자산에는 미래의 수익률이 확실한 것과 불확실한 것이 있다. 예를 들어, 정기예금 수익률은 확정되어 있지만, 주식형 예금 수익률은 불확실하다. 사람들은 불확실성을 싫어하기 때문에 같은 조건이면 실질수익률의 변동 폭이 작은 자산을 보유하고자 한다. 수익률의 변동 폭이 클수록 위험(risk)이 높다고 표현한다.

셋째, 자산의 유동성(流動性; liquidity)도 자산선택에 영향을 미친다. 자산의 유동성이란 그 자산으로 다른 자산이나 재화를 얼마나 쉽게 교환할 수 있는가를 말한다. 부동산은 이를 처분하여 다른 자산이나 재화를 구입하는데 비용이나 시간이 많이 걸리기 때문에 유동성이 낮은 편이다. 반면에 현금은 다른 자산이나 재화를 바로 구입할 수 있으므로 유동성이 매우 높다. 사람들은 자산의 처분과 운용에서 시간과 비용을 절약하기 위해 가능한 유동성이 높은 자산을 보유하고자 한다.

외환도 일종의 자산이므로 외환에 대한 수요도 기대실질수익률, 위험, 유동성의 세 가지 조건에 의해 결정된다. 어느 나라에나 자유롭게 예금할 수 있다면, 사람들은 가능한 이자율이 높은 국가의 은행에 예금을 할 것이다. 그리고 환율 변동이 큰 나라의 예금은 수익률의 변동 폭이 크므로 사람들은 환율 변동이 작은 나라에 예금하고자 한다. 그래서 외국에 예금을 할 때는 이자율만이 아니라 환율변화에 대한 예상을 함께 고려한다. 마지막으로 사람들은 미국 달러와 같이 유동성이 높은 외환을 보유하고자 한다. 미국 달러는 어느 나라에서나 환전과 사용이 가능하지만, 중국 위안화나 태국 밧화 같은 외화는 다른 나라에서 환전도 어렵고 더구나 사용은 거의 불가능하기 때문이다.

기대실질수익률, 변동성, 유동성 등의 요인에 의해 국가 간 예금 이동이 이루어진다. 사람들이 외국은행에 예금을 하면 외환이 필요하므로 외환에 대한 수요가 증가한다. 반대로 외국인들이 우리 은행에 예금을 하면 원화가 필요하므로 외환을 팔게 되어 외환의 공급이 증가한다. 예금이 이동하는 과정에서 외환에 대한 수요와 공급이 변하고, 이 변화가 환율 변화에 영향을 미친다.

캐리 트레이드

캐리 트레이드(carry trade)란 금리가 낮은 나라의 통화로 자금을 조달해 금리가 높은 나라에 투자함으로써 수익을 얻는 거래를 말한다. 일반적으로 캐리 트레이드의 투자수익은 두 통화 간 금리차이와 환율변동에 따라 결정된다. 예를 들어, 한국의 금리가 2%이고 일본의 금리가 0.5%인 경우, 한국 차입자가 일본자금을 이용하면 1.5%의 수익을 올릴 수 있다. 그런데 원엔 환율이 차입 시점에는 10원/엔이었는데 상환 시점에 11원/엔으로 올라가면, 원화가치가 10% 하락했기 때문에 금리 수익에도 불구하고 엔화 상환시 오히려 손해를 보게 된다. 즉, 금리차로 1.5%의 이익을 얻지만, 환율변동으로 10%의 손실이 발생해, 전체적으로 8.5%의 손해를 보게 된다. 이처럼 캐리 트레이드 차입자는 자국의 통화가치가 떨어지면 환손실을 입게 된다.

2005년부터 엔화 약세, 일본의 낮은 금리 때문에 엔 캐리 트레이드가 활발하게 이루어졌다. 일본의 기관투자자나 개인이 저금리 차입을 통해 해외자산에 투자하거나 선물환 거래를 통해 이익을 추구했다. 우리나라의 금융시장과 부동산 시장에도 엔 캐리 자금이 유입되었으며, 은행권을 통해 개인이나 기업이 환 헤지 없이 엔화대출을 받기도 했다. 2008년 세계금융위기가 발생하자 캐리 트레이드의 차입국에서 해외자금이 급격히 이탈하면서 이들 통화는 큰 폭으로 절하된 반면, 조달국 통화였던 달러화, 엔화 등은 강세가 되었다. 캐리 트레이드 차입자들은 자국통화 절하와 상대국 통화 절상으로 자금 상환시 상당한 환차손을 부담해야 했다.

국가 간 자본이동은 투자를 확대하여 경제 성장에 기여한다. 캐리 트레이드도 일종의 자본이동이므로 이러한 순기능을 수행하는 측면이 있지만, 단기적인 핫머니 성격이 강해서 부정적인 효과를 자아내기도 한다. 단기자금이 과도하게 유입되면 자국 통화가치가 상승해서 수출품의 가격경쟁력이 하락하고, 또 주식, 부동산 등으로 자금이 유입되면서 버블이 발생할 가능성이 있다. 또 투자본국이 해외 자금을 급격히 회수할 경우, 차입국의 자산 가격이 급락하고 금융시장의 불안정성이 커질 수 있다. 또한 외화 유동성이 부족하면 환율이 급등하는 외환위기로 이어질 가능성이 있다.

신흥국들은 캐리 트레이드로 인한 부작용을 최소화하기 위해 적절한 정책을 도입할 필요가 있다. 토빈세가 그 예이다. 토빈세는 단기성 외환거래에 부과하는 세금을 말한다. 자본이 급속하게 유입되거나 빠져나가면 외환위기를 부를 수 있기 때문에, 단기성 자금 이동에 세금을 부과해 거래비용을 높임으로써 투기적 거래를 억제하자는 것이다. 토빈세가 성공하기 위해서는 모든 국가가 함께 토빈세를 도입해야 한다. 일부 국가만 세금을 부과하면, 세금 없는 나라로 투기자본이 몰려가기 때문이다.

(한국은행, KDI의 관련 자료를 재정리함)

2. 이자율평형조건

앞서 살펴본 바와 같이 외환에 대한 수요는 다른 자산과 마찬가지로 기대실질수익률, 위험성, 유동성에 의해 결정된다. 그러나 분석을 단순화하기 위해 기대실질수익률에 의해서만 외화 예금에 대한 수요가 결정된다고 하자. 그리고 국가간 자본이동은 자유롭다고 하자.

사람들이 한국에 예금할 것인가, 아니면 미국에 예금할 것인가는 두 나라 예금의 기대수익률에 의해 결정된다. 현재의 환율이 1,000원/달러이고, 연간 이자율이 두 국가 모두 10%일 때, 10만원을 한국에 예금하면 1년 후 11만원이 되고, 미국에 10만원(100달러)을 예금하면 1년 후 110달러가 된다. 1년 후에도 환율이 여전히 1,000원/달러라면, 미국 예금에서 얻은 110달러를 원화로 환산하면 11만원이 되므로 한국에 예금하든 미국에 예금하든 차이가 없다.

그런데 1년 후 환율을 1,100원/달러로 예상한다면, 미국 예금에서 얻은 110달러가 12.1만원이 되므로 한국예금보다 미국예금의 수익률이 더 높아 사람들은 미국은행에 예금을 한다. 반대로 1년 후 환율을 900원/달러로 예상하면, 미국은행에서 얻는 110달러가 9.9만원이 되므로 사람들은 한국의 은행에 예금을 한다.

이처럼 외국 예금의 기대수익률이 더 높으면 사람들이 외국 은행에 예금을 하므로 외환에 대한 수요가 늘고, 우리 예금의 기대수익률이 더 높으면 외국인들이 우리나라 은행에 예금을 하므로 외환의 공급이 는다. 양국 예금의 기대수익률이 일치하는 곳에서 외환에 대한 수요와 공급의 균형이 이루어진다.

양국 예금의 기대수익률이 같아지는 조건을 이자율평형조건(interest parity condition)이라고 한다. 이자율평형조건은 외환시장 균형조건이고, 다음과 같이 표현된다.[1]

$$r = r^* + \frac{(e^e - e)}{e} \tag{14.4}$$

여기서 r은 한국의 이자율, r^*는 미국의 이자율, e는 현재의 환율, e^e는 미래 환율에 대한 예상치, 즉 예상환율(expected exchange rate)이다. 위 식에서 좌측은 한국 예금의 기대수익률이고, 우측은 미국 예금의 기대수익률이다. 이자율평형조건은 예금의 기대수익률이 서로 다르면 국가 간 자본 이동이 계속되고 궁극적으로 예금의 기대수익률이 두 나라에서 같아지게 됨을 나타낸다. 이 이자율평형조건 식은 원화 기준인데, 미국 달러를 기준으로 하더라도 같은 결과를 얻는다.[2]

식 (**14.4**)의 우측 항은 미국 예금의 기대수익률이다. 이는 미국 이자율에 예상 환율 변화를 합한 값이다. 미국에 예금하면 이자수익 이외에도 달러를 다시 원화로 환전하는 과정에서 미 달러가치가 올라가면 그만큼 추가적인 이익을 얻음을 말한다. 예를 들어, 현재 환율이 1,000원/달러인데 1년 후 환율이 1,100원이 될 것으로 예상하면, 미국에 예금할 때 이자율 이외에도 달러가치 상승으로 10%의 추가적인 이익

1 식 (14.4)는 간소화된 식이다. 이 식의 유도 과정을 알아보자. 100만원을 한국에 예금하면 1년 후 '100(1+r)'이 된다. 100만원을 미국에 예금할 때의 수익률은 다음의 과정을 거쳐 계산하면 된다. 미국에 예금하기 위해 100만원을 달러로 환산하면 '100/e'가 되고, 1년 후 달러 수익은 '(100/e)(1+r*)'이다. 1년 후 예상환율이 e^e인 경우 달러 수익을 원화로 환산하면 예상수익은 '(100/e)(1+r^*)e^e'가 된다. 양국의 예상수익이 같다면, (1+r)=(1+r^*)(e^e/e)이다. 우측 항을 다시 정리하면, $(1+r^*)(e^e/e) = (1+r^*)(\frac{e^e-e}{e}+1) = 1+r^*+\frac{e^e-e}{e}+r^*\frac{e^e-e}{e}$인데, 맨 우측 항의 $r^*\frac{e^e-e}{e}$값이 매우 작으므로 이를 무시하면 (14.4)식의 간단한 이자율평형조건식이 도출된다.

2 100만원을 한국에 예금할 때 달러 기준 예상 수익은 100(1+r)/e^e이다. 미국에 예금할 때 예상수익은 (100/e)(1+r^*)이다. 이를 정리하면, 앞의 주 1과 같아진다.

을 얻는다. 그런데 사람들의 예상환율이 900원이면, 미국에 예금할 때 달러가치 하락에 따른 10%의 손실을 고려해야 한다. 한국과 미국의 이자율이 같더라도 미래 예상환율에 따라 양국 자산의 기대수익률은 달라진다.

3. 외환시장의 균형

외환시장의 균형은 식 (**14.4**)와 같이 자국예금과 외국예금의 기대수익률이 일치할 때 달성된다. 식 (**14.4**)의 우측 항은 외국예금의 기대수익률인데, 이는 환율과 역의 관계를 갖는다. 즉, 현재의 환율이 높을수록 외국예금의 기대수익률은 낮아진다. 예를 들어, 미국의 이자율이 10%, 1년 후 예상환율이 1,100원/달러, 현재의 환율이 1,000원이면, 1년 후 외국예금의 기대수익률은 20%이다. 이 때 현재의 환율이 1,050원으로 상승하면 외국예금의 기대수익률은 14.76%로 낮아진다. 이처럼 예상환율이 일정할 때, 현재의 환율이 높을수록 외국예금의 기대수익률은 낮아진다.

[그림 14-2]에서 보듯이 외국 예금의 기대수익률 곡선은 현재 환율과 역의 상관관계에 있으므로 우하향하고, 자국예금의 기대수익률은 현재 환율과는 무관하므로 수직선이 된다. 균형환율은 양국 예금의 기대수익률이 일치하는 A에서 결정된다.

환율 e_2에서는 자국예금의 기대수익률이 외국예금의 기대수익률보다 크다. 이 경우 사람들은 자국예금을 선호하므로 달러의 공급이 증가하여 달러 가격인 환율이 하락한다. 일단 환율이 e_1 수준이 되면, A점에서 양국 예금의 기대수익률이 같아지고 외환시장이 균형을 이룬다.

그림 14-2 외환시장의 균형

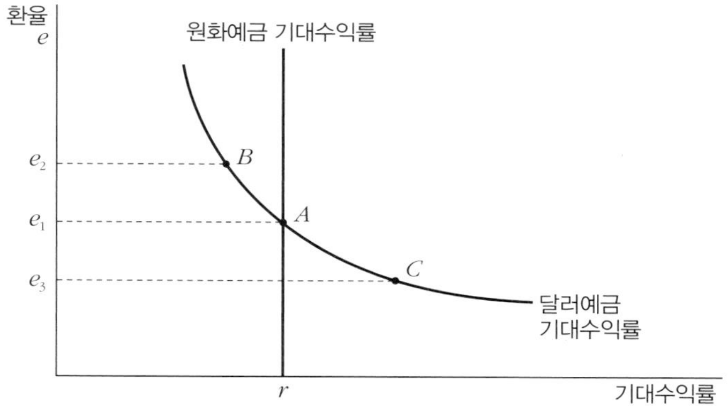

〈원화예금 기대수익률과 달러예금 기대수익률이 일치하는 수준에서 환율이 결정된다.〉

환율 e_3에서는 반대의 과정이 이루어진다. 외국예금의 기대수익률이 더 높으므로 외국에 예금을 하기 위해 원화를 팔고 달러를 구입한다. 달러 수요가 증가하므로 환율이 상승하여 e_1 수준인 A점에서 외환시장은 균형을 달성한다.

4. 균형환율의 변화

이자율이나 예상환율이 변하면 균형환율이 변하게 된다. 이자율이나 예상환율의 변화가 균형환율에 미치는 영향을 살펴보자.

1) 이자율의 변화가 균형환율에 미치는 영향

[그림 14–3]은 한국의 이자율 상승이 환율에 미치는 영향을 보여준다. 한국의 이자율이 올라가면 한국 예금의 수익률 곡선이 우측으로 이동한다. 그 결과 균형점이 A에서 B로 이동하고 환율은 e_1에서 e_2로 하락한다.

이의 경제적 설명은 다음과 같다. 한국의 이자율이 올라가면 현재의 환율 e_1에서 한국 예금의 수익률이 미국 예금의 수익률보다 AA'만큼 높아지므로 사람들은 한국에 예금을 하고자 달러를 팔고 원화를 구입한다. 이는 외환시장에서 달러의 공급을 증가시켜 환율이 하락한다. 환율 하락으로 외국 예금의 기대수익률이 올라가서 B점에서는 다시 양국 예금의 기대수익률이 같아진다. 이와 같이 한국의 이자율이 올라가면 환율이 하락하여 외국 예금의 기대수익률도 올라가므로 B점에서는 다시 식 (**14.4**)의 이자율평형조건이 만족된다.

그림 14–3 국내 이자율의 상승과 환율변화

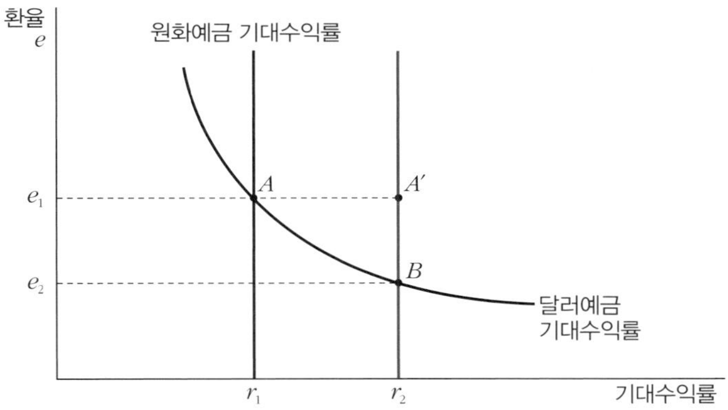

〈국내 이자율이 r_1에서 r_2로 올라가면 환율이 e_1에서 e_2로 떨어진다.〉

그림 14-4 외국 이자율의 상승과 환율변화

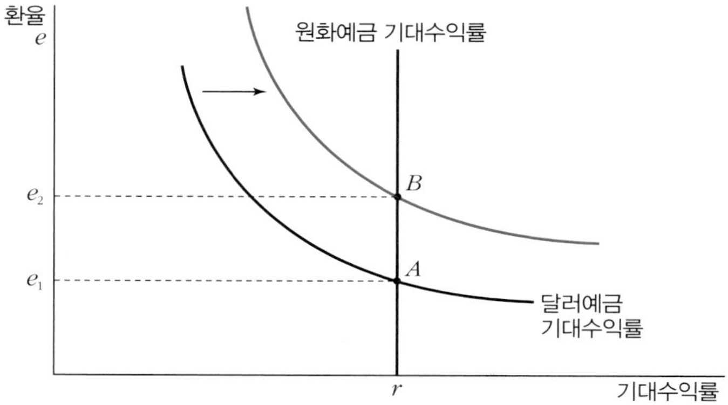

〈외국 이자율이 올라가면 환율이 e_1에서 e_2로 올라간다.〉

[그림 14-4]는 외국 이자율의 상승으로 인한 환율 변화를 보여준다. 외국의 이자율이 올라가면, 식 (**14.4**)에서 보듯이 달러예금의 기대수익률이 높아지므로 외국의 기대수익률 곡선이 우측으로 이동한다. 그 결과 균형점이 A에서 B로 이동하고 환율은 e_1에서 e_2로 올라간다.

이의 경제적 의미는 다음과 같다. 외국의 이자율이 상승하면 애초의 환율 e_1에서 외국 예금의 수익률이 한국 예금의 수익률보다 높아지므로 사람들은 외국은행에 예금을 하고자 원화를 팔고 달러를 산다. 이는 달러에 대한 수요를 증가시켜 환율이 올라간다. 환율이 올라가면 B점에서는 다시 양국의 기대수익률이 같아진다. 이와 같이 외국의 이자율이 올라가면, 환율이 상승하여 다시 식 (**14.4**)의 이자율평형조건이 충족된다.

이와 같이 이자율이 변하면 환율이 변한다. 그리고 이자율이 올라간 국가의 예금을 선호함에 따라 이 국가의 화폐가치가 상승한다. 한국의 이자율이 올라가면 원화의 가치가 상승하여 환율이 내려가고, 미국의 이자율이 올라가면 달러의 가치가 상승하여 환율이 올라간다. 다만 여기에서는 이자율의 변화가 예상환율의 변화에 영향을 미치지 않는다는 것을 전제하고 있음을 기억해야 한다. 실제로는 이자율이 변하면 사람들의 환율에 대한 예상이 바뀌므로 앞에서의 결론과는 다른 결과를 낳게 된다. 이에 대한 논의는 제18장에서 다시 살펴보고자 한다.

2) 예상환율의 변화가 균형환율에 미치는 영향

[그림 14-4]는 예상환율의 상승이 환율 변화에 미치는 영향을 설명하는 데도 이

용된다. 예상환율이 올라가면, 외국 예금의 기대수익률도 올라가므로 이 곡선이 우측으로 이동한다. 그 결과 균형점이 B로 이동하여 환율이 상승한다. 이와 같이 사람들의 예상환율이 올라가면 현재의 환율이 올라간다.

사람들이 앞으로 환율이 올라갈 것으로 예상하면, 외국에 예금했다가 환율이 올라간 후 다시 원화로 바꾸면 이익이 커지므로 외국 예금을 선호하게 된다. 따라서 외국에 예금을 하고자 원화를 팔고 달러를 사는 일이 벌어지므로 달러의 가격인 환율이 올라간다. 이와 같이 사람들이 앞으로 환율이 올라갈 것으로 예상하면, 현재의 환율이 올라간다.

5. 커버된 이자율평형조건

외국 예금에서 얻는 1년 후의 원화수익은 환율 변동 때문에 불확실하다. 예를 들어, 미국의 금리가 10%이고 현재의 환율이 1,000원/달러일 때, 10만원(100달러)을 미국에 예금하면 1년 후 110달러를 받을 수 있다. 그런데 1년 후 받은 110달러는 환율이 여전히 1,000원이라면 11만원이 되지만, 환율이 1,000원/달러 이하면 11만원이 안 되고, 환율이 1,000원/달러 이상이면 11만원 이상이 된다. 이처럼 외국 예금에서 얻는 미래 수익은 미래의 환율에 따라 달라지는 위험이 있다.

환율변화에 따른 위험을 회피하고 미래의 수익을 확실히 하기 위해서는 미국예금에 필요한 100달러를 구입함과 동시에 1년 후의 예상수익 110달러를 1년 후 선물환율로 팔면 된다. 예를 들어, 현재 1년 후 선물환율이 1,100원이라면, 예금자는 110달러를 선물환시장에서 팔아서 1년 후 121,000원(=110달러×1,100원/달러)의 확실한 수입을 얻게 된다. 즉, 미국 예금에 대한 확실한 수익률이 21%가 된다.

만일 위험이 회피된 미국 예금 수익률 21%가 한국의 예금 금리 10%보다 더 높다면 사람들은 미국에 예금하고자 한다. 두 나라 예금의 수익률 차이가 지속되는 한 자본 이동이 계속될 것이다. 그러나 자본 이동 과정에서 미국 예금 수익률과 한국 예금 수익률의 차이는 점자 줄어들고, 마침내는 서로 같아진다. 그 이유는 다음과 같다.

첫째, 한국에서 미국으로 자본이 이동함에 따라 한국의 이자율은 올라가고 미국의 이자율은 떨어져서 두 국가의 이자율 차이가 줄어든다. 둘째, 현물환시장에서 달러 매입이 늘어나므로 현물환율은 올라가고, 선물환시장에서는 달러 매도가 늘어나므로 선물환율이 내려간다. 그 결과 달러의 선물환 할증률이 감소하므로 위험이 회피된 미국 예금의 수익률이 점차 하락한다. 이런 과정을 통해 궁극적으로는 양국 예금의 수익률이 같아진다.

선물환율이 현재의 환율보다 높으면 할증(premium)되었다고 하고, 반대로 선물환율이 현재의 환율보다 낮으면 할인(discount)되었다고 한다. 선물환율이 할증되면 이자수입 이외에 선물환율의 할증률만큼의 추가적인 수입을 얻게 되지만, 선물환율이 할인되면 할인율만큼의 추가적인 비용이 발생한다.

선물거래를 이용하면 외국 예금 수익률을 확정할 수 있다. 이처럼 선물거래를 이용해 위험을 제거한 이자율평형조건을 '커버된 이자율평형조건(covered interest parity condition)'이라고 한다. 이는 다음과 같다.[3]

$$r = r^* + \frac{(f-e)}{e} \tag{14.5}$$

여기서 f는 선물환율을 나타낸다. 우측 항 $(f-e)/e$이 양(+)이면 선물환 할증률, 음(−)이면 선물환 할인율을 뜻한다.

커버된 이자율평형조건에서 외국 예금 수익률은 이자율에 선물환 할증률(할인율)을 합한 값이고, 이 수익률은 확정된 수익률이다. 이 수익률이 국내 이자율보다 높으면 외국에 예금을 하고, 국내 이자율이 이 수익률보다 높으면 국내로 예금이 유입된다. 이 과정을 통해 궁극적으로 양국의 수익률은 같아지게 된다.

하지만 양국의 예금 수익률이 반드시 같아지는 것은 아니다. 만일 두 국가 간 자본 이동에 제약이 있으면, 커버된 외국의 수익률이 자국의 수익률보다 높더라도 자본이동이 충분히 이루어지지 않는다. 이 경우 두 나라의 예금 수익률이 달라지므로 이자율평형조건이 충족되지 못한다.

이자율평형조건인 식 (**14.4**)와 식 (**14.5**)를 비교하면, 식 (**14.4**)에서 외국 예금 기대수익률은 예상환율에 근거하기 때문에 불확실한 상태이고, 식 (**14.5**)에서 외국 예금 기대수익률은 선물환율에 근거하기 때문에 확정되어 있다는 점에 차이가 있다. 예상환율은 미래 실제 환율과 다를 수 있으므로 이에 근거한 수익률은 변동의 위험이 있으나, 선물환율은 확정되어 있으므로 이에 근거한 수익률은 변동의 위험이 없다. 선물환율을 이용하면 환율 변동으로 인한 외국 예금 기대수익률의 불확실성을 회피할 수 있다. 만일 예상환율과 선물환율이 같아지면, 즉 $e^e=f$면, 식 (**14.4**)와 식 (**14.5**)의 두 식은 서로 같아진다.

---

3 앞의 식 (**14.4**)에서 미래 예상환율 e^e 대신 선물환율(f)을 이용하면 환율 변동의 위험을 회피할 수 있다.

현물환율, 미래 현물환율과 선물환율의 관계

선물환율은 특정 미래 시점에 거래하기로 합의된 환율을 의미한다. 그러나 해당 시점의 실제 환율, 즉 현물환율이 선물환율과 반드시 일치한다는 보장은 없다. 선물환시장에서 달러를 구매한 사람은, 미래의 현물환율이 선물환율보다 높으면 이익을 얻고, 낮으면 손해를 보게 된다. 현물환율, 선물환율, 그리고 미래의 현물환율은 서로 밀접한 관계가 있는데, 이들 간의 상호관계를 알아보자.

선물환율은 사람들의 환율에 대한 예상에 의해 결정된다고 생각하기 쉽지만, 실제로는 그렇지 않다. 사람들이 3개월 후에 환율이 올라갈 것으로 예상한다고 해서, 3개월 선물환율이 올라가는 것은 아니다. 선물환율은 사람들의 예상이 아니라, 양국의 이자율 차이에 의해 결정된다. 식 (14.5)에 양국의 이자율과 현재 환율을 대입하면 선물환율을 계산할 수 있다. 예를 들어, 한국의 금리가 5%, 미국의 금리가 3%이고, 현재의 환율이 1,000원/달러라고 하자. 이를 식 (14.5)에 대입하면 선물환율은 f=1,020원이 계산된다. 이를 통해 선물환율은 사람들의 미래에 대한 예상이 아니라 양국의 이자율 차이에 의해 결정됨을 알 수 있다.

만약 현물환율이 변하지 않는 상황에서 선물환율이 1,020원이 아닌 1,030원이 된다면, 어떤 일이 일어날까? 선물환율 상승으로 미국 예금 수익률이 6%가 되어 한국 예금 금리 5%보다 높아지기 때문에, 사람들은 현물환 시장에서 달러를 사서 미국에 예금하고, 1년 뒤 받을 원금과 이자를 선물환시장에서 팔려고 할 것이다. 이 경우 선물환 공급이 증가하므로 선물환율은 하락하여 다시 1,020원으로 조정된

그림 14-5 달러/파운드 현물환율과 선물환율의 변화

* 주: 월말 기준 90일 선물환율과 현물환율임
* 자료: Krugman, Obstfeld, and Melitz, *International Economics: Theory and Policy* (12th ed.), Pearson, 2023, Ch.14

다. 양국의 이자율이 변하지 않는 한, 선물환율은 1,020원으로 유지된다. 이처럼 선물환율은 양국의 이자율 차이에 의해 결정될 뿐, 미래 환율에 대한 사람들의 예상과는 관계가 없다.

그렇다면, 사람들의 미래 예상환율은 어떻게 결정되는가? 정부정책의 변화나 예상인플레이션 변화 등이 예상환율에 영향을 미친다. 다음의 19장에서 공부할 구매력평가설은 양국의 예상인플레이션에 의해 미래 예상환율이 결정됨을 설명해준다. 자국의 예상인플레이션율이 상대국보다 높으면 예상환율이 올라간다는 것이다.

이러한 예상환율의 변화는 현물환율에 영향을 미친다. 식 (14.4)에 양국의 이자율과 예상환율을 대입하면, 현물환율이 계산된다. 이 식에 의하면, 사람들의 예상환율이 올라가면 현물환율도 올라가고, 예상환율이 하락하면 현물환율도 하락한다. 이처럼 사람들의 미래 환율에 대한 예상은 선물환율이 아니라 현물환율에 영향을 미친다.

이상의 설명을 요약하면 다음과 같다. 선물환율은 양국의 이자율 차이에 의해 결정되고, 예상환율은 정부정책의 변화나 양국의 예상인플레이션에 의해 결정된다. 그리고 예상환율의 변화는 현물환율에 영향을 미칠 뿐이고, 선물환율에 영향을 미치지는 않는다.

예상환율에 의해 선물환율이 결정되는 것은 아니지만, 선물환율은 미래 현물환율과 거의 차이가 나지 않는다. [그림 14-5]를 보면, 실제로 미래 현물환율과 선물환율 간에 높은 상관관계가 있음을 알 수 있다. 이는 커버된 이자율평형조건에 의해 결정된 선물환율과 미래 현물환율이 거의 유사함을 말해준다.

제 4 절 환율 변동의 요인

앞에서 설명한 자산접근모형은 환율이 양국 예금의 기대수익률 차이에 의해 결정됨을 설명해준다. 외국 예금의 기대수익률은 이자율만이 아니라 예상환율의 변화에 의해서도 영향을 받기 때문에 예상환율의 변화에 영향을 미치는 제반 경제적 요인들은 모두 환율변화에 영향을 미친다. 환율 변화의 요인을 단기적 요인과 장기적 요인으로 구분하여 알아보자.

1. 중 · 장기적 요인

1) 물가수준 변동

환율 변동의 장기적 요인 중 가장 중요한 것은 두 국가의 물가수준 변동이다. 환율은 양국 통화의 교환비율이므로 한 국가의 화폐가치가 변하면 환율도 변한다. 예를 들어, 물가상승률이 높은 국가는 화폐 가치가 낮아지므로 환율이 올라가고, 물가상승률이 낮은 국가는 화폐가치가 상승하므로 환율은 내려간다.

국가 간 재화 거래에서 관세나 운송비 등 무역장벽이 없다면, 제품 가격은 두 국가에서 같아진다. 이를 일물일가의 법칙이라고 한다. 어떤 제품의 가격이 한국에서 상승하면 사람들은 모두 미국 제품을 사려고 할 것이다. 이 경우 달러에 대한 수요가 증가하면서 환율이 상승하게 되고, 환율이 상승하면 이 제품의 가격이 다시 두 국가에서 서로 같아진다.

그런데 모든 제품이 교역 가능한 것은 아니다. 서비스재는 대부분 교역이 불가능한 비교역재(非交易財)이다. 또 공산품도 모두 교역이 가능한 것은 아니다. 또 국가 간 거래에는 관세나 운송비가 있어서 두 나라의 제품 가격이 같아지지 않는다. 이 경우 일물일가의 법칙이 성립하지 않으므로 환율이 양국의 물가수준 변화를 정확하게 반영하지 못한다. 하지만 환율은 양국 화폐의 교환비율이므로 물가수준이 변하면 장기적으로 환율이 변하게 된다. 물가수준과 환율의 관계는 제19장에서 자세히 알아보도록 하자.

2) 국제수지

국제수지가 흑자가 되면 외환 공급이 증가하므로 외환의 가격인 환율은 하락하고, 반대로 국제수지가 적자가 되면 외환 수요가 증가하여 환율은 상승한다. 자본수지에서 외국으로부터의 자본이 유입되면 외환 공급량이 증가하므로 환율은 하락하고, 자본이 유출하면 외환 수요가 증가하므로 환율이 상승한다. 또 경상수지에서 수출이 증가하면 외환 공급이 늘어서 환율이 하락하고, 수입이 증가하면 외환 수요가 증가하여 환율이 올라간다.

3) 거시경제정책

긴축적 통화정책을 시행하면 국내금리가 상승하므로 외국에서 자본이 유입된다. 이는 외환의 공급을 증가시키므로 환율이 내려간다. 그런데 긴축적 통화정책으로 국내 금리가 상승하면 경기가 위축되어 외국인 투자자금이 유출될 수 있고, 이는 환율 상승 요인이 된다. 이 양자 중 어느 요인이 더 큰가에 따라 긴축적 통화정책이 환율에 미치는 영향이 결정된다. 일반적으로 국가 간 자본이동이 자유로운 경제일수록 금리 상승이 자본 유입에 더 많은 영향을 미쳐 환율 하락 가능성이 커진다.

확장적 재정정책이 시행되면 경기가 회복되면서 수입(輸入)이 증가한다. 이는 외환 수요를 증가시켜서 환율이 올라간다. 그런데 경기 회복으로 기업의 수익성이 개선되면 외국인 투자가 증가하여 자본 유입이 증가하고, 이는 환율 하락의 요인이 된다. 어느 요인이 더 크게 작용하느냐에 따라 확장적 재정정책이 환율에 미치는 효과가 결정된다. 이처럼 거시경제정책의 변화는 환율에 영향을 미치는데, 그 정도는 경제 환경에 따라 달라진다.

2. 단기적 요인

1) 시장참가자들의 기대

국제외환시장 동향, 거시경제 전망, 정부 정책 등은 외환시장 참가자들의 환율 예상에 영향을 미친다. 시장참가자들의 환율 예상이 변하면 실제로 환율이 변하게 된다. 시장참가자들이 모두 환율 변화를 같은 방향으로 예상하면, 환율이 급변동하는 동반효과(bandwagon effect)가 나타난다. 이 경우 외환시장이 불안정해진다.

각종 뉴스는 시장참가자들의 환율 예상에 영향을 미쳐 단기적으로 환율 변동의 요인이 된다. 시장참가자들은 경제뉴스만이 아니라 정치뉴스, 국내뉴스, 해외뉴스에 민감하게 반응한다. 예를 들어, 이라크 전쟁이 임박했다는 뉴스나 북핵으로 한반도가 위험하다는 뉴스 등은 모두 환율 변화에 영향을 미친다.

2) 주변국 환율변동

관련 국가의 환율변동은 자국 통화 가치에 영향을 준다. 수출시장에서 경쟁관계에 있는 나라의 화폐가치가 하락하면 그 나라의 수출경쟁력이 높아지면서 자국의 수출경쟁력이 상대적으로 낮아진다. 그 결과 자국의 수출이 감소할 것이라는 예상이 형성되면서 자국 통화 가치가 하락하게 된다. 우리나라 원화가치 변동은 일본 엔화가치 변동과 밀접한 관련을 갖고 있다. 특히 2002년과 2003년에는 달러 환율은 변동했지만, 엔화 환율은 1:10의 비율로 거의 일정한 수준을 유지하였다. 이는 달러에 대한 원화환율과 엔화환율이 연동되어 있음을 나타낸다.

3) 은행의 외환포지션 변동

은행의 외환포지션 변동은 환율 변화에 영향을 미친다. 은행 외환포지션(=외화자산－외화부채)의 매도초과 혹은 매입초과가 커지면 포지션 조정을 위해 거래가 일어나고 그 결과 환율이 변동하게 된다.

환율예측방법

국제금융거래가 증가함에 따라 투자나 자금조달을 위해서는 환율의 예측이 현실적으로 매우 중요하다. 그러나 환율을 예측하는 것은 쉽지 않다. 몇 가지 환율예측 기법들을 소개하면 다음과 같다.

환율예측방법은 크게 기초적 분석방법과 기술적 분석방법으로 나뉜다. 기초적 분석방법은 환율변동에 영향을 미치는 기초적 경제변수의 변화를 이용해 환율을 예측하는 방법이고, 기술적 분석방법은 과거 환율변동의 추세적 특성을 이용해 미래 환율을 예측하는 방법이다. 단기예측에는 기술적 분석방법이 우세하지만, 장기예측에는 기초적 분석방법이 우세하기 때문에 두 방법이 상호보완적으로 이용되고 있다.

기초적 분석방법으로는 선물환율, 구매력평가설, 계량경제모형을 이용하는 방법 등이 있다. 외환시장이 위험중립적이고 효율적인 경우 선물환율은 미래 현물환율에 대한 불편추정치(unbiased estimate)가 되므로 선물환율이 미래 현물환율의 예측치로 사용된다. 또 구매력평가설은 자국의 인플레이션이 타국에 비해 높으면 그 차이만큼 환율이 상승할 것으로 예측한다.[4] 계량경제모형을 이용하는 방법은 환율에 영향을 미치는 국민소득, 소비, 투자, 국제수지, 통화량, 인플레이션, 이자율 등의 통계변수를 이용해 계량모형을 구성하고, 이를 바탕으로 환율을 예측하는 방법이다. 그러나 이 방법은 광범위한 자료를 이용해 모형을 구성하는 데 시간과 비용이 많이 들고, 환율변동에 영향을 미치는 일시적 충격을 반영하지 못한다는 단점이 있다.

기술적 분석은 환율의 과거 움직임을 보고 미래 환율을 예측하는 방법이다. 여기에는 차트의 패턴을 이용한 분석기법과 계량적 분석기법이 있다. 차트를 이용한 분석방법은 환율변동을 시계열로 표시한 후 차트에 나타난 패턴이 시사하는 바에 따라 환율을 예측하는 방법이다. 계량적 분석기법은 통계적인 방법으로 환율의 반복되는 추세 또는 변동을 파악하여 미래 환율을 예측하는 방법이다.

어떤 방법을 이용하든 환율을 정확하게 예측하기는 쉽지 않다. 고정환율제도에서는 환율이 변하지 않는 것이 원칙이지만, 기초적 경제 상황이 크게 변하면 환율이 변하게 된다. 그런데 언제, 얼마만큼 환율이 변할 것인가는 정부의 정책에 의해 결정되므로 이를 예측하기가 어렵다. 또 변동환율제도에서는 원칙적으로 환율이 시장에 의해 결정되지만, 대부분의 국가들은 환율의 변동성을 완화하기 위해 외환시장에 개입하기 때문에 시장요인만으로 환율을 예측하기가 쉽지 않다.

환율 예측을 어렵게 하는 또 다른 요인은 환율이 다른 경제변수보다 과도하게 움직이는 오버슈팅(overshooting)현상이 있기 때문이다. 즉 환율이 장기균형으로부터 이탈하기 때문이다. 오버슈팅 현상은 경제에 어떤 충격이 가해졌을 때 상품이나 금융자산의 시장가격이 일시적으로 폭등 또는 폭락하여 장기균형가격에서 벗어나는 현상을 말한다. 이에 대한 자세한 내용은 제16장에서 공부한다.

4 구매력평가설의 자세한 내용은 제19장에서 다시 살펴보기로 하자.

제 5 절 우리나라의 외환시장과 환율

1. 외환시장의 구조

외환시장은 거래 당사자에 따라 은행간시장과 대고객시장으로 구분된다. 은행간시장은 좁은 의미의 외환시장으로 거래 당사자가 모두 은행이며, 도매시장의 성격을 갖는다. 대고객시장은 은행이 개인이나 기업 등 고객과의 외환거래를 하는 시장으로, 소매시장의 성격을 갖는다. 은행들이 대고객 거래의 결과 발생한 외환포지션의 변동을 은행간시장을 통해 조정하는 과정에서 대고객시장과 은행간시장의 연계가 이루어진다.

도매시장의 성격을 갖는 은행간시장은 금융기관 간의 외화 거래를 위한 시장으로서 주로 선물, 옵션, 스왑 등 파생상품 거래가 포함되어 있다. 한국은행에 따르면, 이 시장의 거래시간은 주 5일, 오전 9시부터 오후 3시까지이다.

소매시장의 성격을 갖는 대고객시장은 일반 고객을 대상으로 한 외화거래 시장이다. 여기에는 주로 외화예금, 외화환전, 외화송금 등의 서비스가 포함되어 있다. 거래시간은 각 금융기관마다 다를 수 있지만, 대체로 은행 영업시간과 맞추어져 오전 9시부터 오후 4시까지다. 그런데 글로벌 외환시장은 24시간 운영되므로, 국제 금융시장의 동향이나 해외 경제 뉴스에 따라 한국의 외환시장도 영향을 받을 수 있다.

2. 외환시장의 규모와 구성

우리나라는 개방경제 체제가 확대되면서 경상거래와 자본거래를 통한 대외거래 규모가 급증하였다. 이런 추세에 따라 외환거래 역시 큰 폭으로 증가하였고, 특히 국제 자본 이동의 확대로 인해 자본 및 금융 거래에 기반한 외환거래가 경상거래 기반의 외환거래보다 더욱 빠르게 성장하였다. 이러한 대외거래 규모의 증가를 반영하여 외환의 수요와 공급을 조절하는 외환시장도 크게 성장하였다.

2022년 기준, 전세계 외환상품시장 거래액은 일평균 7.5조달러인데, 우리나라의 해당 거래액은 일평균 677.4억달러로 전세계 외환상품시장에서의 비중이 0.7%이며, 세계 순위는 15위였다. 외환거래규모가 가장 큰 나라는 영국(38.1%)이고, 이어서 미국(19.4%), 싱가포르(9.4%), 홍콩(7.1%), 일본(4.4%), 스위스(3.6%), 프랑스

■ ■ 표 14-1 우리나라의 외환상품시장 거래규모 추이

	2010	2016	2022
현물환	42.2	42.3	37.0
선물환	13.9	18.4	17.7
외환스왑	42.0	37.2	42.6
통화스왑	1.5	1.7	2.1
통화옵션	0.4	0.4	0.6
전체 외환상품	100	100	100
	(438.2)	(478.1)	(677.4)

* 주: 1) 표의 숫자는 비중(%)이며, ( )는 거래액으로 단위는 '억 달러'임.
2) 2022년 4월중 일평균 기준임.
* 자료: 한국은행, 2022년도 *BIS* 주관「전세계 외환 및 장외파생상품 시장 조사」결과, 2022.11.

(2.2%), 독일(1.9%), 캐나다(1.7%), 중국(1.6%)의 순이다. 그리고 전세계 장외 금리파생상품시장 거래액은 일평균 5.2조달러인데, 우리나라의 거래액은 일평균 108.2억달러로, 전세계 장외 금리파생상품시장에서 차지하는 비중은 0.2%이고, 세계 순위는 17위였다.

〈표 14-1〉은 우리나라의 외환상품시장 거래규모 추이다. 2022년 기준으로 현물환 거래의 비중은 37.0%, 선물환 거래는 17.7%, 외환스왑 거래는 42.6%로, 이 세 상품의 거래가 전체 거래의 97%를 차지하며, 통화스왑과 통화옵션의 합은 2.7%에 불과하다. 2010년부터 2022년까지의 추이를 보면, 현물환 거래 비중은 감소하는 반면 선물환 거래의 비중은 증가하였으며, 통화스왑과 통화옵션의 거래비중은 2% 내외로 미미하다.

파생상품 거래의 비중이 전세계는 72%임에 비해 우리나라는 63%이다. 우리나라에서 외환파생상품의 거래 비중이 작다는 것은 환위험을 회피하기 위한 외환거래가 활발하지 않다는 것을 의미한다. 기업들이 환위험을 회피하기 위해 은행과 헤지(hedge) 거래를 하면, 은행들도 환위험을 커버하기 위한 각종 파생금융거래를 하게 된다. 그런데 기업들이 환위험을 회피하기 위한 거래를 적극적으로 하지 않으면, 은행들에게도 환위험 부담이 줄어들기 때문에 외환파생상품 거래의 필요성이 줄어든다. 우리나라는 외환파생상품거래만이 아니라 국내 자금시장의 파생금융상품 거래도 선진국보다 활발하지 않은 편이다.

3. 한국 환율의 변화

[그림 14-6]은 원화의 달러, 엔, 유로에 대한 연간 평균환율의 변화다. 1964년 이후 달러에 대한 원화 환율은 상승하고 있는데, 이는 원화 가치가 전반적으로 하락해 왔음을 나타낸다. 그리고 1974~79년의 5년 동안에는 환율이 484원/달러로 일정하게 고정되어 있는데, 이는 당시 한국이 완전한 고정환율제도를 시행하였기 때문이다. 그러나 1980년 이후, 누적된 환율 변화 요인이 한꺼번에 반영되면서 환율이 급격히 상승하였다.

1986~89년에는 달러와 엔화 환율이 하락하였는데, 이는 당시 경상수지가 흑자로 전환되어 외환 공급이 증가하였기 때문이다. 그러나 1990년부터 경상수지가 다시 적자로 전환되자 환율이 다시 상승하였고, 1997년 외환위기를 맞이하면서 환율이 급등하였다. 이후 경상수지가 흑자로 전환되면서 환율이 다시 하락하였지만, 2008년 세계 금융위기를 맞이하면서 환율이 다시 급등하였다. 이처럼 환율은 대내적인 요인과 대외적인 요인에 의해 영향을 받아 변동하게 된다.

그림 14-6 한국 환율의 변화

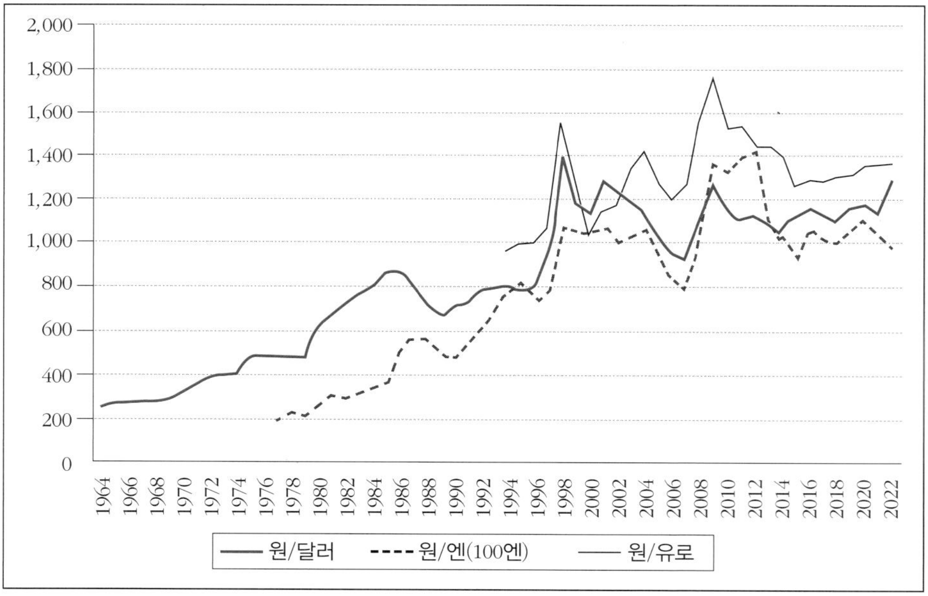

* 주: 1) 연간 평균환율임.
2) 엔화환율은 100엔에 대한 교환비임.
* 자료: 한국은행, 경제통계시스템, 2023.

그림 14-7 외국환은행의 대고객매매율(₩/$) 구조의 실례

현찰 매도율	1343.60원
여행자수표 매도율	없음
전신환 매도율	1333.40원
매매 기준율	1320.50원
전신환 매입률	1307.60원
여행자수표 매입률	1304.98원
현찰 매입률	1297.40원

* 자료: 하나은행, 현재환율, 2023.11.11.

1998~2004년 기간에는 원/엔화 환율이 10:1 수준을 유지하고 있다. 당시 달러 환율과 유로 환율은 상승과 하락의 진폭을 보이고 있지만, 엔화 환율은 비교적 안정적이다. 이는 원화 가치와 엔화 가치가 연동되어 있음을 말해준다. 또 2001~2004년 기간에는 유로 환율은 1,156원에서 1,422원으로 약 23%가 상승하였으나, 같은 기간에 달러 환율은 1,291원에서 1,145원으로 11%가 하락하였다. 이는 당시에 달러 대비 유로화의 가치가 크게 상승했음을 의미한다.

2004~2008년 기간에는 달러, 유로, 엔에 대한 환율이 모두 하락하고 있는데, 이는 원화 가치가 세 통화의 가치보다 올라갔음을 의미한다. 그러나 2008년 세계 금융위기를 맞이하면서 달러, 엔, 유로의 환율이 모두 급등하였다. 사람들이 금융위기 상황에서 한국의 원화보다는 달러, 엔화, 유로화가 더 안전하다고 생각하여 원화보다 이들 통화를 더 선호하였기 때문이다. 환율이 상승하면 수출기업들은 이익을 얻지만, 수입업자나 해외여행자들은 어려움을 겪게 된다.

4. 매매기준율과 사고파는 환율

1) 매매기준율

미달러화와 원화의 매매기준율을 외국환중개회사가 매일 고시하고 있는데, 매매기준율은 외국환중개회사를 통해 거래된 미달러화의 현물환(익영업일 결제물) 거래량과 거래환율을 가중평균하여 산출하는 시장평균환율(market average rate)을 말한다.

2) 대고객 환율

해외여행뿐만 아니라 상품을 수출하거나 수입하는 등 외국과의 거래에는 외국 돈이 필요하다. 외국 돈은 주로 은행을 통하여 사고팔게 되는데, 이 경우 은행이 고객과 거래를 할 때 적용하는 환율을 외국환은행 대고객매매율이라고 한다. 대고객매매율은 매매기준율을 중심으로 외국환은행이 거래의 종류에 따라 일정률의 마진을 감안하여 자율적으로 결정한다. 일반적으로 은행이 고객에게 외국 돈을 팔 때 적용하는 매도율이 외국 돈을 살 때 적용하는 매입률보다 높다.

외국환은행의 대고객매매율은 돈을 주고받는 방법에 따라 전신환매매율, 여행자수표매매율, 현찰매매율 등으로 나누어진다. 전신환매매율이란 전신에 의하여 1일 이내에 자금이 결제될 때 적용되는 환율로서 은행의 자금부담비용이 포함되지 않는 환율이다. 대고객매매율 중에서는 현찰매매율이 가장 비싸다. 현찰 환전시 높은 환율을 적용하는 이유는 은행이 외국으로부터 현찰을 들여오고 보관하는 데 많은 비용이 들기 때문이다. 따라서 해외여행을 할 때는 여행자수표(traveler's check)나 신용카드를 이용하는 것이 외환을 구입하는 것보다 유리하다.

주요용어

• 환율	• 평가절하	• 평가절상	• 현물환율
• 선물환율	• 외환스왑	• 통화선물	• 통화옵션
• 통화스왑	• 기대실질수익률	• 위험	• 유동성
• 이자율평형조건	• 균형환율	• 예상환율	• 토빈세
• 커버된 이자율평형조건		• 선물환율의 할증과 할인	

요 약

01. 환율은 외국통화와 국내통화와의 교환비율을 말하며, 보통 환율은 외국화폐 한 단위와 교환되는 국내화폐의 양으로 표시한다.

02. 외환시장은 외국통화의 매매가 이루어지는 시장이다. 외환거래의 형태에는 현물환거래, 선물환거래, 스왑거래, 통화선물, 통화옵션 등이 있다.

03. 외환에 대한 수요는 일반적인 자산에 대한 수요와 마찬가지로 기대실질수익률, 변동의 위험성, 유동성 등에 의해 결정된다. 양국 예금의 기대수익률이 같아지는 조건을 이자율평형조건(interest parity condition)이라고 하고, 이는 자산접근모형의 외환시장 균형조건이다.

04. 자산접근모형에서는 자국의 이자율이 올라가면 환율이 하락하고, 외국의 이자율이 올라가면 환율이 상승한다. 그리고 사람들이 앞으로 환율이 올라갈 것으로 예상하면, 현재의 환율이 올라간다.

05. 선물환율이 현재의 환율보다 높으면 할증(premium)됐다고 하고, 반대로 선물환율이 현재의 환율보다 낮으면 할인(discount)되었다고 한다. 선물환율을 이용하면 미래 환율변동으로 인한 위험을 예방할 수 있다. 선물환율로 위험을 회피한 이자율평형조건을 커버된 이자율평형조건이라고 한다.

06. 환율변동에 영향을 미치는 요인에는 중장기적으로 물가수준, 국제수지, 거시경제정책 등이 있고, 단기적으로는 시장참가자들의 환율변동에 대한 예상, 주변국 환율변동, 은행의 외환포지션 변동 등이 있다.

07. 우리나라 외환시장의 비중은 경제규모에 비해 작은 편이다. 2010년 GDP 대비 일평균 외환거래량 비중이 선진국은 15.9%임에 비해 한국은 5.3%에 불과하고, 무역량 대비 일평균 거래량 비중도 선진국은 32.4%임에 비해 한국은 13.2%에 불과하다. 그러나 2001년에서 2010년 기간에 한국의 외환거래량은 다른 국가들보다 더 빠르게 증가하였다.

복습문제

01. [그림 14-1]과 [그림 14-2]는 모두 외환시장의 균형을 나타내는 그림이다. 두 그림의 차이는 무엇인가?

02. 캐리드레이드란 무엇이고, 이 거래에서 환율변동에 유의해야 하는 이유는 무엇인지 설명하라.

03. 이자율평형조건에 대해 설명하라.

04. 사람들이 앞으로 환율이 상승할 것으로 예상할 경우, 이는 현재 환율에 어떤 영향을 미치는가?

05. 선물환율은 사람들의 미래 환율에 대한 예상에 의해 결정되는 것은 아니다. 이 서술에 대해 논평하라.

06. 환율 변동에 영향을 미치는 단기적 요인과 중장기적 요인들이 무엇인지 설명하라.

연습문제

01. 아래와 같은 상황은 한국의 환율에 어떻게 영향을 미치는가?
   1) 한국의 수출 증가
   2) 한국의 인플레이션 상승
   3) 해외 이자율 상승
   4) 이라크 전쟁 발발

02. 한국에서 녹음기 가격은 5만원이고, 미국에서 전화기 가격은 100달러이다. 환율이 1,000원일 때, 녹음기로 평가한 전화기의 가격은 얼마인가? 다른 변화는 없고, 환율이 1,200원으로 올라가면 전화기의 상대가격은 어떻게 변하는가? 한국의 녹음기는 전화기에 비해 싸졌는가 아니면 비싸졌는가?

03. 다음과 같은 자산의 원화 수익률을 계산하라.

1) 가격이 1년에 2억에서 2억 5천만원이 된 아파트
2) 가격이 1만원에서 1만 1천원이 된 채권
3) 미국의 연간 예금이자율이 10%인데, 1년간 환율이 1,000원에서 900원으로 변한 경우 미국은행에 예금한 1천만원

04. 한국과 미국 사이에 자본이동이 자유롭다고 하자. 한국의 이자율은 8%, 미국의 이자율은 5%이고, 현재 달러에 대한 원화의 환율은 1,000원이라고 하자.
1) 1년 뒤 환율이 1,050원으로 예상하고 있는 한국 투자자가 1백만원을 미국에 예금했을 때, 1년 후 원화로 얼마가 되는가? 기대수익률은 얼마인가?
2) 1)번의 경우 투자가는 어디에 예금을 하는가?
3) 선물환시장에서 1년 만기 달러의 선물환율이 1,020원이라면 위험회피 투자자는 어디에 예금을 하겠는가?
4) 균형 선물환율은 얼마인가?

05. 수입업자가 미국에서 자동차 10대를 수입하고 6개월 후에 30만 달러를 지불하기로 계약하였다. 6개월 후 환율이 어떻게 변할지 알 수 없는 상황에서 수입업자가 환율 변화에 의한 손실을 방지하기 위한 방법은 무엇인가?

06. 외국은행에 예금을 하면 연간 4%의 이자율이 더 높을 때 아래에 답하라.
1) 외환이 연간 2%로 선물할인이 되는 경우, 환위험을 커버한다면 외국 은행에 예금하여 얻는 수익률은 얼마인가?
2) 만일 외환이 연간 1%로 선물할증이 되는 경우의 수익률은 얼마인가?

07. 자산접근모형에 대한 다음 물음에 답하라.
1) 자국이 이자율을 낮출 때 외환시장에 미치는 영향을 그림으로 설명하라.
2) 이 나라가 환율을 원래의 수준으로 유지하고자 하면, 중앙은행은 어떤 정책을 펴야 하는가?
3) 사람들이 앞으로 환율이 올라갈 것으로 예상하면, 이는 환율에 어떤 영향을 미치는가? 그림으로 설명하라.

08. 세계 여러 나라 통화에 대한 우리나라 원화의 환율은 어떻게 결정되는가?

15 국민소득, 환율과 국제수지

개방경제에서는 환율과 국제수지의 변화가 국민소득에 중요한 영향을 미친다. 폐쇄경제에서 국민소득은 주로 소비, 투자, 정부지출의 변화에 의해 결정되지만, 개방경제에서는 이러한 내부 요인들 외에도 수출과 수입이 국민소득에 추가적인 영향을 준다. 환율 상승은 수출을 촉진하고 수입을 억제하여 경상수지를 개선시키고 국민소득을 높일 수 있다. 그러나 수출과 수입 상품의 가격탄력성이 낮다면, 경상수지의 개선 효과를 기대하기 어려울 수 있다.

이 장에서는 균형 국민소득이 무엇인지, 폐쇄경제와 개방경제에서 투자 및 수출의 승수 효과가 어떤지, 국민소득과 국제수지가 어떻게 상호작용하는지 설명한다. 또한, 환율 변화가 국제수지에 미치는 영향에 대해서도 알아본다.

제 1 절 균형국민소득과 승수효과

1. 국민총소득과 국내총생산

국민총소득(GNI: Gross National Income)은 한 나라의 국민이 생산 활동에 참여한 대가로 받은 소득의 합계다. 그리고 국내총생산(GDP: Gross Domestic Product)은 한 나라의 영토 내에서 생산된 최종생산물의 시장가치다. 국민총소득(國民總所得)과 국내총생산(國內總生產)의 차이는 국민을 기준으로 할 것인가, 아니면 영토를 기준으로 할 것인가의 차이이다. 국민총소득(GNI)은 국민기준이고, 국내총생산(GDP)은 영토기준이다. 어느 나라에서 일하든 우리나라 국민이 생산한 총산출 또는 총소득은 국민총소득(GNI)이고, 어느 나라 사람에 의해서 생산되었든 우리나라

안에서 생산된 총산출은 국내총생산(GDP)이다.

예를 들어, 우리나라에서 일하고 있는 외국인 노동자들의 소득은 우리의 GDP에는 포함되지만, 우리 국민이 아니므로 GNI에는 포함되지 않는다. 또 중국에서 일하고 있는 한국인의 소득은 우리의 GNI에는 포함되지만, 우리 영토 내에서 생산된 것이 아니므로 GDP에는 포함되지 않는다. 외국에서 벌어들인 우리나라 생산요소의 소득을 GDP에 합하고, 우리나라에서 벌어간 외국 생산요소의 소득을 GDP에서 빼면 GNI가 된다. GNI는 GDP에 국외순수취요소소득(=국외수취 요소소득−국외지급 요소소득)을 합한 값과 같다.[1]

국민총소득은 생산, 수요, 분배라는 세 측면에서 평가한다. 생산측면의 국민소득은 각 산업별 생산액을 합한 값이고, 분배 측면의 국민소득은 생산요소에 지불된 소득인 임금, 지대, 이자, 이윤, 배당 등의 소득을 합한 값이며, 수요측면의 국민소득은 가계, 기업, 정부, 그리고 해외로부터의 자국 재화에 대한 수요를 합한 값이다. 이 세 측면의 국민소득은 항상 일치한다. 이를 국민소득 삼면등가의 법칙이라고 한다.

폐쇄경제에서는 GDP와 GNI가 항상 같지만, 개방경제에서는 생산요소의 국가 간 이동으로 GNI와 GDP가 일치하지 않는다. 외국에서 활동하는 노동이나 자본이 많은 국가는 GDP보다 GNI가 더 클 것이고, 노동이나 자본이 외국에서 많이 유입된 국가는 GDP가 GNI보다 클 것이다. 즉, 해외직접투자 유입액이 많은 국가는 GDP가 GNI보다 클 것이고, 또 외국인노동자 유입이 많은 국가도 GDP가 GNI보다 클 것이다.

세계은행 자료에 의하면, 2018년 기준으로 (GNI−GDP)/GDP의 값이 아일랜드와 싱가포르는 각각 −21.5%, −6.7%로 GDP가 GNI보다 많았고, 일본과 독일은 각각 3.7%, 2.1%로 GNI가 GDP보다 많았다. 아일랜드와 싱가포르는 외국의 투자를 유치한 국가이고, 일본과 독일은 해외로 투자를 많이 한 국가임을 시사한다. 2018년 한국은 GNI와 GDP가 거의 비슷했다. GNI와 GDP가 비슷하다는 것은 해외수취 요소소득과 해외지급 요소소득이 거의 같음을 뜻한다. 해외지급 요소소득에는 임금, 이자, 배당, 그리고 회사의 이윤이 포함된다.

---

1 세계은행은 1993년부터 국민총생산(GNP) 대신 국민총소득(GNI)을 사용하고 있다. 또 UN, IMF 등 국제기구는 생산지표로 실질GDP를, 소득지표로는 실질GNI의 이용하고 있다. 이에 한국은행도 1999년부터 GNI를 발표하고 있다. 명목 GNI는 과거 사용하던 명목 GNP와 같지만, 실질 GNI는 실질 GNP와 같지 않다. 실질 GNI는 '실질 GNI=실질 GDP+실질 국외순수취 요소소득+교역조건 변화에 따른 실질 무역손익'으로 계산된다(한국은행, 알기쉬운 경제지표해설, 2014 참조).

2. 폐쇄경제의 소득 결정

1) 균형국민소득의 결정

국민소득은 생산과 소비의 순환과정 속에서 형성된다. 소비자는 생산에 참여해 얻은 소득으로 재화와 용역을 구입하고, 생산자는 판매로부터 얻은 수입으로 다시 생산을 반복한다. 어떤 이유에서든지 소비가 감소하면 판매가 줄기 때문에 기업은 생산을 줄이게 된다. 이처럼 생산과 소비의 순환을 통해 국민소득이 창출된다. 정부는 세금과 정부지출을 통해 국민소득 순환과정에 개입한다.

균형국민소득이란 총수요와 총공급이 일치하여 국민소득이 일정하게 유지되는 상태를 말한다. 국민소득의 균형조건은 다음과 같이 표현된다.

$$Y = D(= C + I + G) \tag{15.1}$$

여기에서 좌측 항의 Y는 국민소득(총생산)이며, 우측 항 D는 총수요를 나타낸다. 우측 항의 총수요는 다시 소비 C, 투자 I, 정부지출 G로 구분된다.

위의 소득결정방정식은 총수요가 증가하면 소득이 증가하고, 총수요가 감소하면 소득이 감소함을 나타낸다. 이는 수요가 공급을 창출한다는 케인즈의 유효수요이론을 반영하고 있다. 구매력을 수반하지 않은 구매욕구는 실제 생산에 연결되지 않는다는 점에서 총수요는 구매력을 수반한 유효수요(effective demand)를 말한다.

유효수요이론은 첫째로 물가 및 명목임금이 경직적이고, 둘째로는 경제 내에 유휴자원이 있음을 전제하고 있다. 유휴자원이 있다는 것은 수요가 부족하여 충분한 생산이 이루어지지 못한 상태임을 말한다. 이 경우 수요가 증가하면 유휴자원이 활용되어 생산 증가가 가능해진다. 이런 이유로 유효수요이론은 수요에 의해 국민소득이 결정된다고 본다. 자원이 완전고용 상태일 때는 유효수요가 증가해도 생산을 늘릴 수 없으므로 물가가 올라가게 된다.

소비는 소득의 함수이고, 소득이 증가하면 소비가 증가한다. 소비함수는 다음과 같다.

$$C = C(Y),\ 0 < c(= \partial C/\partial Y) < 1 \tag{15.2}$$

여기서 c는 한계소비성향(marginal propensity to consume)을 나타낸다. 소득이 증가하면 소비가 증가하지만, 소득의 증가분보다 더 많이 소비할 수는 없기 때문에 한계소비성향은 0과 1 사이의 값을 갖는다. 그리고 사람들은 소득의 증가분 중에서 일부는 소비를 하고 나머지는 저축을 하기 때문에 한계저축성향 s는 $(1-c)$가 된다.

소비함수 식 (**15.2**)를 식 (**15.1**)에 대입하면,

$$Y = C(Y) + I + G \tag{15.3}$$

이다. 이 식으로부터 균형국민소득을 찾을 수 있다.

[그림 15-1]은 균형국민소득의 결정을 보여준다. 식 (**15.3**)의 우측 항은 총수요인데, 이는 소득의 증가함수이므로 그림과 같이 우상향하는 곡선이 되고, 그 기울기는 한계소비성향과 같다. 그리고 45°선에서 총수요와 총공급이 일치하므로 총수요곡선과 45°선이 만나는 A점에서 균형국민소득이 결정되고, 이 때 균형국민소득은 Y_1이 된다.

2) 승수효과

정부지출이나 투자가 증가하면 국민소득이 증가하는데, 소득의 증가는 수요증가의 승수배가 된다. 이를 승수효과(乘數效果)라고 한다.

식 (**15.3**)을 전미분(total differentiation)하면,

$$dY = c \cdot dY + dI + dG \tag{15.4}$$

이다. 정부지출만 증가하고 투자의 변화는 없다고 하면 $dI = 0$이므로 식 (**15.4**)는

그림 15-1 균형국민소득의 결정

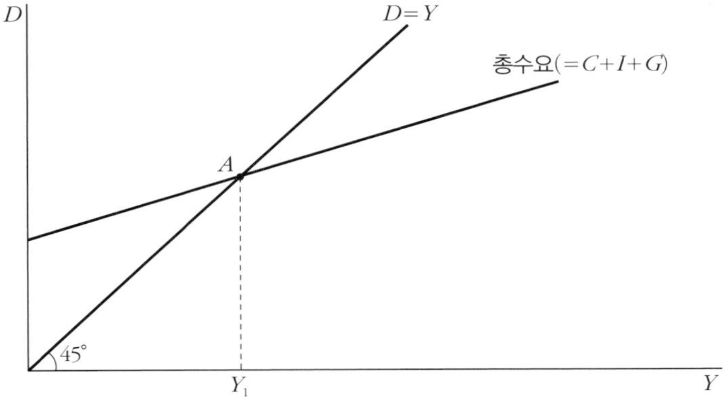

〈$D=Y$인 45° 선과 총수요곡선이 만나는 A점에서 균형이 이루어지고, 이 때 균형국민소득은 Y_1이 된다.〉

그림 15-2 정부지출 증가와 균형국민소득의 변화

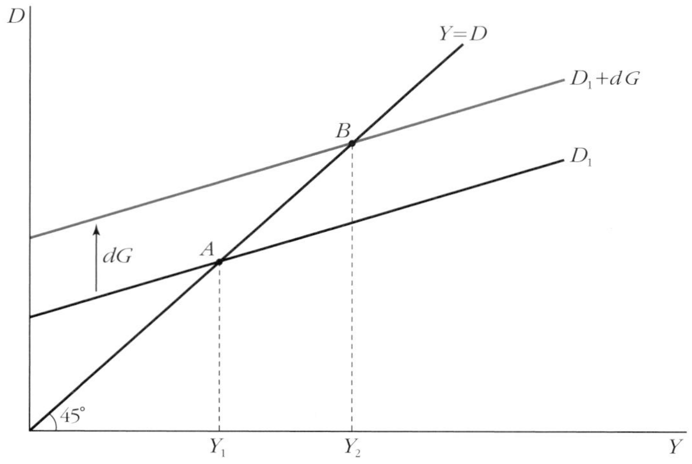

〈정부지출이 dG만큼 증가하면 국민소득 Y_1에서 Y_2로 dG의 승수배만큼 증가한다.〉

다음과 같이 정리된다.

$$dY = \frac{1}{(1-c)}dG = \frac{1}{s}dG \tag{15.5}$$

여기서 $1/(1-c)$를 승수(multiplier)라고 한다. 한계소비성향 c가 0.8이라면, 승수는 5가 된다. 이는 정부지출이 100 증가하면 국민소득이 500만큼 증가함을 나타낸다.

소득의 증가가 초기 정부지출의 증가보다 더 커지는 이유는 다음과 같다. 정부지출이 증가하여 총수요가 증가하면 생산량(국민소득)이 늘어난다. 국민소득이 증가하면 다시 한계소비성향만큼 새로운 소비수요가 창출되어 추가적으로 소득이 증가하고, 또 소득 증가가 다시 소비수요를 창출하는 순환 과정이 지속되면서 소득이 계속 증가해 간다. 그 결과 최종적인 균형국민소득은 초기 정부지출의 승수배만큼 증가한다.

[그림 15-2]를 통해 승수효과를 알아보자. 애초의 균형점은 A점이고, 이때 균형국민소득은 Y_1이라고 하자. 정부지출이 dG만큼 증가하면 총수요곡선이 위로 이동하여 새로운 균형점이 B가 되고, 균형국민소득은 Y_1에서 Y_2로 증가한다. 그림에서 보듯이 소득의 증가분 $\overline{Y_1Y_2}$은 정부지출 증가분 dG보다 크다. 이것이 승수효과다. 그림에서 총수요곡선의 기울기가 c이므로 소득증가분은 $[1/(1-c)]dG$가 됨을 알

수 있다.[2]

정부지출의 증가만이 아니라 투자의 증가도 소득을 승수배만큼 증가시킨다. 이 외에도 어떤 요인에서든 총수요가 증가하면, 이는 소득을 승수배만큼 증가시킨다.

3) 누출과 유입의 균형

소득의 순환과정에서 빠져 나가는 부분과 들어오는 부분이 일치할 때 균형국민소득이 일정하게 유지된다. 국민소득의 수요측면과 처분측면이 서로 같음을 이용해 국민소득의 균형조건을 알아보자.

국민소득은 소비, 저축, 조세로 처분되므로 이를 식으로 표시하면 다음과 같다.

$$Y = C + S + T \tag{15.6}$$

S는 가계저축, T는 조세를 나타낸다. 식 (15.6)을 식 (15.1)에 대입하여 정리하면,

$$S + T = I + G \tag{15.7}$$

이 된다. 식 (15.7)은 국민소득의 균형조건을 나타내는 또 다른 표현이다.

저축과 조세는 총수요를 감소시키는 요인으로 누출(漏出; leakage)이라고 부르고, 투자와 정부지출은 총수요를 증가시키는 요인으로 유입(流入; injection)이라고 부른다. 식 (15.7)은 소득 순환과정에서 누출과 유입이 일치할 때 균형국민소득이 달성됨을 나타낸다.

3. 개방경제의 소득 결정

총수요는 우리 재화에 대한 수요의 합이다. 개방경제에서는 외국인도 우리 재화를 소비하므로 이를 총수요에 포함하고, 우리 국민의 외국 재화에 대한 소비는 총수요에서 제외한다. 이를 반영한 개방경제의 소득균형방정식은 다음과 같다.

$$Y = C + I + G + X - M \tag{15.8}$$

---

2 [그림 15−2]의 A점에서 우측으로 보조선을 그어서 우측 수직의 점선과 만나는 점을 B'점이라고 하자. B점과 B'점의 거리는 $[dG + c\overline{Y_1 Y_2}]$이고, 이는 A점과 B'점의 거리인 $\overline{Y_1 Y_2}$과 같다. 두 값이 같으므로 이를 정리하면 $\overline{Y_1 Y_2} = \frac{1}{(1-c)} dG$가 된다.

여기서 X는 수출, M은 수입을 나타낸다. 우리 재화에 대한 총수요를 계산하기 위해서 자국민의 소비, 투자, 정부지출에 외국인의 우리 재화에 대한 수요인 수출을 합한다. 그리고 우리 국민의 지출 중 우리 재화가 아니라 외국 재화에 지출된 금액, 즉 수입을 뺀다.

수입은 가격과 소득에 의해 결정된다. 그런데 수입재나 수출재 가격이 일정하게 주어져있다고 가정하면, 수입은 소득의 함수가 된다. 소득이 증가하면 수입이 증가하므로 수입함수는 소득의 증가함수가 된다. 수입함수는 다음과 같다.

$$M=M(Y),\ 0<m=(dM/dY)<1 \tag{15.9}$$

여기서 m은 한계수입성향이다. 수입은 전체 소비 중의 일부이므로 한계수입성향 m은 한계소비성향 c보다 작다.

소비함수와 수입함수를 식 (**15.8**)에 대입하면,

$$Y=C(Y)+I+G+X-M(Y) \tag{15.10}$$

이다. 위 식을 전미분하면,

$$dY=c\cdot dY+dI+dG+dX-m\cdot dY \tag{15.11}$$

이다. 투자나 수출의 변화가 없다고 하면 $dI=0,\ dX=0$이므로 위 식을 다시 정리하면,

$$dY=\frac{1}{(1-c+m)}dG=\frac{1}{(s+m)}dG \tag{15.12}$$

이다. 여기서 $1/(s+m)$이 승수인데, 이를 개방경제승수라고 한다. 누출을 나타내는 저축성향과 수입성향이 작을수록 승수는 커진다. 만일 저축성향 s가 0.2이고, 수입성향 m이 0.2라면, 승수는 2.5가 된다. 즉, 정부지출이 100 증가하면 국민소득은 250 증가한다.

개방경제의 승수 $1/(s+m)$은 폐쇄경제의 승수 $(1/s)$보다 작다. 그 이유는 수요증가로 소득이 증가하면 새로운 소비수요가 유발되는데, 개방경제에서는 폐쇄경제와는 달리 소비의 일부가 수입수요 형태로 해외로 누출되기 때문이다.

앞의 개방경제 승수는 투자, 소비, 그리고 수출이 자발적으로 증가할 때도 똑같

이 적용된다. 투자나 수출 증가와 같은 유입 요인은 승수배만큼 소득을 증가시키고, 수입 증가와 같은 누출요인은 승수배만큼 소득을 감소시킨다.

수출이 증가하면 소득과 고용이 반드시 증가하는가?

수출이 증가하면 생산이 증가하고, 생산이 증가하면 고용이 증가하므로 실업이 감소한다. 그런데 단기적으로는 고용 증가가 아니라 공장 가동률을 높여 생산이 증가할 수도 있다. 이 경우에는 생산 증가가 고용 증가로 연결되지 않는다. 그리고 완전고용 상태에서는 수출이 증가하더라도 생산이나 고용이 증가하지 않고 인플레이션이 발생한다. 수출 증가가 항상 고용 증가로 연결되는 것은 아니다.

한국은 1970년 이후 20년간 제조업 부문의 수출이 연평균 12.4% 증가하면서 고용도 연평균 7.4% 성장하였다. 급속한 수출 증가에 힘입어 고용도 빠르게 증가하였다. 그러나 1990년 이후 20년간은 수출은 연평균 7.8% 성장했지만, 제조업 고용은 오히려 연평균 0.2% 감소하였다.[3] 수출 확대가 일자리 창출로 이어지지 않았다.

한국에서 수출의 일자리 창출 효과가 갈수록 떨어지고 있다. 우리나라 취업유발계수가 2000년 25.7명에서 2005년 20.3명, 2010년 13.9명, 2015년 11.3명으로 점차 하락하고 있다.[4] 취업유발계수는 10억원을 만드는 데 필요한 고용인원이다. 특히 소비나 투자보다는 수출의 취업유발계수가 매우 낮다. 2005년 수출의 취업유발계수는 12.2명이었는데, 2010년 7.9명으로 떨어졌고, 이후 7명대에 머물러 있다. 과거 노동집약재를 수출하던 때에는 수출 증가가 고용 증가로 이어졌지만, 이제는 이런 관계가 작동하지 않고 있다. 우리나라 주력 수출품이 자본집약적인 장치산업에 집중되어 있기 때문이다.

[그림 15-3]은 2005~2022년 한국의 경제성장률, 수출증가율, 실업률의 변화를 보여주고 있다. '실업률 변화분'은 당해 연도의 실업률에서 전년도 실업률을 뺀 값에 (−)를 곱한 값이다. 즉, 이 값이 증가하면 실업률이 감소했음을 나타낸다. 그림을 보면 수출증가율과 경제성장률은 매우 유사하게 움직이고, 수출증가율과 실업률의 변화분도 유사하게 움직임이고 있다. 즉, 수출증가율, 경제성장률, 그리고 실업률이 서로 영향을 받으며 움직이고 있다.

하지만, 수출증가율이 실업률에 항상 같은 영향을 미치는 것은 아니다. 수출증가율이 2005년에는 9.2%였고, 2010년에는 13.8%로 매우 높았으나, 실업률은 3.7%로 똑같다. 또 2009년에는 세계금융위기의 여파로 수출증가율이 0.2%로 매우 낮았으나, 실업률은 3.6%로 2008년의 3.2%보다 특별히 높아지지는 않았다. 이는 수출이 고용에 직접적인 영향을 미치지 않음을 말해준다.

수출 증가에도 불구하고 고용이 증가하지 않으면서 한국 경제에서 '고용 없는 성장'이 지속되고 있다. 수출 증가가 고용증가로 연결되지 않은 이유는 다음과 같다. 첫째, 한국의 주요 수출산업이 노동집

3 황운중·이수영·김혁황·강영호(2017), 수출이 국내 고용에 미치는 영향, 연구보고서 17-18, 대외경제정책연구원.

4 취업유발계수는 10억원을 만드는 데 필요한 고용인원이다.

그림 15-3 한국의 수출증가율, 경제성장률 및 실업률 변화

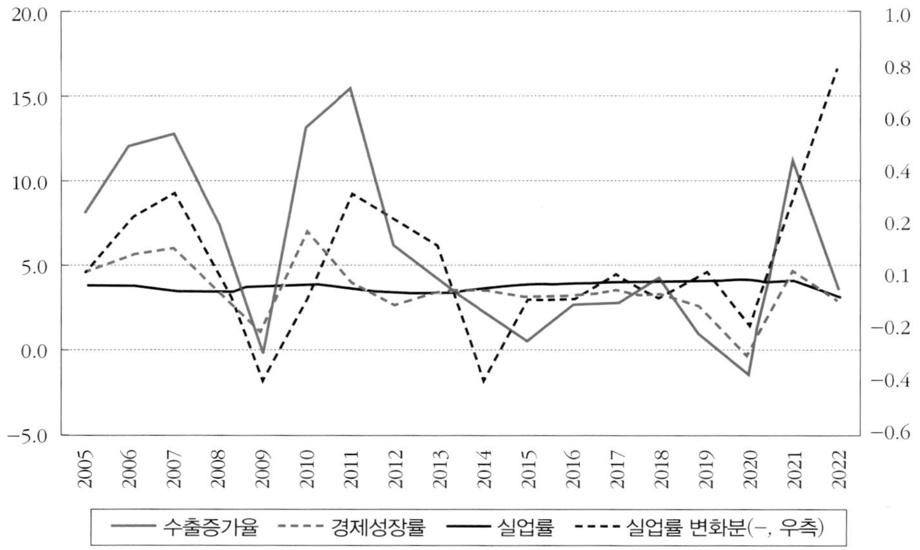

* 주: 1) 단위는 %임.
2) 수출증가율, 경제성장률, 실업률은 좌측 축, 실업률 변화분은 우측 축임. '실업률 변화분'은 당해 연도의 실업률에서 전년도 실업률을 뺀 값에 (−)를 곱한 값으로, 이 값이 증가하면 실업률이 감소했음을 나타냄.

* 자료: 한국은행, 경제통계시스템, 2023.

약적인 산업이 아니라 대부분 자본집약적인 장치산업이어서 생산 증가에 따른 고용확대 효과가 크지 않다. 둘째, 수출증가로 인한 소득 증가가 내수확대로 연결되지 않고 있다. 내수 산업 중 고용효과가 큰 서비스 산업이 수출 증가와 연결되지 못하면서 고용증가 효과가 나타나지 않고 있다. 셋째, 기술 진보가 노동절약적 형태로 이루어지면서 생산의 고용유발효과가 약화되고 있다. 이에 따라 수출과 고용 사이의 연결고리를 강화할 수 있는 정책을 마련할 필요가 있다.

4. 국민소득의 변화와 무역수지

무역수지는 수출과 수입의 차이로 다음과 같다.

$$TB = X - M(Y) \tag{15.13}$$

여기서 TB는 무역수지(trade balance)를 나타낸다. 소득이 증가하면 수입이 증가하여 무역수지가 악화된다. 예를 들어, 정부가 고용을 확대하기 위해 정부지출을 늘리면, 실업은 감소하지만 소득 증가로 수입이 증가하여 무역수지가 악화된다. 기업의 투자가 증가하는 경우도 마찬가지다. 투자가 증가하면 소득이 증가하지만, 소득 증가로 수입이 늘어서 무역수지가 악화된다.

위의 식 (**15.13**)을 전미분하면,

$$d(TB)=dX-m\cdot dY \tag{15.14}$$

이다. 식 (**15.12**)에서 수출의 소득증대효과를 계산하면 $dY=[1/(s+m)]dX$이므로 이를 식 (**15.14**)에 대입하여 정리하면

$$d(TB)=\frac{s}{(s+m)}dX \tag{15.15}$$

이 된다. 이는 수출 증가의 무역수지 개선효과이다. 예를 들어, 한계저축성향 s가 0.2, 한계수입성향 m이 0.2라고 하면, 수출이 100 증가할 때 무역수지는 50만큼 개선된다.

수출 증가보다 무역수지 개선 폭이 더 적은 이유는 수출 증가로 인한 소득 증가가 수입을 유발하기 때문이다. 다시 말해서 초기 수출증가로 인한 무역수지 개선부분이 수입증가로 일부 상쇄되기 때문에 무역수지가 수출 증가분보다 더 적게 개선된다.

제 2 절 2국 모형의 승수효과

1. 2국 모형의 소득방정식

앞에서는 상대국에 영향을 미치지 않는 소국에서 총수요 변화가 소득에 미치는 영향을 살펴보았다. 그런데 경제규모가 큰 대국의 경제 변화는 상대국에 영향을 미치게 되고, 상대국의 변화는 다시 자국 경제에 영향을 미치게 된다. 여기에서는 상

대국의 반응을 고려한 대국의 승수효과를 알아보자.

2국 모형에서 승수효과는 다음과 같다(도출방법은 부록을 참조하라).

$$dY = \frac{s^* + m^*}{sm^* + s^*m + ss^*} dG \tag{15.16}$$

양국의 한계저축성향과 한계수입성향이 모두 0.2라고 하면, 소득승수는 3.3이 된다. 이는 소국의 승수 $1/(s+m) = 2.5$보다 더 크다.

2국 모형의 승수효과가 소국에서보다 더 큰 이유는 다음과 같다. 자국의 정부지출이 증가하면 소득이 증가한다. 소득 증가로 수입이 증가하는데, 이 나라가 소국이라면 수입의 증가가 상대국에 미치는 영향이 무시할 정도이다. 그러나 이 나라가 대국이라면 수입의 증가가 상대국의 소득을 증가시키고, 상대국의 소득 증가로 유발된 수입은 다시 자국의 소득을 증가시킨다. 이런 과정이 반복되면서 대국의 정부지출 증가는 자국의 소득만이 아니라 상대국의 소득과 수입을 증가시켜 자국의 소득을 추가적으로 증가시킨다.

자국의 정부지출 증가에 의한 상대국의 소득 증가는 다음과 같다(도출과정은 부록을 참고하라).

$$dY^* = \frac{m}{sm^* + s^*m + ss^*} dG \tag{15.17}$$

자국의 정부지출 증가에 의해 상대국의 소득도 위의 승수배만큼 증가한다. 양국의 한계저축성향과 한계수입성향이 모두 0.2라면, 승수는 1.7이 된다. 즉, 자국의 정부지출이 100 증가하면, 상대국의 소득이 170 증가한다.

개방경제에서는 한 나라의 경제변화가 반드시 다른 나라 경제에 영향을 미친다. 예를 들어, 무역수지 적자를 줄이거나 자국의 실업을 줄이기 위해 수입을 억제하는 보호무역정책은 상대국의 수출을 줄여서 상대국의 소득을 감소시키고, 이는 자국의 수출 감소와 소득 감소로 이어진다.

자국의 실업을 줄이고자 수입을 억제하는 보호무역정책은 상대국의 실업을 높이므로 이는 자국의 실업을 외국에 수출하는 정책이 된다. 이와 같이 자국의 이익을 위해 상대국에게 손해를 끼치는 정책을 인근궁핍화정책(beggar-thy-neighbor policy)이라고 하는데, 이는 상대국의 반발을 불러일으키기 쉽다. 역사적으로 한 국가의 보호무역은 상대국의 보복을 초래하였고, 나아가서 자원배분의 효율성을 저해하므로 바람직하지 않다. 궁극적으로 보호무역정책은 자국 경제에 도움이 되지 않을 뿐만이 아니라 세계 전체의 소득을 감소시킨다.

2. 이전지출 문제

이전지출(移轉支出; transfer payments)은 반대급부 없이 이루어지는 지출을 의미한다. 국가 간에 이전지출이 발생하면 양쪽 국가의 소득과 수입에 영향을 주어 경상수지의 변동을 초래한다. 경상수지와 관련된 이전지출 문제(transfer problem)는 제1차 세계대전 후 독일의 전쟁 배상과 관련하여 케인즈(Keynes)와 오린(Ohlin) 간의 논쟁에서 시작되었다.

케인즈는 독일이 전쟁배상을 이행하기 위해서는 수출을 늘려야 하는데, 독일은 수출가격을 낮추기가 어렵고, 수출가격이 내려가더라도 수출재의 가격탄력성이 낮기 때문에 수출이 증가하기 힘들어 전쟁배상이 어렵다고 주장하였다. 반면에 오린은 독일이 배상을 진행하면, 수취국의 소득이 증가하여 독일로부터 수입이 증가하고, 독일은 소득이 줄어들어 수입이 감소하므로, 독일의 경상수지가 개선되어 배상금 부담은 예상보다 덜해진다고 봤다.

케인즈의 접근은 가격 변동이 수출과 수입에 미치는 영향을 중심으로 하였는데, 이는 고전파의 관점에서의 해석이고, 오린은 소득의 변화를 중심으로 문제를 바라보았는데, 이는 케인즈학파의 관점에서의 분석이다. 케인즈는 가격변화를 중시하는 고전파의 관점에서, 오린은 소득조정을 중시하는 케인즈학파의 관점에서 이전지출 문제를 해석하고 있다는 점이 흥미롭다.

소득이론의 관점에서 이전지출 문제를 살펴보자. A국에서 B국으로 T만큼 이전지출이 이루어지면, 1차적으로 A국의 소득은 T만큼 감소하고 대신 B국의 소득은 T만큼 증가한다. 그리고 이전지출에 의한 1차적인 소득변화는 승수효과에 의해 양국의 소득에 추가적인 영향을 미친다.

A국에서 B국으로 T만큼의 이전지출이 이루어지면, 이전지출로 인한 A국의 소득변화는

$$dY=\left[\frac{-s^*}{sm^*+s^*m+ss^*}+1\right]dT \tag{15.18}$$

이 되고, B국의 소득변화는

$$dY^*=\left[\frac{s}{sm^*+s^*m+ss^*}-1\right]dT \tag{15.19}$$

이 된다(이의 도출방법은 부록을 참조하라).

이전지출로 인한 양국 소득의 변화는 한계저축성향과 한계수입성향의 크기에 의

해 결정된다. 예를 들어 양국의 한계저축성향과 한계수입성향의 크기가 모두 0.2라고 가정하면,

$$dY = -0.67dT \qquad (15.20.a)$$
$$dY^{*} = 0.67dT \qquad (15.20.b)$$

가 된다. 이전지출을 한 A국의 소득은 감소하고, 이전지출을 받은 B국의 소득은 증가한다. 그런데 A국의 소득 감소폭은 준 금액보다는 더 작으며, B국의 소득 증가폭도 받은 금액보다는 더 작다. 이는 소득의 변화가 수출과 수입에 영향을 미쳐 다시 소득을 변화시키기 때문이다. 다만, 두 국가의 소비에서 수입의 비중이 높다면, 승수효과의 영향으로 인해 이전지출을 한 A국의 소득은 덜 감소하고, 이전지출을 받은 B국의 소득은 덜 증가할 것이다.[5]

그렇다면, 이전지출 이후 A국의 경상수지는 어떻게 되는지 알아보자. A국의 경상수지는 다음과 같이 표시된다.

$$B = X - M - T = M^{*}(Y^{*} + T) - M(Y - T) - T \qquad (15.21)$$

이를 전미분하면,

$$dB = m^{*}(dY^{*} + dT) - m(dY - dT) - dT \qquad (15.22)$$

인데, 여기에 식 (**15.18**)과 식 (**15.19**)를 대입하여 정리하면,

$$dB = -\left[\frac{ss^{*}}{sm^{*} + s^{*}m + ss^{*}}\right]dT \qquad (15.23)$$

가 된다. 이 식에서 우측 항의 부호가 음(-)이므로 이는 이전지출을 한 A국의 경상수지는 항상 나빠짐을 나타낸다. 이전지출을 받은 상대국의 소득이 증가하여 자국의 수출이 증가하지만, 이전지출로 인한 적자폭을 보전하지는 못함을 말해준다. 그

5 극단적으로 두 국가 모두에서 한계수입성향이 한계소비성향의 1/2 이상일 경우, 이전지출을 한 국가의 소득은 이전지출을 받은 국가의 소득보다 더 많이 증가하게 된다. 이러한 현상은 승수효과 때문이다. 초기에 이전지출을 한 국가의 소득은 그 금액만큼 감소하지만, 상대국의 수입 증가로 인해 결국 이 국가의 소득은 이전지출액보다 더 크게 증가하게 됨을 의미한다. 이는 '1/2 × 한계소비성향(c) < 한계수입성향(m)' 조건을 (15.18)과 (15.19) 식에 대입하면 확인할 수 있다. 그런데 소비에서 수입이 차지하는 비중이 절반 이상인 국가는 거의 없다고 할 수 있다.

리고 식 (**15.23**) 우측 항의 [ ] 안의 값이 1보다 작은데, 이는 경상수지 적자폭이 이전지출액보다는 작음을 나타낸다.

제 3 절 환율과 국제수지

1. 마샬-러너 안정조건

앞에서는 수입이 소득의 함수임을 가정하였으나, 수입은 소득만이 아니라 가격에 의해서도 영향을 받는다. 가격의 변화가 수출입에 미치는 영향을 살펴보자.

소득이 일정하다고 가정하면, 수출과 수입은 다음과 같이 가격의 함수로 표시할 수 있다.

$$X = X(P/e) \tag{15.24.a}$$

$$M = M(eP^{*}) \tag{15.24.b}$$

여기서 P는 수출재의 자국통화 표시 가격이고, P^{*}는 수입재의 외화표시 가격이며, e는 환율이다. 자국 수출재에 대한 해외 소비자의 수요인 X는 외화로 표시된 가격 P/e의 함수이고, 수입재에 대한 국내 소비자의 수요인 M은 국내 화폐로 표시된 수입재의 가격 eP^{*}의 함수다.

식 (**15.24**)는 물량 단위로 표시된 수출과 수입이다. 이를 외화 표시 금액으로 바꾸면, 무역수지는 다음과 같다.

$$TB = (P/e) \cdot X(P/e) - P^{*} \cdot M(eP^{*}) \tag{15.25}$$

환율이 올라가면 수출재의 외화표시 가격이 하락하여 수출이 늘어나고, 수입재의 국내화폐표시 가격이 상승하여 수입이 줄어든다. 환율이 올라가면 수출은 증가하지만, 외화표시 가격 (P/e)가 하락하므로 수출금액 $(P/e) \cdot X$은 감소할 수 있다. 따라서 환율 상승이 반드시 무역수지를 개선하지는 않는다.

환율이 상승하여 무역수지가 개선되기 위한 조건은 다음과 같은데, 이를 마샬-러너 조건(Marshall-Lerner condition)이라고 한다(도출과정은 부록을 참고하라).

$$\eta + \eta^{*} > 1 \qquad (15.26)$$

여기서 η는 자국의 수입재에 대한 수요탄력성을 나타내고, η^{*}는 자국 수출재에 대한 상대국의 수요탄력성을 나타낸다. 따라서 η와 η^{*}는 모두 양국의 수입재에 대한 수요탄력성이다. 마샬-러너 조건은 양국의 수입재에 대한 수요탄력성의 합이 1보다 큰 경우에만 환율이 올라갈 때 무역수지가 개선됨을 보여준다. 다시 말해서 수출재와 수입재의 가격탄력성이 클수록 환율상승의 무역수지 개선효과는 커진다.

2. 로빈슨-메츨러 안정조건

위의 마샬-러너 조건은 양국의 수출공급이 무한탄력적임을 가정하고 있다. 수출재 공급에 제약이 있다는 가정에서 도출된 무역균형의 안정조건을 로빈슨-메츨러 조건이라고 하고, 이 조건은 다음과 같다.

$$\frac{\eta_X\eta_Y^{*}(1+\varepsilon_Y+\varepsilon_X^{*})+\varepsilon_Y\varepsilon_X^{*}(\eta_X+\eta_Y^{*}-1)}{(\eta_Y^{*}+\varepsilon_Y)\times(\varepsilon_X^{*}+\eta_X)} > 0 \qquad (15.27)$$

ε_Y: 국내수출재의 국내화표시 공급탄력성, η_Y^{*}: 외국수입재의 외화표시 수요탄력성
ε_X^{*}: 외국수출재의 외화표시 공급탄력성, η_X: 국내수입재의 국내화표시 수요탄력성

두 교역국의 수입수요탄력성과 수출공급탄력성이 위의 로빈슨-메츨러 조건을 충족시킬 때 환율상승은 무역수지를 개선할 수 있다는 조건이다.

로빈슨-메츨러 안정조건과 마샬-러너 안정조건의 차이점은 수출공급탄력성에 대한 가정의 차이이다. 마샬-러너의 안정조건은 수출공급이 무한히 이루어질 수 있다고 가정함에 비해 로빈슨-메츨러 조건은 우상향하는 수출공급곡선을 가정하고 있다. 식 (**15.27**)의 로빈슨-메츨러 안정조건에서 양국의 수출공급탄력성인 ε_Y와 ε_X^{*}가 무한대라고 가정하면, 이 식은 $\eta_X+\eta_Y^{*}>1$이 되어 마샬-러너 조건과 같아진다.

3. 탄력성 회의

마샬-러너 조건에서 알 수 있듯이 환율 상승으로 무역수지가 개선되기 위해서는 두 교역국의 수입수요탄력성이 충분히 탄력적이어야 한다. 만일 수출재나 수입재에 대한 수요탄력성이 비탄력적이면, 환율 상승으로 가격이 변하더라도 수출 증가나 수입 감소가 크지 않아서 무역수지가 개선되기 어렵다. 이를 탄력성 회의

(elasticity pessimism)라고 한다.

1973년의 석유파동 이후, 탄력성 회의(懷疑)에 대한 견해에 더욱 관심을 갖게 되었다. 석유에 대한 수입수요의 탄력성은 매우 낮기 때문에, 환율 상승에 따른 수입가격의 증가에도 불구하고 수입량은 감소하지 않는다. 그 결과, 수입금액은 증가하고, 자국 화폐로 계산한 무역수지는 더욱 악화된다. 당시 IMF는 개도국들에게 국제수지 개선을 위해 평가절하(환율 상승)를 권유하였으나, 개도국들은 그들의 수출재와 수입재의 수요탄력성이 낮기 때문에 평가절하가 무역수지 개선에 도움이 되지 않을 것이라고 반박하였다.

수입수요 탄력성은 단기적으로 비탄력적이지만, 장기적으로는 점차 탄력성이 증가한다. 따라서 평가절하(환율 상승)의 무역수지 개선효과가 단기적으로는 나타나지 않을지라도 장기적으로는 그 효과가 나타날 수 있다. 이처럼 환율 상승의 무역수지 개선효과는 단기와 장기에서 차이가 있다.

일반적으로 농산품이나 원자재의 수요탄력성은 공산품보다 더 낮은데, 후진국들은 선진국에 비해 이들 상품의 교역 비중이 더 높기 때문에, 후진국의 수출재와 수입재의 수요탄력성은 낮은 편이다. 따라서 탄력성 회의 현상은 선진국보다는 후진국에서 나타날 가능성이 높다.

한국은 경제발전 과정에서 일본의 원자재, 부품, 자본재에 대한 수입이 필수적이었다. 이런 재화는 수요탄력성이 낮기 때문에, 엔화 환율이 상승해도 대일본 무역수지는 개선되지 않았고 오히려 적자폭이 확대되는 현상이 나타났다. 이는 탄력성 회의를 뒷받침하는 사례라고 할 수 있다.

엔화 환율과 대일본 무역수지 변화

[그림 15-4]는 1980년 이후 원/엔 환율 변화와 대일본 무역수지 변화다. 1980년 이후의 전반적인 흐름을 보면 원/엔 환율은 상승하고 있으나 무역수지는 나빠지고 있다. 이론적으로 환율이 올라가면 무역수지가 개선되어야 하지만, 한국의 대일본 무역에서는 이런 현상이 나타나지 않는다. 특히 1997년 외환위기 이전을 보면, 원/엔 환율이 상승함에도 불구하고 무역수지 개선이 나타나지 않는 현상이 뚜렷하다. 이는 한국의 대일본 수출 및 수입 상품의 수요탄력성이 매우 낮음을 시사한다.

수입품의 수요탄력성이 낮은 이유는 일본에서 수입하는 재화가 주로 자본재나 중간재로 생산에 필수적인 재화이기 때문이다. 우리나라는 자본재와 주요 부품의 대일본 의존도가 높아서 다른 국가로의 수출이 증가하면 오히려 일본에서 중간재와 부품 수입이 증가하는 현상이 나타난다. 그래서 원/엔 환율이 올라가더라도 대일본 수입 감소가 잘 나타나지 않는다. 이러한 현상은 1999~2004년 기간에도 나

그림 15-4 엔화 환율과 대일본 무역수지 변화

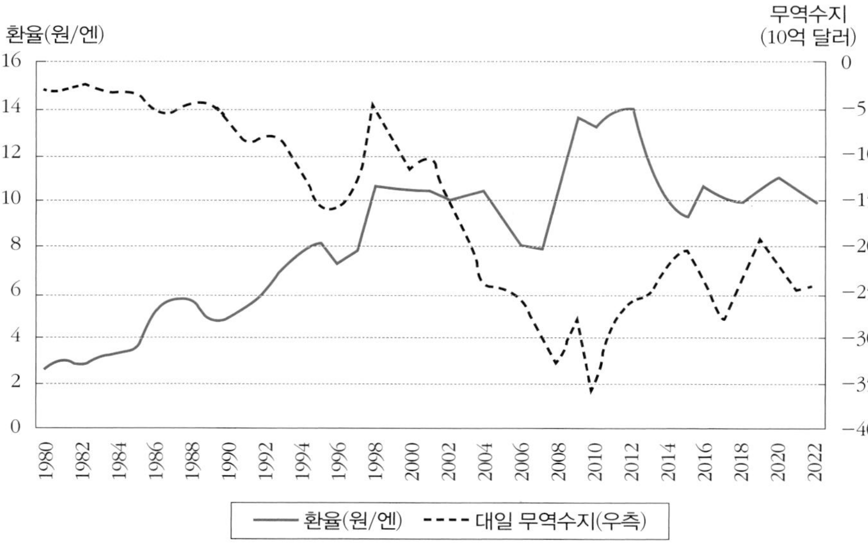

* 주: 왼쪽 축은 원/엔 환율이고, 오른쪽 축은 무역수지로 단위는 10억 달러임.
* 자료: 한국은행, 경제통계시스템, 2023.

타난다. 당시 환율은 10원/엔 수준으로 변동이 없음에도 무역수지는 나빠지고 있었다. 외환위기 직후인 1998년에는 엔화 환율이 급등하면서 무역수지가 개선되었으나, 2008년 금융위기에서는 엔 환율의 급등에도 불구하고 무역수지 개선효과가 크지 않았다.

한국의 대일본 무역에서는 환율과 무역수지 간의 상관관계를 찾기 어렵다. 그렇다고 환율이 수출과 수입에 전혀 영향을 미치지 않았다고 할 수는 없다. 환율 변화가 무역수지에 영향을 미쳤지만 가격탄력성이 낮아서 그 영향이 크지 않았고, 무역은 가격만이 아니라 소득 등 다른 다양한 요인에 의해서도 영향을 받기 때문에 환율이 무역수지에 미친 영향이 상쇄되었다고 할 수 있다.

4. J-곡선 효과

환율이 상승하면 경상수지가 바로 개선되는 것이 아니라, 단기적으로는 악화되었다가 장기적으로 개선되어 간다. 이처럼 환율 상승에 따른 경상수지의 변화가 [그림 15-5]처럼 J자 모양이어서 이를 J-곡선 효과(J-curve effect)라고 부른다. A 시점에서 환율이 상승하면, 초기에는 경상수지가 B점까지 악화되지만, 시간이 지

그림 15-5 J-곡선

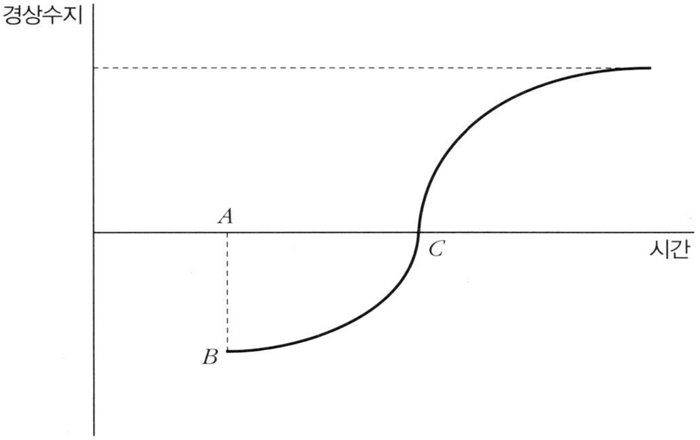

* 주: A(환율인상 시점), B(경상수지 일시적 악화), C(경상수지 개선)

남에 따라 점차 개선되어 C점부터 경상수지가 흑자로 돌아선다. 환율 상승 후 경상수지가 개선되기까지 일반적으로 6개월에서 1년 정도의 시간이 소요된다는 것이 알려져 있다.

왜 환율 변화에 따른 경상수지 개선 효과가 이처럼 J-곡선의 형태로 나타나는가? 그 이유는 환율 변화는 가격에 즉시 반영되지만, 수출입 거래량은 바로 조정되지 않기 때문이다. 즉, 환율 상승 시, 외화표시 수출재 가격은 하락하지만 수출량은 변하지 않기 때문에, 수출액 감소로 무역수지가 악화된다. 그리고 자국 통화 기준으로 보면, 환율 상승 시 수입재의 자국통화 가격은 상승하는데 수입량은 변하지 않기 때문에, 수입액 증가로 무역수지가 악화된다. 이것이 J-곡선이 초기에 적자로 표시되는 이유다. 중장기적으로는 수출 가격의 하락과 수입 가격의 상승이 거래량에 영향을 미쳐 무역수지가 개선되어 간다.

환율 변화 후에 경상수지가 서서히 변화하는 이유는 다음과 같다. 첫째, 소비자들이 가격 변화에 즉각적으로 반응하지 못하기 때문이다. 환율 상승으로 수출재의 가격이 하락하더라도 가격정보 부족 등의 이유로 소비가 즉각적으로 증가하지 않는다. 그러나 시간이 흐름에 따라 가격 정보가 확산되면서 수출량이 늘고 수입량이 줄어들어 경상수지가 개선되어 간다. 둘째, 생산량의 변화에 시간이 필요하기 때문이다. 수요가 증가해도 그에 따른 생산량 증가는 바로 이루어지지 않고, 서서히 이루어진다. 그래서 경상수지 개선효과도 서서히 나타난다. J-곡선 효과는 널리 받아들여지는 개념이지만, 효과의 크기와 지속 기간은 수출입수요의 탄력성, 가격조정 속도, 경제 상황 등에 따라 달라질 수 있다.

1980년 미국의 달러가치가 상승했을 때, 미국의 경상수지는 1982년까지 변화가 없었으나, 이후 악화되기 시작했다. 그리고 1985년 달러가치가 하락했을 때에도 경상수지는 1987년 말까지 개선되지 않다가 이후부터 개선되기 시작하였다. 이러한 현상은 환율 변화가 경상수지에 미치는 영향이 즉각적이지 않고, 어느 정도의 시간이 지난 후에야 나타남을 말해준다.

하지만 때로 환율 상승과 경상수지 개선이 동시에 발생하기도 한다. 1997년 외환위기시 대미달러 환율은 10월말 964.6원에서 11월말 1,170원, 12월말 1,695원으로 급상승하였다. 이 때 10월까지 적자였던 경상수지는 곧바로 11월 4.8억 달러의 흑자, 12월 34.6억 달러의 흑자로 크게 개선되었다. 그런데 환율 상승이 한국 제품의 가격경쟁력을 높여 경상수지 개선에 기여한 것은 사실이나, 이것이 경상수지 개선의 유일한 요인은 아니었다. 당시 외환보유액이 바닥나고 경기가 급격히 침체되면서 수입이 크게 감소하였는데, 이것이 경상수지 개선의 더 큰 요인이었다.

5. 환율의 가격 전가

환율 전가(pass-through)란 환율 변화가 수입재의 국내가격 또는 수출재의 외화표시 가격에 반영되는 정도를 말한다. 수입재의 국내가격은 외화표시 가격에 환율을 곱한 eP^*이고, 수출재의 외화표시 가격은 P/e이므로 환율이 10% 올라갈 때, 수입재의 국내가격이 10% 상승하고 수출재의 외화표시 가격이 10% 하락하게 된다. 이처럼 환율 변화분이 그대로 재화가격에 반영되면 환율전가는 1이라고 한다.

그런데 실제로는 환율이 변할 때 재화가격은 환율 변화분보다 더 적게 변동한다. 즉, 환율전가는 대체로 1보다 작다. 그 이유는 다음과 같다. 미국에 자동차를 수출하는 외국 기업의 경우, 달러 가치가 10% 낮아지면 미국 내 자동차 가격을 10% 올려야 자국 화폐로 환산한 매출액이 종전과 같아지지만, 시장점유율이 낮아질 것을 우려해 가격을 즉각적으로 10% 올리지는 않는다. 그리고 달러의 가치가 10% 높아지는 경우에도 미국 내 자동차 가격을 10% 낮추기보다는 종전 가격을 유지함으로써 이윤을 증가시키고자 한다. 어떤 경우든지 기업은 환율의 변화에 따라 수출재 가격을 즉각적으로 변화시키지 않고, 단기적으로는 이윤의 감소나 증가로 흡수하고자 하는 경향이 있다. 실제로 미국의 경우 1년 이내의 기간에는 달러가치 하락률의 절반 정도만 수입재 가격의 상승에 반영되는 것으로 알려져 있다.

1985년에서 1988년 사이에 엔화의 대미 달러 환율은 절반으로 떨어졌다. 따라서 일본 자동차의 미국 내 가격이 두 배가 되어야 엔화로 평가한 자동차 매출액이 종전과 같아진다. 그러나 일본 자동차 회사들은 미국 내 시장점유율을 유지하기 위해 상당 기간 동안 미국 내 일본 자동차의 가격을 인상하지 않거나 소폭 인상하는 데 그쳤다. 물론 이 과정에서 일본 자동차 회사들의 이윤은 급감하였지만, 그들은 환율 변화율만큼 자동차 가격을 올리지는 않았다.

대체로 환율 변화가 가격에 전가되는 정도는 1보다 작기 때문에 환율변화로 인한 경상수지 개선효과는 생각보다 작다. 환율의 가격전가 정도가 1보다 작고, 또 J-곡선 효과가 있기 때문에 단기적으로 환율 변화가 경상수지에 미치는 영향은 크지 않다.

부록

1. 2국 모형의 소득승수 도출

두 나라만 있는 세계에서 양국의 소득 방정식은 다음과 같다.

$$A\text{국}: Y = C(Y) + I + G + X - M(Y) \quad (15A.1.a)$$

$$B\text{국}: Y^* = C^*(Y^*) + I^* + G^* + X^* - M^*(Y^*) \quad (15A.1.b)$$

여기서 *는 B국의 변수임을 나타낸다. 2국 모형에서 자국의 수출은 상대국의 수입이므로 다음과 같이 쓸 수 있다.

$$X = M^*(Y^*) \quad (15A.2.a)$$

$$X^* = M(Y) \quad (15A.2.b)$$

이를 식 (15A.1)의 소득방정식에 대입하면 다음과 같다.

$$A\text{국}: Y = C(Y) + I + G + M^*(Y^*) - M(Y) \quad (15A.3.a)$$

$$B\text{국}: Y = C^*(Y^*) + I^* + G^* + M(Y) - M^*(Y^*) \quad (15A.3.b)$$

분석의 단순화를 위해 다른 것은 불변이고 자국의 정부지출만 dG만큼 증가했다고 하자. 식 (**15A.3**)을 전미분하고, 여기에 $dI=dI^*=dG^*=0$을 대입하여 정리하면 다음과 같다.

$$A\text{국}:\ dY=cdY+dG+m^*dY^*-mdY \qquad (15A.4.a)$$
$$B\text{국}:\ dY^*=c^*dY^*+mdY-m^*dY^* \qquad (15A.4.b)$$

식 (**15A.4**)에서 dY^*를 소거하고 정리하면,

$$dY=\frac{s^*+m^*}{sm^*+s^*m+ss^*}dG \qquad (15A.5)$$

가 된다. 이것이 2국 모형에서 소득승수다.

2국 모형에서 한 국가의 정부지출 증가는 자국의 소득만이 아니라 상대국의 소득도 증가시킨다. 식 (**15A.4**)에서 dY를 소거하면,

$$dY^*=\frac{m}{sm^*+s^*m+ss^*}dG \qquad (15A.6)$$

가 된다. 이는 자국의 정부지출이 증가하면 상대국의 소득도 위의 승수배만큼 증가함을 보여준다.

2. 이전지출 효과

A국에서 B국으로 T만큼 이전지출이 이루어지면, A국의 소득은 T만큼 감소하고 대신 B국의 소득은 T만큼 증가하므로 앞의 식 (**15A.3**)을 다시 정리하면 양국의 소득 방정식은 다음과 같다.

$$A\text{국}:\ Y=C(Y-T)+I+G+M^*(Y^*+T)-M(Y-T) \qquad (15A.7.a)$$
$$B\text{국}:\ Y=C^*(Y^*+T)+I^*+G^*+M(Y-T)-M^*(Y^*+T) \qquad (15A.7.b)$$

투자나 정부지출은 일정하다고 가정하고, 위의 식을 전미분하면 다음과 같다.

$$A\text{국}:\ dY=c(dY-dT)+m^*(dY^*+dT)-m(dY-dT) \qquad (15A.8.a)$$

$$B\text{국}: dY^* = c^*(dY^* + dT) + m(dY - dT) - m^*(dY^* + dT) \quad (15A.8.b)$$

식 (15A.8)에서 dY^*를 소거하면,

$$dY = \left[\frac{-s^*}{sm^* + s^*m + ss^*} + 1\right] dT \quad (15A.9)$$

이고, dY를 소거하면,

$$dY^* = \left[\frac{s^*}{sm^* + s^*m + ss^*} - 1\right] dT \quad (15A.10)$$

이 된다. 이전지출로 인한 양국 소득의 변화는 한계저축성향과 수입성향의 크기에 의해 결정된다.

3. 마샬-러너 안정조건의 유도

식 (15.25)를 전미분하면 다음과 같다.

$$dTB = d(P/e) \cdot X(P/e) + (P/e) \cdot \frac{dX(P/e)}{d(P/e)} d(P/e) - P^* \cdot \frac{dM(eP^*)}{d(eP^*)} d(eP^*) \quad (15A.11)$$

수출재와 수입재에 대한 수요탄력성은 다음과 같이 정의된다.

$$\eta^* = -\frac{dX(P/e)/X}{d(P/e)/(P/e)} \quad (15A.12.a)$$

$$\eta = -\frac{dM(eP^*)/M}{d(eP^*)/(eP^*)} \quad (15A.12.b)$$

위의 η와 η^*를 $dX/d(P/e)$와 $dM/d(eP^*)$에 대해 정리한 다음, 이를 전미분한 식 (15A.11)에 대입하고, $d(P/e) = (-P/e^2)de$와 $d(eP^*) = P^*de$를 대입하여 정리한다. 그리고 초기에 무역수지가 균형이어서 $(P/e)X = P^*M$이라고 하면,

$$\frac{dTB}{de} = (P^*M)(-1 + \eta^* + \eta) \quad (15A.13)$$

이 된다. 환율 상승으로 무역수지가 개선되기 위해서는 $\frac{dTB}{de} > 0$의 조건이 충족되어야 하므로

$$\eta + \eta^{*} > 1 \qquad (15A.14)$$

이다. 이것이 마샬-러너 조건이다.

주요용어

• 국민총생산(GNP)	• 국내총생산(GDP)	• 국민총소득(GNI)
• 국민소득 삼면등가의 법칙	• 균형국민소득	• 유효수요이론
• 승수효과	• 개방경제승수	• 누출과 유입
• 인근궁핍화정책	• 이전지출 문제	• 마샬-러너 안정조건
• 로빈슨-메츨러 안정조건	• 탄력성 회의	• J-곡선 효과
• 환율 전가		

요 약

01. 국민총소득(GNI)은 일정 기간 동안 일국의 국민이 생산 활동에 참여한 대가로 받은 소득의 합계이고, 국내총생산(GDP)은 해당 국가의 영토 내에서 생산된 최종생산물의 시장가치다. 국민총소득은 국민 기준으로 산출하고, 국내총생산은 영토기준으로 산출한다. 어느 나라에서 일하든 우리나라 국민이 얻은 소득은 국민총소득(GNI)에 포함되고, 어느 나라 사람에 의해서 생산되었든 우리나라 안에서 생산된 산출은 국내총생산(GDP)에 포함된다.

02. 균형국민소득이란 생산과 소비의 순환과정에서 국민소득이 일정하게 유지되는 상태의 소득을 말한다. 균형국민소득 수준에서 총수요와 총공급은 같고, 소득 순환과정에서 나타나는 누출과 유입이 같다.

03. 정부지출이나 투자와 같은 수요가 증가하면, 국민소득은 수요 증가분의 승수배만큼 증가한다. 이를 승수효과라고 한다. 개방경제의 승수는 폐쇄경제의 승수보다 작다. 그리고 2국모형의 승수는 소국모형의 승수보다 크다.

04. 자국의 실업을 줄이고자 수입을 억제하는 보호무역정책은 자국의 이익을 위해 상대국에게 손해를 끼치는 인근궁핍화정책(beggar-thy-neighbor policy)이다. 이와 같은 보호무역정책은 상대국의 반발을 불러일으키기 쉽고, 자원배분의 효율성을 저해하므로 바람직하지 않다.

05. 국가간에 이전지출이 이루어지면 양국의 소득과 수입에 영향을 미쳐 국제수지의 변동을 초래한다. 케인즈는 가격변화가 수출입 증감에 미치는 영향을 중심으로 이전문제를 접근하였고, 오린은 소득이론의 측면에서 이전문제를 접근하였다.

06. 마샬-러너 조건에 의하면, 환율이 올라갈 때 무역수지가 개선되기 위해서는 양국의 수입재에 대한 수요탄력성의 합이 1보다 커야 한다. 로빈슨-메츨러 안정조건에서 양국의 수출공급탄력성이 무한대라고 가정하면, 이는 마샬-러너 조건과 같아진다. 수출재나 수입재에 대한 수요탄력성이 비탄력적이면, 환율이 올라가더라도 수출 증가나 수입 감소가 크지 않아서 무역수지가 개선되기 어렵다. 이를 탄력성 회의(elasticity pessimism)라고 한다.

07. 환율이 상승할 때 경상수지가 단기에는 악화되지만 시간이 흐름에 따라 점차 개선되어 가는 것을 J-곡선 효과라고 한다. 또 환율 변화가 수입재의 국내가격 또는 수출재의 외화표시 가격에 미치는 영향을 환율 전가(pass-through)라고 한다. J-곡선 효과가 있고, 환율 전가의 정도가 작다면, 환율변화가 경상수지에 미치는 영향은 단기적으로 크지 않다.

복습문제

01. 정부의 재정지출이 증가하면 국민소득이 증가하는데, 국민소득 증가분은 재정지출 증가분보다 더 많다. 그 이유는 무엇인가?

02. 재정정책의 소득 증가 효과가 폐쇄경제보다 개방경제에서 더 작다. 그 이유는 무엇인가?

03. 재정정책의 소득 증가 효과는 대국과 소국 중 어디에서 더 크게 나타나는가?

04. 마샬-러너 조건과 로빈슨-메츨러 조건은 무엇에 관한 것이고, 두 조건의 차이점은 무엇인가?

05. 환율 상승이 경상수지 개선에 기여하기 어려운 이유로 탄력성 문제, J-커브 효과, 환율의 격 전가 문제를 들 수 있다. 이를 설명하라.

연습문제

01. $C=100+0.8Y$, $M=150+0.20Y$, $I=100$, $G=100$, $X=350$이라고 하자. 여기서 C: 소비, Y: 소득, I: 투자, G: 정부지출, X: 수출, M: 수입이다. 다음에 답하라.

1) 균형국민소득을 그림을 이용하여 구하라.
2) 균형국민소득수준에서 무역수지는 균형인가?
3) 정부재정이 균형이었다면, 균형국민소득수준에서 저축은 얼마인가?
4) 정부지출이 10 증가하면, 균형국민소득은 얼마가 되는가? 그림으로 표시해라. 이 때 승수효과는 얼마인가?
5) 수출과 수입이 없는 경제라면 균형국민소득은 얼마인가?
6) 5)번의 경제에서 정부지출이 10 증가하면 균형국민소득은 얼마가 되는가? 이 때 승수효과는 얼마인가?
7) 폐쇄경제와 개방경제의 승수효과를 비교하고, 차이가 나는 이유를 설명하라.

02. 대체적으로 어느 나라든지 총소비 지출 중에서 수입재에 대한 지출보다는 자국 제품에 대한 지출비중이 더 크다. 따라서 이전지출을 한 나라의 교역조건은 악화된다는 것이 케인즈의 주장이다. 모든 국가에서 총소비 중 자국 제품에 대한 소비가 80%, 외국 수입품에 대한 소비가 20%라고 가정하고 케인즈의 견해가 타당함을 설명하라.

03. 한국에서 원유는 완전 수입재이다. 원유 비용이 전체 생산비의 20%를 차지하는 제품을 생산하여 수출하는 기업이 있다. 환율이 10% 올라가면, 이 기업의 국내판매와 해외수출에 어떤 영향을 미치는가?

04. 어떤 개도국이 선진국으로부터 생산에 필수적인 자본재를 수입하고, 1차 상품을 수출한다고 하자. 이 나라가 평가절하(환율 인상)를 하면 무역수지가 개선될까?

05. 다음 물음에 답하라.

1) 정부의 예산 적자가 증가하면, 저축과 무역수지에는 어떤 변화가 생기는가?
2) 소국보다 대국에서 재정정책의 영향력은 더 커진다. 그 이유는 무엇인가?
3) 평가절하에 의한 무역수지 개선효과는 단기보다 장기에서 더 크다. 그 이유는 무엇인가?

06. 1985년 플라자협정으로 엔화가치가 상승하면서 일본 엔화에 대한 원화가치가 급속히 하락하였다. 이와 같이 엔화에 대한 환율의 상승이 한국경제에 미치는 영향에 대한 다음 물음에 답하라.

1) 엔화에 대한 환율 상승으로 한국의 수출은 어떻게 될까?
2) 엔화에 대한 환율 상승에도 대일본 무역수지가 개선되지 않는다면 이를 어떻게 설명할 수 있는가?
3) 사람들이 앞으로 엔화에 대한 환율이 더 올라갈 것으로 예상하면, 이것이 한국과 일본간의 자본이동에 미치는 영향은?

16 통화량, 이자율과 환율

통화량, 이자율, 환율은 상호 밀접하게 연결되어 있다. 통화 공급량의 변화는 이자율에 영향을 미치며, 이자율의 변화는 외환시장에도 영향을 주게 된다. 예를 들어, 통화량이 증가하면 국내 이자율이 하락하게 되고, 이로 인해 해외 예금에 대한 수요가 증가하여 환율이 상승하는 결과를 낳는다. 이런 식으로 통화량, 이자율, 환율은 상호작용하는 관계에 있다.

이 장에서는 화폐시장의 균형으로부터 균형 이자율이 결정됨을 알아보고, 화폐시장과 외환시장의 상호관계를 통해 통화량 변화가 환율에 미치는 영향을 살펴본다.

제 1 절 화폐시장의 균형

1. 화폐의 정의

화폐는 교환의 매개수단, 계산단위, 가치저장 수단의 기능을 한다. 화폐를 거래의 매개수단으로 이용하면 물물교환보다 거래가 편리하고, 수많은 재화의 가치를 화폐단위로 평가하면 계산이 편리하다. 그리고 화폐는 가치 저장 기능이 있어서 화폐를 보유하고 있으면 언제든지 물건을 살 수 있다.

흔히 통화라고 하면 동전과 지폐와 같은 현금만을 생각하지만, 은행예금도 현금으로 인출할 수 있기 때문에 통화에 포함된다. 통화를 어떻게 정의하는가에 따라 다양한 통화지표가 있다. 우리나라에서는 '협의통화(M1)', '광의통화(M2)', '금융기관유동성(Lf)', '광의유동성(L)' 등 4개의 지표를 작성하여 사용하고 있다.

협의통화(M1; 狹義通貨)는 민간이 보유한 현금과 요구불예금의 합이다. 여기서 요구불예금에는 당좌예금, 보통예금, 수시입출금식예금, 단기금융펀드(MMF: Money Market Fund) 등이 포함된다. 협의통화(M1)는 유동성이 높은 단기금융상품으로 구성되어 있어서 단기금융시장의 유동성 수준을 파악하는 데 적절한 지표다.

광의통화(M2; 廣義通貨)는 M1보다 넓은 의미의 통화지표로서 M1에 정기예금, 정기적금, 외화예금과 양도성예금증서, 환매조건부채권, 표지어음, 금전신탁, 수익증권, 금융채, 발행어음, 신탁형증권저축 등이 포함된다. 다만 유동성이 낮은 만기 2년 이상의 장기 금융상품은 제외된다.

금융기관유동성(Lf)은 은행뿐만 아니라 증권회사와 보험회사도 편제대상 기관에 포함한다. 여기에는 M2에 추가적으로 만기 2년 이상인 상품(정기예적금, 금융채 등)과 증권금융 예수금 및 생명보험회사의 보험계약준비금 등이 포함된다. 한국은행이 2006년 광의유동성(L)을 공식적으로 발표하면서 기존의 M3가 금융기관유동성(Lf)으로 명칭이 바뀌었다.

광의유동성(L)은 가장 넓은 범위의 유동성 측정 지표로서 금융기관의 금융상품 외에 정부 및 기업이 발행하는 유동성 상품까지 포괄하는 개념이다. 광의유동성(L)에는 정부가 발행하는 국채, 지방채, 기업이 발행하는 기업어음, 회사채, 자산유동화채권 등이 포함된다.

통화공급량은 중앙은행의 정책에 의해 결정된다. 중앙은행은 나름대로의 통화공급목표를 설정하거나 거시경제의 상황에 따라 통화량을 조절한다. 완전고용, 물가안정, 국제수지 균형, 경제성장 등의 정책 목표를 달성하기 위해 통화공급량을 조절하는 정책이 금융정책이다.

한국 통화량의 변화

[그림 16–1]은 한국 통화량의 변화, 즉 본원통화/M2 비율, M1/M2 비율, M2 잔액의 변화를 보여준다. 좌측 축은 본원통화와 M1의 비율(%)이고, 우측 축은 M2의 연말잔액(조원)이다. M2의 잔액은 1990년 146조원에서 꾸준히 증가하여 2022년에는 3,758조원으로 증가했다. M2 대비 본원통화의 비율은 1990년 9.5%에서 2022년 7.3%로 하락하였다. 본원통화는 중앙은행이 발행하여 공급한 통화를 말하며, 민간보유현금과 금융기관의 총지급준비금으로 구성된다. 총통화량 M2에 대한 본원통화의 비율은 10% 미만이다.

M2 대비 M1의 비율은 1990년 30.3%였고, 2022년은 32.9%이다.[1] 지난 30여 년 동안의 변화를 보면, 1998년에는 19.1%까지 하락하였다가 이후 다시 상승하였고, 2008년에는 22.5%까지 하락하였다가 다

1 M1은 M2 구성 요소 중 현금통화, 요구불예금, 수시입출식저축성예금을 합하여 계산했다.

그림 16-1 한국의 통화량 변화

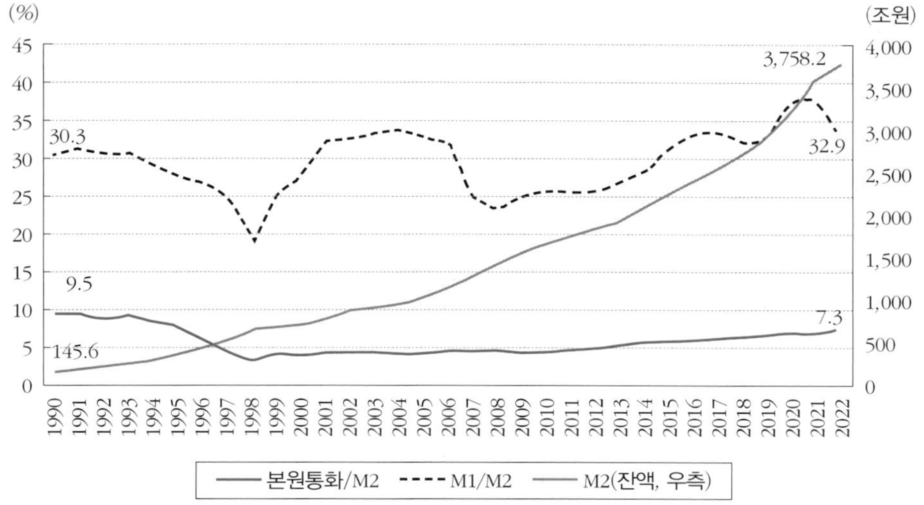

* 주: 1) 왼쪽 축은 '본원통화/M2', 'M1/M2'의 값이고 단위는 퍼센트(%)이며, 오른쪽 축은 M2(잔액)의 값이고 단위는 조원이다.
2) 본원통화, M1, M2의 값은 모두 연말 잔액(원자료)이다.
* 자료: 한국은행, 경제통계시스템, 2023.

시 상승하였다. 이처럼 1997년 외환위기, 2008년의 세계금융위기와 같은 경제위기 전에는 M1/M2의 비율이 하락하다가, 경제위기 이후에는 그 비율이 증가함을 볼 수 있다.

1998년 이후 M1의 비율이 빠르게 증가한 것은 수시입출금식 저축성예금의 증가 때문이다. 1999년 대우채 문제로 채권이 가계예금 형태로 전환되면서 수시입출금식 저축성예금이 급격히 증가하였고, 이후 부동산경기가 활성화되면서 증가한 가계대출 자금들이 주로 수시입출금식 저축성예금으로 남아 있어서 M1의 비율이 증가한 것으로 추정된다. 부동산 경기가 호황이던 2000년대 중반과 2015년 전후에 M1/M2의 비율이 높은 것은 부동산 경기가 호황일수록 M1의 비율이 높아짐을 시사한다.

2. 화폐에 대한 수요

케인즈는 사람들의 화폐보유 동기를 거래적 동기(transaction motive), 예비적 동기(precautionary motive), 투기적 동기(speculative motive)로 나눈다. 소득이 많은 사람일수록 거래를 위해 더 많은 화폐를 보유하고자 하고자 한다. 이를 거래적 동기에 의한 화폐수요라고 한다. 또 소득이 많은 사람일수록 예기치 못한 지출에 대비하기 위해 더 많은 화폐를 보유한다. 이를 예비적 동기에 의한 화폐 수요라 한다. 소득이 많을수록 거래적 동기나 예비적 동기에 의한 화폐보유가 증가하므로 화폐수요는 소득의 증가함수이다.

화폐는 일종의 자산이다. 화폐 대신 주식, 채권, 저축성 예금 등에 투자하면 이자 수익을 얻는다. 그러나 화폐로 보유하면 이자 수익을 얻지 못하므로 기회비용이 있다. 따라서 다른 자산의 수익률이 올라갈수록 사람들은 화폐보유를 줄이고자 한다. 이를 투기적 동기에 의한 화폐 수요라고 한다. 이자율이 올라갈수록 화폐보유가 감소하므로 화폐 수요는 이자율의 감소함수이다.

경제 전체의 총화폐수요는 가계와 기업의 화폐수요를 합한 것이다. 화폐에 대한 수요함수는 다음과 같이 표시된다.

$$\frac{M^d}{P}=L(r,\ Y) \tag{16.1}$$

여기서 M^d는 화폐에 대한 명목수요량, P는 물가, r은 이자율, Y는 실질소득이다. 화폐에 대한 실질수요(M^d/P)는 이자율의 감소함수이고 소득의 증가함수다. 여기서 화폐에 대한 수요를 실질수요로 표시한 것은 물가수준이 올라가면 같은 거래에 대해 그만큼 더 많은 화폐가 필요하기 때문이다.

[그림 16-2]은 화폐에 대한 수요함수이다. 이자율이 하락하면 화폐 수요가 증가

그림 16-2 화폐수요함수와 이동

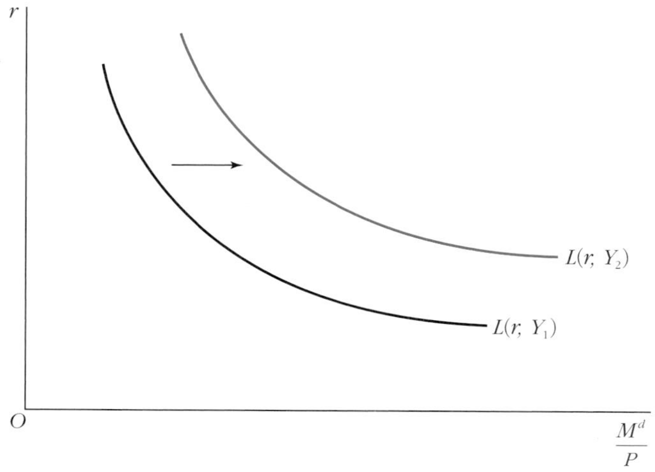

〈화폐에 대한 수요곡선은 우하향하고, 소득이 증가하면 이 곡선은 오른쪽으로 이동한다.〉

하므로 화폐에 대한 수요곡선은 그림과 같이 우하향한다. 이자율의 변화에 따른 화폐 수요 변화는 수요곡선을 따라 움직이지만, 소득의 변화에 따른 화폐 수요 변화는 화폐수요곡선을 이동시킨다. 소득이 증가하면 화폐 수요가 증가하므로 소득 증가는 화폐수요곡선을 우측으로 이동시킨다.

3. 화폐시장의 균형

화폐시장의 균형은 화폐에 대한 수요와 공급이 일치하는 곳에서 이루어진다. 따라서 화폐시장의 균형 조건은

$$M^s = M^d \qquad (16.2)$$

이다. 여기서 M^s은 화폐의 공급, M^d은 화폐에 대한 수요를 나타낸다.

양변을 물가수준 P로 나누고 식 (**16.1**)을 대입하여 정리하면, 다음이 된다.

$$\frac{M^s}{P} = L(r,\ Y) \qquad (16.3)$$

화폐공급은 중앙은행의 정책에 의해 결정되므로 이자율의 함수가 아니다. 따라서

그림 16-3 화폐시장의 균형

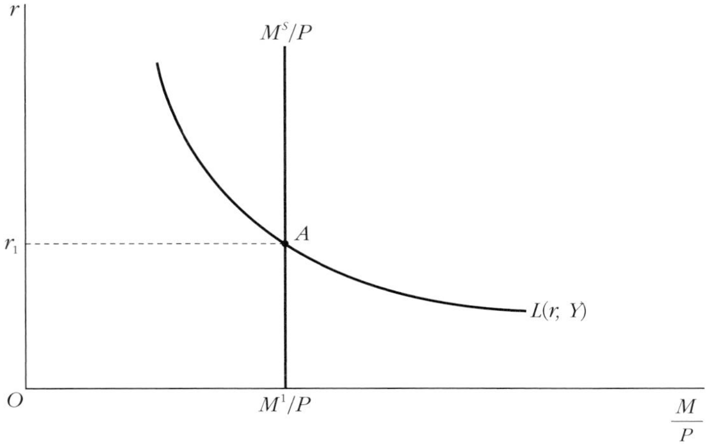

〈화폐에 대한 수요곡선과 공급곡선이 만나는 점에서 화폐시장의 균형과 균형이자율이 결정된다.〉

화폐공급곡선 M^s/P는 [그림 16-3]에서 보듯이 수직이다.

[그림 16-3]은 화폐시장의 균형을 보여준다. 점 A에서 화폐의 수요와 공급이 일치하고, 이때 균형이자율은 r_1이 된다. 현재의 이자율이 균형이자율 r_1보다 높으면 화폐 공급이 화폐수요보다 많아져 화폐의 초과공급이 발생하므로 이자율이 하락하게 된다. 즉 이자율이 다시 r_1으로 하락하여 화폐시장의 균형이 달성된다. 반대로 이자율이 균형이자율보다 낮으면 화폐의 초과수요가 발생하므로 이자율이 올라가고, 이자율이 다시 r_1이 되면 화폐시장이 균형을 달성하게 된다. 균형점 A에서 화폐공급량이 변하거나 생산량(소득)이 변하면, 균형이자율이 변하게 된다.

4. 균형이자율의 변화

[그림 16-4]는 화폐공급량의 증가가 균형이자율에 미치는 영향을 보여준다. 화폐공급량이 증가하면, 화폐공급곡선이 우측으로 이동한다. 그 결과 화폐시장의 균형점이 A에서 B로 이동하고 균형이자율이 r_1에서 r_2로 내려간다. 반대로 통화공급량이 감소하면 이자율이 올라간다.

[그림 16-5]는 국민소득의 증가가 이자율에 미치는 영향을 보여준다. 국민소득(총생산량)이 증가하면 화폐수요곡선이 우측으로 이동한다. 그 결과 화폐시장의 균형점이 A에서 B로 이동하고 이자율이 r_1에서 r_2로 올라간다. 반대로 소득이 감소

그림 16-4 화폐공급량의 증가와 이자율 변화

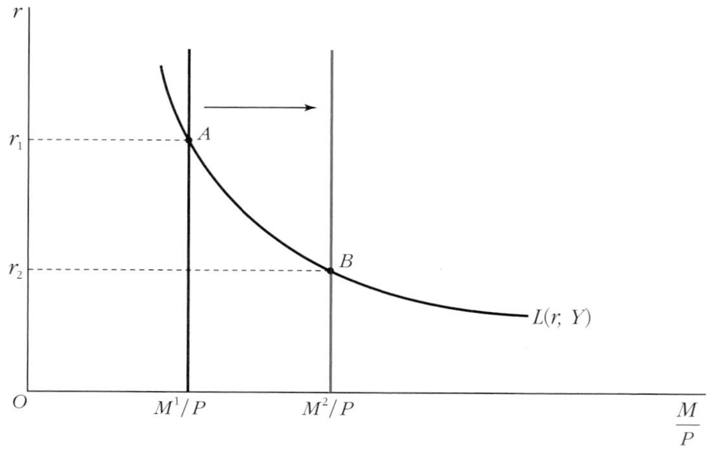

〈화폐 공급량이 증가하면 이자율이 내려간다.〉

그림 16-5 실질생산량의 증가와 이자율 변화

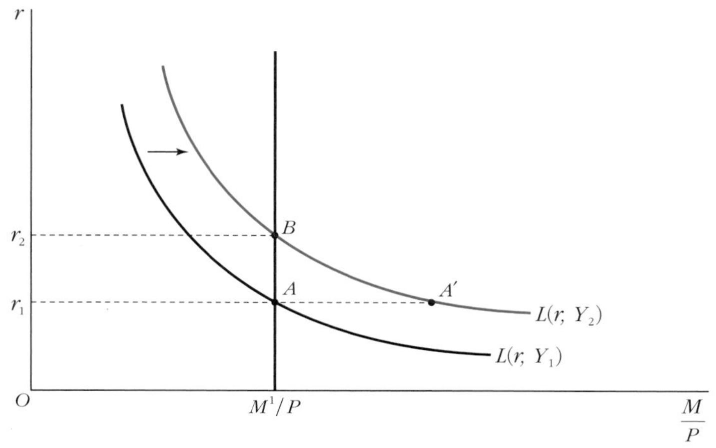

〈실질생산량(소득)이 증가하면 이자율이 올라간다.〉

하면 화폐수요곡선이 좌측으로 이동하고 이자율은 내려간다.

국민소득의 변화가 이자율에 영향을 미치는 과정은 다음과 같다. 국민소득이 증가하면 화폐에 대한 수요가 증가하므로 이자율 r_1에서는 화폐시장에서 AA'만큼 화폐에 대한 초과수요가 발생한다. 화폐시장에서 초과수요가 발생하면 이자율이 올라가서 다시 균형을 회복한다. 이처럼 소득이 증가하면 이자율이 올라간다.

제 2 절 화폐 공급과 환율의 단기적 관계

1. 화폐시장과 외환시장

앞에서 알아 본 이자율평형조건에 의하면, 양국의 예금 수익률 차이는 환율을 변화시킨다. 한 국가의 이자율이 더 높으면 그 나라로 예금이 이동하면서 외환의 수요와 공급을 변화시켜 환율을 변화시킨다. 한 국가의 이자율 변화는 환율을 변화시킨다.

이자율과 환율 사이의 관계를 화폐시장과 외환시장의 상호작용을 통해 설명해 보자. 어떤 국가의 이자율은 화폐에 대한 수요와 공급에 의해 결정되므로 그 국가의

그림 16-6 화폐시장과 외환시장의 통합

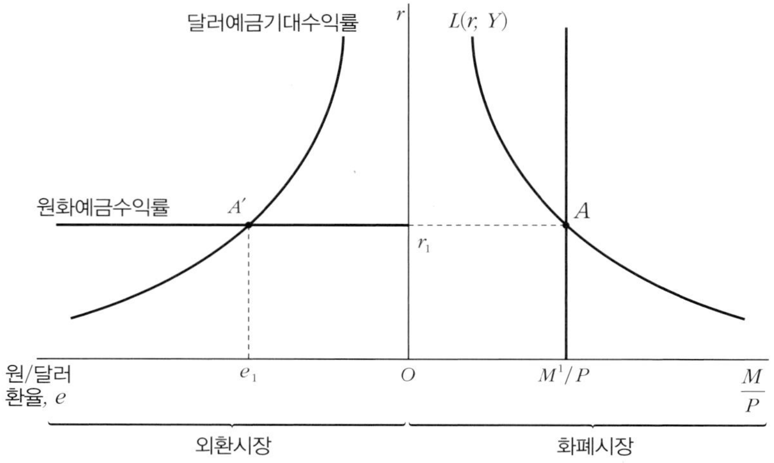

〈화폐시장의 균형에 의해 결정된 이자율은 외환시장의 환율결정에 영향을 미친다.〉

통화공급량이 변하면 이자율이 변하게 된다. 통화공급량의 변화는 이자율만이 아니라 물가 등에도 영향을 미친다. 하지만 여기서는 통화량의 변화가 물가나 생산량에 영향을 미치지 않는 단기적인 측면만을 고려한다.

[그림 16-6]은 화폐시장과 외환시장을 통합한 그림이다. 우측은 화폐시장을 나타내고, 좌측은 외환시장을 나타낸다. 좌측의 외환시장은 제14장에서 이용한 외환시장 그림을 90도 회전하여 그린 것으로 수평축은 환율, 수직축은 이자율을 나타낸다. 여기서 국내예금수익률은 주어진 이자율 수준에서 수평이고, 외국예금기대수익률 곡선은 좌하향하는 형태가 된다.

화폐시장의 균형은 화폐의 수요와 공급이 일치하는 A에서 달성되고, 이 때 국내 균형이자율은 r_1이 된다. 국내이자율이 r_1일 때, 외환시장의 균형은 양국 예금의 기대수익률이 일치하는 A'에서 달성되고, 균형환율은 e_1이 된다. 이처럼 국내 화폐시장에서 국내이자율이 결정되면, 이 국내이자율과 외국예금 기대수익률에 의해 균형환율이 결정된다.

이 모형은 국가 간 자본이동이 완전히 자유로움을 전제하고 있다. 그림의 외환시장 균형은 이자율평형조건을 나타낸다. 이는 국가 간 자본이동에 전혀 제약이 없어서 두 국가의 예금수익률이 같아질 때까지 자본이 이동함을 전제하고 있다. 만일 자본이동에 제약이 있다면, 외국의 예금수익률이 더 높더라도 외국으로 자본이 이동하지 않으므로 두 국가의 예금수익률이 같아질 이유가 없다.

그림 16-7 국내 통화공급의 증가와 환율 변화

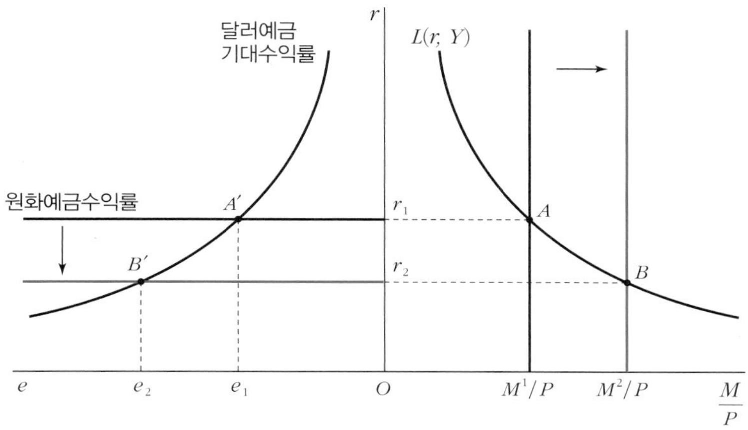

〈화폐공급량이 증가하면, 균형이자율이 내려가고 균형환율이 올라간다.〉

2. 국내 통화공급량의 증가

[그림 16-7]은 국내 통화공급량 증가가 환율에 미치는 영향을 보여준다. 국내 통화공급량이 증가하면, 우측 그림에서 화폐공급곡선이 우측으로 이동하여 균형이자율이 내려간다. 이로 인해 그림의 좌측에서 원화예금수익률 곡선이 아래로 이동하므로 외환시장의 균형점이 A'에서 B'로 내려가고, 그 결과 환율이 e_1에서 e_2로 올라간다. 국내 통화공급량이 증가하면 환율이 올라감을 알 수 있다.

이의 경제적 해석은 다음과 같다. 국내 통화공급량이 증가하면 화폐시장에서 화폐의 초과공급이 발생하여 이자율이 내려간다. 국내 이자율 하락으로 자국 예금의 수익률이 낮아지면, 사람들이 상대적으로 수익률이 높은 외국 예금을 선호하게 되므로 외국에 예금하기 위해 외환 수요가 증가하고, 그 결과 환율이 올라간다.

3. 외국 통화공급의 증가

[그림 16-8]은 외국의 통화공급량 증가가 환율에 미치는 영향을 보여준다. 외국의 통화공급량이 증가하면 외국의 이자율이 내려간다. 외국의 이자율이 내려가면 외국 예금의 기대수익률이 낮아져서 이 곡선이 아래로 이동한다. 그 결과 균형점이 A'에서 B'로 이동하고 환율이 e_1에서 e_2로 낮아진다. 이 과정에서 외국의 화폐공급

그림 16-8 외국 통화공급의 증가와 환율 변화

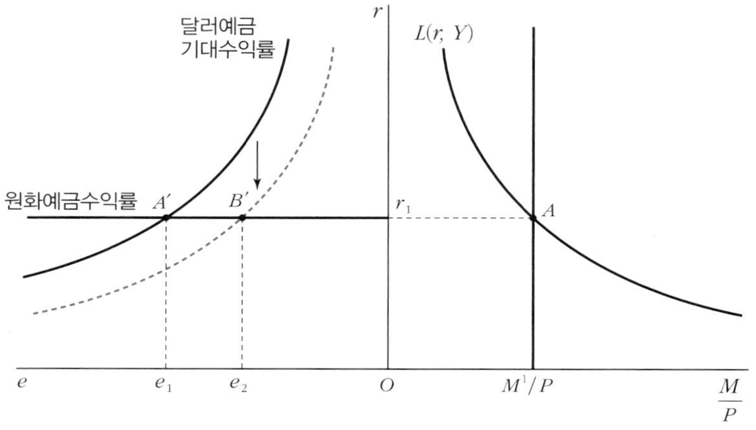

〈외국의 통화공급량이 증가하면 국내 이자율은 변하지 않고 환율이 내려간다.〉

량 증가가 자국의 화폐시장에는 아무런 영향도 미치지 못함을 가정하고 있다. 만일 외국 통화공급량의 증가가 국제수지의 변화를 통해 국내 통화공급량에 영향을 미친다면 결과는 달라진다.

변화 과정을 알아보면 다음과 같다. 외국 화폐공급량이 증가하여 외국의 이자율이 내려가면, 외국예금의 기대수익률이 하락하므로 상대적으로 자국 예금에 대한 수요가 증가한다. 따라서 외환시장에서 외국화폐의 공급이 증가하므로 외국화폐의 가격인 환율은 내려간다.

제 3 절 통화량, 물가수준, 환율의 장기적 관계

1. 통화량과 물가의 장기적 관계

장기균형이란 가격이 신축적이고 경제가 완전고용에 도달한 상태를 말한다. 장기균형에서 생산량은 완전고용 수준에서 불변이고, 이자율도 장기균형이자율 수준에서 불변이다. 장기균형에서 소득 Y와 이자율 r이 불변이라면, 앞의 식 (**16.3**)의 화폐시장 균형식에서 통화공급량 M^s와 물가 P가 비례관계를 갖게 된다. 이는 다음의 케임브리지학파의 현금잔고수량설과 같아진다.

$$M^s = kPY \qquad (16.4)$$

여기서 k는 상수이고, Y는 완전고용 실질국민소득이다. k는 M^S/PY이므로 이는 명목소득에 대한 통화보유비율을 나타내며, 이를 마샬의 k(Marshallian k)라고 한다. 예를 들어, 마샬의 k가 0.2이면, 이는 전 국민이 보유한 통화량이 명목국민소득의 20%임을 뜻한다.

식 (**16.4**)에서 k는 상수이고, Y는 완전고용 국민소득으로 불변이므로 통화량 M^s와 물가 P는 비례관계를 갖는다. 예를 들어, 어떤 국가의 통화량이 2배 증가하면, 물가수준이 2배 증가한다. 이와 같이 통화량과 물가수준이 비례관계를 갖는 것은 통화공급량의 변화가 장기적으로 실질생산량과 실질이자율에 영향을 미치지 않기 때문이다.

[그림 16-9]는 장기적으로 통화량증가율과 물가상승률 사이에 정(+)의 관계가 있

그림 16-9 통화량 증가율과 인플레이션간의 관계(1970~2010년)

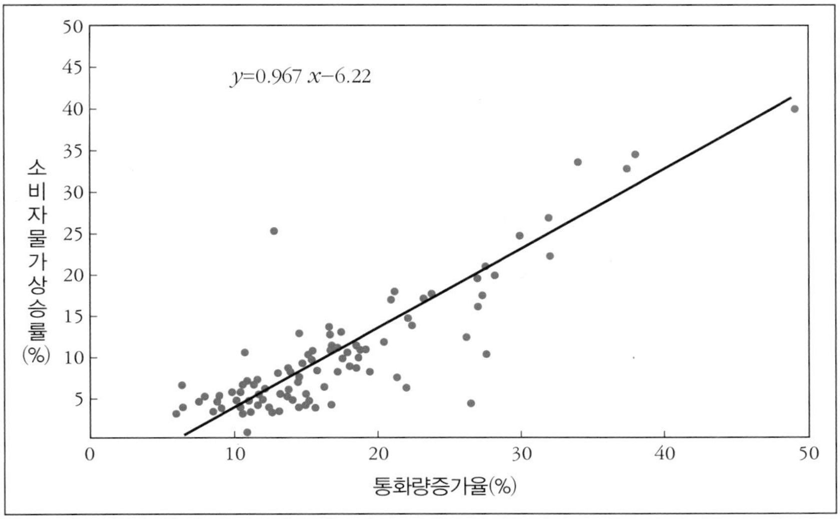

* 주: 1) 1970~2010년의 105개국 자료임.
2) 통화량증가율은 M2증가율이고, 물가상승률은 소비자물가상승률임.
3) 극단치를 제거하기 위해 40년간 연평균 인플레이션이 50%가 넘는 국가는 제외함.

* 자료: World Bank, *World Development Indicators*, 2011.

음을 보여준다. 1970~2010년까지 약 40년간의 105개국 자료를 이용하였다. 여기서 증가율은 연평균 증가율이다. 통화량은 M2이고, 물가상승률은 소비자물가 상승률이다. 통화량증가율과 물가상승률이 정확한 비례적 관계에 있다면, 기울기가 1이어야 한다. 그림에서도 추세선의 기울기가 0.967로 거의 1에 가깝다.

그러나 현실적으로 통화공급량과 물가의 관계가 항상 정비례하지는 않는다. 장기적으로 실질생산량이 변하기 때문이다. 어느 국가나 자본축적이나 기술진보 등으로 생산량이 변해간다. 또 금융제도나 경제 환경의 변화로 화폐에 대한 수요가 증가하면, 통화량이 증가해도 물가가 변하지 않는다. 그리고 어느 나라나 장기균형이 지속적으로 유지되는 것도 아니다. 이런 이유들로 인해 통화량 증가율과 물가상승률 간에 항상 정비례 관계가 나타나지는 않는다. 하지만, 일반적으로 통화량 증가율이 높으면 물가상승률도 높아진다.

통화량 증가로 물가가 상승하면 자국의 화폐가치가 떨어져서 환율도 올라간다. 예를 들어, 국내 통화량이 2배 증가하면 장기적으로 국내 재화의 물가수준이 2배가 되고, 환율도 2배 올라간다. 이는 환율이 장기적으로는 양국의 물가수준에 의해 결정된다는 구매력평가설에 바탕을 두고 있다. 구매력평가설에 관한 자세한 내용은 제19장에서 다룬다.

2. 화폐공급의 변화와 환율의 장기 조정 과정

일시적인 통화공급량 증가 시에는 사람들이 환율변화를 예상하지 못하지만, 통화공급량 증가가 장기간 지속되는 경우에는 물가가 상승하고 이로 인해 환율이 상승한다는 것을 사람들이 이해하고 있기 때문에 사람들은 환율변화를 예상하게 된다. 단기에서는 물가가 불변이고 사람들이 환율변화를 예상하지 못함에 비해, 장기에서는 물가가 신축적이고 사람들이 환율 변화를 예상하기 때문에 금융정책의 장기효과는 단기효과와 달라진다. 통화량 변화가 환율에 미치는 장단기 효과를 비교해 보자.

[그림 16-10]의 (a)는 단기효과에 관한 것이다. 국내 통화공급량이 증가하면, 화폐공급곡선이 우측으로 이동하여 이자율이 r_2로 낮아진다. 국내 이자율이 내려가면 원화예금수익률곡선이 아래로 이동하여 외환시장의 균형점이 A'에서 C'로 이동한다. 그런데 통화량 증가가 일회적이 아니라 영구적인 경우에는 사람들이 앞으로 자국의 화폐가치가 하락하여 환율이 상승할 것으로 예상한다. 이와 같은 환율 상승 예상은 외국 예금의 기대수익률을 높여서 외국예금 기대수익률 곡선이 위로 이동하고, 균형점은 B'가 된다.

사람들이 환율상승을 예상하지 않는 경우에는 환율이 (a)의 e_2까지 올라가는데,

그림 16-10 통화공급량 증가의 장단기 효과

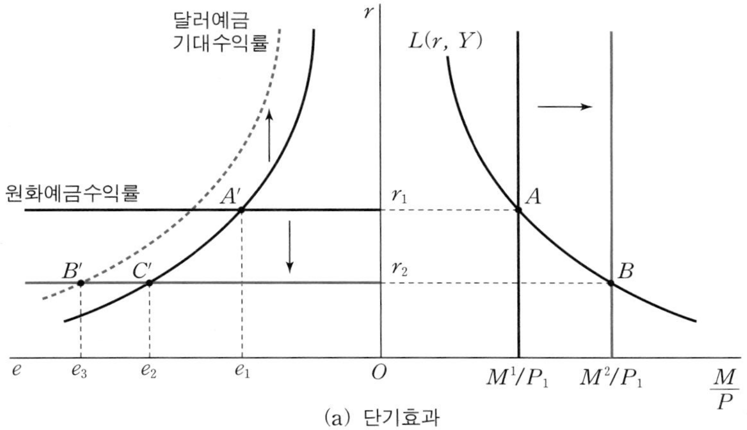

(a) 단기효과

〈통화공급량 증가시 예상환율이 올라가면 환율 상승폭은 더욱 커진다.〉

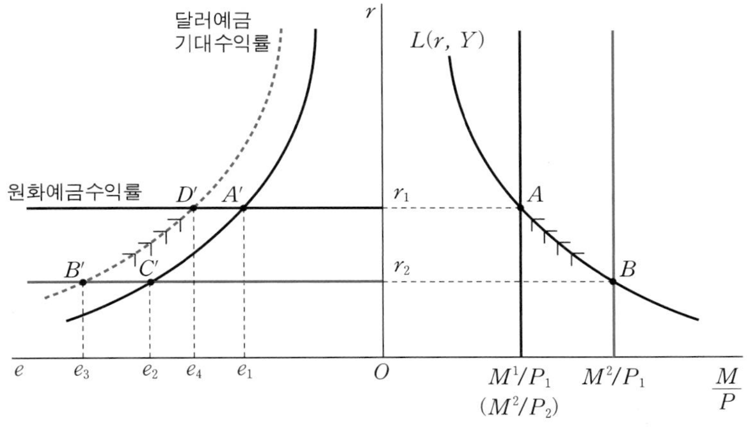

(b) 장기균형으로의 조정과정

〈장기적으로 물가가 상승하면 실질통화공급량이 초기 수준으로 돌아가서 환율 상승폭이 완화된다.〉

사람들이 환율 상승을 예상하기 때문에 환율은 e_2보다 더 높은 e_3까지 올라간다. 이와 같이 통화공급량 증가가 영구적인 경우에는 사람들의 환율 상승 예상 때문에 일회적인 통화량 증가에서보다 환율 상승폭이 더 커진다.

[그림 16-10]의 (b)는 장기균형을 나타낸다. 통화공급량 증가는 장기적으로 물가를 상승시킨다. 최종 물가 상승률은 통화량 증가율과 비례한다. 따라서 장기균형에서 실질화폐공급량(M^s/P)은 초기의 실질화폐공급량과 일치한다. 실질화폐공급량이

초기 수준으로 복귀하므로 화폐시장의 장기 균형점은 다시 A가 되고 이자율도 초기 수준인 r_1으로 복귀한다.

이자율이 단기 균형이자율인 r_2에서 장기 균형이자율인 r_1으로 상승하는 과정에서 환율도 변해간다. 즉, 그림 (b)의 외환시장에서 균형점이 B'에서 D'으로 이동해 가고, 환율이 e_3에서 e_4로 하락한다. 국내 통화공급량 증가로 인한 장기 균형환율 e_4는 단기 균형환율 e_3보다 낮지만, 초기 환율 e_1보다 높다.

3. 환율의 오버슈팅

통화공급량이 증가하면 환율이 올라가는데, 장기보다는 단기에서 환율이 더 많이 올라간다. [그림 16-10]에서 보았듯이 환율이 장기적으로는 e_4까지 올라가지만, 단기적으로는 e_4보다 높은 e_3까지 올라간다. 이와 같이 환율의 즉각적인 반응이 장기적인 반응보다 더 커지는 현상을 환율의 오버슈팅(overshooting)이라고 한다. 환율의 오버슈팅은 현실세계에서 흔히 나타나는 현상이다.

통화량이 증가할 때, 단기 균형환율이 장기 균형환율보다 더 높게 상승하는 이유는 물가수준이 장기적으로는 신축적이지만 단기적으로는 경직적이기 때문이다. 주식, 채권, 외환 같은 자산의 가격은 쉽게 변하는데 비해, 재화가격은 쉽게 변하지 않는다. 통화공급량 증가에 대해 이자율이나 환율은 즉각적인 반응을 보임에 비해 재화가격인 물가수준은 서서히 변해간다. 만일 통화공급량 증가 시에 물가수준이 즉각적으로 올라간다면, 예상환율만 바뀌고 실질통화공급량은 변하지 않으므로 단기에서도 환율이 장기수준인 e_4가 된다. 즉, 단기에도 오버슈팅이 발생하지 않고 장기균형환율에 도달한다. 오버슈팅은 자산가격과는 달리 재화가격이 서서히 변하기 때문에 나타나는 현상이다.

[그림 16-11]은 영구적인 통화량 증가에 대한 거시경제 변수의 반응을 시간경로로 표시한 그림이다. (a)는 통화량이 t_0기에 영구적으로 증가했음을 나타낸다. (b)는 통화량 증가에 대한 이자율의 반응이다. 단기적으로 이자율이 하락하지만, 시간이 지남에 따라 점차 상승해 가고 장기균형에서는 초기 수준의 이자율로 복귀한다. (c)는 물가수준의 변화다. 시간이 지남에 따라 점차 물가가 상승해가고, 장기균형에서는 통화량 증가율만큼 증가한다. 따라서 장기균형에서 실질통화량(M^s/P)은 초기 수준과 같다. (d)는 환율 변화다. 환율은 단기적으로 크게 상승한다. 그러나 시간이 지남에 따라 점차 하락하여 장기균형에 이른다. 장기 균형환율은 초기 환율보다는 높다. 그리고 장기균형 환율 상승률은 통화량 증가율과 같다. 즉, 장기균형에서 물가와 환율은 통화량 증가율만큼 올라간다.

그림 16-11 통화량 증가에 대한 거시경제변수의 반응

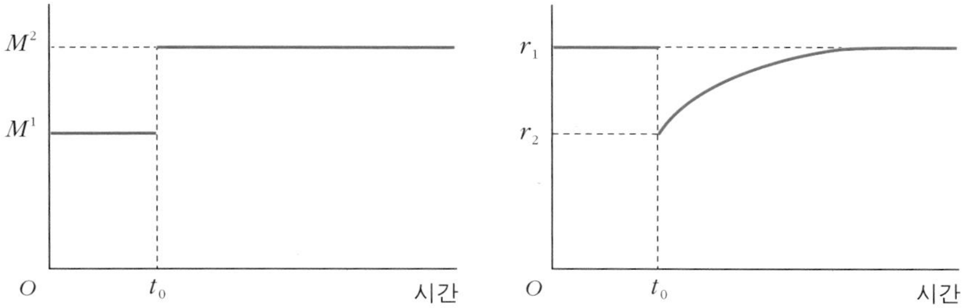

(a) 통화공급량 변화 (b) 이자율 변화

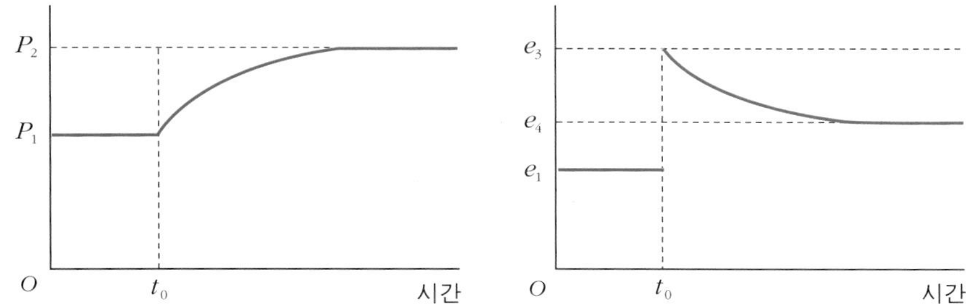

(c) 물가수준 변화 (d) 환율 변화

경제위기와 한국의 환율 변화

사람들의 환율 상승에 대한 예상은 환율을 급등시키는 요인이 된다. [그림 16-10]의 (a)에서 사람들이 환율상승을 예상하지 않았다면 환율은 e_2까지 상승할 것인데, 사람들이 환율상승을 예상하므로 e_3까지 올라간다. 특히 경제위기 상황에서는 사람들이 동시에 환율 상승을 예견하게 되므로 실제 환율이 급등하는 현상이 나타난다.

[그림 16-12]는 1997년 한국 외환위기, 2008년 세계금융위기, 그리고 2021년 코로나위기 상황에서 한국의 환율변화를 보여준다. 그림의 환율은 월평균 환율이고, 수직의 막대는 위기 상황이 현실화된 시점이다. 그림에서 보듯이 위기가 현실화되면 단기적으로 환율이 급등하고, 시간이 지나면서 점차 하락한다. 그러나 환율이 하락하더라도 이후의 환율은 위기 이전의 수준보다는 높다.

1997년 외환위기 때는 11월 이전에 월평균 환율이 1,000원/달러 이하였으나, 2개월 후인 1998년 1월에는 월평균 환율이 1,700원/달러까지 치솟았다. 그 후 점차 하락하여 1년 뒤인 1999년 1월부터는 1,200원/달러 이하로 내려갔다. 또 2008년 세계금융위기 때에는 위기발생 이전에 월평균 1,000원/달러 수준이던 환율이 1,500원/달러까지 치솟았다가 1년 뒤인 2009년 10월에는 1,200원/달러 이하로 낮아졌다. 2000년 코로나위기 때는 1150원 수준이던 환율이 2022년 10월에는 1436원까지 상승했다가

그림 16-12 경제위기와 한국의 환율변화

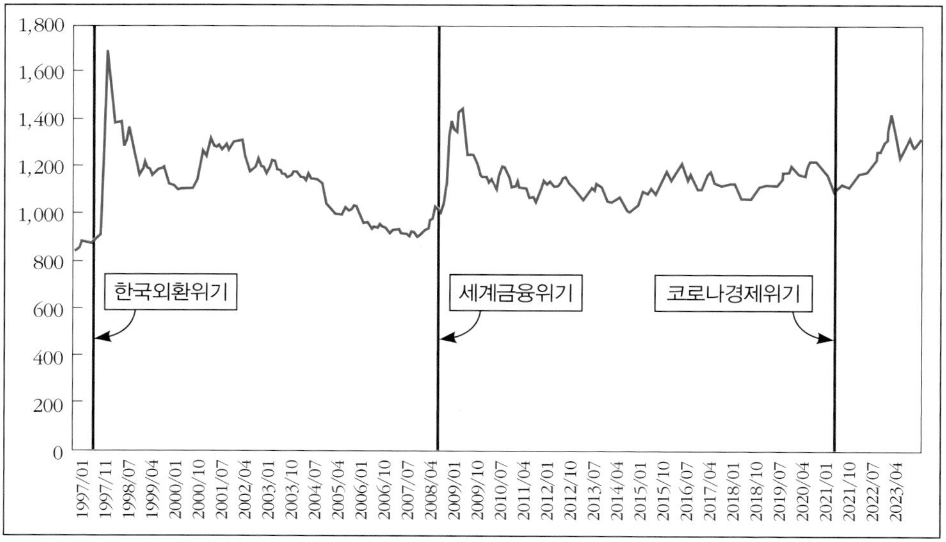

* 주: 월평균 환율임.
* 자료: 한국은행, 경제통계시스템, 2023.

다시 하락하였지만, 2023년 말까지도 1,300원대의 높은 수준을 유지하고 있다. 경제위기에서의 환율 변화를 보면, 급등한 뒤 다시 하락하는 경향이 있지만, 위기 이후의 안정된 환율 수준은 위기 이전의 환율 수준보다 높다는 점을 확인할 수 있다.

외환위기 상황에서는 사람들이 환율 상승을 예상하므로 외환에 대한 수요가 급증하고, 이로 인해 환율이 급등하게 된다. 다시 말해, 위기가 발생하면 사람들의 환율 상승 예상으로 인해 환율의 변화폭이 증폭된다. 이처럼 실제 환율이 균형 환율보다 더 높게 올라가는 현상이 오버슈팅(overshooting)이다.

주요용어

• 협의통화(M1)	• 광의통화(M2), M3	• 화폐에 대한 수요
• 거래적 동기	• 예비적 동기	• 투기적 동기
• 균형이자율	• 균형환율	• 현금잔고수량설
• 마샬의 *k*(Marshallian *k*)	• 오버슈팅	

요 약

01. 화폐의 주요 기능은 교환의 매개수단, 계산단위, 가치저장 수단이다. 협의통화(M1)는 민간이 보유한 현금과 요구불 예금의 합이고, 광의통화(M2)는 M1보다 넓은 의미의 통화지표로서 자산증식을 목적으로 한 금융상품들이 포함되며, M3는 은행뿐만 아니라 비은행금융기관을 포함한 전 금융기관의 유동성 수준을 파악할 목적으로 개발된 지표다.

02. 화폐도 일종의 자산으로 화폐에 대한 수요도 일반 자산과 마찬가지로 기대수익률, 위험, 유동성에 의해 결정된다. 그런데 화폐 대신 주식, 채권, 저축성 예금 등에 투자하면 이자수익을 얻는 반면, 화폐는 이자 수입을 얻지 못하기 때문에 기회비용이 있다.

03. 케인즈는 사람들의 화폐보유 동기를 거래적 동기, 예비적 동기, 투기적 동기로 나눈다. 거래적 동기와 예비적 동기에 의한 화폐 수요는 소득의 증가함수이고, 투기적 동기에 의한 화폐 수요는 이자율의 감소함수다.

04. 화폐공급량이 증가하면, 화폐의 초과공급이 발생하여 균형이자율이 내려가고, 국민소득이 증가하면 화폐에 대한 초과수요가 발생하여 이자율이 올라간다.

05. 국내 통화공급량이 증가하면 환율이 올라가고, 외국의 통화공급량이 증가하면 환율이 내려간다. 이 과정에서 외국 통화공급량의 증가가 국제수지의 변화를 통해 국내 통화공급량에 미치는 영향은 없음을 가정하고 있다.

06. 장기적으로 소득과 이자율이 일정하다면, 화폐시장 균형식은 케임브리지학파의 현금잔고수량설과 같아진다. 여기서 명목소득에 대한 통화보유비율은 일정한 비율이 되는데, 이를 마샬의 k(Marshallian k)라고 한다.

07. 국내 통화공급량이 증가할 때, 단기적으로 사람들이 환율 상승을 예상하면 환율 상승폭이 더 커진다. 그러나 장기적으로 물가가 상승하면 실질통화공급량이 감소하므로 환율상승폭은 작아진다.

08. 환율의 단기적인 반응이 장기적인 반응보다 더 클 때, 이를 환율의 오버슈팅(over shooting)이라고 한다. 환율의 오버슈팅은 재화가격이 단기적으로는 고정되어 있지만, 장기적으로는 변해가기 때문에 나타난다.

복습문제

01. 소득과 이자율은 각각 화폐수요에 어떤 영향을 미치는지 설명하라.

02. 화폐시장과 외환시장은 무엇을 매개로 하여 서로 연결되어 있는가?

03. 통화공급량의 증가는 이자율과 환율에 어떤 영향을 미치는가?

04. 통화공급량이 증가할 때, 환율이 단기와 장기에 걸쳐 어떻게 변해가는지 그 조정과정을 설명하라.

05. 환율의 오버슈팅이란 무엇이고, 왜 이런 현상이 나타나는지 설명하라.

연습문제

01. 2002년 이후 정부의 권장으로 신용카드 사용이 일반화되었다. 이는 화폐에 대한 수요에 어떤 영향을 미치는가? 또 이러한 화폐수요의 변화는 단기적으로 환율에 어떤 영향을 미치는가?

02. "국제수지 흑자가 지속되면 인플레이션이 일어날 가능성이 높아진다. 중앙은행은 이를 억제하기 위해 통화공급량을 조절하는 수단을 강구해야 한다." 이를 설명하라.

03. 외환시장에서 중앙은행의 외환거래량은 다른 시장참여자에 비해 그 규모가 매우 작다. 그러나 환율의 결정에는 다른 참여자보다 영향이 크다. 그 이유는 무엇인가?

04. 화폐의 유통속도 $V=5$이고, 명목 GNP가 500이라고 가정하고 다음 물음에 답하라. 화폐의 유통속도는 '명목GNP/명목통화량'이다.

1) 이 나라의 화폐수요량은 얼마인가?
2) 마샬의 k는 얼마인가?
3) 명목 GNP가 600으로 증가하면, 화폐수요량은 얼마가 더 증가하는가?
4) 명목 GNP가 매년 10%씩 증가하는 경우, 이 국가의 화폐수요는 어떻게 되겠는가?

05. IMF 자료에 의하면, 2004년에 통화공급량(M2) 증가율이 선진국 평균은 5.1%, 개도국 평균은 16.6%이고, 소비자물가상승률은 선진국 평균이 2.0%, 개도국 평균이 5.7%이다. 다음 물음에 답하라.

1) 어느 그룹에서 실질통화공급량이 더 많이 증가하였는가?

2) 통화공급량 변화율에 비해 상대적으로 물가상승률이 낮은 그룹은?

3) 통화공급량과 물가상승률이 일치하지 않는 이유는 어떻게 설명되는가?

06. 불완전고용 상태에 있는 경제에서 통화공급량이 2배 증가하여 완전고용소득수준에 도달했다고 하자. 초기 이자율이 장기이자율 수준이었다면, 물가수준은 얼마만큼 변하는가?

07. 통화공급량이 증가하면 단기적인 환율변화가 장기적인 환율변화보다 커지는 오버슈팅 현상이 나타난다. 만일 통화공급량 증가가 실질생산량을 즉각 증가시킨다면, 이는 환율의 오버슈팅에 어떤 영향을 미치는가?

08. 세계 이자율의 상승이 소규모 개방경제 중앙은행의 준비자산, 화폐공급량에 미치는 효과는 무엇인가? 중앙은행은 공개시장조작으로 통화공급량 변화를 상쇄시킬 수 있는가?

17 개방경제의 일반균형과 거시경제정책의 효과

제14장, 제15장, 그리고 제16장에서 각각 외환시장, 생산물시장, 화폐시장의 균형에 대해 알아보았다. 이 세 시장이 모두 균형 상태에 있을 때, 거시경제의 일반균형이 달성된다고 한다.

이 장에서는 생산물시장 균형을 나타내는 DD곡선과 자산시장 균형을 나타내는 AA곡선을 도출하고, 이를 이용해 거시경제의 일반균형을 알아본다. 그리고 일반균형 모형을 이용해 재정정책과 금융정책의 효과를 알아본다. 즉 재정정책과 금융정책이 균형국민소득, 균형환율, 그리고 경상수지에 미치는 영향을 알아본다.

제 1 절 생산물시장의 균형: DD곡선

1. 총수요함수

1) 소비함수

소비는 가처분소득의 함수이고, 가처분소득은 국민소득 Y에서 세금 T를 뺀 $(Y-T)$이다. 따라서 소비함수는

$$C=C(Y-T) \tag{17.1}$$

이다. 가처분소득이 증가할수록 재화와 서비스에 대한 소비는 증가하지만, 소비는 소득의 증가분보다 더 적게 증가하므로 한계소비성향 c는 0보다 크고 1보다 작다. 즉, $0<c<1$이다.

2) 경상수지 함수

$(X-M)$은 재화와 서비스에 대한 수출과 수입의 차액으로 경상수지를 나타낸다. 재화와 서비스의 수출과 수입은 수출재와 수입재의 상대가격, 국내소득, 그리고 외국소득에 의해 결정된다. 국내통화로 표시한 수입재의 가격은 eP^*이고, 수출재의 가격은 P이므로 수출재에 대한 수입재의 상대가격은 eP^*/P가 된다. 외화로 표시한 수입재의 상대가격은 $P^*/(P/e)$인데, 이를 다시 정리하면 eP^*/P가 되어 국내통화로 표시한 상대가격과 같아진다.

수입재의 국내가격 eP^*가 올라가면 수입이 감소하고, 수출재의 가격 P가 올라가면 수출이 감소한다.[1] 따라서 상대가격 eP^*/P가 올라가면, 수입이 감소하고 수출이 증가하므로 경상수지는 개선된다. 또 국내소득이 증가하면 수입이 늘어서 경상수지가 악화되고, 외국의 소득이 증가하면 수출이 늘어서 경상수지가 개선된다. 분석의 단순화를 위해 외국의 소득이 고정되어 있다고 가정하면, 경상수지(current account; CA)는 상대가격과 가처분소득의 함수가 된다. 이를 식으로 표시하면 다음과 같다.

$$CA = CA\left(\frac{ep^*}{P},\ Y-T\right) \tag{17.2}$$

앞서 설명한 바와 같이 경상수지 CA는 상대가격 eP^*/P의 증가함수고, 가처분소득 $(Y-T)$의 감소함수이다.

식 (**17.2**)의 eP^*/P는 실질환율(real exchange rate)을 나타낸다.[2] 실질환율은 두 국가의 재화의 상대가격이다. 실질환율 상승은 외국 재화 가격이 자국 재화 가격에 비해 상승함을 뜻한다. 따라서 실질환율이 올라가면 수입이 감소하고 수출이 증가한다. 그러므로 실질환율이 올라가면 경상수지가 개선되고, 반대로 실질환율이 내려가면 경상수지가 악화된다.

3) 총수요함수

총수요는 소비, 투자, 정부지출, 해외수요의 합으로 다음과 같다.

$$D = C + I + G + (X-M) \tag{17.3}$$

---

1 eP^*가 올라가면, 국내수입물량은 감소하지만, 수입재 가격의 상승으로 수입액은 증가할 수 있다. 그러나 여기서는 수입물량의 감소효과가 금액 증가효과보다 크다고 가정한다.

2 실질환율에 대해서는 제19장에서 자세히 살펴보고 있다.

여기에 소비함수와 경상수지 함수를 대입하면,

$$D = C(Y-T) + I + G + CA(\frac{ep^*}{P},\ Y-T) \tag{17.4}$$

이고, 이를 간단히 표현하면 다음과 같다.

$$D = D(\frac{ep^*}{P},\ Y-T,\ I,\ G) \tag{17.5}$$

각 변수가 총수요에 미치는 영향은 다음과 같다. 상대가격 eP^*/P가 올라가면 수입이 감소하고 수출이 증가하여 경상수지가 개선되고 총수요가 증가한다. 다음으로 가처분소득이 증가하면 국내소비와 수입이 모두 증가한다. 국내소비의 증가는 총수요를 증가시키지만, 수입의 증가는 총수요를 감소시킨다. 그런데 수입은 소비의 일부이므로 한계수입성향은 한계소비성향보다 항상 더 작다. 따라서 소득이 증가하면 소비의 증가가 수입의 증가보다 더 커서 전체적으로 총수요는 증가한다. 투자(I)와 정부지출(G)이 증가하면 총수요는 늘어나고, 조세(T)가 증가하면 가처분소득이 감소하여 총수요는 떨어진다. 따라서 총수요(D)는 eP^*/P의 증가함수, $(Y-T)$의 증가함수, I와 G의 증가함수이고, 조세(T)의 감소함수이다.

2. *DD*곡선의 도출

여기에서는 생산물시장의 균형을 나타내는 DD곡선을 도출해보자. 생산물시장은 총공급과 총수요가 일치할 때 균형이 이루어진다. 이를 수식으로 표현하면 다음과 같다.

$$Y = D(\frac{ep^*}{P},\ Y-T,\ I,\ G) \tag{17.6}$$

위 식의 좌측은 총공급, 우측은 총수요를 나타낸다. 총수요(D)는 eP^*/P의 증가함수, $(Y-T)$의 증가함수, I와 G의 증가함수, 조세(T)의 감소함수이다.

생산물시장의 균형을 나타내는 식 (17.6)에서 단기적으로 양국의 물가수준은 일정하다고 가정하고 환율과 총생산량 간의 관계를 알아보자. 환율이 상승하면 수입재 상대가격 eP^*/P가 상승하여 수출이 증가하고 총수요가 증가하므로 이는 다시 총생산량을 증가시킨다. 즉 환율이 상승하면 국민소득(총생산)이 증가한다. 즉 환율과 총생산량 간에는 정(+)의 관계에 있다(이의 수학적 증명은 부록을 참고할 것).

그림 17-1 *DD*곡선의 도출

(a) 환율변화와 균형국민소득의 변화

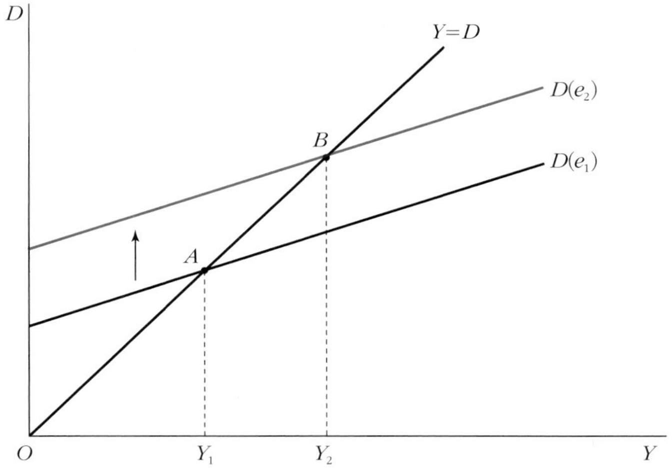

(b) *DD*곡선의 도출

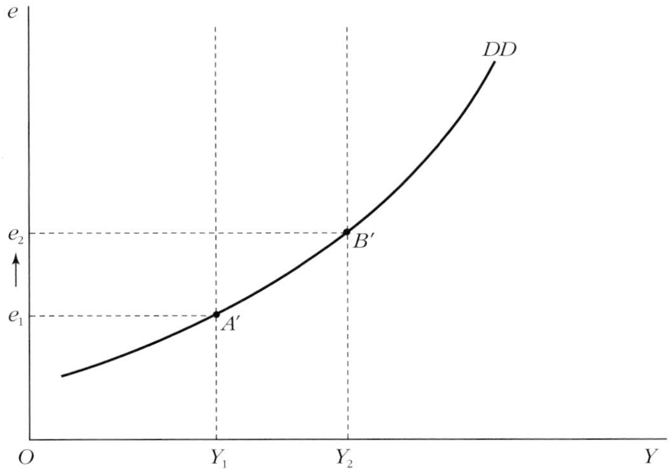

〈환율이 올라가면 균형국민소득은 증가하므로 *DD*곡선은 우상향한다.〉

생산물시장의 균형을 나타내는 곡선을 그림을 이용해 도출해보자. [그림 17-1]의 (a)에서 환율이 e_1일 때의 생산물시장의 초기 균형점은 A점이다. 환율이 e_2로 올라가면, 경상수지가 개선되고 총수요가 증가한다. 따라서 총수요곡선이 위로 올라가므로 재화시장의 균형점은 A에서 B로 이동하여 균형생산량은 Y_1에서 Y_2로 증가한다. 이와 같이 환율이 올라가서 총수요가 증가하면, 기존의 Y_1 생산량 수준에서는 초과수요가 발생하기 때문에 초과수요를 보전하기 위해 생산량이 늘어난다. 이와 같이 개방경제에서 환율 변화는 총수요에 영향을 미쳐서 생산량을 변화시킨다.

[그림 17-1]의 (b)는 생산물시장의 균형을 유지하는 생산량과 환율의 조합인 DD곡선을 나타낸다. 이것은 [그림 17-1]의 (a)로부터 도출된다. 그림 (a)의 A점은 환율이 e_1일 때 균형생산량은 Y_1임을 나타내는데, 이는 그림 (b)의 점 A'과 대응하는 점이다. 그림 (a)에서 환율이 e_2로 올라가면 균형점이 B로 이동하여 균형생산량은 Y_2로 증가하는데, 이는 그림 (b)의 점 B'에 상응한다.

그림 (a)에서 환율의 변화에 따라 균형생산량이 변해감을 알 수 있는데, 여기서 구한 환율과 생산량의 조합을 그림 (b)의 환율과 생산량 평면에 표시하여 연결하면 DD곡선이 된다. DD곡선은 그림 (b)에서와 같이 우상향하는 곡선이 된다.

3. *DD*곡선의 이동

재화시장 균형식 (**17.6**)에서 보듯이, 총수요는 환율 이외에도 정부지출(G), 조세(T), 투자수요(I), 국내물가수준(P), 해외물가수준(P^*) 등에 의해서도 영향을 받는다. 환율 변화에 의한 총생산량의 변화는 DD곡선상의 움직임으로 나타나지만, 환율 이외의 요인에 의한 총수요의 변화는 DD곡선을 이동시킨다.

[그림 17-2]는 정부지출이 증가하면 DD곡선이 우측으로 이동함을 보여준다. 초기 균형점은 (a)의 A와 (b)의 A'으로 균형생산량은 Y_1이다. 그림 (a)에서 정부지출이 증가하면 총수요가 증가하여 균형점이 B로 이동하고 균형생산량은 Y_2가 된다. 환율이 변하지 않은 상태에서 생산량만 증가하였기 때문에 그림 (a)의 새로운 균형점 B는 그림 (b)에서 새로운 DD곡선상의 B'점과 대응한다. 이와 같이 정부지출의 증가는 DD곡선을 우측으로 이동시킨다.

나머지 변수가 변하는 경우에도 유사한 분석이 가능하다. 조세 T의 감소, 투자수요 I의 증가, 국내물가 P의 감소, 해외물가 P^*의 증가는 모두 국내 총수요를 증가시킨다는 점에서 정부지출 G의 증가와 마찬가지로 DD곡선을 우측으로 이동시킨다. 반대로 조세 T의 증가, 투자수요 I의 감소, 국내물가 P의 증가, 해외물가 P^*의 감소는 모두 국내 총수요를 감소시킨다는 점에서 DD곡선을 좌측으로 이동시킨다.

일반적으로 총수요를 증가시키는 요인은 DD곡선을 우측으로 이동시키고, 총수요를 감소시키는 요인은 DD곡선을 좌측으로 이동시킨다. 앞서 설명한 요인 이외에도 국내소비자들의 소비성향이 증가하면 국내 총수요가 증가하므로 DD곡선이 우측으로 이동한다. 또 사람들의 소비패턴이 수입재보다는 국산품을 선호하는 형태로

그림 17-2 정부지출의 증가와 *DD*곡선의 이동

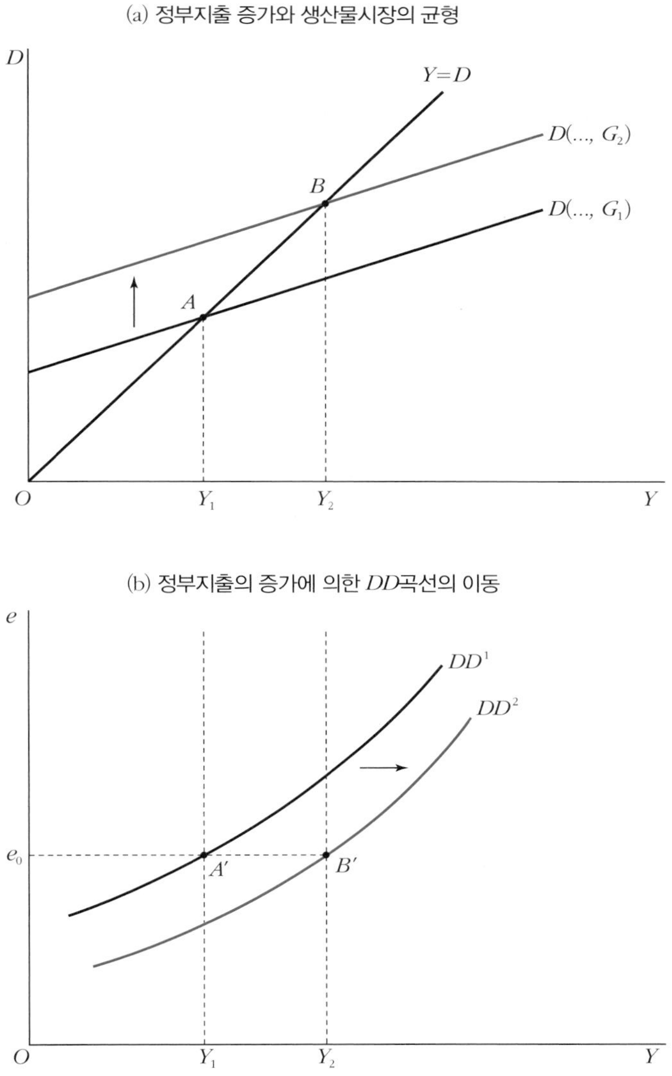

〈정부지출이 증가하면 균형국민소득이 늘어나므로 *DD*곡선은 우측으로 이동한다.〉

변하면 국내총수요가 증가하므로 *DD*곡선은 우측으로 이동한다. 외국인들의 우리 제품에 대한 선호가 증가하여 수출이 증가하는 경우에도 *DD*곡선은 우측으로 이동한다. 그러나 반대로 내국인이나 외국인들의 소비패턴이 국내재화에 대한 소비가 감소하는 형태로 바뀌면, 국내총수요가 감소하므로 *DD*곡선이 좌측으로 이동한다.

제 2 절 자산시장의 단기균형: *AA*곡선

1. 외환시장과 화폐시장

개방경제에서의 자산시장은 외환시장과 화폐시장으로 구성된다. 외환시장과 화폐시장이 동시에 균형을 이룰 때 자산시장의 균형이 달성되었다고 하고, 이를 *AA*곡선으로 나타낸다.

우리는 외환시장의 균형조건을 이자율평형조건으로 설명한다. 환율을 결정하는 요인은 다양하고 복잡하지만, 국가 간 자본이동이 자유로울 때 환율 결정에 가장 중요한 요인은 양국의 수익률 차이다. 이자율평형조건에 의하면 국내예금의 기대수익률과 외국예금의 기대수익률이 일치할 때 외환시장의 균형이 달성된다.

이자율평형조건은 다음과 같다.

$$r = r^* + \frac{e^e - e}{e} \qquad (17.7)$$

r은 국내예금 이자율이고, r^*는 외국예금 이자율이며, e^e는 예상환율이다. 이 균형조건에서 다른 변수에 변화가 없다면, 자국 이자율이 올라갈 때 환율이 하락해야 균형조건이 충족되므로 자국의 이자율과 환율간에 역의 관계를 갖는다.

화폐시장의 균형은 화폐의 실질수요와 실질공급이 일치하는 점에서 이루어진다. 화폐시장의 균형식은 다음과 같다.

$$\frac{M^S}{P} = L(r,\ Y) \qquad (17.8)$$

이자율 r이 올라가면 화폐보유의 기회비용이 증가하여 화폐수요가 감소하고, 소득(생산량)이 늘어나면 거래적 동기나 예비적 동기에 의한 화폐수요가 증가한다. 화폐에 대한 수요함수는 이자율의 감소함수이고, 소득의 증가함수다.

2. *AA*곡선의 도출

자산시장의 균형은 외환시장과 화폐시장의 동시적 균형을 말한다. 예를 들어, 자국은 한국이고, 외국은 미국이라고 하자. [그림 17−3]의 (a)에서 우측은 한국 화폐시장의 균형을, 좌측은 외환시장의 균형을 나타내고 있다. 화폐시장의 균형점이 *A*

그림 17-3 자산시장의 균형과 *AA*곡선의 도출

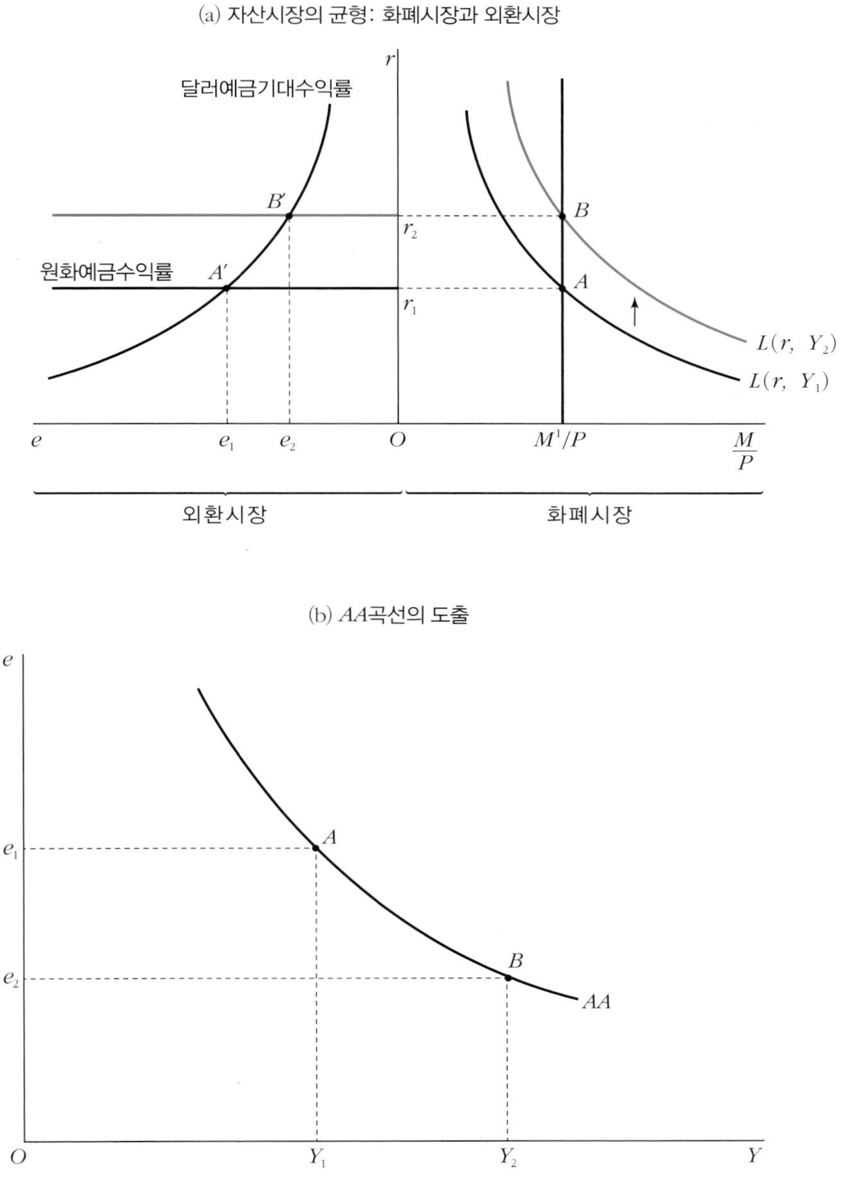

〈소득이 증가하면 환율이 내려가므로 *AA*곡선은 우하향한다.〉

일 때 한국의 이자율은 r_1이다. 국내이자율이 r_1이면 외환시장의 균형은 한국 원화 예금수익률과 미국 달러예금수익률이 일치하는 A'점에서 달성되고, 이 때 균형환율

은 e_1이 된다.

이제 AA곡선을 도출하기 위해 어떤 이유에서든지 국내생산량이 Y_1에서 Y_2로 증가했다고 하자. [그림 17-3]의 (a)에서 생산량이 Y_2로 증가하면 화폐에 대한 실질수요가 증가하여 화폐시장의 균형점이 B로 이동하고, 국내 이자율은 r_2로 올라간다. 국내이자율이 r_2로 올라감에 따라 외환시장에서 환율은 e_2로 떨어진다. 다시 말해서 국내 생산량이 Y_2로 증가하면 자산시장의 균형을 달성하는 환율은 e_2로 내려간다.

[그림 17-3]의 (a)에서 화폐시장과 외환시장의 초기 균형점 A와 A'에 해당하는 생산량 Y_1과 e_1은 그림 (b)의 A점이고, 그림 (a)에서 균형점 B와 B'에 해당하는 생산량 Y_2와 e_2는 그림 (b)의 B점이다. 이와 같이 그림 (a)에서 다양한 생산량 Y에 해당하는 균형환율을 찾아 이들 조합을 그림 (b)에 옮기면 AA곡선이 도출된다. 국내 생산량(Y)이 증가하면 자산시장의 균형을 달성하는 환율(e)은 내려가므로 AA곡선은 그림 (b)에서와 같이 우하향하는 곡선이 된다.

3. *AA*곡선의 이동

생산량과 환율의 변화는 AA곡선상의 움직임으로 나타나지만, 생산량과 환율 이외에 화폐시장과 외환시장에 영향을 미치는 다른 요인들은 AA곡선을 이동시킨다. 위의 식 (**17.7**)과 (**17.8**)에서 이들 요인을 찾아보면, 통화공급량 M^S, 국내물가 P, 미래예상환율 e^e, 외국의 이자율 r^* 등이다. 국내 이자율은 화폐시장에서 내생적으로 결정된다는 점에서 앞서 열거한 변수들과는 차이가 있다.

[그림 17-4]는 통화공급량 증가로 인한 AA곡선의 이동을 보여준다. 그림 (a)에서 초기 균형점이 화폐시장에서는 A점, 외환시장에서는 A'점인데, 통화공급량이 증가하면 화폐시장의 균형점이 A에서 B로 이동하여 이자율이 r_2로 내려가고, 이자율의 하락으로 좌측 외환시장에서 균형점이 A'에서 B'으로 이동함에 따라 환율이 e_1에서 e_2로 올라간다. 통화공급량이 증가한 이후의 균형점인 그림 (a)의 B와 B'에 해당하는 생산량과 환율은 그림 (b)의 B점이 된다. 이는 생산량이 주어진 상태에서 통화공급량이 증가하면 환율이 올라감을 나타낸다. 즉 통화공급량이 증가하면 AA곡선은 위로 이동하게 된다.

변화 과정을 다시 알아보면 다음과 같다. 통화공급량이 증가하면 화폐시장에서 초과공급이 발생하여 이자율이 내려간다. 국내 이자율이 하락하면 국내 예금보다 외국예금에 대한 수요가 증가하므로 환율이 올라간다. 이와 같이 통화공급량이 증가하면 주어진 생산량 수준에서 환율이 올라가므로 AA곡선이 상방으로 이동한다.

그림 17-4 통화공급량의 증가와 *AA*곡선의 이동

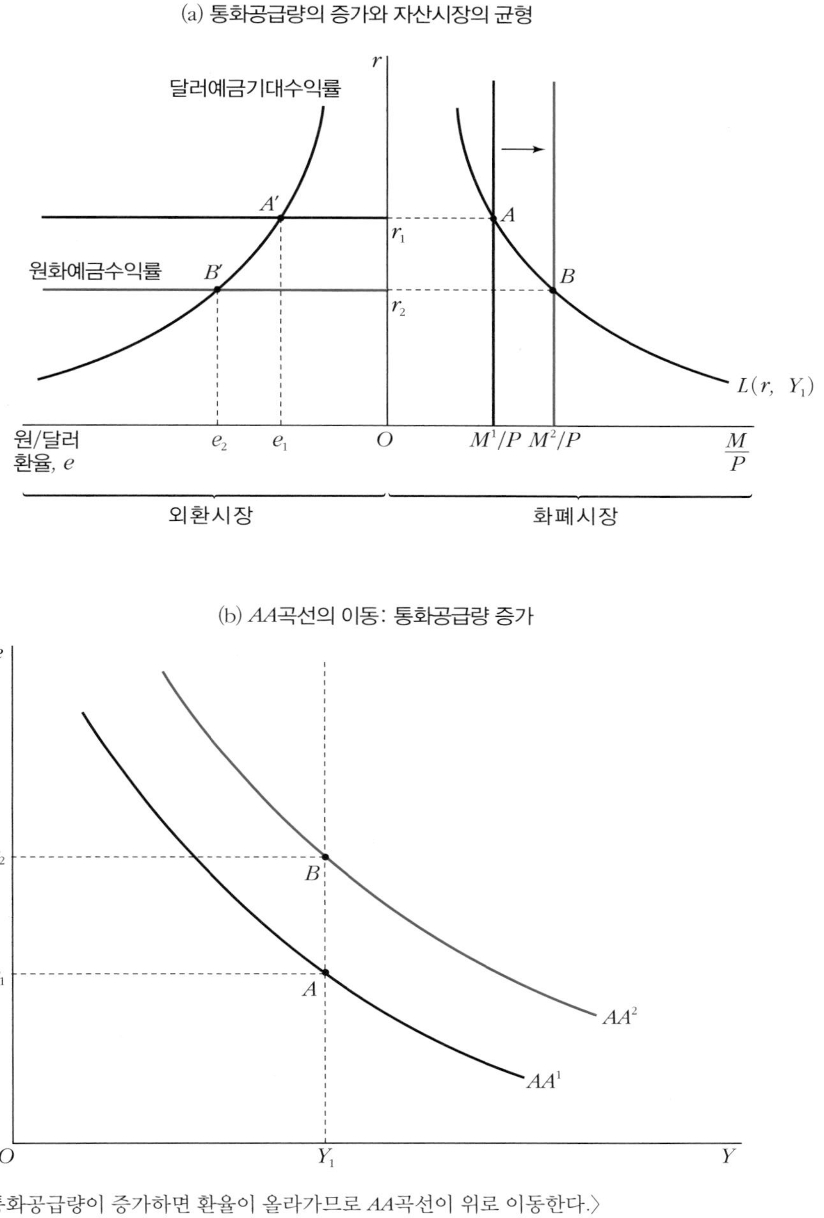

〈통화공급량이 증가하면 환율이 올라가므로 *AA*곡선이 위로 이동한다.〉

통화공급량의 변화가 *AA*곡선을 이동시키는 것과 마찬가지로 다른 외생변수의 변화도 *AA*곡선을 이동시킨다. 국내 물가수준 P가 내려가면 화폐의 실질공급량이

증가하므로 통화공급량 증가와 마찬가지로 AA곡선이 위로 이동한다. 또 사람들의 외생적 화폐수요가 증가하면 화폐시장에서 초과수요가 발생하므로 통화공급량 증가와는 반대로 AA곡선이 아래로 이동한다.

예상환율(e^e)이 올라가거나 외국이자율(r^*)이 올라가면, 외국예금 기대수익률이 높아져서 [그림 17-4]의 (a)에서 좌측에 있는 외국예금수익률 곡선이 위로 이동한다. 그 결과 환율이 올라가므로 AA곡선이 위로 이동한다. 반대로 외국예금 기대수익률을 낮추는 요인은 환율을 하락시키므로 AA곡선을 아래로 이동시킨다.

이와 같이 화폐시장과 외환시장에 영향을 미치는 외생변수의 변화는 모두 AA곡선을 이동시킨다. 화폐시장에서 국내 이자율을 올리는 요인은 AA곡선을 아래로 이동시키고, 외국 예금의 기대수익률을 높이는 요인은 AA곡선을 위로 이동시킨다.

제 3 절 거시경제정책의 효과

1. 거시경제의 일반균형

생산물시장과 자산시장(외환시장과 화폐시장)이 동시에 균형을 이룰 때 거시경제의 균형이 이루어진다. 생산물시장의 균형은 DD곡선으로, 자산시장의 균형은 AA곡선으로 나타나므로 이 두 곡선이 만나는 점에서 거시경제 전체의 균형이 성립한다. DD곡선과 AA곡선의 유도과정에서 물가수준이 불변임을 가정하고 있다는 점에서 $DD-AA$균형은 단기균형을 의미한다.

[그림 17-5]에서 DD곡선과 AA곡선이 만나는 점 A가 거시경제의 균형점이다. B점에서는 자산시장은 균형을 이루고 있지만 생산물시장이 불균형이고, C점에서는 생산물 시장은 균형인데 자산시장이 불균형이다. 거시경제의 일반균형은 A점에서 이루어지며, 이 때 균형생산량은 Y_1, 균형환율은 e_1이다.

[그림 17-6]은 거시경제의 불균형이 조정되는 과정을 보여준다. 현재 경제가 C점과 같은 위치에 있다면 어떤 일이 벌어질까? C점은 DD곡선과 AA곡선상에 있지 않기 때문에 재화시장과 자산시장이 모두 불균형인 상태다. C점에서의 환율은 균형환율보다 높기 때문에 외국 예금의 기대수익률이 더 낮아 외화가 유입되고, 따라서 환율은 하락하게 된다. 즉, 환율이 e_3에서 e_2로 떨어져 AA곡선상의 B점에 도달하면, 자산시장은 균형을 달성한다. C점에서 자산시장과 재화시장이 모두 불균형

그림 17-5 거시경제의 일반균형

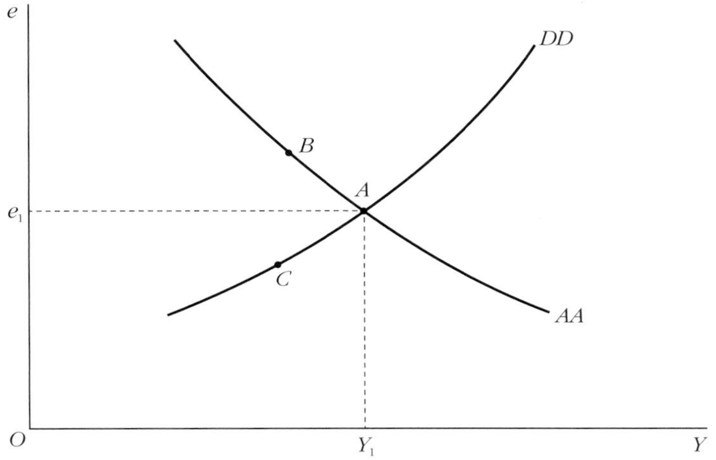

〈거시경제의 일반균형은 AA곡선과 DD곡선이 만나는 A점에 이루어진다.〉

그림 17-6 거시경제 불균형의 조정 과정

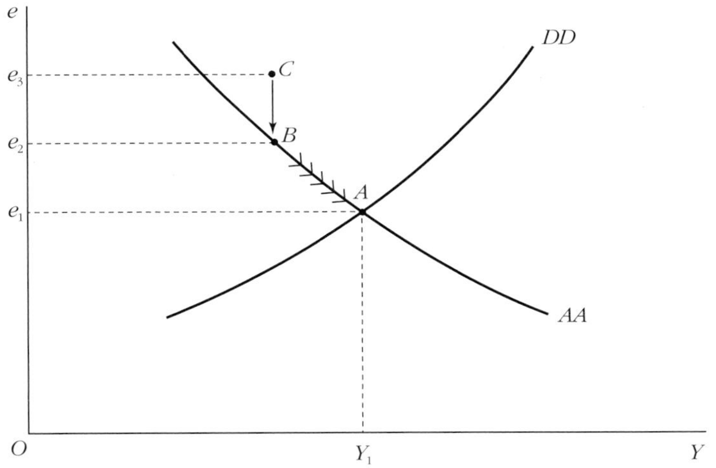

〈자산시장의 균형은 재화시장보다 적응속도가 빠르다. 따라서 C점과 같은 불균형 상태에서는 먼저 자산시장의 균형을 달성하는 B점으로 이동하고, 자산시장의 균형이 유지되면서 재화시장의 균형이 이루어지는 A점으로 이동해간다.〉

상태인데, 환율이 변하여 자산시장은 즉각적으로 균형에 도달하게 된다.

그러나 B점에서 재화시장은 여전히 불균형 상태다. B점은 DD곡선의 위쪽에 있기 때문에 재화시장에는 초과수요가 존재한다. 초과수요를 소진하기 위해 생산량이 점차 증가하면서 최종적으로는 재화시장이 균형을 이루는 A점에 도달한다. B점에서 A점으로의 이동은 AA곡선을 따라 이루어진다. 그 이유는 자산가격은 즉각적으로 변하여 자산시장은 항상 균형을 유지하기 때문이다. 즉, 생산량이 변해가는 과정에서도 자산시장은 항상 균형을 유지하게 된다.

2. 일시적 재정정책과 금융정책의 효과

먼저 일회적인 재정정책과 금융정책의 효과를 알아보자. 즉, 한 번의 재정지출 증가나 한 번의 통화량 증가가 국민소득과 환율에 미치는 영향을 알아보자. 국내 물가, 외국의 물가, 그리고 예상환율은 변하지 않는다고 하자. 물가가 불변이라고 가정한다는 점에서 여기서 살펴보는 재정정책과 금융정책의 효과는 단기적인 효과다. 여기서는 환율이 자유롭게 변하는 변동환율제도에서의 정책효과를 알아보고, 고정환율제도에서의 정책효과는 다음 장에서 다룬다.

1) 재정정책

[그림 17-7]은 정부 재정지출의 증가가 국민소득과 환율에 미치는 영향을 보여준

그림 17-7 재정정책의 효과

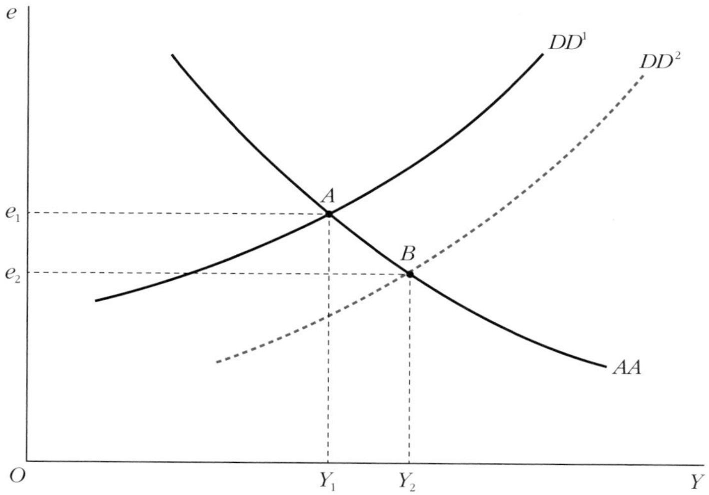

〈재정지출이 증가하면 소득이 증가하고 환율이 내려간다.〉

다. 재정지출이 증가하면 DD곡선이 우측으로 이동하여 균형점이 A에서 B로 이동한다. 그 결과 생산량은 증가하고 환율은 하락한다.

변화 과정은 다음과 같다. 재정지출의 증가로 총수요가 증가하면 생산물시장에서 생산량(소득)이 증가한다. 소득의 증가는 화폐에 대한 수요를 늘리므로 화폐시장에서 초과수요가 나타나고, 이를 해소하기 위해 국내 이자율이 올라간다. 국내 이자율이 올라가면 자국 예금 수익률이 외국예금 수익률보다 높아져서 달러가 유입되고, 달러 유입은 환율을 떨어뜨린다. 결과적으로 재정지출이 증가하면, 생산량은 늘어나고 환율은 하락한다.

새로운 균형점인 B점에서 국내이자율은 재정지출 증가 이전의 A점에서 보다 높다. 하지만, B점에서는 환율 하락으로 외화예금의 기대수익률도 상승하므로 양국 예금의 수익률은 다시 같아진다. 즉 B점에서는 다시 이자율평형조건이 성립하게 된다. B점은 AA곡선상에 위치하고 있는데, AA곡선에서는 항상 이자율평형조건이 성립(외환시장 균형)하고 있다.

2) 금융정책

[그림 17-8]은 금융정책의 효과를 보여준다. 통화공급량이 증가하면 AA곡선이 우측으로 이동한다. 그 결과 균형점이 A에서 B로 이동하여 생산량이 늘어나고 환

그림 17-8 금융정책의 효과

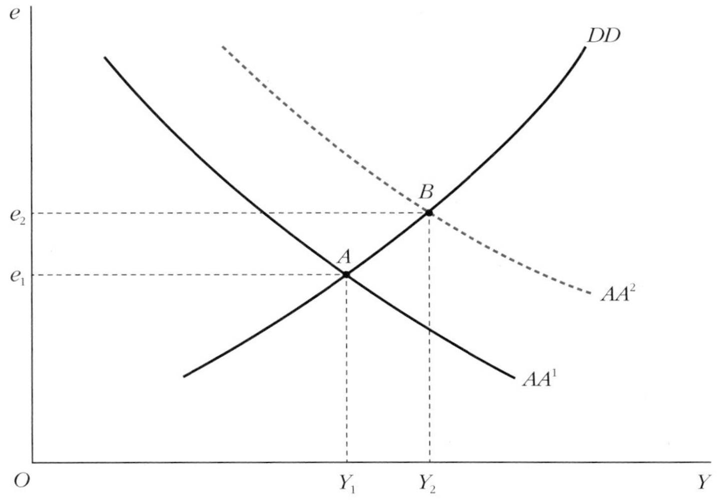

〈통화공급량이 증가하면 소득이 증가하고 환율이 올라간다.〉

율이 올라간다.

변화 과정은 다음과 같다. 통화공급량이 증가하면 화폐시장에서 초과공급이 발생하여 이자율이 내려간다. 이자율 하락은 국내 예금의 수익률을 낮추므로 외화예금 수요가 늘어 환율이 올라간다. 환율이 올라가면 수출이 증가하고 수입이 감소하여 총수요가 증가하므로 생산량이 늘어난다. 이처럼 통화공급량이 증가하면 환율이 올라가고 생산량(국민소득)이 증가한다.

3) 완전고용을 위한 정책 수단

[그림 17-9]의 A점은 불완전고용 상태를 나타내고 있다. 완전고용 생산량인 Y_f를 달성하기 위해서는 두 가지 정책 수단이 있다. 하나는 확장적 재정정책이고, 다른 하나는 확장적 금융정책이다.

정부지출이 증가하면, DD곡선이 우측으로 이동하므로 균형점이 B가 되어 생산량이 증가하고 환율이 e_2로 내려간다. 다른 한편으로 통화공급량이 증가하면, AA곡선이 우측으로 이동하므로 균형점이 C가 되어 생산량이 증가하고 환율이 e_3로 올라간다. 이와 같이 정부지출 증가나 통화공급량 증가 모두 완전고용을 달성할 수 있는 정책수단이다.

하지만 확장적 재정정책과 확장적 금융정책에서 완전고용을 달성하는 경로에는

그림 17-9 완전고용을 위한 정책 수단

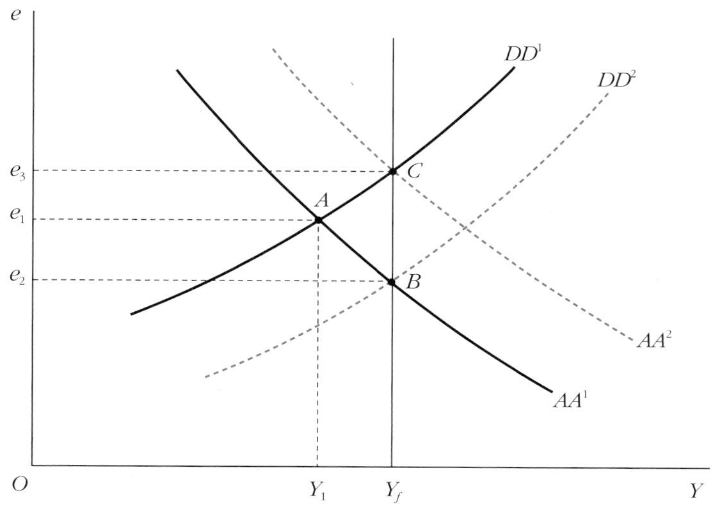

〈확장적 재정정책과 확장적 금융정책은 모두 생산량 증가에 기여하지만, 환율 변화는 반대가 된다. 정부지출이 증가하면 환율이 내려가고, 통화공급량이 증가하면 환율이 올라간다.〉

차이가 있다. 먼저 확장적 재정정책의 경로를 보면, 정부지출 증가로 총수요가 증가하면 승수 배만큼 총생산량이 증가한다. 이 과정에서 환율이 하락한다. 환율 하락으로 구축효과가 발생하지만 그림에서 보듯이 최종적으로 완전고용을 달성한다. 그런데 통화공급량 증가는 환율을 인상시키고, 이로 인해 수출이 증가하고 총생산량이 증가하여 완전고용을 달성하게 된다.

확장적 재정정책과 확장적 금융정책은 모두 국민소득 증가에 기여하지만, 정책효과의 경로는 서로 다르다. 그리고 환율 변화의 방향도 반대가 된다. 즉, 확장적 재정정책에서는 환율이 내려가고, 확장적 금융정책에서는 환율이 올라간다.

3. 지속적인 정책의 효과

여기에서는 재정정책과 금융정책이 지속되는 경우의 효과를 알아보자. 만일 확장적 재정정책이나 금융정책이 지속되면 사람들은 그 정책효과를 예견하게 된다. 정책효과를 예견하면 사람들의 행동이 달라지기 때문에 정책효과를 예견하지 않는 일회적인 정책에서와는 그 효과가 달라진다. 정책이 지속될 때 나타나는 효과를 알아보자.

1) 지속적 재정정책

앞에서 살펴본 바와 같이 정부지출이 증가하면 환율이 내려간다. 그런데 정부지출 증가가 일회적이 아니고 지속된다면, 환율 하락이 계속되므로 사람들은 환율 하락을 미리 예상하게 된다. 사람들의 예상환율 변화는 자산시장에 영향을 미쳐 AA곡선을 이동시킨다. 즉, 일회적인 정부지출의 증가는 DD곡선만 이동시키지만, 지속적인 정부지출의 증가는 DD곡선과 AA곡선을 모두 이동시킨다.

[그림 17-10]을 이용해 지속적인 정부지출 증가의 효과를 알아보자. 정부지출이 증가하면 DD곡선이 우측으로 이동하여 균형점이 B가 된다. 그런데 정부지출이 지속적으로 증가하면, 사람들이 환율 하락을 예상하므로 AA곡선이 아래로 이동한다. 그 결과 균형점은 C가 되어 생산량은 다시 Y_1 수준으로 복귀하고 환율만 내려간다. 이처럼 정부지출이 지속적으로 증가하면 생산량은 변하지 않고 환율만 내려간다.

그 이유는 다음과 같다. 정부지출이 '지속적으로' 증가하면 환율이 내려가는데, 사람들이 환율 하락을 예상하면서 환율이 더욱 내려간다. 환율이 하락하면 수출이 감소하고 수입이 증가하므로 재화시장에서 총수요가 감소한다. [그림 17-10]은 환율 하락으로 인한 수출 감소가 정부지출 증가의 효과를 완전히 상쇄하여 생산량이 증가하지 않는 경우이다.

그림 17-10 지속적인 정부지출 증가의 효과

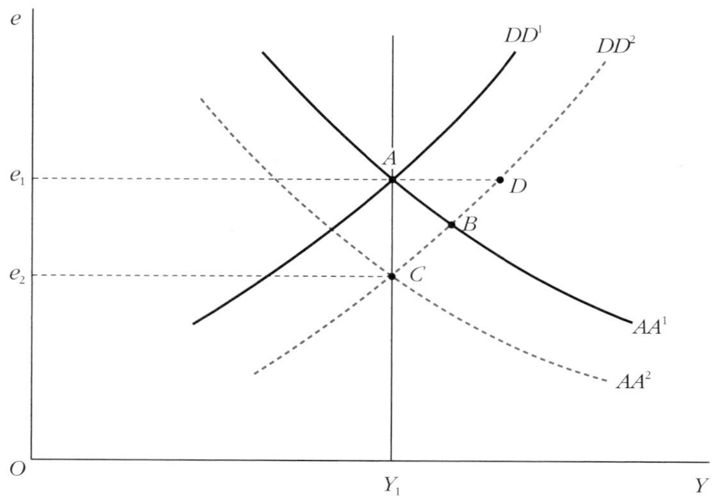

〈정부지출 증가가 지속되면 완전한 구축효과가 나타나 환율만 하락하고 소득은 증가하지 않는다.〉

이처럼 정부지출 증가가 수출 감소로 상쇄되는 현상을 구축효과(驅逐效果; crowding-out effect)라고 한다.[3] 정부지출이 증가할 때 환율이 하락하지 않아 구축효과가 발생하지 않으면 소득은 [그림 17-10]의 D까지 증가한다. 그리고 일시적인 정부지출 증가 시에는 환율 하락으로 인한 수출 감소로 구축효과가 발생하여 생산량이 B점에서 결정된다. 지속적인 정부지출 증가 시에는 환율이 더욱 하락하여 수출 감소가 더욱 커지므로 구축효과도 커져서 생산량이 C점에서 결정된다. 이와 같이 재정지출 증가가 일회적일 때도 부분적인 구축효과가 나타나지만, 재정지출 증가가 지속되면 사람들이 환율 하락을 예상함에 따라 완전한 구축효과가 나타난다.

2) 통화공급의 지속적 증가

앞에서 살펴본 바와 같이 통화공급량이 증가하면 환율이 올라간다. 그런데 통화공급량 증가가 계속되면 사람들은 앞으로 환율이 올라갈 것을 예상하게 된다. 사람들의 예상환율이 상승하면 AA곡선이 위로 이동한다. 따라서 통화공급량 증가가 지속되면 사람들의 예상환율이 상승하여 AA곡선이 일시적인 통화공급량 증가시보다 더 많이 위로 이동한다.

---

3 폐쇄경제에서 정부지출 증가로 인한 이자율 상승이 민간투자를 감소시켜 정부지출 증가에 의한 총수요 증가를 상쇄시키는 것도 구축효과이다.

그림 17-11 통화공급이 지속적으로 증가할 때의 단기균형

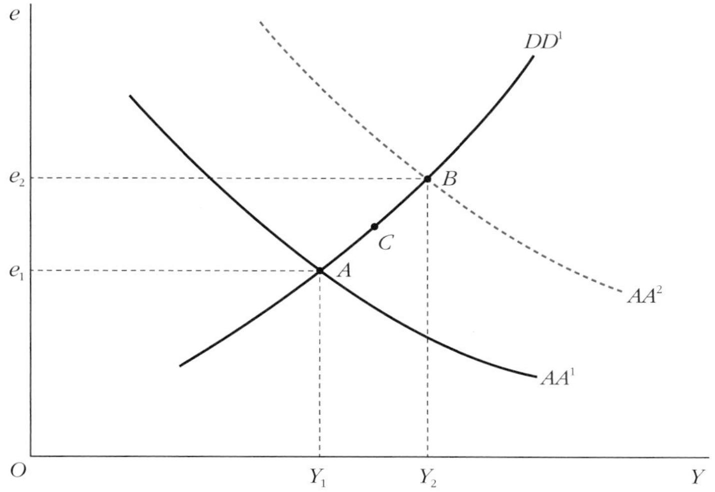

〈통화공급량 증가가 지속되면 환율이 더욱 올라가서 일시적인 통화공급량 증가시보다 소득과 환율이 모두 더 증가한다.〉

[그림 17-11]에서 일시적으로 통화공급량이 증가할 때의 균형점이 C라면, 지속적으로 통화공급량이 증가할 때의 균형점은 AA곡선이 더 많이 이동한 B가 된다. 이 B점은 단기 균형점이다. 통화공급량 증가가 지속되면 장기적으로 물가가 상승하게 된다. 이러한 물가 상승은 DD곡선과 AA곡선을 다시 이동시키게 된다.

[그림 17-12]는 단기균형에서 장기균형으로의 움직이는 변화를 보여주고 있다. 지속적인 통화공급량 증가는 단기적으로 균형점을 A에서 B로 이동시킨다([그림 17-12]의 B점은 [그림 17-11]의 B점과 같다). 이 B점은 단기 균형점이다. 통화공급량의 지속적 증가로 물가수준이 점차 올라가면 DD곡선과 AA곡선이 다시 이동한다. 자국의 물가수준이 상승하면 실질환율이 내려가서 수출이 감소하고 수입이 증가하므로 DD곡선이 왼쪽으로 이동한다. 또 물가수준이 상승하면 화폐의 실질공급량이 감소하므로 AA곡선도 왼쪽으로 이동한다. 최종적인 균형점은 [그림 17-12]의 D점이 된다. 장기균형점인 D점에서 균형생산량은 최초의 생산량과 같아진다. 이는 통화량이 증가하더라도 물가가 그 만큼 상승하면 생산량 증가 효과가 나타나지 않고, 장기 균형환율만 D점까지 올라감을 말해준다.

이상에서 살펴본 바와 같이 통화공급량이 증가하면 단기적으로 환율은 [그림 17-12]의 e_2까지 올라가지만, 장기적으로는 그 보다는 낮은 e_3에서 결정된다. 이와 같이 통화공급량 증가로 인한 환율 변화에는 단기적 반응이 장기적 반응보다 커지

그림 17-12 통화공급이 지속적으로 증가할 때의 장기균형

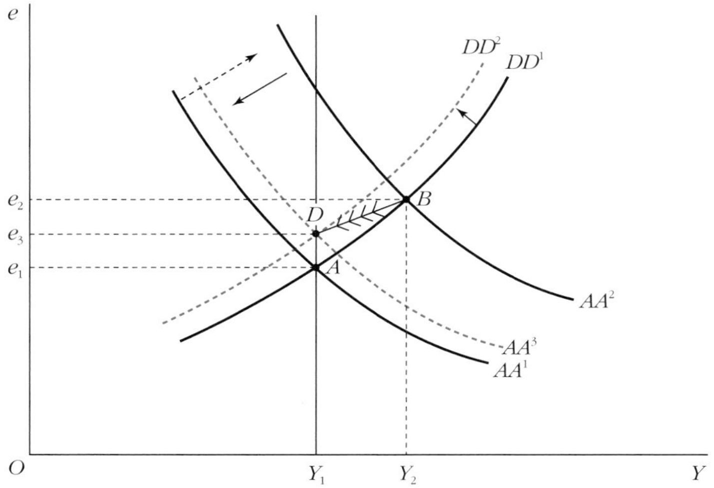

〈통화공급량 증가가 지속될 때 장기적으로 물가가 상승하면 환율상승폭이 줄어든다. 즉, 환율의 단기적 반응이 장기적 반응보다 큰 오버슈팅 현상이 나타난다.〉

는 오버슈팅(overshooting) 현상이 나타난다. 이는 물가가 단기적으로는 경직적이지만 장기적으로는 변해가기 때문에 나타나는 현상이다.

4. 유동성 함정

금융정책이 효과를 거두기 위해서는 통화공급량이 증가할 때 이자율이 하락해야 한다. 이자율이 하락하면 투자가 증가하여 소득이 증가하고, 또 이자율 하락에 따른 환율 상승으로(자국 화폐가치 하락으로) 수출이 증가하여 소득이 증가하게 된다. 그런데 1930년대 대공황 시기와 같이 명목이자율이 계속 하락하여 제로(0) 수준에 도달한 상태에서는 통화공급량이 증가해도 이자율이 마이너스(−)가 될 수는 없으므로 더 이상 하락하지 않는다. 이자율이 하락하지 않으니 금융정책이 효과를 거둘 수 없다. 이처럼 이자율이 제로(0) 수준인 상태를 유동성 함정(liquidity trap)이라고 한다.

1990년대 중반 일본은 불황을 극복하기 위해 금리를 계속 인하하였고, 1999년에는 이자율이 제로 수준에 도달하였다. 그리고 2008년 세계금융위기를 맞이하면서 세계경제가 침체의 늪에 빠져들었고, 미국을 비롯한 주요 선진국의 중앙은행들은 위기극복을 위해 금리를 제로 수준으로 인하하였다. 유동성 함정이 광범위하게 확

그림 17-13 유동성 함정

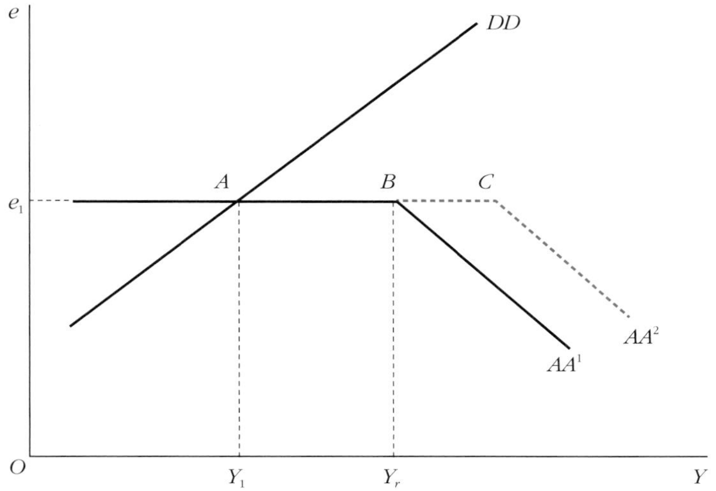

〈유동성 함정에서는 금융정책은 소득증가 효과를 가져오지 못한다. 유동성 함정을 벗어나기 위해서는 재정정책이 효과적이다.〉

산되었다.

이자율이 제로(0)이면 채권에서 수익이 발생하지 않으므로 채권보유나 화폐보유나 차이가 없다. 추가적인 통화공급이 이루어지더라도 사람들은 구태여 채권을 보유하려 하지 않는다. 사람들이 채권보유를 늘리지 않으므로 이자율도 더 이상 하락하지 않는다. 이처럼 유동성 함정에서는 통화공급량 증가가 이자율 하락을 가져오지 못하므로 금융정책으로 소득증가 효과를 얻을 수 없게 된다.

[그림 17-13]은 유동성 함정에서 나타나는 거시경제 균형이다. 자국의 이자율이 제로(0) 수준인 유동성 함정에서는 AA곡선이 수평이다. 이자율이 제로 수준에서 변하지 않으면, 환율도 변하지 않기 때문이다. 이자율평형조건식 $r=r^*+(e^e-e)/e$에서 이자율 r이 변하지 않으면 환율 e도 변하지 않음을 알 수 있다(외국의 이자율 r^*와 예상환율 e^e가 주어져 있다고 가정한다). 유동성 함정에서는 이자율 r이 제로(0) 수준에서 변하지 않으므로 환율도 변하지 않아서 AA곡선이 수평이 된다. 확장적 금융정책을 실시하면 AA곡선이 우측으로 이동하는데, 유동성 함정에서는 AA^2와 같은 형태로 이동하므로 균형점이 A점에서 변하지 않는다. 즉 환율도 변하지 않고, 소득 증가도 나타나지 않는다.

유동성 함정을 벗어나는 방법은 무엇인가? 어떤 정책으로 소득 증가를 가져올 수 있을까? 첫째, 확장적 재정정책이 필요하다. 확장적 재정정책으로 DD곡선이 우측으로 이동하면 소득이 증가하고 유동성 함정에서 벗어날 수 있다. 더구나 AA곡선이 수평인 상태에서는 재정정책을 실시할 때 나타나는 환율하락의 구축효과가 발생하지 않으므로 재정정책의 소득증가 효과가 극대화된다.

둘째, 환율에 대한 예상을 변화시킬 수 있는 금융정책을 실시한다. 이자율평형조건식에서 보듯이, 환율에 대한 예상인 e^e가 올라가면 이자율이 $r=0$이더라도 환율이 올라간다. 통화당국이 지속적으로 확장적 통화정책을 추진하여 사람들이 자국의 화폐가치가 하락할 것이라는 믿음을 갖도록 하면 예상환율이 상승하게 된다. 사람들이 환율 상승을 예상하면 AA곡선이 위로 이동하므로 균형국민소득이 증가하면서 유동성 함정에서 벗어날 수 있다. 따라서 유동성 함정에서 벗어나기 위해서는 일회적인 통화정책보다는 지속적인 통화정책으로 화폐가치 하락에 대한 믿음을 갖도록 할 필요가 있다.

제 4 절 거시경제정책과 경상수지

1. 경상수지의 균형: *CA*곡선

경상수지(current account) 균형을 나타내는 식을 다시 쓰면 다음과 같다.

$$CA = CA\left(\frac{eP^*}{P},\ Y\right) \tag{17.9}$$

실질환율이 올라가면 수출이 증가하고 수입이 감소하므로 경상수지가 개선되고, 소득이 증가하면 수입이 증가하므로 경상수지는 나빠진다. 즉, 경상수지(CA)는 eP^*/P의 증가함수이고, Y의 감소함수이다.

경상수지 균형을 유지하기 위한 소득(생산량)과 환율의 조합은 [그림 17-14]와 같이 우상향하는 CA곡선으로 표시된다.[4] 그 이유는 다음과 같이 설명된다. 현재 경상수지가 균형인 상태에서 소득이 증가하면 경상수지가 나빠진다. 이를 다시 균형으로 유지하기 위해서는 환율이 올라가야 한다. 이와 같이 소득이 증가할 때 환율

4 여기에서는 CA곡선 상에서 경상수지가 균형임을 가정하였다. 그러나 어떤 경제의 경상수지 목표치가 흑자 또는 적자라면, CA곡선은 그 목표치, 즉 흑자(CA > 0) 또는 적자(CA < 0)를 나타낸다고 해석하면 된다.

그림 17-14 CA곡선

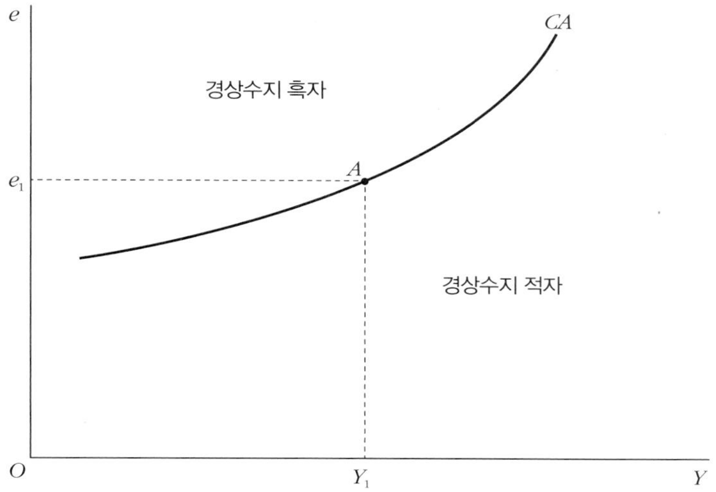

〈소득이 증가하면 경상수지가 적자가 되므로 이를 균형으로 유지하기 위해서 환율이 올라가야 한다. 따라서 CA곡선은 우상향한다.〉

이 올라가야 경상수지 균형이 유지되므로 CA곡선은 우상향한다.

CA곡선 이외의 점에서는 경상수지가 불균형인 상태다. 예를 들어, e_1의 환율수준에서는 생산량이 Y_1때 경상수지가 균형이다. e_1의 환율수준에서 Y_1보다 소득이 적으면 수입(輸入)이 적어져서 경상수지가 흑자가 되고, Y_1보다 소득이 많으면 수입이 많아져서 경상수지 적자가 된다. 따라서 CA곡선의 왼쪽은 경상수지 흑자 상태를, CA곡선의 오른쪽은 경상수지 적자 상태를 나타낸다.

2. 거시경제정책의 경상수지 효과

[그림 17-15]에서 DD곡선과 AA곡선이 서로 만나는 A점에서는 재화시장과 자산시장이 모두 균형이다. 그리고 A점은 CA곡선상에 위치하므로 경상수지도 균형이다. 그런데 CA곡선은 DD곡선과 같이 우상향하지만, DD곡선보다 기울기가 완만하다.

CA곡선의 기울기가 DD곡선보다 완만해지는 이유는 다음과 같다. 생산량(Y)이 일정량만큼 많아지면, 소비(C)가 늘어나지만 한계소비성향이 1보다 작기 때문에 수요 증가가 생산 증가보다 작아 초과공급이 발생한다. 재화시장의 초과공급을 해소하기 위해서는 경상수지(CA)가 흑자를 유지하도록 환율이 올라가야 한다. 따라서

그림 17-15 *DD*-*AA*-*CA*곡선의 균형

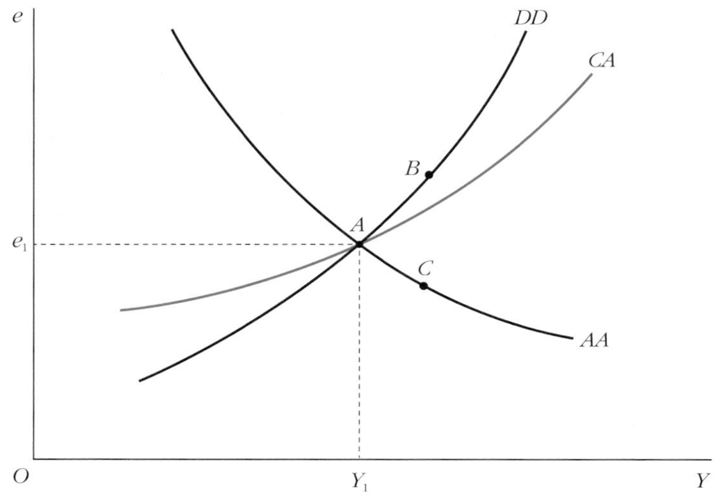

〈*A*점에서는 자산시장과 재화시장이 함께 균형을 이루고, 경상수지도 균형이다.〉

생산량이 늘었다고 가정할 때, 재화시장의 균형을 유지하기 위한 환율 상승분은 경상수지 균형을 유지하기 위한 환율 상승분보다 더 커야 한다. 이것이 바로 균형점의 우측에서는 *DD*곡선이 *CA*곡선보다 위에 위치하는 이유다. 같은 이유로 *A*점 왼쪽에서 *DD*곡선이 *CA*곡선보다 아래에 위치한다.

이상은 *DD*곡선과 *CA*곡선은 모두 우상향하지만, *DD*곡선이 *CA*곡선보다 기울기가 경사짐을 설명하고 있다. 이는 *DD*곡선 기울기와 *CA*곡선 기울기를 유도한 부록에서도 쉽게 확인할 수 있다. 부록에서 *DD*곡선의 기울기인 식 (**17A.7**)과 *CA*곡선의 기울기인 식 (**17A.11**)을 비교하면, *DD*곡선의 기울기가 $(1-c)/CA_e$만큼 더 크다. 이는 *DD*곡선의 기울기가 더 경사짐을 나타낸다.

이제 거시경제정책이 경상수지에 미치는 효과를 알아보자. 먼저 통화공급량 증가가 경상수지에 미치는 효과를 알아보자. 통화공급량의 증가로 *AA*곡선이 우측으로 이동하면, 균형점이 *B*로 이동한다. *B*점은 *CA*곡선의 왼쪽에 있으므로 경상수지는 흑자다. 다음으로 확장적 재정정책으로 정부지출이 증가하면 *DD*곡선이 우측으로 이동하여 *C*점에서 균형이 달성된다. *C*점은 *CA*곡선의 우측에 있으므로 경상수지는 적자이다. 이처럼 확장적 통화정책은 경상수지를 개선시키는 효과가 있고, 확장적 재정정책은 경상수지를 악화시키는 효과가 있다.

부록 수식을 이용한 *DD-AA*곡선의 도출

1. 개방거시경제의 균형

다음은 재화시장, 외환시장, 화폐시장의 균형식이다. 이 식으로부터 *DD*−*AA*곡선의 기울기를 도출해보자.

$$\text{재화시장: } Y=C(Y)+I+G+CA(\frac{eP^*}{P},\ Y) \tag{17A.1}$$

$$\text{외환시장: } r=r^*+\frac{e^e-e}{e} \tag{17A.2}$$

$$\text{화폐시장: } \frac{M^s}{P}=L(r,\ Y) \tag{17A.3}$$

위의 세 시장에서 내생변수는 Y, e, r이다. 이 세 개의 내생변수를 제외한 다른 외생변수는 *DD*곡선 또는 *AA*곡선의 이동에 영향을 미칠 뿐, 기울기에는 영향을 미치지 않는다. 여기서는 기울기 도출에 관심이 있으므로 외생변수는 일정하다고 가정하자. 즉, 외생변수의 전미분 값을 모두 영(0)이라고 하고, 위 식을 전미분하면 다음이 된다.

$$dY=c\cdot dY+CA_e de+CA_y dY \tag{17A.4}$$

$$dr=-(e^e/e^2)\cdot de \tag{17A.5}$$

$$0=L_r dr+L_y dY \tag{17A.6}$$

하첨자가 있는 변수는 편미분값을 나타낸다. 예를 들어, $CA_e=dCA/de$이며, 이는 환율 변화가 경상수지에 미치는 영향을 나타낸다. 환율 상승은 경상수지를 개선하므로 $CA_e>0$이다. 앞서 논의한 바와 같이 $CA_y<0$, $L_r<0$, $L_y>0$의 부호를 갖는다.

2. *DD*−*AA*곡선의 기울기

*DD*곡선의 기울기와 *AA*곡선의 기울기는 (**17A.4**)~(**17A.6**)의 세 식으로부터 de/dY를 구하면 된다. 먼저 *DD*곡선의 기울기는 생산물시장의 균형식인 식

(**17A.4**)로부터

$$\left.\frac{de}{dY}\right|_{DD} = \frac{(1-c-CA_y)}{CA_e} > 0 \qquad \textbf{(17A.7)}$$

이 된다. 기울기가 0보다 크므로 DD곡선은 우상향한다. 기울기의 크기는 소비성향(c), 수입성향(CA_y), 환율의 경상수지에 대한 영향(CA_e)에 의해 결정된다.

다음으로 자산시장의 균형을 나타내는 AA곡선의 기울기는 식 (**17A.5**)와 식 (**17A.6**)에서 dr을 소거하여 구하면 된다. 즉,

$$\left.\frac{de}{dY}\right|_{AA} = (\frac{L_y}{L_r}) \cdot (\frac{e^2}{e^e}) < 0 \qquad \textbf{(17A.8)}$$

이다. 기울기가 0보다 작기 때문에 AA곡선은 우하향한다. 식에서 보듯이 기울기는 화폐수요에 대한 소득탄력성(L_y)과 이자율탄력성(L_r)에 의해 결정된다.

다음으로 자본이동에 제약이 있는 국가의 AA곡선은 어떻게 달라지는지 알아보자. 이자율평형조건은 국가 간 자본이동이 자유롭다는 것을 전제하고 있다. 그런데 모든 국가에서 자본이동이 자유로운 것은 아니다. 거시경제 운영을 위해 자본이동에 제약을 가하는 나라들이 있다.

자본이동에 제약이 있으면 두 국가 간에 이자율 차이가 있어도 자본이동이 충분히 이루어지지 않기 때문에 이자율 변화가 환율 변화에 미치는 영향이 작아진다. 이 경우 앞의 식 (**17A.5**)가 다음과 같이 바뀌게 된다.

$$\frac{de}{dr} = -(\frac{e^2}{e^e}) + k \qquad \textbf{(17A.9)}$$

여기서 k는 자본이동의 제약을 나타내는 상수이다. 제약이 클수록 k값이 크고, 제약이 작을수록 k값이 작다. 제약이 전혀 없으면 $k=0$이 되어 이 식은 앞의 (**17A.5**)와 같아진다. 자본이동을 완전히 규제하는 나라는 $k=(\frac{e^2}{e^e})$여서 $\frac{de}{dr}=0$인 경우다.

(**17A.9**) 식과 앞의 (**17A.6**) 식에서 dr을 소거하면, AA곡선의 기울기가 다음과 같이 구해진다.

$$\left.\frac{de}{dY}\right|_{AA} = \left(\frac{L_y}{L_r}\right)\cdot\left(\frac{e^2}{e^e} - k\right) < 0 \tag{17A.10}$$

AA곡선의 기울기는 음(−)인데, k값이 커질수록 기울기의 절대값이 작아지므로 AA곡선의 기울기는 완만해진다. 다시 말해서, 자본이동의 제약이 클수록, AA곡선의 기울기는 완만해진다. 그리고 자본이동에 완전한 제약이 있으면 $k = \left(\frac{e^2}{e^e}\right)$이므로 이를 (**17A.10**)에 대입하면, $\left.\frac{de}{dY}\right|_{AA} = 0$이 된다. 즉, AA곡선이 수평이 된다.

3. 경상수지 균형곡선

경상수지는 다음과 같다.

$$CA = CA\left(\frac{eP^*}{P},\ Y\right) \tag{17A.11}$$

경상수지 균형을 나타내는 곡선을 도출하기 위해 식 (**17A.11**)을 전미분하면 다음과 같다. 균형에서 CA는 불변이므로 $dCA = 0$으로 한다.

$$0 = CA_e de + CA_y Y \tag{17A.12}$$

이를 Y와 e 평면에 그리면 기울기는

$$\left.\frac{de}{dY}\right|_{CA} = -\frac{CA_y}{CA_e} > 0 \tag{17A.13}$$

이다. 기울기가 0보다 크므로 CA곡선은 우상향한다.

그런데 CA곡선의 기울기를 나타내는 (**17A.13**)과 DD곡선의 기울기를 나타내는 식 (**17A.7**)을 비교하면, 식 (**17A.7**)의 분자식에 있는 $(1-c)$만큼 차이가 난다. 그런데 $(1-c)$가 0보다 크므로 DD곡선의 기울기 값이 CA곡선의 기울기 값보다 항상 더 크게 된다. 따라서 DD곡선의 기울기가 CA곡선의 기울기보다는 더 경사진 모양이 된다.

주요용어

• 소비함수	• 경상수지 함수	• 실질환율
• 총수요함수	• *DD*곡선	• *AA*곡선
• 이자율평형조건	• 거시경제의 일반균형	• 재정정책
• 금융정책	• 구축효과	• *CA*곡선
• 실질환율	• 유동성 함정	

요 약

01. 외환시장, 생산물시장, 화폐시장이 동시에 균형을 이룰 때, 우리는 거시경제의 일반균형이 이루어진다고 한다. 생산물시장의 균형을 *DD*곡선으로, 외환시장과 화폐시장의 동시적 균형인 자산시장의 균형을 *AA*곡선으로 나타낸다. *DD*곡선과 *AA*곡선이 만나는 점에서 거시경제 일반균형이 달성된다.

02. 총수요를 증가시키는 요인은 *DD*곡선을 우측으로 이동시키고, 총수요를 감소시키는 요인은 *DD*곡선을 좌측으로 이동시킨다. 정부지출의 증가, 조세의 감소, 투자수요의 증가, 국내물가의 감소, 해외물가의 증가는 모두 국내 총수요를 증가시킨다는 점에서 *DD*곡선을 우측으로 이동시킨다.

03. 화폐시장과 외환시장에 영향을 미치는 외생변수의 변화는 모두 *AA*곡선을 이동시킨다. 화폐시장에서 국내 이자율을 올리는 요인은 *AA*곡선을 아래로 이동시키고, 외국 예금의 기대수익률을 높이는 요인은 *AA*곡선을 위로 이동시킨다.

04. 일회적인 확장적 재정정책을 시행하면 생산량(소득)은 증가하고 환율은 내려간다. 그리고 일회적인 확장적 금융정책을 실시하면 생산량은 증가하고 환율은 올라간다.

05. 지속적인 경제정책에서는 사람들이 환율 변화를 예상하게 된다. 정부지출이 지속적으로 증가하면 사람들이 환율 하락을 예상하게 되고, 그 결과 환율은 하락하고 구축효과로 인해 생산량은 변하지 않는다. 그리고 통화공급량 증가가 지속되면 예상환율 상승으로 환율이 일시적인 정책에서보다 더 상승하고 생산량도 더 많이 증가한다. 그런데 통화공급량의 지속적 증가로 장기적으로 물가수준이 올라가면, *DD*곡선과 *AA*곡선이 모두 좌측으로 이동하여 소득은 초기 상태로 돌아오고, 환율은 단기 환율 상승폭보다 더 적게 상승한다. 단기 환율 상승이 장기 환율 상승보다 커지는 오버슈팅 현상이 나타난다.

06. 경상수지 균형을 나타내는 *CA*곡선은 우상향한다. *CA*곡선의 왼쪽은 경상수지 흑자 상태를, *CA*곡선의 오른쪽은 경상수지 적자 상태를 나타낸다. *CA*곡선은 *DD*곡선과 같이 우상향하지만, *DD*곡선보다는 기울기가 완만하다.

07. 통화공급량 증가는 AA곡선을 우측 이동시켜 CA곡선 좌측에서 균형이 형성되고, 정부지출 증가는 DD곡선을 우측으로 이동시켜 CA곡선의 우측에서 균형이 형성된다. CA곡선 좌측은 경상수지 흑자, 우측은 경상수지 적자를 나타낸다. 따라서 확장적 통화정책은 경상수지를 개선시키는 효과가 있고, 확장적 재정정책은 경상수지를 악화시키는 효과가 있다.

복습문제

01. DD 곡선은 무엇을 나타내는지 설명하라.

02. AA 곡선은 무엇을 나타내는지 설명하라.

03. 지속적인 재정정책과 일시적인 재정정책의 효과 사이에는 어떤 차이가 있는가?

04. 경상수지 균형을 나타내는 CA곡선이 우상향함을 설명하라.

05. 유동성함정에서 금융정책이 효과가 없는 이유는 무엇인가?

연습문제

01. AA곡선은 화폐시장과 외환시장의 동시균형을 나타낸다. 다음 물음에 답하라.
   1) 화폐시장과 외환시장이 어떻게 연결되는지 생각해보라.
   2) AA곡선을 이용한 모형에서는 일반적으로 국가간 자유로운 자본이동을 전제한다. 근거는 무엇인가?

02. DD곡선이 우상향하는 이유를 설명하라. 그리고 DD곡선을 우측으로 이동시키는 요인은 무엇인가?

03. AA곡선이 우하향하는 이유를 설명하라. 그리고 AA곡선을 우측으로 이동시키는 요인은 무엇인가?

04. DD곡선은 생산물 시장의 균형, AA곡선은 외환시장과 화폐시장의 균형을 나타내는 곡선이다. 그런데 $DD-AA$모형을 단기모형이라고 하는 이유는 무엇인가?

05. 다음과 같은 변화가 있을 때, 환율과 생산량에 미치는 단기적 효과를 $DD-AA$모형을 이용해 설명하라.
   1) 정부지출의 증가
   2) 조세의 증가

3) 조세 증가와 동시에 같은 양만큼 정부지출 증가
4) 사람들이 앞으로 환율이 올라갈 것으로 예상하는 경우

06. 통화공급량이 지속적으로 증가할 때, 환율의 장기 및 단기 변화를 설명하시오. 그 차이가 발생하는 이유는 무엇인가?

07. 부록의 식을 이용해 *DD*곡선의 기울기가 항상 *CA*곡선의 기울기보다 더 경사짐을 설명하라.

18 고정환율제도, 자본이동 제약과 거시경제정책

앞의 제17장에서는 일반균형모형을 이용해 변동환율제도에서 그리고 자본이동이 자유로운 상황에서 재정정책과 금융정책의 효과를 알아보았다. 그런데 모든 국가가 변동환율제도를 시행하는 것은 아니고, 국가 간 자본이동이 완전히 자유로운 것도 아니다.

여기에서는 고정환율제도에서의 정책효과를 알아보고, 변동환율제도에서의 정책효과와 어떤 차이가 있는지를 알아본다. 또 자본이동에 제약이 있을 때 정책효과가 어떻게 달라지는지를 설명한다. 그리고 고정환율제도에서 대내균형과 대외균형을 동시에 달성할 수 있는 정책조합에 대해서도 알아본다.

제 1 절 고정환율제도에서 거시경제정책의 효과

1. 고정환율제도와 외환시장 개입

1) 외환거래와 통화공급량 변화

고정환율제도와 변동환율제도에서의 거시경제정책 효과는 서로 다르다. 먼저 고정환율제도가 어떻게 유지되는가를 이해하고, 다음으로 고정환율제도에서의 정책효과를 알아보자.

1971년 브레튼우즈 체제의 붕괴 이후 국제통화제도는 변동환율제도로 전환되었으나, 여전히 많은 국가들이 고정환율제도를 시행하고 있다. 특히, 경제발전단계가 낮고 개방도가 높은 개도국들은 환율 변동의 불안정성을 피하기 위해 고정환율제도를 선호한다. 또 단일 통화인 유로(Euro) 사용국들은 엄격한 고정환율제도를 운영하고 있는 셈이다. 그리고 변동환율제도를 시행하고 있는 국가들도 환율의 극심한 변동성을 방지하기 위해 중앙은행이 외환시장에 개입하기도 한다. 이는 변동환율제도에 고정환율제도의 요소를 가미한 것과 같다. 고정환율제도를 이해한다면, 변동환율제도에서도 나타나는 외환시장 개입 현상을 더 잘 이해할 수 있을 것이다.

먼저 중앙은행의 외환시장 개입 방법을 이해하기 위해 외환거래와 통화공급량 간의 관계를 알아보자. 제13장에서 설명하였듯이, 중앙은행의 본원통화량은 국내여신과 순외화자산의 합이다. 따라서 외화자산 변동은 국내 통화공급량의 변동을 가져온다. 외화자산이 증가하면 국내 통화공급량도 증가하며, 반대로 외화자산이 감소하면 국내 통화공급량도 감소한다. 이처럼 외환거래는 통화공급량에 직접적인 영향을 준다.

고정환율을 유지하기 위해 중앙은행이 외환시장에 개입하면, 중앙은행의 외화자산이 변하고, 이는 통화공급량 변화로 이어진다. 예를 들어, 외환 수요 증가로 환율이 상승하는 경우, 이를 방지하기 위해 중앙은행이 외화를 팔면 중앙은행의 외화자산이 감소하고, 이는 통화공급량 감소로 이어진다. 반대로 외환 공급 증가로 환율이 하락하는 경우에는 환율 하락을 방지하기 위해 중앙은행이 외화를 사들이고, 이는 중앙은행의 외화자산을 증가시켜 통화공급량 증가로 이어진다. 이처럼 외환의 수요와 공급이 변할 때, 변동환율제도에서는 환율이 조정되지만, 고정환율제도에서는 통화공급량이 조정된다.

2) 고정환율제도에서 외환시장 개입

고정환율제도에서 중앙은행이 왜 외환시장에 개입하는지, 그리고 그 과정에서 이자율평형조건이 어떻게 변하는지 알아보자. 식 (**14.4**)의 이자율 평형조건에 따르면, 자국의 이자율과 외국 예금의 기대수익률(외국의 이자율에 예상환율 상승률을 합한 값)이 일치할 때, 외환시장이 균형을 이룬다. 그런데 고정환율제도에서는 환율이 변동하지 않기 때문에, 사람들의 예상환율은 항상 현재 환율과 같다. 즉, $e^e = e$이므로 고정환율제도에서 이자율평형조건은 다음과 같이 바뀌게 된다.

$$r = r^*$$

이는 고정환율제도를 유지하기 위해서는 중앙은행이 국내이자율을 해외이자율과 같은 수준으로 맞추어야 함을 말해준다.

만일 경제 상황이 변하여 국내 이자율이 변하게 되면, 이는 환율 변화를 가져오기 때문에 중앙은행은 외환시장에 개입하는데, 이 과정에서 이자율은 다시 원래의 수준으로 돌아오게 된다. 예를 들어, 재정지출 증가로 국민소득이 증가하면, 화폐수요가 증가하여 이자율이 올라간다. 국내이자율이 해외이자율보다 높아지면, 외국인이 우리나라에 예금을 하고자 하므로 외환 공급량이 증가하고, 그 결과 환율이 하락하게 된다. 환율 하락을 방지하기 위해 중앙은행이 외환을 매입하면, 중앙은행의 외화자산이 증가하고 통화공급량이 늘어나기 때문에 이자율은 다시 원래의 수준으로 하락하게 된다. 결국 국내이자율이 해외이자율과 다시 일치하게 되어 외환시장이 균형을 유지하게 된다.

변동환율제도든 고정환율제도든 이자율평형조건에 의해 외환시장의 균형이 결정되지만, 작동 원리는 서로 다르다. 변동환율제도에서는 중앙은행이 독립적으로 통화공급량을 결정하고, 이에 따라 이자율과 환율이 결정된다. 중앙은행의 통화공급량은 독립적인 정책 변수이고, 이자율이나 환율은 모형 내에서 결정되는 내생변수가 된다.

반면에, 고정환율제도에서는 중앙은행의 통화공급량은 독립적인 변수가 아니라, 환율을 일정하게 유지하기 위한 부차적인 변수가 된다. 어떤 경제적 변화로 인해 이자율이 변하면 환율이 변하기 때문에, 이를 제어하기 위해 통화공급량을 조절해야 한다. 이처럼 고정환율제도에서는 통화공급량이 정책변수가 아니라, 모형 내에서 결정되는 내생변수가 된다. 그래서 고정환율제도에서는 독립적인 금융정책 시행이 불가능하게 된다.

요약하면, 고정환율제도에서는 환율을 일정하게 유지하기 위해 중앙은행이 외환시장에 개입하면서 통화공급량이 변하게 되고, 결과적으로 국내이자율이 해외이자율과 일치하게 된다. 이처럼 고정환율제도에서는 통화공급량 변화가 환율 안정에 사용되기 때문에 독립적인 금융정책을 시행하기 어렵다. 반면에 변동환율제도에서는 환율변동이 허용되기 때문에 중앙은행은 독립적인 금융정책을 시행할 수 있다.

2. 정책 효과

1) 재정정책

[그림 18-1]은 고정환율제도에서 재정정책의 효과를 보여주고 있다. 정부지출이 증가하면 DD곡선이 우측으로 이동하여 균형점이 B가 되어 환율이 내려가게 된다. 중앙은행은 환율 하락을 방지하기 위해 외환시장에서 외환을 매입한다. 외환의 매입으로 중앙은행의 외환자산이 늘어나면 국내 통화공급량이 늘어나서 AA곡선이 위로 이동하고 새로운 균형점은 C가 된다. C에서는 환율은 전과 같지만, 생산량은 Y_1에서 Y_3로 증가한다.

그림 18-1 고정환율제도에서 재정정책의 효과

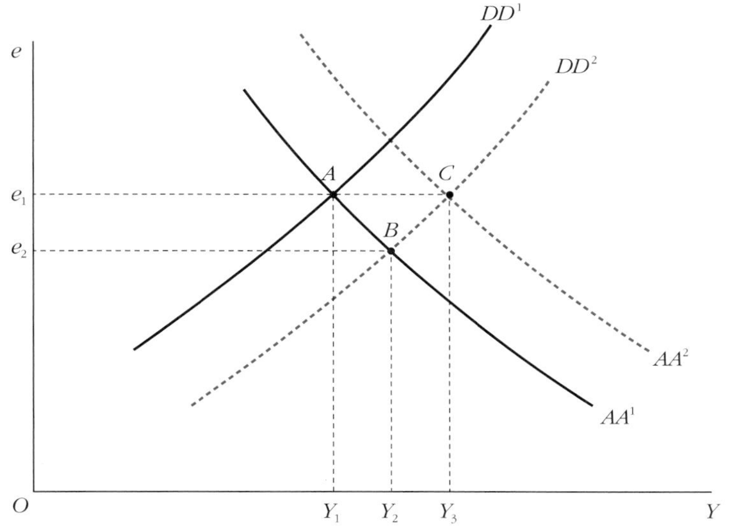

〈고정환율제도에서 정부지출이 증가하면 환율 유지를 위해 통화공급량이 함께 증가하므로 변동환율제도에서보다 소득의 증가폭이 더 커진다.〉

재정정책의 소득증가 효과는 변동환율제도에서보다 고정환율제도에서 더 크다. 변동환율제도에서 정부지출의 증가로 인한 균형점은 B로 소득이 Y_2까지 증가함에 비해, 고정환율제도에서는 균형점이 C로 소득이 Y_3까지 증가한다. 정부지출 증가로 인한 소득증가 효과가 고정환율제도에서 더 커진 이유는 환율을 유지하기 위해 중앙은행이 외환시장에 개입하는 과정에서 추가적으로 통화공급량이 증가하기 때문이다.

2) 금융정책

[그림 18-2]에서 통화공급량이 증가하면 AA곡선이 우측으로 이동한다. 균형점이 A에서 B로 이동하여 환율이 상승한다. 중앙은행은 환율 상승을 막기 위해 외환을 매각하는데, 이는 중앙은행의 외화자산을 감소시켜 통화공급량이 줄어들므로 AA곡선이 다시 아래로 이동한다. 외환의 매각으로 인한 통화공급량의 감소는 환율이 원래의 수준으로 돌아갈 때까지 계속된다. 최종 균형점은 다시 A로 복귀하므로 금융정책은 소득을 늘리는 데 기여하지 못한다.

변동환율제도에서는 통화공급량이 증가하면 [그림 18-2]의 B에서 균형이 이루어지므로 생산량은 늘어나고 환율은 올라간다. 그러나 고정환율제도에서는 통화공급

그림 18-2 고정환율제도에서 금융정책의 효과

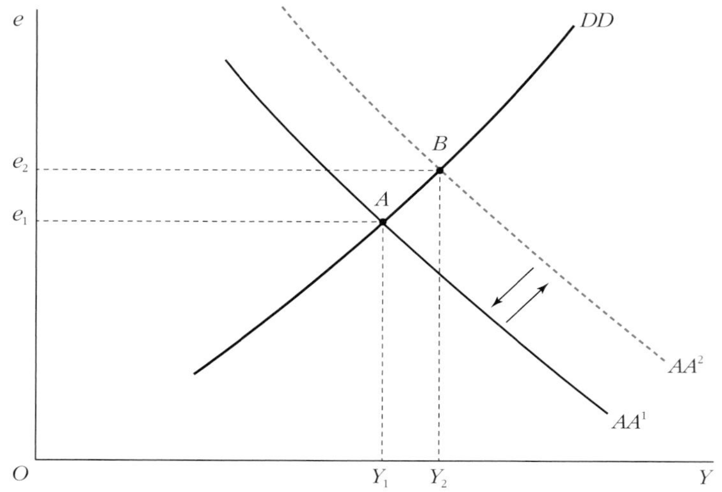

〈고정환율제도에서 통화공급량이 증가하면 환율상승 압력이 작용하므로 환율을 일정하게 유지하기 위한 외환매각으로 다시 통화공급량이 감소한다. 따라서 정책효과가 없다.〉

량이 증가하더라도 환율, 이자율, 생산량에 아무런 영향을 미치지 않는다. 이는 애초의 통화공급량 증가분이 외환시장 개입의 결과로 나타난 외화자산 감소로 상쇄되어 전체 통화공급량이 일정하게 유지되기 때문이다.

3) 평가절하 정책

고정환율제도에서도 국제수지불균형이 심화되면 환율을 조정하게 된다. 환율을 올리는 것을 평가절하(devaluation)라고 하고, 환율을 내리는 것을 평가절상(revaluation)이라고 한다.

[그림 18-3]은 평가절하, 즉 환율을 올릴 때의 정책 효과를 보여준다. 평가절하 이후 환율을 더 높은 e_2 수준으로 유지하기 위해 중앙은행은 외환자산을 매입한다. 그 결과 통화공급량이 증가하여 AA곡선이 위로 이동하고 새로운 균형점은 B점이 된다. 그리고 B점으로 환율이 올라가면 자국 재화의 가격이 싸져서 수출이 늘고 총수요가 증가하여 생산량이 DD곡선을 따라 Y_2까지 증가한다.

이와 같이 환율을 올리는 평가절하 정책을 실시하면 생산량이 증가한다. 따라서 경기 침체기에 총수요를 확대하여 실업을 줄이는 방법으로 평가절하를 사용할 수 있다. 그리고 경상수지 악화가 심한 경우 수출을 늘리고 수입을 줄여서 경상수지를 개선시키기 위해 평가절하가 이용될 수 있다. 그리고 평가절하를 하면 중앙은행이

그림 18-3 고정환율제도에서 평가절하의 효과

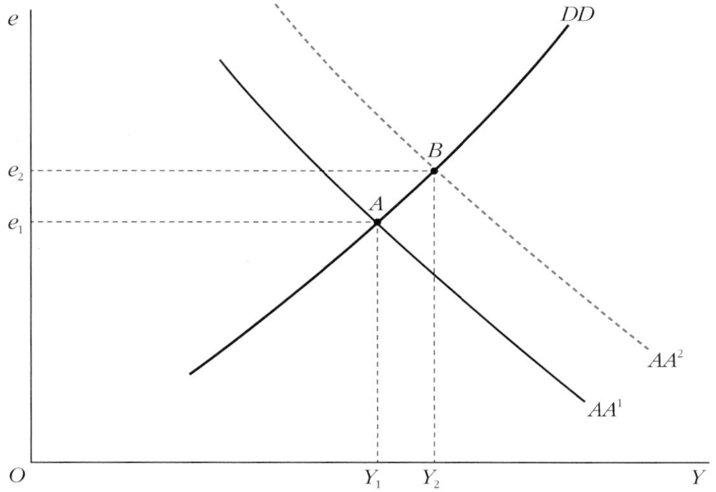

〈평가절하로 환율이 올라가면 그 상태의 환율을 유지하기 위해 통화공급량이 증가하고 소득이 증가한다.〉

외화자산을 매입하므로 외환보유액이 늘어난다. 따라서 외환보유액 확대가 필요하면 평가절하를 하게 된다.

4) 환율제도에 따른 정책 효과 비교

재정정책의 효과와 금융정책의 효과는 환율제도에 따라 차이가 있다. 먼저 재정정책은 고정환율제도에서 소득증가 효과가 더 크다. 변동환율제도에서도 확장적 재정정책은 그 나라의 소득을 증가시키는 효과가 있다. 하지만 고정환율제도에서 확장적 재정정책을 시행하면 환율 고정을 위해 통화량이 함께 증가하면서 소득증가 효과가 더 커지게 된다.

금융정책은 변동환율제도에서만 소득증가 효과가 있고, 고정환율제도에서는 그 효과가 없다. 그 이유는 다음과 같다. 확장적 금융정책으로 통화량이 증가하면 환율이 올라가게 되는데, 환율을 기존 수준으로 고정하기 위해 중앙은행이 외화를 공급하게 되고 이로 인해 다시 통화량이 원래의 상태로 복귀하기 때문이다.

환율제도에 따른 정책효과의 차이는 일찍이 1960년대 초에 먼델(Mundell)과 플레밍(Fleming)에 의해 주장되었다. 이들은 국가 간 자본이동이 완전히 자유롭다고 가정하면, 재정정책은 고정환율제도에서만, 금융정책은 변동환율제도에서만 소득증대 효과가 있음을 보였다. 다시 말해서, 변동환율제도에서는 재정정책은 효과가 없고 금융정책만이 유효하고, 고정환율제도에서는 금융정책은 효과가 없고 재정정책만이 유효함을 설명하였다. 이를 먼델-플레밍 모형이라고 한다.

우리의 $DD-AA$모형의 결과와 멘델-플레밍 모형의 결과는 변동환율제도에서 재정정책의 효과에 차이가 있다. 먼델-플레밍 모형에서는 변동환율제도에서 재정정책의 소득증대 효과가 없는데 비해, $DD-AA$모형에서는 변동환율제도에서도 재정정책의 소득증대 효과가 있음을 보여준다. 두 모형의 차이는 환율 하락으로 인한 수출감소의 구축효과가 얼마나 큰가에 대한 견해 차이이다. 먼델-플레밍 모형에는 수출감소에 의해 재정지출 증가분이 완전히 구축된다고 보고 있고, $DD-AA$모형에서는 완전히 구축되지는 않는다고 보고 있다. 이런 견해 차이가 있긴 하지만, 이 차이는 매우 사소하다. 어느 모형에서나 재정정책의 소득증대 효과는 변동환율제도보다 고정환율제도에서 더 크다.

경기변동과 소득 및 인플레이션 변화

재정정책이나 금융정책이 생산량, 환율, 이자율에 미치는 영향에 대한 분석은 경제 내에 자원이 불완전고용 상태에 있고, 단기적으로 물가의 변화가 없음을 전제로 하고 있다. 실물경기변동론(Real Business Cycle)에 의하면, 경제정책이나 오일쇼크와 같은 외부의 충격은 단기적으로 생산량을 변화시키지만, 장기적으로는 잠재국민소득을 중심으로 한 경기 변동으로 나타난다. 실제로 멘도자(Mendoza, 1995)의 연구에 따르면, 선진 7개국과 개발도상국 23개국의 1955~90년의 기간에 걸친 경기변동의 약 50% 가량이 오일 쇼크와 같은 외부 충격으로 설명된다.[1]

[그림 18-4]는 1971~2004년까지 한국의 잠재국민소득에 대한 실제소득의 갭(gap)과 물가상승률을 보여준다. 잠재국민소득은 Hodrick-Prescott의 필터링을 사용하여 추정하였고, 물가상승률은 GDP 디플레이터의 변화율이다. 1971년부터 1981년까지는 높은 인플레이션 수준에서 경기변동이 이루어지고 있고, 1980년대 이후에는 상대적으로 낮은 인플레이션 수준에서 경기변동이 이루어지고 있다. 즉, 1971년 이후 한국의 경기변동은 크게 보아 두 개의 루프(loop)를 그리고 있다.

1973~74년의 1차 석유파동(oil shock) 때는 물가상승률이 크게 증가하였으나 이후 점차 인플레이션도 안정되고 1977~79년에는 소득이 잠재소득을 크게 추월하였다. 그러나 1979~80년 제2차 석유파동과 국내정치의 혼란으로 소득이 크게 감소하였다. 하지만 이후 인플레이션도 낮아지고 1987년 이후에는 실제소득이 잠재소득으로 수렴해간다. 그리고 1995~97년 실제소득이 잠재소득을 크게 넘어섰으나 1997년 11월 외환위기를 맞이하면서 소득이 크게 줄어들었고, 2000년 이후에는 다시 소득

1 Enrique G. Mendoza (1995), "The Terms of Trade, the Real Exchange Rate, and Economic Fluctuations", *International Economic Review* 36, pp. 101-137.

이 잠재소득 수준에 머물러 있다. 이와 같이 잠재소득을 중심으로 실제소득이 변화해가고 있다.

한국은 1979~80년의 경제위기를 적절한 경제정책을 통해 성공적으로 극복한 것으로 평가된다.[2] 1980년 당시 한국은 국제석유가격의 인상과 함께 국내석유가격을 대폭 인상시켰고, 이에 따른 인플레이션 압력을 억제하기 위해 긴축재정정책을 실시하였다. 그리고 수출경쟁력을 확보하기 위해 고정환율제도를 변동환율제도로 바꾸면서 환율을 크게 올렸다. 그리고 1981~82년에는 경기가 둔화되자 경기회복을 위해 완화된 재정정책을 실시하였고, 물가는 많이 안정되었지만 여전히 긴축 통화정책을 실시하였다. 1983~84년에는 다시 긴축적인 재정정책과 금융정책을 실시하였고, 그 결과 물가가 안정되었으며 실질환율이 올라가서(원화가치하락; depreciation) 수출경쟁력이 높아졌다.

그림 18-4 한국의 GDP갭과 인플레이션의 변화(1971~2004년)

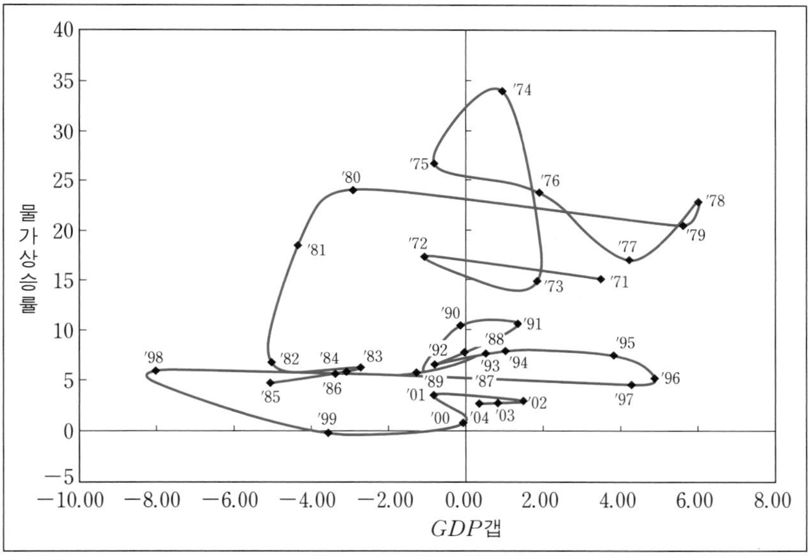

* 주: 1) *GDP*갭은 '(실제*GDP*—잠재*GDP*)/잠재*GDP*'의 %값임.
2) 잠재*GDP*는 Hodrick-Prescott의 필터링을 사용하여 추정함.
3) 물가상승률은 *GDP* 디플레이터의 상승률임.
* 자료: 한국은행, 경제통계시스템.

2 Aghevli, B.B. and J. Marquez-Ruarte, "A Case of Successful Adjustment: Korea's Experience During 1980-84," *IMF Occational Paper* 39, IMF, 1985.

3. 고정환율제도와 외환위기

지금까지 고정환율제도에서는 사람들이 현재의 환율이 앞으로도 계속될 것으로 믿는다고 가정했다. 즉, 사람들의 예상환율과 현재 환율이 같다고 가정했다. 그러나 현실적으로 현재 환율 수준이 영원히 지속될 수는 없다. 경기침체로 실업률이 높아지거나 국제수지 적자가 지속되면 사람들은 평가절하의 가능성이 높다고 생각한다. 이 경우 고정환율제도를 실시하고 있더라도 사람들은 정부가 평가절하(환율 상승)를 시행할 것으로 예상한다. 이처럼 고정환율제도에서 사람들이 환율 변화를 예상하는 경우 어떤 문제가 발생하는지 알아보자.

[그림 18−5]에서 화폐시장은 A, 외환시장은 A'에서 균형을 이루고있다고 하자. 그런데 자국의 국제수지 적자폭이 커서 앞으로 평가절하(환율 상승)를 할 것으로 사람들이 예상한다고 하자. 예상환율이 올라가면 외국예금의 기대수익률이 올라가므로 [그림 18−5]의 좌측에서 외국예금의 기대수익률 곡선이 위로 이동한다. 그 결과 환율은 e_1에서 e_2로 올라간다. 중앙은행은 환율 상승을 막기 위해 외화자산을 매각하고, 이로 인해 통화공급량이 감소하여 [그림 18−5]의 우측에서 화폐공급곡선이 왼쪽으로 이동한다. 그 결과 균형점은 B가 되어 이자율이 r_1에서 r_2로 올라간다. 국내이자율이 상승하여 외환시장의 균형점은 B'이 되고, 환율은 다시 원래의 수준을 회복한다.

그림 18−5 평가절하를 예상한 경우의 변화

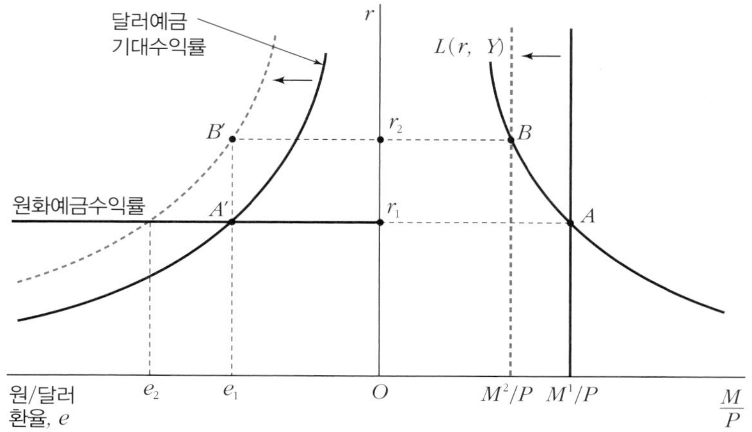

〈평가절하가 예상되면 외국예금의 기대수익률이 올라가서 환율이 올라간다. 고정환율제도에서는 환율을 일정하게 유지하기 위해 외화자산을 매각하므로 통화공급량이 감소하고 다시 환율은 원래의 수준으로 복귀한다.〉

이상은 사람들이 환율 상승을 예상하는 상황에서 환율을 고정시키고자 하면 중앙은행의 외화자산이 감소함을 말해준다. 따라서 외환보유액이 충분하지 않으면 중앙은행의 개입이 어려워져서 고정환율을 유지하기가 어렵다. 사람들이 환율 상승을 예상하는 경우 중앙은행은 환율 상승 압력을 억제하기 위해 외화자산을 매각하는데, 사람들의 환율 상승 예상이 커질수록 중앙은행의 외환보유액은 더욱 더 줄어든다. 그 국가가 일시적인 문제가 아니라 근본적인 문제에 봉착한 상황이라면 사람들의 예상이 바뀌지 않는다. 즉, 사람들의 환율 상승에 대한 기대가 계속되면서 결국 중앙은행의 외환보유액이 바닥나는 외환위기를 맞이하게 된다. 그리고 결국 환율도 올라가게 된다.

고정환율제도에서도 경상적자가 지속되면 사람들은 평가절하를 예상하게 된다. 사람들이 환율 상승을 예견하는 상황에서 고정환율을 유지하고자 하면 중앙은행의 외환보유액이 지속적으로 감소하여 종국에는 고갈되고, 환율이 올라가게 된다. 이것이 제23장에서 설명하는 자기실현적 위기(self-fulfilling crisis)이다. 이는 사람들의 예상이 현실로 나타난다는 점을 말해준다.

환율을 장기간에 걸쳐 고정시킨다는 것은 어려운 일일 뿐만이 아니라 바람직하지도 않다. 경제에 일시적인 변화가 있을 때는 중앙은행의 외환시장 개입으로 환율을 고정시킬 수 있다. 하지만, 경제에 지속적이고 근본적인 변화가 있을 때는 환율이 변하는 것이 당연하다. 근본적인 변화가 요구되는 상황에서 중앙은행의 개입으로 고정환율을 유지하고자 하면 궁극적으로 외화자산이 소진되고 외환위기를 맞이하게 된다. 특히 중앙은행의 외화자산이 충분하지 못한 상황에서는 고정환율의 유지가 더욱 더 어렵다. 이런 이유로 변동환율제도보다 고정환율제도에서 외환위기의 가능성이 더 높다.

제 2 절 자본이동 제약과 정책 효과

1. 자본이동 제약과 *AA*곡선의 형태

이자율평형조건은 양국의 예금 수익률이 같을 때 외환시장의 균형이 달성됨을 말한다. 한 나라의 예금수익률이 다른 나라보다 높으면 수익률이 더 높은 나라로 자본이 이동하면서 외환시장의 환율을 변화시킨다. 궁극적으로 환율 변화로 인해 두 나라의 예금수익률이 같아질 때까지 자본이 이동함을 가정하고 있다. 이는 다른 말로 표현하면 두 국가의 자본이동이 완전 자유로움을 전제하고 있다. 따라서 이자율 평형조건으로부터 도출된 *AA*곡선은 국가간 자본이동이 자유로운 세계를 가정하고 있다.

그런데 현실적으로 모든 나라가 자본이동의 자유를 허용하는 것은 아니다. 정치적 요인이나 경제적 요인 등으로 다른 나라와의 자본 거래에 제약을 두는 나라가 있다. 이 경우 다른 나라의 예금 수익률이 더 높더라도 자본이 이동하지 못하므로 환율 변화에 영향을 미치지 못한다. 다시 말해서, 금리가 변하더라도 자본거래 규제 때문에 외환의 유입이나 유출이 없거나 작아서 환율 변화 폭이 작아진다.

[그림 18-6]은 자본이동에 대한 규제 정도에 따라 *AA*곡선이 어떻게 달라지는가를 보여주고 있다. 자본이동이 완전히 자유로운 나라의 *AA*곡선은 AA^1이다. 이는 자본이동의 자유를 가정한 이자율평형조건으로부터 유도된 곡선이며, 앞에서 이용한 일반적인 *AA*곡선이다. 다음으로 자본규제가 극심하여 국가 간 자본이동이 전혀 허용되지 않는 나라의 *AA*곡선은 AA^3다. 자본이동이 불가능하면, 다른 국가의 이자율이 높더라도 외환의 유입과 유출이 없어서 환율이 변하지 않는다. 다시 말해서, 자국 이자율이 변하더라도 환율이 변하지 않기 때문에 *AA*곡선은 AA^3와 같이

그림 18-6 자본이동 제약과 *AA*곡선의 형태

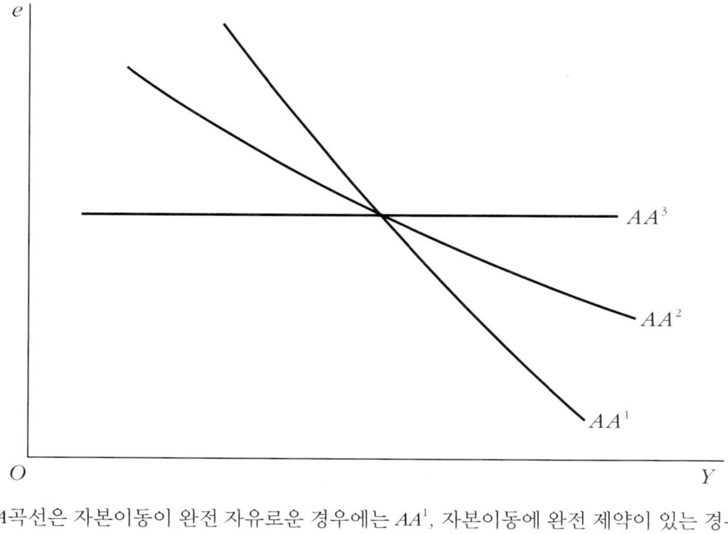

〈*AA*곡선은 자본이동이 완전 자유로운 경우에는 AA^1, 자본이동에 완전 제약이 있는 경우에는 AA^3, 자본이동이 가능하지만 어느 정도 제약이 있는 경우에는 AA^2와 같다. 자본이동에 제약이 클수록 *AA*곡선은 완만한 형태가 된다.〉

주어진 환율수준에서 수평선이 된다. 마지막으로 자본이동을 일정 정도만 규제하는 나라의 AA곡선은 AA^2와 같아진다. AA곡선은 규제 정도에 따라 AA^1곡선과 AA^3곡선의 사이의 어딘가에 위치하게 된다.

자본이동에 대한 제약 정도에 따라 AA곡선의 기울기가 달라진다. 자본이동의 제약이 클수록 완만한 형태가 되고, 제약이 작을수록 더 경사진 형태가 된다. 수학적으로 자본이동의 제약이 AA곡선의 기울기에 어떤 영향을 미치는가는 제17장 부록의 식 (**17A.10**)에 유도되어 있다. 참고하기 바란다.

2. 재정정책

[그림 18−7]은 자본이동의 제약 정도에 따라 재정정책의 효과가 어떻게 달라지는가를 보여준다. AA곡선은 자본이동의 제약 정도에 따라 AA^1과 AA^2의 두 가지 형태로 구분하여 그려져 있다. 앞에서 살펴본 바와 같이 AA^1은 자본이동이 완전히 자유로운 경우이고, AA^2는 자본이동에 제약이 있는 경우다.

먼저 변동환율제도에서의 정책효과를 살펴보자. 정부지출이 증가하면 DD곡선이 우측으로 이동하는데, 자본이동이 자유로운 경우에는 균형점이 B가 되고, 자본이동에 제약이 있는 경우에는 균형점이 C가 된다. 따라서 자본이동에 제약이 클수록 재

그림 18−7 자본이동의 제약과 재정정책의 효과

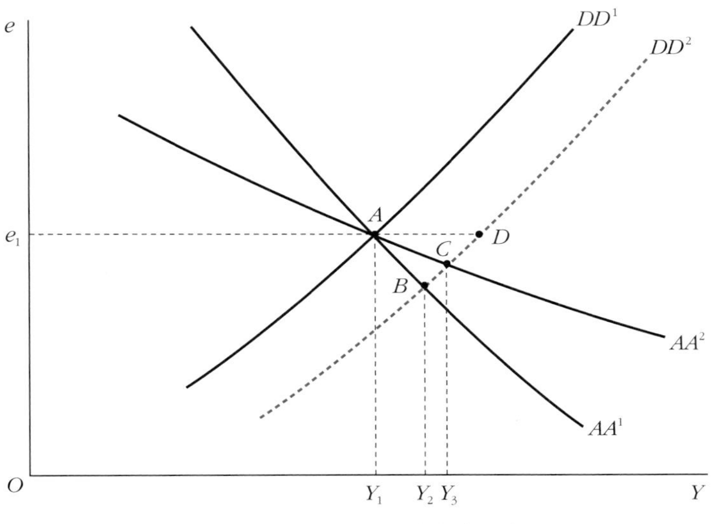

〈자본이동의 제약이 클수록 재정정책의 소득증가 효과가 더 크다.〉

정정책의 생산량 증대 효과는 더 커진다.

이의 경제적 해석은 다음과 같다. 정부지출이 증가하면 총수요가 확대되어 생산량이 증가한다. 생산량 증가는 화폐시장에서 화폐에 대한 초과수요를 발생시키므로 이자율이 올라간다. 국내 이자율이 올라가면 국내 예금에 대한 수요가 증가하므로 외환의 공급량이 늘어 환율이 하락한다. 그런데 자본 이동에 제약이 있는 경우에는 외환유입이 더 적어서 환율이 더 적게 하락하므로 환율 하락으로 인한 수출 감소의 구축효과가 작아진다. 그 결과 자본이동에 제약이 있는 경우에는 그렇지 않은 경우보다 재정정책의 생산량 증대효과가 더 커진다.

이상은 변동환율제도에서의 정책효과에 관한 것이다. 고정환율제도에서는 확장적 재정정책의 결과 나타나는 환율 하락을 방지하기 위해 중앙은행이 외화자산을 매입하므로 통화공급량이 증가하고 AA곡선이 우측으로 이동한다. AA^1이나 AA^2 모두 환율이 e_1 수준을 유지할 때까지 우측으로 이동하므로 균형점은 D가 되고 생산량이 증가한다. 고정환율제도에서는 자본이동에 제약이 있어도 재정정책의 소득 증가 효과에는 차이가 없다. 그리고 소득증가효과가 변동환율제도에서보다 더 크다.

3. 금융정책

[그림 18-8]은 자본이동의 정도에 따라 금융정책의 효과가 어떻게 달라지는가

그림 18-8 자본이동의 제약과 금융정책의 효과

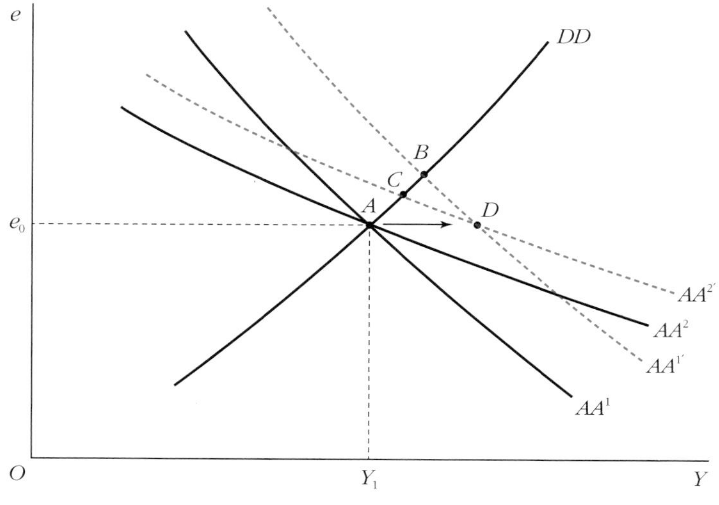

〈자본이동의 제약이 클수록 금융정책의 소득증가효과가 더 작다.〉

를 보여준다. 통화공급량이 증가하면 AA곡선이 우측으로 이동하는데, AA^1곡선과 AA^2곡선의 이동 정도는 같아서 새로운 AA곡선은 모두 D점을 지난다.

먼저 변동환율제도에서 금융정책의 효과를 알아보자. 자본이동이 자유로운 $AA^{1'}$에서는 균형점이 B점, 자본이동에 제약이 있는 $AA^{2'}$에서는 균형점이 C점이므로 자본이동이 자유로울 때 생산량 증가 효과가 더 큼을 알 수 있다. 이처럼 변동환율제도에서는 자본이동이 자유로울수록 확장적 금융정책의 생산량 증대 효과가 더 크다. 극단적으로 자본이동이 전혀 불가능한 수평의 AA곡선에서는 통화량 증가로 AA곡선이 우측으로 이동해도 균형점에 변화가 없으므로 생산량 증가 효과가 없다. 그 이유는 통화공급량이 증가하여 이자율이 하락하더라도 자본이동이 불가능하므로 외환의 유출이 나타나지 않고, 그 결과 환율이 변하지 않아서 수출입이 변하지 않기 때문이다.

다음으로 고정환율제도에서 금융정책의 효과를 알아보자. 통화량이 증가하면 AA곡선이 우측으로 이동하여 환율이 상승하게 되므로 중앙은행은 환율 상승을 억제하기 위해 외화자산을 매각한다. 중앙은행의 외화자산 감소는 통화량을 줄이므로 AA곡선이 다시 좌측으로 이동하고, 결국 원래의 수준으로 돌아오므로 생산량은 증가하지 않는다. 이는 자본이동의 제약 여부와 관계없이 고정환율제도에서 공통적으로 나타나는 현상이다. 즉, 고정환율제도에서는 자본이동의 제약 여부와 관계없이 금융정책은 소득을 증가시키지 못한다.

환율제도에 따른 재정정책과 금융정책의 소득증가효과를 다시 정리해 보자. 먼저 재정정책의 소득증가효과는 변동환율제도보다 고정환율제도에서 더 크다. 그리고 고정환율제도에서는 자본이동에 제약이 있든 없든 재정정책의 소득증가효과가 같다. 또 변동환율제도에서는 자본이동에 제약이 있을수록 재정정책의 소득증대효과가 더 커진다. 자본이동에 제약이 있으면 국가 간 자본이동이 원활하게 이루어지지 못해 정부지출 증가 시 환율 하락폭이 적어져 수출 감소에 의한 구축효과가 작아지기 때문이다.

다음으로 금융정책의 효과를 알아보자. 통화공급량이 증가하면, 변동환율제도에서는 소득증가효과가 있지만, 고정환율제도에서는 소득증가효과가 없다. 그리고 변동환율제도에서는 자본이동에 제약이 있을수록 금융정책의 소득증가효과가 작아진다. 그 이유는 통화공급량이 증가하면 환율이 상승하여 수출이 증가하고 이로 인해 소득이 증가하는데, 국가 간 자본이동이 원활하지 못하면 환율 상승폭이 작아져 수출증가 효과가 작아지기 때문이다. 그리고 고정환율제도에서는 자본이동에 제약이 있든 없든 금융정책은 소득을 증가시키지 못한다.

제 3 절 고정환율제도에서 종합균형

경제정책의 목표는 대내적으로는 완전고용을 달성하고, 대외적으로는 국제수지 균형을 달성하는 것이다. 대내균형과 대외균형이 동시에 이루어졌을 때 종합균형(綜合均衡)이 이루어졌다고 한다. n개의 정책목표를 달성하기 위해서는 n개의 정책수단이 필요하다는 틴버겐(Tinbergen)의 정리에 의하면, 대내균형과 대외균형이라는 두 개의 정책목표를 동시에 달성하기 위해서는 최소한 두 개의 정책 수단이 필요하다.

정부가 사용할 수 있는 정책수단으로는 금융정책, 재정정책, 환율정책이 있다. 변동환율제도에서는 환율의 자유로운 변동에 의해 대외균형이 자동적으로 달성되므로 대내균형을 달성하기 위한 수단으로 재정정책이나 금융정책을 사용할 수 있다. 하지만 앞서 살펴본 바와 같이 고정환율제도에서는 금융정책을 시행해도 소득을 증가시킬 수 없으므로 금융정책을 정책 수단으로 사용할 수 없다. 그래서 고정환율제도에서 사용 가능한 정책수단은 재정정책과 환율정책이다. 고정환율제도에서는 환율이 고정되어 있지만, 경제 상황에 따라 환율을 평가절하(환율인상) 또는 평가절상(환율인하)할 수 있으므로 환율이 정책수단이 된다.

다음에는 고정환율제도에서 재정정책과 환율정책을 사용하여 대내균형과 대외균형을 동시에 달성할 수 있는 정책조합이 무엇인가를 알아보자.

1. 대내균형

대내균형은 완전고용을 달성한 상태를 말한다. 즉, 생산물시장에서 총수요가 완전고용생산량과 같을 때 대내균형이 달성되었다고 한다. 대내균형식을 정책변수인 정부지출과 환율을 중심으로 다시 정리하면 다음과 같다.

$$IE=[D_f-Y_f]=IE(G,\ e)=0 \tag{18.1}$$

여기서 IE는 대내균형(internal equilibrium)을 의미하고, D_f는 완전고용수준의 총수요로서 $D_f=[C(Y_f)+I+G+CA(eP^*/P,\ Y_f)]$이다. 위 식은 총수요가 완전고용생산량과 같을 때 대내균형이 달성됨을 나타낸다. 위의 식에서 정부지출 G의 증가와 환율 e의 상승 모두 총수요를 증가시키므로 대내균형을 유지하기 위한 환율과 정부지출의 조합을 나타내는 IE곡선은 [그림 18-9]와 같이 우하향한다.

이 관계를 좀더 살펴보면 다음과 같다. 완전고용상태에서 정부지출이 증가하면 초과수요가 발생하는데, 초과수요를 상쇄하기 위해서는 환율이 하락하여 수출이 감소해야 한다. 따라서 대내균형식을 충족시키는 정부지출과 환율의 조합은 [그림 18-9]의 IE곡선과 같이 우하향한다.

IE곡선의 오른쪽에서는 정부지출이 완전고용 수준보다 많아서 인플레이션이 발생하고, 반대로 왼쪽에서는 정부지출이 완전고용수준보다 적어서 실업이 발생한다.

2. 대외균형

대외균형은 경상수지가 균형인 상태를 말한다. 정부는 경상수지 균형을 달성하기 위한 정책수단으로 정부지출과 환율정책을 사용한다고 하자. 대외균형식을 정책수단을 중심으로 다시 정리하면 다음과 같다.

$$EE = CA(eP^*/P,\ Y) = EE(G,\ e) = 0 \tag{18.2}$$

그림 18-9 대내균형과 대외균형

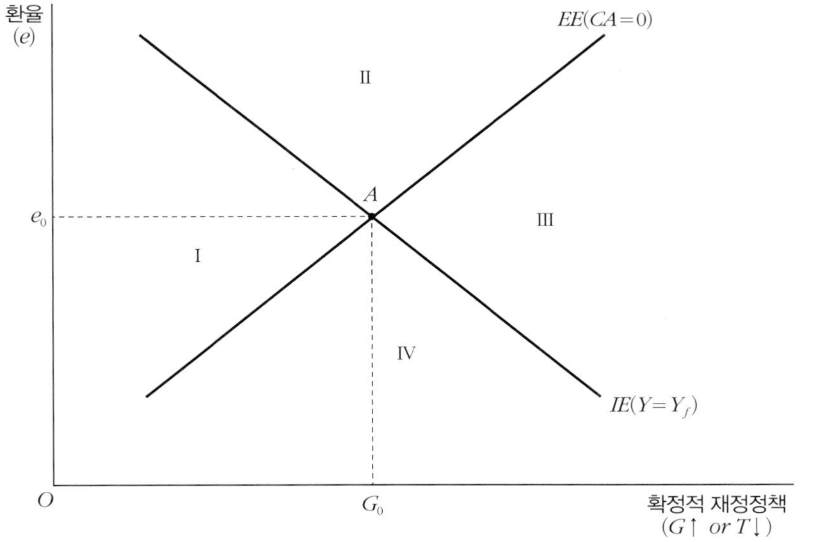

I: 실업, 경상수지 흑자
II: 인플레이션, 경상수지 흑자
III: 인플레이션, 경상수지 적자
IV: 실업, 경상수지 적자

EE는 대외균형(external equilibrium)을 나타낸다. 정부지출이 증가하면 소득 Y가 증가하여 수입이 늘어나므로 경상수지가 나빠지고, 환율이 올라가면 수출이 증가하고 수입이 감소하여 경상수지가 좋아진다. 예를 들어, 대외균형 상태에서 정부지출이 증가하면 경상수지가 나빠지므로 이를 다시 균형으로 유지하기 위해서는 환율이 올라가야 한다. 따라서 대외균형을 유지하기 위한 정부지출과 환율의 조합을 나타내는 EE곡선은 [그림 18-9]와 같이 우상향한다.

환율이 상승하면 경상수지가 개선되므로 EE곡선의 위쪽은 경상수지 흑자 상태를 나타내고, EE곡선의 아래쪽은 경상수지 적자 상태를 나타낸다.

앞서 설명한 바와 같이 IE곡선의 좌측은 실업, 우측은 인플레이션 상황을 나타내고, EE곡선의 위는 흑자, 아래는 적자를 나타낸다. 따라서 IE곡선과 EE곡선에 의해 경제를 4개의 영역으로 나눌 수 있다. [그림 18-9]에서 I의 영역은 실업과 경상수지 흑자, II의 영역은 인플레이션과 경상수지 흑자, III의 영역은 인플레이션, 경상수지 적자, IV의 영역은 실업, 경상수지 적자를 나타낸다. I, II, III, IV의 불균형 영역에서는 재정정책과 환율정책의 적절한 조합을 통해 대내균형과 대외균형을 동시에 달성할 수 있다.

3. 정책조합

[그림 18-10]에서 대내균형과 대외균형의 동시적 달성은 IE곡선과 EE곡선이 만나는 점 A에서 이루어진다. 따라서 완전고용과 경상수지 균형을 동시에 달성하기 위해서는 정부지출은 G_0 환율은 e_0를 유지하는 정책을 시행해야 한다.

[그림 18-10]의 C점은 완전고용을 달성하고 있으나 대외적으로 경상수지가 적자 상태임을 나타낸다. 경상수지 적자를 개선하기 위해 평가절하(환율 인상)를 실시하면, 경제가 C'으로 이동하여 대외균형은 달성되지만, 대내적으로 초과수요가 발생하여 인플레이션이 나타난다. 그림에서 보듯이 점 C의 경제를 종합균형점인 A로 이동시키기 위해서는 정부지출 감소, 평가절하(환율 인상)의 두 가지 정책을 동시에 사용해야 한다.

현재 경제가 실업과 경상수지 적자인 IV의 영역에 있는 B와 B'을 비교해보자. 같은 영역에서도 대내균형과 대외균형을 동시에 달성하기 위한 정책수단이 서로 다르다. 종합균형을 달성하기 위해서 B에서는 정부지출 증가와 평가절하(환율 인상)가 필요하고, B'에서는 정부지출 감소와 평가절하(환율 인상)가 필요하다. 이와 같이 같은 IV의 영역에서도 현재의 경제가 AG_0선을 기준으로 좌측인가 아니면 우측인가에 따라 정책조합이 달라진다.

그림 18-10 고정환율제도에서 정책조합

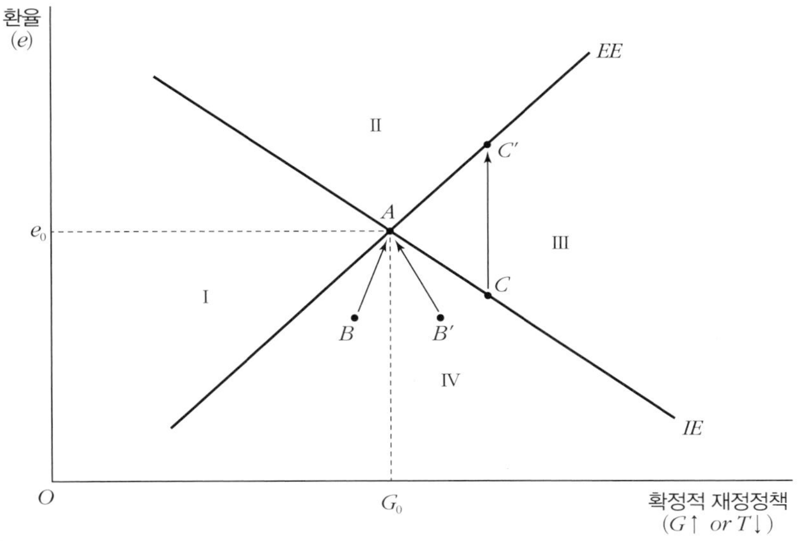

⟨B와 B′은 같은 영역이지만, 종합균형을 달성하기 위한 정책조합은 서로 다르다.⟩

실업과 경상흑자인 I의 영역에서도 적절한 정책조합을 쉽게 찾을 수 있다. 선의 위에서는 정부지출 증가와 평가절상이, 선의 아래에서는 정부지출 증가와 평가절하가 필요하다. 경제가 G_0A 선이나 선상에 위치하는 경우에는 하나의 경제정책만으로 종합균형점인 A로 이동할 수 있으나, 이러한 경우는 매우 예외적이고 일반적으로는 완전고용과 경상수지 균형이라는 두 개의 정책 목표를 달성하기 위해서는 두 개의 정책수단이 필요하다. 이상의 분석은 n개의 정책목표를 달성하기 위해서는 n개의 정책이 필요하다는 틴버겐(Tinbergen)의 정리에서 n이 2인 경우이다.

부록 *IS-LM* 모형을 이용한 정책효과 분석

1. 거시경제의 일반균형

생산물시장, 외환시장, 화폐시장의 균형식을 다시 정리하면 다음과 같다.

$$\text{생산물시장: } Y=C(Y)+I(r)+G+CA(\frac{eP^*}{P},\ Y) \tag{18A.1}$$

$$\text{외환시장: } r=r^*+\frac{e^e-e}{e} \tag{18A.2}$$

$$\text{화폐시장: } \frac{M^S}{P}=L(r,\ Y) \tag{18A.3}$$

이 세 시장이 동시에 균형을 이룰 때, 우리는 거시경제의 일반균형이 달성되었다고 한다. 일반균형은 수학적으로 위의 세 개의 연립방정식에서 세 개의 미지수의 해를 찾는 문제다. 세 개의 미지수는 Y(소득), e(환율), r(이자율)이다. 이 미지수들을 내생변수(endogenous variable)이라고 하고, 나머지 변수를 외생변수(exogenous variable)이라고 한다.

이 문제를 풀기 위해 $DD-AA$모형에서는 재화시장의 균형을 DD곡선으로, 외환시장과 화폐시장의 균형을 AA곡선으로 표시한다. $IS-LM$모형에서는 재화시장과 외환시장의 균형을 IS곡선으로, 화폐시장의 균형을 LM곡선으로 표시한다. $DD-AA$모형은 Y와 e를 중심으로 미지수의 해를 찾아가는 방식이고, $IS-LM$은 Y와 r을 중심으로 미지수의 해를 찾아가는 방식이라는 점에 차이가 있을 뿐이다.

그런데 $IS-LM$모형과 $DD-AA$모형은 투자함수에 대한 가정에 차이가 있다. 대체로 $IS-LM$모형은 식 (18A.1)에서 보듯이 투자가 이자율의 감소함수임을 가정하고 있다. 이자율이 올라가면 투자비용이 증가하므로 투자는 감소한다고 가정한다. 이에 비해 $DD-AA$모형에서는 제17장의 식 (17.4)에서와 같이 투자가 독립적임을 가정한다. 이는 기업가가 투자를 결정할 때 투자비용인 이자율(r)보다는 미래에 대한 전망을 더 중요하게 생각함을 뜻한다.

개방거시경제에서는 환율 변화가 중요하다. $DD-AA$모형에서는 Y와 e의 좌표를 이용하므로 환율의 변화가 바로 확인되는데 비해, $IS-LM$모형에서는 Y와 r의 좌표를 이용하기 때문에 환율이 바로 확인되지 않는다. *IS*−*LM*모형에서는 *IS*−*LM* 곡선을 이용해 균형이자율을 찾은 후, 이를 외환시장 균형조건에 대입하여 다시 균형환율을 구한다. 따라서 환율 변화를 확인하는 데는 환율을 좌표로 사용한 *DD*−*AA*모형이 이자율을 좌표로 사용한 *IS*−*LM*모형보다 편리한 점이 있다.

2. *IS*−*LM*곡선의 도출과 일반균형

*IS*곡선은 생산물시장과 외환시장의 동시균형을 나타내는 곡선이다. 두 식을 하나의 식으로 만들기 위해 e(환율)를 소거한다. 이를 위해 외환시장 균형식 (18A.2)를 환율을 기준으로 다시 정리하면

$$e = \frac{e^e}{(1 + r - r^*)} \tag{18A.4}$$

가 된다. 이를 식 (18A.1)에 대입하여 e(환율)를 소거하면,

$$Y = C(Y) + I(r) + G + CA\left(\frac{e^e P^*}{P(1 + r - r^*)},\ Y\right) \tag{18A.5}$$

이다. 이 식은 e(환율)가 소거되고 Y와 r의 함수로 표시되어 있다. 이 식이 *IS*곡선을 나타내는 식이다.

식 (18A.5)가 균형을 이루는 *IS*곡선에서 Y와 r의 관계를 알아보자. r이 증가하면 I(투자)가 감소한다. 그리고 r이 증가하면 실질환율이 하락하여 경상수지가 나빠진다(식 (18A.5)에서 경상수지(CA) 함수의 첫 번째 항목이 실질환율인데, 이자율(r)이 올라가면 실질환율이 하락함을 알 수 있다). 이처럼 이자율이 올라가면 투자가 감소하고 경상수지가 나빠져 총수요가 감소하므로 Y(소득)은 감소한다. 이는 이자율이 올라가면 소득이 감소해야 균형이 유지됨을 말한다. 즉, 이자율과 소득은 역의 관계에 있으므로 *IS*곡선은 [그림 18*A*−1]에서 보듯이 우하향한다.

*IS*곡선의 기울기는 투자의 이자율 탄력성에 의해 영향을 받는다. 투자의 이자율 탄력성이 클수록 *IS*곡선의 기울기가 완만해진다. 그 이유는 투자의 이자율탄력성이 클수록 작은 이자율 하락에도 투자가 크게 증가하고 총수요 및 소득의 증가도 커지기 때문이다.

*LM*곡선은 식 (18A.3)의 화폐시장 균형식으로부터 도출된다. 소득(Y)이 증가하면 화폐에 대한 수요가 증가하여 화폐시장에서 초과수요가 나타난다. 다시 화폐시장이 균형을 달성하기 위해서는 이자율(r)이 상승해야 한다. 이자율이 상승하면 화

그림 18A-1 *IS*–*LM*균형과 외환시장 균형

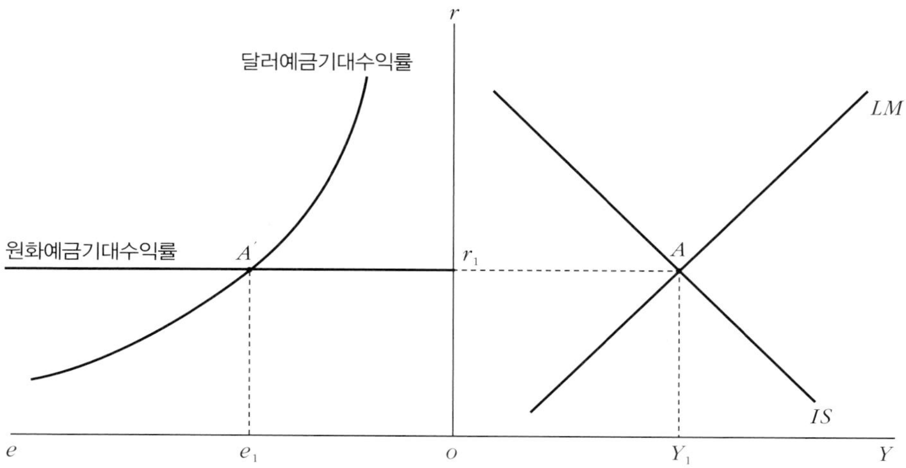

〈오른쪽에서 *IS*곡선은 재화시장과 외환시장의 동시균형을, *LM*은 화폐시장의 균형을 나타낸다. 따라서 *IS*곡선과 *LM*곡선이 만나는 점에서 세 시장이 모두 균형인 일반균형이 달성된다. 오른쪽에서 찾은 균형이자율을 왼쪽의 외환시장에 대입하면 균형환율을 찾을 수 있다.〉

폐에 대한 수요가 감소하기 때문이다. 이는 균형 상태에서 소득과 이자율은 정의 관계에 있음을 말해준다. 따라서 *LM*곡선은 [그림 18*A*−1]에서 보듯이 우상향한다.

*IS*곡선과 *LM*곡선이 만나는 점에서 세 시장의 동시균형이 이루어진다. *IS*−*LM* 교차점이 균형소득과 균형이자율이다. 균형환율을 찾기 위해서는 외환시장 균형식을 이용한다. 외환시장 균형식 (**18A.2**)는 [그림 18*A*−1]의 좌측에 그려져 있다. *IS*−*LM*곡선의 균형으로부터 구한 균형이자율을 좌측의 외환시장에 대입하면 균형환율이 결정된다. 그림에서 균형소득은 Y_1, 균형이자율은 r_1, 균형환율은 e_1이다.

3. *IS*−*LM*의 이동

정책효과를 분석하기 위해 재정정책과 금융정책으로 인해 *IS*곡선 또는 *LM*곡선이 어떻게 이동하는지를 알아보자. *IS*곡선을 나타내는 식 (**18A.1**)에서 정부지출(G), 국내물가(P), 외국물가(P^*) 등 외생변수가 변하면 *IS*곡선이 이동한다. 일반적으로 총수요를 증가시키는 요인은 *IS*곡선을 우측으로 이동시키고, 총수요를 감소시키는 요인은 *IS*곡선을 좌측으로 이동시킨다. 그리고 *LM*곡선을 나타내는 식 (**18A.3**)에서 외생변수인 통화공급량이나 물가가 변하면, *LM*곡선이 이동한다. 통화공급량이 증가하면, 주어진 소득수준에서 이자율이 하락해야 하므로 *LM*곡선이 우

측으로 이동한다.

간단하게 이해하면, 재화시장에서 총수요를 증가시키는 요인은 *IS*곡선을 우측으로 이동시키고, 화폐시장에서 통화공급량을 증가시키는 요인은 *LM*곡선을 우측으로 이동시킨다고 보면 된다. 따라서 확장적 재정정책은 *IS*곡선을 우측으로 이동시키고, 확장적 금융정책은 *LM*곡선을 우측으로 이동시킨다.

다음에서는 변동환율제도에서 나타나는 재정정책과 금융정책의 효과를 *IS*−*LM* 모형을 이용해 알아보고, 그 결과를 *DD*−*AA*모형의 분석 결과와 비교해 보자. 나머지 고정환율제도에서의 정책효과에 대한 분석은 독자들이 스스로 시도해 보기 바란다. *DD*−*AA*모형이나 *IS*−*LM*모형 중 어떤 모형으로 분석하든지 일반균형 모형을 구성하는 기본 방정식이 같기 때문에 정책효과도 같다.

4. 재정정책의 효과

[그림 18*A*−2]는 *IS*−*LM*모형을 이용한 재정정책의 효과이다. 먼저 일시적인 재정지출 증가의 효과를 알아보자. 그림에서 초기균형점은 *A*와 *A′*점이다. 정부지출이 증가하면 *IS*곡선이 우측으로 이동하여 새로운 균형점은 *B*가 되고, 그 결과 소득은 Y_1에서 Y_2로 늘고, 이자율은 r_1에서 r_2로 올라간다. 국내 이자율이 올라감에 따라 외환시장에서 새로운 균형점이 *B′*으로 이동하여 환율은 e_1에서 e_2로 내려간다. 즉, 정부지출이 증가하면 소득은 증가하고, 이자율은 올라가며, 환율은 내려간다. 이는 *DD*−*AA*모형에 의한 제7장 [그림 17−7]의 결과와 같다.

다음으로 지속적인 정부지출 증가의 효과를 알아보자. 정부지출이 증가하면 *IS*곡선은 우측으로 이동한다. 그런데 정부지출 증가가 지속되면 사람들은 앞으로 환율이 떨어질 것을 예상하게 된다. 사람들의 예상환율이 하락하면 [그림 18*A*−2]의 좌측에 있는 '달러예금 기대수익률'곡선이 아래로 이동한다. 그리고 예상환율의 하락은 식 (**18A.5**)에서 알 수 있듯이 실질환율을 떨어뜨려 경상수지를 악화시키므로 총수요를 감소시켜 *IS*곡선이 다시 좌측으로 이동한다. 만일 정부지출 증가분이 예상환율 하락에 의한 경상수지 감소에 의해 완전히 구축(crowding-out)된다면, 우측으로 이동했던 *IS*곡선이 다시 원래의 위치로 되돌아온다. 이상의 논의를 정리하면, 지속적인 정부지출 증가에서는 구축효과로 인해 *IS*곡선이 원위치로 복귀하고, 달러예금 기대수익률 곡선만 아래로 이동한다. 그 결과 소득의 변화는 없고, 환율만 하락하게 된다(독자들이 [그림 18*A*−1]을 이용해 이를 그림으로 표시해보기 바란다). 이는 제17장 [그림 17−10]의 결과와 같다.

그림 18A-2 *IS-LM*모형에서 재정정책의 효과

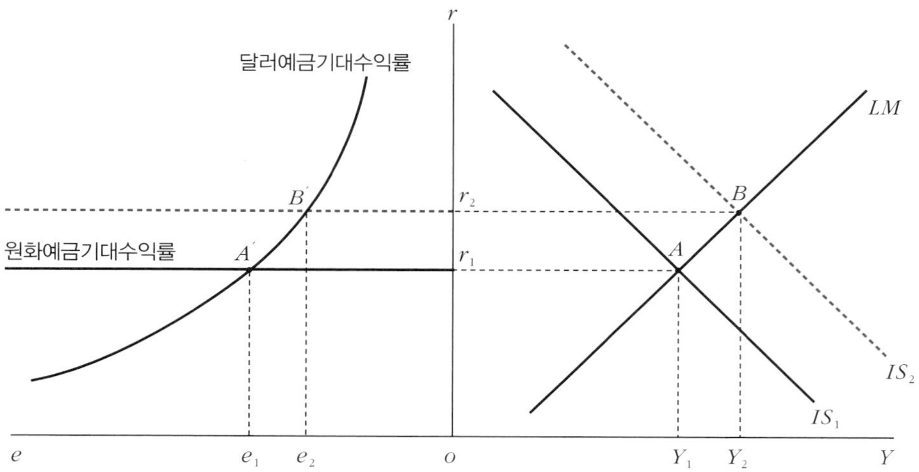

〈정부지출의 일회적 증가는 소득을 늘리고 환율을 떨어뜨린다. 그런데 정부지출의 지속적 증가는 구축효과로 인해 소득을 변화시키지 못하고, 환율만 떨어뜨린다.〉

5. 금융정책의 효과

[그림 18A-3]은 금융정책의 효과를 보여준다. 먼저 일시적인 통화공급량 증가의 효과를 알아보자. 통화공급량이 증가하면, 그림에서 LM곡선이 우측으로 이동하므로 균형점이 A에서 B로 이동하여 소득이 증가하고 이자율이 낮아진다. 이자율의 하락은 외환시장에 영향을 미쳐 균형점이 A'에서 B'으로 이동하고, 그 결과 환율이 올라간다. 이상으로부터 통화공급량 증가는 소득 증가, 이자율 하락, 환율 상승을 가져옴을 알 수 있다. 이 결과는 $DD-AA$모형에 의한 분석 결과인 제17장 [그림 17-8]과 같다.

다음으로 지속적인 통화공급량 증가의 효과를 알아보자. 통화공급량이 증가하면 LM곡선이 우측으로 이동한다. 그런데 통화공급량이 지속되면 사람들은 앞으로 환율이 올라갈 것을 알기 때문에 사람들의 예상환율이 올라간다. 예상환율의 상승은 실질환율을 올려서 경상수지를 개선하므로 이는 총수요를 증가시켜 IS곡선도 우측으로 이동한다. IS곡선의 우측 이동으로 소득은 [그림 18A-3]의 Y_2보다 더 많이 증가한다. 그리고 예상환율의 상승으로 그림의 좌측에 있는 '달러예금 기대수익률'곡선이 위로 이동한다. 그 결과 환율도 보다 더 많이 올라간다(독자들이 [그림 18A-3]를 이용해 이를 그림으로 표시해보기 바란다). 이 결과는 제17장 [그림 17-

그림 18A-3 *IS–LM* 모형에서 금융정책의 효과

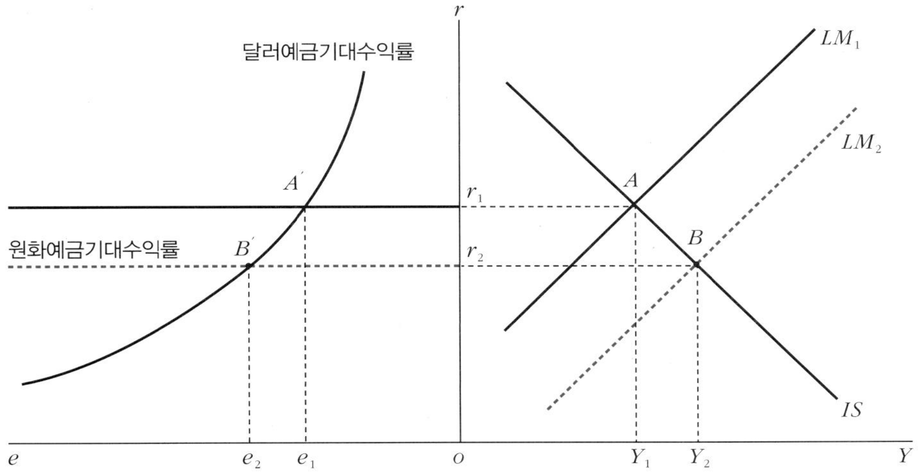

〈일회적인 통화공급량 증가는 소득 증가와 환율 상승을 가져온다. 지속적인 통화공급량 증가는 더 많은 소득 증가와 더 높은 환율 상승을 가져온다. 물가가 변하는 장기균형에서는 소득은 변하지 않고, 환율만 올라간다.〉

11]의 결과와 같다.

다음으로 장기균형에 대해 알아보자. 장기적으로는 물가가 통화공급 증가만큼 상승하므로 실질 통화공급량은 변하지 않는다. 따라서 *LM*곡선은 원위치로 복귀한다. 그리고 장기적으로는 물가상승률과 같은 비율만큼 사람들의 예상환율이 올라간다. 물가와 예상환율이 같은 비율로 올라가면 식 (**18A.5**)에서 알 수 있듯이 실질환율에 변화가 없으므로 *IS*곡선도 이동하지 않는다. 다만 사람들의 예상환율이 올라갔기 때문에 '달러예금 기대수익률'곡선은 위로 이동한다. 따라서 장기 균형에서는 *IS*와 *LM*이 이동하지 않으므로 소득과 이자율은 변하지 않고, 달러예금기대수익률곡선만 위로 이동하므로 환율만 올라간다(독자들이 [그림 18*A*−3]을 이용해 이를 그림으로 표시해보기 바란다). 이 결과는 제17장 [그림 17−12]의 결과와 같다.

주요용어

• 고정환율제도	• 외화자산	• 외환시장 개입
• 평가절하	• 자본이동 제약	• 먼델-플레밍 모형
• 대내균형	• 대외균형	• 종합균형
• 정책조합	• 틴버겐(Tinbergen)의 정리	

요 약

01. 재정정책과 금융정책의 효과는 환율제도, 국가간 자본이동의 제약 여부에 따라 달라진다. 이는 그 나라 경제 환경에 따라 선택해야 할 정책 수단이 달라짐을 말해준다.

02. 고정환율제도에서 정책 효과는 다음과 같다. 1) 정부지출이 증가하면 생산량이 증가한다. 2) 확장적 금융정책은 소득 증가에 기여하지 못한다. 3) 평가절하(환율인상)는 생산량 증가에 기여한다.

03. 환율제도에 따른 정책 효과의 차이는 다음과 같다. 재정정책은 어떤 환율제도에서든지 소득증가 효과가 있으나, 고정환율제도에서 그 효과가 더 크다. 금융정책은 변동환율제도 에서만 소득증가 효과가 있고, 고정환율제도에서는 그 효과가 없다. 그 이유는 통화량이 증가하면 환율이 상승하게 되는데, 환율 상승을 억제하는 과정에서 통화량이 다시 원래의 상태로 복귀하기 때문이다.

04. 자본이동의 제약에 따른 정책효과는 다음과 같다. 1) 확장적 재정정책의 경우, 변동환율제도에서는 자본이동에 제약이 클수록 소득증가 효과가 더 커지지만, 고정환율제도 에서는 자본이동의 제약에 관계없이 증가하고 그 효과가 같다. 2) 확장적 금융정책의 경우, 변동환율제도에서는 자본이동이 자유로울수록 소득증가 효과가 더 크고, 고정환율제도 에서는 자본이동의 제약 여부와 관계없이 그 효과가 없다.

05. 대내균형은 완전고용을 달성한 상태를 말하고, 대외균형은 경상수지 균형을 달성한 상태를 말한다. n개의 정책목표를 달성하기 위해서는 n개의 정책수단이 필요하다는 틴버겐(Tinbergen)의 정리에 의하면, 대내균형과 대외균형이라는 두 개의 정책목표를 동시에 달성하기 위해서는 최소한 두 개의 정책 수단이 필요하다. 그리고 동일한 상황에서도 대내균형과 대외균형을 동시에 달성하기 위한 정책수단이 다를 수 있다.

06. 거시경제 일반균형은 $IS-LM$모형으로 접근할 수도 있다. $DD-AA$모형에서는 재화시장의 균형을 DD곡선으로, 외환시장과 화폐시장의 균형을 AA곡선으로 표시하고, $IS-LM$모형에서는 재화시장과 외환시장의 균형을 IS곡선으로, 화폐시장의 균형을 LM곡선으로 표시한다. $DD-AA$모형은 Y와 e를 중심으로 미지수의 해를 찾아가는 방식이고, $IS-LM$은 Y와 r을 중심으로 미지수의 해를 찾아가는 방식이라는 점에 차이가 있을 뿐이다. 분석 결과는 같다. 차이가 있더라도 그 차이는 무시할 정도다.

어 있다. 고/저평가 정도는 (*PPP*환율/실제환율 – 1)의 식으로 계산한다. 이 식에 따라 계산하면, 스위스 화폐는 30.3% 정도 고평가되어 있다. 장기적으로 실제 환율이 *PPP*환율로 수렴한다면, 앞으로 스위스의 화폐가치가 하락해야 함을 뜻한다.

반대로 인도의 실제 환율은 79.95로 *PPP*환율 37.09보다 상당히 높다. 이는 인도의 화폐가 53.6%정도 저평가되어 있으며, 구매력평가의 관점에서 보면 앞으로 인도의 환율은 하락해야 함을 의미한다. 즉 인도의 화폐가치가 상승해야 함을 뜻한다. 한국의 경우, *PPP*환율은 893인데 실제 환율은 1,313이어서 원화가 32.0% 정도 저평가되어 있다.

〈표 19–1〉을 보면, 각 국가의 빅맥 가격을 달러로 환산하여 비교해보면, 대체로 선진국에서는 비싸고 개도국에서는 싸다. 빅맥 가격이 스위스에서는 6.71달러임에 비해, 인도에서는 2.39달러에 불과하다. 이는 구매력평가설의 관점에서 보면 스위스 화폐는 고평가되어 있고, 인도 화폐는 저평가되어 있음을 뜻한다. 개도국의 빅맥 가격이 낮은 것은 화폐의 저평가 문제만이 아니고, 개도국의 임금이나 임대료가 선진국보다 낮기 때문이다. 대체로 비교역재인 서비스의 가격이 선진국에서는 높고 개도국에서는 낮기 때문에 서비스 가격을 기준으로 구매력평가설을 적용하면 개도국 화폐는 대체로 저평가된 것으로 평가된다.

표 19–1 빅맥지수에 의한 *PPP*환율과 실제환율 비교

국가	화폐단위	자국화폐 표시 가격(*A*)	실제 환율 (*B*)	달러 표시 가격 (*C*=*A*/*B*)	*PPP* 환율 (*D*=*A*/5.15)	고/저평가 (*D*/*B*–1, %)
스위스	CHF	6.5	0.96845	6.71	1.26	30.3
노르웨이	NOK	62	9.89765	6.26	12.04	21.6
스웨덴	SEK	57	10.19785	5.59	11.07	8.5
미국	USD	5.15	1	5.15	1.00	0.0
브라질	BRL	22.9	5.39175	4.25	4.45	–17.5
체코	CZK	95	23.92	3.97	18.45	–22.9
중국	CNY	24	6.74735	3.56	4.66	–30.9
한국	KRW	4,600	1,313.45	3.50	893.20	–32.0
베트남	VND	69,000	23,417	2.95	13,398.06	–42.8
터키	TRY	47	17.565	2.68	9.13	–48.0
인도	INR	191	79.9513	2.39	37.09	–53.6

* 주: 1) 실제환율은 2022.7.1일 환율임.
2) *PPP*환율은 자국화폐 표시 빅맥가격을 미국의 빅맥가격인 5.15($)로 나눈 값임.
3) 실제환율이 *PPP*환율보다 낮으면(높으면) 자국화폐가 고평가(저평가)되었다고 판단함.

* 자료: *The Economist*, big-mac-data, https://github.com/theeconomist/big-mac-data/releases/tag/2022-07, 2022. 7. 26.

2. 구매력평가설의 문제점

모든 국가에서 같은 금액으로 같은 양의 재화나 서비스를 구입할 수 있도록 환율이 결정된다는 구매력평가설은 현실적으로 성립하기가 어렵다. 예를 들어, 100만원을 현재의 환율로 바꾸어서 여행을 해 보면, 국가마다 구입할 수 있는 재화와 서비스의 양이 다르다. 대체로 같은 금액으로 선진국보다 개도국에서 더 많은 양을 소비할 수 있다.

구매력평가설이 현실 세계에서 성립하지 않는 이유는 다음의 세 가지로 요약된다. 첫째, 국가 간 거래에는 운송비나 관세와 같은 무역장벽이 있어서 교역 가능한 공산품도 국가마다 가격 차이가 있고, 특히 비교역재인 서비스재는 국가마다 가격 차이가 더 크다. 둘째, 기업들이 같은 제품에 대해서 국가마다 서로 다른 가격을 부과하는 가격차별을 시행하면 일물일가의 법칙으로부터 이탈이 일어난다. 셋째, 물가지수 계산에 이용되는 상품바스켓(commodity basket)의 구성 상품과 그 가중치가 국가마다 다르다. 즉 물가지수 계산 방법이 국가마다 다르므로 물가지수로 구매력을 비교할 수 없다. 이들을 좀 더 자세히 알아보자.

1) 비교역재의 존재

어떤 제품이든지 해외 수출가격에는 운송비나 관세가 포함되기 때문에 같은 제품이라도 해외시장 가격은 국내 가격보다 그만큼 더 비싸진다. 그러므로 국가마다 같은 제품이라도 가격이 같을 수가 없다. 특히 비교역재는 교역이 불가능하기 때문에 국가마다 가격이 같아질 이유가 없다. 대체로 서비스재는 비교역재에 속한다. 물론 서비스재에도 교역가능한 서비스재가 있지만, 대부분의 서비스재는 비교역재에 속한다. 교역재의 경우에는 국가 간 가격 차이가 크지 않지만, 비교역재의 경우에는 국가 간 가격 차이가 매우 크다.

비교역재의 가격은 그 국가 내의 수요와 공급에 의해 결정되기 때문에 국가마다 그 가격이 서로 같을 이유가 없다. 비교역재 가격이 국가마다 다르면, 환율이 양국의 구매력을 반영하기 어렵다. 예를 들어, 어떤 국가에서 교역재 가격은 변하지 않고 비교역재 가격만 상승한 경우를 생각해보자. 이때 이 나라의 물가지수는 상승한다. 물가수준 상승을 반영하여 환율이 올라가면, 자국의 교역재 가격이 외국의 가격보다 싸지기 때문에 구매력평가설로부터 벗어나게 된다. 반대로 환율이 변하지 않는다면, 물가수준 상승이 환율에 반영되지 않으므로 이 또한 구매력평가설로부터 이탈하게 된다. 이처럼 비교역재가 존재하면 구매력평가설에 의해 환율을 결정하기가 어려워진다.

한국의 경우 2014년에 *GDP* 중 서비스업 비중이 65.6%나 된다.[1] 서비스재가 모두 비교역재인 것은 아니지만, 서비스업 비중이 크다는 것은 비교역재 비중이 큼을 시사한다. 비교역재의 존재는 구매력평가설에 의해 환율이 결정되지 않는 가장 주된 요인이다.

2) 가격차별과 덤핑

시장이 불완전경쟁적일 때 기업들은 이윤을 극대화하기 위해서 같은 제품을 국가마다 서로 다른 가격으로 판매하는 가격차별을 시행한다. 경쟁이 심한 국가에는 낮은 가격을 부과하고, 경쟁이 약한 국가에는 높은 가격을 부과한다. 가격차별은 같은 제품을 자국 시장보다 해외시장에서 더 낮은 가격으로 판매하는 덤핑(dumping)의 형태로 나타나기도 한다 (제9장 제3절의 가격차별과 덤핑 참조).

한국 자동차의 국내시장 가격이 해외 수출가격보다 높다고 소비자 단체가 불만이다. 2007년 상반기 보도자료에 의하면, 유명 수입자동차의 국내가격이 일본에서의 가격보다 2배가 높고, 미국에서의 가격보다 3배가 높았다. 같은 제품을 미국보다 한국에서 더 높은 가격으로 팔고 있었다. 기업들이 이윤을 극대화하고자 독점적인 지위에 있는 한국 시장에서는 높은 가격을 부과하고, 경쟁적인 미국 시장에서는 낮은 가격을 부과하였기 때문이다. 이처럼 같은 제품의 가격이 국가마다 서로 다르면 일물일가의 법칙에 바탕을 두고 있는 구매력평가설이 성립하기 어렵다.

3) 물가지수 측정 방법

국가마다 물가지수 산출 방법이 다르다. 물가지수는 여러 재화의 가격을 가중평균한 값이다. 그런데 국가마다 물가지수 산출에 포함하는 재화 묶음이 다르고, 또 각 재화의 가중치가 다르다. 따라서 같은 재화라도 가격의 변화가 물가지수에 미치는 영향이 국가마다 서로 다르게 나타난다.

어떤 재화의 가격이 두 국가에서 같은 비율로 인상되었다고 하자. 이 경우 두 국가의 구매력에는 차이가 발생하지 않는다. 하지만 이 상품이 물가지수 계산에 포함되는지, 또 가중치는 얼마인지에 따라 국가마다 물가지수에 미치는 영향이 달라진다. 즉, 같은 재화의 가격이 같은 비율로 올라가더라도 국가마다 물가지수 상승률이 달라진다. 물가지수 상승률이 다르기 때문에 구매력평가설에 의하면 환율이 변해야 한다. 그런데 물가지수 상승률은 다르지만, 같은 재화 가격이 같은 비율로 올라갔으므로 양국의 실질적인 구매력에는 차이가 없다. 이 경우 환율이 변하게 되

---

1 여기서 서비스업에는 전기가스수도업과 건설업을 포함하였다.

면, 이는 양국의 구매력을 일치시키지 못하게 된다. 두 나라의 물가지수 계산 방법이 다르면, 물가지수에 근거한 환율 변화는 양국의 구매력을 제대로 평가하지 못함을 말해준다.

4) 가격의 경직성

환율은 신속하게 변하는데 비해 물가는 단기적으로 경직적이다. 그러므로 단기에서는 물가와 환율의 비례적 관계가 잘 나타나지 않는다. 즉 단기 환율 변화는 구매력평가설로 설명하기 어렵다. 하지만 장기에서는 물가가 신축적이기 때문에 물가와 환율이 비례적 관계를 갖는다. 앞의 [그림 19-1]은 장기에서 인플레이션과 환율 변화 사이에는 양(+)의 상관관계가 있음을 보여주고 있다. 이처럼 장기에서는 환율 변화가 인플레이션과 비례한다는 구매력평가설이 성립하지만, 단기에서는 물가가 경직적이어서 구매력평가설이 성립하기 어렵다.

왜 후진국에서 물가수준이 더 낮을까?

대학 캠퍼스 주변 식당의 점심가격이 미국과 같은 선진국에서는 비싸지만, 중국이나 태국과 같은 개도국에서는 싸다. 점심 가격만이 아니라 자동차 수리비나 이발료도 중국이나 태국이 미국보다 싸다. 그런데 백화점에서 파는 의류나 전자제품의 가격은 미국, 중국, 태국에서 크게 차이가 없다. 이처럼 공산품의 가격은 국가마다 크게 다르지 않지만, 서비스재의 가격은 개도국에서 더 싸다. 이는 공산품은 국제적으로 거래되기 때문에 가격이 서로 같아지는 반면, 서비스재는 무역이 불가능하여 국가 간에 가격이 같아질 수 없기 때문이다.

그렇다면, 왜 후진국에서 서비스재의 가격이 더 낮을까? 이는 발랏사-새뮤얼슨 이론(Balassa-Samuelson theory)으로 설명할 수 있다.[2] 내용은 다음과 같다. 공산품 생산에서 선진국의 노동생산성은 후진국보다 높다. 그런데 공산품은 교역이 가능하기 때문에 그 가격이 국가 간에 같아진다. 임금은 노동생산성과 재화가격의 곱으로 결정되므로, 국가 간 재화가격이 같다면 노동생산성이 높은 선진국에서 임금도 높게 된다. 즉, 공산품 부문에서 선진국의 임금이 후진국보다 높게 된다.

그런데 노동은 산업간 이동이 자유롭기 때문에 제조업 임금이 서비스업 임금에 영향을 미친다. 그래서 제조업 임금이 높은 선진국에서는 서비스업 임금도 높아지고, 반대로 제조업 임금이 낮은 후진국에서는 서비스업 임금도 낮아진다. 그런데 음식, 이발, 자동차 정비 같은 서비스 부문에서는 개도국과

2 Balassa, Bela(1964), "The Purchasing-Power Parity Doctrine: A Reappraisal," *Journal of Political Economy*, vol. 72, pp.584-96. Samuelson, Paul A.(1964), "Theoretical Notes on Trade Problems," *Review of Economics and Statistics*, vol. 46(2), pp.145-154.

선진국의 노동생산성이 크게 차이가 나지 않는다. 그래서 임금이 높은 선진국에서는 서비스 가격이 높아지고, 임금이 낮은 후진국에서 서비스 가격이 낮아진다. 개도국의 물가수준이 선진국보다 낮은 것은 공산품 가격이 아니라 서비스 가격 때문이다.[3]

발랏사-새뮤얼슨 이론을 요약하면 다음과 같다. 교역으로 인해 재화가격이 같아지는 공산품 부문에서 선진국과 개도국의 노동생산성이 다른데, 이로 인해 개도국의 임금이 선진국보다 낮게 형성된다. 그런데 서비스 부문에서는 개도국의 노동생산성이 선진국과 크게 다르지 않기 때문에, 임금이 낮은 개도국에서의 서비스재 가격이 낮아진다는 것이다.

그런데 실제로 서비스 부문에서 선진국과 개도국의 노동생산성이 서로 동일한 것은 아니다. 예를 들어, 의료, 교육, 금융 같은 고부가가치 서비스 부문에서는 선진국의 노동생산성이 개도국보다 훨씬 높

그림 19-2 일인당 국민소득과 물가수준의 관계

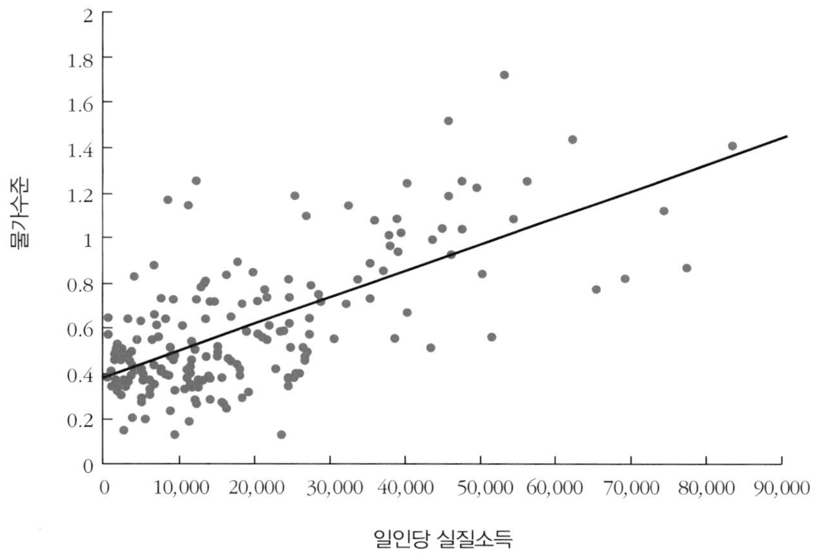

* 주: 1) 2017년 180개국을 대상으로 한 자료임.
2) 왼쪽 축은 미국의 물가수준을 100으로 한 상대적인 국가별 물가수준이고, 아래쪽 축은 2011년 기준 미국달러 *PPP* 일인당 *GDP*이다.

* 자료: Penn World Table 9.1, 2019.

3 바그와티(Bhagwati)도 후진국에서 서비스재의 가격이 낮은 이유를 설명하고 있다. 후진국은 노동이 풍부한 나라로서 임금이 낮다. 그런데 서비스재는 노동집약재로서 임금이 가격 결정에 중요한 요소가 된다. 따라서 임금이 낮은 후진국에서 서비스재 가격이 낮아진다는 것이다. Bhagwati, Jagdish N.(1984), "Why Are Services Cheaper in the Poor Countries?", *Economic Journal*, vol. 94(374), pp.279-86.

다. 반면 음식이나 숙박과 같이 부가가치가 낮은 서비스 부문에서는 두 나라 간의 노동생산성 차이가 그렇게 크지 않은데, 이런 업종에서 개도국의 서비스 가격이 선진국보다 낮아질 가능성이 크다.

[그림 19-2]는 소득수준이 높은 국가에서 물가수준도 높음을 보여준다. 이는 2017년 자료이고, 물가수준은 미국을 100으로 한 국가별 상대 물가수준이다. 일인당 실질소득은 2011년 기준 미국 달러로 환산한 *PPP* 일인당 *GDP*이다. 그림에서 보듯이, 일인당 소득과 물가수준 간에는 정(+)의 상관관계가 있다. 즉, 일인당 소득이 높은 국가에서 물가수준도 상대적으로 더 높다.

제 3 절 환율에 대한 화폐적 접근방법

1. 화폐시장의 장기균형

화폐이론에 따르면, 한 나라의 물가수준은 장기적으로 그 나라의 화폐에 대한 수요와 공급에 의해 결정된다. 다시 말해, 물가수준은 화폐시장의 균형으로부터 결정된다. 앞서 공부한 구매력평가설과 화폐이론을 결합하면, 장기 환율이 결정되는 메커니즘을 설명할 수 있다. 이를 환율에 대한 화폐적 접근방법(monetary approach)이라고 한다.

구매력평가설은 장기적으로 환율은 두 국가의 물가수준에 의해 결정된다고 한다. 그런데 물가수준은 화폐시장의 균형으로부터 결정되므로 화폐에 대한 수요와 공급의 변화가 환율 결정에 영향을 미침을 알 수 있다. 그런데 구매력평가설이나 화폐이론은 모두 장기적 상황을 가정하고 있다는 점에서, 이는 환율의 장기 변동을 설명하는 이론이다.

먼저 장기에서 물가수준의 변동을 설명해 주는 화폐시장의 균형식은 다음과 같다.

$$\frac{M}{P}=L(r,\ Y) \tag{19.5}$$

좌측 항은 화폐의 실질공급이고, 우측 항은 화폐에 대한 실질수요다. 여기서 r은 명목이자율이고, Y는 실질소득이다. 화폐에 대한 실질수요는 이자율의 감소함수이고, 소득의 증가함수다.

위의 식 (**19.5**)는 제16장의 화폐시장 균형식과 똑같다. 그러나 제16장은 단기 상황을 염두에 두고 있고, 여기는 장기 상황을 전제하고 있다는 점에 차이가 있다. 16장에서는 단기적으로 물가가 고정되어 있다고 가정하고 있기 때문에 화폐시장의 불균형은 이자율 변화에 의해 조정된다. 즉, 통화공급량이 증가하면 이자율이 하락하여 화폐시장이 다시 균형을 이룬다. 그러나 여기에서는 장기적으로 가격이 신축적인 상황을 가정하고 있기 때문에 화폐시장의 불균형은 물가 변화에 의해 조정된다. 즉, 통화공급량이 증가하면 물가가 올라가서 화폐시장이 다시 균형을 이룬다.

장기에서 화폐시장의 불균형이 물가 변화에 의해 조정된다는 점은 화폐수량설과 유사하다. 화폐수량설은 $M=kPY$로 표시되며, 실질소득 Y가 일정하다고 보고, 통화량(M)과 물가(P)가 비례관계가 있다고 설명한다. 그런데 식 (**19.5**)는 화폐수요가 소득과 이자율의 함수라는 점에서 소득만을 고려하는 화폐수량설과 차이가 있다. 그러므로 식 (**19.5**)의 장기 화폐 수요함수를 이해하기 위해서는 장기에서 이자율이 어떻게 결정되는가를 이해해야 한다.

2. 인플레이션과 명목이자율의 관계

이제 장기균형에서 명목이자율이 어떻게 결정되는지를 알아보자. 장기 명목이자율은 이자율평형조건과 구매력평가설로부터 쉽게 유도할 수 있다. 이자율평형조건은 이자율과 환율 사이의 관계를 설명하고, 구매력평가설은 인플레이션과 환율 사이의 관계를 설명한다. 이 둘을 결합하면 인플레이션과 이자율 사이의 관계를 설명할 수 있다.

제14장의 이자율평형조건을 다시 쓰면 다음과 같다.

$$
\begin{aligned}
r &= r^* + \frac{(e^e - e)}{e} \\
&= r^* + \hat{e^e}
\end{aligned}
\qquad (\mathbf{19.6})
$$

여기서 $\hat{e^e}$는 예상 환율상승률이다. 이 식은 자국의 이자율이 외국의 이자율보다 예상 환율상승률만큼 더 높을 때 외환시장이 균형임을 말한다. 예를 들어, 한국의 이자율(5%)이 미국의 이자율(3%)보다 높더라도, 사람들이 앞으로 환율이 2% 상승할 것으로 예상하면(원화 가치가 2% 하락할 것으로 예상하면) 외환시장이 균형이라는 것이다.

다음으로 상대적 구매력평가설을 미래 환율 변화에 적용하면, 예상 환율 변화율은 두 국가의 예상 인플레이션율의 차이와 같다. 이는 다음과 같다.

$$\hat{e}^e = \hat{P}^e - \hat{P}^{*e} \tag{19.7}$$

여기서 $\hat{P}^e$는 자국의 예상물가상승률이고, $\hat{P}^{*e}$는 타국의 예상물가상승률이다.

식 (**19.6**)의 이자율평형조건과 식 (**19.7**)의 구매력평가설을 결합하면 다음과 같이 정리된다.

$$r - r^* = \hat{P}^e - \hat{P}^{*e} \tag{19.8}$$

이 식은 예상 인플레이션과 명목이자율의 관계를 보여준다. 어떤 국가의 명목이자율이 상대국보다 높다는 것은 그 국가의 예상 인플레이션이 상대국보다 높음을 말해준다. 예를 들어, 우리나라 금리가 미국보다 2% 높다는 것은 우리나라의 예상 인플레이션율이 미국보다 2%만큼 더 높음을 뜻한다.

3. 피셔효과

피셔효과(Fisher effect)란 한 국가의 예상인플레이션 상승이 명목이자율을 그만큼 높이는 현상을 말한다. 이는 식 (**19.8**)로부터 쉽게 이해할 수 있는데, 이 식은 구매력평가설로부터 유도되었다는 점에서 피셔효과는 장기적 현상을 설명하는 이론이다. 그리고 피셔효과는 인플레이션이 실질변수에 영향을 미치지 않는다는 화폐의 중립성을 보여주고 있다.

식 (**19.8**)에서 다른 조건이 일정한 경우, 한 국가의 예상 인플레이션 상승은 그 국가의 명목 이자율을 그만큼 증가시킴을 알 수 있다. 예를 들어, 외국의 상황에 변화가 없는데 한국의 예상인플레이션율이 2% 올라가면 한국의 명목이자율도 2% 올라간다. 즉, 인플레이션의 변화가 그만큼 명목이자율을 인상시킨다.

명목이자율의 결정에 관한 피셔효과로부터 실질이자율의 의미를 이해해 보자. 식 (**19.8**)을 다시 쓰면,

$$r - \hat{P}^e = r^* - \hat{P}^{*e} \tag{19.9}$$

이 된다.

명목이자율에서 인플레이션율을 빼면 실질이자율이 된다. 연간 명목이자율이 10%일 때 물가상승률이 0%면 이자소득으로 인해 1년 후 재화와 서비스의 구매력이 10% 증가하지만, 물가상승률이 10%면 이자소득에도 불구하고 재화와 서비스의 구매력은 변하지 않는다. 화폐로 평가한 수익률을 명목이자율(nominal interest rate)이라고 하고, 구매력으로 평가한 수익률을 실질이자율(real interest rate)이라고 한다. 앞의 예에서 명목이자율이 10%고 물가상승률이 10%일 때, 실질이자율은 0%가 된다. 실질이자율은 인플레이션율만큼 명목이자율과 차이가 난다.

식 (**19.9**)의 좌측 항은 자국의 예상실질이자율이고, 우측 항은 외국의 예상실질이자율이 된다. 위 식을 다시 쓰면 다음이 된다.

$$i^e = i^{*e} \tag{19.10}$$

i^e는 자국의 예상실질이자율이고, i^{*e}는 외국의 예상실질이자율이다. 식 (**19.10**)은 구매력평가설과 이자율평형조건이 성립하면 국가 간 예상실질이자율이 서로 같아

그림 19-3 인플레이션율과 이자율의 상관관계(1980~2010년 평균)

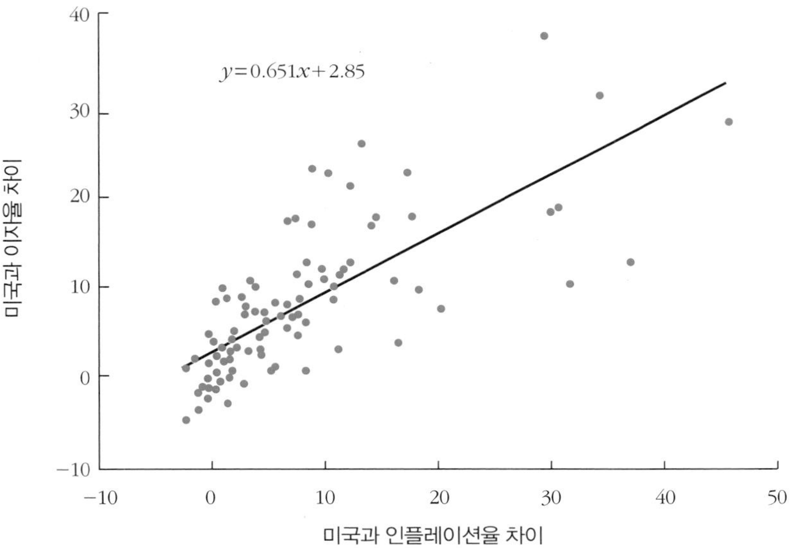

* 주: 1) 114개국의 국가별 1980~2010년의 평균값을 이용함.
  2) 인플레이션율 차이는 각국의 소비자물가상승률에서 미국 값을 뺀 것이고, 이자율 차이는 각국의 대출이자율에서 미국 값을 뺀 것임.
* 자료: World Bank, *World Development Indicators,* 2011.

짐을 말해준다. 이를 실질이자율평형조건(real interest parity condition)이라고 한다. 실질이자율평형조건은 구매력평가설에 바탕을 두고 있다는 점에서 장기에 성립하는 조건이다.

자유무역으로 두 국가의 구매력이 같아지고, 자본이동이 자유로워 양국의 예금수익률이 같아지면, 구매력평가설과 이자율평형조건이 모두 성립하게 된다. 이 경우 실질이자율평형조건이 성립하므로 두 나라의 실질이자율은 항상 같아진다. 예를 들어, 어떤 국가에서 예상 인플레이션율이 상승하면 명목이자율이 그만큼 상승할 뿐 실질이자율은 변하지 않고 다른 나라의 실질이자율과 같은 수준을 유지한다는 것이다. 실질이자율평형조건은 인플레이션이 실질이자율에 영향을 미치지 않는다는 피셔효과에 바탕을 두고 있고, 또 화폐의 중립성을 보여주고 있다.

[그림 19-3]은 물가상승률과 명목이자율이 비례함을 보여준다. 1980~2010년의 약 30년에 걸친 장기 평균값을 이용하였다. 114개국의 자료이고, 각국의 30년 평균값에서 미국의 30년 평균값을 뺀 물가상승률과 명목이자율이다. 그림에서 보듯이 인플레이션율과 이자율 간에 정(+)의 상관관계가 있다. 즉, 인플레이션율이 미국보다 높은 국가에서 명목이자율도 미국보다 높다. 인플레이션율이 올라가면 그만큼 명목이자율이 올라간다는 피셔효과가 장기적으로 타당함을 보여준다.

4. 장기에서 이자율, 물가와 환율의 관계

화폐시장의 균형식을 이용해 장기 환율이 어떻게 결정되는지 알아보자. 단기에서는 화폐시장의 불균형이 이자율의 변화로 조정된다고 보지만, 장기에서는 화폐시장의 불균형이 물가의 변화로 조정된다고 본다. 그리고 구매력평가설의 주장과 같이 이런 물가의 변화가 환율을 변화시킨다. 예를 들어, 통화공급량의 변화, 이자율의 변화, 소득의 변화로 인해 화폐시장의 불균형이 발생하면 물가가 변하게 되고, 이러한 물가 변화가 환율 변화로 이어진다. 이러한 변화 과정은 단기적 상황이 아니라 장기적 상황임을 유념해야 한다.

화폐시장의 균형식에 의하면 양국의 물가수준은 다음과 같이 결정된다.

$$P = \frac{M}{L(r,\ Y)} \tag{19.11.a}$$

$$P^{*} = \frac{M^{*}}{L(r^{*},\ Y^{*})} \tag{19.11.b}$$

M은 통화공급량이고, r은 명목이자율, Y는 소득이다. *는 외국의 값을 나타낸

다. 위의 식은 물가수준이 화폐에 대한 수요와 공급에 의해 결정됨을 뜻한다. 제16장에서 설명한 바와 같이 화폐에 대한 수요함수 $L(r, Y)$는 이자율의 감소함수이고, 소득의 증가함수이다.

구매력평가설에서 환율은 $e = P/P^*$이므로 여기에 식 (**19.11.a**)와 (**19.11.b**)를 대입하면 다음이 된다.

$$e = \frac{P}{P^*} = \frac{M/L(r,\ Y)}{M^*/L(r^*,\ Y^*)} = \frac{M}{M^*} \cdot \frac{L(r^*,\ Y^*)}{L(r,\ Y)} \qquad \textbf{(19.12)}$$

이 식은 환율이 두 나라의 화폐에 대한 수요와 공급에 의해 결정된다는 화폐적 접근방법을 요약하고 있다. 화폐시장의 불균형이 발생하면 물가가 변하고, 물가의 변화가 환율을 변화시킴을 전제하고 있다. 이 식은 단순하지만 환율 변화에 대한 간명한 예측을 가능하게 한다. 식 (**19.12**)에서 분자의 값이 증가하면 환율이 올라가고, 분모의 값이 증가하면 환율이 내려간다. 이제 화폐공급, 이자율, 생산량(소득)의 변화가 환율에 미치는 장기 효과를 예측해보자.

첫째, 자국의 통화량(M)이 증가하면 환율은 올라가고, 반대로 외국의 통화량(M^*)이 증가하면 환율은 내려간다. 이는 식 (**19.12**)에서 쉽게 확인된다. 식 (**19.12**)에서 보듯이, M이 증가하면 e가 증가하고, M^*가 증가하면 e가 감소한다. 이의 경제적 설명은 다음과 같다. 자국의 통화량이 증가하면 자국의 물가수준이 올라가고, 자국의 물가가 상승하면 환율이 올라간다. 여기에는 통화공급량이 변하면 물가가 신축적으로 변한다는 가정이 전제되어 있음에 유의해야 한다.

둘째, 자국 이자율이 올라가면 환율이 올라가고, 외국 이자율이 올라가면 환율이 내려간다. 식 (**19.12**)에서 자국 이자율 r이 증가하면 $L(.)$이 감소하므로 e가 올라감을 알 수 있다. 이의 경제적 설명은 다음과 같다. 이자율이 상승하여 화폐에 대한 실질수요가 감소하면 화폐시장에서 초과공급이 발생하고, 화폐시장의 초과공급으로 물가가 상승하므로 환율이 상승하게 된다. 즉, 이자율 상승이 환율 상승으로 나타난다. 단기모형에서는 이자율이 상승하면 환율이 하락하였다. 이자율과 환율 변화의 관계가 장기 모형과 단기 모형에서 차이가 있다. 그 이유는 다음 절에서 알아본다.

셋째, 자국의 생산량(소득)이 증가하면 환율이 내려가고, 외국의 생산량(소득)이 증가하면 환율이 올라간다. 식 (**19.12**)에서 자국의 생산량 Y가 증가하면 $L(.)$이 증가하므로 e가 하락함을 알 수 있다. 다시 말해서, 생산량이 증가하면 화폐에 대한 실질수요가 증가하여 화폐시장에서 초과수요가 발생하고, 화폐시장의 초과수요는 자국의 물가를 떨어뜨리므로 환율은 하락한다.

이상의 화폐적 접근방법은 화폐시장의 불균형이 즉각적으로 물가의 신축적인 변화를 가져오고, 물가의 변화가 환율을 변화시킨다는 구매력평가설을 적용하고 있다. 이 모형은 물가의 신축적 변화를 가정하고 있다는 점에서 장기적 상황을 설명하는 모형임을 유념해야 한다.

앞에서는 자국의 통화량 증가가 물가상승을 통해 이자율에 미치는 영향을 고려하지 않았다. 통화량 증가로 인한 일회적인 물가 상승은 명목이자율에 영향을 미치지 않지만, 인플레이션율이 올라가는 경우에는 명목이자율이 올라간다. 장기적으로 통화량 증가가 지속되면 인플레이션율이 올라가므로 명목이자율도 상승하게 된다. 다음 절에서는 지속적인 통화공급량 증가가 인플레이션율을 올려 명목이자율을 상승시키는 경우 환율이 어떻게 변하는지 알아보자.

5. 통화량 증가의 장기 효과

대부분의 국가에서 매년 통화량이 지속적으로 증가하고 있다. 통화당국은 그 '증가율'을 높이거나 낮추면서 통화량을 조절해 간다. 통화량 증가는 일회적이기보다는 지속적인 경향이 있다. 통화량이 지속적으로 증가하면 인플레이션이 발생하고, 인플레이션은 명목이자율과 환율에 영향을 미친다. 통화량이 지속적으로 증가해가는 경제에서 그 '증가율'의 변화가 거시경제변수에 미치는 영향을 알아보자.

이제 두 국가의 실질소득은 변화가 없는 상태에서 한 국가의 통화량 증가율이 올라가는 경우를 생각해보자. 즉, t_0시점에 한 국가의 통화량 증가율이 α%에서 $(\alpha + \Delta\alpha)$%로 상승했다고 하자. 예를 들어, 통화량 증가율이 2%에서 3%로 1%만큼 높아졌다고 하면, 이 경우 $\Delta\alpha = 1\%$이다.

통화량이 증가하면 인플레이션이 발생한다. 예를 들어, 통화량 증가율이 2%에서 3%로 1% 더 올라가면, 인플레이션도 2%에서 3%로 1% 더 올라간다. 이 경우 피셔효과에 의해 명목이자율도 $\Delta\alpha = 1\%$만큼 더 올라간다. 다시 말해서 t_0 시점에 통화량 증가율을 1% 정도 더 올리면, 인플레이션율이 1% 더 높아지고, 명목이자율도 1% 더 올라간다.

[그림 19-4]의 (a)는 통화량이 t_0 시점까지는 α%로 증가하다가 이후 $(\alpha + \Delta\alpha)$%로 증가함을 말한다. (b)는 통화량 증가율이 $\Delta\alpha$%만큼 더 올라가면 명목이자율이 $\Delta\alpha$%만큼 높아짐을 말한다. 명목이자율이 점프한 것은 예상 인플레이션의 상승에 따른 피셔효과의 결과다. (c)는 t_0 시점에 물가수준이 점프하고 이후 물가상승률이 통화량증가율과 같은 비율로 $\Delta\alpha$%만큼 더 높아짐을 말해준다. t_0 시점에 통화량이

그림 19-4 통화량 증가율의 상승에 의한 거시경제변수의 장기 반응경로

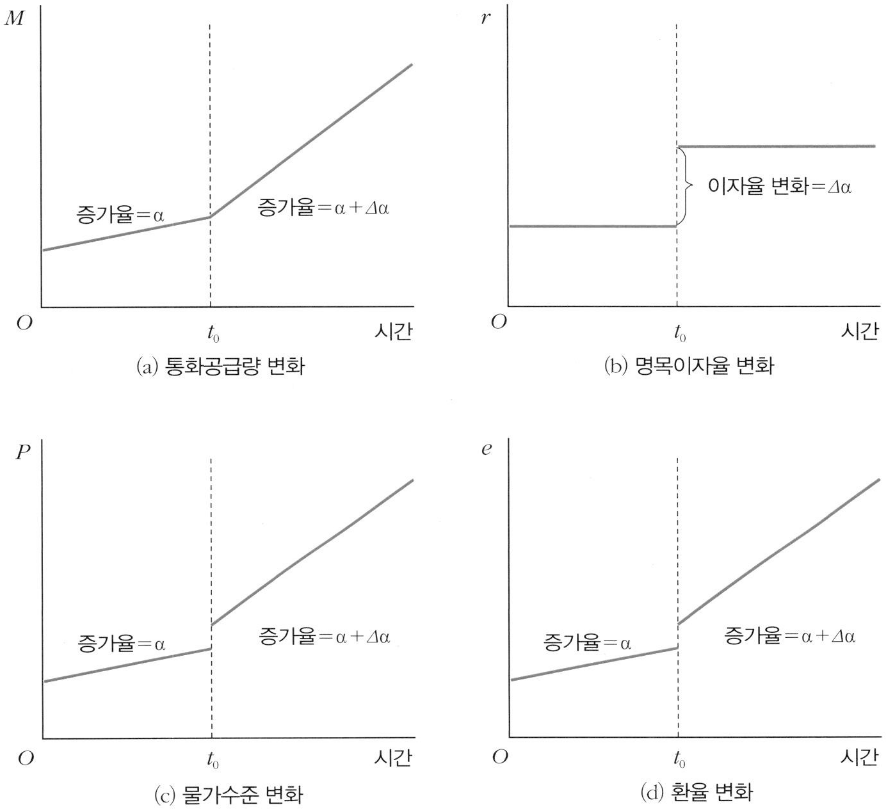

즉시 증가하는 것이 아닌데도 물가가 점프하는 이유는 바로 뒤에 자세히 설명한다. (d)는 t_0 시점에 물가가 점프하므로 구매력평가설에 의해 환율도 점프하고, 이후 물가가 $\Delta\alpha$ %만큼 상승률이 높아지므로 환율도 그 만큼 더 빠르게 상승한다.

두 가지 사실을 생각해보자. 첫째, t_0 시점에 통화량이 바로 증가하는 것이 아닌데, 왜 즉각적으로 물가가 점프하는가? 그 이유는 다음과 같다. t_0 시점에 통화량이 즉시 증가하지 않지만, 앞으로 통화량이 증가할 것이라는 정보로 인해 사람들이 앞으로 인플레이션율이 올라갈 것으로 예상한다. 예상 인플레이션이 상승하면 피셔효과에 의해 명목이자율이 상승하게 된다. 명목이자율의 상승으로 화폐에 대한 수요가 감소하므로 화폐의 초과공급이 나타난다. 이러한 초과공급을 해소하고 다시 화폐시장이 균형을 이루기 위해서는 물가가 t_0 시점에 점프해야 한다. 물가의 점프로 실질화폐잔고(real money balance)가 감소하여 다시 화폐시장이 균형을 이룬다. 요

약하면, t_0 시점에 통화량이 즉시 증가하지는 않지만, 사람들의 인플레이션에 대한 예상이 변하면서 물가가 점프하게 된다.

둘째, 단기모형에서는 이자율과 환율이 반대방향으로 움직이는데, 왜 장기모형에서는 이자율과 환율이 같은 방향으로 움직이는가? 예를 들어, 통화공급량이 증가하면 단기에는 이자율이 하락하므로, 외국예금 수요가 증가하여 환율이 상승한다. 반면에 통화공급량이 증가하면 장기에는 인플레이션율이 상승하는데, 이로 인해 명목이자율이 인플레이션율만큼 상승하고, 또 환율도 인플레이션율만큼 상승하게 된다. 즉, 통화공급량이 증가하면 단기에는 이자율이 하락하고 환율이 상승하지만, 장기에는 이자율이 상승하면서 환율도 상승하게 된다. 이처럼 명목이자율과 환율 변화의 방향이 단기모형과 장기모형에서 차이가 나는 이유는 단기에서는 물가가 경직적이지만, 장기에서는 물가가 신축적이기 때문이다.

개방경제에서 물가안정을 위한 금융정책

화폐적 접근방법은 화폐 공급, 이자율, 물가, 환율과 같은 명목변수가 장기적으로 서로 연결되어 있음을 설명해준다. 물가안정은 경제성장과 안정을 위해 매우 중요한 경제변수이다. 인플레이션이 높거나 변동성이 크면 경제를 불안정하게 만들거나 성장을 지연시킬 수 있다. 따라서 인플레이션 안정은 매우 중요한 경제정책 목표가 된다.

그런데 정책당국자가 직접적으로 가격을 통제할 수 없기 때문에 단기적으로 물가를 안정시키기는 쉽지 않다. 그러나 장기적으로는 물가를 안정시킬 수 있는 정책 수단을 모색할 수 있다. 앞에서 공부한 세 개의 방정식을 통해 정책입안자가 인플레이션을 통제하기 위해 어떤 정책 수단을 사용할 수 있는지 알아보자.

첫 번째가 상대적 구매력평가설 방정식이다.

(1) $\hat{P} = \hat{e} + \hat{P}^*$: 상대적 구매력평가설

이 식에서 보듯이, 인플레이션율인 $\hat{P}$를 일정 수준으로 안정시키기 위해서는 환율변화율인 $\hat{e}$를 정책 수단으로 활용할 수 있다. 외국의 인플레이션율이 안정적인 상태에서 자국의 환율을 안정적으로 유지하면, 국내 인플레이션을 안정적으로 유지할 수 있다. 즉, 미국과 같이 물가가 안정적인 국가를 대상으로 고정환율제도를 유지하면 자국의 물가를 안정시킬 수 있음을 나타낸다.

두 번째는 화폐시장의 균형식에서 유도된 방정식이다.

(2) $\hat{P} = \hat{M}^s - \hat{y}$: 화폐시장의 장기균형

이 식은 화폐수량설인 $M^s = kPy$를 미분한 방정식이다. 실질국민소득이 주어진 상태에서 통화공급량 $\hat{M}^s$을 적절하게 조절하면, 인플레이션을 안정적으로 유지할 수 있음을 보여준다.

세 번째는 피셔효과의 방정식이다.

(3) $\hat{P}^e = r - i_w^{*e}$: **피셔 효과**

위 식은 (**19.9**)식에 $i^{*e} = r^* - \hat{P}^{*e}$와 $i^{*e} = i_w^{*e}$를 대입하여 유도한 식이다. 전자는 명목이자율에서 예상인플레이션율을 빼면 예상실질이자율이 됨을 나타내는 식이고, 후자는 개방경제에서 장기적으로 실질이자율평형조건이 성립하면 모든 국가의 예상실질이자율은 서로 같아짐을 나타내는 식이다. 여기서 i_w^{*e}는 세계 예상실질이자율이고, 이는 개별 국가가 결정할 수 없고 외생적으로 주어진다. 따라서 자국의 명목이자율 r을 안정적으로 유지하면, 장기적으로 인플레이션을 안정시킬 수 있음을 보여준다. 예를 들어, 세계 실질이자율이 2.0%이고, 국가의 장기 인플레이션 목표가 2.5%라면, 통화당국은 장기 명목이자율을 4.5%로 유지해야 함을 의미한다.

이 세 가지 정책수단을 동시에 사용할 수는 없다. 하나의 정책을 시행하면 다른 정책을 사용할 수 없는 경우가 발생한다. 예를 들어, 고정환율제도를 시행하기로 결정하면, 통화량이나 이자율을 정책수단으로 사용할 수는 없다. 즉, 통화정책을 포기해야 한다. 그러나 환율을 일정 범위 내에서 변동하도록 관리하는 관리변동환율제도를 채택하면, 통화량이나 이자율을 환율정책과 혼합하여 사용할 수 있다.

제 4 절 구매력평가설과 실질환율

1. 실질환율의 정의

실질환율(real exchange rate)은 한 나라의 화폐와 외국 화폐의 실질적인 구매력 차이를 나타내는 지표이다. 만일 구매력평가설의 주장과 같이 양국의 구매력을 일치시키는 수준에서 환율이 결정된다면, 실질환율은 변하지 않지만, 실제로 그런 경우는 거의 없다.

실질환율은 양국 상품바스켓의 상대가격이며, 다음과 같이 표시된다.

$$q = \frac{eP^*}{P} \qquad (19.13)$$

여기서 q는 실질환율이고, e는 명목환율, P와 P^*는 각각 자국과 타국의 물가지수이다.

위 식의 분모와 분자에 있는 물가지수는 수많은 재화와 서비스의 종합적인 가격수준, 즉 상품바스켓의 가격이다. 분모는 자국 바스켓 가격이고, 분자는 외국 바스켓 가격에 환율을 곱해 자국 화폐단위로 변환한 값이다. 분모와 분자 모두 자국 화폐단위로 표시된 상품바스켓의 가격이므로 위 식은 국가간 '상품바스켓의 상대가격'이라고 할 수 있다. 실질 환율 q가 1보다 크다는 것은 외국 상품바스켓 가격이 더 비싸다는 뜻이고, 실질환율 q가 1보다 작다는 것은 우리 상품바스켓 가격이 더 비싸다는 뜻이다.

실질환율은 '상품바스켓의 상대가격'을 나타냄에 비해, 명목환율은 '화폐의 상대가격'을 나타낸다. 다시 말해서, 실질환율은 외국 상품 묶음의 가격이 얼마인가이고, 명목환율은 외국 화폐의 가격이 얼마인가이다.

식 (**19.13**)에서 자국을 한국, 외국을 미국이라고 하고, 실질환율의 의미를 생각해보자. 어떤 재화와 서비스 묶음의 가격이 미국에서는 100달러, 한국에서는 10만원이라고 하자. 명목환율(e)이 1,000원/달러이면, $q=1$이 된다. 그런데 명목환율이 1,000에서 1,100으로 올라가거나, 미국 상품바스켓의 가격이 100달러에서 110달러로 올라가면, 실질환율 $q=1.1$이 된다. 즉, 명목환율이 상승하거나 미국에서 상품바스켓 가격이 올라가면 실질환율 q는 상승한다. q의 증가는 미국 상품바스켓이 비싸짐을 뜻한다.

미국 상품바스켓을 구입할 때, 실질환율(q)이 상승하면 더 많은 원화가 필요하게 되고, 실질환율이 하락하면 더 적은 원화가 필요하게 된다. 따라서 실질환율 상승은 원화가치 하락을 의미하고, 실질환율 하락은 원화 가치 상승을 의미한다. 그래서 실질환율이 상승하면 원화가 실질절하(real depreciation)되었다고 하고, 실질환율이 하락하면 원화가 실질절상(real appreciation)되었다고 한다.

실질환율은 재화와 서비스에 대한 두 국가의 상대가격이라는 점에서, 실질적인 수출경쟁력을 평가해준다. 실질환율 상승은 외국 재화 가격이 비싸졌음을 의미하므로, 이 경우 우리의 수출경쟁력은 좋아진다. 반대로 실질환율 하락은 외국 재화 가격이 싸졌음을 의미하므로, 이 경우 우리의 수출경쟁력은 나빠진다.

만일 명목환율이 양국의 구매력을 일치시키는 수준에서 결정된다면, 다시 말해서 명목환율이 구매력평가설에 의해 결정된다면, 실질환율 q는 항상 1이 된다. 구매력평가설 식인 $e=\frac{P}{P^*}$를 식 (19.3)에 대입하면, q가 항상 1이 됨을 확인할 수 있다. 즉, 자국의 물가수준(P)이 올라갈 때 자국의 명목환율(e)이 같은 비율로 상승하면, 실질환율은 변하지 않는다.

사람들은 명목환율이 상승하면 수출경쟁력이 좋아진다고 생각하지만, 꼭 그렇지는 않다. 명목환율과 자국의 물가가 같은 비율로 상승하면, 실질환율은 변하지 않고 수출경쟁력도 좋아지지 않는다. 실질적인 수출경쟁력은 명목환율이 아니라 실질환율에 의해 판단해야 한다.

한국의 명목환율과 실질환율의 변화

[그림 19-5]는 한국 원화의 미국 달러에 대한 명목환율과 실질환율의 변화이다. 실질환율은 식 (**19.13**)에 의해 계산된 값이다. 만일 구매력평가설의 주장처럼 환율이 양국의 물가수준을 반영한다면, 명목환율이 변하더라도 실질환율은 변하지 않게 된다. 그림을 보면, 명목환율은 전반적으로 증가 추세임에 비해, 실질환율은 장기적으로 비교적 안정적이다. 이러한 실질환율의 장기적 안정성은 양국의 물가수준 변화가 명목환율에 반영되었음을 시사한다.

그런데 그림을 보면, 실질환율이 단기적으로는 변동성을 보이고 있다. 이는 양국의 물가수준 변화가 단기적으로는 명목환율에 반영되지 않았음을 의미한다. 예를 들어, 1975~79년 기간 동안 명목환율은 484원/달러에 고정되어 있었지만, 실질환율은 하락하고 있다. 이는 한국의 물가수준이 미국보다 더 빠르게 상승했음에도 불구하고, 물가수준 차이가 환율에 반영되지 않았음을 나타낸다. 이러한 실질환율의 하락은 당시 한국의 수출경쟁력을 악화시켰을 가능성이 있다.

또한, 1980년대 전반기에는 명목환율과 실질환율이 함께 상승하고, 1980년대 후반기에는 함께 하락

그림 19-5 한국의 명목환율과 실질환율의 변화

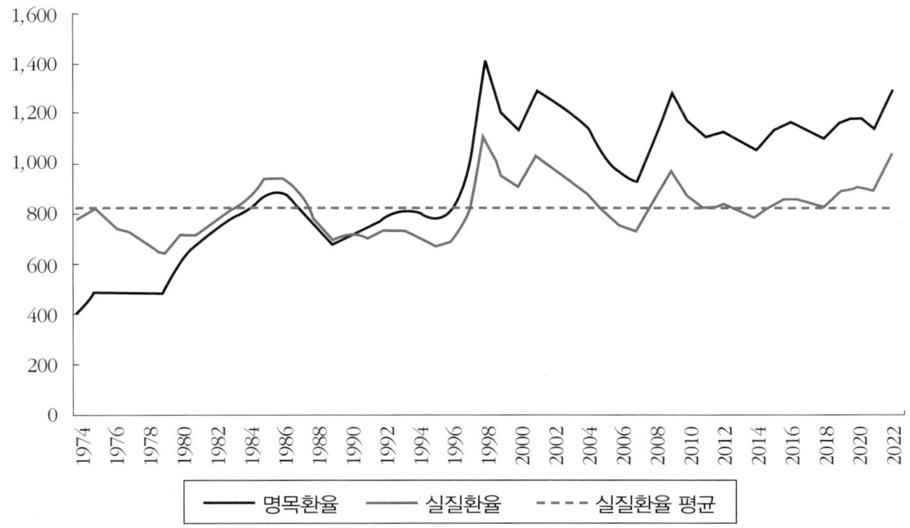

* 주: 1) 2010년 기준 물가지수를 1990년 기준으로 전환하여 산출함.
2) 실질환율 = 명목환율 × (미국소비자물가상승률/한국소비자물가상승률)의 식으로 계산함.

* 자료: World Bank, *World Development Indicators,* 2023.

하는 등 유사한 움직임을 보이고 있다. 그리고 1997년 외환위기 이후에도 명목환율과 실질환율이 함께 상승하였고, 이후 둘 다 하락하고 있다. 이처럼 명목환율과 실질환율이 같은 방향으로 움직이는 것은 양국의 물가수준 변화가 명목환율에 충분히 반영되지 않았고, 따라서 실질환율이 명목환율에 의해 변화됨을 나타낸다. 그러나 1990년부터 1994년까지는 명목환율은 올라가지만 실질환율은 거의 변화가 없다. 이 시기에는 한국과 미국의 물가수준 변화가 명목환율에 반영되었음을 나타낸다.

전반적으로 한국의 실질환율은 단기적으로는 변동을 보이지만 장기적으로는 비교적 안정적이다. 이는 구매력평가설이 단기에서는 성립하지 않지만, 장기에서는 타당함을 시사하고 있다.

2. 실질환율과 실질이자율평형조건

명목환율과 실질환율의 관계를 나타내는 식 (**19.13**)을 변화율 형태로 재정리하면 다음과 같다.

$$\hat{q} = \hat{e} + \hat{P^*} - \hat{P} \tag{19.14}$$

명목환율과 실질환율의 관계가 미래에도 성립한다면 위의 식 (**19.14**)는 다음이 된다.

$$\hat{e^e} = \hat{q^e} + (\hat{P^e} - \hat{P^{*e}}) \tag{19.15}$$

여기서 '위 첨자 e'는 해당 변수의 미래 예상값을 나타낸다. 이 식은 예상명목환율의 변화율은 예상 실질환율의 변화율과 양국의 예상물가상승률의 차이에 의해 결정됨을 말해준다.

이자율평형조건을 다시 쓰면 다음과 같다.

$$r - r^* = \hat{e^e} \tag{19.16}$$

여기서 $\hat{e^e} = (e^e - e)/e$로 예상명목환율 변화율이다.

식 (**19.15**)를 식 (**19.16**)에 대입하면,

$$r - r^* = \hat{q^e} + (\hat{p^e} - \hat{P^{*e}}) \tag{19.17}$$

이 된다. 이 식은 국가간 이자율 차이가 두 국가의 예상 인플레이션 차이에 의존할 뿐만 아니라 추가적으로 예상 실질환율의 변화율에도 영향을 받음을 보여준다.

피셔효과에 의하면 예상 실질이자율은 명목이자율에서 예상 인플레이션율을 뺀 값이 된다. 따라서 자국과 외국의 예상 실질이자율은 다음과 같다.

$$i^e = r - \hat{p}^e \quad (19.18.a)$$

$$i^{*e} = r^* - \hat{P}^{*e} \quad (19.18.b)$$

위의 두 식을 식 (**19.17**)에 대입하면, 다음이 된다.

$$i^e - i^{*e} = \hat{q}^e \quad (19.19)$$

이는 실질변수로 표현한 이자율평형조건이다. 두 국가의 예상 실질이자율의 차이는 예상 실질환율의 변화율과 같다. 명목환율이 구매력평가설에 따라 결정되면 실질환율이 변하지 않으므로, 즉 $\hat{q}^e = 0$이므로 양국의 예상 실질이자율은 같아진다. 그러나 기술진보나 자원개발과 같은 비화폐적 현상으로 인해 실질환율이 변하게 되면, 두 국가의 실질이자율은 그 만큼 차이가 난다.

3. 다양한 환율지수의 의미

명목환율은 두 국가 간 통화의 상대적 가치를 나타내는 지표일 뿐이므로, 여러 국가의 통화에 대한 상대적 가치를 파악하기 위해서는 여러 국가의 통화를 종합적으로 고려해야 한다. 여러 국가의 통화 대비 자국 통화의 가치를 평가하는 데 사용되는 지표가 명목실효환율 지수(nominal effective exchange rate index)이다. 명목실효환율을 계산할 때에는 여러 외국통화를 중요도에 따라 고려하는데, 이때 중요도에 대한 가중치로는 무역량을 사용한다.

명목실효환율지수의 계산식은 다음과 같다.

$$NEI_j = \frac{\sum_{k=1}^{n} w_k \cdot (e_{kt}/e_{k0})}{(e_{jt}/e_{j0})} \quad (19.20)$$

여기서 NEI는 명목실효환율지수, w는 국가별 가중치, e는 환율이다. t는 비교시점, 0은 기준시점을 나타내며, j는 자국, k는 교역상대국을 나타낸다. NEI는 자국의 환율 변화율과 여타 국가들 환율의 평균변화율을 비교하고 있다. NEI 값이 커진다는 것은 다른 국가들의 환율이 더 많이 올라감을 뜻한다. 따라서 우리나라의 환율이 상승(가치 하락)한 경우에도 다른 국가들의 환율이 더 많이 올라가면, 우리나라의 화폐가치는 상대적으로 상승하게 된다. 따라서 명목실효환율지수의 상승은 우리의 수출경쟁력이 상대적으로 낮아짐을 나타낸다.

환율 변화에 따른 자국 화폐가치의 실질적인 변화를 파악하기 위해서는 물가지수를 고려해야 한다. 자국과 상대국들의 물가지수 변화를 비교하는 지수는 다음과 같이 계산된다.

$$PI = \frac{\sum_{k=1}^{n} w_k \cdot (P_{kt}/P_{k0})}{(P_{jt}/P_{j0})} \tag{19.21}$$

여기서 PI는 상대적 물가지수, P는 각 국가의 물가지수이다. w는 가중치이고, 가중치로는 해당 국가의 무역량을 사용한다. 분모는 자국의 물가상승률을 나타내고, 분자는 상대국들의 물가상승률의 가중평균값이다. 따라서 PI가 상승한다는 것은 자국(j)보다 다른 국가들의 물가가 더 많이 상승했음을 의미한다.

여러 국가의 통화 대비 자국 통화의 실질가치는 실질실효환율지수(real effective exchange rate index)로 나타낸다. 이 지수는 명목실효환율지수를 물가지수로 나누어 계산한다.

$$REI_j = \frac{NEI_j}{PI_j} \tag{19.22}$$

여기서 REI는 실질실효환율지수, NEI는 명목실효환율지수, PI는 상대적 물가지수이다.

실질실효환율지수는 환율과 물가지수를 함께 고려하고 있어서 실질적인 가격경쟁력을 나타내는 지표가 된다. 예를 들어, 명목환율은 상승하더라도 물가가 더 크게 상승하면 수출경쟁력은 낮아지게 된다. 이러한 이유로 어떤 국가의 수출경쟁력을 판단할 때는 환율 변화와 물가 변화를 동시에 고려해야 하고, 더 나아가 다른 국가의 상황도 함께 고려해야 한다. 이런 점에서 실질실효환율지수는 실질적인 가격경쟁력을 측정하는 지표라고 할 수 있다.

그런데 일반적으로 환율 상승은 수출경쟁력을 높인다고 해석하는데 비해, 실질실효환율지수에서는 그 값이 커지면 수출경쟁력이 낮아진다고 해석해야 한다. 이처럼 반대로 해석하는 이유는 실질실효환율지수의 변화가 자국의 명목환율 변화와는 반대로 움직이기 때문이다. 앞의 명목실효환율지수 계산식을 보면, 자국의 명목환율이 분모에 포함되어 있어서, 명목환율이 오르면 명목환율지수와 실질실효환율지수 값이 낮아지게 되어 있다. 각 기관에서 발표하는 실질실효환율지수 값은 기준연도, 물가지수 산정방법, 국별 가중치의 부여 방법이 서로 다르므로 이 지표를 이용할 때는 추정방법과 데이터의 기준을 확인할 필요가 있다.

[그림 19-6]은 한국 원화의 명목환율과 실질실효환율지수이다. 이 실질실효환율지수는 앞의 식 (**19.22**)의 방식으로 계산된 값이다. 따라서 이 값이 커지면 원화 가치 상승, 작아지면 원화 가치 하락을 나타낸다. 다시 말해서, 실질실효환율지수가 상승하면 수출경쟁력이 약화되고, 실질실효환율지수가 하락하면 수출경쟁력이 올라간다.

한국의 명목환율은 1997년 외환위기 전후로 급등한 뒤 서서히 하락하며, 다시 2008년 세계금융위기 전후로 급등한 뒤 다시 서서히 하락하는 추세를 보여준다. 이에 비해 실질실효환율지수는 명목환율과 대체로 대칭적으로 움직이며, 명목환율이 상승하면 실질실효환율지수는 하락하고, 명목환율이 하락하면 실질실효환율지수는 상승한다. 이는 실질실효환율지수의 결정에 명목환율의 영향이 매우 큼을 나타낸다.

그림 19-6 한국 원화의 명목환율과 실질실효환율지수의 변화

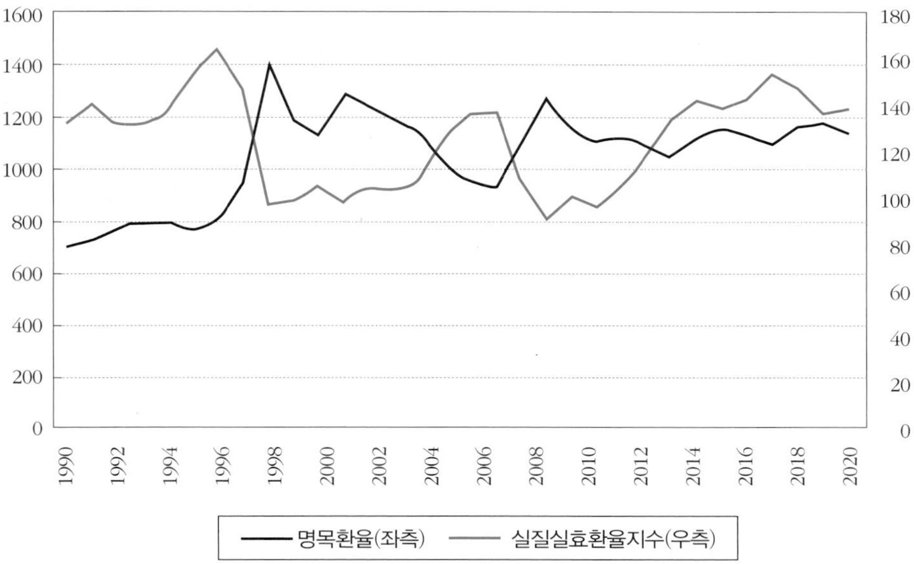

* 주: 실질실효환율지수는 2010년을 기준값 100으로 하여 추정한 것임.
* 자료: World Bank, *World Development Indicators*, 2023.

이는 또한 실질실효환율지수는 명목환율과는 반대로 해석해야 함을 말해준다.

1997년 외환위기와 2008년 세계금융위기 기간에는 명목환율이 급등하면서 실질실효환율지수가 빠르게 하락하였다. 이는 당시 우리 화폐가치가 실질적으로 하락하여 수출경쟁력이 상승했음을 말해준다. 그런데 2010년 이후에는 명목환율은 비교적 안정적인 반면, 실질실효환율지수는 상승하였다. 이는 다른 나라의 화폐가치가 하락함에 따라 우리의 화폐가치가 상대적으로 상승했으며, 그로 인해 우리의 수출경쟁력이 약화되었음을 의미한다.

국민소득의 국제비교

각 국가의 국민소득은 일차적으로 자국의 화폐단위로 집계되고, 그런 다음 다른 국가와의 비교를 위해 미국 달러로 환산한다. 그런데 국가마다 물가수준이 다르기 때문에, 달러 표시 국민소득은 해당 국가의 구매력을 정확하게 반영하지 못한다. 물가수준이 낮은 후진국은 국민소득보다 구매력이 더 클 것이고, 반대로 물가수준이 높은 선진국은 국민소득보다 구매력이 더 작을 것이다. 이런 문제점을 보완한 지표가 *PPP*달러로 표시한 국민소득(*GNI*)이다. *PPP GNI*는 각 국가의 물가수준 차이가 반영된 국민소득으로, 해당 국가의 실제 구매력을 나타낸다.

〈표 19-2〉는 한국, 중국, 일본, 미국의 국민소득을 비교한 표이다. 2000년부터 2022년까지 22년 동안, 달러 표시 일인당 *GNI*가 중국은 940달러에서 12,850달러로 약 14배가 증가하였고, 한국은 11,030달러에서 35,990달러로 약 3배 증가하였으며, 일본은 36,810달러에서 42,440달러로 약 15% 증가하였고, 미국은 35,960에서 76,370달러로 약 2배 증가하였다. 중국의 소득은 크게 증가했지만, 일본의 소득은 매우 저조한 증가율을 보였다.

■ ■ 표 19-2 한국, 일본, 중국의 일인당 국민소득 비교

	달러 표시 일인당 *GNI*			*PPP*달러 표시 일인당 *GNI*		
	2000	2010	2022	2000	2010	2022
중국	940	4,340	12,850	2,880	9,220	21,250
한국	11,030	22,290	35,990	18,410	31,780	50,730
일본	36,810	43,910	42,440	27,680	36,280	48,470
미국	35,960	49,150	76,370	36,800	49,050	77,530

* 주: 1) 표에서 '달러 표시'는 'Atlas method (current US$)'로 표시한 소득이고, '*PPP*달러 표시'는 '*PPP*(current international $)'로 표시한 소득임.
2) *PPP GNI* 계산에 사용되는 *PPP* 환율은 세계은행이 International Comparison Program에서 수집한 가격 및 소비지출 조사 자료를 기반으로 산출됨.

* 자료: World Bank, *World Development Indicators*, 2023.

그런데 달러로 표시된 *GNI*는 국가 간에 크게 차이가 있지만, *PPP*로 표시된 *GNI*의 국가 간 차이는 훨씬 작다. 특히, 2022년 일인당 *GNI*가 달러 표시로는 일본이 한국보다 높지만, *PPP*달러로는 한국이 일본보다 높다. 이는 한국의 물가수준이 일본보다 낮기 때문이다. 또한 중국은 달러표시 *GNI* 대비 *PPP GNI*의 증가율이 어느 나라보다도 매우 크다. *PPP GNI*는 달러 표시 *GNI*보다 2000년에는 3배, 2010년에는 2배, 2022년에는 1.6배나 상승한다. 중국의 *PPP GNI*가 이처럼 크게 상승한 것은 중국의 물가수준이 다른 나라에 비해 매우 낮기 때문이다.

물가수준이 낮은 나라일수록 *PPP GNI*는 높아진다. 그런데 국민들의 소비수준은 달러표시 국민소득보다는 해당 국가의 물가수준이 반영된 *PPP*달러 표시 국민소득으로 평가하는 것이 합당하다. 대체로 후진국일수록 물가수준이 낮아서 *PPP GNI*가 상승하는데, 이는 후진국들이 달러 표시 국민소득보다는 상대적으로 더 높은 소비수준을 누릴 수 있음을 의미한다.

주요용어

- 장기균형
- 화폐의 중립성
- 일물일가의 법칙
- 절대적 구매력평가설
- 상대적 구매력평가설
- 화폐적 접근방법
- 예상 환율상승률
- 피셔효과
- 실질이자율
- 빅맥지수
- PPP환율
- 예상 인플레이션
- 발랏사-새뮤엘슨 이론
- 실질환율
- 실질이자율평형조건
- 실질실효환율지수
- 명목실효환율지수

요 약

01. 장기균형이란 그 경제의 노동과 자본 등 모든 생산요소를 완전 고용하여 생산량이 완전고용 수준에 도달한 상태이고, 또한 재화의 가격은 물론 임금, 환율 등 모든 가격이 신축적으로 변하여 각각의 시장이 균형을 이루고 있는 상태이다. 통화량의 증가는 장기균형에서 실질생산량과 이자율을 변화시키지 않은 채 물가를 상승시킬 뿐이다.

02. 구매력평가설은 환율을 양국 화폐의 구매력을 일치시키는 교환비로 본다. 환율이 양국 물가수준의 비율과 같다는 것을 절대적 구매력평가설이라고 하고, 환율이 국내물가상승률과 외국물가상승률의 차이만큼 변한다는 것을 상대적 구매력평가설이라고 한다. 현실 세계에서는 비교역재의 존재, 물가지수 산출방법의 차이 등으로 구매력평가설이 성립하기가 어렵다.

03. 환율에 대한 화폐적 접근방법(monetary approach)은 두 국가의 화폐에 대한 수요와 공급에 의해 환율이 결정된다고 본다. 즉, 자국의 통화량 증가, 자국의 이자율 상승, 그리고 자국의 소득 감소는 화폐시장에서 자국의 물가수준을 인상하는 요인이므로 이는 환율을 올린다고 예측한다. 이 이론은 환율에 대한 장기균형이론이며, 환율의 단기적 변동을 설명하기에는 적절하지 않은 이론이다.

04. 장기균형에서 국가간 명목이자율 차이는 예상 인플레이션이 국가마다 다르기 때문이다. 어떤 국가의 이자율이 상대국에 비해 더 높은 것은 그 국가의 예상 인플레이션이 상대국에 비해 높기 때문으로 해석된다. 이는 인플레이션율의 상승이 예상되면 그 만큼 이자율이 올라간다는 피셔효과(Fisher effect)에 의해 설명된다.

05. 통화량이 증가하면, 단기와 장기 모두에서 환율이 올라가지만, 단기모형에서는 이자율이 떨어지고, 장기모형에서는 예상 인플레이션의 상승으로 이자율이 올라간다. 이처럼 이자율의 변화 방향이 장기와 단기에서 서로 반대로 나타나는데, 이는 물가가 단기에는 고정되어 있지만 장기적으로는 신축적으로 변하기 때문이다.

06. 발랏사-새뮤엘슨 이론은 후진국에서 물가지수가 낮아지는 이유를 설명해준다. 후진국에서 물가수준이 낮은 것은 교역재 가격이 아니라 비교역재인 서비스의 가격이다. 서비스

부문에서 후진국의 노동생산성은 선진국과 비슷한데, 후진국의 임금수준이 더 낮기 때문에 후진국의 서비스 가격이 선진국에 비해 낮아진다.

07. 명목환율은 '두 화폐의 상대가격'임에 비해, 실질환율은 '상품바스켓의 상대가격'이다. 만일 명목환율이 상승하거나 외국의 상품바스켓 가격이 올라가면 실질환율은 상승한다. 실질환율의 상승은 외국 재화 가격의 상대적 상승을 의미한다. 실질환율의 상승은 자국의 수출경쟁력이 높아짐을 의미하고, 반대로 실질환율의 하락은 자국의 수출경쟁력이 나빠짐을 의미한다.

08. 예상 실질이자율은 명목이자율에서 예상 인플레이션율을 뺀 값이다. 두 국가의 예상 실질이자율의 차이는 예상 실질환율의 변화율과 같다. 상대적 구매력평가설이 성립하면 실질환율이 변하지 않으므로 양국의 예상 실질이자율은 서로 같아진다. 그러나 비화폐적 현상으로 인해 실질환율에 변화가 발생하면 두 국가의 실질이자율은 그만큼 달라진다.

09. 자국의 통화 가치가 전반적으로 어떠한가를 알려주는 지표가 명목실효환율이다. 명목실효환율을 계산할 때는 여러 외국통화의 가치를 함께 고려한다. 실질실효환율은 명목실효환율을 물가지수로 나누어 측정한다. 명목환율의 변화에 대한 해석과는 달리 실질실효환율지수는 그 값이 올라가면 자국의 화폐가치가 높아지는 것을 의미한다. 따라서 실질실효환율지수가 상승하면 자국의 수출경쟁력이 나빠진다.

복습문제

01. 한국에서 달러로 환산한 빅맥의 가격이 미국의 가격보다 저렴하다면, 빅맥 지수를 통해 산출한 한국의 PPP 환율은 실제 환율보다 높은가, 아니면 낮은가?

02. 구매력평가설이 현실 세계에서 성립하지 않는 이유는 무엇인가?

03. 환율에 대한 화폐적 접근방법에서 통화량, 소득, 이자율이 환율 결정에 미치는 영향을 설명하라.

04. 통화공급량 증가율을 높이겠다는 발표할 때, 통화공급량이 아직 증가하지 않은 상태에서도 환율이 즉각적으로 상승한다. 그 이유는 무엇인가?

05. 실질환율과 실질이자율평형조건에 대해 설명하라.

연습문제

01. P_N 비교역재 가격, P_T는 교역재 가격이고, α와 β를 물가지수 계산에 사용되는 가중치라고 하자. 자유무역으로 교역재 가격은 국가간에 같아지지만, 비교역재 가격은 국가마다 차이가 있다면, 자국과 타국의 물가지수 P와 P^*는 다음과 같이 결정된다.

자국: $P = P_N^{\alpha} P_T^{(1-\alpha)}$

타국: $P^* = P_N^{*\beta} P_T^{(1-\beta)}$

환율 결정이 구매력평가설에 따른다고 가정하고, 다음에 답하라.

1) 환율을 비교역재와 교역재의 상대가격 (P_N/P_T)로 표시하라. 자국에서 교역재에 비해 비교역재의 가격이 올라가면 환율은 어떻게 변하는가?

2) 물가지수 계산의 가중치가 두 나라에서 서로 같다면, 환율은 비교역재의 가격에 의해 결정됨을 보여라.

3) 두 나라 모두 비교역재의 가중치가 2/3일 때, 외국의 물가는 변화가 없고 자국의 비교역재 가격만 6% 올라간다면 환율은 어떻게 변하는가? 양국 모두 비교역재 가격이 6% 올라갈 때 환율은 어떻게 변하는가?

4) 자국의 비교역재 가중치가 타국보다 높다고 하자. 만일 두 나라의 비교역재 가격은 변하지 않고 교역재 가격만 상승한 경우, 환율은 어떻게 될까?

02. 모든 재화와 서비스의 가격이 모든 나라에서 서로 같고, 구매력평가설에 따라 환율은 두 나라의 물가지수에 의해 결정된다고 하자. 이 때 환율은 양국의 구매력을 같도록 만드는가? 만일 두 나라에서 특정 상품의 가격이 같은 비율로 올라갈 때 환율은 변하는가?

03. 1990년대 후반부터 한국은 IT기술이 급속하게 성장하였고, IT기술의 발달은 제조업 부문보다는 서비스 부문의 생산성을 높일 것으로 예측된다. 그리고 대부분의 서비스 재화는 비교역재이다. 다음에 답하라.

1) 만일 다른 나라에 비해 한국의 서비스부문 생산성이 더 빠르게 향상된다면, 이는 실질환율에는 어떤 영향을 미치는가?
2) 미국에서도 한국과 같은 비율로 서비스 부문의 생산성 향상이 있었다고 하자. 그런데 미국에서 서비스 부문의 비중이 한국보다 크다고 하면, 한국의 실질환율은 어떻게 변하겠는가?

04. 다른 변화가 없을 때, 다음과 같은 변화가 자국화폐의 실질환율에 어떤 영향을 주는가? 아래의 각 경우 수출업자는 어떠한 영향을 받는가? (이 나라는 소국이다).

1) 자국민들이 총지출 중에서 비교역재에 대한 지출을 늘려갈 때
2) 외국인들의 자국 수출재에 대한 수요가 늘어갈 때
3) 1)번과 2)번의 실질환율 변화를 비교하고, 수출업자의 이득에 차이가 나는 이유를 설명하라.

05. 화폐시장의 균형에 대한 분석에 의하면, 통화공급량의 증가는 이자율을 떨어뜨린다. 그런데 통화공급량의 증가율이 사람들의 예상보다 더 많았다는 사실이 알려지자 이자율이 떨어지는 것이 아니라 오히려 올라갔다. 왜 이런 현상이 나타나는지 설명하라. 이 경우 환율은 어떻게 변하는가?

06. 한국과 미국 간에 자본이동이 자유롭다고 하고, 한국의 실질이자율이 연간 5%이고, 미국의 실질이자율은 연간 3%라고 하자. 이 때 실질환율은 어떻게 변할 것으로 예측하는가?

07. 기대실질이자율은 명목이자율에서 예상 인플레이션을 뺀 값이다. 즉, $r^e = R - \hat{p}^e$이다. r^e는 기대실질이자율, R은 명목이자율, $\hat{p}^e$는 예상 인플레이션이다. 다음 물음에 답하라.

1) 이자율평형조건을 예상 실질환율 변화율과 예상 인플레이션으로 표시하라.

2) 1)번의 결과를 이용해 실질이자율평형조건을 구하라.

3) 이자율평형조건과 실질이자율평형조건을 비교하라.

4) 만일 양국의 명목환율이 구매력평가설에 의해 결정된다면, 양국의 실질이자율은 어떻게 되는가?

5) 자국의 교역재 부문에서만 생산성 증가가 있었다고 하자. 이는 양국의 실질이자율에 어떤 영향을 미치는가?

08. 다음 서술에 담겨져 있는 경제적인 내용을 설명하라.

1) 우리나라의 물가상승률이 미국보다 더 높음에도 불구하고, 이것이 원화의 달러 대비명목환율에 반영되지 않은 것이 관찰되었다.

2) 해외여행을 해보면, 같은 금액으로 선진국보다는 후진국에서 더 많은 소비를 할 수 있다.

3) 단기에서는 이자율이 올라가면 환율이 떨어지지만, 장기에서는 이자율 인상과 함께 환율이 올라간다.

제 4 부

국제통화제도와 금융의 세계화

20 국제통화제도의 변천과 최적통화지역

국제통화제도(international monetary system)는 외환거래, 국제대차의 결제, 국제수지 조정 등을 원활하게 하기 위한 제도이다. 이 제도는 1870년부터 1914년 사이의 금본위제 시대를 시작으로, 제1차 및 제2차 세계대전 기간의 변동환율제, 제2차 세계대전 이후 고정환율을 기반으로 한 브레튼우즈 체제, 그리고 1973년부터는 다시 변동환율제도의 도입에 이르기까지 다양한 형태로 변화해왔다. 경제 환경의 변화에 따라 적절한 제도를 모색하는 과정에서 이러한 변화가 계속되어 왔다. 그리고 경제통합의 강도를 높여온 유럽연합(EU)은 1999년부터 '유로(Euro)'를 단일통화로 사용하는 최적통화지역을 형성하여 운영하고 있다.

이 장에서는 금본위제도의 도입부터 현재에 이르는 국제통화제도의 역사적 변천 과정을 살펴보고, 최적 통화 지역에 대한 이론적 배경과 유럽에서의 구체적인 사례를 알아본다.

제 1 절 제2차 세계대전 이전의 국제통화제도

1. 금본위제도: 1870~1914년

1) 금본위제도의 고정환율

금본위제도(gold standard)는 자국 통화와 금 사이에 일정한 교환비를 설정하고, 이 가격으로 금을 자유롭게 사고 팔 수 있도록 한 제도이다. 모든 국가의 화폐가 금과 고정된 비율로 교환되므로 금을 중심으로 국가 간 환율도 고정된다. 금본위제도는 대표적인 고정환율제도이다.

금본위제도에서는 금의 자유로운 국제거래를 보장함으로써 고정환율을 유지할 수 있다. 예를 들어, 중앙은행이 결정한 금 1온스(ounce)의 가격이 미국은 30달러, 영국은 10파운드라고 가정하자. 이 경우 미국 달러화와 영국 파운드화와의 교환비는 3.0$/£(=30/10)가 된다. 이 교환비율을 법정평가(mint parity)라고 한다. 금본위제도에서는 이 법정평가가 두 화폐의 교환비, 즉 환율이 된다. 만일 외환시장에서 달러와 파운드의 교환비가 법정평가(法定平價)를 벗어나면, 금중재자(gold arbitrager)가 이익을 얻기 위해 국가 간 금거래를 하면서 환율이 다시 법정평가로 복귀한다.

금본위제도에서 금중재에 의해 고정환율이 유지됨을 알아보자. 외환시장에서 환율이 3.0$/£에서 4.0$/£로 바뀌었다고 하자. 이 경우 금중재자들은 미국에서 30달러로 금 1온스를 구입하여 이 금 1온스를 영국에 팔면 10파운드를 받게 되고, 환율이 4.0$/£이므로 이 10파운드를 외환시장에 팔면 40달러를 받을 수 있다. 금중재자는 30달러를 투자하여 40달러를 받게 되므로 10달러의 이익을 얻게 된다. 이 금중재 과정에서 외환시장에서는 파운드를 파는 사람이 늘고 달러를 사는 사람이 증가하므로 파운드의 가격은 하락하게 되고, 결국 환율은 다시 원래의 3.0$/£ 수준으로 복귀한다.

이와 같이 환율이 법정평가를 벗어나면, 금중재자들에 의해 금이 국가 간에 이동함으로써 환율이 법정평가로 돌아간다. 다만, 금 수송에는 비용이 필요하므로 환율이 수송비를 보상할 만큼 변동해야 금중재가 나타날 것이다. 따라서 금본위제도에서도 금 수송비를 고려하면 환율이 일정 범위 내에서 변동할 수 있다.

2) 가격-정화-유출입 메커니즘

금본위제도에서는 국제수지 불균형이 자동으로 조정되는데, 이를 가격-정화-유출입 메커니즘(price-specie-flow mechanism)이라고 한다. 이는 1752년 흄(D. Hume)에 의해 소개되었다. 여기서 정화(正貨)는 당시 화폐의 기능을 담당한 금 등 귀금속을 말한다. 가격-정화-유출입 메커니즘은 국제수지의 변화가 통화량을 변화시키고, 통화량의 변화가 가격을 변화시키며, 가격의 변화로 수출입이 조절되어 국제수지가 자동으로 조정되는 메커니즘을 설명하고 있다.

금본위제도에서 각국의 화폐공급량은 금보유량과 연동되어 있기 때문에, 금의 유출입은 통화공급량에 직접적인 영향을 미친다. 그리고 금의 유출입으로 인한 화폐공급량의 변화는 물가수준을 변화시킨다. 이는 다음과 같은 화폐수량설(quantity theory of money)에 근거한다.

$$MV = PQ \tag{20.1}$$

여기서 M은 통화공급량, V는 화폐의 유통속도, P는 물가지수, Q는 산출량을 나타낸다. V는 국내통화 한 단위가 1년 동안 회전하는 횟수를 나타내며, 이는 그 경제의 제도적 요인에 의해 결정된다. 고전학파 경제학자들은 V는 일정하게 주어져 있고, 또 경제는 항상 완전고용을 유지하므로 산출량 Q도 완전고용 생산량으로 고정되어 있다고 생각했다. 이와 같이 V와 Q가 고정되어 있다면, 통화량 M과 물가 P는 비례관계를 갖게 된다. 즉, 통화공급량이 증가하면 물가는 상승하게 된다.

금본위제도에서 가격-정화-유출입 메커니즘에 의한 국제수지 불균형의 자동 조정 과정은 다음과 같다. 국제수지 적자국에서는 금의 유출로 화폐공급량이 감소하고, 이는 화폐수량설에 따라 물가를 하락시킨다. 자국의 물가가 내려가면 수출은 증가하고 수입은 감소하므로 국제수지 적자가 제거된다. 같은 논리로 국제수지 흑자국에서는 금의 유입으로 통화공급량이 증가하므로 물가가 상승하고, 이로 인해 수출은 감소하고 수입은 증가하여 국제수지 흑자가 제거된다.

자동조정 메커니즘에서는 물가의 변화가 수출과 수입을 변화시켜 국제수지가 조정된다고 보는데, 이는 수출입재의 가격탄력성이 높음을 전제하고 있다. 이처럼 금본위제도에서는 금의 유출입에 따라 통화공급량이 변하고, 통화공급량의 변화가 물가를 변화시켜 국제수지 불균형이 자동적으로 조정된다고 생각했다.

3) 자동조절 기능의 한계

가격-정화-유출입 메커니즘에 의해 국제수지가 자동적으로 조정되기 위해서는 국제수지 불균형에 의해 발생한 통화공급량의 변화를 불태화(sterilize)시키지 않아야 하고, 통화량의 변화에 따라 물가가 변해야 하며, 각국의 물가 변화에 따라 수출입이 탄력적으로 변해야 한다. 이러한 전제가 충족되지 않으면 금본위제도의 국제수지 자동조절 기능은 나타날 수 없다.

금본위제도에서는 적자국에서 통화량이 감소하고 흑자국에서 통화량이 증가하도록 통화공급량의 변화를 불태화시키지 않아야 한다. 이를 금본위제도에서의 게임의 준칙(rule of game)이라고 한다. 그런데 이러한 게임의 준칙을 따르지 않고 자국의 경제 상황에 따라 독자적으로 통화량을 조절하면 국제수지의 자동 조절기능은 작동할 수 없다. 예를 들어, 실업과 국제수지 적자가 동시에 발생하고 있는 경제에서 대내적인 실업구제를 위해 확장적인 금융정책을 실시한다면, 이는 국제수지 적자에 따른 통화량 감소분을 상쇄하게 되어 자동조절 기능이 작동하지 않게 된다. 금본위제도가 실시되던 당시 게임의 준칙은 잘 지켜지지 않았고, 가격-정화-

유출입에 의한 자동조정기능도 원만하게 작동되지 않았다.

그러나 당시 국제수지 불균형 문제가 심각하지는 않았다. 이는 가격-정화-유출입 메커니즘보다는 단기자본 이동에 의해 국제수지 불균형이 조정되었기 때문이다. 당시 영국의 국제수지가 적자였을 때, 영국의 물가가 신축적으로 하락하지 않았고 국제수지도 자동적으로 개선되지 않았다. 이에 영국은 의도적으로 금리를 올려 단기자본을 유입함으로써 국제수지 적자를 조정하였다. 이와 같이 당시 국제수지 조정은 비교적 신속하게 이루어졌지만, 이는 가격-정화-유출입 메커니즘보다는 단기자본의 이동 등 다른 요인에 기인하였다.

전반적으로 금본위제도는 기대한 것보다 성공적이지 못하였고, 다음과 같은 한계를 드러냈다. 첫째, 금본위제도에서는 통화량이 금생산량에 의존하는데, 금생산량이 불규칙적임에 따라 통화량이 불안정적으로 공급되었고, 이는 물가 불안정의 요인이 되었다. 둘째, 통화공급량이 국제수지 불균형에 의해 자동 조절되므로 통화정책을 사용할 수 없어 어려움이 있었다. 특히 국제수지 적자국들은 경기침체 및 실업문제에 봉착했을 때 이를 해결하기 위한 확장적 금융정책을 사용할 수 없어 문제해결에 어려움이 있었다. 마지막으로 많은 국가들이 게임의 준칙을 잘 지키지 않았다. 대외균형(국제수지 균형)을 최우선의 과제로 하는 국가들은 게임의 준칙을 지켰지만, 대내균형(완전고용과 물가안정)을 목표로 하는 국가들은 게임의 준칙을 잘 지키지 않았다.

금본위제도는 그 자체가 안고 있는 문제점과 영국의 경제적 위상이 약화됨에 따라 붕괴되었다. 특히 제1차 세계대전이 발발하자 각국은 전시재정에 필요한 통화발행을 위해 금본위제도의 규칙을 포기하였다. 이에 금본위제도는 붕괴되었다.

2. 1차~2차 세계대전 사이의 환율제도: 1914~1945년

제1차 세계대전의 발발과 함께 고전적인 금본위제도는 붕괴되고 변동환율제도로 전환되었다. 그리고 제1차 세계대전 후 전후 복구를 위한 재정을 통화증발로 조달하면서 물가가 급속히 상승하였다. 1919년부터 1924년까지 환율은 급격히 변동하였다. 독일의 경우 1919년에서 1923년 사이의 4년 동안 물가가 무려 4,815억 배가 상승하였다.

초인플레이션의 경험으로 각국은 금본위제도로 복귀하려는 움직임을 보였다. 미국은 1919년 금본위제도로 복귀하였고, 1925년 영국이 금본위제도로 복귀하였으며, 뒤를 이어 프랑스, 이탈리아, 일본도 금본위제도로 복귀하였다. 그러나 금공급량이 부족하였기 때문에 금만이 아니라 금과 태환이 가능한 통화가 국제준비자산으로 이용되었다. 따라서 당시의 제도는 순수한 금본위제도라기보다는 금환본위제도의 성격을 지니고 있었다.

영국이 금본위제도로 복귀하면서 파운드와 금의 교환비율을 전쟁 이전 수준으로 고정시켰다. 그런데 이는 파운드화가 크게 고평가된 수준이어서 영국의 국제수지는 적자가 되었고, 반대로 프랑화는 평가절하된 상태여서 프랑스의 국제수지 흑자는 크게 늘어났다. 프랑스가 국제수지 결제를 금으로만 하도록 법으로 정함에 따라 영국의 금보유고 중 상당 부분이 프랑스로 유출되었고, 또 프랑스가 보유하고 있던 파운드를 금으로 전환시키려 하자 영국은 1931년 파운드와 금과의 태환정지를 선언하였다. 영국이 금과 파운드화 연계를 포기함에 따라 금환본위제는 붕괴되었다.

당시의 금환본위제도 붕괴 원인은 첫째, 국제수지의 불균형을 화폐공급량의 변화에 반영하지 않고 이를 불태화시킴에 따라 적절한 조정기구가 작동하지 않았고, 둘째 런던과 새로 등장한 국제금융센터인 파리와 뉴욕간에 불안정적인 막대한 자본이동이 있었으며, 마지막으로 대공황이 발생하였기 때문이다.

1930년대에는 각국의 실업률이 올라가자 수입을 억제하고 수출을 확대하여 실업문제를 해결하고자 관세율 인상과 평가절하를 단행하였다. 이와 같은 인근궁핍화정책(beggar-thy-neighbor policy)이 당시 광범위하게 시행되었다. 미국은 국제수지 흑자에도 불구하고 수출 증대를 위한 평가절하를 시행하였고, 다른 나라들도 경쟁적으로 평가절하를 시행하였다. 그러나 모든 나라가 함께 평가절하를 단행했기 때문에 1936년의 환율은 경쟁적인 평가절하를 시작한 1930년의 환율과 거의 비슷하였다. 그리고 고율의 관세와 무역규제 때문에 세계 무역은 절반으로 줄어들었다.

1914~1945년 기간의 양차대전 사이에 세계 경제는 급속히 위축되었다. 당시 발생한 많은 경제적 문제는 보호무역의 확대나 환율제도의 불안정성에 그 원인이 있었다. 이러한 경험은 제2차 세계대전 이후 IMF와 GATT와 같은 국제기구를 설립하여 고정환율제도의 국제통화제도와 관세인하협정을 추진한 계기가 되었다.

제 2 절 브레튼우즈 체제

1. 개 요

1930년대의 세계적인 공황과 금본위제도의 붕괴는 새로운 국제통화제도를 모색하는 계기가 되었다. 1944년 미국, 영국 등 45개국 대표들은 미국 뉴햄프셔주 브레튼우즈에 모여서 전후 새로운 국제통화제도를 유지하기 위한 국제통화기금(International Monetary Fund; IMF)의 창설에 합의하였다. 그 결과 IMF를 중심으로 고정환율제도가 시작되었는데, 당시부터 미국의 금태환 정지가 선언된 1971년까지의 국제통화제도를 브레튼우즈 체제(Bretton Woods system)라고 한다.

당시 새로운 환율제도로 영국측의 케인즈(Keynes)안과 미국측의 화이트(White)안이 상정되었는데, 화이트안이 채택되어 브레튼우즈 체제는 화이트안을 중심으로 발족되었다. 두 안 모두 기본적으로 조절가능한 고정환율제도를 구상하고 있었다. 케인즈안은 국제중앙은행의 성격을 띤 국제청산동맹(International Clearing Union)의 설립을 주장하였다. 그리고 밴코어(Bancor)라는 새로운 국제통화를 만들고, 이 밴코어가 금과 일정비율의 등가관계를 갖게 하며, 각국의 통화는 밴코어와 교환비율을 확립함으로써 금과 간접적으로 연결되도록 하였다. 그리고 국가 간의 무역결제는 국제청산동맹의 밴코어 계정에 기입함으로써 결제하도록 하였다.

케인즈안은 자금출자가 없었던 반면, 화이트안에서는 각국이 자금을 염출하여 기금을 형성하고, 가맹국은 이 기금으로부터 일정 한도까지를 차입할 수 있는 차입권을 부여받게 되어 있었다. 케인즈안은 당시 채무국이었던 영국에 유리한 제안이었고, 화이트안은 채권국이던 미국에 유리한 제안이었다. 결국 화이트안이 채택되어 이를 바탕으로 IMF체제가 출범하였다.

브레튼우즈 체제의 기본 골격은 다음과 같다. 첫째, 경쟁적인 환율 전쟁을 방지하기 위해 조정 가능한 고정환율제를 채택한다. 둘째, 국제거래를 위해 각국 통화의 자유로운 교환을 허용한다. 셋째, 일시적인 국제수지 적자로 어려움을 겪고 있는 국가에게 단·중기성 자금을 대출해줌으로써 국제통화질서를 유지하기 위한 국제기구로 IMF를, 전후 경제회복을 위한 장기성 자금을 공급하기 위한 국제기구로 세계은행(IBRD)을 설립한다.

이상에서 알 수 있듯이 브레튼우즈 체제는 IMF를 설립하여 국제통화질서를 안정적으로 유지하는데 그 목적이 있었다. 다시 말해서, IMF를 통해 환율의 안정을 유지하고 국제수지 불균형을 해소함으로써 국제무역을 증진시키고자 하였다. IMF는 1945년에 설립되었고, 본부는 미국 워싱턴에 있다. 2023년 현재 가맹국은 190개국이며, 한국은 1955년 58번째로 IMF에 가입하였다.

2. IMF의 운영

1) 고정환율제도의 유지

IMF의 주요 기능 중 하나는 가맹국의 환율을 안정시키는 일이었다. 이에 브레튼우즈 체제는 미국의 달러화를 기축통화로 한 고정환율제도인 금환본위제도를 채택하였다. 금과 미국의 달러화 간에 순금 1온스=35달러라는 일정한 등가관계를 확립하고, 가맹국 통화는 미국 달러화와의 교환비율을 고정시키며, 환율변동이 상하 1% 범위를 넘어서면 외환시장에 개입하도록 하였다.

기초적인 불균형(fundamental disequilibrium)의 경우에만 IMF의 승인을 거쳐 자국 통화의 평가를 변경시킬 수 있었다. 기초적인 불균형이란 대규모의 지속적인 국제수지 적자나 흑자를 말한다. 그러나 10% 미만의 환율변화는 IMF의 승인이 없이 허용되었다. 브레튼우즈 체제는 고정환율제도를 기본으로 하지만 신축적인 조정가능한 펙(adjustable peg)제도의 성격을 가지고 있었다.

2) 가맹국별 쿼터와 차입

IMF에 가입한 국가는 경제규모 등을 기준으로 쿼터(quota)를 부여받는데, 이 쿼터의 크기에 따라 그 국가의 기금 출자액, 투표권, 차입능력이 결정된다. 1944년 기금의 총불입금액은 88억 달러였고, 가장 경제규모가 큰 미국은 가장 많은 쿼터인 31%를 할당받았다. 이후 가맹국의 증가와 세계 경제규모의 확대에 따라 기금의 총불입액이 점차 확대되고 있다.

IMF의 원래규칙에 의하면, 가맹국들이 기금을 출자할 때 쿼터의 25%는 금으로 출자하고 나머지 75%는 자국통화로 출자하도록 되어 있었다. 금으로 출자한 25%를 금지분(金持分; gold tranche)이라고 한다. 가맹국들이 경상수지 적자 등을 조정하기 위해 IMF로부터 차입을 할 때, 자국 화폐를 타국 화폐로 교환할 수 있는 권한을 인출권(引出權; drawing right)이라고 하는데, 이는 가맹국이 출자한 쿼터에 의해 결정된다.

각국의 쿼터는 5년마다 조정되는데, IMF의 최대 출자국인 미국의 쿼터는 IMF 출범시 31%에서 2023년 현재 17.43%로 감소하였다. 그 다음으로 일본 6.47%, 중국 6.40%, 독일 5.59%, 프랑스와 영국이 각각 4.23%를 차지하고 있으며, 한국의 쿼터는 1.80%이다. 다른 국제기구에서는 모든 회원국이 동등한 투표권을 갖고 있으나, IMF는 쿼터의 비중에 따라 가중투표제(weighted voting)를 채택하고 있다. 특히 중요 문제의 결정은 85% 이상의 찬성을 요구하고 있어서 17.43%의 가중치를 갖고 있는 미국이 단독으로 거부권을 행사할 수 있다.

브레튼우즈 체제에서 가맹국들은 환율변동을 방지하기 위해 국제수지 불균형을 해소해야 한다. 일시적인 국제수지 적자는 자국의 준비자산이나 IMF로부터의 차입으로 충당하는데, IMF로부터의 차입은 일시적인 국제수지 불균형을 조정하는 데만 사용할 수 있으며 차입금은 3년 내지 5년 내에 상환해야 한다. 장기 개발원조는 세계은행(IBRD 또는 World Bank)을 통해 제공된다.

3) 특별인출권(SDR)

IMF는 국제유동성 부족을 보충하기 위해 1970년부터 특별인출권(Special Drawing Right; SDR)을 도입했다. SDR은 IMF가 창출한 새로운 국제통화로, SDR 한 단위는 일정량의 금과 등가를 유지하는 지금(紙金, paper gold)이며, 금과의 태환은 허용되지 않는다.

SDR의 가치는 처음에는 금에 의해 표시되어 1 SDR이 0.888671g의 순금과 동등하며 1달러와 같은 가치를 가졌다. 그러나 1973년 2월 달러의 평가절하로 인해 1 SDR＝1.2635달러로 변경되었다. 그러나 이후 주요국들이 변동환율제도로 이행함에 따라 1974년 7월부터는 SDR의 가치가 세계무역에서 비중이 큰 16개국의 통화를 가중평균하는 방식인 표준 바스켓 방식(standard basket system)에 따라 매일 계산하여 표시하게 되었고, 1980년 9월부터는 표준 바스켓의 통화를 16개국에서 5개국(미국·영국·프랑스·독일·일본) 통화로 축소하여 SDR 표시의 간소화가 이루어졌다.

SDR은 각 가맹국이 출자한 자금과 동일한 비율로 할당되었다. 또한 SDR은 국제수지 불균형을 결제하기 위한 중앙은행간의 거래에만 허용되고, 민간 상업은행간의 거래에는 허용되지 않았다. 흑자국은 적자국의 요구에 따라 자국의 통화를 SDR로 교환해 줄 의무가 있으며, 이 때의 상한선은 초기에 할당받은 SDR의 3배다.

4) 차별 금지

IMF협정 제8조는 가맹국간 무역을 촉진하기 위하여 경상거래의 제한조치를 철폐하고 제3국 통화에 대한 차별적인 조치를 금지하고 있다. 그러나 이러한 조치를 이행할 수 있는 국가는 소수의 선진국에 불과하였으므로 IMF협정 제14조는 전후 경제재건을 위한 복구기간 동안 이러한 의무를 완화하였다. 따라서 IMF 가맹국은 제

중국 위안화의 SDR 편입과 위안화의 국제화

IMF는 2016년 10월 1일부터 중국 위안화를 SDR 통화바스켓에 정식으로 편입하였다. SDR(특별인출권)은 IMF가 국제준비통화인 달러와 금의 문제점을 보완하기 위해 도입한 가상통화이자 보조적인 준비자산이다. 이전에는 달러화, 유로화, 파운드화, 엔화의 4개 통화가 SDR 준비통화에 포함되어 있었는데, 여기에 위안화를 추가하였다. 중국 위안화의 SDR 편입 비중은 10.92%로, 달러화(41.73%)와 유로화(30.93%)에 이은 세 번째 규모이고, 나머지는 엔화 8.33%, 파운드화 8.09%이다.

위안화의 SDR 편입은 위안화가 준비통화로 공식인정을 받았다는 상징적인 의미가 있다. 각국 중앙은행들은 달러나 유로로 보유하던 외환보유액에 위안화를 추가할 것이며, 특히 중국과 교역이 많은 신흥국에서 위안화 보유가 증가할 것이다. 위안화의 SDR 편입으로 중국 내에서는 금융시장 개방과 금융산업 개혁이 확대될 것으로 예상된다.

한국의 위안화 사용 규모는 위안화의 SDR 편입과 한중 FTA 체결로 인해 더욱 빠르게 증가할 것으로 예상된다. 우리나라의 대중 교역 규모에 비해 위안화 사용 규모는 작은 편이지만, 증가세가 빠르고 범위가 확대되고 있다. 한국의 대중국 무역 결제 중 위안화가 차지하는 비중이 2012년 0.7%에서 2015년 2.6%로 크게 상승하였다. 중국 전체 무역에서 위안화 결제 비중은 2015년 26.8%에 달하고 있음을 고려하면, 우리나라의 위안화 결제비중이 앞으로 크게 증가할 것으로 예상된다.

중국의 자본시장 개방 폭이 확대되면서 경상거래에 이어 자본거래에서도 위안화 수요가 증가하고 있다. 우리 기업의 딤섬본드 발행 규모가 크게 증가하고 있고, 원-위안화 직거래 규모도 2014년 12월 개장 이후 일평균 22억달러(원달러의 약 25%)를 나타내면서 빠르게 증가하고 있다.

무역협회 자료에 의하면, 중국과 무역거래가 있는 우리 기업에 대한 설문조사에서 위안화 결제 의향이 있다고 응답한 기업의 비중이 2010년 10%에서 2014년 59.2%로 증가하였다. 중국과의 거래에서 위안화를 사용하면 환율의 불안정으로 인한 위험과 환전에 따른 거래비용을 줄이는 이점이 있다. 중국과의 거래량이 많은 한국의 입장에서 보면, 위안화의 국제화는 거래의 안정성을 높임으로써 중국과의 거래를 더욱 확대하는 효과가 있을 것으로 생각된다.

8조국과 제14조국으로 구분되며, 선진국은 제8조국에, 대부분의 개발도상국은 제14조에 속하였다.

제8조국은 외국이 보유한 자국통화를 당해국의 요청에 의해 그 나라의 통화로 매입할 의무를 지고 있다. 따라서 8조국 통화는 교환성을 갖게 되고, 미달러화와 더불어 일반적인 대외지불수단, 즉 국제유동성이 된다.

3. 브레튼우즈 체제의 한계

1) 환율조정의 지체

브레튼우즈 체제는 기본적으로 고정환율제도이지만, 기초적인 불균형이 발생하면 환율을 조정할 수 있는 조정가능한 고정환율제도다. 그런데 선진국들은 화폐가치 하락이 경제의 취약성을 드러내는 것으로 생각하여 평가절하에 소극적이었다. 또한 흑자국은 흑자분을 해소하기 위해 평가절상를 단행하기 보다는 유입된 외화를 국제준비자산으로 축적하였다. 적자국과 흑자국 모두 환율조정을 꺼림에 따라 국제수지 불균형이 지속되었다. 실제로 1950년부터 1971년 기간에 영국은 1967년에만, 프랑스는 1957년과 1969년에만 평가절하를 하였고, 서독은 1961년과 1969년에만 평가절상을 하였다. 한편 캐나다는 1950년부터 1962년까지 변동환율제도를 채택하기도 했다.

기초적인 불균형이 발생해도 환율 조정이 지체되자, 환율 변동을 예상한 외환투기자들에 의해 대규모의 외환투기가 발생하였다. 이는 불안정적인 자본이동을 야기하였다. 만성적인 국제수지 적자 상태였던 영국에서는 파운드화의 절하를 예상한 외환투기가에 의해 막대한 자본이 유출되었고, 국제수지 흑자가 지속된 독일로는 마르크화가 평가절상될 것이란 기대감 때문에 막대한 자본이 유입되었다. 영국에서의 자본 유출은 1967년 결국 영국의 평가절하를 가져왔고, 독일로의 자본 유입은 1961년과 1969년 마르크의 평가절상을 초래하였다. 환율의 지나친 경직성으로 국제수지 불균형이 신축적으로 조정되지 않아 대규모의 자본이 불안정적으로 이동하였다. 이것이 브레튼우즈 체제 붕괴의 한 요인이 되었다.

2) 국제유동성 문제

① 국제유동성의 정의

국제유동성(international liquidity)이란 국제적으로 보편적인 통용력을 갖는 지불수단을 말한다. 브레튼우즈 체제에서 국제유동성은 금, 교환성 외환(convertible foreign currencies), SDR(특별인출권), 가맹국의 IMF포지션으로 구성된다. 특히 대외지급을 위해 각국이 보유하고 있는 교환성 외환을 준비통화(reserve currency) 또는 기축통화(key currency)라고 한다. 준비통화가 되기 위해서는 통화가치가 안정되고, 국제결제에 쓰일 수 있어야 한다. IMF 설립 초기에는 달러만이 준비통화였으나, 선진국들의 경제가 회복됨에 따라 서독의 마르크화, 프랑스의 프랑화, 일본의 엔화 등이 준비통화로서 국제유동성의 역할을 하게 되었다.

국제유동성의 적정량은 전 세계의 교역량, 교역증가율, 경제성장률 등에 의해 결정된다. 그런데 무역거래량이 증가하더라도 모든 국가의 국제수지가 균형을 유지하면 외화의 유입과 유출이 서로 상계되므로 국제유동성에 대한 수요는 증가하지 않는다. 따라서 국제유동성에 대한 수요는 국제무역의 총거래량과 반드시 비례하지는 않는다.

총교역량에 대한 국제유동성 공급량의 비율이 1913년에는 21%로, 1937년의 101%, 1971년의 37%에 비해 낮은 편이었다. 그러나 국제유동성 부족의 문제는 없었다. 그 이유는 1913년 당시 금본위제도에서 세계경제가 비교적 안정적이었고, 국제수지 적자가 비교적 신속하게 조정되었으며, 당시 국제금융시장에서 국제수지 조정에 필요한 자본이동이 원활하게 이루어졌기 때문이다. 또 1973년 이후에는 국제유동성이 총무역액의 25% 수준으로 감소했지만, 국제유동성 부족 문제가 크지 않았다. 이는 1973년 이후에 변동환율제도로 전환함에 따라 국제수지 조정이 상대적으로 원활하게 진행되었기 때문이다. 이와 같이 국제유동성의 적정 공급량은 국제수지 조정메커니즘과 관련되어 있다.

② 유동성 딜레마

고정환율제도에서는 환율 변동을 방어하기 위해 중앙은행은 충분한 준비자산을 보유해야 하는데, 대외거래가 증가하자 중앙은행들은 더 많은 준비자산을 확보해야 했다. 그런데 금생산은 한정되어 있고, IMF 쿼터에 의한 인출권 증가도 한계가 있었기 때문에 중앙은행들은 달러와 같은 기축통화로 준비자산을 늘려왔다. 다시 말해서, 각 국가의 중앙은행이 보유한 준비자산은 준비통화 발행국의 국제수지 적자에 의해 충당되었다.

그런데 미국의 국제수지 적자는 세계 전체의 유동성 증가에 기여하지만, 반면 국제통화로서의 신뢰성을 위축시키는 딜레마가 발생한다. 이와 같이 유동성 증가와 신뢰성 하락이라는 상반된 문제를 유동성 딜레마(liquidity dilemma)라고 부른다.[1] 브레튼우즈 체제에서는 기축통화인 달러가 이러한 딜레마를 겪을 수밖에 없었다.

1958년부터 미국의 국제수지 적자가 지속되면서 외국의 달러보유가 증가하였고, 1960년대에 접어들어서는 외국의 달러보유량이 미국의 금보유량을 초과하였다. 이에 미국 달러에 대한 신인도가 하락하기 시작하였다. 미국의 국제수지 적자는 국제유동성을 늘리는 데 기여하였으나, 달러에 대한 신인도를 하락시켜 대규모의 자본이 미국에서 강세통화인 독일의 마르크나 일본의 엔화로 이동하였다. 이러한 상

1 이는 트리핀(Triffin)이 주창해 트리핀 딜레마(Triffin dilemma) 또는 트리핀의 역설(Triffin's paradox)이라고도 불린다.

황이 1971년 브레튼우즈 체제 붕괴의 한 원인이 되었다.

3) 세뇨리지 문제

세뇨리지(화폐주조차익; seigniorage)란 화폐 발행에 필요한 실제 비용과 그 화폐로 얻을 수 있는 실질구매력 간의 차액을 말한다. 예를 들어, 100달러 지폐를 발행하는 데 1달러의 비용이 든다면, 나머지 99달러가 중앙은행이 얻는 세뇨리지이다. 세뇨리지는 화폐 발행의 독점권을 갖고 있는 중앙은행에 귀속되는데, 브레튼우즈 체제에서는 미국 달러가 세뇨리지의 이익을 얻게 되었다. 이후 다른 선진국 통화도 국제통화에 포함되면서 이들도 세뇨리지의 이익을 얻게 되었다.

그러나 세뇨리지의 이익을 얻는 데는 대가를 치러야 한다. 국제통화는 가치를 안정적으로 유지하기 위해 쉽게 평가절하를 할 수 없고, 금융정책의 사용이 제한된다. 따라서 국내경제문제를 해결하기 위해서는 재정정책에 의존할 수밖에 없다. 이와 같이 국제통화의 지위를 유지하기 위해서는 대내경제의 희생을 감수해야 한다는 어려움이 있다.

1960년대 후반에 미국은 독일, 일본 등에 대해 대규모의 국제수지 적자 상태였으나, 기축통화인 달러를 평가절하 할 수 없었다. 그래서 독일과 일본에게 평가절상을 요구했지만, 이를 거절당했다. 결국 미국이 평가절하를 단행할 수밖에 없었고, 그 결과 1971년 브레튼우즈 체제는 붕괴하게 되었다.

브레튼우즈 체제 붕괴 이후에 달러는 금과 연계되지 않았음에도 불구하고 달러는 여전히 국제통화로서 역할을 하였다. 1971년 이후에 외국이 보유한 달러 양은 오히려 증가하였다. 달러 중심 고정환율제도가 붕괴된 이후에도 달러화가 계속 중심통화로서의 역할을 지속한 까닭은 무엇인가? 이는 네트워크 외부성에 근거한 규모의 경제 때문이다.

예를 들어, N개의 통화가 있는 경우 외환거래의 총 수는 $N(N-1)/2$개가 되고, 여기서 형성되는 환율도 $N(N-1)/2$개가 된다. 그러나 어떤 통화가 기준 통화의 역할을 한다면, 다른 통화들은 이 통화를 중심으로 거래하면 되므로 외환거래의 수는 $(N-1)$개로 줄어들고, 그에 따라 형성되는 환율도 $(N-1)$개로 줄어든다. 즉, 하나의 기축통화를 중심으로 외환거래를 하면 규모의 경제가 발생하여 비용이 절감된다. 가장 통용력이 좋은 달러가 외환시장에서 중심화폐로 이용되면서 각국의 달러 보유량이 증가하게 되었다.

국제통화와 기준통화

국제통화(international currency)란 국가간에 이루어지는 무역 및 금융거래에서 계산단위, 지급결제수단, 가치저장수단 등과 같이 화폐로서의 일반적인 기능을 수행하는 통화를 말한다. 한 나라의 통화가 국제통화로 널리 사용되기 위해서는 통화가치의 안정성(stability), 광범위한 이용가능성(availability), 무제한 태환성(convertibility) 등의 조건을 구비할 필요가 있다. 금본위제도에서는 금이 유일한 국제통화였고, 초기 브레튼우즈 체제에서는 달러가, 후반기에는 선진국 통화와 IMF에서 창출한 SDR(특별인출권)이 국제통화의 기능을 하였다. 1973년 변동환율제도로 전환한 이후 달러 가치는 변동하고 있지만, 여전히 미국 달러는 국제통화로서 가장 널리 이용되고 있다.

일국의 통화가 국제통화가 되면 다음과 같은 긍정적인 효과를 갖게 된다. 첫째, 자국통화를 대외거래에 사용하므로 국내 기업 및 금융기관들은 환위험을 회피할 수 있고 환거래 비용도 줄일 수 있다. 둘째, 금융시장의 개방이 확대됨에 따라 국내 금융시장 및 외환시장이 국제금융시장으로 발전할 수 있다. 셋째, 자국통화가 국제통화이기 때문에 대외 준비자산을 많이 보유할 필요가 없다. 넷째, 화폐 발행비용을 초과하여 해외로부터 실물 또는 금융자산을 취득할 수 있으므로 이른바 세뇨리지(seigniorage)를 얻는다.

어느 나라든지 하나의 국제통화를 기준으로 환율을 결정하고, 이를 중심으로 다른 국가 통화와의 교환비를 연결한다. 이 때 기준이 되는 국제통화를 기준통화(anchor currency)라고 한다. 국가마다 기준통화가 서로 같다면, 상대국과의 무역이나 금융거래에서 발생하는 환율변동의 위험을 줄일 수

그림 20-1 기준통화의 선택

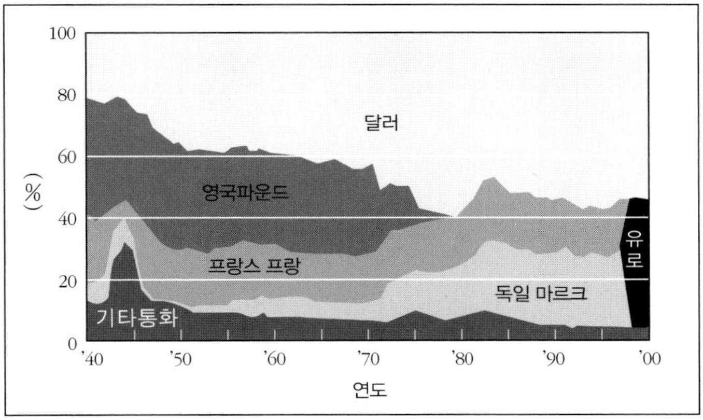

* 자료: Rogoff, K. S., A. M. Husain, A. Mody, R. Brooks, and N. Oomes, "Evolution and Performance of Exchange Rate Regimes," *IMF Occasional Paper* 229, 2004.

있다. 여러 국가가 하나의 기준통화를 선택할수록 환율변동으로 인한 비용이 줄어든다는 점에서 여기에는 네트워크 외부성(network externality)이 있다. 이러한 외부성 때문에 기준통화는 한 두 개의 통화, 즉 달러나 유로(Euro)로 수렴해 가게 된다.

소련과 동구의 사회주의 국가들이 시장경제로 전환하면서 동구 국가들은 주로 독일 마르크화(유로통합 이후에는 유로)를 기준통화로 선택하였고, 소련에서 독립한 국가들은 주로 달러를 기준통화로 선택하였다. 동구 국가들과 소련에서 독립한 국가들의 기준통화가 서로 다른 것은 주요 거래상대국의 기준통화가 서로 달랐기 때문이다. 즉, 동구 국가들의 주거래 대상국들의 기준통화는 독일 마르크였고, 소련에서 독립한 국가들의 주거래 대상국의 기준통화는 달러였기 때문이다. 이러한 네트워크 외부성으로 인해 최근 들어 기준통화의 90% 이상이 달러와 유로로 양분되어 있고, 여타 통화가 기준통화로 사용되는 비율은 10% 미만이다.

[그림 20-1]은 1940년 이후 기준통화로 사용되고 있는 국제통화의 비율이다. 1940년에 달러가 기준통화로 사용된 비율은 약 20% 정도에 불과했으나, 브레튼우즈 체제의 출범과 함께 그 비율이 점차 늘어났고, 브레튼우즈 체제의 붕괴 이후에도 그 비율은 오히려 증가하였다. 영국의 파운드는 1940년에만 해도 가장 널리 사용되는 기준통화였으나 그 비율이 점차 감소하여 1990년 이후에는 거의 기준통화로 이용되지 않는다. 그리고 유로로 통합되기 전까지 프랑스 프랑화의 기준통화 비율은 일정 수준을 유지한 반면, 독일 마르크의 기준통화 비율은 점차 증가하고 있었다. 1999년에는 유로의 탄생으로 마르크와 프랑이 유로로 대체되었다.

제 3 절 브레튼우즈 체제 이후

1. 브레튼우즈 체제의 붕괴

브레튼우즈 체제는 출범 이후 비교적 성공적으로 운영되었다. 선진국의 환율은 안정적으로 유지되었고, 이러한 환율 안정은 세계 교역 증진에 기여하였다. 그런데 1960년대 들어 미국의 국제수지 적자가 확대되면서 브레튼우즈 체제의 기반이 흔들리기 시작하였다. 미국의 국제수지 적자는 국제유동성 증가에 기여하였으나, 기축통화가 갖추어야 할 신인도가 낮아졌다. 즉, 유동성 딜레마(liquidity dilemma) 문제가 나타났다.

미국의 국제수지는 1945년 이후 1949년까지는 흑자였으나, 유럽과 일본 경제가 회복되면서 1950년부터는 적자로 전환되었다. 특히 1958년부터는 미국의 대유럽 직접투자가 크게 증가하고, 베트남 전쟁을 지원하기 위해 통화발행을 늘리면서 적자 규모가 급속히 증가하였다. 미국의 국제수지 적자를 조정하기 위해서는 달러의 평가절하가 필요했으나, 달러가 기준통화였기 때문에 평가절하를 하기 어려웠다. 대신 이자율 정책, 자본유출에 대한 직접 통제 등을 시행하였으나, 이들 정책은 성공적이지 못하였다. 미국의 국제수지 적자가 지속되었고, 외국의 달러보유고가 미국의 금보유고를 초과하기 시작하였다. 1970년에 외국의 달러보유고는 미국 금준비량의 4배에 달하였다.

1970년과 1971년에 미국은 서독이나 일본과 같은 흑자국에게 평가절상을 설득하였으나 실패하였고, 미국의 국제수지 적자는 개선되지 않았다. 미국이 조만간 달러를 평가절하할 것이라는 예상이 높아가자, 막대한 자본이 달러에서 독일 마르크, 일본 엔 등 강세 통화로 이동하였다. 이런 상황에서 달러를 금으로 태환해주기가 어려워지자, 1971년 8월 닉슨 대통령은 금태환정지 선언을 하였다.

금태환정지 선언에 이어 12월 체결된 스미소니언협정(Smithsonian Agreement)에서는 금 1온스당 35달러에서 38달러로 달러의 평가절하를 단행하였다. 그리고 환율의 변동폭은 과거 1%에서 2.25%로 확대 조정되었다. 그럼에도 불구하고 미국의 무역수지 적자가 확대되자, 1973년 2월에 다시 달러화를 10% 평가절하하였다. 이로 인해 달러의 투매현상이 나타나자 외환시장이 잠정적으로 폐쇄되기도 하였다.

1973년 11월 EEC는 가맹국의 역내통화 간에는 기준율을 중심으로 상하 변동폭을 2.25%로 고정시키고, 달러와 같은 역외통화에 대해서는 자유변동을 허용하는 공동변동환율제도를 도입하였다. 어떤 통화가 변동폭의 상한선이나 하한선을 이탈할 위험이 있을 경우, 강세통화가 약세통화를 매입하여 변동폭을 일정 수준으로 유지하도록 하였다. 달러에 대한 기준율은 변동하지만, 역내통화의 변동폭은 일정 범위 내에서 유지하도록 하였는데, 그 모습이 뱀의 움직임과 비슷하다고 하여 이를 스네이크협정(snake arrangement)이라고 부른다.

1975년 11월에는 6개 선진국(미국, 영국, 서독, 프랑스, 이탈리아, 일본)이 랑부이에 선언(Rambouillet Declaration)에서 신국제통화제도가 지향해야 할 환율제도에 합의하였고, 이어서 1976년 자메이카 킹스턴(Kingston)에서 개최된 제5차 잠정위원회에서는 새로운 국제통화질서에 합의하였다. 킹스턴 체제는 금을 점진적으로 폐화시키고, SDR의 준비자산 기능을 강화하였으며, 변동환율제도를 자유롭게 채택하도록 하였다.

브레튼우즈 체제에서는 달러와 금의 교환비가 일정비율로 고정되어 있어서 미국은 국제수지 적자가 확대되더라도 달러 환율을 조정할 수 없었다. 더구나 다른 선진국들이 대내경제를 우선시하는 경제정책을 실시함에 따라 국제수지의 자율적인 조정기구가 작동하지 않아서 미국의 국제수지 적자가 장기간 지속되었다. 그 결과 달러의 신인도가 하락하고 달러의 평가절하가 불가피해져 브레튼우즈 체제는 붕괴되었다. 브레튼우즈 체제가 붕괴된 근본적인 원인은 국제수지 조정 지체, 유동성과 신인도의 상호 연관관계가 적절히 조정되지 않았기 때문이다.

2. 변동환율제도로의 전환과 국제협력

브레튼우즈 체제의 붕괴와 함께 1973년부터 고정환율제도에서 변동환율제도로 전환되었다. 대부분의 국가들은 환율의 급격한 변동을 방지하기 위해 통화당국이 외환시장에 개입하는 관리변동환율제도를 채택하였다. 초기에는 환율의 급격한 변동 같은 부작용을 우려했지만, 경쟁적인 평가절하와 같은 부정적인 측면은 나타나지 않았고, 관리변동환율제도는 원활하게 작동하였다.

그런데 변동환율제도에서는 고정환율제도에서 볼 수 없는 환율의 변동성(volatility)과 과잉조정(overshooting)의 문제가 발생하기 마련이다. 또 환율의 불안정성이 확대되면 국가간 무역과 금융거래가 위축되기 때문에 환율 안정을 유지하기 위해 국제협력의 강화와 주요국간 정책 협력이 필요했다.

예를 들어, 미국은 1985년 9월 달러의 평가절하를 위해 독일, 일본, 영국, 프랑스와 외환시장에 공동으로 개입하기로 하였다. 이를 플라자 합의(Plaza Accord)라고 한다. 플라자 합의로 미국정부가 외환시장에 적극적으로 개입하기 시작하였고, 주요국 정부도 미국 중앙은행과 협의 후 외환시장에 개입하였다. 국제통화제도의 안정성을 유지하기 위해, 기존의 독자적이고 대외비였던 외환시장 개입방식이 협조적이고 공개적으로 이루어졌다.

플라자 합의 결과 달러가치는 하락하였으나, 미국의 경상수지 적자는 개선되지 않았다. 그러나 다른 선진국은 자국 화폐가치 절상으로 국제경쟁력이 하락하는 것을 우려하여 더 이상의 달러가치 하락에 협력하지 않았다. 이러한 갈등을 해결하기 위해 1987년 2월 루브르 협약(Louvre Accord)에서는 경제기초변수들과 부합하는 수준에서 환율을 안정시키기로 합의하였다.

플라자 합의 이후 국제통화제도는 심각한 환율불안에 대비해 정책협조의 공조체제를 유지해오고 있다. 이후 주요 국가들의 중앙은행이 외환시장에 강도있게 개입하였음에도 불구하고 환율 변동 폭은 과거보다 확대되었다. 브레튼우즈 체제 붕괴 후, 대부분의 선진국들은 빠른 시간 내에 변동환율제도로 전환하였지만, 개도국들은 환율변동을 두려워하여 서서히 변동환율제도로 전환하였다.

플라자 합의

1985년 9월 미국과 5개 선진국들은 미국 뉴욕의 플라자호텔에서 달러를 평가절하하기로 합의하였다. 이는 1973년 닉슨대통령이 달러를 변동환율제로 전환한 이후 가장 적극적인 외환시장 개입이었다. 당시 주요 선진국들은 외환시장에 달러를 팖으로써 자국 화폐가치를 올리고 달러 가치를 떨어뜨리는 방식의 시장개입에 합의하였다.

미 달러 가치를 떨어뜨리기로 합의한 이유는 미국의 유례없는 무역수지 적자 때문이었다. 미국 달러는 1980년 이후 5년 동안 44%나 절상되었다. [그림 20-2]에서 보듯이 미국 달러 가치는 1985년 당시 매우 높았고, 지금까지 이보다 높은 적은 한 번도 없었다. 달러 가치 상승으로 미국은 가격경쟁력을 상실하였고, 그 결과 1985년 미국의 무역수지 적자는 1,220억 달러로 기록적인 적자를 보였다.

플라자 합의가 성공하기 위해서는 먼저 외환시장 개입에 따라 환율이 변동해야 하고, 다음으로는 환율 변동에 따라 미국 무역수지가 개선되어야 한다. 당시 상황을 살펴보면 환율변동과 무역수지 개선이라는 두 가지 현상이 잘 수행된 것으로 평가된다.

당시 외환시장 개입으로 플라자 합의 이후 2년 동안 달러가치는 40%나 하락하였다. 달러에 비해 주요 선진국 통화가치가 모두 절상되었고, 특히 일본 엔화가치가 가장 많이 절상되었다. 1985년 이후 2

그림 20-2 달러 가치의 변화(1973-2015)

* 주: 1) 주요국 통화에 대해 무역량 가중치로 평가한 달러 가치임.
2) 1973년 3월을 100으로 한 지수값임.

* 자료: Frankel, Jeffrey, "The Plaza Accord, 30 Years Later," *NBER Working Paper* No. 21813, 2015.

〈지난 40년 동안 플라자 합의가 있었던 1985년에 달러 가치가 가장 높았다.〉

년 반 동안에 엔화 환율은 달러당 240엔에서 120엔으로 하락하였다. 즉 엔화 가치가 두 배로 올라갔다.

달러 가치의 하락에 따라 미국의 무역수지도 개선되어 갔다. 처음 2년 동안에는 무역수지 개선 효과가 없었다. 오히려 무역수지가 더 악화되었다. 그 이유는 우리가 공부한 환율의 가격전가 이론과 J-곡선 이론으로 설명된다. 환율의 가격전가 이론은 환율이 변하더라도 수출재의 외화표시 가격이 단기적으로는 그만큼 변하지 않는다는 이론이다. 달러가치 하락에도 선진국 제품의 미국 시장 가격이 환율 변화율만큼 하락하지 않으므로 수출과 수입이 별로 변하지 않고 무역수지 개선효과도 잘 나타나지 않았다고 설명된다.

플라자 합의 이후 무역수지가 즉각적으로 개선되지는 않았지만, 2년이 경과한 후부터 무역수지 개선 효과가 나타나기 시작했다. 무역수지 개선에 시차가 있었다. 이는 J-곡선 이론에서 이야기 하는 내용이다. 단기에는 수입재 가격 상승으로 무역수지가 오히려 악화되지만, 장기적으로 가격탄력성이 높아지면 수출과 수입의 변화가 커지면서 무역수지가 개선된다는 이론이다. 플라자 합의 2년 후인 1987년에는 미국 경상수지 적자가 1,520억 달러까지 악화되었으나, 이후 점차 개선되어 1991년에는 300억 달러까지 개선되었다. 환율 변화로 인해 시차가 있었지만 무역수지가 개선되었다.

플라자 합의는 성공적이었던 것으로 평가되지만, 오늘날 주요국 통화를 인위적으로 평가절하하는 조치를 정당하다고 생각하는 경제학자는 없다. 중앙은행이 평가절하를 시도하면 이는 환율 조작으로 비난을 받게 되고, 다른 국가로부터 환율 전쟁을 불러일으킬 수도 있다. 선진국들은 더 이상 공개적으로 외환시장에 개입하지 않는다.

(자료: Frankel, Jeffrey, "The Plaza Accord, 30 Years Later," *NBER Working Paper* No. 21813, 2015.에서 발췌 정리한 내용임)

제 4 절 최적통화지역 이론

최적통화지역(Optimum Currency Area)이란 단일통화가 사용되기에 적절한 크기의 지역을 말한다. 대표적인 예는 독일, 프랑스, 이탈리아, 스페인, 그리스 등이 유로(Euro)라는 단일 화폐를 사용하는 것이다. 최적통화지역에 대한 선구적인 연구는 먼델(Robert Mundell)과 맥키논(Robert McKinnon)에 의해 이루어졌다.

최적통화지역은 여러 국가가 단일화폐를 사용한다는 점에서 환율이 절대 변동하지 않는 엄격한 고정환율제도와 같다. 이 점에서 최적통화지역에 대한 논의는 고정환율제도의 지역적 범위를 어디까지 확대하는 것이 좋은가에 대한 논의와 같은 의미를 갖는다. 세계 전체적으로 고정환율제도를 시행하자는 주장은 전 세계를 하나의 최적통화지역으로 보는 것이고, 전 세계 모든 국가가 변동환율제도를 실시하자는 주장은 각각의 국가를 최적통화지역으로 보는 것이다. 최적통화지역을 구성했을 때 얻을 수 있는 이득과 손실이 무엇인지 알아보자.

1. 경제통합과 효율성 이득

환율 변동이 불확실하면 재화가격도 불안정해지므로 국가 간 거래가 위축된다. 그런데 최적통화지역을 형성하면 단일 화폐 사용으로 환율 불확실성이 제거되므로 거래비용이 줄어들어 무역이 증가한다. 이처럼 최적통화지역 형성은 경제통합의 장애요인을 제거하고 효율성을 증진시키는 이익을 준다. 이를 효율성 이득(efficiency gain)이라고 한다.

단일 화폐 사용에 따른 거래비용 감소의 이득은 무역만이 아니라 자본과 노동의 이동에서도 나타난다. 자본 이동에 의한 투자 수익금이나 노동 이동에 의한 임금도 환율변동에 영향을 받기 때문이다. 단일 화폐를 사용하면 투자수익금이나 임금의 불확실성이 제거되므로 가맹국간 자본과 노동의 이동이 더 활발하게 된다.

국가간 무역량이 많을수록, 또 국가간 노동과 자본의 이동이 활발할수록 환율 고정에 따른 거래비용 감소의 이익이 크다. 만일 가맹국간에 무역량이 많지 않거나 노동과 자본의 이동이 활발하지 않다면, 단일 화폐 사용으로 환율 불확실성이 제거되더라도 거래비용 감소의 이득이 크지 않을 것이다. 따라서 경제통합의 정도가 클수록 최적통화지역의 효율성 이득은 더 커진다고 볼 수 있다.

어떤 국가가 최적통화지역에 참여할 것인가의 여부는 그 나라가 상대국가와 경제통합의 정도가 어느 정도인가에 달려있다. 상대 국가와 경제통합의 정도가 높을수록 환율 고정의 이익이 더 커지므로 최적통화지역 형성으로 얻어지는 효율성 이득도 더 크다.

2. 경제적 유사성과 안정화 손실

최적통화지역에 참여하면 다른 국가와 동일한 통화를 사용하기 때문에 독자적인 환율정책과 화폐정책을 사용할 수 없다. 만일 외생적 충격이 역내국가에 미치는 영향이 서로 다르면, 이를 해결하기 위한 금융정책이 국가마다 달라야 한다. 그러나 최적통화지역에서는 서로 다른 금융정책을 시행할 수 없어서 문제 해결에 어려움을 겪게 된다. 이처럼 독자적인 정책을 사용할 수 없어 발생하는 비용을 안정화 손실(stability loss)이라고 한다.

어떤 외생적 충격이 한 국가에게는 긍정적인 영향을 주는 반면, 다른 국가에게는 부정적인 영향을 준다면, 단일 통화정책으로 지역 내 문제를 해결할 수 없다. 예를 들어, 한국과 인도네시아 사이의 통화통합을 생각해 보자. 원유가격이 상승하면, 원유 생산국인 인도네시아 경제는 좋아지지만, 원유수입국인 한국 경제는 나빠진다. 이 경우 인도네시아의 화폐(루피아)는 절상되고, 한국의 원화는 절하되어야 한다. 그런데 두 나라가 최적통화지역을 형성하고 있다면, 이와 같은 환율 조정에 의한 경제 안정화가 불가능하다. 따라서 인도네시아와 한국 간의 최적통화지역 형성은 바람직하지 않다.

그러나 가맹국들의 경제구조가 유사하거나, 외생적 충격이 가맹국들에 미치는 영향이 유사하면, 단일 금융정책으로 가맹국들의 문제를 동시에 해결할 수 있으므로 안정화 손실이 크지 않다. 그런데 현실적으로 경제구조가 완전히 같은 국가도 없고, 또 외생적 충격의 영향이 완전히 같은 국가도 없기 때문에 정도의 차이가 있을 뿐 최적통화지역의 안정화 손실은 불가피하다.

요약하면, 어떤 국가의 최적통화지역 참여 여부는 경제적 유사성 정도와 관련이 있다. 상대 국가와 경제적 유사성이 높을수록, 그리고 외생적 충격의 영향이 유사할수록, 독자적인 정책을 사용하지 못해 입게 되는 비용이 적어진다. 따라서 경제적 유사성이 높은 국가와 최적통화지역을 형성하는 것이 바람직하다.

3. 최적통화지역 참여 결정

최적통화지역에 참여하면, 환율 불확실성이 제거되어 거래가 증가하는 효율성 이득이 있는 반면, 독자적인 환율정책과 금융정책을 시행할 수 없다는 안정화 손실이 있다. 이득이 손실보다 클 때, 최적통화지역에 참여하게 된다. 앞에서 보았듯이 경제통합의 정도가 큰 국가들 간에 최적통화지역의 이득이 더 크고, 경제적 유사성이 큰 국가들 간에 최적통화지역의 손실이 더 작다. 따라서 최적통화지역은 경제통합의 정도가 크거나 경제적 유사성이 큰 국가들 간에 형성되는 것이 바람직하다.

이 외에도 다음과 같은 요인이 최적통화지역 참여에 영향을 미친다. 첫째, 생산요소의 이동이 활발한 국가와 최적통화지역을 결성하면 안정화 손실이 작아진다. 가맹국간에 서로 다른 충격이 주어졌을 때 생산요소의 국가 간 이동으로 충격이 조정될 수 있기 때문이다. 예를 들어, 어떤 충격이 A국에게는 경기침체, B국에게는 경기호황의 영향을 미친다고 하자. 이 경우 경기침체를 겪고 있는 A국으로부터 경기호황인 B국으로 노동과 자본이 이동하면, A국과 B국의 경기변동 격차가 완화되므로 독자적인 경제정책의 필요성이 줄어든다. 따라서 생산요소의 이동이 원활한 국가 간에 최적통화지역 형성의 가능성이 높아진다.

둘째, 가격 및 임금의 신축성이 높은 지역에서 최적통화지역 참여 가능성이 높다. 가격과 임금이 신축적이면, 경기침체국과 경기호황국에서 가격과 임금이 빠르게 하락하고 상승한다. 이러한 가격 변화는 재화시장과 노동시장의 불균형을 빠르게 해소함으로써 국가 간 경기변동의 격차가 쉽게 해소된다. 가격의 신축성에 의해 경기변동이 조정된다면, 경제 안정화를 위한 통화정책의 필요성이 줄어들므로 안정화 손실이 작아져 최적통화지역 가능성이 높아진다.

셋째, 가맹국간 경제발전 단계와 주요 경제정책 목표가 서로 비슷해야 한다. 최적통화지역에서는 단일 경제정책을 시행할 수 있어야 한다. 가맹국들 간에 경제발전단계가 유사하고 정책목표가 유사할수록 거시경제정책에 대한 합의가 가능하다. 가맹국들이 서로 유사한 통화정책에 합의할 수 있다면, 최적통화지역의 형성이 용이하다.

최적통화지역에서는 가맹국들이 독자적인 경제정책을 포기하고 공동의 경제정책에 적극 협조해야 한다. 1999년 탄생한 EU 통화동맹은 유로(Euro)라는 새로운 화폐를 단일 통화로 사용하는 최적통화지역이다.

제 5 절 최적통화지역의 사례

1. 유럽통화동맹의 성립 과정

1) 개 요

1958년 출범한 EU의 초기 통합체인 EEC는 무역의 자유화에 중점을 두었다. 당시에는 브레튼우즈 체제의 고정환율제도가 비교적 안정적으로 운영되고 있었다. 그러나 1960년대 중반부터 브레튼우즈 체제의 불안정성이 나타나기 시작했고, 1971년 미국 닉슨 대통령의 금태환정지 선언과 함께 브레튼우즈 체제가 붕괴되자 EU회원국들은 환율제도의 개편 필요성을 느끼게 되었다.

EU 국가들은 개편 방안으로 그들의 통화를 달러에 대해서는 변동하게 하면서 EU 내 국가들 간에는 변동폭을 제한하는 스네이크(snake)제도를 시행하였다. 그러나 이는 환율 조정이 비대칭적이어서 많은 문제점을 드러냈다. 예를 들어, 1970년대 중반 달러에 대해 독일 마르크화가 강세가 되자, 마르크화만 평가절상되어야 함에도 불구하고 역내 통화 간에 변동폭이 제한되어 있어서 다른 국가의 통화가 함께 절상되는 현상이 나타났다. 이는 EU 국가들의 가격경쟁력을 하락시켜 수출 감소와 경제침체를 가져왔다. 몇몇 회원국들은 이 제도에서 이탈할 수밖에 없었다.

이후 1979년 EU는 EMS를 도입하였다. EMS(European Monetary System; 유럽통화제도)는 역내통화 간에는 고정환율제도를 유지하면서 역외통화에 대해서는 변동환율제도를 채택한 독특한 환율제도이다. EMS는 1999년에 EMU(Economic and Monetary Union; 경제통화동맹)로 발전하였다. EMU는 개별국가의 통화를 폐지하고 유로(Euro)라는 단일통화를 사용하고, 유럽중앙은행을 설립하여 통화정책을 독점하도록 한 제도이다.

2023년 현재 27개 EU가맹국 중에서 20개국이 유로(Euro)를 공식 통화로 사용하고 있다. 초기 회원국인 EU 15개국 중에서는 벨기에, 프랑스, 독일, 이탈리아, 룩셈부르크, 네덜란드, 아일랜드, 그리스, 포르투갈, 스페인, 핀란드, 오스트리아 12개국이 참여하고, 영국, 덴마크, 스웨덴 3개국이 불참하고 있다. 1999년 출범한 EMU는 통화통합의 대표적 사례이다.

2) EMS 설립과 운영

EU의 EMS는 1979~1998년 기간 동안 운영되었다. EMS는 역내통화의 가치 안정과 회원국 간 경제력 격차의 해소를 목표로 하였다. EMS는 ECU(European currency unit; 유럽통화단위)의 창출, 신용공여(credit facilities), ERM(exchange rate mechanism; 환율메커니즘)의 세 가지 핵심적 요소로 구성되어 있다.

세 가지 핵심 내용은 다음과 같다. 첫째, ECU(유럽통화단위)는 EU 회원국 통화의 바스켓으로 구성된 복합통화단위이다. 이는 통화가치의 척도이며, 1999년에 유로(Euro)로 발전하였다. 둘째, ERM(환율메커니즘)은 ECU를 중심으로 한 환율조정 메커니즘으로 회원국 통화 간 환율안정을 유지하기 위하여 시장개입을 의무화하였다. 브레튼우즈 체제와는 달리 시장개입에 대칭성 개념을 도입하여 약세국과 강세국이 모두 시장에 개입할 의무가 있었다. 실제로는 마르크화를 중심으로 시장개입이 비대칭적으로 이루어지는 경향이 있었다. 셋째, 약세통화국의 중앙은행은 환율안정을 위해 강세통화를 매각해야 하는데, 이에 필요한 통화를 강세통화국의 중앙은행으로부터 차입할 수 있는 신용공여제도를 도입하였다.

1979년 3월부터 EMS 내 8개국(프랑스, 독일, 이탈리아, 벨기에, 네덜란드, 룩셈부르크, 덴마크, 아일랜드)은 상호간의 환율을 정해진 변동폭 내에서 움직이도록 하는

ERM을 시작하였다. 그런데 1979년 독일의 인플레이션율은 2.7%임에 비해 이탈리아의 인플레이션율은 12%로 국가간 인플레이션의 차이가 커서 초기에는 고정환율제도의 유지 가능성에 대해 회의적이었다. 그러나 정책협력과 환율 재조정을 통해 EMS의 ERM은 잘 유지되었고, 1989년에는 스페인, 1990년에는 영국, 1992년에는 포르투갈이 추가로 참여하였다.

그러나 1992~93년 유럽 외환시장의 위기는 이 제도의 한계를 보여주었다. 1992년 영국과 이탈리아가 ERM에서 탈퇴하였고, 1993년에는 환율 변동폭 밴드를 ±15%까지로 확대하였다. 국제자본이동의 규모가 커진 상황에서 경제의 불안정성을 완화하기 위해서는 국가 간 거시경제정책의 조화가 필요하게 되었다. 이에 EU회원국들은 단일통화를 창출하고, 유럽중앙은행을 창설하며, 회원국들의 독자적인 통화정책의 포기를 내용으로 한 마스트리히트(Maastricht)조약을 체결하였다. 그리고 이를 바탕으로 단일통화인 EMU를 완성하였다.

3) EMU의 완성과 유로의 출범

1989년 유럽위원회 위원장인 들로르(Delors)는 통화통합을 위한 EMU 출범의 3단계 이행 계획을 제안하였다. 1단계에서는 모든 EU 국가들이 ERM에 참여하고, 2단계에서는 환율 변동폭을 줄이고 각국의 거시경제정책을 EU의 통제하에 두며, 마지막 3단계에서는 EU 내 모든 국가의 통화를 단일 유럽통화로 대체하고 모든 통화정책을 미국연방준비제도와 유사한 유럽중앙은행제도(ESCB: European System of Central Banks)에 맡기자는 것이다.

EMU 출범을 위한 마스트리히트(Maastricht)조약은 1991년에 입안되어 1993년까지 EU 12개 국가들이 비준을 완료하였고, 오스트리아, 핀란드, 스웨덴도 1995년 EU에 가입하면서 마스트리히트조약을 받아들였다. 마스트리히트조약에 의하면, EU 회원국들이 EMU에 참여하기 위해서는 거시경제 수렴기준(convergence criteria)을 충족해야 한다. 이 기준들은 다음과 같다.

1) **물가기준**: 가입하기 전 1년간의 인플레이션이 가맹국 중 인플레이션이 가장 낮은 3개 회원국들의 평균보다 1.5% 이상 높지 않아야 한다.
2) **금리기준**: 가입하기 전 1년간의 평균 명목장기금리가 소비자물가상승률이 가장 낮은 3개 회원국의 명목장기금리 수준보다 2% 이상 높지 않아야 한다.
3) **재정기준**: 예외적이고 일시적인 상황을 제외하고는 재정적자가 GDP의 3%를 넘지 않아야 하고, 공공부채가 GDP의 60% 이하여야 한다.
4) **환율기준**: ERM 환율변동 허용폭 내에서 자국통화의 환율을 안정적으로 유지

해야 한다.

이러한 제약을 가한 이유는 단일통화인 유로(Euro)의 가치를 안정화시키기 위함이다. 3)의 재정기준은 각국의 재정정책의 자율성을 속박하고 있다. 빚이 많은 국가는 경기후퇴기에도 확장적 재정정책을 실시하기가 어렵다. 독립적인 통화정책을 시행할 수 없는 상황에서 재정정책 시행에도 제약이 있으므로 국내경제문제를 해결할 수 있는 정책수단이 지극히 제약될 수밖에 없다. 11개국은 위의 수렴기준을 충족시켜 1999년 EMU의 창립국가가 되었고, 그리스는 이후 이들 요건을 충족시켜서 2001년 1월 1일 EMU에 가입하였다.

[그림 20-3]은 1999년 1월 유로가 출범한 이후 달러와 엔화에 대한 유로환율의 변화를 보여준다. 유로화 출범 이후 1년 동안은 달러와 엔화에 대한 유로화 환율이 상승하였다. 이는 당시 유로화 가치가 하락했음을 뜻한다. 그런데 2003년 2분기에는 유로화 가치가 출범 시 수준을 회복하였고, 이후에는 달러나 엔화보다 그 가치가 더 높아졌다. 즉, 2000년 이후 2008년 세계금융위기 발생 이전까지 달러와 엔화에 대한 환율이 하락하고 있는데, 이는 당시 유로화 가치가 상승했음을 나타낸다.

그림 20-3 달러와 엔화에 대한 유로환율의 변화

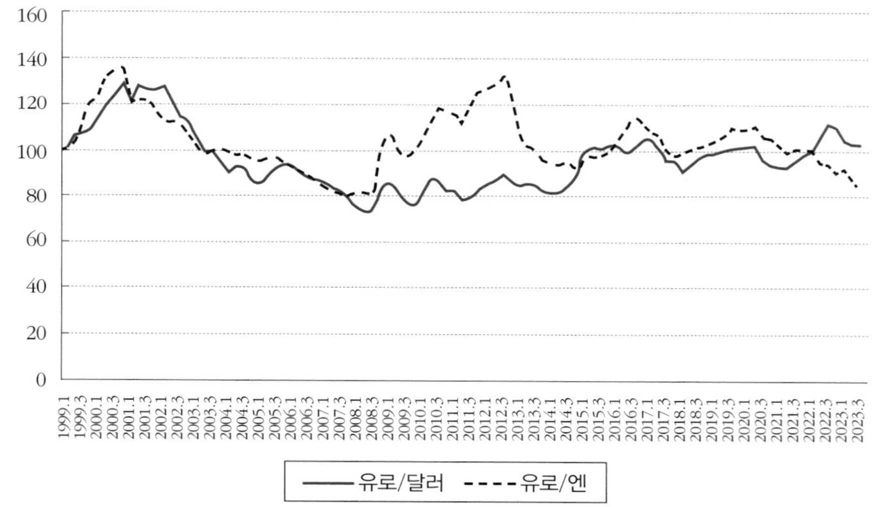

* 주: 분기별 평균환율을 이용함. 달러와 엔화에 대한 유로환율을 지수(1999년 1분기=100)로 변환하였음.
* 자료: 한국은행, 경제통계시스템, 2023.

2008년 세계금융위기 이전까지는 유로/달러 환율과 유로/엔 환율이 거의 유사하게 움직였으나, 2008-2012년 기간에는 유로/달러 환율은 큰 변동이 없는 반면, 유로/엔 환율은 크게 상승하였다. 2012년 이후에는 일본의 엔저정책으로 엔화 가치가 하락함에 따라 유로/엔 환율이 하락하였다. 2014년에는 유로/달러 환율과 유로/엔 환율이 상승했는데, 이는 유럽 경제가 악화되면서 상대적으로 달러와 엔화의 가치가 상승하였기 때문이다. 2015년에 이르러서는 달러나 엔화 대비 유로화의 가치가 출범시와 유사해졌다. 그리고 2020년 코로나 경제위기 이후에는 엔화의 가치는 하락하고, 달러의 가치는 상승함을 볼 수 있다. 당시 달러와 엔화의 가치가 반대 방향으로 움직였다.

4) 유럽중앙은행제도

유럽중앙은행제도(ESCB)는 프랑크푸르트에 있는 유럽중앙은행(ECB: European Central Bank)과 경제통화동맹(EMU)에 참가한 회원국의 중앙은행으로 구성된다. ESCB는 유로통화지역의 물가안정을 최우선 목표로 하고 있으며, 공동 통화정책 이외에도 공동 외환정책의 수립과 집행, 자금결제시스템의 운영, 금융기관에 대한 부분적인 감독업무 등을 수행한다. ESCB는 정치적 영향에서 완전히 자유롭도록 제도적 장치가 마련되어 있다.

공동 통화정책의 운영은 실질적으로 유럽중앙은행이 담당한다. 참가국 중앙은행은 독자적인 통화정책을 수행할 수 없다. 유럽중앙은행제도는 미국의 연방준비은행과 비슷하다. 유럽중앙은행의 위원들은 자국은 물론 EU의 어떤 기관이나 기구의 지시를 받지 않도록 독립성이 보장되어 있다. 유럽중앙은행은 미국이나 영국의 중앙은행은 물론 독립성이 가장 강한 것으로 알려진 독일연방은행보다도 정치적 독립성이 더 완벽하다. 미국의 연방준비은행은 미국의회의 법률에 의해 독립성 정도가 바뀔 수 있으나, ESCB의 지위는 유럽의회에서도 바꿀 수 없다. 이와 같이 독립성이 강조된 이유는 유럽중앙은행제도가 물가안정을 최우선 목표로 하여 출범하였기 때문이다.

2. 유럽통화동맹의 효과

1) 통화통합의 비용

유로존(Eurozone) 국가들이 단일 통화를 사용하자 제조업 경쟁력이 높은 독일이나 프랑스에 비해 남부유럽 국가들의 수출경쟁력이 상대적으로 낮아졌다. 개별 통화를 사용하였다면 남부유럽 국가들이 평가절하를 함으로써 수출경쟁력을 회복할 수 있으나 단일 통화를 사용하는 상황에서 환율조정은 불가능하였다. 이에 남부유럽 국가들의 경상수지 적자는 늘어나고 외채가 증가하였다. 예를 들어, 독일과 경제적 유사성이 크지 않은 그리스는 2008년 세계금융위기가 발생하자 독자적인 환율정책과 통화정책을 실시하지 못해 위기해결에 어려움을 겪었다.

유로존 국가들 사이의 재화와 노동의 이동이 미국의 주(州) 사이처럼 자유롭다면, 독자적인 금융정책을 시행하지 못하더라도 문제 해결이 더 쉬워진다. 그러나 미국과 달리 유로존 국가들 간에는 언어와 문화의 차이 때문에 노동의 이동에 제약이 있다. 위기 극복을 위해 독자적인 재정정책을 사용할 수는 있으나, 이의 사용도 크게 제약되어 있다. 그리스의 유로존 가입은 2008년 그리스의 재정위기의 원인이자 문제 해결을 어렵게 한 요인이 되었다. 가맹국간 경제적 유사성이 높지 않은 상황에서 통화동맹에 참여하는 것은 적절하지 않음을 보여주는 사례이다.

2) 통화통합의 이익

유럽통화동맹의 출범은 유럽금융시장의 통합을 촉진하고, 유로의 위상을 강화하였다. 유로 출범은 가맹국들에게 다음과 같은 이익을 가져왔다.

첫째, 단일통화의 사용으로 환율변동의 위험이 사라지고 환전비용이 감소하여 무역과 투자가 증가하였다. 또 국가 간 상품가격의 비교가 용이해지면서 상품가격이 하락하여 소비자들이 이익을 얻었다.

둘째, 유로 가맹국의 경제적 위상이 제고되고 대외협상력이 높아졌다. 국가별 화폐를 사용하는 대신 단일통화인 유로화를 사용함으로써 유로화의 국제적 기능과 역할이 확대되었다. 외환시장에서 유로의 비중이 증가하였으며, 국제 채권시장에서도 유로화 표시 채권의 신규 발행이 증가하였다.

셋째, 인플레이션이 높았던 남부 유럽 회원국들의 인플레이션이 안정되었다. 인플레이션이 높았던 그리스, 포르투갈, 스페인, 이탈리아는 유럽중앙은행에 화폐정책을 맡김으로써 인플레이션을 억제하는 데 성공하였다. [그림 20-4]에서 EU 12개국을 그룹 A와 그룹 B로 구분하여 인플레이션의 변화를 살펴보았다. 그룹 A는 1970년대와 1980년대 인플레이션이 높았던 포르투갈, 스페인, 그리스, 이탈리아의 4개국이며, 그룹 B는 나머지 유로 가맹국이다. 그림에서 보듯이 1999년 유로화 출범을 기점으로 남부 유럽 국가들의 인플레이션율이 낮은 수준으로 수렴하였다. 2008년 발생한 세계금융위기의 후유증으로 그리스 등 남유럽 국가들에서 경기침체가 지속되면서 인플레이션율이 마이너스(−)를 기록하기도 했다. 아무튼 유로 출범 이후 남부 유럽 회원국들의 인플레이션율이 낮은 수준으로 하락하였다. 그러나 2000년 코로나 경제위기 시 경기침체를 극복하기 위해 통화량을 급속히 증가시켰

그림 20-4 EMU 회원국의 인플레이션 수렴

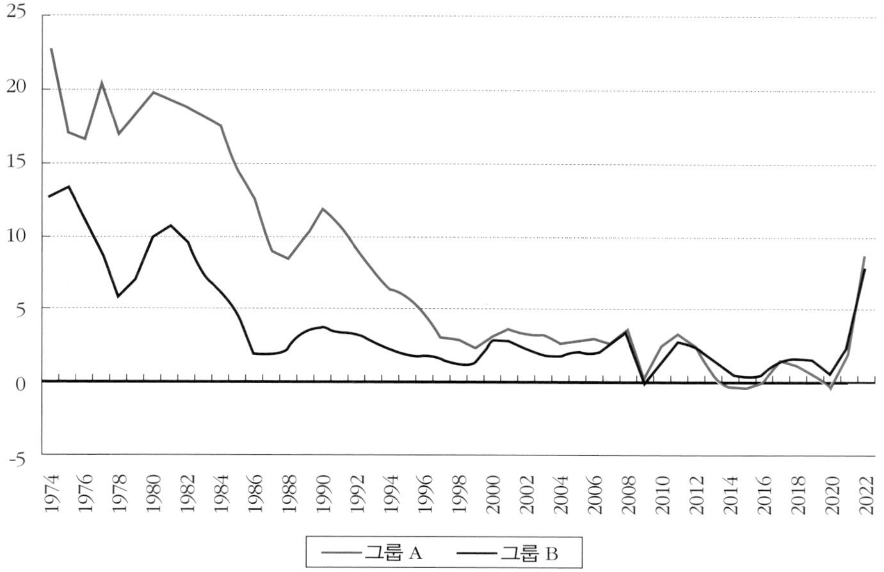

* 주: 1) 소비자물가지수 기준 인플레이션율임.

2) 그룹 *A*는 초기 유로 가맹국인 12개국 중에서 인플레이션이 높았던 포르투갈, 스페인, 그리스, 이탈리아의 4개국이며, 그룹 *B*는 나머지 가맹국인 독일, 프랑스, 오스트리아, 벨기에, 네덜란드, 룩셈부르크, 아일랜드, 핀란드의 8개국이다.

* 자료: World Bank, *World Development Indicators*, 2023.

고, 이의 후유증으로 인플레이션이 급등하였다. 그런데 이 상황에서도 단일통화를 사용한 유로 가맹국들의 인플레이션은 크게 차이 없이 유사하게 상승하였다.

마지막으로, 유로화가 국제통화로서 위상이 높아짐에 따라 세뇨리지(seigniorage)의 이익을 얻게 되었다. 19세기에는 영국의 파운드화가, 제2차 세계대전 이후에는 미국의 달러가 주요 국제통화의 역할을 하면서 세뇨리지의 이익을 누렸다. 유로가맹국의 경제가 성장할수록 유로의 국제통화 기능은 더욱 강화될 것이다. 이렇게 유로화의 위상이 높아지면 유로의 세뇨리지 이익도 더욱 커질 것이다.

그리스의 유로존(Eurozone) 가입은 적절했는가?

2008년 미국에서 시작된 세계금융위기는 미국만이 아니라 세계 경제를 침체로 몰아갔다. 유로존(Eurozone) 국가들 중에서는 그리스, 포르투갈, 스페인, 이탈리아 등 남부유럽 국가들이 취약성을 드러냈다. 특히 그리스는 엄청난 재정적자와 누적외채로 극심한 경제적 어려움을 겪었다. 당시 그리스의 경제위기는 유로존 가입에 의해 유발된 측면이 있었고, 또 위기 이후에는 유로 회원국이라는 사실이 문제 해결을 어렵게 한 측면이 있었다. 무엇이 문제였는지 알아보자.

그리스가 유로존 가맹국이 되자 그리스의 국가신용도가 독일이나 프랑스 수준으로 올라가게 되었다. 채권자들은 그리스가 경제위기를 맞이하더라도 유로의 다른 국가들이 그리스를 지원할 것으로 생각했기 때문이다. 국제금융시장에서 그리스의 차입 금리는 독일보다 약간 더 높은 수준까지 하락하였다. 그리스는 더 낮은 비용으로 더 많은 자본을 해외에서 차입할 수 있게 되었다. 그러나 이것이 좋은 것만은 아니었다. 차입비용이 낮아지자 그리스 정부는 독일과 프랑스 등에서 너무 많은 돈을 빌렸다. 공공부문의 비중이 큰 그리스 정부는 이 차입금을 재정지출에 사용하였다. 반면에 그리스의 조세제도는 비효율적이어서 충분한 세입을 확보하지 못하였다. 그 결과 그리스 정부의 재정적자는 점점 늘어났고, 외채도 증가해갔다.

2008년 금융위기 이전까지는 이런 취약점이 잘 드러나지 않았다. 유로 가입의 긍정적인 측면만 부각되었다. 하지만 2008년 금융위기가 닥치자 그리스의 채권 금리가 대폭 상승하였고, 외채의 이자 부담이 급속히 증가하였다. 외화수입이 충분하지 못한 그리스는 외채상환이 어려운 지경에 이르게 되었다. 외채 상환을 위해서는 수출이나 관광수입을 늘려 외화를 획득해야 하나 환율조정이 불가능한 그리스는 적절한 수단을 찾지 못하였다.

단일 통화의 유로존 국가인 그리스는 금융정책과 환율정책을 실시할 수 없었다. 그리스가 사용할 수 있는 유일한 정책수단은 재정정책뿐이었다. 그러나 재정정책도 궁극적으로는 금융시장에 영향을 미치기 때문에 그 시행이 자유롭지 않다. 더구나 당시 그리스는 재정적자 누적액이 너무 커서 경기침체를 완화하기 위한 확장적 재정정책을 시행할 수 없는 상황이었다. 즉, 그리스는 금융정책과 환율정책은 물론, 재정정책마저도 사용할 수 없어 경제위기를 극복하기 어려운 상황에 처해 있었다.

만일 그리스가 유로를 사용하지 않고 고유 화폐인 드라크마(drachma)를 사용하였다면, 대폭적인 평가절하와 함께 확장적인 금융정책을 시행하였을 것이고, 이는 경상수지 개선과 외화획득에 도움을 주었을 것이다. 임금과 가격이 신축적이지 않은 상황에서 수출경쟁력을 회복하기 위한 수단 중 하나가 평가절하다. 그러나 그리스는 유로 가맹국이어서 화폐가치를 낮출 수 없었다.

최적통화지역은 가맹국 간에 경제통합의 정도가 크고, 경제적 유사성이 높을 때 성공 가능성이 크다. 그런데 그리스는 독일 등과 비교해서 산업구조의 차이가 크고 통합의 정도도 상대적으로 낮은 편이었다. 따라서 유로존의 단일 경제정책으로 그리스 문제를 해결할 수 없었다. 이런 점에서 그리스의 유로존 가입이 적절했다고 평가하기는 어려워 보인다.

3. 동아시아 통화통합

동아시아 국가들은 각각 다양한 환율제도를 채택하고 있다. 한국, 태국, 인도네시아 등은 1997년의 외환위기 이후 느슨한 달러 펙(soft dollar peg)의 고정환율제도에서 변동환율제도로 전환하였고, 홍콩 달러와 중국의 위엔화는 미국 달러에 고정되어 있다. 대부분의 동아시아 국가들은 기준통화로 달러를 쓰고 있으나, 홍콩, 싱가포르, 말레이시아, 태국은 달러와 함께 엔화를 환율결정에 반영하고 있다. 1997년 외환위기 당시 동아시아 국가들의 통화는 일본 엔보다는 미국 달러에 더 잘 연계되어 있었다.[2] 외환위기 이후 동아시아 국가들의 환율제도는 대체로 변동환율제도로 이행하였다.

브레튼우즈 체제 붕괴 이후, 환율 변동의 불안정성을 완화하기 위하여 유럽의 국가들은 스네이크제도나 유럽통화제도(EMS)를 시행하였고, 이것이 경제통화동맹(EMU)의 통화통합으로 발전하였다. 동아시아 지역에서도 환율변동의 비용이 증가함에 따라 유럽과 같은 통화통합이 필요하다는 견해가 있다. 동아시아 지역 통화통합의 대상국가로는 대체로 한국, 일본, 중국, 홍콩, 대만, 싱가포르, 말레이시아, 태국, 인도네시아, 필리핀 등을 든다.

동아시아 지역의 통화동맹 형성 여건은 다음과 같은 점에서 유럽통화동맹에 비하여 그리 뒤지지 않은 것으로 보인다. 첫째, 개방적인 소규모경제일수록 통화통합의 이익이 큰데, 일본과 중국을 제외하고 대부분의 동아시아 국가들은 개방도가 높은 소규모 국가들이다. '무역액/GDP'로 평가한 개방도를 보면, 동아시아 지역 전체의 개방도는 EU보다는 낮지만, NAFTA보다는 높다. 세계은행 자료에 의하면, 재화와 서비스 무역의 GDP 대비 비중이 2018년에 홍콩 375%, 싱가포르 326%, 한국 83%, 태국 123%, 말레이시아 132%로 매우 높은 개방도를 보이고 있다.

둘째, 역내 교역비중이 클수록 통화통합의 이익이 더 커지는데, 동아시아 국가들의 역내 교역비중은 상당히 높은 편이다. 동아시아 지역의 총무역에서 역내무역이 차지하는 비중은 1980년 31.0%에서 2000년 48.7%로 증가하였다. 동아시아 국가들의 역내 교역비중은 EU보다는 낮지만, NAFTA보다는 높다.

셋째, 지역 내 국가간 생산요소의 이동이 자유로울수록, 통화통합의 경제적 이익은 더 커진다. 동아시아지역 내 노동력의 이동에 대한 구체적인 자료는 없지만, 홍콩이나 싱가포르의 경우 외국인 고용비율이 10%를 초과하고 있다. 동아시아 국가간 노동과 자본의 이동은 다른 지역에 비해 비교적 활발한 편이다.

---

2 McKinnon, R.I.(2000), "After the Crisis, the East Asian Dollar Resurrected," in Stiglitz and Yusuf (eds.), *Rethinking the East Asian Miracle*, World Bank.

넷째, 거시경제 충격이 역내국가에 미치는 영향이 대칭적일수록 통화통합의 이익이 커진다. 동아시아지역 내 국가들은 서로 소득 차이가 커서 EU 가맹국들보다는 경제구조가 유사하지 않다. 그러나 외부충격에 대한 영향은 유럽 국가들보다 대칭적이어서 통화통합의 문제점이 작을 것으로 보인다.[3]

이와 같이 동아시아 국가들의 통화동맹 여건은 유럽에 비해 뒤지지 않지만, 통화동맹의 성공가능성에는 회의적인 시각이 많다. 통화동맹의 결성에는 경제적 여건 이외에도 정치적 협력이 필요한데, 동아시아지역에서는 국가 간 정치적 협력의 경험이 많지 않다. 유럽은 오랜 기간 지역내 국제협력에 노력하였고, 이것을 통해 유로통합에 성공하였다. 동아시아 국가들은 전통적으로 느슨한 형태의 협력 체제를 선호하여 단일 중앙은행과 같은 초국가적인 기구의 설치가 쉽지 않다. 또한 EMU의 형성과정에서 주도적인 역할을 수행한 독일과 프랑스 같은 중심 국가가 없다는 점도 동아시아의 통화통합을 어렵게 하고 있다.

동아시아 지역에서 통화협력이 필요하다는 데에는 대체로 의견이 모아지고 있으나, 어느 단계까지의 통화협력이 최적인가에 대해서는 아직 뚜렷한 합의가 없다. 통화동맹의 결성이 어렵다면, 우선 공동통화바스켓제도나 아시아통화제도(AMS) 같은 환율협력 방안을 시행해 볼 수 있다. 이와 같은 환율협력체제는 향후 통화동맹으로 이행하는 중간 단계의 역할을 할 것이다.

3 Eichengreen, Barry and Tamim Bayoumi(1999), "Is Asia an Optimum Currency Area? Can It Become One? Regional, Global and Historical Perspectives on Asian Monetary Relations," in Stefan Collignon, Jean Pisani-Ferry, and Yung Chul Park (eds.), *Exhange Rate Policies in Emerging Asian Countries*, Routledge.

주요용어

• 금본위제도	• 법정평가	• 가격–정화–유출입 메커니즘
• 화폐수량설	• 국제통화기금(IMF)	• 브레튼우즈 체제
• 케인즈안	• 화이트안	• 금환본위제도
• 금지분	• 특별인출권(SDR)	• 국제유동성
• 준비통화	• 기축통화	• 유동성딜레마
• 국제통화	• 세뇨리지	• 스미소니언협정
• 스네이크협정	• 최적통화지역	• 통화동맹
• 효율성 이득	• 안정화 손실	• 유럽통화제도(EMS)
• 경제통화동맹(EMU)	• 환율메커니즘(ERM)	• 유럽중앙은행제도(ESCB)

요 약

01. 금본위제도에서는 모든 국가의 화폐가 금의 일정량과 연결되어 있기 때문에 금을 중심으로 환율이 고정되는 대표적인 고정환율제도이다. 금본위제도에서는 국제수지 불균형이 자동으로 조정되는데, 이를 가격–정화–유출입 메커니즘이라고 한다. 그러나 금본위제도에서 이런 자동조절 기능은 나타나지 않았다.

02. 제1차 세계대전의 발발과 함께 고전적인 금본위제도가 붕괴되고 각국은 변동환율제도를 채택하였다. 1919년부터 1924년까지 환율은 급격히 변동하였다. 제1차 세계대전 후 전후 복구를 위한 재정을 통화증발을 통해 조달하였고, 무분별한 통화증발은 물가상승을 유발하였기 때문이다.

03. 제2차 세계대전 후부터 미국의 금태환 정지가 선언된 1971년까지의 국제통화제도를 브레튼우즈 체제라고 하는데, 이는 미국의 달러화를 기축통화로 한 고정환율제도인 금환본위제도다. 1970년 IMF는 국제유동성 부족을 보충하기 위하여 특별인출권(SDR)을 도입하였다.

04. 준비통화 발행국의 국제수지가 적자가 되면 세계 전체적으로 유동성이 증가하지만, 통화의 신뢰성이 하락하여 준비통화로서의 기능이 위축되는 딜레마가 발생한다. 이를 유동성 딜레마(liquidity dilemma)라고 부른다. 브레튼우즈 체제에서 미국의 달러화가 이러한 딜레마를 겪게 되었다.

05. 달러화를 기축통화로 하는 IMF체제에서는 기축통화인 달러화에 귀속되는 세뇨리지 문제가 발생한다. 화폐 발행에 필요한 실제 비용과 그 화폐로 취득할 수 있는 실질구매력과의 차액을 세뇨리지(화폐주조차익: seigniorage)라고 한다.

06. 브레튼우즈 체제의 붕괴와 함께 1973년부터 세계적으로 고정환율제도에서 변동환율제도로 전환되었다. 변동환율제도에서는 환율의 변동성와 과잉조정(over shooting)의 문제가 발생하

므로 주요 통화의 안정성을 유지하기 위해 주요국간 정책 협력이 필요했다.

07. 최적통화지역(Optimum Currency Area)이란 단일통화가 사용되기에 적절한 크기의 지역을 말한다. 최적통화지역은 여러 국가가 단일화폐를 사용한다는 점에서 환율이 절대 변동하지 않는 엄격한 고정환율제도와 같다. 최적통화지역에 참여하면 가맹국간의 무역과 투자에서 환율변동에 의한 거래비용이 낮아지므로 경제적 이득을 얻는데, 이를 효율성 이득(efficiency gain)이라고 한다. 반면에 최적통화지역에 참여하면 독자적인 정책을 사용할 수 없어 비용이 발생하는데, 이를 안정화 손실(stability loss)이라고 한다.

08. 최적통화지역은 경제통합의 정도가 큰 국가, 외생적 충격이 역내국가에 미치는 영향이 서로 유사한 국가 사이에 형성되는 것이 바람직하다. 이외에도 다음과 같은 경제구조에서 최적통화지역의 형성 가능성이 높아진다. 첫째, 역내국가간 노동과 자본 등 생산요소의 이동성이 높아야 한다. 둘째, 가격 및 임금의 신축성이 높아야 한다. 셋째, 가맹국간 경제발전 단계와 주요 경제정책 목표가 서로 비슷해야 한다.

09. 1999년 출범한 경제통화동맹(EMU)은 개별국가의 통화를 폐지하고 유로(Euro)라는 단일통화를 사용하고, 유럽중앙은행을 설립하여 통화정책을 독점하도록 하였다. EU회원국들이 EMU에 참여하기 위해서는 물가기준, 금리기준, 재정기준, 환율기준을 충족해야 한다. 통화동맹 회원국들은 자국의 경제문제를 해결하기 위한 독자적인 통화정책이나 환율정책을 사용할 수 없다는 어려움이 있다. 하지만, 유럽통화동맹의 출범은 유럽금융시장의 통합을 촉진하고, 유로의 위상을 강화하였다. 그리고 인플레이션이 높았던 남부 유럽 회원국들의 인플레이션이 안정되었다.

10. 동아시아 지역의 통화동맹 형성 여건은 다음과 같은 점에서 유럽통화동맹에 비하여 그리 뒤지지 않은 것으로 보인다. 첫째, 대부분의 동아시아 국가들은 개방도가 높은 소규모 국가들이다. 둘째, 동아시아 국가들의 역내 교역비중이 점차 증가하고 있다. 셋째, 동아시아 국가간 노동과 자본의 이동은 다른 지역에 비해 비교적 활발한 편이다. 넷째, 동아시아지역 내 국가들은 외부충격에 대한 영향은 유럽 국가들보다 대칭적이어서 통화통합의 문제점이 작을 것으로 보인다. 동아시아 국가들의 통화동맹 여건은 유럽에 비해 뒤지지 않지만, 통화동맹의 성공가능성에는 회의적인 시각이 많다. 동아시아지역에서는 국가 간 정치적 협력의 경험이 많지 않기 때문이다.

복습문제

01. 금본위제도가 고정환율제도로 간주되는 이유는 무엇인가?

02. 가격-정화-유출입 메커니즘이란 무엇이고, 이의 한계는 무엇인가?

03. 브레튼우즈 체제의 주요 내용과 이 체제의 한계점을 설명하라.

04. 최적통화지역에 참여를 고려할 때 검토해야 할 조건들은 무엇인가?

05. 유럽통화동맹의 이익과 비용에 대해 설명하라.

연습문제

01. 금본위제도를 실시하고 있는 두 나라가 있다. 자국의 수입 증가로 자국의 국제수지는 적자이고 상대국의 국제수지는 흑자일 때, 두 나라는 어떤 과정을 거쳐 국제수지 균형을 회복하는가?

02. 브레튼우즈 체제가 붕괴된 원인 중의 하나가 유동성딜레마라고 한다. 유동성딜레마란 무엇이고, 실제로 1960대에 어떤 일이 벌어졌는가?

03. 브레튼우즈 체제는 달러를 기축통화로 출범한 금환본위제도로서 각국 중앙은행은 준비자산으로 대부분 달러를 보유하였다. 그러나 변동환율제도로 전환한 이후에도 준비통화로서 달러의 역할은 줄지 않고 있다. 이를 네트워크의 외부성으로 설명하라.

04. 동구와 소련에서 독립한 전환국가들의 기준통화를 보면, 유로를 채택한 나라와 달러를 채택한 나라로 구분된다. 기준통화의 채택 기준은 무엇인가?

05. 다음의 경우가 최적통화지역의 참여에 어떤 영향을 미치는지 설명하라.
1) 수출과 수입의 변동과 같은 생산물시장에서의 교란이 빈번한 나라
2) 화폐에 대한 수요의 변동과 같은 화폐시장에서의 교란이 빈번한 나라

06. 최적통화지역의 조건에 의하면, 경제구조가 유사하거나 지역 내 국가간 노동이동이 자유로워야 한다. 그 이유는 무엇인가?

07. 하나의 단일통화가 전 세계에 걸쳐 사용되는 제도를 생각해보자. 이 제도의 장점과 단점은 어떤 것이 있을까?

21 환율제도의 장단점과 선택 기준

각각의 환율제도는 장점과 단점을 가지고 있다. 변동환율제도는 외부의 충격을 환율 변동으로 차단해주는 장점이 있고, 고정환율제도는 환율 안정을 통해 무역과 투자를 촉진시키는 장점이 있다. 경제규모가 큰 국가는 대체로 변동환율제도를 선호하는 반면, 개방적인 소규모 국가는 환율 불안정으로 인한 비용을 피하기 위해 고정환율제도를 채택하는 경향이 있다. 그러나 어떤 환율제도를 선택하든 환율안정, 자본이동의 자유, 통화정책의 독립성이라는 세 가지 목표를 동시에 충족시키는 것은 불가능하다. 국가마다 자국의 경제 상황에 따라 그 나라에 맞는 적절한 환율제도를 선택해야 한다.

이 장에서는 환율제도의 장단점, 환율제도의 선택 기준과 성과, 환율제도의 분류와 변경, 그리고 한국의 환율제도에 대해서 알아본다.

제 1 절 환율제도의 장단점

1870년부터 제1차 세계대전이 발발한 1914년까지 금본위제도의 고정환율제도가 시행되었다. 제1차 세계대전과 함께 금본위제도가 붕괴되고, 이후 제2차 세계대전이 끝난 1945년까지 세계 경제는 변동환율제도와 고정환율제도가 오락가락하는 불안정한 환율제도를 경험하였다. 환율제도의 불안정성은 국가 간 무역과 투자를 위축시키고 세계 경제의 성장을 저해하였다. 이에 세계 각국은 안정적인 국제통화제도의 필요성을 절감하였다. 이 필요성은 제2차 세계대전 이후 브레튼우즈 체제로 결실을 맺었다. 이 제도는 달러를 기축통화로 한 금환본위제도의 고정환율제도이다. 비교적 안정적으로 운영되던 브레튼우즈 체제는 1971년 닉슨 대통령의 금태환정지선언으로 종말을 고하게 되었다. 그리고 이후에는 국가마다 자국에 맞는 다양한 환율제도를 채택하고 있다.

환율제도마다 장단점이 있다. 변동환율제도에서는 국제수지가 자동으로 조정되고, 독자적인 통화정책을 사용할 수 있다는 장점이 있다. 하지만, 환율의 불확실성으로 인해 무역과 투자가 위축되고, 불안정적인 투기와 인플레이션이 발생할 가능성이 있다. 그래서 경제규모에 비해 대외거래의 비중이 큰 국가는 환율 안정이 중요하기 때문에 고정환율제도를 채택하는 경향이 있다. 그런데 고정환율제도를 채택하면 독자적인 금융정책을 사용할 수 없다는 단점이 있다. 그래서 대외거래의 비중이 상대적으로 적고, 국내 경제의 안정화가 더 중요한 국가는 변동환율제도를 채택한다. 어떤 환율제도가 더 우월하다고 일률적으로 말할 수는 없다. 각 국가의 여건에 따라 적절한 환율제도를 채택하는 것이 중요하다.

1. 변동환율제도 찬성론

변동환율제도에서는 국제수지 불균형을 조정하는 데 들어가는 비용이 적고, 독자적인 통화정책을 운용할 수 있으며, 외환시장 개입을 위한 대외준비자산을 보유할 필요가 없고, 외부의 충격이 환율 변동에 의해 완화된다는 장점이 있다. 이들 내용을 좀 더 자세히 알아보자.

1) 국제수지 조정비용

변동환율제도에서는 대외거래의 불균형이 쉽게 조정된다는 장점이 있다. 즉, 환율의 신축적인 변동만으로도 국제수지 불균형이 유연하고 신속하게 조정된다. 만일 물가가 완전 신축적인 경제라면, 환율이 고정되어 있어도 가격의 신축적 변화에 의해 대외불균형이 조정된다. 이는 금본위제도의 가격-정화-유출입 메커니즘과 유사하다. 그러나 물가는 단기적으로 경직적이고, 또 물가 변동보다는 환율 변동으로 대외불균형을 조정하는 것이 더 효율적이다. 모든 상품의 가격을 조절하는 대신 환율을 변경하는 것이 더 간편하기 때문이다. 이런 점에서 변동환율제도가 국제수지 조정에 더 효율적이다.

고정환율제도에서는 환율 변경이 지체되어 국제수지 불균형이 장기화되는 경향이 있고, 심한 경우에는 경상수지 적자가 누적되면서 외환위기를 초래하게 된다. 그런데 변동환율제도에서는 환율의 신축적인 변동으로 대외불균형이 해소되므로 이런 위기를 피할 수 있다. 외환위기 예방 측면에서 변동환율제도가 고정환율제도보다 우월하다.

2) 금융정책의 자주성

고정환율제도에서는 환율을 일정하게 유지해야 하므로 자율적인 금융정책을 사용할 수 없게 된다. 예를 들어, 실업문제 해결을 위해 확장적 금융정책을 실시하면 환율이 상승하게 되므로, 환율을 고정시키려면 다시 통화량을 줄여야 한다. 그러나 변동환율제도에서는 환율을 일정 수준으로 유지할 필요가 없으므로 독자적인 금융정책을 시행할 수 있다.

또한 고정환율제도에서는 한 국가의 인플레이션이 다른 국가로 파급되기 때문에 통화정책 사용에 제약이 있다. 고정환율제도에서 어떤 국가가 통화공급량을 늘리면, 이 나라의 국제수지는 적자가 되고 상대국의 국제수지는 흑자가 된다. 상대국의 국제수지가 흑자가 되면 통화공급량이 증가하여 인플레이션이 발생하게 된다. 이와 같이 고정환율제도에서는 일국의 통화량 증가가 다른 국가의 통화량을 증가시켜서 한 국가의 인플레이션이 다른 국가로 파급된다. 1960년대에 미국의 통화량이 증가하자 인플레이션이 세계적으로 확산되었는데, 이는 당시 전 세계적으로 고정환율제도를 채택하고 있었기 때문이다.

반면, 변동환율제도에서는 한 국가의 통화량 증가로 인플레이션이 발생하더라도 그 나라의 환율이 올라갈 뿐, 다른 나라로 인플레이션이 확산되지 않는다. 이와 같이 변동환율제도에서는 인플레이션의 국제적 파급이 차단되므로 독자적으로 통화정책을 시행할 수 있다. 그러나 변동환율제도에서도 불안정한 환율 변동은 무역과 투자를 위축시킬 뿐만 아니라 경제 전반에 부정적인 영향을 미치기 때문에 완전히 자유로운 변동을 허용하지는 않는다. 즉, 변동환율제도에서도 환율의 변동성을 완화해야 하므로 통화정책의 사용에 제약이 있다. 변동환율제도에서 금융정책의 자주성이 상대적으로 높긴 하지만, 현실적으로는 다소 과장된 측면이 있다.

3) 해외의 부정적 충격 완화

세계경제의 통합으로 한 국가의 문제가 다른 국가에 미치는 영향이 커지고 있다. 그런데 변동환율제도에서는 해외의 부정적 충격이 국내 경제로 파급되는 영향이 완화된다. 실물부분의 충격만이 아니라 해외에서 발생한 인플레이션의 국내로의 파급도 차단되는 효과가 있다. 이처럼 변동환율제도에서 해외 충격이 국내로 파급되는 효과가 완화되는 것은 환율 변화가 해외의 충격을 흡수해주기 때문이다.

[그림 21-1]은 해외의 경기침체가 국내경제에 미치는 영향이 환율제도에 따라 어떻게 나타나는지를 보여준다. 해외 경기침체로 수출이 감소하면 DD곡선은 좌측으로 이동한다. 변동환율제도에서는 DD곡선의 좌측 이동으로 새로운 균형점이 B점이 되어 환율이 e_1에서 e_2로 올라가고, 소득은 Y_1에서 Y_2로 줄어든다. 그런데 고

그림 21-1 환율제도에 따른 수출 감소의 효과

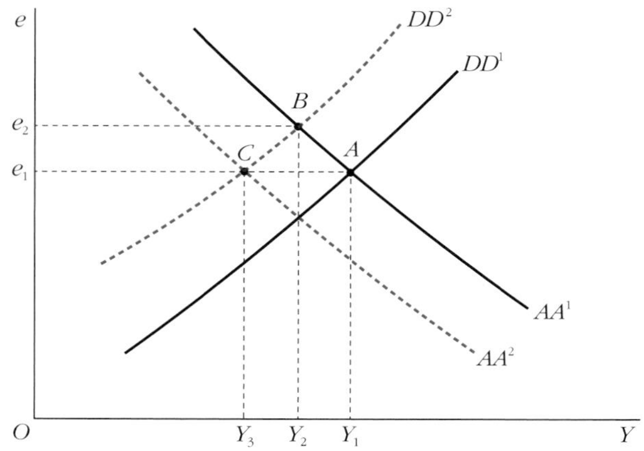

〈수출이 감소하면, 변동환율제도에서는 새로운 균형점이 B점이 되고, 고정환율제도에서는 새로운 균형점이 C점이 된다. 변동환율제도에서 소득 감소 효과가 더 작다.〉

정환율제도에서는 환율을 초기의 e_1 수준으로 유지하기 위해 외환을 매각할 것이고, 이로 인해 통화량이 감소하므로 AA곡선이 좌측으로 이동하여 새로운 균형점은 C점이 된다. 즉, 소득이 Y_1에서 Y_3까지 줄어든다.

이처럼 수출이 감소하는 경우, 고정환율제도보다 변동환율제도에서 소득 감소 효과가 더 작다. 고정환율제도에서는 수출 감소로 인해 국내 경기가 침체된 상황에서도 환율을 고정시키기 위해 통화량을 줄이기 때문에 국내 경기가 더욱 악화되는 반면, 변동환율제도에서는 환율이 신축적으로 변동하여 국내 경기 악화가 완화되기 때문이다. 그래서 해외의 부정적 충격을 완화하고 자국의 경제를 안정적으로 유지하는 데는 변동환율제도가 더 좋다.

4) 대외준비자산

고정환율제도에서는 환율이 일정하게 유지되어야 하므로 중앙은행은 외환시장 개입에 필요한 대외준비자산을 보유해야 한다. 준비자산 보유는 이를 실물생산에 투자하여 얻을 수 있는 이익을 포기하는 것이므로 고정환율 유지의 비용이 된다.

변동환율제도에서는 정부가 외환시장에 개입할 필요가 없고, 따라서 준비자산을 비축할 필요도 없다. 그러나 환율의 지나친 변동은 경제에 바람직하지 않기 때문에 변동환율제도에서도 정부가 외환시장에 개입하기도 한다. 하지만 개입의 정도는 고정환율제도보다 훨씬 작고, 따라서 준비자산 보유액도 고정환율제도에서보다 훨씬

적다.

그런데 실제 통계자료에 의하면, 변동환율제도로 전환된 1972년 이후에도 각 국가의 준비자산 보유액이 현저하게 줄어들지는 않았다. 1972년 이후, 선진국의 경우에는 준비자산 보유액이 약 10~15% 정도 소폭 감소하였지만, 개도국의 경우에는 준비자산 보유액이 오히려 늘어났다. 이는 개도국의 경우 비교적 안정적인 환율, 즉 고정환율제도를 유지하고자 하였기 때문이다. 그리고 변동환율제도를 채택한 국가들도 환율 안정을 위해 외환시장에 개입하는 경우가 있기 때문에 이들 국가들도 어느 정도 준비자산을 보유하고 있었다.

2. 고정환율제도 찬성론

고정환율제도에서는 환율 안정을 위해 물가안정에 노력하므로 인플레이션이 낮아지는 경향이 있고, 환율 변동의 불확실성이 없어서 무역과 투자가 촉진되며, 화폐 부문의 교란이 실물경제에 미치는 영향이 적어진다. 고정환율제도에 대한 찬성과 이에 대한 반박을 자세히 알아보자.

1) 인플레이션 억제

환율을 고정시키기 위해서는 인플레이션을 통제해야 하므로 고정환율제도에서는 인플레이션이 낮아지는 장점이 있다. 반면에 변동환율제도에서는 금융정책이 자유롭기 때문에 인플레이션이 높아지는 경향이 있다. 그러나 정책적 필요성에 의해 인플레이션이 높아지는 것을 나쁘다고 할 수만은 없다. 예를 들어, 실업에 직면한 경제에서 변동환율제도에서는 확장적 금융정책으로 실업문제를 완화할 수 있다. 이 과정에서 인플레이션이 높아질 수 있지만, 대신 실업을 줄이는 이득을 얻는다.

고정환율제도에서는 인플레이션이 낮아지는 장점이 있지만, 국내 경제문제 해결에 금융정책을 사용할 수 없다는 단점이 있다. 반면, 변동환율제도에서는 인플레이션이 높아지는 단점이 있지만, 대신 독자적인 금융정책을 실시할 수 있는 장점이 있다.

2) 불확실성 감소

환율의 변동성(volatility)은 무역과 투자 등 국제거래를 위축시킨다. 고정환율제도는 환율 변동의 불확실성을 제거하여 무역과 투자를 확대하는 데 기여한다. 그러나 변동환율제도 옹호론자들은 환율의 빈번한 변동으로 인한 환위험은 선물환거래 등을 통하여 헤징(hedging)할 수 있기 때문에 문제가 되지 않는다고 주장한다.

변동환율제도에서 나타나는 환율 변동의 불확실성보다 고정환율제도에서 나타나는 일시적인 급격한 환율 변동이 경제에 더 나쁜 영향을 준다고 주장한다.

변동환율제도에서는 기초적인 경제여건이 변화가 즉각적으로 환율에 반영되지만, 고정환율제도에서는 일정 기간 누적되다가 한꺼번에 환율 변동에 반영된다. 따라서 환율변동 폭이 크고, 경제에 미치는 충격도 크게 나타난다. 이런 점에서 환율이 빈번하게 변동하는 변동환율제도가 환율이 안정적이지만 일시적으로 급격한 변동을 보이는 고정환율제도보다 더 낫다고 주장한다.

3) 외환투기의 안정성

고정환율제도에서는 외환투기의 가능성이 없기 때문에 환율이 안정적으로 유지되는 반면, 변동환율제도에서는 외환투기가 나타나 환율을 더욱 불안정하게 한다고 주장한다. 환율이 상승할 때 앞으로 더 상승 것이라고 예상하여 외환을 매입하면 환율이 더 상승하게 되고, 반대로 환율이 하락할 때 앞으로 더 하락할 것이라고 예상하여 외환을 매도하면 환율이 더 하락하게 된다. 이처럼 변동환율제도에서는 외환투기(外換投機)가 나타나고, 이로 인해 환율 변동 폭이 커지게 된다는 것이다.

그러나 프리드만(Friedman)은 변동환율제도에서 나타나는 외환투기는 안정적이라고 한다. 그 이유는 다음과 같다. 투기가들은 환율이 균형값보다 낮을 때 사서 균형값보다 높을 때 팔면 이익을 얻게 된다. 이런 투기가의 행위는 환율을 균형수준으로 안정화시키는 데 기여한다. 환율이 낮을 때 사서 끌어 올리고, 환율이 높을 때 팔아 내리기 때문이다. 만일 어떤 투기가가 환율이 상승할 때 사고, 하락할 때 판다면, 그 투기가는 이익을 얻지 못하고 시장에서 퇴출될 것이다. 외환시장에는 이윤을 얻는 투기가들만이 존재하므로 외환투기는 환율 안정에 기여한다고 본다.

오히려 고정환율제도에서 환율 불안정을 부추기는 외환투기가 나타날 가능성이 높다고 한다. 환율 변동 요인이 있는데도 환율을 고정시키는 경우, 미래 환율 변동을 예상한 투기가들이 집중적으로 외환투기를 할 가능성이 있다. 이 경우 환율이 급격하게 변동하므로 고정환율제도에서 외환투기로 인한 환율 불안정이 더 높을 수 있다.

현실 세계에서는 안정적인 투기와 불안정적인 투기가 모두 나타난다. 예를 들어, 1914~1945년의 양차 대전 사이의 변동환율제도에서는 불안정적인 외환투기가 만연되었으나, 1973년 이후의 관리변동환율제도에서는 환율이 매일매일 변동하였지만 외환투기가 불안정적이었다는 증거는 없다. 경제학자들은 대체로 외환투기가 안정적이라고 생각한다.

그림 21-2 화폐시장의 교란이 실물경제에 미치는 영향

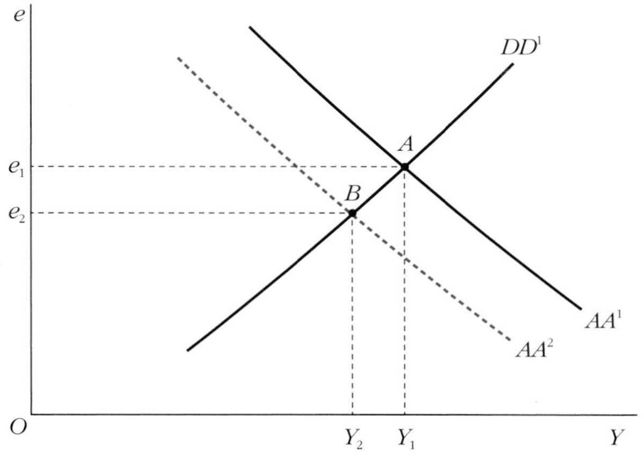

〈화폐수요가 증가하거나 화폐공급이 감소하면, 변동환율제도에서는 소득이 감소하지만, 고정환율제도에서는 소득에 변화가 없다.〉

4) 화폐시장의 부정적 교란 차단

고정환율제도에서는 화폐시장의 부정적 교란이 차단되어 실물경제에 영향을 미치지 않는다. 이를 [그림 21-2]를 통해 이를 알아보자. 자국의 화폐수요가 증가하면 (이는 화폐 공급의 감소와 같은 효과임), AA곡선이 왼쪽으로 이동한다. 그 결과 변동환율제도에서는 환율이 e_1에서 e_2로 내려가고, 생산량이 Y_1에서 Y_2로 감소한다. 즉, 자국의 화폐가치가 올라가고 이것이 수출을 감소시켜 소득이 줄어든다. 그러나 고정환율제도에서는 환율 하락을 방지하기 위해 중앙은행이 외화를 매입하므로 통화공급량이 늘어서 AA곡선이 다시 오른쪽으로 이동한다. 환율이 원래 수준으로 회복될 때까지 AA곡선이 이동하므로 환율과 생산량 모두 변하지 않는다.

이러한 현상은 화폐공급량 변화에서도 동일하게 나타난다. 화폐공급량이 증가하면 AA곡선이 우측 이동하여 변동환율제도에서는 소득증가효과가 있지만, 고정환율제도에서는 환율 고정을 위해 AA곡선이 다시 원위치로 돌아오므로 소득증가효과가 없다. 이처럼 고정환율제도에서는 화폐시장의 변화가 실물경제에 미치는 효과가 차단된다. 이에 비해 변동환율제도에서는 화폐시장에서 발생한 부정적 변화든 긍정적 변화든 모두 실물경제에 영향을 미치게 된다.

제 2 절 환율제도의 선택과 성과

1. 환율제도의 선택

환율제도마다 장점과 단점이 있다. 변동환율제도에서는 국제수지가 자동 조정되고, 해외 충격으로부터 국내경제를 격리시켜주며, 또한 독자적인 통화정책을 사용할 수 있는 장점이 있다. 그러나 인플레이션이 높아지는 경향이 있고, 환율의 불안정한 변동으로 인해 무역과 투자가 위축될 가능성이 있다. 고정환율제도에서는 환율 안정으로 대외거래의 불확실성을 줄여주고, 인플레이션이 억제되며, 화폐시장의 교란이 실물경제에 미치는 영향을 차단해 주는 장점이 있다. 그러나 독자적인 통화정책을 사용할 수 없어서 국내 경제문제를 해결하는데 어려움이 있다.

어떤 환율제도가 더 적합한가는 그 국가의 여건에 따라 다르다. 최적통화지역 이론에서 보았듯이, 다른 국가와 통합의 정도가 클수록 고정환율제도의 이익이 크고, 다른 국가와 경제구조의 유사성이 클수록 고정환율제도에서 나타나는 안정화 손실이 작다. 따라서 통합의 정도가 크거나 경제적 유사성이 큰 국가와는 고정환율제도를 유지하는 것이 좋다.

일반적으로 교역비중이 큰 소규모 개방경제는 고정환율제도가 바람직하다. 실제로 홍콩과 같이 개방도가 높은 소규모 국가들은 고정환율제도를 채택하고 있다. 반대로 많은 국가와 다변화된 무역을 하고 있고, 무역의존도가 크지 않은 대국은 변동환율제도 채택이 유리하다. 실제로 미국이나 일본과 같이 경제규모가 큰 국가들은 변동환율제도를 채택하고 있다. 그리고 EU 국가들은 무역비중이 높은 역내 국가들 간에는 고정환율제도를 실시하고, 상대적으로 무역의 비중이 낮은 역외 국가에 대해서는 변동환율제도를 채택하고 있다.

중앙은행의 독립성이 취약하고, 과도한 통화발행으로 높은 인플레이션을 겪고 있는 후진국은 고정환율제도를 유지하는 것이 그 국가의 신용도를 높이고 물가안정을 유지하는 좋은 방법이다. 이러한 이유로 많은 후진국들은 고정환율제도를 채택한다. 소규모 개방경제에서는 작은 환율 변동도 국내경제에 미치는 영향이 크기 때문에 환율이 불안정해지는 것을 원치 않는다. 즉 '환율변동의 두려움(fear of floating)'이 있다.[1]

1 Calvo, G. A. and C. M. Reinhart, Fear of Floating, *Quarterly Journal of Economics* 117, 2002, pp. 379–408.

환율제도의 선택에 대해서는 일관성 있는 이론이 없다. 환율제도의 선택 문제는 정부와 시장 중에서 어느 것을 더 신뢰하는가의 정치적 판단과도 관련되어 있다. 만일 환율의 불안정한 변동이 국내 경제에 부정적인 영향을 미친다고 생각하면 고정환율제도를 채택할 것이고, 정부의 시장개입이 비효율적이라고 생각하면 변동환율제도를 채택할 것이다. 그런데 경제 여건이 유사하더라도 채택한 환율제도가 다른 경우가 많다. 이는 환율제도 선택의 결정 요인이 단순하지 않음을 말해준다.

2. 삼자택일의 딜레마

개방경제에서 거시경제정책은 기본적으로 환율안정, 자본이동의 자유, 통화정책의 자주성이라는 세 가지 목표를 달성하고자 한다. 그래서 환율제도를 선택할 때도 환율을 안정적으로 유지하고, 국가간 자유로운 자본이동을 허용하며, 자국의 독자적인 통화정책을 시행할 수 있는 환율제도를 선택하고자 한다. 그러나 이 세 가지 목표를 동시에 달성할 수 있는 환율제도는 없으며, 어떤 제도든지 셋 중 하나는 포기해야 한다. 이것이 환율제도 선택에서 나타나는 삼자택일의 딜레마(trilemma)다.

[그림 21-3]은 삼자택일의 딜레마를 설명하는 그림이다. 이 그림에서 삼각형의 꼭짓점은 정책목표을 나타내고, 삼각형의 변은 정책수단을 나타낸다. 그림에 있는 세 가지 목표를 모두 동시에 달성할 수 없기 때문에, 두 가지 목표를 선택하고 이를 달성하기 위해 적절한 정책수단을 시행해야 한다. 이 정책수단이 두 꼭짓점 사이의 변에 적혀있다. 예를 들어, 고정환율과 통화정책의 자주성을 동시에 추구하려면 자본이동을 통제해야 하고, 고정환율과 자본이동의 자유를 달성하고자 하면 통화정책의 자주성을 포기해야 한다. 또 통화정책의 자주성과 자본이동의 자유를 목표로 하면, 변동환율제도를 선택해야 한다는 것을 그림이 나타내고 있다.

삼자택일의 딜레마와 관련하여 환율제도의 선택문제를 생각해보자. 첫째, 변동환율제도를 선택하면, 통화정책의 자주성이 보장되고 자본이동의 자유가 허용된다. 다만, 환율의 불안정한 변동이 우려된다. 둘째, 완전 고정환율제도를 선택하면, 환율이 고정되고 자본이동의 자유가 허용되지만, 통화정책의 자주성을 포기해야 한다. 마지막으로 브레튼우즈 체제의 '조정가능 고정환율제도'는 고정환율과 통화정책의 자주성을 선택한 격이므로, 여기서는 자본이동을 통제해야 한다. 이처럼 어떤 환율제도도 환율안정, 자본이동의 자유, 통화정책의 자주성이라는 세 가지 목표를 동시에 충족시켜주지 못한다.

고정환율과 통화정책의 자주성을 정책 목표로 하는 브레튼우즈 체제에서는 자본이동을 통제해야 한다. 자본이동의 자유가 허용되면, 평가절하나 평가절상을 예상

그림 21-3 삼자택일의 딜레마(trilemma)

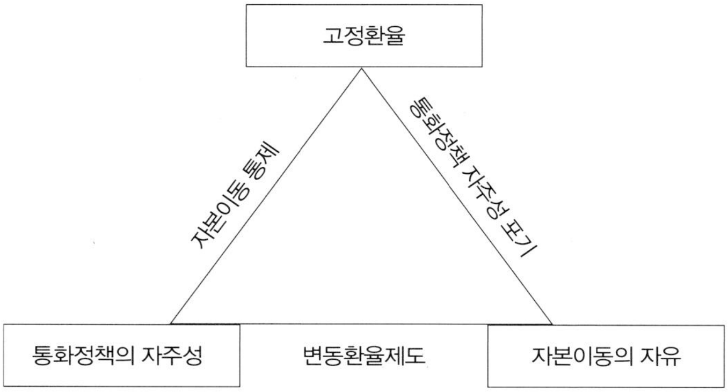

* 주: 꼭짓점에 있는 내용은 정책목표이고, 변에 있는 내용은 정책수단이다.

〈세 개의 정책목표를 모두 달성할 수 없고, 셋 중에서 하나는 포기해야 한다. 예를 들어, 고정환율과 통화정책의 자주성을 목표로 하면, 자본이동을 통제해야 한다.〉

한 투기적 자본이 급격하게 이동할 가능성이 있고, 이 경우 환율 안정을 유지하기가 어려워지기 때문이다. 그러나 세계화가 확대되면서 선진국과 개도국 모두에서 자본이동이 활발해지고 있다. 이런 상황에서 자본이동을 제한하는 것은 경제 운영에 어려움을 초래하기 때문에 바람직하지 않다. 따라서 브레튼우즈 체제의 '조정가능 고정환율제도'를 유지하기는 쉽지 않았다.

세계화에 맞추어 자본이동의 자유를 허용하기 위해서는 통화위원회제도 같은 완전한 고정환율제도나 변동환율제도로 전환해야 한다. 그런데 통화위원회제도는 금융정책을 사용할 수 없는 단점이 있고, 변동환율제도는 환율을 급격히 변동시킬 두려움이 있다. 환율 변동의 두려움이 크지 않고 경제규모가 큰 미국이나 일본 같은 선진국들은 대체로 변동환율제도를 채택하고, 환율 변동이 국내경제에 미치는 영향이 큰 홍콩과 같은 소규모 개방경제는 고정환율제도를 채택한다. 환율의 안정적 운영은 어느 나라에서나 중요하지만, 특히 물가가 불안정하고 경제규모가 작은 개발도상국에서는 환율안정이 더욱 중요하다. 바그와티(Bhagwati)와 로드릭(Rodrik)은 개발도상국에서는 환율안정을 위해 자본이동의 제한이 필요하다고 한다.[2] 이는 개도국들은 고정환율과 통화정책의 자주성을 정책 목표로 선택하는 것이

2 Bhagwati, Jagdish N., "The Capital Myth," *Foreign Affairs* 77, May-June 1998; Rodrik, Dani, "Who Needs Capital-Account Convertibility?" in Stanely Fischer, et al., *Should the IMF Pursue Capital-Account Convertibility*? Princeton Essay in International Finance 207, May 1998.

좋다는 견해와 같다.

3. 환율제도와 거시경제의 성과

환율제도의 차이가 거시경제 성과에 미치는 영향은 명확하지 않다. 같은 환율제도도 선진국과 개도국에서 서로 다른 성과를 보이고 있고, 또 실제 운영되는 환율제도가 공식적으로 선언한 환율제도와 다르기 때문에 환율제도에 따른 경제적 성과를 분석하기는 쉽지 않다. 기존 연구에 의하면, 환율제도에 따른 경제적 성과는 다음과 같다. 공식적으로 선언한 환율제도를 기준으로 하면, 경제성장률은 어느 환율제도에서나 비슷하지만, 인플레이션율은 고정환율제도를 채택한 국가에서 더 낮다.[3] 실제 운영되는 환율제도를 기준으로 하면, 고정환율제도를 채택한 국가에서 경제성장률이 더 높고 인플레이션율은 더 낮았다.[4] 즉, 고정환율제도에서 더 좋은 성과를 보였다. 실증분석 연구마다 환율제도의 경제적 성과에 대한 평가에 차이가 있다.

〈표 21-1〉은 158개국을 대상으로 1970~99년 기간 동안 실제 운영된 환율제도를 기준으로 거시경제의 성과를 비교한 표다. 이론의 예측과 달리, 고정환율제도를 채택한 국가의 인플레이션율이 17.1%로 자유변동환율제도를 채택한 국가의 9.9%보다 더 높다. 고정환율제도에서 인플레이션율이 더 높은 이유는 이 연구가 연평균

■ ■ **표 21-1** 환율제도별 거시경제 성과 비교(1970~1999년)

	고정환율	제한적 신축성	관리변동	자유변동	자유하락	불명확	전체
인플레이션율	17.1	11.1	14.2	9.9	305.3	55.5	49.7
일인당 실질GDP 성장률	2.1	2.4	1.7	1.8	−1.3	0.8	1.5
성장률 변동성	3.7	2.8	3.5	2.7	4.7	4.5	3.7
실질환율 변동성	5.6	6.1	17.9	13.7	37.0	9.2	12.0

* 주: 실질환율변동성은 1970~2002년 기간 자료임.
* 자료: Kenneth S. Rogoff, Aasim M. Husain, Ashoka Mody, Robin Brooks, and Nienke Oomes(2004), "Evolution and Performance of Exchange Rate Regimes," *IMF Occasional Paper* 229의 자료를 재정리함.

3 Ghosh, Atish, Anne-Marie Gulde, and Holger C. Wolf(2003), *Exchange Rate Regimes: Choices and Consequences* (Cambridge, Massachusetts: MIT Press).

4 Levy-Yeyati, Eduardo, and Federico Sturzenegger(2003), "To Float or To Fix: Evidence on the Impact of Exchange Rate Regimes on Growth," *American Economic Review*, Vol. 93 (September), pp. 1173−93.

인플레이션율이 40% 이상인 국가를 변동환율제도에서 분리하여 자유하락환율제도(freely falling)에 포함시켰기 때문이다. 표에서 보듯이 자유하락환율제도를 실시한 국가의 연평균 인플레이션은 305.3%로 매우 높다. 이들 국가를 변동환율제도에 포함시키면 변동환율제도에서의 인플레이션이 고정환율제도보다 높아진다.

〈표 21-1〉을 보면, 일인당 실질GDP의 성장률은 고정환율제도에서 2.1%로 자유변동환율제도의 1.8%보다 더 높다. 하지만 그 차이가 유의하지는 않다. 다음으로 경제성장률의 변동성(volatility)은 고정환율제도에서 더 크고, 실질환율의 변동성은 변동환율제도에서 더 크다. 대체로 제한적 신축성 환율제도와 관리변동 환율제도 같은 중간범위 환율제도의 성과가 비교적 양호하다. 중간범위 환율제도를 채택하고 있는 국가가 전체 국가의 50% 정도를 유지하고 있는데, 그 이유는 중간범위 환율제도의 성과가 비교적 양호했기 때문이다.

4. 전환경제의 환율제도 변화

구소련에서 독립한 국가들과 동구권 국가들은 사회주의 경제체제에서 시장경제체제로 전환하였다. 이들 국가를 전환경제(轉換經濟; transition economies)라고 한다. 이들 국가들이 시장경제로 전환하면서 어떤 국가들은 고정환율제도를, 어떤 국가들은 변동환율제도를 채택하였다. 어떤 환율제도가 더 적절한가에 대해서는 명확한 이론이 없다. 그 국가의 물가와 임금의 신축성, 노동 이동성. 통화정책의 중요성, 경제의 개방도, 외환보유액, 인근 국가의 환율제도 등에 의해 적절한 환율제도가 결정된다.

전환경제에서는 거시경제의 안정성이 매우 중요했다. 시장경제로 전환되면서 가격이 자유화되어 물가가 빠르게 상승할 위험이 있었다. 그래서 경제 안정화의 핵심은 급격한 인플레이션 방지에 있었다. 인플레이션 방지 방안에는 두 가지가 있다. 하나는 고정환율제도 실시로 물가를 안정시키는 방법이고, 다른 하나는 변동환율제도를 실시하되 통화공급량을 엄격히 규제하는 방법이다. 불가리아, 루마니아, 러시아, 우크라이나는 변동환율제도를 선택하였고, 체코슬로바키아, 헝가리, 폴란드는 고정환율제도를 선택하였다.

그런데 고정환율제도를 채택한 국가들이 더 좋은 성과를 보였다. 이들 국가는 변동환율제도를 채택한 국가들보다 인플레이션율은 낮았고, 경제성장률은 더 높았다. 고정환율제도를 채택한 체코, 헝가리, 폴란드 등은 인플레이션 억제에 성공했고 경기 침체도 상대적으로 크지 않았다. 이에 비해 변동환율제도를 실시한 러시아, 우크라이나, 루마니아, 불가리아는 1995년까지도 높은 인플레이션으로 어려움을 겪었

고, 또 키르키즈스탄과 라트비아는 인플레이션 억제에는 성공하였지만 심각한 경기 침체를 겪게 되었다.[5]

그런데 고정환율제도는 물가안정에 기여하지만, 실업률을 높이고 경제성장을 저해한다는 약점이 있다. 고정환율을 유지하기 위해서는 외화준비금을 충분히 확보해야 한다. 외화준비금을 확보하기 위해 이자율을 높이게 되면, 기업들의 투자가 위축되므로 실업이 늘고 경제성장률이 낮아진다. 또 물가가 상승하는 상황에서 환율을 고정시키면, 실질환율이 절상되어 수출경쟁력이 하락하므로 수출이 줄고 경제가 위축된다. 고정환율제도는 이런 약점이 있다. 그러나 고정환율제도는 인플레이션을 억제하는 데는 성공적이었다.

고정환율제도가 인플레이션을 억제하기에는 좋은 제도이지만, 이 제도가 장기간 지속되면 문제가 발생할 수 있다. 예를 들어, 멕시코는 1980년대 후반에 고정환율제도를 도입하여 높은 인플레이션율을 억제하는 데 성공하였다. 그런데 1994년 평가절하가 불가피한 상황이 발생하자 고정환율제도의 유지가 문제가 되었다. 당시 고정환율제도를 유지하자 외화가 급격히 유출되면서 외환위기를 맞이하게 되었다. 이런 문제를 완화하기 위해서는 칠레, 이스라엘, 폴란드와 같이 고정환율제도를 시행하더라도 경제 상황이 변하게 되면 이에 맞추어서 신축적인 환율제도로 이행할 필요가 있다.

고정환율제도가 장기적으로 유지되기 위해서는 물가와 임금이 신축적으로 변해야 한다. 그러나 전환경제 국가들에서는 물가와 임금이 신축적이지 못하였다. 또 국가가 소유한 국영기업이 많고, 제도적으로 임금 결정 방식이 경직적이었으며, 경제의 개방도도 낮은 수준이었다. 이런 상황에서 고정환율제도를 장기적으로 유지하는 것은 문제가 있었다. 고정환율제도를 채택했더라도 인플레이션이 억제된 후에는 점차 신축적인 환율제도로 전환할 필요가 있었다.

폴란드는 고정환율제도에서 출발하였지만 점차 신축적인 환율제도로 전환하였다. 1990년 1월 고정환율제도로 출발하여 1991년 4월 평가절하를 단행하였고, 1991년 10월에는 크롤링 펙, 1995년 5월에는 크롤링 밴드로 이행하였다. 그리고 환율제도의 신축성과 함께 물가안정을 위해 긴축적인 재정정책을 시행하였다. 폴란드의 이러한 환율제도 변화는 비교적 성공적이었던 것으로 평가된다.

---

5 Sachs, J.D.(1996), "Economic Transition and the Exchange Rate Regime," *American Economic Review*, Vol. 86, No. 2, pp. 147–152.

제 3 절 환율제도의 분류와 분포

1. 환율제도의 분류

환율제도는 완전고정환율제도와 자유변동환율제도를 양극단으로 하여 이 두 가지를 절충하는 다양한 형태로 운영되고 있다. IMF는 환율제도(exchange rate regime)를 다음의 10가지로 분류하고 있다.

1) 독자통화 없음 또는 달러연계화

'독자통화 없음(no separate legal tender)'은 자국의 독자적인 화폐가 없고 다른 나라의 화폐를 사용하는 것을 말한다. 이를 달러연계화(dollarization)라고도 한다. 이 환율제도에서는 자국의 고유한 화폐가 없기 때문에 독자적인 통화정책을 완전히 포기함을 의미한다. 유로(Euro) 회원국은 자국 화폐가 없고 '유로'라는 화폐를 사용하지만, IMF는 유로 회원국 환율제도를 '독자통화 없음'으로 분류하지 않고 완전 자유변동환율제도로 분류하고 있다.

2) 통화위원회제도

통화위원회제도(通貨委員會制度; currency board)는 자국의 환율을 달러, 유로, 또는 SDR과 같은 특정 통화에 고정시키고, 중앙은행이 독자적으로 통화량을 조정하지 못하는 제도이다. 그 국가의 통화량은 외화자산의 공급량에 의존하고, 중앙은행은 독자적인 통화정책을 시행할 수 없다. 홍콩, 불가리아 등이 통화위원회제도를 채택하고 있다.

3) 전통적인 펙

전통적인 펙(conventional peg)은 자국 통화의 환율을 다른 국가의 통화나 주요 거래 상대국의 통화로 구성된 통화바스켓에 ±1% 범위 이내에서만 움직이도록 고정시키는 제도이다. 통화당국은 외환시장에서 외환을 직접 사고파는 형태로 직접 개입하거나, 이자율정책 또는 외환규제 등과 같은 간접 개입을 통해 고정환율을 유지한다. 통화정책의 신축성은 높지 않지만, 통화동맹이나 통화위원회제도보다는 자율성이 있다. 화폐발행 등 전통적인 중앙은행의 기능을 유지할 수 있고, 제한적이긴 하지만 환율을 조정할 수 있다.

4) 안정화 제도

'안정화 제도(stabilized arrangement)'는 시장 환율이 6개월 또는 그 이상의 기간 동안에 2%의 범위 내에서 유지되는 것을 말한다. 이는 통화 당국이 공식적으로 약속한 제도가 아니고, 실제 통계자료를 통해 환율이 안정적임이 확인되면 이 제도로 분류한다.

5) 크롤링 펙

크롤링 펙(crawling peg)은 환율을 자국과 상대국간 물가 차이 등의 지표를 반영하여 정기적으로 일정비율로 조금씩 조정하는 제도이다. 환율 변화의 목표는 과거 인플레이션 등 과거의 지표나 예상인플레이션 등 미래의 예상치에 의해 결정된다. 환율변화를 일정 수준으로 유지해야 하므로 통화정책의 자율성은 그만큼 제한을 받게 된다.

6) 크롤-라이크 제도

크롤-라이크 제도(crawl-like arrangement)는 중심환율을 기준으로 환율 변동 폭이 2% 이내에서 유지되도록 하는 제도이다. 중심환율은 환율과 관련된 특정지표의 변화에 대응하여 정기적으로 일정 비율씩 조정된다. 환율이 밴드 내에서 유지해야 한다는 점에서 통화정책의 자율성은 그만큼 제한을 받는다.

7) 밴드가 있는 펙

밴드가 있는 펙(pegged exchange rates within horizontal bands)은 환율을 특정 범위 내에서 유지하는 제도이다. 특정통화 또는 통화바스켓에 연계하는 것은 고정된 펙 제도에서와 같지만, 변동 범위가 ±1% 이상이라는 점에 차이가 있다. 통화정책의 자율성은 제한을 받지만, 그 정도는 밴드의 폭에 의존한다.

8) 변동환율제도

변동환율제도(floating)는 환율이 시장에서 결정되는 제도이다. 환율을 특정 수준으로 유지하고자 개입하지는 않지만, 환율변동 폭을 완화하거나 환율의 과도한 변동을 방지하기 위한 개입은 가능하다. 국제수지, 외화준비금 등 광범위한 지표들을 기준으로 환율을 관리한다. 조정은 자동적으로 이루어지는 것이 아니고, 직접적 또는 간접적으로 외환시장에 개입하여 조정한다.

9) 자유변동환율제도

자유변동환율제도(free floating)는 무질서한 시장 상황을 조정하거나 지극히 예외적으로 필요한 경우에만 외환시장에 개입하는 제도이다.

10) 기타 관리 제도

기타 관리 제도(other managed arrangement)는 이상의 어느 분류에도 속하지 않는 제도를 말한다.

IMF는 이상의 10개 환율제도를 다시 고정환율제도(hard peg), 중간범위제도(soft peg), 변동환율제도(floating), 기타(residual)의 네 그룹으로 분류한다. 먼저 '독자통화 없음'과 통화위원회제도를 고정환율제도로 분류하고, 다음으로 전통적인 펙, 안정화 제도, 크롤링 펙, 크롤-라이크 제도, 밴드가 있는 펙을 중간범위제도로 분류하며, 변동환율제도와 자유변동환율제도를 변동환율제도로 분류하고 있다.

〈표 21-2〉는 IMF가 발표한 2014년과 2022년의 환율제도 분류표이다. 2022년 대상 국가는 IMF 가맹국 190개국에 5개 신탁통치지역을 포함한 195개국이다. 2022년 자료를 보면, 중간범위 환율제도를 채택한 국가가 46.9%로 가장 많고, 변

■ ■ 표 21-2 IMF의 환율제도 분류

환율제도	IMF 분류	2014		2018	
고정환율제도 (Hard peg)	독자통화 없음	6.8	13.1	7.2	13.4
	통화위원회제도	6.3		6.2	
중간범위제도 (Soft peg)	전통적인 펙	23.0	43.5	20.6	46.9
	안정화 제도	11.0		11.9	
	크롤링 펙	1.0		1.5	
	크롤-라이크 제도	7.9		12.4	
	밴드가 있는 펙	0.5		0.5	
변동환율제도 (Floating)	변동환율제도	18.8	34.0	18.0	34.0
	자유변동환율제도	15.2		16.0	
기타 (Residual)	기타 관리 제도	9.4	9.4	5.7	5.7
계	계	100.0	100.0	100.0	100.0

* 주: 1) 총190개 IMF 가맹국에 네덜란드령인 Aruba, Curacao and Sint Maarten, 중국령인 홍콩, 마카오가 대상임.
2) 유로(Euro) 회원국은 독자 통화가 없으나 '자유변동환율제도'로 분류되어 있음.
3) 한국은 '변동환율제도'로 분류되어 있음.

* 자료: IIMF, "Annual Report on Exchange Arrangements and Exchange Restrictions", 2023.

동환율제도를 채택한 국가가 34.0%, 고정환율제도를 채택한 국가가 13.4%이다. 그리고 이들 분류에 포함되지 않는 기타 제도에 속한 국가는 5.7%이다. 고정환율제도나 변동환율제도를 채택한 국가보다 이 두 제도의 특성이 혼합되어 있는 중간범위 환율제도를 채택한 국가들이 가장 많다. 유로존(Eurozone) 국가들은 유로라는 단일 통화를 사용하고 있기 때문에 독자 통화가 없으나 '자유변동환율제도'로 분류되어 있고, 한국은 '변동환율제도'로 분류되어 있다.

2014년과 2022년을 비교하면, 고정환율제도를 채택한 국가와 변동환율제도를 채택한 국가의 비율은 거의 변하지 않았고, 중간범위 환율제도를 채택한 국가는 43.5%에서 46.9%로 소폭 증가하였다. 이로써, 고정환율제도와 변동환율제도의 양극단보다는 중간형태의 환율제도를 채택하는 국가들이 늘어났음을 알 수 있다.

아르헨티나의 통화위원회제도(1992년~2001년)

통화위원회제도(currency board)는 자국의 통화가치가 달러 등 외국통화에 고정되어 있는 제도다. 엄격한 고정환율제도이다. 이 제도에서는 국내 통화량이 외화의 유출입에 의해 자동 조정되고, 자국 통화 가치가 외화에 고정되어 있기 때문에 인플레이션 우려를 불식시킬 수 있다.

아르헨티나는 초인플레이션 문제를 해결하기 위해 1991년 본원통화를 100% 달러로 지급보증하는 달러연계화(dollarization) 형태의 통화위원회제도를 채택하였다. 이 제도는 1990년대 아르헨티나 경제안정의 주춧돌 역할을 수행하였다. 1997년 동아시아 외환위기가 한창일 때도 아르헨티나는 통화가치가 안정되어 견고한 성장세를 유지하였다. 1989년부터 1999년까지 달러화 기준 *GDP*가 칠레는 114%, 브라질은 불과 7.7% 성장하였으나, 아르헨티나는 230%나 성장하였다. 그리고 인플레이션은 1989년 3,000%대에서 1999년에는 1.6%로 크게 낮아졌다.

하지만, 2001년 7월 이 제도의 단점이 아르헨티나의 금융불안으로 드러났다. 1999년부터 달러가 강세로 전환되어 달러 대비 유로의 가치는 27% 하락하고, 브라질 레알화의 가치는 53%나 하락하였다. 그러나 아르헨티나의 페소화는 달러에 연동되어 있어서 달러 강세와 함께 강세 통화가 되었다. 페소화의 강세로 아르헨티나의 수출경쟁력이 다른 나라에 비해 급속히 나빠졌다. 특히 총수출의 절반가량을 EU와 브라질에 수출하는 아르헨티나는 페소화 강세에 따른 수출경쟁력 하락으로 무역수지 악화가 확대되었다. 그리고 무역수지 적자가 누적되자 외채상환이 어려워지면서 아르헨티나는 2002년 1월에 채무불이행의 외채위기를 맞이하게 되고, 결국 통화위원회제도를 포기하였다. 그리고 페소화가 대폭 평가절하되었다. 통화위원회제도 당시 달러당 1페소였던 환율이 2002년 가을에는 3.5페소가 되어 1년 사이에 페소화는 350%나 평가절하되었다.

1991년 시작된 아르헨티나의 통화위원회제도는 초인플레이션을 차단하고 경기 회복에는 도움을 주었지만, 1998년부터 아르헨티나 경제가 침체되면서 문제점이 드러나기 시작했다. 특히 주변국인 브라질의 레알화와 유로화가 약세로 변해가는 상황에서 달러와 연계된 아르헨티나 페소화는 오히려 평가절상이 됨에 따라 수출경쟁력이 약화되고 결국 금융위기를 맞이하게 되었다. 아르헨티나 사례는 자유변동환율제도 또는 고정환율제도 중 어떤 환율제도가 더 좋은가보다는 어떤 환율제도를 선택하든 그 나라의 경제상황에 맞는 적절한 거시경제정책을 구사하는 것이 더욱 중요함을 보여준다.

2. 공식적 환율제도와 실제 운영의 차이

각국 정부가 실제 운영하고 있는 환율제도는 그 국가가 공표한 환율제도와 똑같지는 않다. 예를 들어, 고정환율제도로 공표하고도 환율을 빈번하게 바꾸는 국가가 있는가 하면, 변동환율제도라고 하면서 환율 변동을 통제하는 국가가 있다. 외환위기 이전에 아시아 국가들의 공식적인 환율제도는 자유변동환율제도였지만, 실제로는 통화당국이 외환시장에 개입하는 관리변동환율제도를 실시하고 있었다. 이와 같이 각국 정부가 선언한 환율제도는 실제 운영되고 있는 환율제도와 반드시 같지는 않다.

[그림 21-4]는 1973~99년 기간에 공식적 환율제도와 실제 환율제도간의 관계이다. 공식적 환율제도는 고쉬 등(Ghosh, Gulde, and Wolf, 2003)의 분류를 이용하였고,[6] 실제 환율제도는 라인하트와 로고프(Reinhart and Rogoff, 2004)의 분류를 이용하였다.[7] 그림에서 보듯이 공식적으로 선언한 환율제도와 실제 운영하고 있는 환율제도간에는 차이가 많다. 고정환율제도라고 선언한 국가들은 대체로 고정환율제도를 운영하고 있으나, 변동환율제도라고 선언한 국가 중에서는 약 60%가 실제로는 중간 또는 고정환율제도로 운영하고 있다. 전반적으로 공식적 환율제도와 실제 환율제도가 일치하는 경우는 약 50% 정도에 불과하다.

공식적으로는 고정환율제도나 자유변동환율제도를 실시한다고 공표한 국가들 중에서도 실제로는 중간범위의 환율제도를 시행하는 국가들이 많다. 1980년 중반 이후 개도국에서 완전변동환율제도를 채택하고 있는 국가는 4~7%에 불과하다. 선진국들 중에서는 40%가 자유변동환율제도를 운영한다고 공표하였지만, 실제로는 20%만이 자유변동환율제도를 운영하고 있다. 그리고 고정환율제도를 선언한 국가들도 실제로는 1/3 정도만이 고정환율제도를 운영하고 있다. 따라서 중간단계의 환율제도를 운영하고 있는 국가는 공식적으로 선언된 것보다 훨씬 더 많다. 중간환율

6 Ghosh, Atish, Anne-Marie Gulde, and Holger C. Wolf, *Exchange Rate Regimes: Choices and Consequences* (Cambridge, Massachusetts: MIT Press), 2003.

7 Reinhart, Carmen M. and Kenneth S. Rogoff, "The Modern History of Exchange Rate Arrangements: A Reinterpretation," *Quarterly Journal of Economics*, February 2004.

그림 21-4 공식적 환율제도와 실제 환율제도의 단계(1973~99년)

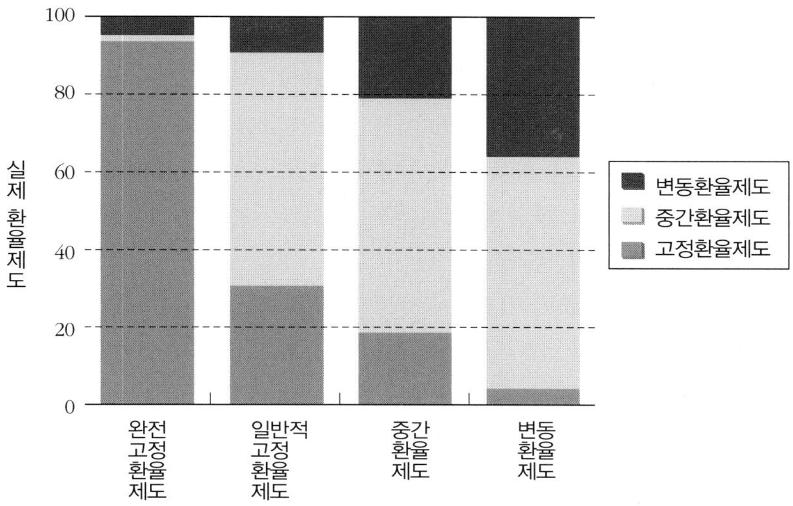

* 주: 원 자료는 실제 환율제도를 6가지로 분류하고 있으나 편의상 이를 다음과 같이 세 종류로 재분류함. 고정환율제도(De facto hard peg, De facto other peg), 중간환율제도(Limited flexbility, Managed floating), .변동환율제도(Freely floating, Freely falling). ( )안의 영문은 로고프 등(2004)의 분류임.

* 자료: Rogoff, K. S., A. M. Husain, A. Mody, R. Brooks, and N. Oomes, "Evolution and Performance of Exchange Rate Regimes," *IMF Occasional Paper* 229, 2004.

제도를 채택한 비율을 보면, 공식적 제도를 기준으로 하면 90년대 중반에는 10%, 90년대 후반에는 25%이지만, 실제 제도를 기준으로하면 70년도 중반 이후 꾸준히 50% 정도를 유지하고 있다. 이와 같이 실제로는 중간 범위의 환율제도를 채택하고 있는 국가들이 많은 편이다.

3. 국가별 환율제도의 변경

1) 환율제도 변경의 역사적 경험

환율제도는 대외 경제 환경의 변화나 국내 경제의 여건 변화에 의해 바뀌어 간다. 제2차 세계대전 이후 조정 가능한 고정환율제도를 시행하던 브레튼우즈 체제의 국제통화제도는 1971년 이후 변동환율제도로 이행하였다. 그리고 1980년대 외채위기와 1990년 전후 동구와 소련의 시장경제로의 전환은 많은 국가들이 환율제도를 바꾸는 계기가 되었다. 또 1990년대 후반에는 동아시아 국가들이 외환위기 극복과정에서 환율제도를 바꾸었고, 1999년에는 EU 12개국의 통화가 Euro라는 단일통화로 대체되었다.

이처럼 세계경제의 변화와 주변 환경의 변화로 많은 국가들이 환율제도를 변경하였다. 그렇다고 각 국가의 환율제도가 자주 바뀌는 것은 아니다.[8] 1940년 이후 2000년까지 세계 각국의 환율제도 변경을 분석해보면, 매년 환율제도가 바뀔 확률은 7%에 불과하다. 이는 한 환율제도가 평균적으로 14년간 유지됨을 말한다. 선진국에 비해 신흥공업국에서 환율제도 변경이 더 잦은 편인데, 이 경우에도 연간 환율제도 변경 확률은 10%에 불과하다.

각 국가의 환율제도 변경이 과거의 추세와 같다면, 앞으로도 환율제도가 빈번하게 변경되지는 않을 것이다. 즉, 미래에도 현재와 같이 중간단계 환율제도를 채택하는 국가가 많을 것이다. 그리고 고정환율제도가 다른 환율제도에 비해 장기간 지속되는 경향이 있다는 점에서 고정환율제도를 채택한 국가의 비율이 약간 증가할 것으로 예측된다. 그러나 앞으로 환율제도가 어떻게 변해갈 것인가는 단순히 과거의 역사적 경험으로부터 추정할 수는 없다. 환율제도의 변경은 정치적 요인에 의해 결정되는 경우가 많기 때문이다.

2) 양극단 가설

1990년대 외환위기를 맞이한 남미와 동아시아 국가들은 환율제도를 변경하였다. 경직적인 환율제도가 외환위기의 한 원인이었다는 분석에 따라 대부분의 국가들이 중간 환율제도에서 신축적인 변동환율제도로 변경하였다. 그리고 일부 국가들은 중간 환율제도에서 물가안정을 위해 고정환율제도로 변경하였다. 이와 같이 중간범위의 환율제도에서 고정환율제도나 변동환율제도와 같은 양극단의 환율제도로 이동하는 현상을 양극단 가설(兩極端 假設; bipolar hypothesis)이라고 한다.

Fisher(2001)는 1990년대에 중간범위 환율제도의 국가들이 일부는 고정환율제도로, 그리고 일부는 변동환율제도로 이동하는 양극단 현상이 있다고 설명한다.[9] 국가간 자본이동이 자유로운 상태에서는 중간단계의 느슨한 고정환율제도가 유지되기 어렵기 때문에 세계금융시장이 통합될수록 중간단계 환율제도에서 변동환율제도로 이동할 수밖에 없다고 주장한다.

[그림 21-5]에서 (a)의 공식적 환율제도 분포를 보면, 1990년대 후반 이후 중간

---

8 Rogoff, K. S., A. M. Husain, A. Mody, R. Brooks, and N. Oomes, "Evolution and Performance of Exchange Rate Regimes," *IMF Occasional Paper* 229, 2004.

9 Fischer, Stanley, "Exchange Rate Regimes: Is the Bipolar View Correct?," *A Quarterly Magazine of the IMF*, Vol. 38, No. 2, June 2001.

그림 21-5 국가별 환율제도 분포의 변화(1970~2000년)

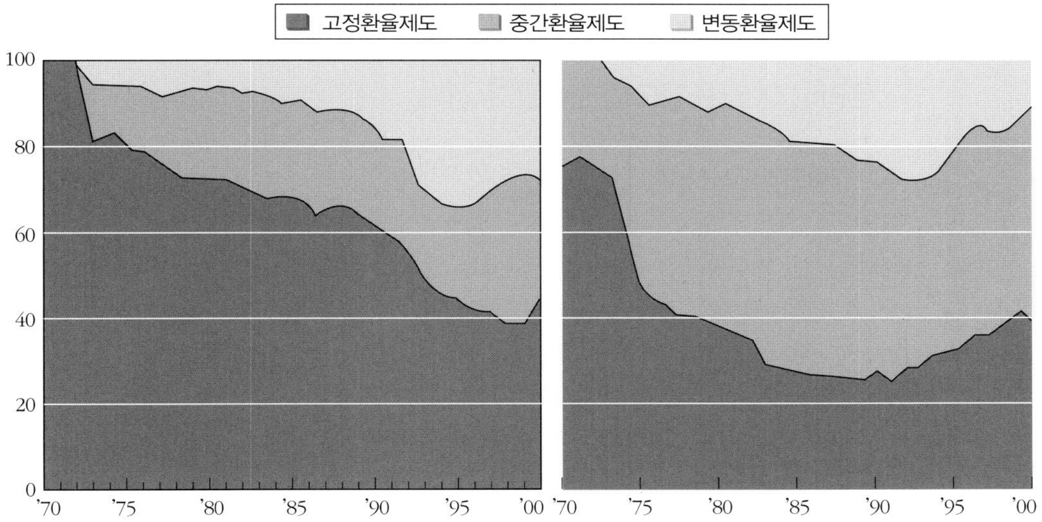

(a) 공식적 환율제도의 분포

(b) 실제로 운영된 환율제도의 분포

* 주: 1) 공식적 환율제도 분포는 IMF의 분류에 의한 것이며, 실제 운영되는 환율제도 분포는 라인하트와 로고프(2004)의 분류에 의한 것임.
2) 원자료의 보다 세분화된 환율제도의 분포를 3가지로 재분류하였음.

* 자료: Kenneth S. Rogoff, Aasim M. Husain, Ashoka Mody, Robin Brooks, and Nienke Oomes, "Evolution and Performance of Exchange Rate Regimes," *IMF Occasional Paper* 229, 2004.

제도의 비율이 감소하고, 고정환율제도와 변동환율제도의 비율이 증가하는 양극단 현상이 보인다. 그러나 [그림 21-5]의 (b)에서 실제 환율제도의 분포를 보면, 이런 양극단 현상을 찾아보기 어렵다. 1990년대 후반에도 중간제도의 비율은 일정 수준을 유지하고 있고, 고정환율제도의 비율은 증가했지만, 변동환율제도의 비율은 오히려 감소하였다. 1990년대 들어 아르헨티나, 말레이시아 같은 국가는 고정환율제도로 전환하였고, 인도네시아, 한국, 남아프리카공화국 등은 변동환율제도로 전환하였으며, 브라질, 폴란드, 페루, 러시아, 베네수엘라 같은 국가는 중간제도로 전환하였다. 그 결과 중간 환율제도를 채택한 국가의 비율은 10년 전과 유사하다.

1980~97년 기간 동안 환율제도를 변경한 국가의 비율은 10% 미만이며, 또 환율제도의 변경 방향도 꼭 양극단 쪽은 아니었다. 공식적 환율제도 분포에서는 양극단 현상이 보이지만, 실제 환율제도 분포에서는 양극단 현상이 보이지 않는다.

제 4 절 한국의 환율제도

1. 우리나라 환율제도의 변천

1) 고정환율제도(1945.10~1964.5)

1945년 이후 외환시장이 형성되던 초기단계에는 공정환율을 중심으로 한 고정환율제도로서 복수환율제와 단일환율제가 번갈아 가며 시행되었다. 1945년 10월 미군정은 원조 및 대민간채무 변제에 적용할 공정환율을 1달러당 15원(현재 원화기준 0.015원)으로 공시하였다. 정부수립 후 1949년 6월에는 정부보유 외환에 대해 공정환율을, 기타 외환에 대해서는 일반환율을 적용하는 복수환율제를 채택하였다. 1950년 4월에는 환율을 은행률로 단일화하고 경매에 의해 환율을 결정하였고, 한국전쟁 때에는 공정환율로 복귀하였다. 1953년 통화개혁으로 '원'이 '환'으로 변경되었다가 1962년 다시 '환'을 '원'으로 변경하고 단일고정환율제도를 유지하였다. 1964년 5월 단일변동환율제도가 실시되기 전까지 공정환율은 수 차례에 걸쳐 평가절하되었다.

2) 단일변동환율제도(1964.5~1980.2)

1964년 5월에 단일변동환율제도로 바꾸었으나 1970년대 말까지는 사실상 환율이 미달러화에 고정되어 있었다. 그 결과 두 차례에 걸친 석유파동으로 국내물가가 크게 상승하여 원화의 대외가치가 하락하였음에도 불구하고 환율이 상당기간 고정되어 있었다. 이는 원화의 대외가치를 실질적으로 고평가시키는 결과를 초래하여 국제수지 적자가 지속되었다. 그리고 1980년 원화의 실질가치를 반영하기 위해 대폭 환율을 인상함으로써 국내물가 상승과 차관상환 부담이 가중되었다.

3) 복수통화바스켓제도(1980.2~1990.2)

1980년 2월에 도입된 복수통화바스켓제도는 미달러화를 포함한 주요 교역상대국 통화의 가치 변동에 원화환율을 연동시키는 제도이다. 즉, SDR 바스켓에 의해 산출된 원화의 미달러화에 대한 환율과 우리나라와 교역량이 많은 주요 교역상대국의 통화로 구성되어 있는 독자바스켓을 이용하여 산출된 원화의 대미 달러환율을 결합한 후, 이 환율을 기준으로 한국은행 총재가 국제수지 상황, 내외금리차, 내외물가 상승차, 외환시장 전망 등의 정책기조 변수를 감안하여 매일 한국은행 집중기준율을 결정 고시하였다.

원화환율을 과거와 같이 일시에 대폭 평가절하하는 조정방식에서 벗어나 점진적으로 실세화하여 환율의 국제수지 조정기능을 높이고자 했다. 그러나 이러한 복수통화바스켓방식에 의한 환율의 결정은 시장실세의 반영장치라는 정책조정 변수 때문에 정책당국이 환율을 의도적으로 조작하고 있다는 의혹을 받아서 미국 등으로부터 원화절상 압력을 받기도 하였다. 또한 이 방식에서는 달러화나 엔화의 비중이 상대적으로 높게 반영되어 양국통화에 지나치게 영향을 받는 불합리성을 지니고 있었다.

4) 시장평균환율제도(1990.3~1997.12)

1990년 3월 2일 시장평균환율제도를 도입함으로써 과거 환율결정에 정부가 개입하던 복수통화바스켓제도에서 탈피하여 제한적이기는 하지만 환율이 국내외환시장에서 외환수급에 의하여 결정되었다. 시장평균환율제도 도입 초기에는 은행과 기업을 환율급변에 따른 환위험으로부터 보호하기 위하여 은행간 거래환율의 일일변동폭을 기준환율을 중심으로 상하 0.4% 범위 내로 제한하였으나 제도가 정착되면서 그 제한폭이 점차 확대되었다.

5) 자유변동환율제도(1997.12~현재)

1997년 하반기 외환위기 발생 이후에는 외환시장의 수요와 공급이 환율에 반영될 수 있도록 일중 환율변동폭 제한을 완전히 폐지하여 1997년 12월 16일 자유변동환율제도로 이행하였다. 이에 따라 은행간시장에서 외환수급에 따라 환율이 자유롭게 결정됨으로써 환율의 시장기능이 크게 높아졌다. 그러나 자본자유화에 의한 투기적 외국자본이 자유롭게 이동하면 단기적으로도 환율이 급등락하는 현상이 나타날 수 있기 때문에 외환시장의 안정을 위해 외환당국이 개입하여 환율의 변동속도를 조절하였다.

우리나라뿐만 아니라 자유변동환율제도를 채택하고 있는 미국, 일본 등 대부분의 선진국에서도 외환시장 안정을 위하여 외환시장에 개입하는 것이 일반적이다. 특히 외환시장 규모가 협소한 우리나라는 선진국에 비해 외환당국의 개입 필요성이 크다. 그러나 장기적으로는 외환당국의 개입이 없이 시장기능이 원활히 발휘될 수 있도록 일시적 충격을 최소화할 수 있는 환율정책의 운용이 필요하다.

주요용어

• 고정환율제도	• 변동환율제도	• 금융정책의 자주성
• 환율의 변동성	• 외환투기	• 환율변동의 두려움
• 삼자택일의 딜레마	• 전환경제	• 통화동맹
• 달러연계화	• 통화위원회제도	• 전통적인 펙
• 크롤링 펙	• 자유변동환율제도	• 양극단 가설

요 약

01. 변동환율제도에서는 국제수지 불균형이 환율의 자유로운 변동에 의해 자동 조정되므로 대외불균형을 조정하기 위한 정책을 별도로 시행할 필요가 없다. 또한 변동환율제도에서는 외부의 충격이 환율 변동에 의해 차단되므로 대내경제의 안정화에 유리하다. 그리고 대내불균형이 있을 때 이를 해결하기 위한 독자적인 통화정책이 가능하다는 장점이 있다. 또 외환시장 개입을 위해 대외준비자산을 보유해야 하는 고정환율제도와는 달리, 변동환율제도에서는 대외준비자산을 보유할 필요가 없다.

02. 고정환율제도에서는 환율을 일정하게 유지하기 위해 모든 국가들이 스스로 물가안정에 노력하므로 변동환율제도에서보다 인플레이션이 낮아지는 경향이 있다. 또 고정환율제도에서는 환율 변동의 불확실성이 없어서 무역과 투자가 촉진된다. 그리고 화폐 부문의 교란이 실물경제에 미치는 영향이 적다.

03. 어떤 환율제도를 채택하든지 장점과 단점이 있다. 어떤 환율제도가 더 적합한가는 그 국가의 여건에 따라 다르다. 다른 국가와 통합의 정도가 클수록 고정환율제도의 이익이 크고, 다른 국가와 경제구조의 유사성이 클수록 고정환율제도에서 나타나는 안정화 손실이 작다. 따라서 통합의 정도가 높거나 경제적 유사성이 높은 국가와는 고정환율제도를 유지하는 것이 좋다.

04. 일반적으로 교역비중이 큰 소규모 개방경제는 고정환율제도가 더 좋다. 그리고 과도한 통화발행으로 높은 인플레이션을 겪고 있는 후진국은 고정환율제도를 채택하는 것이 물가안정에 유리하다. 반대로 많은 국가와 다변화된 무역을 하고 있고, 무역의존도가 크지 않은 대국에게는 변동환율제도가 유리하다. 그리고 EU 국가들은 무역비중이 높은 역내 국가들 간에는 고정환율제도를 실시하고, 상대적으로 무역의 비중이 낮은 역외 국가에 대해서는 변동환율제도를 채택하고 있다.

05. 개방경제의 거시경제정책은 기본적으로 환율안정, 자본이동의 자유, 통화정책의 자주성이라는 세 가지 목표를 달성하고자 한다. 즉 모든 국가들은 환율을 안정적으로 유지하고, 국가간 자유로운 자본이동을 허용하며, 자국의 독자적인 통화정책을 보장하는 환율제도를 선택하고자 한다. 그러나 이 세 가지 목표를 동시에 달성할 수 있는 환율제도는 없다. 이

것을 환율제도 선택에서 나타나는 삼자택일의 딜레마(trilemma)라고 한다.

06. 전환경제의 환율제도 선택에서 가장 중요한 요인은 거시경제의 안정성이었다. 경제 안정화의 핵심은 급격한 인플레이션을 방지하는 것이었다. 이 목적을 달성하기 위한 수단으로는 두 가지가 있다. 하나는 고정환율제도를 실시하는 방법이고, 다른 하나는 변동환율제도를 실시하되 통화공급량을 엄격히 규제하는 방법이다. 두 정책 중에서 고정환율제도를 채택한 정책이 더 효과적이었다. 통화량을 규제하는 정책은 경제 내부의 사정 때문에 잘 작동되지 않았다. 그런데 고정환율제도는 물가안정에 기여하지만, 실업과 성장을 저해한다는 약점이 있다.

07. 전환경제에서 환율제도 선택의 결과를 보면, 고정환율제도를 채택한 국가에서 변동환율제도를 채택한 국가보다 인플레이션율은 더 낮았고, 경제성장률은 더 높았다. 그러나 장기적으로 고정환율제도를 유지하는 데는 한계가 있기 때문에 인플레이션이 억제된 후 점차 신축적인 환율제도로 전환할 필요가 있다.

08. 각국 정부가 실제로 운영하고 있는 환율제도는 그 국가가 공식적으로 선언한 환율제도와 똑같지는 않다. 공식적 환율제도와 실제 환율제도가 일치하는 경우는 약 50% 정도에 불과하다. 실제 제도를 기준으로하면 중간환율제도를 채택한 국가의 비율이 70년도 중반 이후 꾸준히 50% 정도를 유지하고 있다. 이와 같이 중간 범위의 환율제도를 채택하고 있는 국가들이 많은 편이다.

09. 한국의 환율제도는 고정환율제도(1945.10～1964.5), 단일변동환율제도(1964.5～1980.2), 복수통화바스켓제도(1980.2～1990.2), 시장평균환율제도(1990.3～ 1997.12), 자유변동환율제도(1997.12～현재)로 변천해 왔다.

복습문제

01. 변동환율제도에서는 해외의 부정적 충격이 완화됨을 설명하라.

02. 고정환율제도에서는 화폐시장의 부정적 교란이 차단됨을 설명하라.

03. 환율제도 선택과 관련된 삼자택일의 딜레마에 대해 설명하라.

04. 경제규모가 큰 선진국들은 변동환율제도를 시행하는데 비해, 소규모 개방경제인 국가들은 고정환율제도를 선호하는 이유는 무엇인가?

05. 아르헨티나 통화위원회제도의 성공과 실패에 대해 설명하라.

연습문제

01. 재정지출의 증가가 경상수지에 미치는 영향이 환율제도에 따라 어떤 차이가 나는가?

02. 외국의 물가 상승이 우리 경제에 미치는 영향에 대한 다음 물음에 답하라.
   1) 우리나라의 환율과 생산량에 미치는 영향은?
   2) 만일 외국의 물가상승으로 사람들의 예상환율이 변하면, 환율과 국내 생산량은 어떻게 되겠는가?

03. 환율제도를 생각하며 다음의 서술을 논평하라.
   1) "경제규모가 큰 나라가 통화공급량을 증가시키면, 이는 세계 전체의 통화량을 늘려서 세계적인 인플레이션을 초래하는 요인이 된다."
   2) "실물부문의 충격이든 화폐부문의 충격이든 변동환율제도에서 그 효과가 더 크다."

04. 두 나라만 있는 경제를 생각해 보자. 외국이 경기 침체를 회복하기 위한 수단으로 재정정책과 금융정책을 검토하고 있다. 각 경제정책이 자국의 경상수지에 미치는 영향을 설명하라.

05. 관리변동환율제도는 '일시적인 충격'에 의한 환율변동 요인은 시장개입으로 제거하고, 항구적인 환율변동 요인에 대해서는 개입하지 않는 것을 원칙으로 한다. 그러나 관리변동환율제도에서도 환율안정에 어려움이 발생하는 이유는 무엇인가?

06. 환율제도의 세계적 변화와 개별 국가별 변화를 간단히 설명하라.

07. 1991년 아르헨티나는 자국통화인 페소화를 달러에 고정시킨 통화위원회제도를 시행하였다. 이 제도는 1990년대 아르헨티나 경제안정의 주춧돌 역할을 하였다. 그러나 이 제도의 단점은 2001년 7월의 금융불안으로 드러났고, 아르헨티나는 2002년 1월 이 제도를 포기하였다. 다음에 답하라.

1) 통화위원회제도는 아르헨티나의 경제안정에 어떤 점에서 도움을 주었는가?
2) 통화위원회제도의 문제점은 무엇인가?
3) 1999년 이후 달러에 대해 브라질 레알화의 가치가 53%나 하락하는 등 인근 국가들의 화폐가치가 하락하였다. 이것이 아르헨티나의 경상수지에 어떤 영향을 미치는가?
4) 아르헨티나가 변동환율제도를 채택하고 있었다면 3)번의 경우 환율은 어떻게 되는가? $DD-AA$모형을 이용해 설명하라.
5) 아르헨티나는 4)번의 환율변화 압력을 방어하기 위해 어떤 정책을 펴야 하는가? 이 정책은 $DD-AA$곡선에서 어떻게 표시되는가? 그리고 이 정책은 국내경제에 어떤 영향을 미치는가?

22 금융의 세계화와 국제금융시장

세계 각국의 금융시장은 점점 더 상호의존성이 높아가고 있다. 금융의 세계화는 경제성장을 촉진하는 긍정적인 측면이 있는 반면, 경제의 불안정성을 초래하는 부정적인 측면이 있다. 미국에서 경상수지 적자를 해외자본 유입으로 보전하면서 경상수지 불균형이 장기화되는 글로벌 불균형 현상이 나타나고 있다. 그리고 세계화가 확대되면서 전체적으로 금융시장의 규모가 커지고 있다. 대부분의 국가에서 경제성장보다 금융시장이 더 빠르게 성장하고 있다.

이 장에서는 금융의 세계화와 이의 경제적 효과, 글로벌 불균형의 원인, 국제은행업과 유로통화, 국제금융시장의 구조, 그리고 국제금융시장의 현황과 한국의 국제자본거래에 대해서 알아본다.

제 1 절 금융의 세계화와 그 경제적 효과

1. 금융의 세계화

금융의 세계화(financial globalization)는 국가 간 자본거래가 활발해져 금융시장 사이에 상호의존성이 증대되는 현상을 나타낸다. 1980년 이후 선진국 간은 물론 선진국과 개도국 간에도 자본이동이 크게 증가하였다. 금융의 세계화는 경제성장을 촉진할 수 있지만, 경제의 불안정성을 확대시켜 외채위기와 금융위기의 원인이 될 수도 있다. 이러한 금융의 세계화는 금융통합(financial integration)의 정도로 평가할 수 있다.

[그림 22-1]은 선진국과 개도국에서 금융통합의 정도가 어떻게 진행되었는지를

그림 22-1 세계 금융 통합의 전개

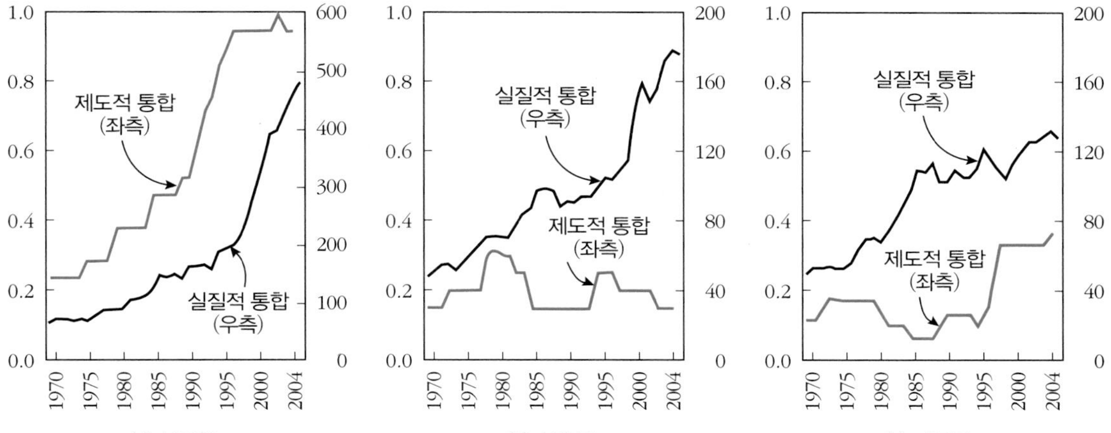

* 주: 1) 제도적 통합(De jure)은 IMF의 자본규제 분류에 따른 것이며, 이 분류는 0–1의 값을 갖는데 1에 가까울수록 개방적임을 의미함. 실질적 통합(De facto)은 GDP 대비 '해외 금융자산과 부채의 총합'의 비율(%)임.
2) 각 국가별 값을 국가그룹별로 단순 평균한 것임.
* 자료: Kose, M.A., E. Prasad, K. Rogoff and S-J Wei, "Financial Globalization and Economic Policies," In D. Rodrik and M. Rosenzweig, eds. *Handbook of Development Economics*, Vol. 5, North-Holland, 2010, pp. 4283–4362.

보여주고 있다. 금융통합은 제도적 측면과 실질적 측면에서 평가할 수 있다. 제도적 측정치는 각 국가의 자본계정(capital account) 규제 정도를 나타내는 IMF의 지표이고, 실질적 측정치는 각 국가의 해외 금융자산과 부채스톡의 GDP에 대한 비율이다. 그림의 국가 그룹별 값은 개별 국가의 값들을 단순 평균한 것이다.

그림을 보면, 선진국 그룹에서의 금융통합은 제도적, 그리고 실질적 측면 모두에서 빠르게 확대되고 있다. 신흥국 그룹에서의 금융통합은 제도적인 측면에서는 약하게 진행되었지만, 실질적인 측면에서는 빠르게 진행되었다. 개도국 그룹에서는 금융통합 정도가 제도적 측면에서는 신흥국들보다 높은 편이지만, 실질적인 측면에서는 낮은 편이다. 전반적으로 어느 그룹에서나 금융개방이 점차 확대되고 있는데, 특히 1990년대 이후에는 선진국과 신흥국에서 금융의 세계화가 빠르게 진행되고 있다.

신흥국과 개도국 사례에서 보듯이, 제도적인 측면과 실질적인 측면에서 금융통합의 정도가 서로 다를 수 있다. 개도국처럼 금융자유화 관련 제도는 정비되어 있지만 실제 자본 이동은 더딘 경우가 있고, 신흥국처럼 자본 규제는 엄격하지만 실제

자본 이동은 빠르게 진행되는 경우가 있다. 이처럼 두 지표에 차이가 있을 때, 어떤 지표가 경제에 미치는 영향을 측정하는데 더 적절한가에 대한 문제가 있다. 법적인 측면보다는 자본의 실질적 이동이 경제에 더 큰 영향을 미친다는 점에서, 실질적 지표가 금융통합의 정도를 평가하는 데 더 적절한 지표로 판단된다.

남미 국가들은 금융 규제는 엄격하지만 자본 유입이 많은 반면, 아프리카 국가들은 제도적으로 금융규제는 덜하지만 자본유입이 적다. 이와 같이 자본이동 규제와 실제 자본이동 규모 간의 관계가 항상 일치하지는 않는다. 그런데 실제 자본이동 정도가 경제에 더 큰 영향을 미친다는 점에서, 아프리카 국가들보다는 남미 국가들에서 금융통합 정도가 더 높다고 평가할 수 있다.

일찍이 선진국들 사이에는 자본이동이 활발하게 이루어졌으나, 선진국과 개도국 간의 자본이동은 그렇게 활발하지 않았다. 그런데 1990년대부터 개도국이 규제를 완화하는 등 자본자유화를 확대하고, 또 개도국의 금융기관이 성장하고 금융제도가 개선되면서 선진국에서 개도국으로 자본이동이 빠르게 증가하고 있다. 선진국 사이는 물론 선후진국 사이에도 자본이동이 활발해지면서 금융의 세계화가 전반적으로 확대되고 있다.

2. 금융의 세계화와 그 이익

금융의 세계화는 소비의 변동성을 줄여주고, 투자를 확대하며, 위험 분산을 가능하게 한다. 즉, 소비, 경제성장, 그리고 위험 분산이라는 측면에서 금융의 세계화는 모든 나라에게 이익을 준다. 이를 좀 더 자세히 알아보면 다음과 같다.

1) 소비의 변동성 완화

금융의 세계화는 소비의 변동성을 완화하는 이익을 준다. 다른 나라와 금융거래가 불가능하면, 자국에서 생산한 양만을 소비해야 하므로 소비의 변동성이 커진다. 어떤 해에 생산량이 적으면 소비량이 줄어들고, 생산량이 증가하면 소비량이 늘어나게 된다. 그러나 국가 간 금융거래가 가능하다면, 생산량이 적을 때는 외국에서 자본을 차입하여 재화를 수입함으로써 소비를 늘릴 수 있고, 생산량이 많을 때는 수출을 함으로써 외화를 벌고 이를 외국에 빌려주어 미래의 소비에 이용할 수 있다. 이처럼 금융의 세계화는 소비의 변동성을 완화시켜준다.

2) 경제성장 촉진

금융의 세계화가 이루어지면 해외 자본을 활용할 수 있어 투자가 확대되고 선진

기술을 습득할 수 있다. 또 회계관리의 표준화, 기업경영의 투명성 등 금융제도가 선진화되고, 금융시장이 발전한다. 또한 외국 금융기관과의 경쟁을 통해 국내 금융기관의 위험관리 능력이 높아지고, 외국과의 교류가 확대되면서 경제제도가 개선된다. 금융의 세계화에 따른 이상의 변화는 생산성 증가에 기여하고 경제성장을 촉진한다.

그러나 실제 자료에 의하면 자본자유화가 경제성장을 촉진했다는 증거를 찾기 어렵다.[1] 많은 연구가 자본자유화와 경제성장률 간의 상관관계를 검토하였으나, 두 변수 간에 정의 상관관계가 있음을 명확하게 밝혀내지 못하고 있다. 이론과 현실 사이에 차이가 나는 이유는 무엇인가? 첫째, 장기 경제성장에는 자본 투입보다는 생산성 증가가 더 중요하기 때문이다. 자본 투입으로 생산성을 높일 수는 없다. 둘째, 역사적으로 금융자유화 정도가 높은 개도국에서 외환위기가 발생하였기 때문이다. 외환위기 발생으로 개도국 경제성장률이 낮아지면 금융자유화가 경제성장률을 낮추는 것처럼 분석된다. 셋째, 자본자유화가 국내 금융제도나 경제정책을 개선하여 경제성장률을 높이는 효과가 있었더라도 이를 실증 분석에서 구분해내기가 쉽지 않기 때문이다. 금융자유화와 경제성장률 간의 인과관계를 통계적으로 밝히기가 쉽지 않다.

3) 위험 분산

금융의 세계화는 자산 수익률의 변동성을 줄여준다. 자산으로부터 예상되는 수익률은 불확실하다. 예상 수익률의 불확실성을 줄이는 방법은 자산을 다양한 형태로 분산하여 보유하는 것이다. 경제학자 토빈(Tobin)은 이를 "모든 달걀을 한 바구니에 담지 말라"고 표현한다. 만일 다른 나라의 자산을 보유할 수 있다면, 보다 다양한 형태로 자산을 분산함으로써 위험을 감소시킬 수 있다.

다음의 간단한 예를 이용하여 분산투자가 수익률의 변동성을 줄여줄 수 있음을 알아보자. 자산을 보유함으로써 상황이 좋을 때는 10% 수익을 얻지만, 상황이 나쁠 때는 수익이 전혀 없다고 하자. 또, 자국의 상황이 좋을 때는 외국 상황이 나빠지고, 반대로 자국 상황이 나쁠 때는 외국 상황이 좋아진다고 하자. 이 가정은 두 나라의 상황이 서로 다를 경우를 염두에 둔 것이다. 이와 같은 상황에서 자국 자산에만 투자하면, 상황에 따라 10%의 이익을 볼 때도 있지만 수익을 전혀 얻지 못할 때도 있게 된다. 그러나 총자산의 절반씩을 두 나라에 분산 투자하면 항상 5%의 확실한 이익을 얻게 된다. 이처럼 자산보유를 국제적으로 분산하게 되면 수익률의 변동

1 Prasad, E.S., K. Rogoff, S-J Wei, and M. A. Kose, "Effects of Financial Globalization on Developing Countries: Some Empirical Evidence," *IMF Occasional Paper* 220, 2003.

성이 줄어드는 이익이 있다.

지금까지 살펴본 바와 같이 금융의 세계화는 소비의 변동성을 줄여주고, 해외 차입을 통해 투자를 확대하며, 자산보유의 위험성을 줄여주는 역할을 한다. 그러나 현실 세계는 이론적 기대와는 거리가 있다. 현실적으로 개도국은 물론 선진국들도 국제금융시장을 충분히 활용하지 못하고 있다. 특히 개도국들은 생산성이 낮고 금융제도가 취약하기 때문에 필요한 자본을 충분히 차입하지 못하고 있다.

3. 금융의 세계화와 불안정성의 확대

금융이 세계화되면서 금융발전과 경제성장에 긍정적인 효과가 나타나는 반면, 예기치 못했던 변동성으로 국내 금융시장이 불안정해지고 극단적인 경우에는 금융위기에 빠지는 현상이 나타나고 있다. 금융시장이 안정되지 못하면 경기가 침체되고 경제가 불안해진다. 금융시장이 불안할 때는 자산가치가 급락하고, 자산의 담보가치가 낮아져서 대출과 투자가 감소한다. 특히 금융기관이 신용과 레버리지를 이용하여 금융상품들을 거래한다면, 자산가치의 급락은 다른 금융상품의 연쇄적인 부실을 가져와 금융시장 전체가 불안정해진다. 금융시장의 불안은 소비와 투자를 위축시켜 경제성장을 저해한다. 만일 자본이동을 엄격하게 규제하면, 금융시장의 불안정성은 낮출 수 있지만, 금융시장의 효율성이 떨어진다.

경제성장을 위해서는 안정적인 금융시장이 뒷받침되어야 한다. 그러나 금융시장의 변동성을 완전히 없앤다는 것은 불가능한 일이다. 시장이 효율적일수록 새로운 정보에 보다 민감하게 반응하므로 변동성도 더 커진다. 변동성(volatility)은 금융시장의 본질이다. 따라서 금융시장의 불안정성을 완전히 없애기보다는 금융 발전을 저해하지 않는 범위 내에서 불안정성을 줄이는 방법을 찾아야 한다.

금융시장이 개방될수록 한 국가의 위기가 다른 국가로 더 많이, 그리고 더 빠르게 파급된다. 자본자유화 정도가 큰 개도국일수록 경제의 불안정성이 높아질 가능성이 있다. 이런 점에서 1990년대 동아시아 국가들이 경험한 금융위기는 금융의 세계화 때문으로 인식되기도 한다. 또 2008년 미국 서브프라임 모기지(sub-prime mortgage) 사태는 한 국가의 위기가 세계 경제 침체로 이어짐을 보여주고 있다. 당시 미국의 주택시장 침체로 인한 부실채권 발생과 미국 금융기관의 파산이 세계 금융기관의 연쇄적 파산과 세계경제의 침체를 가져왔다. 만일 금융의 세계화가 이루어지지 않은 상태였다면, 미국의 금융기관 파산이 세계경제의 침체를 가져오지는 않았을 것이다. 이에 대한 자세한 내용은 23장에서 다룬다.

개발도상국들은 자국의 경제성장을 위해서 선진국 자본을 도입할 수밖에 없다.

자본도입을 위해 자본시장 개방은 불가피하다. 문제는 자본자유화로부터 일어나는 불안정성을 관리하고 완화할 수 있어야 한다는 점이다. 이러한 사전 준비 없이 자본자유화를 추진하면, 장기적인 성장 효과를 기대하기 어렵고, 오히려 단기적으로 생산과 소비의 불안정성만 확대될 가능성이 크다.

4. 제도와 경제환경의 역할

금융의 세계화는 경제성장을 촉진하는 긍정적인 측면이 있는 반면, 경제의 불안정성을 초래하는 부정적인 측면이 있다. 국가마다 금융개방의 경제적 효과에 차이가 있다. 이렇게 국가마다 개방의 효과가 다른 것은 경제환경과 제도의 차이 때문이다. 예를 들어, 인적자본이 우수하거나 부패 정도가 낮은 국가에서는 자본 유입으로 경제성장이 촉진되지만, 그렇지 않은 국가에서는 자본이 유입되더라도 경제성장 효과를 얻기 어렵다. 전반적으로 경제제도가 선진화되어 있는 국가에서 금융의 세계화가 경제성장에 기여한다.

금융의 세계화가 개도국의 금융위기 가능성을 높이는 것은 개도국 정부의 정책이나 제도와 무관하지 않다. 환율의 과대평가나 정부의 과도한 차입은 외환위기의 원인이 된다. 투명성이 부족한 국가에서 국제투자자의 군중현상(群衆現象; herding)이 보다 잘 나타나고, 은행의 건전성이나 독립성을 침해하는 부패한 정부일수록 투기적 공격이나 전염(傳染)에 취약하다. 따라서 개도국이 금융의 세계화로부터 이익을 얻는가 아니면 손해를 보는가는 개도국의 거시경제 틀이나 제도에 따라 달라진다.

금융제도가 발전된 경제에서 무역자유화나 금융자유화의 긍정적인 효과가 크다. 금융제도가 발달하지 못한 상태에서 금융자유화가 추진되면 자본의 유출입이 불안정해지고 극단적인 경우에는 금융위기를 겪을 수 있다. 따라서 금융개방으로 경제성장을 촉진하기 위해서는 금융제도 및 경제제도의 선진화가 우선되어야 한다.

제 2 절 국제자본이동의 확대

1. 국제자본이동의 동기

자본이동의 동기에 대해서는 제8장에서 이미 살펴보았는데, 그 내용을 간단히 정리하면 다음과 같다. 자본은 가장 높은 수익률을 제공하는 투자기회를 찾아서 이동한다. 금융시장이 개방된 상황에서는 국내자산과 해외자산 중에서 수익률이 더 높은 자산에 투자하게 된다. 해외자산의 수익률이 더 높으면 자본이 해외로 이동하고, 국내자산의 수익률이 더 높으면 해외자본이 국내로 유입된다.

그런데 투자자들은 자산을 선택할 때 자산의 수익률만이 아니라 그 자산이 갖는 위험성을 함께 고려한다. 사람들은 위험 회피(risk aversion) 성향이 있어서 대체로 수익률 변동 폭이 작은 자산을 선호한다. 수익률 변동 폭을 줄이는 방법은 다양한 자산에 분산투자하는 것이다. 즉, 위험을 줄이기 위해 여러 국가에 분산 투자하면서 자본이동이 나타난다.

두 국가가 서로 상대방 국가에 투자하는 현상을 볼 수 있는데, 이를 자본의 교차거래(交叉去來; cross-hauling)라고 한다. 교차거래는 대체로 두 가지 요인 때문에 나타난다. 첫째, 자국과 외국의 금융자산에 분산 투자함으로써 위험을 줄이기 위함이다. 이는 주로 증권투자에 해당한다. 둘째, 무역장벽의 극복, 현지기업의 생산기술이나 노하우의 습득, 정보의 수집, 시장개척 등의 목적으로 서로 상대방 국가에 투자한다. 이는 주로 해외직접투자에 해당한다. 이와 같은 교차거래로 두 국가 모두 이익을 얻는다.

2. 자본이동과 글로벌 불균형

1) 글로벌 불균형의 특징

2000년대 들어 특정 국가에서 대규모의 경상수지 불균형이 장기화되는 현상이 나타났다. 이처럼 장기적으로 지속되는 대규모의 경상수지 불균형을 글로벌 불균형(global imbalance)이라고 한다. 경상수지 불균형이 장기간 지속될 수 있었던 것은 국제자본이동 때문이다. 해외로부터 자본을 차입할 수 없으면 경상수지 적자를 국내 소비 감소나 평가절하를 통해 개선해야 한다. 그런데 경상수지 적자를 해외 자본 유입으로 보전하면서 경상수지 불균형이 장기화되었다.

그림 22-2 글로벌 불균형: 경상수지의 변화

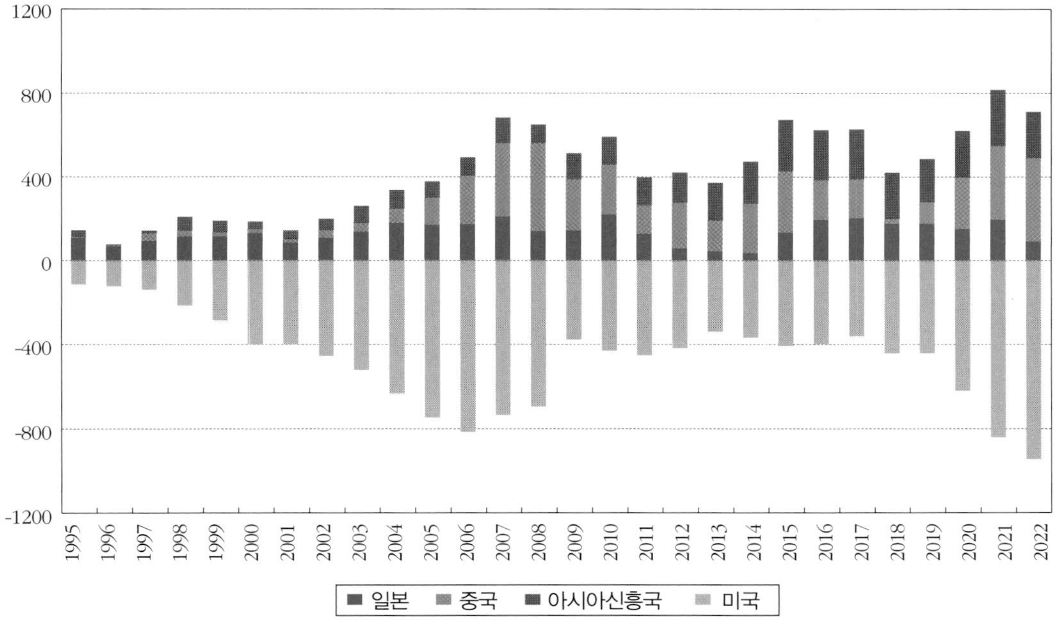

* 주: 아시아신흥국은 한국, 대만, 홍콩, 싱가포르의 4개국임.
* 자료: World Bank, World Development Indicators, 2023.

이론적으로 대규모의 경상수지 불균형은 장기간 지속될 수 없다. 언젠가는 조정되어야 한다. 다만, 조정이 갑자기 진행되면 세계 경제에 커다란 불안정성이 초래될 것이다. 따라서 글로벌 불균형이 언제까지 계속될 것인지, 또 세계적 불안정성을 일으키지 않고 이를 조정하는 방안은 무엇인지에 대해 생각해볼 필요가 있다.

[그림 22-2]는 글로벌 불균형 현상을 보여주고 있다. 미국의 경상수지는 1995년 이후 지속적으로 적자상태고, 특히 2000년대 중반과 2020년대 초반에는 적자 폭이 크게 증가하였다. 반면에 일본, 중국, 아시아 신흥국의 경상수지는 지속적인 흑자상태다. 미국의 경상수지 적자는 2006년에는 8,000억 달러나 되었고, 2022년에도 무려 9,440억달러나 된다. 미국의 경상수지 적자는 2008년 세계금융위기 이후 점차 줄어들었으나, 2020년 코로나 경제위기 이후 다시 악화되었다. 미국의 적자는 다른 지역, 즉 일본, 중국, 아시아 신흥국의 경상수지 흑자에 의해 상쇄되었다. 특히 중국의 경상수지 흑자는 2008년 4,400억 달러, 2022년에도 4,020억 달러나 되었다. 미국 경상수지 적자의 상당 부분이 중국의 경상수지 흑자로 전환되었음을 알 수 있다.

미국의 대규모 경상수지 적자는 1980년대 초반에도 있었지만, 그 당시에는 적자

규모가 크지 않았고, 불균형이 지속되는 기간도 짧았다. 당시 미국의 적자는 일본의 흑자에 의해 상쇄되었으나, 2000년대에는 미국의 대규모 적자가 중국 등 개도국의 흑자에 의해 상쇄되었다는 점에 차이가 있다.

2) 글로벌 불균형의 원인

글로벌 불균형의 원인은 제13장의 식 (**13.6**)을 통해 이해할 수 있다. 경상수지(CA)는 재화와 서비스의 수출과 수입의 차액인 $(X-M)$이다. 따라서 식 (**13.6**)은 다음과 같이 표현된다.

$$CA=(S-I)+(T-G) \tag{22.1}$$

여기서 S는 민간부문의 저축을 나타내고, 세금(T)과 정부지출(G)의 차액인 $(T-G)$는 정부부문 저축 S_g로 정의된다. 총저축(national saving) S_N은 민간 저축(S)과 정부 저축(S_g)의 합이므로 $S_N=S+S_g$이다. 이를 위식에 대입하면, 다음이 된다.

$$CA=(S_N-I) \tag{22.2}$$

이 식은 총저축과 투자의 불일치가 경상수지 불균형의 원인임을 보여준다. 즉, 총저축이 투자보다 많을 때 경상수지는 흑자가 되고, 투자가 총저축보다 많을 때 경상수지는 적자가 된다.

총저축과 투자가 일치하지 않는 이유는 이들을 결정하는 요인이 서로 다르기 때문이다. 제15장에서 설명한 바와 같이 민간저축은 소득의 함수이고, 정부저축은 정부의 재정수지에 의해 결정된다. 이에 비해 투자는 이자율이나 기업가의 미래에 대한 기대에 의해 결정된다. 이처럼 저축과 투자의 결정요인이 서로 다르기 때문에 저축과 투자가 서로 같아진다는 보장이 없다.

〈표 22-1〉은 한국, 중국, 일본, 미국의 저축률과 투자율이다. 전반적으로 한국, 중국, 일본에서는 저축률이 투자율보다 높고, 반대로 미국에서는 저축률이 투자율보다 낮다. 저축이 투자보다 많은 한국, 중국, 일본에서는 경상수지 흑자가, 반대로 투자가 저축보다 많은 미국에서는 경상수지 적자가 나타난다. 저축률과 투자율의 차이가 커지면 경상수지 불균형이 확대되고, 그 차이가 줄어들면 경상수지 불균형이 감소한다. 이처럼 저축과 투자의 차이는 글로벌 불균형의 원인이 된다.

일반적으로 개도국은 투자율이 높고, 선진국은 상대적으로 투자율이 낮다고 알려져 있다. 〈표 22-1〉을 보면, 예상대로 개도국인 중국의 투자율이 다른 나라에 비해

■ ■ 표 22-1 한국, 중국, 일본, 미국의 저축률과 투자율

	한국		중국		일본		미국	
	저축률	투자율	저축률	투자율	저축률	투자율	저축률	투자율
1995	37.7	37.1	39.5	32.3	32.0	30.6	18.7	20.9
2005	33.8	30.5	46.0	39.4	29.5	25.9	18.1	22.9
2015	36.3	29.0	45.4	42.1	28.2	25.0	20.2	20.4
2021	36.6	31.6	45.3	42.0	29.5	25.6	18.1	21.2

* 주: 저축률은 'GDP 대비 총저축(%)'이고, 투자율은 'GDP 대비 총고정자본형성(%)'임.
* 자료: World Bank, *World Development Indictors*, 2023.

훨씬 높다. 2021년 중국의 투자율은 42.0%인데 비해, 한국은 31.6%, 일본은 25.6%, 미국은 21.2%이다. 중국의 투자율이 가장 높고, 다음으로 한국, 일본, 미국의 순이다. 중국은 투자율이 높음에도 불구하고 흑자를 유지하고 있고, 반대로 미국은 투자율이 낮음에도 불구하고 적자를 보이고 있다. 이는 경상수지 적자가 투자율과 저축률의 차이에 의해 결정되기 때문이다. 2021년 중국의 저축률은 45.3%로 투자율 42.0%보다 더 높고, 미국의 저축률은 18.1%로 투자율 21.2%보다 더 낮다. 이것이 미국과 중국의 경상수지 불균형의 원인 중 하나라고 볼 수 있다.

3) 글로벌 불균형의 지속 원인

이론적으로 경상수지 불균형은 장기간 지속될 수 없다고 여겨진다. 적자국에서는 환율이 상승하고, 금리가 인상되며, 수요가 감소하면서 경상수지가 개선되고, 반대로 흑자국에서는 환율이 하락하고, 금리가 인하되며, 수요가 증가하면서 경상수지가 균형을 회복한다고 생각하기 때문이다. 이론적으로는 이러한 과정을 통해 양국의 불균형이 자동적으로 해소된다고 본다.

그렇다면, 경상수지 불균형이 해소되지 않고 장기간 지속되는 이유는 무엇인가? 첫째, 국가 간에 자본이동이 이루어지기 때문이다. 경상수지 적자가 해외자본 차입에 의해 충당됨에 따라 불균형 해소가 지연되었다. 특히 흑자국인 중국, 일본, 동아시아 신흥국 등은 축적된 공적준비자산(official reserve asset)으로 미국의 채권을 구입하였는데, 이처럼 흑자국의 달러가 다시 적자국인 미국으로 흘러들어가면서 미국 경상수지 적자가 자본 유입으로 보전되었다.

둘째, 흑자국이 실질환율을 절상(실질환율 하락)하지 않았기 때문이다. 흑자국에서는 화폐가치가 실질적으로 절상되어 수출이 줄고 수입이 증가하여 경상수지가 다시 균형으로 돌아와야 한다. 그러나 흑자국이 외환 유입에 의한 통화량 증가를 국내여신을 줄임으로써 물가상승을 억제하였다. 즉, 흑자국이 불태화정책을 실시하

여 인플레이션을 억제함으로써 실질환율 절상을 방지하였다. 2000년 이후 중국은 경상수지 흑자에도 불구하고 실질환율이 절상되지 않고 경상수지 흑자가 지속되었다. 중국과 아시아 신흥국들은 실질환율 절상을 피하면서 막대한 외화준비자산을 축적하였다.

글로벌 불균형은 미국과 흑자국 모두에게 이익을 주었다. 미국은 외국에서 유입된 자본으로 높은 수준의 소비를 유지할 수 있었고, 개도국들은 미국의 소비 증가로 인해 수출을 증가시킬 수 있었다. 그러나 이런 불균형이 영원히 지속될 수는 없다. 미국의 적자가 지속되면 언젠가는 달러의 신인도와 달러 가치가 하락하게 될 것이다. 만일 달러 가치가 갑작스럽게 하락하게 되면, 이는 금융시장에 충격을 주게 되고 미국과 흑자국 모두에게 경기침체와 경제 불안을 초래할 것이다. 따라서 조정과정이 서서히 진행되도록 하여 불안정성의 위험을 감소시켜야 한다. 이를 위해서는 적자국인 미국에서 저축이 증가하고, 흑자국에서는 소비와 투자가 확대되어야 한다. 또 미국의 달러는 절하되고, 흑자국의 화폐는 절상되어야 한다. 글로벌 불균형의 점진적 조정을 위해서는 미국과 다른 국가의 정책 협력이 필수적이다.

3. 자본이동의 변화

국제자본이동은 꾸준히 증가하고 있다. 이는 선진국은 물론 개도국에서도 국제금융거래에 대한 규제가 완화되고 있기 때문이다. 자본이동의 증가에는 환율제도의 변화도 영향을 미쳤다. 환율안정을 위해 자본이동을 제약할 수밖에 없었던 고정환율제도가 1973년 이후에는 변동환율제도로 전환되면서 자본이동에 대한 제약이 완화되었다. 특히 1990년대 이후에는 세계 전체적으로 개방이 빠르게 확대되면서 국제자본거래가 크게 증가하였다.

[그림 22-3]은 선진국과 개도국의 FDI 스톡을 보여주고 있다. 그림에서 보듯이, FDI의 유출과 유입 모두에서 선진국의 스톡 규모가 개도국보다 훨씬 크다. 이는 자본 이동이 선진국을 중심으로 이루어졌음을 말해준다. 그런데 유입과 유출 모두에서 선진국과 개도국의 차이가 과거에 비해 줄어들었다. 이는 2000년 이후 상대적으로 개도국에서 자본이동이 빠르게 증가하고 있음을 시사한다.

그림에서 FDI 유입스톡을 보면, 2000년에 선진국 5.9조 달러, 개도국 1.5조 달러로 선진국이 개도국의 약 4배였고, 2022년에는 선진국 29.1조 달러, 개도국 5.2조 달러로 선진국이 개도국의 2배 정도다. 또 FDI 유출스톡을 보면, 2000년에 선진국은 6.7조 달러, 개도국은 0.7조 달러로 선진국이 개도국의 약 9배였고, 2022년에는 선진국 30.3조 달러, 개도국 9.6조 달러로 선진국이 개도국의 약 3배이다. 2022년

그림 22-3 선진국과 개도국의 FDI 유입스톡과 유출스톡

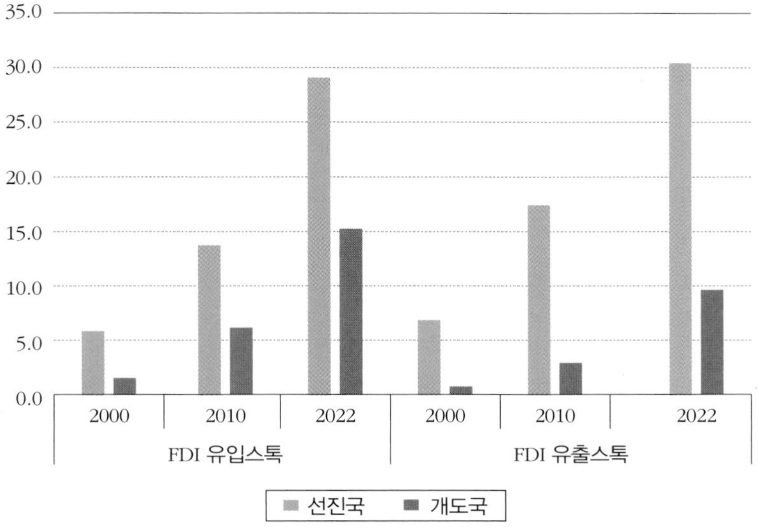

* 주: 단위는 조달러임.
* 자료: UNCTAD, *World Investment Report*, 2023. (Annex table 2).

에는 과거에 비해 선진국과 개도국의 차이가 줄어들었음을 알 수 있다. 이는 2000년 이후 상대적으로 개도국으로 자본이 더 많이 유입되었고, 또 개도국에서 다른 나라로 유출되는 양도 더 많아졌음을 나타낸다.

흔히 자본이 풍부한 선진국보다는 자본이 부족한 개도국으로 더 많은 자본이 이동할 것으로 생각한다. 하지만, 현실은 그렇지 않다. 이는 루카스 역설(Lucas Paradox)로 설명된다. 개도국의 경우에는 인적자본이 부족하고 기술수준이 낮아서 자본이 희소함에도 불구하고 자본의 한계생산성이 그렇게 높지는 않고, 더구나 투자의 위험도가 선진국보다 높은 편이다. 투자자들은 다른 나라에 투자할 때, 수익률만이 아니라 투자의 안전성과 위험성을 함께 고려한다. 따라서 정치적 사회적으로 불안정한 나라에서는 투자금 회수가 어려워질 수 있기 때문에, 투자 수익률이 높더라도 투자를 망설이게 된다. 결론적으로 개도국은 자본의 한계생산성이 생각보다 높지 않고, 선진국보다 투자 위험성이 크기 때문에 개도국에 대한 투자가 생각보다는 적게 된다.

루카스 역설(Lucas Paradox)

한계생산성 체감의 법칙에 의하면 자본이 풍부할수록 자본의 한계생산성이 낮아진다. 따라서 자본이 풍부한 선진국에서는 자본의 한계생산성(수익률)이 낮고, 자본이 희소한 개도국에서는 자본의 한계생산성(수익률)이 높게 된다. 자본이동이 자유롭다면 수익률이 낮은 선진국에서 수익률이 높은 개도국으로 자본이 이동할 것으로 예상된다. 그러나 예상과는 반대로 [그림 22-4]의 (a)에서 보듯이 선진국으로 더 많은 자본이 이동하고 있다.

이처럼 높은 수익률이 예상되는 개도국으로 자본이 이동하지 않는 현상을 루카스 역설(Lucas Paradox)이라고 한다.[2] 루카스(Lucas)는 그 이유를 개도국에서 자본의 수익률이 생각보다 높지 않기 때문이라고 한다.

단순한 생산함수를 이용해 이를 설명해보자. Cobb-Douglas의 생산함수는 $Y=AL^{\alpha}K^{\beta}$이다. 여기서 L은 노동량, K는 자본량이고, A는 생산성 수준 또는 기술 수준을 나타낸다. 규모에 대한 보수 불변을 가정하면 $\alpha+\beta=1$이다.

이 생산함수에서 자본의 한계생산성(MPK)은 다음과 같다.

$$MPK\left(=\frac{\partial Y}{\partial K}\right)=A\beta\left(\frac{K}{L}\right)^{(\beta-1)}$$

이 식에서 $(\beta-1)$은 음(−)이므로 일인당 자본량(K/L)이 클수록 자본의 한계생산성인 MPK의 값은 작아진다. 즉, 한계생산성 체감의 법칙이 작용하고 있다. 그런데 위 식에서 보듯이, MPK는 K/L만이 아니라 기술수준인 A의 크기에 의해서도 영향을 받는다. 기술수준 A가 클수록 자본의 한계생산성이 높아진다.

일반적으로 개도국의 기술수준(A)은 선진국보다 낮은 편이다. 미국의 기술수준을 1이라 했을 때, 중국은 0.106, 인도는 0.267, 그리고 한국은 0.580에 불과하다.[3] 개도국의 기술수준이 선진국보다 낮은 이유는 기술적 효율성만이 아니라 제도적 기반이 취약하기 때문이다. 모든 국가의 기술수준이 동일하다면, 일인당 자본량(K/L)이 매우 작은 중국이나 인도는 미국보다 자본의 한계생산성이 매우 높아야 한다. 그런데 중국이나 인도의 기술수준(A)이 미국보다 매우 낮기 때문에 그만큼 자본의 한계생산성도 낮아지게 된다.

---

2 Lucas, R.E.(1990), "Why Doesn't Capital Flow from Rich to Poor Countries?" *American Economic Review*, Vol. 80, No. 2, pp. 92–96.

3 Hall, R.E. and C.I. Jones(1999), "Why Do Some Countries Produce So Much More Output per Worker than Others?" NBER Working Paper No. 6564. 이 연구에서는 1988년 자료를 이용하였으며, 각 국가의 기술수준인 A의 크기는 총요소생산성으로 추정했다.

이처럼 개도국은 기술수준이 낮아서 자본의 한계생산성이 생각보다 높지 않다. 나아가서 개도국은 정치적 불확실성이 있어서 다른 나라의 투자가들이 투자를 꺼리는 측면이 있다. 결론적으로 개도국의 자본 수익률이 생각보다 높지 않고, 또 개도국 투자에는 정치적 불확실성이 있기 때문에 개도국으로의 자본이동이 생각보다는 적게 된다.

제 3 절 국제금융시장의 구조

1. 국제금융시장의 개념

국제금융시장(international financial market)은 국경을 넘어서 자산이 거래되는 시장을 말한다. 국제금융시장에서 거래되는 자산에는 외국통화 표시 은행예금을 비롯해서 외국의 주식과 채권 등이 포함된다. 국제통화가 거래되는 외환시장은 국제금융시장의 중요한 한 부분이다.

국제자본시장은 대부분 국제금융시장과 같은 의미로 사용된다. 이 두 용어를 구분하는 경우, 국제금융시장은 1년 미만의 단기금융자산이 거래되는 시장을 말하고, 국제자본시장은 1년 이상의 장기자본이 거래되는 시장을 말한다. 광의의 국제금융시장은 국제단기금융시장뿐만 아니라 국제자본시장, 파생금융상품시장, 외환시장까지를 포함한 시장을 말한다.

자본주의 초기에 유명했던 국제금융시장은 암스테르담, 브뤼셀 등이었으나, 나폴레옹 전쟁 이후 런던과 파리로 옮겨졌다. 제1차 세계대전까지는 런던이 국제금융시장으로서 독점적인 위치에 있었으나, 제2차 세계대전 이후에는 영국 파운드가 점차 약화되고 미국 달러의 지위가 향상됨에 따라 뉴욕시장이 런던과 함께 주요 국제금융시장의 하나가 되었다.

과거 국제금융시장은 국가간 자금거래를 원활히 함으로써 실물경제의 성장을 뒷받침하는 기능을 담당하였다. 따라서 국제금융의 형태도 국제무역의 결제, 무역금융 제공, 실물투자를 위한 예금과 대출 등 간접금융 방식이 주를 이루었다. 그러나 오늘날은 실물거래와 무관하게 금융자산의 효율적 운용을 통한 수익창출 자체가 더욱 중요시되는 경향이 있다. 그리고 자금조달 방식도 간접금융보다는 직접금융 방식으로 전환되어가고 있다.

오늘날 국제금융시장의 거래규모는 빠르게 성장하고 있다. 이는 실물부문의 국제거래와 금융자산의 국제거래가 빠르게 증가하였기 때문이다. 국제금융시장은 세계각국의 실물경제 확대에 기여할 뿐만 아니라, 국제금융자산의 거래를 통해 수익을 창출하고 투자의 위험을 분산함으로써 세계적 수준에서 자본을 효율적으로 배분하는 기능을 한다.

2. 국제금융시장의 구분

1) 기능별 구분

국제금융시장을 기능별로 분류하면, 국제통화시장(또는 국제단기금융시장), 국제자본시장, 파생금융시장, 외환시장으로 구분된다.

국제통화시장(international money market)은 1년 이내의 금융자산이 거래되는 시장으로 유로통화시장과 미국, 영국, 일본, 독일 등 선진국의 단기금융시장으로 구성되어 있다. 유로통화시장(EUrocurrency market)은 그 은행이 위치하고 있는 현지국의 통화가 아닌 다른 국가의 통화로 예치된 자금을 거래하는 시장이다. 국제통화시장의 금리는 유로달러 예금금리인 LIBOR에 가산금리(加算金利; spread)를 더하거나 빼는 방식으로 결정된다.

국제자본시장(international capital market)은 국제대출시장, 국제채권시장, 국제주식시장으로 구성된다. 국제대출시장은 국제상업은행의 금융중개기능을 통해 예금과 대출이 이루어지는 시장이고, 국제채권시장은 국제투자은행을 통해 채권의 발행과 발행된 채권이 거래되는 시장이며, 국제주식시장은 2개국 이상에 상장된 증권 등이 거래되는 시장이다.

파생금융시장(derivatives market)은 주식, 채권, 외환, 원자재 등의 기초자산(underlying asset)으로부터 파생되는 금융계약 형태의 상품을 거래하는 시장이다. 파생금융상품의 계약유형에 따라 선물시장, 옵션시장, 스왑시장으로 분류하고, 통화, 금리, 주가지수 등 기초자산의 유형에 따라 더욱 세분화된다.

외환시장(foreign exchange market)은 외환이 매매되는 시장으로 각국의 금융시장 및 유로시장과 연계되어 있으며, 특히 국제통화시장과 밀접한 연관관계를 맺고 있다. 외환시장은 은행간 거래시장과 은행과 고객간의 거래시장으로 구분되는데, 은행간 시장(interbank market)이 외환시장의 핵심이다. 또한 외환시장은 현물환시장과 선물환시장으로 구분되고, 또 환위험을 회피하기 위한 헤지나 환차익을 얻기 위한 투기수단으로 통화선물 등 파생금융상품이 거래되고 있다.

2) 지역별 구분

국제금융시장은 지역별로는 국제금융의 중심지 역할을 하는 국제금융센터와 특정 국가의 금융규제나 통제를 받지 않는 역외금융시장(域外金融市場)으로 구분된다.

국제금융센터는 지역적으로 북미지역, 유럽지역, 동아시아지역, 중동지역으로 구분되는데, 북미지역에서는 뉴욕, 시카고 등이 중심지이고, 유럽지역에서는 런던, 프랑크푸르트, 동아시아지역에서는 도쿄, 홍콩, 그리고 중동지역에서는 바레인이 각각 국제금융의 중심도시이다.

역외금융시장은 유로시장을 비롯하여 절세형, 내외분리형으로 구분한다. 유로시장은 현지국의 통화가 아닌 다른 국가의 통화로 예치된 자금을 거래하는 시장이다. 절세형(節稅形)은 각국의 기업 및 금융기관에게 세제상 특별우대를 제공하는 지역으로 네덜란드 안틸레스, 바하마, 버뮤다, 케이만 아일랜드, 바베이도스, 버진 아일랜드 등이 이 분류에 속한다. 내외분리형 역외금융시장은 외국자금을 유치하기 위하여 자국 내에 설치하되 국내외금융거래를 분리하는 법적 금융제도이다. 미국의 IBF(International Banking Facilities), 싱가포르의 ACU(Asian Currency Unit), 일본의 JOM(Japan Offshore Market) 등이 여기에 속한다.

리보(LIBOR)

리보(LIBOR)란 국제금융시장의 중심지인 영국 런던에서 우량은행 간에 단기자금을 거래할 때 적용하는 금리를 말한다. 런던 은행간 금리(London Inter-Bank Offered Rates)의 머리글자를 따서 리보(LIBOR)라고 부른다. 리보는 국제금융시장의 기준금리로 활용되고 있다. 금융기관의 외화 차입금리는 이 기준금리에 가산금리를 더해 결정되며, 이 가산금리는 금융기관의 신용도에 따라 달라진다. 신용도가 낮은 금융기관은 높은 가산금리(spread)를 부담해야 하므로 신용도가 낮을수록 차입금리가 높아진다. 예를 들어, 리보가 연 2.5%인데, 실제 지급해야 할 금리가 연 3.5%라면, 그 차이인 1%가 금융기관의 신용도에 따른 가산금리를 나타낸다.

[그림 22-4]는 3개월 만기 리보 금리의 변화이다. 1989년 10% 수준이던 금리가 1992년에는 3% 수준으로 하락하였다가 다시 상승하여 90년대 중반부터 후반까지 5~6% 수준을 유지하였다. 2000년 들어 IT버블이 꺼지면서 세계 경제가 침체기에 들어가자, 금리가 다시 하락하면서 2000년대 상반기에는 1% 수준으로 내려갔다. 그러나 금리 하락으로 인해 유동성이 과잉 공급되면서 세계적으로 부동산 거품이 일어나자, 유동성을 흡수하기 위해 2004년부터 다시 금리가 올라가기 시작하여 2007년에는 5% 수준까지 상승했다.

이후 부동산 버블이 붕괴되면서 2008년 세계적인 경기침체를 발생하자, 이후 금리가 0% 수준까지

그림 22-4 리보(LIBOR) 금리의 변화

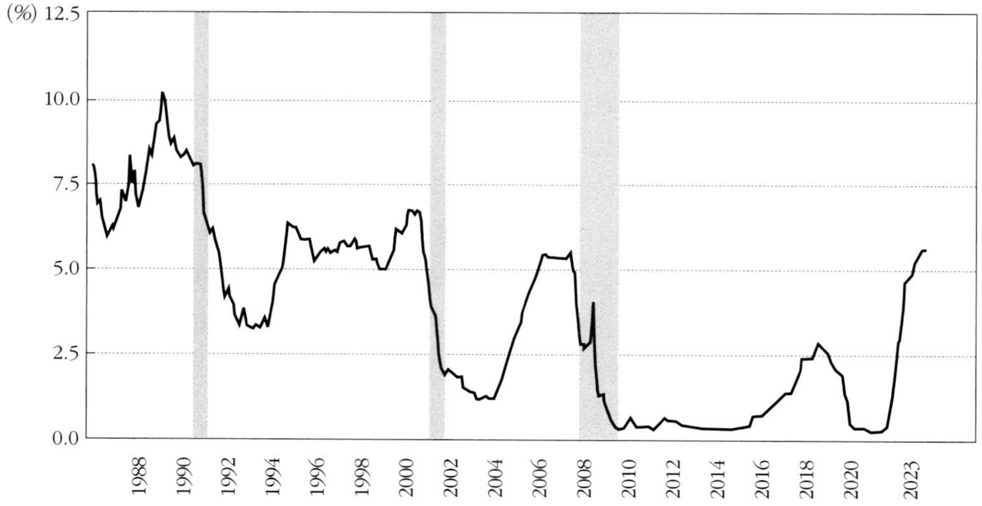

* 주: 1) 3개월 리보(LIBOR) 금리이다.
　　 2) 음영의 막대는 미국 경제가 불황이었던 시기이다.
* 자료: TRADING ECONOMICS.com, 2023.

급락하였다. 이후 2016년부터 다시 금리가 인상되기 시작하여 2018년에는 2.8%까지 상승하였다. 그러나 2020년 코로나 경제위기가 닥치자 경기침체를 극복하고자 금리가 0.1% 수준까지 하락하였고, 낮은 금리로 인해 풀린 돈이 인플레이션을 야기하자, 이를 억제하기 위해 2023년에는 금리가 5.7% 수준으로 급등하였다. 당시에는 경기가 회복되지 않았음에도 불구하고 인플레이션이 급등하자 이를 억제하기 위해 중앙은행들이 금리를 단기간에 빠르게 인상하였다.

그림에서 음영선 막대는 미국의 경기침체 시기를 나타낸다. 대체로 경제가 침체기에 접어들면 금리가 급격하게 하락하고, 경제가 회복되어 가면 금리도 상승함을 볼 수 있다. 금리변화는 경기변화와 밀접한 관계가 있음을 보여준다.

3. 참여자

국제금융시장의 참가자는 투자자, 차입자, 금융중개기관으로 구성된다. 투자자는 투자자금의 국제적 포트폴리오 구성을 위해 국제금융시장을 이용하는 보험회사, 연금기금, 무츄얼펀드, 개인투자자 등이고, 차입자는 국제적인 자금조달을 목적으로 참여하는 기업, 정부, 국제금융기관 등이며, 금융중개기관은 국제 자금을 중개하는 국제상업은행, 국제투자은행, 유통시장의 딜러, 브로커 등이다.

세계 각국의 연금기금, 보험회사, 뮤추얼펀드 등은 국제포트폴리오 구성을 통해 높은 수익을 올리고 위험을 분산하기 위해 국제금융시장에 참여한다. A국의 뮤추얼펀드는 B국에 투자하고, B국의 뮤추얼펀드는 A국에 투자하는 현상을 쉽게 찾아볼 수 있다. 이와 같이 두 국가간에 상호투자가 이루어지는 것은 이들의 포트폴리오 구성이 단순히 수익률 차이만이 아니라 위험의 분산이라는 측면을 고려하고 있음을 보여준다.

기업은 자국에서만이 아니라 외국에서 자금을 빌려 투자재원을 조달하기도 하고, 또한 장기채권을 발행하여 국제자본시장에 팔아서 장기자금을 조달하기도 한다. 개발도상국 정부와 국영기업들은 외국 상업은행으로부터 대규모 차입을 하고 있고, 중앙은행은 통상 외환시장 개입을 통하여 국제금융시장에 참여한다.

국제상업은행은 국제결제의 메커니즘을 제공할 뿐만 아니라 다양한 금융활동을 통해 국제거래의 중심적 위치를 차지하고 있다. 은행들은 국내만이 아니라 외국에서도 영업활동을 함으로써 국제금융거래를 수행한다. 특히 자국에서는 규제의 대상이 되는 영업형태가 해외에서는 규제받지 않는 경우가 많아서 은행의 해외영업이 지난 40년간 크게 성장하였다. 또 메릴린치(Merrill Lynch), 골드만삭스(Goldman Sachs) 같은 투자은행은 기업의 주식과 채권의 인수매각을 통해 국제금융시장의 주요 참가자로서의 역할을 하고 있다. 그리고 국제 딜러 및 브로커는 통신망을 통해 다수의 금융기관을 연결시켜 주고 저렴한 비용으로 원활한 국제금융거래를 가능하게 한다.

제 4 절 국제은행업과 유로통화

1. 유로통화

1) 유로통화의 정의

국제은행업(international banking)은 외국통화표시 거래, 외국인과의 거래, 해외에서 이루어진 거래 등 국내업무를 벗어난 거래를 말한다. 그러나 금융의 세계화가 진전되고 금융시장이 통합되어감에 따라 국제업무와 국내업무의 구분이 어려워지고 있다. 국제거래와 관련된 금융업무를 통합적으로 제공하는 것을 국제은행업이라고 할 수 있다.

국제은행업 중에서 역외은행업(offshore banking)은 은행이 자국 밖에서 수행하는 업무를 말한다. 1990년대 들어 은행들의 해외지점이 대폭 늘어나면서 역외은행업이 활발해지고 있다. 역외은행업의 증가는 은행의 국제화가 확대되고 있음을 말해준다. 역외은행업의 성장과 함께 역외통화거래도 빠르게 성장하고 있다. 역외통화예금(offshore currency deposit)은 그 은행이 위치하고 있는 현지국의 통화가 아닌 다른 국가의 통화로 예치된 예금을 말한다. 예를 들어, 런던은행의 달러화 예금, 동경은행의 유로화 예금이 그것이다. 역외통화예금을 유로통화(Eurocurrency)라고 하는데, 특히 달러로 예치된 역외통화예금을 유로달러(Eurodollar)라고 한다. 그리고 역외통화예금을 받는 은행을 유로은행(Eurobank)이라고 부른다.

용어상 혼란스럽지만 명확하게 이해해야 할 것은 유로통화나, 유로달러나, 유로은행에 사용하고 있는 '유로(Euro)'라는 용어는 유럽을 지칭하는 것이 아니라 역외의 의미를 나타낸다는 점이다. 예를 들어, 유럽의 런던은행에 예치된 엔화 예금도 유로통화이고, 아시아의 싱가포르나 홍콩의 금융기관에 예치된 엔화예금도 유로통화이다. 또 런던은행이든, 싱가포르나 홍콩에 있는 은행이든 이들 은행에 예치된 달러 예금은 모두 유로달러다.

역외예금의 의미를 갖는 유로통화나 유로달러에 유로(Euro)라는 접두어가 붙은 것은 이런 형태의 예금이 처음에 유럽을 중심으로 발생했기 때문이다. 이후 역외통화예금이 유럽 이외의 지역으로 확대되었는데, 이를 모두 유로통화라고 부른다. 그리고 이런 종류의 외화예금 중에는 달러의 비중이 압도적이어서 특별히 달러 예금에 대해서는 유로달러라는 명칭을 쓴다. 유로달러는 1917년 러시아혁명 이후, 소련이 해외물자를 조달할 목적으로 스위스에 예치한 자금이 그 시초라고 전해지고 있다.

유로통화는 일반적으로 자본의 이동에 의해 형성되지만, 무역에 의해 형성되기도 한다. 무역을 통해 유로통화가 창출되는 과정을 살펴보자. 미국의 자동차회사가 영국에 40만 달러 상당의 자동차를 판매했는데, 영국 수입회사가 대금을 영국 은행의 수표로 결제하였다고 하자. 미국자동차 회사는 그 수표를 미국 은행에 예치하고, 미국은행은 수표를 영국 은행의 달러계정에 예금하였다면, 이로 인해 유로달러 40만 달러가 창출된다.

2) 유로통화의 성장 요인

유로달러 시장은 유럽에 예치된 달러가 미국금융시장으로 환류하지 않고 유럽의 은행이나 고객에게 대부되기 시작하면서부터 형성되었다. 특히 1957년 이후부터는 유럽에 예치된 달러가 미국으로 환류되지 않고 유럽 내 은행, 기업 및 고객에게 대부되어 무역과 경제활동을 위한 자금조달의 기능을 하면서 유로통화 거래는 꾸준히 증가하였다. 유로통화의 성장 배경을 살펴보면 다음과 같다.

첫째, 1960년대 이후 국제무역의 빠른 성장이 유로통화의 성장 배경이 되었다. 예를 들어, 미국 상품을 빈번하게 수입하는 영국의 수입업자는 달러를 미국보다는 영국의 은행에 예치하는 것이 편리하였다. 무역거래량의 증가에 따라 이런 필요성이 점차 높아져서 유로통화가 확대되었다. 또한 미국의 국제수지 적자가 지속됨에 따라 유럽 국가들의 달러 보유량이 증가하게 되었고, 국제거래의 결제에 달러가 광범위하게 이용된 것도 유로달러의 성장요인이 되었다.

둘째, 미국의 경직적인 금융정책이 유로달러 시장의 성장을 촉진하였다. 1957~58년에 미국은 요구불예금에 대해서는 이자지급을 금지하고, 90일 이내의 정기예금에 대해서는 1%의 이자율을 상한선으로 하는 이른바 레귤레이션 큐(Regulation Q)를 적용하였다. 이러한 레귤레이션 큐 때문에 유럽 은행들의 이자율이 미국보다 높아졌다. 반면에 유럽 각국들은 1958년 외환관리를 완화하였고, 그 결과 유럽 내에서 달러에 대한 수요가 증가하였다. 또 1958년 이후 유럽의 긴축금융정책으로 국내이자율이 상승하였는데, 국내금융규제의 대상이 아닌 유로달러 금리가 국내금리보다 낮아서 유로달러에 대한 수요가 증가하였다. 최근 들어서도 국제은행들이 국내정부의 금융규제와 조세를 피하기 위해 해외거래를 확대함에 따라 유로통화가 증가하고 있다.

마지막으로, 정치적 요인이 유로달러의 성장을 지속시킨 측면이 있다. 미국과 정치적으로 적대관계에 있던 소련은 냉전기간 동안 보유 달러를 미국보다는 유럽에 예치하였다. 그리고 1973~74년과 1979~80년에 걸친 두 차례의 석유파동으로 유입된 오일 달러를 중동 산유국들은 몰수가능성을 두려워하여 미국은행에 예치하기보다는 유럽은행에 예치하였다. 유로달러가 해외 은닉 자산의 도피처의 구실을 한 것도 유로달러 성장의 한 요인이 되었다.

3) 유로통화 시장의 특성

유로달러 시장은 국내금융시장과 마찬가지로 금융중개기관(financial intermediary)의 기능을 갖고 있으나 국내금융시장과 차이가 있다. 국내금융시장은 중앙은행의 규제를 받으나 유로달러 시장은 국제적 성격 때문에 중앙은행의 규제를 받지 않고, 예치된 예금에 대한 지불준비금을 보유할 필요가 없다. 따라서 유로은행은 예금이자율과 대출이자율의 차이(spread)를 낮게 유지할 수 있어서 국내은행에 비해 경쟁력이 있다. 또 유로은행들은 금융규제를 받지 않기 때문에 다양한 형태로 분화되고 특화되어 있어서 운영이 보다 효율적이다. 나아가서 유로달러 시장에서는 일정액

이상의 도매적인 거래만을 취급하므로 소규모 거래를 함께 취급하는 국내은행보다 비용 면에서 유리하다.

이와 같은 특성 때문에 유로은행은 국내은행들보다 예금-대부 이자율 차이(spread)를 낮게 유지할 수 있었고, 이것이 유로은행의 존속기반이 되었다. 미국에서 1964~65년의 기간 동안 예금이자율의 상한을 1%에서 5.5%까지 올렸으나 유로달러 시장의 성장을 막지는 못했다. 이는 유로달러 시장의 존속 이유가 예금이자율의 절대적 크기가 아니라 예금이자율과 대부이자율간의 차이 때문임을 말해준다.

그러나 유로달러 시장에는 최후의 대여자(lender of the last resort) 역할을 할 중앙은행의 보호가 존재하지 않는다. 그래서 어떤 예기치 않은 동요에 의해 달러에 대한 투기현상이 나타나면, 이를 안정화 시킬 방법이 별로 없다. 즉, 이 시장은 불안정적(destabilizing)이다. 이런 불안정성을 제거하기 위해서는 각국 중앙은행간의 국제적 협력이 필요하다.

미국과 독일은 타국통화 예금에 대해서도 자국의 예금과 동일한 규제를 적용하였기 때문에 이 두 나라에서는 유로통화의 비중이 높지 않았다. 그래서 미국은 유로통화 사업을 확대하기 위해 1981년에 IBF(International Banking Facilities) 설립을 허용하였다. IBF는 지불준비금 의무나 이자율 상한선의 제한을 받지 않으며, 주세와 지방세가 면제되었다. IBF는 외국인들과의 거래에서 예금이나 대출을 하도록 한 계정으로 미국 거주자들로부터 예금을 받거나 이들에게 대출하는 것이 금지되어 있었다.

IBF가 미국 내에 위치하고 있다는 점에서 IBF에 대한 달러예금은 유로달러라고 할 수 없다. 그러나 마치 IBF가 해외에 있는 것처럼 외국인의 달러예금을 미국인의 달러예금과 효율적으로 차단시킴으로써 유로달러와 유사한 영업활동을 하도록 했다. IBF는 은행들의 국제영업활동을 국내금융시스템과 격리시키고 수익성 있는 국제은행사업을 역내로 끌어들인 사례이다.

2. 헤지펀드

헤지펀드(hedge fund)는 개인이나 기관 투자자로부터 자금을 위탁받아 다양한 전략을 사용하여 투자자에게 수익을 창출하는 일종의 투자 펀드다. 헤지펀드는 다른 투자에 비해 규제를 덜 받기 때문에, 전통적인 투자 펀드보다 더 공격적으로 관리되며 더 넓은 범위의 투자 기법을 사용한다. 헤지 펀드가 사용하는 투자전략에는 주식, 채권, 파생상품, 통화, 원자재 및 기타 자산의 롱 포지션과 숏 포지션을 포함하여 다양한 기법이 있으며, 또한 레버리지, 차익거래 및 기타 복잡한 거래

기술을 사용하기도 한다. 헤지펀드의 구체적인 전략과 특성은 펀드마다 크게 다를 수 있지만, 고위험·고수익을 추구하는 성향이 두드러져 투기적 펀드로 알려져 있다. 헤지펀드 산업은 지난 수년에 걸쳐 크게 성장했으며 글로벌 금융시장에서 중요한 역할을 하고 있다.

헤지펀드는 투자형태에 따라 세계시장을 무대로 하는 것과 특정시장을 무대로 하는 것, 소득을 중시하는 것과 자산가치 증식을 위주로 하는 것, 금융상품에 주로 투자하는 것과 통신 등 첨단산업에 주로 투자하는 것 등으로 구분된다. 우리나라에서도 1996년 9월 금융기관들로부터 자금을 모아 남아메리카와 동유럽 등 위험성이 비교적 높은 신흥시장에 집중 투자하는 헤지펀드가 최초로 생겼다.

[그림 22-5]는 세계 헤지펀드 운영자산의 변화를 보여준다. 그림에 보듯이 세계 전체적으로 헤지펀드 자산이 빠르게 성장하고 있다. 1990년대 헤지펀드 산업이 호황을 누리면서 전세계 헤지펀드 운용자산 규모는 2007년까지 빠르게 증가하였다. 그러나 이듬해인 2008년 세계금융위기로 인해 자산가치가 크게 하락하였고, 2013년까지는 정체상태에 있었다. 그런데 이후 다시 빠르게 성장하고 있으며, 2023년에는 전 세계 헤지펀드 운용자산이 5조 달러를 넘어섰다.

헤지펀드 규모가 빠르게 증가한 것은 부유한 개인만이 아니라 기관들의 펀드 참여가 늘었기 때문이다. 투자 다변화와 위험 분산을 선호하는 기관투자자들이 펀드에 참여하면서 헤지펀드들도 안정성을 추구하는 경향이 높아졌다. 그 결과 헤지펀

그림 22-5 세계 헤지펀드 운영자산의 변화

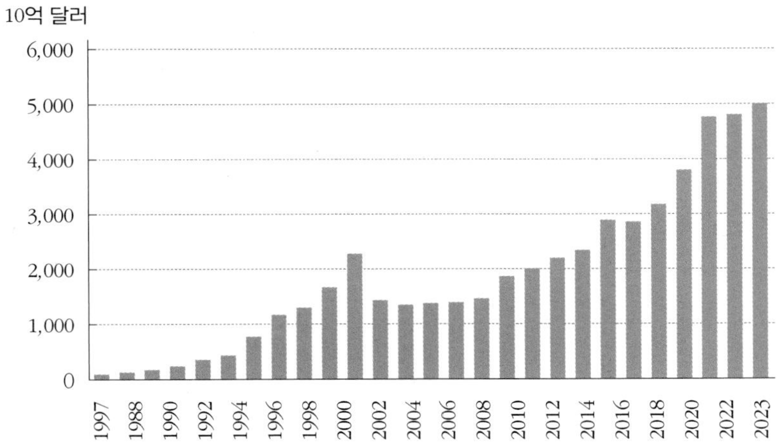

* 주: 헤지펀드 운영자산 규모이고, 단위는 10억 달러이다.
* 자료: STATISTA (https://www.statista.com/), 2023.

드 수익률이 낮아지고, 수익률 변동성도 작아졌다. 지역별로 보면, 미국 내 헤지펀드 수와 자산규모가 가장 크지만, 미국 이외의 지역에서 더 빠르게 증가하고 있다.

2023년 헤지펀드가 운영하는 총자산은 약 5조 달러인데, 이들 기금의 레버리지 효과(leverage effect)를 원금의 15배로 간주하면 약 75조 달러의 엄청난 규모의 자금이 헤지펀드에 의해 운영된다. 이는 1998년 LTCM(Long-Term Capital Management)이 파산 당시 자본액이 48억 달러였지만, 금융계약 규모는 원금의 약 27배에 달하는 1.3조 달러에 이른 사례와 비슷한 현상이다.

레버리지(leverage)를 이용한 대규모 거래는 작은 이율에도 큰 수익을 얻을 수 있지만, 잘못되면 순식간에 큰 손실을 볼 수도 있다. 실제로 1998년 8월 러시아의 채무불이행이 발생하자 LTCM의 자산 가치는 급락하였고, 이로 인해 미국은 물론 세계 금융시장은 대혼란에 빠졌다. 뉴욕 연방준비은행의 주선으로 LTCM은 채권 금융기관에 의해 인수되어 파산을 면하게 되었으며, 이로써 더 큰 혼란을 피할 수 있었다. 하지만 LTCM의 사례는 헤지펀드나 비은행금융기관의 행위가 국제금융제도를 취약하게 만들 수 있고, 심지어 붕괴를 초래할 수도 있음을 보여주었다. 이후 금융시장의 안정화를 위해서는 헤지펀드도 다른 금융기관처럼 규제와 감시가 필요하다는 주장이 제기되었다.

퀀텀펀드(Quantum Fund)

퀀텀펀드는 조지 소로스가 운용하는 가장 대표적인 헤지펀드다. 본사는 조세 피난처(실제 발생소득의 전부 또는 상당부분에 대하여 조세를 부과하지 않거나 법인의 부담세액이 실제 발생소득의 15% 이하인 국가나 지역)인 네덜란드의 큐라시오(Curasio)에 두었다. 투자자가 대부분 유럽인들로 알려져 있으나, 미증권거래위원회(SEC: Securities and Exchange Commission)에 등록할 의무가 없고 모집에 대한 규제도 받지 않기 때문에 정확한 정보는 공개되지 않고 있다.

1990년대 본격적으로 활동에 나섰던 퀀텀펀드는 환투기를 주로 하는 거시형펀드(Macro Fund)로서 주식시장에 투자한 원금을 기반으로 차입하여 레버리지를 이용하거나 선물거래를 통해 외환 및 파생상품시장을 공략하는 것을 기본 투자전략으로 하고 있다. 이런 투자전략 때문에 소로스는 동남아 금융·외환위기시 말레이시아의 마하티르 총리로부터 위기의 주범으로 언급되기도 하였다.

퀀텀펀드는 레이건시절 달러화 강세시 미리서 평가절하를 예상하고 엔화를 매입하여 높은 수익을 실현하였고, 1991년 아르헨티나가 자국통화를 달러에 펙시킬 것이라는 정보를 이용해 아르헨티나의 금리 하락을 예상하고 국채를 대량 매입하여 막대한 이윤을 얻었다. 또한 1992년 유럽 통화위기 때에도 파운드화를 마르크화로 전환하는 선물환거래를 통해 10여일 만에 10억 달러의 수익을 올리기도 하였다. 그러나 퀀텀펀드의 투자전략이 항상 성공한 것은 아니었다. 1994년 엔화의 평가절하를 예상하고 80억 달러 규모의 선물환거래를 하였으나 평가절상으로 2일만에 6억 달러의 손실을 기록하였고, 1998년 3월 파운드화의 급격한 하락을 예상하여 약 60~80억 달러의 외환거래를 하였으나 영국 중앙은행의 방어로 큰 손실을 기록하는 등 투자 실패를 겪기도 했다.

특히 1998년 러시아가 자본주의 경제로 전환한다는 확신하에 러시아 국채와 주식에 20억 달러 규모를 투자하였으나 러시아의 모라토리엄 선언 후 원금의 대부분을 상실하였다. 결정적으로는 2000년 4월 나스닥의 첨단기술주에서 30억 달러의 손실을 입었다.

3. 국제은행업의 규제와 국제협력

1) 국제은행업 규제의 필요성

일반적으로 국제은행업에 대한 규제는 국내은행업에 대한 규제보다 약하다. 그런데 국제은행의 도산은 세계금융시스템에 문제를 일으키므로 세계금융시스템의 안정적 운영을 위해서는 국제은행업에 대해서도 엄격한 규제가 필요하다.

은행은 예금을 이용하여 대출을 하거나 자산에 투자하여 수익을 올린다. 은행의 이러한 영업활동은 은행이 안전할 것이라는 예금주들의 신뢰에 바탕을 두고 있다. 은행의 자산가치가 부실하다고 생각하는 예금주들이 많아지면, 이들은 예금을 인출하여 다른 은행에 예치한다. 만일 한꺼번에 대규모의 예금인출 요구가 발생하면, 예금 상환을 위해 은행은 보유 자산을 매각해야 한다. 그러나 짧은 기간 내에 대규모의 자산을 매각하면 손실이 커지므로 건전한 은행도 도산 위기에 빠질 위험이 있다.

한 은행의 도산은 그 은행과 거래하는 다른 은행의 건전성에도 손상을 입힌다. 은행 건전성에 대한 불신이 확산되면 건전한 은행마저도 도산하게 되고, 은행이 제 기능을 못하게 됨으로써 투자가 위축되고 경기가 침체된다. 은행의 연쇄적 도산으로 인한 금융시스템의 붕괴는 경제 전반에 나쁜 영향을 미친다. 1930년 초반 미국 은행의 연쇄적인 파산이 대공황을 초래한 요인 중 하나로 알려져 있다.

각국 정부는 자국 은행의 도산을 미리 예방하기 위해 광범위한 금융규제를 실시한다. 그 대표적인 예로는 지불준비금제도, 예금보험 등을 들 수 있다. 지불준비금제도는 예금주들의 갑작스러운 예금인출에 대비하여 은행이 예금의 일정비율을 유동성이 높은 자산으로 보유하도록 하는 것이다. 예금보험제도는 소액의 예금주들에게 은행이 파산하더라도 일정금액을 보상해 주는 제도이다. 이 이외에도 금융당국은 은행의 건전성 유지를 위해 다양한 감시와 감독을 하고 있다.

그러나 국제은행업에 대해서는 국내은행업에 비해 규제가 거의 없다. 이는 국제은행업에 대한 규제가 쉽지 않기 때문이다. 예를 들어, 특정 국가에서만 국제은행업에 대해 지불준비금 규제를 하면 그 나라의 국제은행업만 위축된다. 따라서 국제은행업에 대한 규제를 시행하기 위해서는 모든 나라의 합의가 필요하다. 그러나 합의가 쉬운 일이 아니다. 그리고 국제은행의 대부분 거래는 은행간 거래인데, 은행간 거래에는 예금보험이 적용되지 않기 때문에 국제은행업에 예금보험을 시행하기에는 한계가 있다. 그리고 국제은행업에 대한 감시와 감독의 주체를 정확히 하기가 어렵다. 예를 들어, 일본의 은행이 런던에서 유로달러를 취급한다면, 이 거래에 관련된 일본, 영국, 미국 중 어느 나라가 규제를 관할해야 할 것인가가 분명하지 않다.

이러한 이유로 국내은행업과 달리 국제은행업에 대한 규제에는 어려움이 있다. 그러나 세계 금융시장이 점차 통합되어 가면서 한 은행의 파산은 그 국가 내의 금융시스템만이 아니라 다른 나라의 금융시스템에까지 영향을 미친다. 따라서 안정적인 금융시스템의 운영을 위해서는 국제은행업에 대해서도 규제와 감독이 필요하고, 이는 국가간 협력을 통해 이룰 수 있다.

2) 국제적 규제 협력

국제은행업의 규모가 커지면서 국제은행에 대한 규제의 필요성이 증가하고 있다. 국제은행업에서는 은행간 예금의 비중이 매우 크다. 은행 간 거래가 있으면 한 국가의 은행에서 발생한 문제가 다른 국가의 은행으로 전염된다. 국제은행업의 규모가 클수록 국가 간 위기의 확산 가능성이 커진다. 국가 간 거래가 활발해지면서 한 국가의 금융위기가 다른 국가의 금융위기로 빠르게 확산될 가능성이 커지고 있다. 이런 문제를 사전에 예방하기 위해 국가 간 협력이 필요하다.

국제금융시스템의 안정적 운영을 위하여 1974년 11개 선진국 중앙은행 총재들이 바젤위원회(Basel Committee)를 결성하여 각국의 은행감독기관이 공동으로 국제은행 시스템을 감독하는 임무를 맡았다. 바젤위원회는 1975년 다국적 은행의 설립과 감독의 책임을 모국(母國; parent country)과 상대국(相對國; host country)에 할당하는 콩고다트(Concodat) 협정에 합의하였다. 이 협정은 모국과 상대국의 감독기관이 은행정보를 공유할 것과 상대국에서도 은행에 대한 조사권을 갖도록 하였다.

한편, 1990년대 들어 국제금융시장에서 브라질, 멕시코, 인도네시아, 태국과 같은 개도국 금융시장의 중요성이 급속히 증가하였다. 그런데 개도국 금융기관은 선진국보다 취약하였고, 이러한 취약성이 1997년 아시아 외환위기와 금융위기를 가져온 하나의 요인이 되었다. 개도국의 외환위기를 예방하기 위해 국제적인 규제기준을 개도국으로 확장할 필요가 있었다. 이에 1997년 9월 바젤위원회는 개발도상국의 대표자들과 함께 은행인가, 감독방법, 은행의 공시의무, 국제은행업 등 효율적인 은행감독을 위한 핵심원칙을 만들었다.

또한 비은행 금융기관의 국제금융거래가 늘어남에 따라 이에 대한 규제와 협력의 필요성도 증가하고 있다. 증권, 옵션 및 파생금융상품의 국제적 거래가 확대됨에 따라 은행거래만으로는 국제금융의 흐름을 정확히 파악하기 어렵게 되었고, 주요 증권회사의 도산은 은행도산과 마찬가지로 국제금융시장에 충격을 줄 가능성이 커졌다. 따라서 국제은행업만이 아니라 국제적인 비은행금융기관에 대해서도 국제적 감독기능을 강화하고, 개별 국가의 제도를 국제기준에 맞추기 위한 노력이 필요하다.

제 5 절 국제금융시장의 규모와 한국의 국제자본거래

1. 금융시장의 규모

세계화가 확대되면서 전체적으로 금융시장의 규모가 커지고 있다. 대부분의 국가에서 경제성장보다 금융시장이 더 빠르게 성장하고 있다. 〈표 22-2〉는 주요국의 은행예금, 회사채발행량, 주식시가총액의 GDP 대비 비율이다. 이를 통해 2000년에서 2020년 기간에 금융시장 규모가 증가하였음을 알 수 있다. 표에 있는 주요국의 평균값을 보면, GDP 대비 은행예금은 88.0%에서 131.7%로 증가하였고, 회사채발행량은 2.0%에서 4.0%로 증가하였으며, 주식시가총액은 67.4%에서 120.7%로

■ ■ 표 22-2 주요국의 금융시장 규모의 변화

구분	은행예금/GDP (%)		회사채발행량/GDP (%)		주식시가총액/GDP (%)	
	2000	2020	2000	2020	2000	2020
한국	60.7	152.6	3.2	2.4	29.7	132.9
중국	38.4	53.4	0.0	4.4	30.9	83.2
일본	217.5	254.2	1.0	2.9	63.5	133.3
독일	60.1	97.1	2.7	3.3	65.2	59.4
미국	63.2	101.2	2.9	7.3	147.4	194.9
평균	**88.0**	**131.7**	**2.0**	**4.0**	**67.4**	**120.7**

* 주: 은행예금총액/GDP에서 독일의 2000년 값은 2001년 값이고, 주식시가총액/GDP에서 중국의 2000년 값은 2003년 값이다.
* 자료: World Bank, Global Financial Development Database, 2023.

증가하였다. 채권시장이나 주식시장의 성장이 은행예금보다는 빠르게 진행되었음을 보여준다.

은행예금/GDP의 비율을 보면, 2020년 기준으로 일본이 254.2%로 가장 높고, 다음으로 한국 152.6%이고, 중국이 53.4%로 가장 낮다. 이 값을 2000년과 비교하면, 모든 국가에서 그 비율이 증가하였음을 알 수 있다. 다음으로 회사채발행량/GDP을 보면, 한국을 제외하고는 모든 국가에서 그 비율이 증가하였다. 특히 중국은 2020년 그 비율이 4.4%로 증가율이 가장 높다. 주식시가총액/GDP의 비율을 보면, 2020년 기준으로 미국이 194.9%로 가장 높고, 다음으로 일본(133.3%), 한국(132.9%)이다. 중국은 83.2%, 독일은 59.4%로 낮은 편이다. 모든 국가에서 주식시장이 매우 빠르게 성장하고 있는데, 특히 한국은 2000년의 29.7%에서 2020년의 132.9%로 4.5배나 성장했다.

GDP 대비 예금, 채권, 주식의 비율을 통해 모든 국가에서 금융 시장의 규모가 증가하고 있음을 알 수 있다. GDP 대비 예금, 채권, 주식의 비율은 금융시장의 발달 정도를 보여주는 중요한 지표이다.

2. 외환시장

국제금융시장의 활성화에 따라 외환거래가 빠르게 증가하고 있다. 〈표 22-3〉에서 보듯이, 2010년의 하루 평균 외환 거래량은 3.9조 달러였지만, 2022년에는 7.5조 달러로 지난 10년 동안 외환 거래가 약 2배 증가했다. 2022년 거래 형태별 구성비를 보면, 현물환 거래가 전체 외환 거래의 28.1%를 차지하고 있으며, 나머지 약 70%의 외환 거래는 선물환 거래 및 파생 상품 거래로 이루어져 있고, 이 중에서 외환 스왑에 의한 거래 비중이 50.7%로 가장 높다. 외환거래량은 GDP, 주식거래량, 무역거래량보다 훨씬 더 빠르게 증가하였다. 외환거래량이 빠르게 증가한 원인은 무역량이 증가하고, 금융자유화에 따라 자본이동이 증가했으며, 또 환율 변동의 위험을 헤지(hedge)하기 위한 파생금융거래가 증가했기 때문이다.

BIS(국제결제은행) 자료에 의하면,[4] 2022년 외환시장에서 거래되는 통화 중에서 달러의 비중은 44.21%이고, 유로의 비중은 15.3%, 일본 엔의 비중은 8.4%, 영국 파운드의 비중은 6.5%로, 달러 통화가 가장 많이 거래되고 있다. 이러한 추세는 2010년 이후 지속되고 있다. 그리고 2022년 전 세계 외환거래액의 지역별 비중을 보면, 영국이 38.1%로 가장 크고, 다음으로 미국 19.4%, 싱가포르 9.4%, 홍콩

4 BIS, Triennial Central Bank Survey: Foreign exchange turnover in April 2022.

■ ■ 표 22-3 전 세계 외환상품시장 거래규모

	2010		2022	
	금액	비중(%)	금액	비중(%)
현물환거래	1,489	37.5	2,107	28.1
선물환거래	475	12.0	1,163	15.5
외환스왑	1,759	44.3	3,810	50.7
통화스왑	43	1.1	124	1.7
통화옵션 및 기타파생상품	207	5.2	304	4.0
전체 외환상품	**3,973**	**100.0**	**7,508**	**100.0**

* 주: 1) 각 연도의 4월중 일평균 거래량임.
2) 금액은 10억 달러임.
3) '통화옵션 및 기타파생상품'은 선물환, 스왑, 옵션 등 정형상품으로 구분이 불가능한 외환파생상품임.

* 자료: BIS, Triennial Central Bank Survey: Foreign exchange turnover in April 2022.

7.1%, 일본 4.4%, 스위스 3.6%의 순이다. 아시아 지역에서는 싱가포르, 홍콩, 일본에 외환거래가 집중되어 있다.

파생금융상품의 종류

파생금융상품은 계약형태, 시장형태, 기초자산의 형태에 따라 다양하게 구분된다. 먼저 계약형태별로 구분하면, 선물거래, 옵션거래, 스왑거래 등이 있다. 선물거래는 매매계약을 현재 체결하지만 현물의 인수와 인도는 약정가격에 의해 장래 특정시점에서 이루어지는 거래다. 옵션거래는 금융자산을 계약만기일이나 그 이전에 약정가격으로 사거나 팔 수 있는 권리 자체를 매매하는 거래이다. 미리 약정한 가격으로 사는 권리를 콜옵션(call option)이라고 하고, 미리 약정한 가격으로 파는 권리를 풋옵션(put option)이라고 한다. 그리고 스왑거래는 환매조건부로 필요한 통화나 금융자산을 서로 교환하는 거래이다.

시장형태별로는 장내거래와 장외거래로 나뉜다. 장내거래는 거래요소가 표준화되어 있는 파생상품을 거래소(exchange trade market)를 통하여 거래하는 것을 말하고, 장외거래는 거래요소들이 표준화되어 있지 않는 상품을 시장참가자들이 직접 거래하는 형태로 점두거래(OTC: Over-the-Counter)라고도 한다. 장외시장은 딜러나 브로커가 거래를 중개하는 시장이다. 여기에서는 거래당사자가 매매가격에 동의하여 거래가 이루어지므로 거래의 익명성이나 투명성이 낮다. 또한 장외거래는 거래당사자간의 자율적인 거래이므로 동일한 시간에 동일한 상품이 거래되더라도 매매당사자에 따라 거래가격이 다를 수 있다.

기초자산의 형태에 따라서는 외환관련, 금리관련, 주식관련, 상품관련 등으로 구분된다. 외환관련 거래는 가치변동에 따른 위험이 발생하는 기초자산이 통화인 경우로 통화선물, 통화옵션, 통화스왑 등이 있다. 금리관련 거래는 이자율관련 상품으로 채권과 같은 금융자산의 보유에 따른 위험을 회피하기 위한 것으로 이자율선물, 이자율옵션, 이자율스왑 등이 있다. 주식관련 거래는 개별주식이나 주가지수를 금융상품화 한 후 이를 매매하는 거래로서 주가지수선물, 주가지수옵션 등이 있다.

이와 같이 파생금융상품은 거래소를 기준으로 장내거래와 장외거래로 구분되고, 다시 계약형태에 따라 선물거래, 옵션거래, 스왑거래 등으로 구분되며, 이들은 다시 기초자산으로 무엇을 이용하느냐에 따라 다양하게 세분화된다. 파생금융상품이 거래되는 이유는 투자자들 간에 위험에 대한 선호가 서로 다르기 때문이며, 투자자들은 이 거래를 통해 금융자산의 위험을 분산시킨다.

3. 한국의 국제자본거래

우리나라의 외국인투자제도는 1960년에 공식적으로 도입되었으나, 외국기업이 국내산업을 지배하고 외국자본에 대한 의존도를 심화시킨다는 부정적인 인식 때문에 외국인직접투자는 활발하지 못하였다. 하지만 1980년대 이후 자본자유화를 추진하기 시작하여 1992년에 주식시장이 부분적으로 개방되었다. 그리고 1997년 외환위기를 겪으면서 자본자유화 정책이 크게 확대되었다. 외환위기 극복을 위해 외자 유치가 필요하자 주식시장, 채권시장, 단기금융시장의 개방을 확대하였고, 1999년에는 국내기업과 금융기관만이 아니라 개인의 외환거래와 자본거래도 대폭 확대하였다.

한편, 내국인의 해외직접투자는 1968년에 법적 장치가 마련되었으나, 국내자본의 해외유출을 우려하여 선별적으로 허용되었다. 1990년대 들어서서 해외투자의 자유화 조치가 확대되었고, 1999년에는 해외직접투자 요건이 대폭 완화되었다.

[그림 22-6]은 한국의 해외직접투자와 증권투자의 변화이다. 여기서 "유입"은 외국인이 국내에 투자한 것을 나타내고, "유출"은 내국인이 외국에 투자한 것을 나타낸다. 먼저 해외직접투자의 변화를 살펴보면, 2005년까지는 유입이 유출보다 많았다. 이는 1997년 외환위기 이후 기업과 금융기관의 구조조정을 위해 외국자본을 적극적으로 유치하였기 때문이다. 2006년부터는 직접투자 유출액이 유입액을 넘어섰고, 유출액은 점차 증가하고 있다. 이는 우리나라 기업들이 해외에서 직접투자를 활발히 실시하고 있다는 것을 의미한다. 한국의 해외직접투자 유출액은 전반적으로 증가 추세를 보이고 있다.

다음으로 증권투자의 변화를 알아보자. 증권투자(portfolio investment)는 이자,

그림 22-6 한국의 해외직접투자와 증권투자의 변화

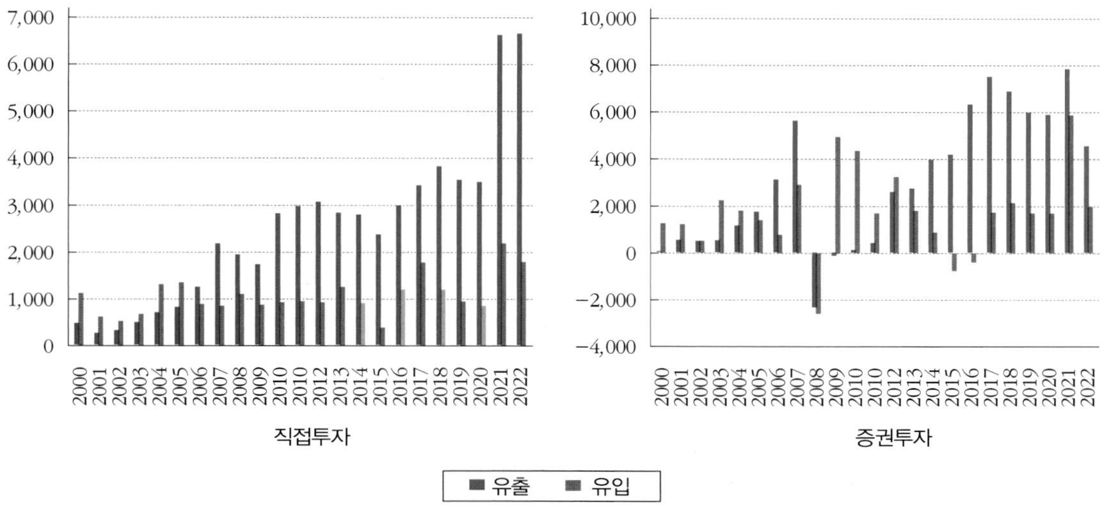

* 주: 해외직접투자액과 증권투자액은 국제수지 자료로서 당해 연도에 투자된 금액임.
* 자료: 한국은행, 경제통계시스템, 2023.11.

배당, 시세차익 등을 목적으로 주식이나 채권 등에 투자하는 것을 말하며, 이는 직접투자와 구분하기 위해 간접투자라고도 한다. 증권투자는 투자기간에 따라 1년 이내의 금융상품에 투자하는 단기증권투자와 1년 이상의 장기금융상품에 투자하는 장기증권투자로 구분된다.

우리나라에 대한 외국인 증권투자는 1981년 투자신탁회사의 외국인 전용 수익증권 발행이 허용되면서 시작되었다. 1992년 국내주식시장 개방으로 외국인의 국내 상장주식에 대한 투자가 가능해졌고, 이후 주식투자 한도가 점차 확대되었다. 특히, 1998년에는 일부 공공법인을 제외하고는 외국인 주식투자 한도를 폐지하는 등 국내증권투자의 자유화 폭이 크게 확대되었다.

[그림 22-6]의 증권투자 변화를 살펴보면, 2004년까지는 외국인의 국내증권투자가 더 많았으나, 이후에는 우리나라의 해외증권투자가 더 많아졌다. 그러나 2008년에는 세계금융위기로 인해 외국인과 내국인의 증권투자가 모두 대폭 감소하였다. 그런데 2012년까지는 외국인의 국내증권투자는 대폭 증가하였으나, 내국인의 해외증권투자는 매우 저조하였다. 그러나 2013년부터는 우리의 증권투자가 외국인의 국내 증권투자보다 더 많아졌고, 내국인의 해외증권투자는 증가 추세를 보이고 있다.

주요용어

• 금융의 세계화	• 교차거래	• 위험의 분산
• 글로벌 불균형	• 루카스 역설	• 국제금융시장
• 국제자본시장	• 국제통화시장	• 파생금융시장
• 외환시장	• 리보	• 가산금리
• 역외은행업	• 유로통화	• 유로달러
• 유로은행	• IBF	• 헤지펀드
• 위험회피	• 외환파생상품	• 금리파생상품

요 약

01. 금융의 세계화(financial globalization)는 자본거래가 활발해져 각 국가의 금융시장 사이에 상호의존도가 높아감을 뜻한다. 1980년 이후 선진국들 간은 물론 선진국과 개도국간의 자본이동도 크게 증가하였다. 자본이동은 경제성장에 도움을 주기도 하였지만, 경제의 불안정성을 확대하여 외채위기와 금융위기의 원인이 되기도 하였다.

02. 금융의 세계화는 소비의 변동성을 줄여주고, 해외 차입을 통해 투자를 확대하며, 자산보유의 위험성을 줄여주는 역할을 한다. 그러나 개도국들은 생산성이 낮고 금융제도가 취약하여 필요한 자본을 충분히 차입하지 못하고 있다. 전반적으로 경제제도가 선진화되어 있는 국가에서 금융의 세계화가 경제성장에 기여한다.

03. 국제금융거래는 각국의 금리 차이를 이용해 수익률을 높이고, 투자의 위험을 분산하고자 하는 동기에서 발생한다. 두 국가가 서로 상대방 국가에 투자하는 현상을 자본의 교차거래(cross-hauling)라고 한다. 교차거래는 위험의 분산과 해외직접투자의 이점을 활용하기 위해 이루어진다.

04. 세계경제에서 장기적으로 지속되는 대규모의 경상수지 불균형을 글로벌 불균형(global imbalance)이라고 한다. 경상수지 불균형이 장기간 지속될 수 있었던 것은 국제자본이동 때문이다. 글로벌 불균형은 각 국가의 저축과 투자의 차이가 주요 원인이다. 저축이 투자보다 많은 중국과 일본에서는 경상수지 흑자가, 반대로 투자가 저축보다 많은 미국에서는 경상수지 적자가 나타난다.

05. 경상수지 불균형이 해소되지 않고 장기간 지속되는 이유는 경상수지 적자가 해외자본의 차입에 의해 충당되었고, 또 흑자국이 실질환율을 절상하지 않았기 때문이다. 흑자국의 달러가 다시 적자국인 미국으로 흘러들어 가면서 미국 경상수지 적자가 자본 유입으로 보전되었다.

06. 국가 간 자본이동은 꾸준히 증가하고 있으며, 주로 선진국에 집중되고 있다. 흔히 자본이 풍부한 선진국에서 자본이 부족한 개도국으로 자본이동이 이루어질 것으로 생각하지만,

현실은 그렇지 않다. 이를 루카스 역설(Lucas Paradox)이라고 한다.

07. 국제금융시장을 기능별로 분류하면 국제통화시장, 국제자본시장, 파생금융시장, 외환시장으로 구분된다. 국제금융시장은 지역별로 국제금융의 중심지 역할을 하는 국제금융센터와 특정 국가의 금융규제나 통제를 받지 않는 역외금융시장으로 구분된다. 그리고 국제금융시장의 참가자는 투자자, 차입자, 금융중개기관이다.

08. 역외통화예금(offshore currency deposit)은 그 은행이 위치하고 있는 현지국의 통화가 아닌 다른 국가의 통화로 예치된 예금을 말하는데, 이를 유로통화라고 하고, 특히 미국 이외의 지역에 있는 은행에 예치된 달러 예금을 유로달러라고 하며, 역외통화예금을 받는 은행을 유로은행(EUrobank)이라고 부른다. 일반적으로 국제은행업은 국내은행업에 비해 규제가 약하다.

09. 세계화가 확대되면서 전체적으로 금융시장의 규모가 커지고 있다. 2000년에서 2020년 기간에 GDP 대비 은행예금은 88.0%에서 131.7%로 증가하였고, 회사채발행량은 2.0%에서 4.0%로 증가하였으며, 주식시가총액은 67.4%에서 120.7%로 증가하였다. 채권시장이나 주식시장의 성장이 은행예금보다는 빠르게 진행되었음을 보여준다.

10. 국제금융시장이 활성화됨에 따라 외환거래가 빠르게 증가하고 있다. 하루 평균 외환거래량이 2010년 3.9조 달러에서 2022년 7.5조 달러로 대폭 증가하였다. 외환거래량이 빠르게 증가한 원인은 무역량이 증가하고, 금융자유화에 따라 자본이동이 증가했으며, 또 환율 변동의 위험을 헤지(hedge)하기 위한 파생금융거래가 증가했기 때문이다.

11. 한국의 해외직접투자의 변화를 살펴보면, 2005년까지는 유입이 유출보다 많았으나, 2006년부터는 직접투자 유출액이 유입액을 넘어섰다. 그리고 유출액은 전반적으로 증가 추세를 보이고 있다. 이는 우리나라 기업들이 해외에서 직접투자를 활발히 실시하고 있다는 것을 의미한다.

12. 한국의 증권투자 변화를 살펴보면, 2004년까지는 외국인의 국내증권투자가 더 많았으나, 이후에는 우리나라의 해외증권투자가 더 많아졌다. 2013년부터는 우리의 증권투자가 외국인의 국내 증권투자보다 더 많아졌고, 내국인의 해외증권투자는 증가 추세를 보이고 있다.

복습문제

01. 금융의 세계화에서 제도적인 측면과 실질적인 측면에 대해 설명하라.

02. 글로벌 불균형의 원인과 해결 방안에 대해 설명하라.

03. 개도국에서 자본의 수익률이 더 높을 것 같은데, 왜 자본은 선진국으로 더 많이 이동하는가?

04. 유로은행과 국내은행의 차이점은 무엇인가?

05. 국제은행업의 규제와 국제협력의 필요성에 대해 설명하라.

연습문제

01. 금융의 세계화에 대한 다음 물음에 답하라.
1) 금융의 세계화는 어떤 이익을 주는가?
2) 금융의 세계화는 개도국 경제에 긍정적인가 아니면 부정적인가?

02. 글로벌 불균형에 대한 다음 물음에 답하라.
1) 글로벌 불균형의 주요 원인은 무엇인가?
2) 왜 투자율이 높은 중국은 경상수지 흑자이고, 투자율이 낮은 미국은 경상수지 적자인가?
3) 글로벌 불균형이 조정되지 않고 지속되는 이유는 무엇인가?

03. 선진국과 후진국간에 자본이동이 자유롭고, 선진국의 일인당 자본량이 개도국보다 많다고 하자. 이러한 가정에 근거하여 자본이동과 소득수렴에 관한 다음 물음에 답하라.
1) 두 국가의 생산함수가 서로 같다면, 자본은 선진국에서 개도국으로 이동할 것으로 예측된다. 그 이유는 무엇인가? 궁극적으로 두 국가의 소득수준은 수렴하는가?

2) 실제 통계를 보면, 선진국에서 개도국으로 이동하는 자본량은 예상보다 적다. 그 이유는 무엇인가?

04. 사람들의 투자형태를 보면, 수익률이 높은 자산만이 아니라 수익률이 낮은 자산에도 투자한다. 수익률이 낮은 자산에 투자하는 이유는 무엇인가?

05. 국가마다 이자율에 차이가 있다. 그런데 투자행태를 보면, 반드시 이자율이 낮은 국가에서 이자율이 높은 국가로 투자가 이루어지는 것만은 아니다. 사람들이 서로 상대방 국가에 투자하는 교차투자가 나타나는 이유는 무엇인가?

06. 1996년 이후 미국 달러와 유로화로 발행된 채권액이 다른 통화로 발행된 채권액보다 빠르게 증가하고 있고, 특히 1999년 유로통화 출범 이후, 유로통화 발행 채권액이 빠르게 증가하고 있다. 그 이유는 무엇인가?

07. 유로통화란 무엇인가? 그리고 유로통화의 성장요인은 무엇인가?

08. 한국 수출업자가 10만 달러의 상품을 미국으로 수출하고, 10만 달러를 1년 후에 받기로 했다. 한국의 예금이자율은 연 6%이고, 미국의 예금이자율은 연 4%이며, 현재 환율은 1,000원/달러이다. 다음 물음에 답하라.

1) 일년 만기 선물환율을 커버된 이자율평형조건을 이용하여 찾아라.
2) 수출업자가 환위험을 회피하기 위해 1년 후 10만 달러를 팔기로 선물환 계약을 하였다. 수출업자가 1년 후 수출대금을 원화로 환전하면 얼마가 되는가?
3) 2)번과는 달리 수출업자가 환위험을 회피하기 위해 예금을 이용하는 방법을 설명하라.
4) 3)번의 경우, 1년 후 수출업자의 수입은 얼마인가? (1년 후 현물환율이 선물환율과 같다고 하자)
5) 환회피 수단인 2)번 방법과 3)번 방법 중 어느 방법을 이용하느냐에 따라 수입업자의 소득에 차이가 나는가?

23 외채위기와 국제금융위기

금융 세계화는 자본의 효율적 배분을 통한 성장과 발전에 기여했으나, 외채위기와 외환위기의 원인이 되기도 했다. 1980년대에는 중남미 국가들의 외채위기, 1990년대에는 아시아 국가들의 외환위기가 발생했으며, 2008년에는 미국에서 시작된 금융위기가 전 세계적인 금융위기로 확산되었다. 한 국가에서 발생한 금융위기가 다른 국가에까지 부정적인 효과를 미치고 있다. 금융위기가 발생하면 금융 중개 기능이 마비되어 소비와 투자가 위축되고, 이는 경제 침체로 이어진다.

이 장에서는 먼저 개발도상국의 외채위기 원인과 사례를 살펴보고, 이어서 동아시아 외환위기 및 2008년 세계금융위기의 배경과 원인을 알아본다. 끝으로, 1997년 한국이 경험한 외환위기의 원인과 극복 과정, 그리고 외환위기 이후 한국 경제가 어떻게 변화했는지를 알아본다.

제 1 절 해외 차입과 외채위기

1. 외채위기와 금융위기의 정의

금융위기는 일반적으로 금융시스템이 원활하게 작동하지 않는 위기 상황을 말한다. 주로 은행위기와 외환위기를 지칭하지만, 외채위기와도 관련이 있다. 외채위기, 외환위기, 은행위기의 정의는 무엇이고, 서로 어떤 관련이 있는지 알아보자.

외채위기(Debt Crisis)는 어떤 국가가 약속된 기한 내에 외채의 원금과 이자를 갚을 수 없어서 국가파산(sovereign default)을 선언하는 상황을 말한다. 20세기 이전에는 선진국에서도 외채위기가 발생했지만, 오늘날에는 주로 개도국에서 발생하고 있다. 1970년 이후 45번 이상의 외채위기가 있었고, 멕시코(1982년), 아르헨티나(1982년, 2001년), 러시아(1991년, 1998년) 등에서 발생한 국가파산이 그 예이다.

외환위기(Foreign Exchange Crisis)는 중앙은행의 외환보유액이 부족하고 환율이 급등하는 상황을 말한다. 환율이 급등하기 때문에 환율위기(exchange rate crisis)라고도 하고, 외환이 부족하다는 점에서 통화위기(currency crisis)라고도 한다. 환율이 얼마나 급등해야 외환위기로 간주할 것인가에 대해 명확한 기준은 없지만, 선진국은 10~15%의 상승을 위기로 보고, 개도국은 이보다 더 높은 20~25%의 상승을 위기로 본다. 예를 들어, 1992년 유럽의 ERM 위기 때에는 독일 마르크에 대한 다른 국가의 환율이 1년 내에 15~25% 상승했다. 또, 1997~98년 동아시아 외환위기 때에는 한국, 태국, 인도네시아, 러시아의 환율이 50~70%까지 급등했다. 외환위기는 어떤 환율제도에서도 발생할 수 있지만, 고정환율제도에서 발생 가능성이 더 높다. 외환위기는 개도국뿐만 아니라 선진국에서도 발생할 수 있으며, 이 점에서 외채위기와 차이가 있다.

은행위기(Banking Crisis)는 은행 시스템이 불안정하거나 은행 파산으로 인해 금융 중개 기능이 어려워지는 상황을 말한다. 예금자와 차입자를 연결하는 금융중개 기능이 은행의 주요 역할인데, 은행위기 상황에서는 예금인출 사태가 발생하고 새로운 대출이 정지되면서 대출상환이 어려워진 기업들이 파산하게 된다. 이러한 상황은 은행이 보유한 채권의 부실화로 이어져 위기의 악순환을 초래하게 된다. 외채위기나 외환위기가 은행위기로 이어지는 경우가 많다.

외채위기, 외환위기, 은행위기는 서로 연관성이 있으며, 동시에 일어나기도 한다. 외환위기가 외채위기와 은행위기를 초래하는 이유는 다음과 같다. 외환위기로 인해 환율이 급등하면 외채 상환 부담도 급증하게 되어 정부가 이를 갚지 못하는 외채위기나 은행이 파산하는 은행위기가 나타난다. 예를 들어, 환율이 1,000원/달러일 때 1억 달러의 해외부채를 빌렸다면, 원화로 평가한 부채액은 1,000억원이다. 그런데 환율이 갑자기 50%가 상승하면 부채액이 1,500억원으로 50%나 급증하게 된다. 그 결과 부채를 갚기 어려운 상황이 발생하면서 정부 파산과 같은 외채위기와 은행 파산과 같은 은행위기가 발생할 수 있다.

또 외채위기가 외환위기와 은행위기를 초래하는 이유는 다음과 같다. 정부나 민간부문의 해외부채 상환에는 외화자산이 사용된다. 그런데 중앙은행의 외환보유액이 고갈되면, 환율이 급등하면서 외환위기가 발생한다. 또 은행들은 정부부채를 안고 있는데, 정부가 은행에 부채를 상환해주지 못하게 되면 은행이 파산하거나 금융시스템이 붕괴되는 은행위기가 발생하게 된다.

앞에서 살펴본 바와 같이 외채위기, 외환위기, 은행위기는 서로 관련성을 갖고 동시에 발생하는 경우가 많다. 두 가지가 동시에 나타나는 것을 쌍둥이 위기(twin crisis)라고 하고, 세 가지가 동시에 나타나는 경우를 세쌍둥이 위기(triple crisis)라고 한다. 여러 위기가 복합적으로 나타날수록 경제에 미치는 악영향은 더 커진다.

2. 개도국의 외채와 외채위기

1) 차입과 상환

개발도상국들은 경제성장에 필요한 자금을 해외에서 차입하는 경우가 많다. 이로 인해 외채 부담이 증가하지만, 동시에 투자를 확대하여 빠른 경제성장을 달성할 수 있다. 한국도 경제개발 과정에서 부족한 자금을 해외에서 차입하였고, 한국만이 아니라 많은 개도국들이 투자재원을 해외 차입에 의존하고 있다. 개도국들은 선진국에서 빌린 돈으로 투자를 확대하여 이익을 얻고, 선진국들은 개도국에 자금을 빌려줌으로써 높은 수익을 얻는다. 이와 같이 선진국과 개도국은 자본거래를 통해 서로 이익을 얻는다.

국민소득 항등식을 보면, 경상수지는 총저축과 투자의 차이로 정의된다. 즉 $CA = (S_N - I)$이다. 여기서 CA는 경상수지, S_N은 민간저축과 정부저축을 합한 총저축, I는 투자다. 이 식을 통해 투자(I)가 과도하게 증가하면 경상수지 적자가 발생하게 됨을 알 수 있다. 경상수지 적자는 해외차입에 의해 충당되어야 하므로, 경상수지 적자가 계속되면 외채가 증가하게 된다. 따라서 국내 저축이 충분하지 않은 개도국들이 경제성장을 위해 투자를 확대하게 되면 외채가 증가할 가능성이 높아진다.

누적된 외채를 상환하기 위해서는 경상수지가 흑자로 전환되어 외화를 확보해야 한다. 그런데 외채가 생산적인 곳에 투자되면 경제가 성장하고 소득이 증가하여 외채 상환이 가능해지지만, 외채가 수익성이 없는 비생산적인 부문에 사용되면 추후에 외채 상환이 어려워져 위기에 직면할 수 있다. 해외 차입 자체가 문제라기보다는 차입한 자금을 어디에 사용하느냐가 더 중요한 문제이다. 자금을 생산적인 분야에 투자하면 경제 성장을 촉진하는 긍정적 효과를 얻을 수 있지만, 비생산적인 분야에 사용하면 외채 상환이 어려워져 위기 상황에 직면할 수 있다. 따라서 외채 위기는 주로 부적절한 경제 정책, 금융기관의 취약성, 정치적 불안정 등으로 인해 개도국이 외채를 비효율적으로 사용하였기 때문에 발생한다고 볼 수 있다.

개도국들이 해외에서 자금을 조달하는 방법은 다음의 다섯 가지가 있다. 1) 채권 발행을 통한 차입, 2) 은행 대출을 통한 차입, 3) 세계은행 같은 공적기관으로부터의 차입, 4) 외국인 직접투자에 의한 자본 유입, 5) 주식투자에 의한 자본 유입이다. 이러한 자금조달 방식은 부채(debt)와 지분(equity)의 두 가지 범주로 구분할 수 있다. 채권 발행, 은행 대출, 공적기관 차입은 부채 형태의 자금조달이고, 직접투자와 주식투자는 지분 형태의 자금조달이다. 부채형태의 자금조달은 경제상황과 관계없이 원금과 이자를 반드시 상환해야 하는 형태고, 지분 형태의 차입은 경제적 상황이 나빠지면 외국인에게 돌아가는 수익과 배당이 자동적으로 감소하는 형태다. 그러므로 개도국들이 자금을 부채 형태보다는 지분 형태로 조달할 때, 경제상황이 어려워질 때 나타나는 외채위기에 상대적으로 덜 취약하게 된다.

2) 외채위기의 비용

1970년 이후 개도국에서 발생한 채무불이행의 외채위기는 45회가 넘는다. 이러한 위기는 멕시코, 아르헨티나 등 남미 국가에서는 여러 번 발생하였고, 그 외에도 러시아, 남아프리카공화국, 필리핀 등 많은 국가에서도 발생하였다. 앞서 설명했듯이, 외채위기란 정해진 기한 내에 해외채무를 갚지 못해 국가파산을 선언하는 것을 말한다.

채무국이 파산 선언을 하더라도 강제 집행 수단이 없기 때문에 채무국은 파산선언으로 빚을 갚지 않아도 되는 이익을 얻을 수 있다. 그렇다고 파산선언으로 채무국이 이익을 얻는 것은 아니다. 국가파산을 선언하면 해외 차입이 어렵게 되고, 또 국내 금융위기가 동반되면서 심각한 경기침체를 겪을 수 있다. 이 손실이 크기 때문에 국가파산을 선언하기가 쉽지 않다. 어떤 국가가 파산 선언을 하였다면, 이는 그 국가에게는 불가피한 선택이었던 것으로 생각할 수 있다.

외채위기는 은행위기와 마찬가지로 자기실현적(self-fulfilling) 메커니즘이 있다. 예금자들의 예금 인출이 일시에 몰리면 상환요구를 충족시킬 수 없어서 은행위기를 맞이하는 것과 마찬가지로, 외국 투자자들의 상환요구가 일시에 몰리면 채무상환이 어려워져서 파산위기에 몰리게 된다. 물론 이런 위기의 가능성은 국가마다 차이가 있다. 외채가 비효율적으로 사용되는 국가에서 위기 가능성이 더 높다.

〈표 23-1〉은 1970~2000년 기간 동안 발생한 45건의 외채위기를 분석한 결과이다. 요약하면 다음과 같다. 첫째, 외채위기의 평균 지속기간은 약 8년이고, 산출이 연평균 15% 정도 하락한다. 둘째, 외채위기가 단독으로 발생한 경우는 10% 미만이고, 대체로 외환위기와 은행위기를 동반하고 있으며, 약 50% 정도는 세쌍둥이 위기로 나타난다. 그리고 다른 위기가 동반될수록 GDP 손실은 더욱 커진다. 셋째, 외채위기가 외환위기보다 은행위기를 동반하는 경우에 GDP 손실이 더 크고, 위기의 지속기간도 더 길다. 이는 외환위기는 환율 상승으로 수출을 촉진하는 긍정적인 효과가 있는 반면, 은행위기는 민간부분의 자금조달을 지체시켜 투자를 위축시키기 때문이다. 마지막으로 위기의 지속기간이 길어질수록 GDP 손실도 커진다. 이

■ ■ 표 23-1 외채위기 기간 동안의 GDP 손실

외채위기 유형	횟수	평균 지속기간(연)	연평균 *GDP* 손실
외채위기 단독	4	3	1.0
외채위기와 외환위기	13	5	−10.3
외채위기와 은행위기	7	8	−13.2
세쌍둥이 위기	21	10	−21.7
총위기	**45**	**8**	**−15.1**

* 주: 1) 위기이전 GDP 자료를 이용해 추정한 추세값과 실제 GDP와의 차이. 위기 지속기간 동안 누적 차이의 연간 평균값임.
2) 1970~2000년 기간 동안 발생한 외채위기를 대상으로 한 분석임.

* 자료: De Paoli, B, G. Hoggarth, and V. Saporta (2006), "Costs of Sovereign Default," *Bank of England Quarterly Bulletin*, Fall.

는 채무국들이 채무재조정 문제 등에 적극적으로 대처하여 가능한 조기에 금융시스템을 회복할수록 위기의 부정적 영향이 감소한다는 것을 나타낸다.

3) 외채위기의 가능성

채무–성장–부채상환이라는 연결고리가 계속될 수만 있다면, 부채가 많더라도 외채위기는 발생하지 않는다. 부채가 생산적인 부문에 투자되어 경제가 성장하면, 성장의 과실을 이용해 부채를 갚을 수 있기 때문에 파산의 위험은 없다. 그러나 현실적으로 모든 국가에서 이런 연결고리가 작동하는 것은 아니므로 상환 가능성 여부를 판단하는 기준이 필요하다.

이러한 기준의 하나가 '지속가능한 부채(sustainable debt)'라는 개념이다. 한 국가의 외채가 관리 가능한가는 외채의 절대규모가 아니라 *GNP* 대비 외채의 상대적 크기, 즉 외채/*GNP* 비율에 의해 결정된다. 그런데 지속가능한 외채/*GNP*의 비율이 어느 정도인가는 국가의 경제상황에 따라 다르다. 어떤 국가는 낮은 비율에서도 외채위기를 맞이할 수 있고, 어떤 국가는 높은 비율에서도 문제가 발생하지 않는다.

외채/*GNP* 비율의 변화는 다음과 같이 정리된다.[1]

1 $\frac{d(D/Y)}{dt}=\left(\frac{D}{Y}\right)\left(\frac{dD/dt)}{D}-\frac{dY/dt)}{Y}\right)$이다. 여기서 $\frac{dD}{dt}=rD-TB$이고, $\frac{dY/dt}{Y}=g$로 경제성장률이다. 이 두 식을 앞의 미분식에 대입하여 정리하면 식 (**23.1**)이 유도된다. 전자는 이자율이 올라가거나 무역수지가 적자($TB<0$)일 때 부채가 증가하고, 반대로 이자율이 내려가거나 무역수지가 흑자($TB>0$)일 때 부채가 감소함을 말한다.

$$\frac{d(D/Y)}{dt}=(r-g)\left(\frac{D}{Y}\right)-\left(\frac{TB}{Y}\right) \qquad (23.1)$$

여기서 D는 외채, Y는 GNP, r은 외채이자율, g는 경제성장률, TB는 무역수지(trade balance)를 나타낸다.

식 (**23.1**)로부터 외채/GNP 비율은 이자율, 경제성장률, 무역수지 등 복합적인 요인에 의해 결정됨을 알 수 있다. 이자율이 높을수록, 경제성장률이 낮을수록, 그리고 무역수지 적자가 클수록 외채/GNP 비율은 증가한다. 무역수지 적자가 누적되면 외채/GNP 비율이 올라가고 외채위기 가능성이 높아진다. 그리고 외채이자율이 올라가도 이자 부담이 커져서 외채/GNP 비율이 올라가고 외채위기 가능성이 높아진다. 그러나 경제성장률이 높아지면 외채/GNP 비율이 낮아지고 외채위기 가능성이 낮아진다.

외채/GNP 비율이 외채위기 가능성을 판단하는 하나의 기준으로 이용되고 있지만, 어느 정도에서 파산하는가는 국가별로 다르다. 대체로 이 비율은 선진국보다는

그림 23-1 외채/GNP의 비율(1970~2000년 평균)

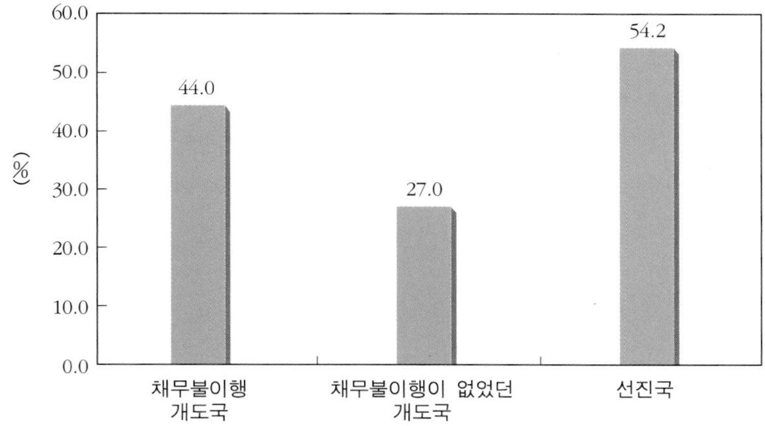

* 주: 1) 채무불이행 국가는 아르헨티나(4), 브라질(7), 칠레(3), 콜롬비아(7), 이집트(2), 멕시코(8), 필리핀(1), 터키(6), 베네수엘라(9)의 9개국이다. 여기서 ( ) 안의 숫자는 1824~1999년 기간 이들 국가의 채무불이행 횟수이다.

2) 채무불이행이 없었던 개도국은 인도, 한국, 말레이시아, 싱가포르, 태국이고, 선진국은 호주, 캐나다, 뉴질랜드, 노르웨이, 영국, 미국이다.

3) 1970~2000년의 평균값이다.

*자료: Reinhart, C, K.S. Rogoff, and M. A. Savastano, "Debt Intolerance," *Brookings Papers on Economic Activity*, 2003.

개도국에서 더 낮다. [그림 23-1]은 1970~2000년 사이에 채무불이행 개도국, 그렇지 않은 개도국, 선진국의 세 그룹으로 구분하여 외채/*GNP* 비율을 보여주고 있다. 채무불이행 개도국의 외채/*GNP* 비율은 그렇지 않은 개도국보다 더 높다. 그런데 선진국들은 개도국들보다 외채/*GNP* 비율이 더 높음에도 불구하고 채무불이행을 경험하지 않았다. 이와 같이 지속가능한 외채의 비율은 국가별로 차이가 있다.

국가별 외채/*GNP* 비율을 살펴보면, 멕시코는 1982년 외채위기 당시 47%였고, 아르헨티나는 2001년 위기 당시 53%였다. 개도국의 경우는 외채/*GNP* 비율이 30~35%를 넘어서면 위기의 가능성이 급속히 높아지는 것으로 본다. 그런데 이것도 국가의 역사적 상황에 따라 다르다. 아르헨티나는 외채/*GNP* 비율이 15%일 때도 외채위기를 맞이하였으나, 말레이시아는 40%가 넘어서도 외채위기가 없었다. 아르헨티나는 인플레이션이 높고 국가파산 선언의 역사가 있어서 투자자가 쉽게 자본을 회수하는 경향이 있어서 낮은 비율에도 외채위기가 발생하였다.

3. 중남미의 외채위기

1) 1980년대 중남미 외채위기

1980년대 광범위하게 발생한 남미의 외채위기는 멕시코 정부가 외채 상환 중단을 발표한 1982년 8월부터 시작되었다. 그 이후 몇몇 중남미 채무국들이 멕시코와 비슷한 상황에 처하게 되었다.

1973~74년 제1차 석유파동으로 원유 가격이 상승하자, 석유수출국들은 엄청난 양의 외화를 벌어들이게 되었고, 이 자금을 선진국 상업은행에 예치하였다. 선진국 주요 은행들은 이 자금을 중남미 국가 등 개도국들에게 대출하였다. 한편 당시 경제개발과 복지지출을 위해 많은 자금이 필요했던 중남미 국가들은 외화차입으로 자금을 조달하였다. 차입이 누적되면서 중남미 국가의 외채가 점점 늘어났다.

그런데 1979년 미국 연방준비은행이 인플레이션 억제를 위해 강력한 긴축정책을 실시함에 따라 미국경제가 경기후퇴기에 접어들었고, 국제금융시장에서는 이자율이 큰 폭으로 상승하였다. 아울러 1979~1980년의 오일쇼크와 세계경제성장률의 둔화로 개도국의 경제도 침체에 접어들었다. 그러자 그간 중남미 국가에게 자금을 공급해오던 국제은행들이 대출을 기피하기 시작하였다. 반면에 경기침체로 소득이 감소한 중남미 국가들은 금리가 높아져 이자 부담이 늘자 추가 차입 없이는 부채 상환이 어렵게 되었다.

남미 국가들로부터 채무 회수가 어려워진 미국 은행들이 은행위기 상황을 맞이하게 되었다. 어떤 은행의 개도국에 대한 대출규모는 그 은행의 자본금보다 더 많았다. 남미의 외채위기가 선진국 은행을 파산의 위기로 몰아갔다. 이 상황은 한 두 은행이 단독으로 해결할 수는 없었다. 모든 은행들이 동시에 새로운 자금 공급을 중단하고 원리금상환을 요구할 경우, 외환보유액이 충분하지 않은 남미 국가들은 파산을 선언할 수밖에 없었다. 이 경우 선진국 금융기관 전체가 부실화될 위험성이 있었다.

위기 방지를 위해서는 새로운 차관을 제공할 수밖에 없었다. 채권기관들은 원리금상환을 연기하면서 새로운 장기차관을 제공하였다. 그러나 구제금융의 제공에도 불구하고 남미 국가들의 상환능력은 크게 개선되지 못하였다. 금융기관의 자발적인 협조만으로는 문제해결에 어려움이 있어서 국제적인 정책협조가 필요하다는 인식이 확산되었다.

1985년 미국 재무장관인 베이커의 주도하에 추진된 베이커 플랜(Baker Plan)은 IMF와 세계은행 등 국제기구가 새로운 자금을 지원하고, 민간금융기관도 채무재조정(rescheduling)을 하거나 신규자금 지원을 확대해야 하며, 개도국들은 경제개혁을 추진해야 한다는 것이 주요 내용이다. 이는 국제기구가 외채부담이 큰 17개국(남미 16개국과 필리핀)에게 상업차관 및 공적차관을 제공하면서 구제금융의 효율성을 제고하고 성장위주의 정책개혁을 추진하는 데 목표를 두었다.

그러나 베이커 플랜은 성공적이지 못했다. 채무국들이 IMF 구조조정 이행기준을 충족시키지 못함에 따라 국제기구의 구제금융 지급액이 매우 미흡하였고, 무임승차(free-rider) 문제 때문에 민간금융기관들의 신규자금 지원도 매우 부진하였다. 여기서 무임승차 문제란 한두 은행의 신규자금 지원으로 채무국 상황이 좋아지면, 여기에 참여하지 않은 다른 채권은행들이 이익을 얻는 상황을 말한다. 이 경우 어떤 은행도 신규자금 지원을 서두르려고 하지 않는다. 베이커 플랜은 개도국의 유동성이 해결되면, 외채 문제가 해결될 것으로 보았다. 그러나 당시의 상황은 단순한 유동성 부족의 문제만은 아니었다.

외채위기가 해소되지 않자, 1989년 3월 미국 재무장관인 브래디는 새로운 해결방안을 제시하였다. 브래디 플랜(Brady Plan)은 베이커 플랜의 기본정책기조에 외채탕감(debt reduction)의 요소를 더했다. IMF와 세계은행 등이 채무국들에게 IMF 구조조정 프로그램을 성실히 이행하는 조건으로 외채경감을 위한 공적차관을 제공하였다. 한편 민간은행들에게는 외채경감이나 새로운 자금 지원 등에 관해 개도국과 다양한 협조방안을 모색하도록 권고하였다.

브래디 플랜은 채무자와 채권자 사이의 직접적인 협상이 외채경감을 촉진하는 데 효율적일 것이라고 생각하였다. 국제금융기관의 공적차관을 협상의 담보로 활용하려고 했다. 1989년 멕시코 외채에 대한 협상 결과, 은행들은 외채의 명목금액을 35% 탕감하든가, 이자율을 낮추는 조건으로 기존 외채를 30년 만기 장기차관과 교환하는데 동의하였다. 외채를 경감하여 상환능력을 제고하는 접근방식은 다른 채무국에게도 적용되었다.

1980년대 외채위기는 주로 중남미 국가에서 나타났지만, 필리핀, 남아프리카공화국 등 아시아와 아프리카 대륙에서도 발생하였다. 1986년 말에는 40개 이상의 국가들이 심각한 외채상환의 어려움에 직면하였다. 1980년대 남미 외채위기로 인해 주요 국제은행들이 붕괴하지는 않았으나, 위기 이후 주요 은행들은 신용등급 하락, 예금보험료 증가, 자금조달비용 증가 등의 불이익을 겪게 되었다. 또한, 외채위기를 겪은 개도국들은 국제신용 회복, 경상수지 적자 축소 등을 위해 고통스러운 구조조정을 추진하였고, 상당 기간 경제성장이 둔화되었다.

2) 아르헨티나의 개혁과 위기의 재발

1980년대 외채위기에 시달렸던 남미국가들에게, 1990년대 초부터 다시 민간자본이 유입되기 시작하였다. 그 요인은 당시 미국의 낮은 이자율과 남미 국가들의 적극적인 개혁정책에 있었다. 1990년대 들어서 남미 국가들은 '잃어버린 10년(lost decade)'이라고 불리는 1980년대의 잘못된 정책과 제도를 개혁해 나갔다. 정부의 역할을 축소하고, 무역장벽을 낮추고, 국영기업을 민영화하고, 금융시장의 효율성을 제고하였다. 과거 외채위기의 요인이었던 각종 제도를 적극적으로 개혁하자, 남미 국가로 다시 자본이 유입되기 시작했다.

과감한 제도 개혁으로 비교적 양호한 성과를 거두었던 아르헨티나도 1990년대 후반 들어서면서 다시 어려움을 겪게 되었다. 1997년 동아시아 외환위기와 통화위원회제도의 부작용이 겹치면서 수출경쟁력이 하락하였고, 이로 인해 경상수지 적자가 늘어나면서 외채가 증가하였다. 아르헨티나의 외채위기는 외환위기와 은행위기로 이어지면서 세쌍둥이 위기(triple crisis)로 확대되었다. 아르헨티나의 개혁과 외채위기의 재발 과정을 알아보자.

1991년 아르헨티나는 고질적인 인플레이션을 종식시키기 위해 미국 달러에 아르헨티나 페소를 고정시키는 통화위원회제도를 채택하였다. 그리고 의회의 동의에 의해서만 교환비율을 바꿀 수 있도록 하였다. 이 제도에서는 중앙정부가 화폐 발행으로 재정자금을 조달할 수 없고, 중앙은행은 자율적으로 통화공급량을 조절할 수 없다. 초기에는 이 제도의 시행이 성공적이어서 1990년 800%이던 인플레이션이 1995년에는 5% 이하로 하락하였다. 1994~95년에는 멕시코 외환위기로 페소화 실질환율이 절상되면서 어려움을 겪기도 했으나, 1997년까지 경제성장이 지속되었다.

그러나 1997년 아시아 외환위기와 1998년 러시아와 브라질의 위기로 개도국의 위험도(risk premium)가 높아지면서 차입이자율이 상승하였다. 이자율 상승으로 아르헨티나의 외채상환 부담이 높아졌다. 또 당시 미국 달러가 절상되었는데, 이로 인해 달러에 고정된 페소화도 함께 절상됨에 따라 아르헨티나의 수출경쟁력이 하락하게 되었다. 더구나 세계적인 경기침체가 겹치면서 아르헨티나의 수출이 급격히 위축되었다. 이자율 상승, 페소화 절상, 세계적 경기침체는 아르헨티나 경제를 침체로 빠져들게 하였다.

경기회복을 위해 재정지출을 확대했으나, 이미 재정적자 상태였던 아르헨티나의 재정적자 폭만 더욱 커졌다. *GDP* 대비 정부부채가 1998년 41%에서 2001년 64%까지 올라갔다. 아르헨티나 경제를 불안하게 생각한 해외 채권자들은 대출을 줄이거나 이자율을 인상하였다. 2001년 중반에 접어들면서 해외투자자들이 적극적으로 자금을 회수하였고, 단기외채를 장기외채로 차환하는 경우에는 이자율을 15%까지 높였다. 해외 차입이 어려워진 정부는 국내 은행에서 자금을 조달하였다. 은행 부채가 증가하자 사람들은 은행이 파산할 위험이 있다고 생각하였다. 사람들의 은행부실 예견이 예금 인출로 이어지면서 은행 부실이 더욱 악화되었다. 2001년 8월 IMF는 아르헨티나의 파산을 방지하기 위해 대규모의 구제금융을 지원하였다. 그러나 문제가 해결되는 않았다.

IMF 구제금융 지원 이후에도 여전히 정부의 재정적자는 해소되지 않았고, 경제는 더욱 악화되어 갔다. 아르헨티나의 경제 회복이 불가능하다고 판단한 IMF는 2001년 11월 더 이상의 구제금융을 지원하지 않기로 결정하였다. 이에 대규모의 예금 인출 사태가 발생하였고, 사람들은 보유자산을 외화로 바꾸어 해외은행에 예금하고자 하였다. 외화의 해외유출이 이어지면서 중앙은행의 외환보유고가 소진되어 갔다. 정부는 자본유출을 통제하였고, 은행 예금을 동결하였다. 국민들이 이에 반발하면서 정치적, 사회적 혼란이 일어났다.

아르헨티나는 2002년 1월에 818억 달러의 채무불이행을 선언하였다. 그리고 페소-달러를 고정시키는 달러연계화제도(dollarization)를 포기하면서, 교환비가 1이었던 페소-달러 환율은 2002년 3월에는 3.9까지 상승하는 외환위기가 나타났다. 외채는 대부분 달러표시 부채였기 때문에, 페소화의 평가절하는 페소화 표시 부채액을 급격히 상승시켜, 은행들의 부채상환이 더욱 어려워졌다. 이에 은행들이 파산하는 은행위기가 나타났다. 은행위기로 금융중개기능이 사라지고, 세금은 인상되고 정부지출은 축소되었으며, 민간수요도 감소하였다. 외채위기와 함께 은행위기, 그리고 외환위기가 동반되면서 아르헨티나 경제는 극심한 침체를 겪게 되었다.

제 2 절 외환위기의 원인과 사례

1. 외환위기의 원인

외환위기는 외환보유액이 부족한 상황, 또는 환율이 급등하는 상황을 말한다. 외환위기의 원인은 다양하다. 위기의 원인은 크게 두 가지, 즉 거시경제정책의 문제와 세계금융시스템의 문제로 구분할 수 있다.[2] 전자의 요인에 의한 위기는 거시경제정책을 사전에 주의하여 실시함으로써 예방가능하다. 그러나 후자의 요인에 의한 위기는 세계적으로 자본 이동 규모가 커지고 변동성이 높아져서 발생한 것이므로 세계 모든 국가가 피하기 어려운 측면이 있다. 즉, 안정적인 거시경제정책을 실시하는 국가도 세계금융시스템이 붕괴되면 위기를 맞이하게 된다.

1) 거시경제정책의 문제

1980년 이후 개도국에서 발생한 수많은 외환위기는 해당 국가의 모순적인 거시경제정책에서 비롯되었다.[3] 확장적 거시경제정책과 고정환율제도라는 두 정책이 서로 모순되면서 위기가 발생했다는 것이다.

확장적 재정정책이나 금융정책은 인플레이션을 발생시키는데, 이때 환율을 고정하게 되면 실질환율이 절상되므로 수출경쟁력이 낮아지고, 이는 경상수지 적자로 이어진다.[4] 경상수지 적자로 인해 외환보유고가 감소하고, 또 환율 고정을 위해 외화자산을 매각하면서도 외환보유고가 감소하게 된다. 이러한 상황이 지속되면 결국 외환보유고가 소진되어 외환위기를 맞이하게 된다는 것이다.

이 모형은 1980년대와 1990년대 남미 국가들의 외환위기를 설명해준다. 이를 좀 더 구체적으로 알아보자. 정부가 재정지출 확대에 필요한 자금을 중앙은행에서

---

2 Eichengreen은 외환위기의 원인을 지속불가능한 거시경제정책, 취약한 금융시스템, 조직의 취약성, 국제금융시장의 결함의 네 가지로 분류하고 있음. 여기서는 이를 재정리하여 두 가지 요인으로 구분함. Eichengreen, Barry(2004), "Financial Instability," Paper presented in Copenhagen Consensus, University of California, Berkeley, Author Homepage.

3 Krugman, Paul(1979), "A Model of Balance of Payments Crisis," *Journal of Money, Credit and Banking*, pp. 311–25.

4 실질환율(q)은 $q=e\cdot\frac{P^*}{P}$이다. 명목환율(e)이 고정된 상태에서 자국의 인플레이션으로 물가 P가 올라가면, 실질환율(q)은 하락한다. 실질환율 하락은 실질환율 절상, 즉 자국화폐가치의 상승을 의미한다.

조달하면서 통화공급량이 증가하고 인플레이션이 발생한다. 그런데 환율이 고정되었기 때문에 수출경력은 떨어지고 경상수지는 적자가 된다. 한편, 앞으로 통화가치가 하락할 것으로 예견한 사람들이 국내 자산을 팔고 달러 등 외화자산을 사들이면서 외환 수요가 증가하고, 이는 다시 환율 상승 압력으로 작용한다. 환율 안정을 위해 중앙은행이 외화자산을 매각하면 외환보유고가 줄어들면서 사람들의 환율 상승 기대는 더 높아가고, 외환 수요는 더욱 증가한다. 결국 외환보유고가 소진되면서 외환위기를 맞이하게 된다. 정리하면, 재정지출의 확대로 인해 재정적자, 통화량 증가, 인플레이션, 실질환율 절상, 경상수지 적자, 자본도피와 같은 거시경제 불균형(macroeconomic imbalance) 문제가 나타나고, 이런 문제들로 인해 환율이 급등하는 외환위기를 맞이하게 된다는 주장이다.

그렇다면 왜 정부는 모순적인 거시경제정책을 실시하는가? 이는 정책결정과정의 취약성 때문이다. 중앙은행의 독립성이 약한 국가에서는 정치가들이 인기 영합에 필요한 재원을 중앙은행의 화폐발행으로 조달하면서 인플레이션이 발생하게 되고, 인플레이션은 고정환율의 유지를 불가능하게 하면서 결국 환율이 급등하는 외환위기가 발생한다는 것이다. 이 이론은 외환위기 예방을 위해서는 중앙은행의 독립과 정책결정과정의 선진화가 필요함을 말해준다.

2) 국제금융시스템의 문제

금융시장 개방이 확대되고 발전함에 따라 국가 간 자본이동의 규모가 증가하고 이동 속도도 빨라졌다. 그 결과 한 국가의 위기가 다른 국가로 신속하게 전파되고 있다. 2008년 미국 서브프라임 모기지 사태로 촉발된 금융위기는 세계적인 금융위기로 확산되었다. 한 국가의 금융위기는 그 나라의 문제만이 아니라 국제금융시스템이 갖고 있는 본질적 문제점에서 출발하기도 한다. 국제금융시스템의 문제점이 무엇인지 알아보자.

① 통화불일치와 만기불일치

국제금융시장에서 은행은 본질적으로 두 가지 취약성이 있다. 하나는 통화불일치 문제이고, 다른 하나는 만기불일치 문제이다. 통화불일치(currency mismatches)는 은행이 외화로 돈을 빌려와 자국 통화로 대출하는 것을 말한다. 즉 차입한 통화와 대출한 통화가 서로 달라서 발생하는 문제를 말한다. 이 경우 환율이 급등하면 외채가 많은 은행의 부채부담이 급등하면서 위기를 맞게 된다.[5] 예를 들어, 환율이

5 Goldstein, Morris and Philip Turner(2004), *Controlling Currency Mismatches in Emerging Markets*, Institute for International Economics.

30% 상승하면, 외채의 국내화 표시 금액도 30% 상승한다. 환율 상승이 은행의 외채부담을 늘리면서 늘어난 부채액을 감당하기 어려운 은행은 파산하게 된다.

통화불일치 문제는 주로 개도국이 안고 있는 문제다. 미국 등 선진국은 해외에서 차입을 할 때 자국통화로 차입을 하므로 상환할 때 환율 변화의 영향을 받지 않는다. 그러나 개도국은 자국통화가 아닌 달러나 유로로 차입을 하므로 환율 변화에 따라 상환부담이 달라진다. 개도국이 자국통화로 차입을 못하는 이유는 국제투자자들이 개도국 통화를 신뢰하지 않기 때문이다. 이처럼 개도국은 국제금융시장에서 자국통화로 차입을 하기 어려운 본질적인 문제를 안고 있다. 그래서 통화불일치 문제를 개도국의 원죄(原罪; original sin)라고 한다.[6]

다음으로 만기불일치(maturity mismatches)는 단기로 자금을 빌려와 장기로 대출하는 것을 말한다. 즉, 차입자금의 만기와 대출자금의 만기가 다름을 말한다. 은행들은 단기로 예금된 자금 중에서 일정 비율만을 인출에 대비하여 남기고 나머지는 장기대출에 사용한다. 만일 투자자들이 일시에 상환을 요구하면, 장기로 대출한 자금을 일시에 회수하기 어렵기 때문에 상환을 못해 파산위기에 빠지게 된다. 비교적 건전한 기업도 모든 채권자가 일시에 상환을 요구하면 파산을 면하기 어려운 경우와 같다. 단기 차입자금 비중이 클수록 급격한 상환 요구에 대응해야 할 부담이 커서 만기불일치 문제에 노출될 가능성이 크다. 즉, 위기의 가능성이 커진다.

[그림 23-2]는 개도국 총외채와 단기외채 비중의 변화이다. 1976년까지 12% 정도이던 개도국의 단기외채 비중이 1977년 20.1%로 급등하고, 1981년에는 22.0%까지 상승한다. 이후 남미 국가를 비롯한 개도국들이 외환위기를 겪으면서 단기외채 상환이 이루어져 그 비중이 1987년 11.2%까지 떨어졌다. 그런데 이후 단기외채 비중이 다시 증가하여 1996년 18.1%까지 올라갔고, 1997년 동아시아 외환위기가 발생하였다. 외환위기가 발생하자 투자자들이 급격히 자금을 회수하면서 2000년에는 13.4%로 떨어졌다. 그러나 2002년부터 단기외채 비중이 다시 증가하여 2007년에는 23.2%까지 상승하였고, 2008년 세계금융위기를 맞이하였다. 세계금융위기 이후 2년간 단기외채 비중이 약간 감소하였으나, 이후 다시 증가하여 2014년 30.4%까지 상승하였다.

[그림 23-2]를 보면, 단기외채 비중이 높을 때 외환위기가 발생하고, 외환위기가 발생하면 단기자본이 회수되면서 그 비중이 빠르게 줄어들고 있다. 이는 단기외채 비중이 높은 상태에서 외국투자자들이 단기자본을 급히 회수하면 외환위기 발생 가능성이 높아짐을 시사한다. 그림을 보면, 외환위기 시기에 따라 단기외채 비중이 상

6 Eichengreen, Barry and Ricardo Hausmann(1999), "Exchange Rates and Financial Fragility, *NBER Working Paper* 7418.

그림 23-2 개도국의 외채총액과 단기외채의 비율

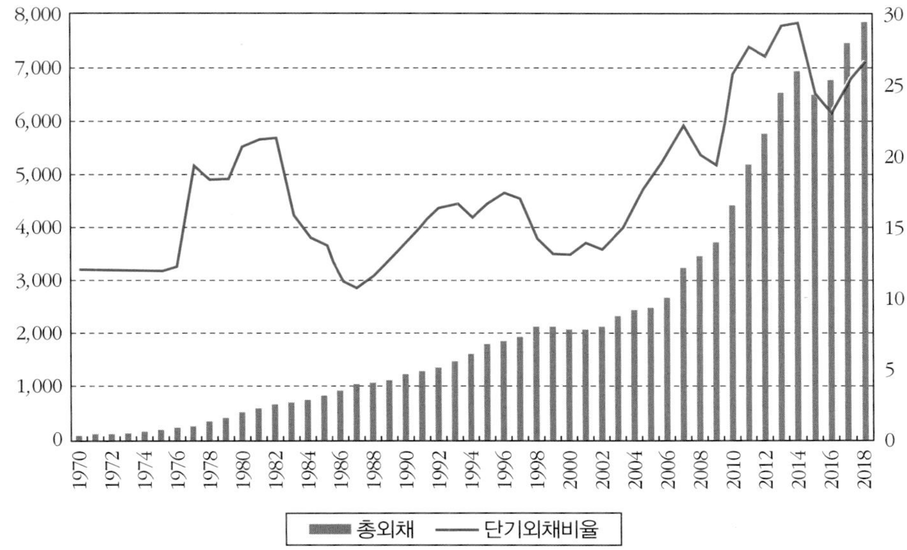

＊주: 1) 여기서 개도국은 세계은행에서 분류한 중위소득국가와 저소득국가 그룹을 말함.
2) 좌측 축은 외채총액(단위: 10억 달러)이고, 우측 축은 총외채에서 단기외채가 차지하는 비중(단위: %)임.

＊자료: World Bank, *World Development Indicators*, 2019.

승과 하락을 반복하고 있지만, 전반적으로 개도국의 단기외채 비중은 점차 상승하고 있다.

② 자기실현적 위기

투자자들이 경제를 불안하게 생각하면 차환(借換)이나 신규대출을 중단한다. 한두 투자자만 이런 행동을 하면 문제가 없으나, 모든 투자자들이 동시에 같은 행동을 하면 일시에 자본이 회수되면서 위기가 발생한다. 일시에 자본을 회수하면 경제여건이 양호한 국가도 위기를 피하기 쉽지 않다. 이처럼 시장의 예상으로 인해 실제 위기가 발생하는 현상을 자기실현적 위기(self-fulfilling crisis)라고 한다.

1992~93년 유럽의 ERM 위기는 일종의 자기실현적 위기였다.[7] 당시 이탈리아, 스웨덴, 핀란드 등에서 경기가 침체되고 실업률이 높아가자, 사람들은 정부가 경기부양책을 쓸 수밖에 없을 것으로 예상하였다. 그리고 경기부양책으로 인해 인플레이션이 발생하면 고정환율이 깨지고 평가절하가 단행될 것으로 예상하였다. 환율 인

7 Obstfeld, Maurice(1994), "The Logic of Currency Crises," *NBER Working Paper*, No. 4640.

상 전에 외화를 사들여 환율 인상 후에 팔면 이익을 얻을 수 있으므로 사람들의 외환수요가 급증하였다. 외환수요가 급증하자 평가절하가 불가피해졌다. 즉, 시장의 예견대로 그 국가의 화폐가 평가절하되는 자기실현적 위기가 나타났다.

③ 도덕적 해이

크루그먼(Krugman)은 1997년 동아시아 외환위기를 도덕적 해이(道德的 解弛; moral hazard) 때문이었다고 설명한다.[8] 외국투자자들은 동아시아지역 기업이 부도를 내더라도 정부가 이를 보증해 줄 것으로 생각하여 기업의 부도 가능성을 고려하지 않고 과다대출을 하였다. 이는 투자자들에게 도덕적 해이가 있었음을 말한다. 그리고 동아시아 금융기관들은 낮은 금리로 차입한 해외자본을 효율적인 부문에 투자하기보다는 정부나 금융기관의 친인척에게 대출을 해주었다. 이러한 연고대부(緣故貸付; connected lending)는 투자의 부실을 초래하였다. 이처럼 개도국 금융기관의 대출에도 도덕적 해이가 있었다.

투자자와 차입자 모두에게 도덕적 해이가 있었다. 이러한 도덕적 해이가 개도국의 과다차입과 비효율적인 투자를 초래하였다. 그리고 과다차입과 비효율적인 투자는 다시 인플레이션과 자산가격의 거품을 일으켰다. 점차 경제의 불안정성이 노출되면서 자산가격의 거품이 꺼지기 시작하자 그 나라 경제를 불안하게 생각한 해외투자자들이 급격하게 자본을 회수하였다. 해외투자자들의 급격한 자본 회수는 외환보유고를 고갈시켜 결국 환율이 급등하는 외환위기를 일으켰다고 본다. 이 이론은 투자자나 채무자의 도덕적 해이로 인한 과다대출과 비효율적인 투자가 외환위기의 원인이었음을 설명한다.

④ 군중현상과 전염효과

금융시장이 통합되면서 한 국가의 자본은 국제금융시장을 통해 다른 국가로 흘러 들어간다. 금융시장에서는 대출자가 차입자에 대한 정보를 완전히 알 수 없기 때문에 비대칭적 정보(asymmetric information)의 문제가 있다. 그런데 국제금융시장은 국내금융시장보다 비대칭적 정보의 문제가 더 크다. 그러다보니 투자자들이 정확한 정보에 근거하지 않고 다른 투자자들의 행동을 따르는 군중현상(群衆現象; herding)의 가능성이 국제금융시장에서 더 크다. 그리고 국제투자가들의 군중현상은 금융시장이 취약한 개도국에서 더 크게 나타난다.

또 금융시장이 통합되면서 전염효과가 더 커지고 있다. 전염효과(傳染效果;

8 Krugman, Paul(1998), "What Happened to Asia," Krugman Homepage.

contagion effect)는 한 국가의 위기가 다른 국가로 전파되어 감을 말한다. 1997년에는 태국에서 시작된 외환위기가 인도네시아를 거쳐 한국으로 전파되었다. 물론 이들 위기를 겪은 국가들은 자체적인 문제가 있기는 했지만, 인근 국가의 어려움이 확산되면서 더 큰 어려움을 겪었다.

2. 동아시아의 외환위기

1) 진행과정

동아시아 외환위기는 1997년 7월 태국에서 시작되었다. 이후 말레이시아, 필리핀, 인도네시아, 한국으로 확산되면서 이들 국가들의 환율이 급등하였다. 태국 등 동아시아 외환위기의 발생과정을 알아보자. 한국의 사례는 다음 절에서 상세히 다루기로 한다.

건전한 정부재정, 낮은 인플레이션율, 그리고 비교적 높은 경제성장률을 달성한 동아시아 국가들에 대해 외국투자자들의 신뢰는 높은 편이었다. 게다가 1990년 초반 유럽과 일본 경제는 침체상태였다. 그래서 상대적으로 양호한 동아시아 국가로 자본이 유입되었다. 외환위기 직전인 1996년 태국의 경상수지 적자는 *GDP* 대비 8%나 되었고, 이 경상수지 적자는 자본유입으로 보전되었다.

당시 동아시아 국가들은 고정환율제도를 채택하고 있었다. 그런데 달러가치가 올라가면서 달러에 고정(peg)시켰던 동아시아 국가들의 화폐도 함께 절상되었다. 반면에 1994년 중국이 위안화를 절하시켰고, 일본 엔화 가치도 하락하고 있었다. 이런 환율 변화는 동아시아 국가들의 수출 경쟁력을 약화시켜 이들 국가의 경상수지 적자를 확대시켰다.

환율제도외에 금융기관에도 문제가 있었다. 기업의 지배구조가 가족중심이어서 기업정보가 부실하거나 투명하지 못했다. 금융기관들은 기업의 위험도를 제대로 평가하지 못하고, 효율적인 기업보다는 친인척 등 연고가 있는 기업에게 대출을 해주는 문제점이 있었다. 나아가서 단기로 차입한 해외자본을 부동산 투자 등에 장기로 대출하는 만기불일치 문제가 컸다.

차입한 자본이 제조업 등 생산적인 부문보다는 부동산 등 비효율적인 부문에 투자됨에 따라 자산가격에 거품이 발생하였다. 이는 인플레이션을 초래하였고 인플레이션으로 인해 실질환율이 절상되면서 수출이 감소하고 경상수지 적자가 확대되었다. 경상수지 적자가 커지자 태국 경제에 대한 신뢰가 약화되면서 사람들은 태국 바트화(Baht) 가치의 하락을 예상하게 되었고, 이에 태국 바트화를 팔고 달러를 구입하려는 사람이 늘면서 환율 상승 압박이 커져갔다. 그리고 이를 불안하게 생각한 해외투자자들은 차환과 신규대출을 중단하였다. 자금이 경색되면서 금리가 인상되고 경기침체로 이어졌다. 경기가 침체되자 자산가격 거품이 꺼지고 또한 기업의 대출금 상환이 어려워지면서 은행에 부실채권이 쌓여갔다. 은행 부실은 해외투자자의 자금회수를 더욱 자극하였다. 결국 외환보유고가 소진되면서 환율이 급등하였다. 1997년 7월에서 10월까지 태국 바트화 가치는 60%나 하락하였다.

태국의 외환위기 이후, 9월 인도네시아, 11월 한국이 외환위기를 겪게 되었고, 이후 멀리 브라질, 러시아까지 외환위기가 확산되었다. 전염 경로로 두 가지를 생각해 볼 수 있다. 하나는 태국에서 자본회수에 어려움을 겪은 투자자들이 다른 나라에 대출한 자본을 회수하면서 다른 국가로 위기가 전염되었다는 설명이다. 다른 하나는 태국의 평가절하로 다른 나라의 수출경쟁력이 하락하면서 이들 국가의 평가절하도 불가피해졌다는 것이다. 즉, 태국 경제가 어려워지면서 인근 국가의 경제가 함께 어려워져 위기가 전파되었다는 설명이다.

동아시아 국가들은 1998년 극심한 경기침체와 음(−)의 경제성장률을 기록하였지만, 1999년에는 위기를 겪은 모든 국가의 경제성장률이 양(+)으로 돌아섰다. 1999년 태국의 경제성장률은 4.2%였고, 한국의 경제성장률은 9.5%나 됐다. 동아시아 국가들은 외환위기를 경험한 다른 지역의 국가들에 비해 매우 짧은 기간에 위기를 극복하였다. 회복이 빨랐던 주요 원인은 외환위기 이전에 동아시아 국가들의 거시경제여건이 비교적 건전했고, 경제구조도 양호했기 때문으로 해석된다. 하지만 외환위기로 인한 극심한 경기침체의 후유증을 완전히 회복하는 데는 이후에도 많은 시간이 걸렸다.

2) 동아시아 외환위기의 원인

1997년 동아시아 외환위기의 원인에 대해서는 다양한 견해가 있다. 래들렛과 삭스(Radelet and Sachs)는 동아시아 외환위기의 원인으로 국제경제여건의 변화, 동아시아경제의 취약성 심화, 국제자본시장의 불안정성 등을 거론하고, 이 중에서 국제자본시장의 불안정성이 가장 큰 요인이었다고 주장한다.[9] 동아시아 국가들은 장기적으로는 채무상환 능력이 있었음에도 불구하고, 국제상업은행이 단기적으로 채무의 차환(rollover)을 거절하고 상환을 요구함에 따라 외환위기가 발생하였다고 설명한다.

이에 비해 크루그먼(Krugman)은 도덕적 해이(moral hazard)가 동아시아 외환위

---

9 Radelet, S. and J. Sachs(1998), “The East Asian Financial Crisis: Diagnosis, Remedies, Prospects,” *Brookings Papers on Economic Activity*, pp. 1−74.

기의 원인이었다고 한다.[10] 외국투자자들은 기업이 부도를 내더라도 정부가 이를 보증해 줄 것이라는 생각에 과다 대출을 하였고, 개도국 금융기관들은 차입한 자금을 효율적인 기업보다는 친척이나 연고가 있는 기업들에 대출하였다. 차입국 정부를 믿고 과다대출을 한 외국투자자들의 도덕적 해이가 있었고, 차입한 자본을 효율적으로 배분하지 않고 연고자에게 배분하는 개도국 금융기관들의 도덕적 해이가 있었다고 본다. 투자자와 차입자의 도덕적 해이가 과다대출과 비효율적 배분으로 연결되면서 기업부실, 은행부실, 그리고 외환위기가 발생했다고 설명한다.

또한 동아시아 국가들의 금융감독시스템이 후진적이었던 것도 문제였다. 외환위기 발생의 요인이 되었던 금융위험의 관리 실패, 기업회계제도의 투명성 결여, 금융자료의 신뢰성 결여, 무분별한 단기외화차입의 증가 등은 모두 금융감독시스템이 제대로 작동되지 못하였음을 말해준다.

동아시아 외환위기의 원인에 대해 사람들마다 견해 차이가 있으나, 1990년대 들어서 동아시아 국가로 해외자본이 대규모로 유입된 것이 위기의 발단이었다는 데에는 이견이 없다. 특히 단기부채의 급속한 증가가 문제였다. 해외차입의 증가는 국내 투자와 수입을 증가시켜 경상수지 적자폭이 확대되었고, 또 자본유입이 물가상승을 초래하여 실질환율이 절상되고 수출경쟁력이 떨어졌다. 그리고 해외자본 이동의 변동성이 커지면서 외환시장과 금융시장의 불안정성이 증가하였다.

이러한 분석은 동아시아 국가가 금융시장개방과 해외자본관리에 보다 신중하였더라면 외환위기의 발생을 어느 정도 사전에 예방할 수 있었음을 의미한다. 금융시스템을 적절히 관리, 감독할 수 있는 경험과 능력이 부족한 상태에서 너무 빠르고 신속하게 금융시장을 개방한 것이 외환위기 발생의 원인으로 작용하였다. 따라서 외환위기 예방을 위해서는 금융시장개방 이전에 금융시스템 안정화가 선행되어야 함을 시사한다.

3) 위기극복 정책의 적절성 문제

동아시아 국가들은 다른 지역의 국가들에 비해 매우 빠르게 위기를 극복하였다. 그런데 외환위기 극복과정에서 실시된 몇 가지 정책이 부적절했다는 견해가 있다. 위기 이전의 동아시아 국가들은 다른 지역의 개도국에 비해 경제성장률도 높았고, 재정수지도 비교적 건전했다. 그런데도 불구하고, 이런 경제적 특성을 고려하지 않고 다른 지역과 동일한 위기극복 정책을 처방함으로써 오히려 문제를 확대한 측면이 있다는 비판이다. 이를 세 가지 측면에서 살펴보자.

---

10 Krugman, Paul(1998), “What Happened to Asia,” Krugman Homepage.

첫째는 IMF가 위기 극복 방안으로 금리 인상을 요구한 것이 문제라는 주장이다. 당시 금리 인상은 기업들의 부채부담을 가중시켜 파산하는 기업이 늘어났고 경기침체를 심화시켰다. 남미의 경우에는 재정적자가 많고 인플레이션이 높았기 때문에 금리인상이 필요했지만, 동아시아 경제는 인플레이션도 낮고 재정수지도 비교적 건전했기 때문에 금리인상은 필요하지 않았다는 주장이다. 그런데 금리를 인상함으로써 경기침체가 심화되어 더 극심한 고통을 겪게 되었다는 지적이다. 하지만, IMF 정책을 옹호하는 사람들은 극심한 외환부족과 급등하는 환율 상승을 예방하기 위해서는 금리 인상이 불가피했다고 주장한다.

일반적으로 경상수지가 흑자고 외환보유고가 충분한 국가에서는 위기 상황에서 금리를 인하하여 경기침체를 극복하는 것이 올바른 정책이다. 한국은 1997년 외환위기 당시에는 금리를 인상하였으나, 2008년 세계금융위기 당시에는 금리를 인하하였다. 1997년 한국은 경상수지가 적자였고 외환보유고가 부족했기 때문에 외환시장 안정을 위해 금리를 인상했다. 그러나 이는 경기침체를 심화시킨 부작용을 자아냈다. 반면에, 2008년 한국은 경상수지가 흑자였고 외환보유고도 충분하여 환율이 급등하는 등 외환시장이 몹시 불안하였지만 금리를 인하하여 경기침체를 완화하였다. 한국의 경우 외환위기 상황에서 외환관리를 위해 금리를 인상하기보다는 국내 경기침체 극복을 위해 금리를 인하하는 것이 보다 적절한 정책 대응이었음을 알 수 있다.

둘째는 금융기관의 도덕적 해이와 구제금융에 관한 문제다. IMF의 구제금융이나 정부의 구제금융이 금융기관의 부실대출을 키우는 경향이 있다는 주장이다. 금융기관들이 부실대출이 발생하더라도 구제금융 지원을 받아 회수가 가능하다고 생각하면, 차입자의 신용평가를 부실하게 하여 과잉대출을 할 가능성이 높아진다. 그리고 위험도를 고려하지 않고 수익률이 높은 대출만을 선호하는 도덕적 해이가 나타난다. 도덕적 해이를 방지하기 위해 구제금융의 지원을 축소하거나 엄격하게 해야 한다고 주장한다. 그러나 당시 많은 은행과 기업이 파산했다는 점에서, 구제금융만을 믿고 금융기관들이 방만한 대출을 했다고 말할 수는 없다. 또 금융기관의 파산은 경제 전체에 큰 부작용을 초래하기 때문에 금융기관에 대한 구제금융은 불가피한 측면이 있다.

마지막은 위기 상황에서 자본유출의 단기적 통제가 바람직한가의 문제다. 1997년 말레이시아는 자본유출을 단기적으로 통제함으로써 말레이시아 링깃(ringgit)의 절하를 방지하는 데 성공하였다. 자본통제(capital control)는 국제투자자에게 대출을 꺼리게 하는 요인이 되어 차입을 어렵게 하기 때문에 부정적인 측면이 더 크다는 견해가 있다. 그러나 당시 자본통제를 실시한 말레이시아는 다른 국가에 비해 경제회복에 어려움을 겪지 않았고 성과도 좋은 편이었다. 그런데 당시 자본통제를 하기보다는 자본시장을 더욱 개방한 한국도 다른 어떤 국가보다 빠르게 회복하였다. 따라서 위기 상황에서 자본통제가 바람직한가에 대해서는 결론을 낼 수 없다.

3. 외환위기의 예방

외환위기의 원인은 다양하고, 국가마다 그 원인이 서로 같지 않다. 외환위기의 사전 예방은 쉽지 않지만, 위기의 가능성을 줄이고, 또 위기가 발생하더라도 그 피해를 최소화하기 위한 조치는 필요하다. 필요한 조치로는 건전한 거시경제정책 시행, 안정적인 금융시스템 운영, 올바른 환율제도 채택, 충분한 외환보유고 확보, 자본시장 개방 정도 등을 들 수 있다. 어떤 정책이 더 바람직한가는 국가의 경제상황에 따라 달라진다.

1) 거시경제정책의 건전성

거시경제 불균형은 위기의 요인이 된다. 과도한 재정지출 확대는 재정수지 적자, 경상수지 적자, 그리고 인플레이션으로 연결되어 통화가치의 유지를 어렵게 한다. 남미 국가의 외환위기는 정부의 과도한 재정지출 확대와 통화량 증가에 의한 높은 인플레이션에서 비롯된 측면이 크다. 거시경제 불균형으로 인해 외환위기가 발생하면, 경기침체를 해결하기 위한 재정지출 확대나 금리 인하가 불가능하여 위기가 심화되고 장기화되는 경향이 있다.

거시경제 불균형 정도가 크지 않은 국가에서 외환위기가 발생하면, 거시경제정책 사용이 자유로워 위기 극복이 보다 용이하다. 동아시아 국가들의 위기 극복이 남미 국가들보다 더 빨랐던 것은 이런 이유다. 동아시아 국가들은 1997년 위기 시에 거시경제 불균형이 심하지 않아 적절한 거시경제정책을 사용함으로써 비교적 단기간에 위기를 극복하였다. 반면에 남미 국가들은 위기 이전 거시경제 불균형이 심해서 거시경제정책의 사용이 제한적이었고, 그 결과 위기 극복이 쉽지 않았다. 따라서 위기 예방을 위해서도, 그리고 위기 극복을 위해서도 평상시에 안정적인 거시경제 운영이 필요하다.

2) 안정적인 금융시스템 운영

금융기관의 도덕적 해이, 경영의 비효율성, 불투명한 금융관행, 부적절한 감독과 규제 등 취약한 금융시스템이 외환위기의 원인이 된다. 안정적인 금융시스템 구축을 위해 금융기관의 감독과 규제를 강화하고, 은행의 정보를 투명하게 공개해야 한다. 또 중앙은행 독립이 필요하고, 정부는 국내은행을 부당하게 관리해서는 안 된다. 그리고 은행과 기업들은 단기외채 차입 비중을 줄여야 한다.

금융기능이 정지되면 경제 전체에 문제가 발생하기 때문에, 금융기관이 파산하지 않도록 정부가 구제금융을 지원하는 경향이 있다. 그래서 금융기관들은 자신들이 쉽게 파산하지 않는다고 생각한다. 이런 생각은 대출에 있어서 도덕적 해이를 가져온다. 즉, 연고대부 형태의 비효율적인 대출 가능성이 나타난다. 특히 개도국에서는 정부가 은행에 대한 통제력을 갖고 있어서 정책자금 대출을 요구하거나, 또 친인척이나 연고자에게 대출하도록 압력을 넣는 경우가 있다. 이러한 대출은 비효율적이어서 부실화될 가능성이 높다. 금융기관의 도덕적 해이를 완전히 해소하는 것은 불가능하지만, 이를 최소화하도록 은행제도를 개선해야 한다.

3) 올바른 환율제도의 선택

개도국들은 자국 통화가치를 안정시키고, 외자 유치를 위해 고정환율제도를 채택하는 경향이 있다. 그런데 인플레이션이 높은 개도국이 고정환율을 유지하면 실질환율이 절상되어 수출경쟁력이 저하되고 경상수지 적자가 불가피해진다. 고정환율제도에서는 환율 변동이 신축적이지 못하므로 환율 인상이 지체되는 경향이 있다. 그리고 누적된 요인이 급격한 환율 조정으로 나타난다. 인플레이션이 높은 경제가 고정환율제도를 유지하는 경우 환율이 급등하는 외환위기 가능성이 높아진다.

1997년 한국의 외환위기는 환율 변동 지체가 한 요인이었다. 1997년 11월 960원/달러이던 환율이 외환위기 이후 1,900원까지 올라갔다. 이는 외환위기 이전에 원화가 지나치게 고평가되었음을 시사한다. 외환위기 이전에 비교적 신축적으로 환율이 변동하였다면, 일시에 나타나는 급속한 환율상승의 위기는 없었다고 본다. 보다 유연한 환율제도는 외환위기를 방지하는 효과가 있다.

외환위기 발생 이후 동아시아 국가들은 대부분 자유변동환율제도로 전환하였다. 자유변동환율제도에서는 대외거래의 불균형이 환율변동으로 자동 조정되므로 국제수지 불균형에 의한 위기의 가능성이 낮아진다. 다만, 변동환율제도에서는 환율 변동의 불안정성이 커지고 통화가치의 신뢰성이 낮아지는 단점이 있다.

4) 자유화 조치의 우선순위

개도국에서 무역자유화와 자본자유화를 동시에 시행하는 것은 쉽지 않다. 따라서 어느 부문의 자유화가 먼저인가에 대한 고민이 있다. 대체로 개도국에서는 자본자유화보다 무역자유화를 먼저 시행하는 것이 바람직하다고 한다.[11] 자본자유화가 우

11 Yotopoulos, Pan A. (1996), *Exchange Rate Parity for Trade and Development: Theory, Tests,*

선되는 경우, 자본 이동의 변동성이 높아지면서 빈번한 환율변화가 나타나게 되고, 이는 무역의 장애요인으로 작용한다. 특히 국내 금융부문이 취약한 상태에서 자본자유화를 추진하면, 해외로부터 무분별한 자본차입이 이루어질 수 있고, 또 일시에 자본이 유출되는 경우 외환위기를 겪게 된다. 실제로 실증연구들은 개도국의 자본자유화가 경제성장 촉진 효과가 있음을 보여주지 못하고 있다.[12]

한국의 경우는 무역자유화에 비해 자본자유화의 속도가 비교적 서서히 이루어졌다. 그럼에도 불구하고, 1990년대 들어 자본자유화가 확대되면서 단기외채가 급속히 증가하였고, 이것이 1997년 외환위기의 원인이 되었다. 당시 한국의 후진적인 금융시스템이 위기의 가능성을 높였다. 위기의 가능성을 낮추기 위해서는 자본시장을 개방하기 이전에 국내 금융기관의 경쟁력 확보가 선행되어야 한다.

제 3 절 2008년 세계금융위기

한 나라의 은행위기나 외환위기는 그 나라의 경제에 불안정성을 야기할 뿐만 아니라, 다른 나라로 확산되면서 국제금융시스템을 불안정하게 한다. 1997년 동아시아의 외환위기는 1998년 러시아, 2001년 아르헨티나의 외채위기로 파급되었다. 당시는 몇몇 개도국이 위기를 겪었을 뿐, 선진국 경제에 미치는 영향은 크지 않았다. 그러나 2008년 미국의 서브프라임 모기지 사태는 전 세계 은행위기로 확산되었고, 또 세계경제의 침체를 가져왔다. 2008년 세계금융위기의 발생과정, 확산과정, 원인을 알아보자. 이는 한 국가의 위기가 어떻게 다른 국가로 전파되고, 왜 세계경제의 침체를 가져오는가를 보여준다.

1. 미국 서브프라임 모기지 사태

2008년 9월 미국의 리먼 브러더스(Lehman Brothers)가 파산을 선언하면서 2007년부터 계속되던 미국 서브프라임 모기지 사태는 세계경제를 위기로 몰아갔다.

---

and Case Studies, Cambridge: Cambridge University Press.

12 Prasad, E.S., K. Rogoff, S-J. Wei, and M. A. Kose(2003), "Effects of Financial Globalization on Developing Countries: Some Empirical Evidence," *IMF Occasional Paper* 220.

2001년 IT버블로 인한 경기침체를 극복하고자 미국은 이자율을 인하하였다. 유동성이 풍부해진 은행들은 수익률을 올리는 수단으로 주택담보대출을 경쟁적으로 늘렸고, 이는 서브 프라임 모기지 대출의 증가로 이어졌다. 서브프라임 모기지(비우량 주택담보대출, sub-prime mortgage)는 신용도가 낮은 저소득층에게 주택을 담보로 하여 우량금리보다 높은 금리로 돈을 빌려주는 것을 말한다. 모기지 업체는 주택담보대출 채권을 2차 모기지 시장에 팔아서 자금을 확보하고, 이 자금을 다시 신규대출 재원으로 활용하였다. 따라서 서브프라임 모기지가 부실해지면, 이를 기반으로 발행된 채권 모두가 부실해지므로 부실화 문제가 금융시장 전반으로 확산될 수밖에 없었다.

주택가격이 상승하는 동안에는 서브프라임 모기지의 부실 가능성은 없었다. 그런데 2004년부터 미국 경제가 회복세로 전환되자 유동성 과잉문제를 해소하기 위해 미국 연방은행(FRB)은 금리를 인상하기 시작하였다. 2003년 6월 1%까지 내려갔던 금리는 점차 인상되어 2006년 6월 5.25%까지 크게 상승했다. 높은 금리로 인해 주택대출금 상환부담이 증가하였고, 이를 감당하지 못한 차입자들이 매물을 내놓으면서 주택가격이 하락세로 반전하였다. 금리 인상과 주택가격 하락으로 주택대출 연체율이 증가하였고, 특히 소득 수준이 낮은 사람들에게 대출되었던 서브프라임 모기지 연체율이 급증했다. 서브프라임 모기지 연체율이 급증함에 따라, 이를 기반으로 개발된 MBS, CDO 등의 파생금융상품 시장가치가 하락했고, 이에 투자했던 대형 금융기관들의 손실이 증가해 갔다.

2007년 들어 HSBC 등 주요 금융기관들이 서브프라임 모기지 대출로부터 막대한 손실을 보고하였고, 2008년 들어서도 몇 개의 금융기관들이 파산 위기에 직면하거나 파산하였다. 특히 미국 모기지 시장의 절반을 담당하였던 모기지 보증업체 페니메이(Fannie Mae)와 프레디맥(Freddie Mac)이 서브프라임 사태로 인한 부채 급증으로 파산위기에 처하자, 2008년 9월 미국정부는 이 두 기관에 각각 1,000억 달러씩의 공적자금을 투입하였다. 일주일이 지난 9월 15일 미국 4위 투자은행인 리먼 브라더스(Lehman Brothers)가 파산보호 신청을 하였다. 그리고 서브프라임 모기지 관련 파생상품에 투자한 유럽의 금융기관들이 막대한 손실을 보거나 파산하면서 서브프라임 사태가 미국에서 유럽으로 확산되었다. 많은 유럽은행들이 파산하였고, 유럽의 은행위기는 남유럽국가들의 재정위기로 이어졌다.

미국 금융시장의 혼란은 실물경제로 전이되었다. 즉, 대형 금융기관들의 부실과 파산은 제조업의 침체로 확산되었다. 2009년에는 크라이슬러와 GM이 차례로 파산보호 신청을 하였고, 미국 제조업부문에서 연쇄적인 실업사태가 발생하게 되었다. 소비와 투자의 감소로 인해 고용이 감소하면서 실업률이 크게 증가했다. 미국 실물

그림 23-3 서브프라임 모기지 사태와 주가지수의 동반 변동

* 주: 각 국가의 주가지수 변화를 비교하기 위해 주가차트를 중복시켰음.
* 자료: 부국증권 홈페이지, http://bookook.globalwatch.co.kr/, 2011.

경제의 위축은 빠르게 전 세계 경제로 확산되었다. 미국 부동산시장에서 발생한 서브프라임 사태는 유럽만이 아니라 개도국으로 번지면서 국제금융시장의 불안과 세계 경제의 침체로 이어졌다.

[그림 23-3]은 2008년 4월부터 2011년 3월까지 미국, 영국, 한국의 주가지수 변화이다. 세 국가의 주가지수가 유사한 변화를 보이며 변동함을 알 수 있다. 그림에서 보듯이, 2008년 9월 서브프라임 모기지 부실이 세계금융위기로 확산되면서 미국은 물론 영국과 한국의 주가지수도 급락하였다. 주가지수의 동반하락은 미국의 금융시장 불안이 세계경제의 침체로 확산되었음을 말해준다. 대부분의 국가에서 주가지수가 4-5개월 동안에 약 50%나 급락하였고, 경기가 극심한 침체에 빠져들었다. 이후 국제금융시장의 안정을 위한 국제 공조가 강화되고, 미국 연방준비은행과 유럽중앙은행 등 각국 중앙은행들이 대규모 유동성을 공급하는 등 서브프라임 사태의 해결에 강력한 의지를 보이면서 금융시장의 불안정성이 점차 해소되고, 주식시장은 다시 안정을 되찾아 갔다.

증권화(Securitization)

2008년 세계금융위기의 주요 원인 중 하나는 증권화에 있다. 증권화(Securitization)란 부동산과 같은 자산이나 채권을 분류해 양도 가능한 증권으로 바꾸는 금융절차를 말한다.

서브프라임 모기지가 MBS, CDO, CDS의 형태로 증권화되는 과정을 살펴보면, 부실위험이 어떻게 배가되어 미국경제와 세계경제를 흔들어 놓았는지 이해할 수 있다. 모기지 대출기관은 주택대출채권을 자산유동화 회사에 판매하고, 자산유동화 회사는 모기지 채권을 다시 주택저당증권(MBS)으로 증권화한다.[13] MBS는 다시 타 금융상품들과 함께 결합되어 부채담보부증권(CDO) 등의 형태로 재증권화 되고, 이 증권은 다시 다른 증권을 발행할 때 담보로 활용된다. 증권화 과정에서 불량채권에 우량채권을 섞어 새로운 증권의 신용도를 높이고, 또 은행이나 보험회사로부터 신용부도스왑(CDS)을 매입하여 채권의 신용도를 높였다. 또 은행이나 보험사들은 자신들이 발행한 CDS를 시장에 유통시켰다. CDS가 시장에 유통되면서 채권이 부도가 나면, 누가 그 부담을 져야 하는지를 알 수 없게 되었다. 이처럼 파생금융상품이 제3자에게 판매되면서 채권·채무 관계가 매우 불투명해졌다.

이렇게 설계된 채권은 구조적 위험을 안고 있었으나, 이러한 위험이 신용평가기관에 의해 제대로 평가되지 않았다. 금융상품이 복잡하여 신용평가기관이 신용도를 정확하게 평가하기 어렵게 된 측면이 있었고, 또 신용평가기관은 금융상품 개발자에게서 수수료를 받기 때문에 의뢰된 금융상품의 위험도를 낮게 평가하는 경향이 있었다. 반면 투자자들은 금융상품의 위험도를 평가할 능력이 부족하기 때문에 신용평가기관의 평가 결과를 신뢰할 수밖에 없었다.

증권화 과정에서 수많은 금융기관이 복잡하게 얽히면서 최초 대출채권 발행자와 최종 투자자 사이의 간격이 커졌고, 또 채권의 위험도가 과소평가되었다. 증권화에 관련된 금융기관, 보증회사, 신용평가기관 등은 채권의 위험도를 면밀하게 검토하기보다는 채권부실화의 위험을 다른 기관에 떠넘기는 양상을 띠고 있었다. 결과적으로 서브프라임 모기지 대출의 신용위험이 최종 투자자에게 전가되었다. 증권화 과정에 관련된 금융기관들의 전반적인 도덕적 해이가 상황을 더욱 악화시켰다.

〈용어 설명〉

* ABS(Asset-Backed Securities; 자산유동화증권): 자산을 근거로 발행되는 증권
* MBS(Mortgage Backed Securities; 주택저당증권): 주택을 담보로 장기대출을 해준 주택저당채권을 자산으로 하여 발행한 증권으로 자산담보부증권(ABS)의 일종.
* CDO(Collateralized Debt Obligation; 부채담보부증권): 회사채나 금융회사의 대출채권 등을 한데 묶어 유동화시킨 신용파생상품.
* CDS(Credit Default Swap;): 부도에 대한 피해를 보증해주는 파생금융상품.

13 자산유동화 회사에는 지니메이(Ginnie Mae)와 같은 정부기관, 패니메이(Fannie Mae)와 프레디맥(Freddie Mac)과 같은 정부지원기관, 리먼 브라더스(Lehman Brothers)와 같은 일반 금융기관이 있다.

2. 미국 금융위기의 국제적 확산

1) 국제적 확산

미국 서브프라임 모기지 사태는 유럽, 캐나다, 호주, 아시아 등 전 세계 금융시장으로 그 충격이 확산되었다. 많은 유럽은행들이 파산하였고, 세계 전체적으로 주가지수가 폭락하였다. 차입과 대출, 그리고 신용보증으로 서로 얽혀 있는 금융기관이 전반적으로 어려움을 겪으면서 실물경제가 침체되고 국제무역이 위축되었다.

특히 그리스, 포르투갈, 스페인, 이탈리아 등 남유럽국가에서는 재정위기로 번지면서 국채금리가 급등하고 국가 부도 위험이 높아지는 등 상당기간 동안 세계경제에 어려움을 주었다. 또 개도국에서는 외환위기로 변형되면서 세계금융위기의 부작용은 더욱 심화되었다. 선진국 금융기관들이 투자자금을 회수하는 과정에서 개도국들은 유동성 위기에 직면하게 되었고, 다시 개도국의 위기는 선진국 은행의 부실을 불러왔다.

아시아 금융기관들은 서브프라임 모기지에서 파생된 금융자산 보유액이 많지 않아 직접적 피해는 크지 않았다. 그리고 동아시아 국가들은 상당한 양의 외환보유액을 가지고 있었기 때문에 큰 영향이 없을 것으로 예측되었다. 하지만 금융위기가 세계적으로 확산되면서 이들 국가의 위기 가능성도 높아졌다. 유동성 문제에 직면한 선진국 금융기관들이 해외에서 투자자금을 급격히 회수하면서 아시아 신흥국들의 주가와 통화가치가 하락하였다. 특히 단기차입 비중이 높고, 인플레이션율이 높고, 경상수지 적자를 겪고 있던 국가들의 외환위기 가능성이 높아졌다.

세계경제 침체에 따라 동유럽 국가들도 경상수지 적자가 늘어나면서 채무불이행 가능성이 높아졌다. 이는 동유럽에 많은 대출을 했던 서유럽 은행들의 부실로 확산될 우려가 있었다. 2008년 11월 헝가리, 아이슬란드, 우크라이나 등 7개국이 IMF에 구제금융을 요청하였다. 그리고 급격한 자본유출로 인해 아시아와 중남미 지역 신흥국들의 통화가치는 대부분 급락하였다. 특히 2011년에부터는 남유럽 국가의 재정위기가 노출되면서 세계경제의 불안정이 지속되었다.

2) 한국 경제에의 영향

세계금융위기가 심화되면서 국제금융시장에서 한국의 신용위험도가 증가하였다. 당시 한국의 단기외채 비중이 1997년 외환위기 때만큼이나 높았다. 그리고 해외투자자들은 대외개방도가 높은 한국경제의 침체가 불가피할 것으로 생각하였다. 한국경제의 신용위험도가 상승하면서 외평채 가산금리가 급등하였고, 2009년 3월 평균 환율이 1,570원/달러까지 상승하였다. 한국 원화의 절하 폭은 다른 개도국보다 훨씬 컸다. 또 해외 금융기관의 자본회수로 인해 한국 주식시장은 폭락했다. 2008년 6월 1,800 수준이던 한국주가지수가 10월에는 900까지 절반으로 하락하였다.

[그림 23-4]는 원-달러 환율의 변화다. 그림에서 보듯이, 1997년 외환위기 시 1,700원까지 올라갔던 원/달러 환율은 이후 900원대까지 하락하였으나, 2008년 11월 세계금융위기를 맞이하면서 다시 급격하게 상승하였다. 외환당국은 환율 급등을 억제하기 위해 외환시장에 개입했다. 2008년 3월 말 2,642억 달러였던 외환보유액은 11월에는 2,005억 달러로 감소하였다. 이후 경상수지 흑자가 늘어나면서 국내 외환시장은 다시 안정을 되찾았다.

2008년 금융위기는 1997년 외환위기 상황과 비슷하였지만, 이를 극복하기 위한 정책 대응에는 큰 차이가 있었다. 1997년 당시에는 금리를 인상하는 등 IMF 주도로 긴축적인 재정·금융정책을 실시했던 반면, 2008년에는 금리를 인하하는 등 확장적인 재정·금융정책을 실시하였다. 금융위기에 대한 정책대응에 차이가 난 이유는 위기 발생 원인과 국내경제여건의 차이 때문이다. 1997년에는 국내기업과 금융기관의 부실이 원인이었음에 비해, 2008년에는 선진국의 금융위기가 원인이었다. 또 1997년에는 세계경제가 비교적 양호했음에 비해, 20008년에는 세계경제가 침체되

그림 23-4 원/달러 환율의 변화

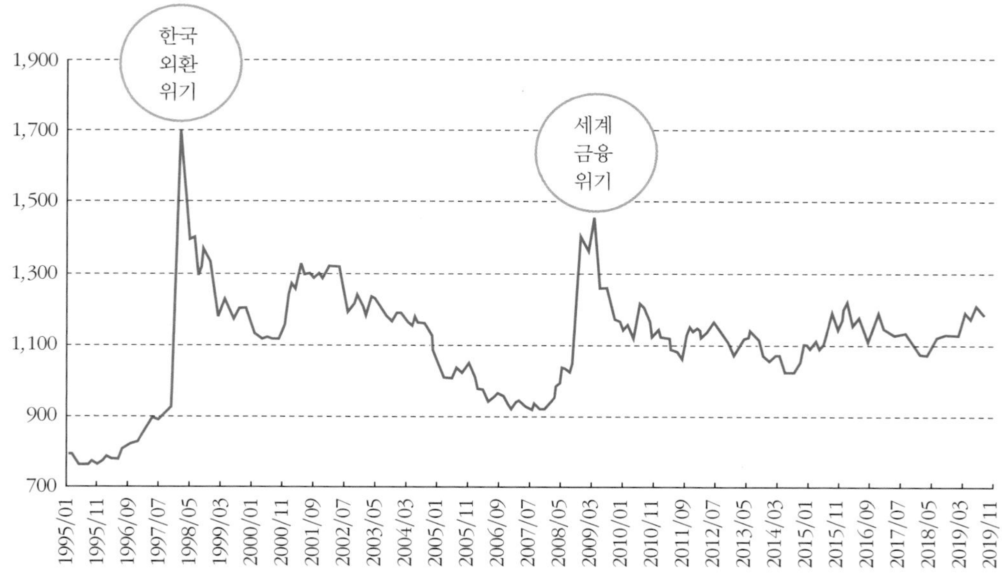

* 주: 월평균 환율임.
* 자료: 한국은행, 경제통계시스템, 2019.

었다. 또 1997년에는 외채부담이 컸고 외환보유액이 부족했음에 비해, 2008년에는 외채부담이 크지 않았고 충분한 외환보유액을 가지고 있었다. 이런 환경의 차이가 1997년과 2008년에 서로 다른 경제정책을 실시한 이유다. 1997년 긴축적인 재정·금융정책은 수많은 기업의 도산을 가져오는 등 경기침체를 심화시켰지만, 2008년 확장적인 재정·금융정책은 국내 경제의 빠른 회복에 도움을 주었다.

3. 세계금융위기의 원인

2008년 미국 서브프라임 모기지 사태는 세계금융위기로 확산되었다. 당시에 왜 위기가 발생하였고, 왜 미국의 위기가 세계적으로 확산되었는가는 다음의 세 가지 요인으로 설명할 수 있다. 즉, 금융 혁신과 도덕적 해이, 금융시장 통합의 문제, 글로벌 불균형 문제이다. 이를 좀 더 구체적으로 알아보자.

1) 금융혁신과 도덕적 해이

금융혁신(financial innovation)은 자금 조달을 용이하게 하기 위해 위험도를 줄인 새로운 상품을 개발하는 것을 말한다. MBS, CDO, CDS와 같은 새로운 금융상품의 비중이 2000~2007년 사이에 크게 늘었는데, 이 새로운 금융상품이 위기의 원인이 되었다.

새로운 금융상품들은 대차대조표에 기록되지 않는 부외거래(off-balance-sheet), 파생상품, 그림자금융시스템(shadow banking system)을 활용함으로써 규제를 회피하였다. 그림자금융시스템이란 상업은행이 아닌 투자은행, 사모펀드, 헤지펀드를 비롯한 비은행 금융기관들이 고수익 고위험 채권을 개발하고 사고파는 과정에서 형성된 새로운 유동성 창출 시스템을 말한다. 새 금융상품은 상품설계구조가 복잡해 그 위험성을 평가하기가 몹시 어려웠다. 그래서 사람들은 MBS나 CDO의 위험도가 CDS 가격에 반영되어 있다고 간주하였다. 또 금융상품이 점점 더 복잡해지자, 이를 이해하기 어려운 신용평가사나 규제당국은 그 상품을 설계한 수학적 모델이 옳을 것으로 간주하였다. 금융위기가 발발하고 나서야 CDS 가격이나 수학적 모델이 위험을 과소평가하고 있었음을 알게 되었다.

금융기관의 도적적 해이가 위기를 확대하였다. 금융혁신에 의해 개발된 금융상품은 그 복잡성으로 인해 위험평가가 어려워 규제를 회피할 수 있었다. 그리고 상품의 개발, 보증, 판매에 관여한 자산유동화회사, 투자은행, 보증기관, 은행들은 채권의 부실화로 인해 야기될 금융시장의 위기를 고려하지 않았다. 금융기관들은 상품의 위험도를 과소평가하고 판매 확대와 이익 극대화에만 관심을 가졌다. 예를 들어, 미국 보험회사인 AIG는 자신의 금융여력을 훨씬 넘어서는 CDS 발행으로 CDO를 보증해 주었다. 주택채권이 부실화되자 CDS를 과다 발행한 AIG는 파산 위기에 직면하였고, 미국 정부는 국민 세금으로 1,800억 달러에 달하는 구제금융을 지원했다. 금융기관들의 전반적인 도덕적 해이가 위기 발생의 요인이 되었다.

2) 금융시장 통합

미국 서브프라임 모기지 사태가 전 세계로 확산된 것은 세계 금융시장의 통합 때문이다. 국제금융시장이 과거에 비해 더욱 밀접하게 연결되어 있다. 보유 예금의 범위 내에서 대출을 하면 대출이 부실화되더라도 그 은행만 파산한다. 그러나 다른 금융기관에서 차입한 자금을 대출한 경우에는 한 은행의 파산은 연쇄적 파산을 불러일으킨다.

증권화 과정을 통해 만들어진 새로운 금융상품은 개발과정에서 여러 금융기관들이 관여하였고, 또 이 상품이 전 세계 금융기관으로 판매되면서 더 많은 금융기관이 연계되었다. 따라서 이 상품에 부실이 발생하면 그 부실이 전 세계 여러 금융기관으로 파급될 수밖에 없었다. 당시 미국 채권에 많은 투자를 한 유럽 금융기관들이 직접적인 타격을 입어 파산한 금융기관이 속출하였다. 아시아 등 신흥국들은 미국 금융상품에 대한 투자가 적어 직접적인 손실은 적었다. 하지만, 선진국 금융기관들이 어려움에 처하자 그간 신흥국으로 유입되었던 막대한 자본이 다시 회수되면서 신흥개도국의 금융시장도 크게 불안해졌다.

세계금융시장의 통합정도가 낮았던 1960년대나 1970대에 미국에서 이런 금융 불안 사태가 일어났다면, 2008년과 같은 세계적 금융위기로 확산되지는 않았을 것이다. 2008년에 미국의 위기가 세계적 위기로 확산된 것은 세계금융시장의 통합 정도가 높아졌기 때문이다.

3) 글로벌 불균형

2008년 세계금융위기는 2000년대 전반기에 나타난 주택가격의 상승과 이로 인한 서브프라임 모기지의 과대대출에서 출발하였다. 당시 나타난 미국 주택가격 상승은 앞서 22장에서 공부한 글로벌 불균형이 한 요인이었다. 중국 등 아시아 국가들은 지속적인 경상수지 흑자 상태였고, 반대로 미국은 지속적인 적자 상태였다. 아시아 국가에서 경상수지 흑자를 통해 축적된 달러는 적자국인 미국으로 공급되었다.

만일 아시아 국가들의 자본이 미국으로 이동하지 않았다면, 미국 주택가격의 상승은 없었을 것이다. 적자국에서는 유동성이 감소하고 소비와 투자가 줄기 때문에 주택가격 버블이 나타날 수 없다. 그런데 아시아 등 경상수지 흑자국에서 미국으로 자본이 공급됨에 따라 금리가 낮아지고 차입이 쉬워지면서 주택가격의 버블이 형성되었다. 이런 측면에서 글로벌 불균형을 2008년 세계금융위기의 한 원인으로 본다.

세계금융위기와 남유럽 재정위기

2008년 세계금융위기는 남유럽 국가들의 재정 부담을 가중시키면서 재정위기로 확산되었다. 금융위기가 재정위기를 불러일으킨 원인은 다음과 같다. 첫째, 금융위기로 은행이 부실해지자 은행 구제를 위해 막대한 재정자금이 지출되었다. 둘째, 금융위기로 실업이 늘어나자 실업급여 등 사회보장지출이 늘어난 반면, 경기침체로 조세수입은 감소하였다. 셋째, 민간소비가 위축되자 경기침체 극복을 위해 재정지출이 증가하였다. 이처럼 금융위기는 재정지출 증가를 유발하여 재정위기 가능성을 높인다.

다른 한편으로는 재정위기가 금융위기를 악화시키기도 한다. 재정 건전성은 금융 건전성에 직접적인 영향을 미친다. 예를 들어, 정부재정이 취약하면 많은 정부채권을 보유하고 있는 은행의 건전성에 대한 시장 신뢰가 약화된다. 금융부문에 대한 신뢰가 약화되면 금리가 인상된다. 금리인상으로 정부의 이자부담이 늘어나면 재정수지는 더욱 악화된다. 재정위기가 금융위기로, 다시 금융위기가 재정위기로 연결되는 악순환을 겪게 된다.

남유럽 사례는 금융위기와 재정위기의 악순환을 보여준다. 세계금융위기가 터지자 남유럽 국가에서 재정적자가 급속히 증가하였다. 이는 다시 이자율의 급등을 가져와 금융시장이 더욱 취약해졌다. [그림 23-5]에서 보듯이 2008년 1월 대부분의 국가에서 4% 수준이던 정부채권 장기이자율이 2011년 12월에는 그리스의 경우 21.1%까지 상승하였고, 포르투갈은 13.1%, 아일랜드는 8.7%, 이탈리아는 6.8%, 스페인은 5.5%로 상승하였다. 10년 만기 장기채권 금리가 6%를 넘어서면 부도 위험이 있는 것으로 본다. 국채금리 상승은 이자와 원금 상환 부담을 더욱 가중시켰다. 또 금융기관의 파산 가능성이 높아지자 정부가 은행에 대규모 구제금융을 지원하면서 재정적자는 더욱 나빠졌다. 금융위기와 재정위기가 서로 맞물려 악순환의 과정을 겪게 되었다.

남유럽 국가들은 금융위기 이전부터 방만한 재정운영과 국가채무 누적으로 재정이 부실한 상태였다. 1999년 유로화에 가입하면서 전통적으로 고금리였던 남유럽 국가의 금리가 대폭 낮아지자 이들은 외국 자본을 과도하게 차입하였다. 차입 자본은 부동산, 복지, 공공부문 등 비생산적인 분야에 주로 사용되었다. 한편, 유로화가 강세가 되자 남유럽 국가들의 수출경쟁력이 저하되었다. 이로 인해 경상수지 적자가 확대되면서 대외채무 상환이 어려워졌다. 유로회원국으로서 금융정책과 환율정책을 사용할 수 없는 남유럽 국가에서 재정수지마저 취약하여 경제위기를 극복할 적절한 정책 수단을 찾기 어려웠다.

금융위기를 맞이하자 재정의 취약성이 국가 경제의 불안 요인으로 부상되었다. 향후 위기예방과 처방을 위해서는 유로화 체제의 취약성을 보완할 필요가 있었다. 통화정책과 환율정책을 사용할 수 없는 유로가맹국들은 재정정책이 유일한 정책수단이다. 하지만 재정정책의 과도한 시행은 재정위기의 요인이 된다. 따라서 각 국가의 재정정책에 대해서도 유로존 전체의 관점에서 관리나 감독이 필요하다는 논의가 일어났다.

그림 23-5 남유럽 국가들의 장기이자율 변화

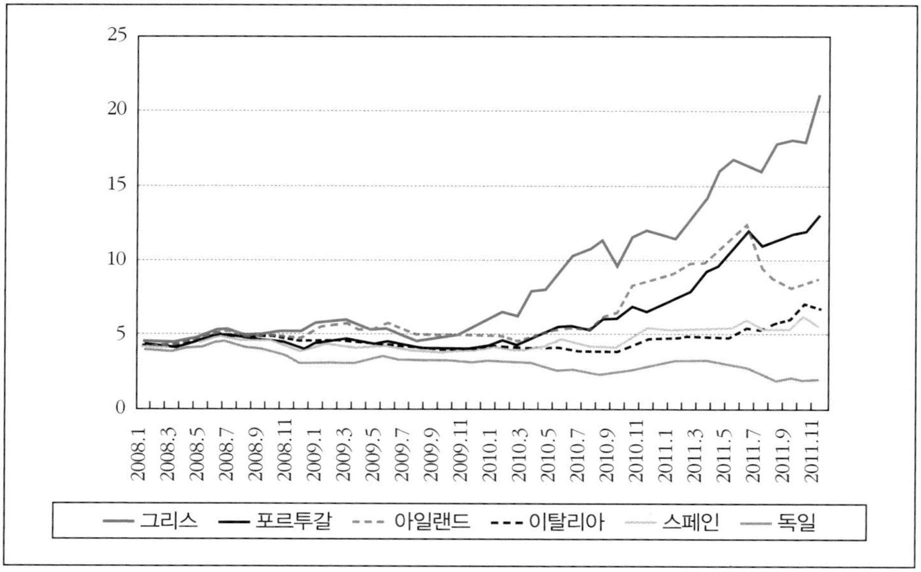

* 주: 10년 만기 정부채권의 장기이자율임. 이 이자율이 6% 이상이면 부도 위험도가 매우 높은 것으로 봄.

* 자료: European Central Bank, Statistical Data Warehouse, 2012.

제 4 절 우리나라의 외환위기

1. 외환위기의 발생 과정

1997년 11월에 발생한 한국의 외환위기는 우리 경제가 안고 있는 제반 문제점을 표출시켰다. 외환위기의 원인으로는 경상수지 적자의 누적에 의한 외채 증가, 대기업 부도, 금융기관의 부실, 해외 외환위기의 파급 등 복합적 요인을 들 수 있다.

1986~1989년까지 경상수지 흑자를 시현했던 한국경제는 1990년부터 다시 적자로 전환되었다. 〈표 23-2〉에서 보듯이 특히 1996년에는 경상수지 적자가 231억 달

러로 대폭 늘어났고, 자본유입으로 자본수지는 흑자는 233억 달러에 이르고 있다. 경상수지 적자가 자본 유입으로 보전됨에 따라 한국의 대외채무는 급속히 증가하여 1997년 3분기 말에는 대외채무가 1,774억 달러로 증가하였다. 대외채무의 증가는 기본적으로 경상수지 적자가 늘어난 데 그 원인이 있지만, 90년대 들어 추진된 자본자유화로 금융기관과 기업의 외자도입이 증가한 것도 주요 요인의 하나였다.

〈표 23-2〉에서 보듯이 외환위기 이전 한국의 재정수지는 흑자를 유지하고 있었다. 누적적인 재정적자가 외환위기의 원인이었던 남미의 외환위기와 한국의 외환위기는 이 점에서 차이가 있다. 외환위기 극복 과정에서 정부의 재정지출이 늘어나 재정수지 적자가 확대되었지만, 2000년부터는 재정수지가 다시 흑자로 돌아섰다.

또 〈표 23-2〉에서 보듯이 1995년 이후 교역조건이 악화됨에 따라 수출단가가 하락하여 기업의 수출 채산성이 악화되고 있었다. 경기침체와 수출둔화에도 불구하고 장치산업에서는 생산축소가 신축적으로 이루어지지 않아 재고가 급증하면서 기업의 부담이 증가하였다. 1997년 들어서는 기업부도가 확산되면서 금융기관의 부실도 누적적으로 증가하였다. 1997년 1월 한보철강의 부도를 시작으로 삼미, 진로, 대농, 한신공영 등 대기업의 부도가 이어졌다. 이에 따라 금융기관의 부실채권비중이 1996년 말의 4.1%에서 1997년 말 6.0%로 상승하였다. 이로 인해 대외신인도가 하락하였다.

대기업의 부도로 한국의 대외신인도가 하락하고 있는 상황에서 태국 등 인근 국가에서 외환위기가 발생하였다. 1997년 7월 2일 태국에서 외환위기가 발생하였고, 이후 말레이시아, 인도네시아, 필리핀 등의 화폐도 대폭적으로 절하되는 등 외환위기가 확산되었다. 또 태국 외환위기 직후인 8월에는 기아그룹이 부도처리되었다. 이에 국제신용평가기관들이 우리나라의 신용등급을 하향 조정하였고, 이를 계기로

■ ■ 표 23-2 1997년 전후의 주요 경제지표 추이

	경제성장률(%)	경상수지 (억 달러)	자본수지 (억 달러)	교역조건 (1995=100)	통합재정수지 (조원)
1995	9.2	−86.7	167.9	100.0	1.2
1996	7.0	−231.2	233.3	90.5	1.1
1997	4.7	−82.9	13.1	88.2	−7.0
1998	−6.9	403.7	−32.0	84.3	−18.8
1999	9.5	245.2	20.4	82.4	−13.1
2000	8.5	122.5	121.1	72.2	6.5

* 주: 경제성장률은 국내총생산의 실질성장률(2000년 기준)임.
* 자료: 한국은행, 경제통계시스템, 2007.

외국금융기관들이 우리나라 금융기관에 대하여 대출차환(貸出借換; rollover)을 중단하기 시작했다. 외화조달이 어려워진 국내 금융기관들은 국내외환시장에서 결제용 외환을 조달할 수밖에 없었다. 한국은행이 국내금융기관에 보유외환을 공급하였으나 결국 한국은행의 외환보유고가 소진되면서 IMF에 긴급구제금융을 신청하게 되었다.

IMF의 구제금융 공급 직후 IMF/IBRD 경제개혁프로그램에 따라 위기 수습이 진행되었다. 이후 국제금융기구로부터의 자금유입, 외채만기 연장, 무역수지 흑자 전환 등으로 외환시장이 안정을 되찾고 금융 및 기업의 구조조정이 진행되면서 위기가 수습되어 갔다.

2. 외환위기의 원인

〈표 23-2〉에서 보듯이 1997년 외환위기 이전에 우리나라는 재정흑자 상태에 있었고, 재정수지/GDP의 비율은 1995년에는 0.31%, 1996년에는 0.24%였다. 이와 같이 우리나라 재정은 양호한 편이어서 정부 재정적자가 위기의 원인이 된다는 크루그만의 제1세대 외환위기 모형으로는 한국 외환위기를 설명하기 어렵다. 한국 외환위기의 원인으로는 거시경제정책의 실패보다는 금융과 기업의 구조적 취약성이 강조된다. 고도성장을 위한 관치금융이 도덕적 해이를 불러와 기업의 방만한 투자와 금융기관의 부실을 초래했으며, 이것이 위기를 가져왔다는 것이다. 당시 대기업의 재무구조는 매우 취약하여 부채비율이 매우 높았고, 이런 상황에서 대기업의 부도로 정부의 암묵적인 지급보증이 어려워지자 외국 투자가들이 투자자금을 긴급히 회수하는 과정에서 외환위기가 발생하였다.

1997년 경제위기는 기업위기, 은행위기, 외환위기, 정책적 위기 등 여러 유형의 위기가 복합적으로 나타난 것으로 위기의 원인도 다양하다. 몇 가지 경제적 요인을 정리하면 다음과 같다.

1) 기업의 과잉투자와 과다차입

1990년대 당시 기업들이 경쟁적으로 이종업종으로 진출하면서 과잉경쟁 또는 과잉투자가 일어났다. 1990년대 중반 활발하게 전개된 기업의 다각화는 신기술에 기반을 둔 새로운 산업의 창출이 아니라 이미 다른 기업이 높은 수익을 올리고 있는 분야에 진출하는 형태였다. 예컨대, 석유화학, 전자, 자동차, 유통, 건설업 등에 재벌기업들이 서로 중복적으로 사업을 확장하였다. 그 결과 과잉투자가 발생했고, 결과적으로 기업의 수익률이 떨어지면서 부실 가능성이 높아졌을 뿐만이 아니라 한국 경제 전체에도 부정적인 영향을 미쳤다.

기업들은 신규 사업을 확장하면서 자금수요가 증가하였지만 경기위축으로 현금흐름이 나빠지자 외부자금을 차입하였다. 또 1990년대 초에 이루어진 자본자유화로 인해 해외차입이 가능해지자 기업들의 해외차입이 증가하였다. 특히 경기 후퇴기에 접어든 1996년 이후 이윤이 감소하면서 기업의 외부차입이 급속히 증가하였다. 한국은행 기업경영분석에 의하면, 1997년 말 제조업 평균 부채비율은 396%로 1995년 말의 287%에 비해 110% 포인트나 상승하였다. 기업 재무구조의 급격한 악화가 1997년 경제위기의 주요 요인 중 하나이다.

2) 단기외채 비중의 증가

[그림 23-6]은 1990년 이후 한국의 총외채, 그리고 단기외채 비중의 변화다. 그림에서 보듯이, 1990년 이후 기업의 차입 증가와 경상수지 적자의 확대로 총외채가 빠르게 증가하였고, 특히 총외채에서 단기외채가 차지하는 비중이 급속히 증가하였다. 단기외채의 비중은 1993년 25.8%에서 점차 증가하여 1996년에는 57.5%에 이르렀다. 단기외채의 비중이 높아진 것은 경상수지 적자를 보전하기 위해 금융기관의 단기차입금과 단기무역신용이 증가하였기 때문이다. 외채총액의 급속한 증가도 문제였지만, 단기외채의 비중 증가가 더 큰 문제였다.

개도국이 해외에서 자금을 빌리는 경우에는 두 가지 불일치, 즉 만기 불일치(maturity-mismatch) 문제와 통화 불일치(currency-mismatch) 문제가 있다. 금융기관들은 단기로 차입한 외자를 장기투자 형태로 운용하기 때문에 일시적인 유동성 부족 문제를 새로운 차입이나 차환으로 해결할 수밖에 없다. 그런데 우리 경제를 불안하게 생각한 투자자들이 대출이나 차환을 해주지 않으면 일시적으로 상환 부담이 몰리면서 어려움을 겪게 된다. 이러한 문제는 단기자금의 비중이 높은 경우에 더욱 심각하게 나타난다. 또 해외자금을 사용한 경우에는 차입금 상환을 반드시 외화로 해야 하는데, 환율이 급등하면 대출금의 상환부담도 같이 늘어나는 통화불일치 문제가 나타나 위기가 더 악화된다.

이 두 가지 불일치 문제는 개도국이 국제금융시장에서 자본을 차입할 때 안고 있는 본질적인 문제다. 이 문제의 심각성은 장기외채보다 단기외채에서 더 크게 부각된다. 1997년 당시 한국은 단기외채의 비중이 총외채의 57.5%까지 상승하였는데, 이 높은 단기외채의 비중이 외환위기를 맞이하게 된 원인 중 하나다.

3) 경제운영시스템의 취약성

1980년대 이후 꾸준히 개방정책을 추진함에 따라 우리나라 경제가 과거 통제체

그림 23-6 한국의 외채와 단기외채의 비중

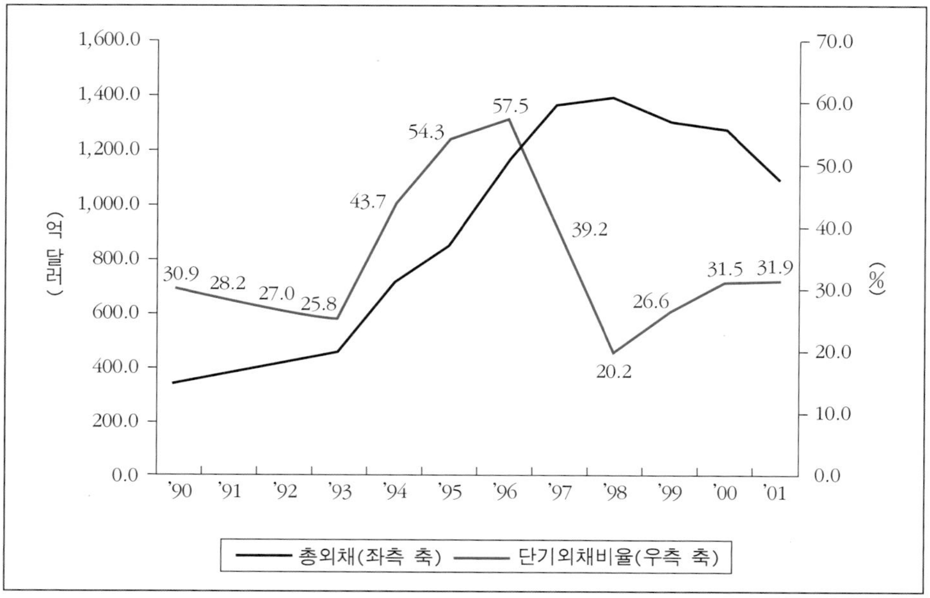

* 주: 총외채액은 외국인에게 외화로 지급해야 하는 부채를 말하며, 공공기관과 민간기업의 장단기 부채와 *IMF*신용의 합이다. 단기부채는 1년 미만의 부채를 말한다. 총외 채는 World Bank 기준으로 산출한 값이다.
* 자료: World Bank, *World Development Indicators*, 2004.

제에서 시장경제 체제로 전환되어 가고 있었다. 그러나 이런 자율적인 경제운영체제에 적절한 규율이 정비되지 못한 것이 외환위기의 원인이 되었다.

기업활동에 대한 금융기관이나 주주의 견제와 감독이 작동되지 않았고, 경영상황을 확인할 수 있는 신용평가기관의 역할도 미흡하여 기업의 과잉투자와 부실이 확대되었다. 그리고 금융권 전반의 체계적인 제도가 정비되지 않은 상태에서 이루어진 일부 금융기관들은 고수익-고위험 전략에 대한 적절한 감독이 없었다. 이와 같이 자유화에 따른 정부-금융기관-기업의 관계가 새롭게 정립되지 못한 상태에서 한국의 외형적 경제성장을 높이 평가한 외국자본이 대량으로 유입되었다가, 운영체제의 비효율성이 나타나자 투자자본을 급격히 철수함으로써 1997년 외환위기가 발생하였다.

차선의 이론에 의하면 여러 부문에 왜곡이 있을 때 한 부분의 자유화가 반드시 경제 전체의 상황을 개선시키지는 않는다. 한국의 경우 시장경제 운영체제가 새롭게 정비되지 못한 상태에서 자본자유화가 추진되어 경제의 모순이 확대되고 궁극적으로 경제위기를 맞이하는 원인이 되었다.

3. 외환위기의 극복

1997년 경제위기 대책의 기본 골격은 IMF와 협의하여 체결한 의향서(letter of intent)에 정리되어 있다. 대책의 주요 내용은 거시적 안정화정책과 미시적 구조조정정책으로 구분된다. 거시적 안정화정책으로는 경상수지 적자를 해소하기 위해서 수요억제정책을 실시하였다. 금리를 대폭 인상함과 동시에 환율을 시장상황에 따라 올라가도록 했다. 이러한 초긴축적인 거시경제정책은 국내지출 억제와 외자유출 방지에 그 목적이 있었다. 미시적 구조조정정책은 각 시장의 구조적 문제점을 해소하기 위한 여러 방안을 포함하고 있었고, 그 기본적인 방향은 시장메커니즘이 작동할 수 있는 제도적 여건을 갖추는 데 초점이 모아졌다.

IMF가 외환시장 안정을 위해 고금리 정책을 제안하면서 외환위기 직전 12.5%이던 콜금리가 1997년 12월에는 32%까지 올라갔다. 높은 금리로 인해 수많은 기업이 도산하면서 국내 금융시장이 더욱 불안해졌다. 이를 완화하기 위해 1998년 5월 이후에는 금리를 인하하였다. 고금리 정책은 외화 유출을 방지하여 외환시장 안정에는 도움을 주었지만, 국내 경기침체를 장기화시키는 부작용을 주었다고 평가된다. 그래서 당시의 고금리 정책이 잘못된 정책이었다는 비판적 견해가 있다.

한편 미시적 구조조정정책으로는 시장경제체제의 확립을 위한 기본적인 제도를 정비하고, 동시에 부실 금융기관과 기업을 정리하였다. 금융감독기구의 통합, 예금보험기능의 확충, 자산관리공사의 설립 등 구조조정에 필요한 기구를 정비하는 한편 파산관련법의 개정, 금융기관과 기업의 M&A를 지원하기 위한 법의 확충, 회계정보공개 등과 관련한 규칙 강화, 금융기관과 기업에 대한 지배구조를 개선하기 위한 장치의 강구, 상호지급보증 금지와 같은 기업의 과다차입방지 방안 등 다양한 대책을 마련하였다. 또한 부실이 심한 금융기관을 퇴출시키는 한편 부실 금융기관의 자본건전화를 위해 공적자금을 투입하였다. 부실기업 정리는 기업재무구조개선(workout) 방식을 적용하여 원칙적으로 주채권자인 금융기관이 주도하는 형태로 추진되었다.

한국은 어떤 나라보다 빠른 기간 내에 외환위기를 극복한 것으로 평가된다. 외환위기로 한국경제의 많은 문제점이 드러났고, 이를 계기로 많은 제도가 정비되었으며, 기업, 가계 및 국가의 경제운용 방식에 커다란 변화가 나타났다.

4. 외환위기 이후 한국경제의 변화

1960년대 이후 고도성장을 지속했던 한국경제는 1997년 외환위기로 인해 경제성장률이 1998년 -6.8%로 하락하였으나, 다른 나라보다 위기 극복이 빨라서 1999년에는 9.5%, 2000년에는 8.5%의 높은 성장률을 달성하였다. 이런 빠른 회복이 가능했던 데에는 해외투자자의 불안심리가 빠르게 진정되어 자본의 유출이 멈추었고, 금융기관과 기업의 구조조정이 비교적 성공적으로 수행되었기 때문이다. 외환위기로 인해 가계, 기업, 금융부문은 위험관리의 중요성을 인식하였지만, 위험기피 성향이 높아지면서 투자 감소 등의 부작용이 드러났다. 과거 한국의 GDP 대비 투자율은 45% 수준이었으나 외환위기 이후 크게 하락하였다. 2006년 한국의 투자율은 30%까지 하락하였다.

외환위기 극복을 위한 재정지출 증가로 국가채무가 크게 증가하였다. GDP 대비 국가채무의 비중은 외환위기 이전 6% 수준에서 2006년 33% 수준으로 높아졌다. 또 구조조정 자금을 조달하는 과정에서 국채발행량이 크게 늘어났다. 국채잔액은 1996년 말 25조원에서 2006년 말 257.7조원이 되었다. 그리고 외환위기가 발생하면서 은행들이 대출금을 회수하자 기업들은 자금조달을 위해 고금리 회사채를 대량으로 발행하였다. 국채와 회사채 발행의 증가로 한국 채권시장이 질적 양적으로 성장하였다. 그리고 1998년 하반기부터 주가가 상승하자 기업이 주식시장을 통해 자금을 조달하였다. 그간 기업의 자금조달 창구가 은행대출이었으나, 외환위기 이후 자금조달 원천이 회사채나 주식시장 중심으로 바뀌었다.

금융부문 구조조정 결과 2003년 6월까지 5개 은행이 문을 닫았고, 10개 은행이 다른 은행과 통합되었다. 1997년 말 기준으로 2,103개에 달하던 금융기관이 2006년 말 1,315개로 줄어들었다. 금융기관의 대형화가 진행되었고, 금융기관의 수익성이 크게 개선되었다. 그리고 기업구조조정으로 인해 1997년 400%에 달하던 재벌기업의 자기자본 대비 부채비율이 200% 이하로 낮아졌다. 또한 재벌의 지배구조와 경영투명성 제고하기 위해 상호보증의 철폐, 연결제무제표의 의무화, *M&A* 제도개선 등이 추진되었다.

노동시장 유연성을 추진하면서 비정규직 비중이 크게 증가하였다. 상용직 대비 일용직 및 임시직의 비중이 1995년 42% 수준에서 2000년에는 62% 수준까지 올라갔고, 2006년에도 48%의 높은 수준을 유지하였다. 비정규직의 비중 증가로 소득의 양극화 현상이 일어나고 소득불평등도가 악화되었다.

한국 채권시장의 변화

우리나라 채권시장의 규모는 1990년 35.0조원에서 2006년 6월 말 현재 730.5조원으로 크게 확대되었다. 채권시장에서 회사채가 차지하는 비중은 1990년 63.0%에서 2006년에는 14.2%로 크게 줄었고, 대신 국채, 통화안정증권, 특수채 등의 비중이 크게 늘었다. 이는 재정적자 보전을 위해 국채발행이 증가했고, 경상수지 흑자와 외국인 투자자금 유입으로 늘어난 통화량을 흡수하기 위해 통화안정증권 발행이 늘었으며, 금융구조조정을 위한 채권발행이 증가했기 때문이다.

외환위기 이후, 160조원에 달하는 막대한 규모의 공적자금이 투입되었다. 부실채권을 정리하기 위한 공적자금 지원은 한국자산공사(KAMCO: Korea Asset Management Corporation)를 통해 이루어졌다. 정부는 KAMCO가 발행한 채권을 인수함으로써 KAMCO에게 공적자금을 지원하고, KAMCO는 이 자금으로 금융기관으로부터 부실채권을 인수하는 방법으로 부실채권을 정리하였다.

1997년 외환위기 이후 채권의 발행 및 유통 규모가 크게 늘어나면서 여러 제도가 개선되었다. 그러나 1999년 7월 하순 대우그룹사태가 터지면서 투자자들의 위험기피 성향이 높아져 채권에 대한 수요가 크게 줄어들었다. 이에 회사채 발행이 어려워지고 신용경색 현상이 심화되자 정부는 자산유동화 제도를 도입하여 신용경색 문제를 해결하고자 했다. 부실채권을 유동화시키는 방안의 하나로 자산유동화증권(ABS: Asset Backed Securities)이 발행되었다. ABS는 부동산, 매출채권, 유가증권, 주택저당채권 등과 같이 유동성이 낮은 자산을 기초로 하여 발행되는 증권을 말한다.

당시 정부는 자산유동화를 위해 채권을 담보로 한 채권담보부채권(CBO: Collateralized Bond Obligation)과 대출을 담보로 한 대출담보부채권(CLO: Collateralized Loan Obligation)의 발행을 추진하였다. 고위험 회사채에 대한 수요가 부족한 상황에서 자산유동화 방식은 회사채 시장을 활성화시키는 유효한 수단이 되었다. 그리고 신용등급과 위험도에 따라 채권을 선순위 채권(senior bond)과 후순위 채권(junior bond)으로 구분하여 시장에 유통하였고, 신용등급이 낮고 위험도가 높은 채권은 주로 정부가 매입함으로써 채권시장 활성화에 기여하였다. 이러한 정책은 다양한 금융상품을 활용하여 부실채권을 정리하고, 또 회사채 시장을 선진화시키는 계기가 되었다. 정부의 금융구조조정을 위한 이러한 일련의 노력은 우리나라의 채권시장을 육성시키는 방향으로 이어졌다.

주요용어

• 외채위기	• 외환위기	• 은행위기
• 쌍둥이 위기	• 세쌍둥이 위기	• 채무불이행
• 지속가능한 부채	• 베이커 플랜	• 브래디 플랜
• 차환	• 거시경제 불균형	• 통화불일치
• 만기불일치	• 자기실현적 위기	• 도덕적 해이
• 연고대부	• 비대칭적 정보	• 전염효과
• 군중현상	• 서브프라임 모기지	• 금융혁신
• 증권화	• ABS(자산유동화증권)	• MBS(주택저당증권)
• CDO(부채담보부증권)	• CDS(신용부도스왑)	• 글로벌 불균형

요 약

01. 금융위기는 은행이나 외환시장 등 금융시스템이 원활하게 작동하지 않는 상황을 말한다. 보통 금융위기는 은행위기와 외환위기를 지칭하지만, 외채위기에서도 금융위기가 나타난다. 외채위기(debt crisis)는 어떤 국가가 약속된 기한 내에 외채의 원금과 이자를 갚을 수 없어서 국가파산(sovereign default)을 선언하는 상황을 말한다. 외환위기(foreign exchange crisis)는 환율이 단기간에 지나치게 급등하거나, 중앙은행의 외환보유액이 부족한 상황을 말하고, 환율위기(exchange rate crisis), 또는 통화위기(currency crisis)라고도 한다. 은행위기(banking crisis)는 은행시스템이 불안정해지거나 은행이 파산하여 금융중개기능을 할 수 없게 되는 상황을 말한다.

02. 외채위기, 외환위기, 은행위기는 서로 관련성을 갖고 동시에 발생하는 경우가 많다. 두 가지가 동시에 나타나는 것을 쌍둥이 위기(twin crisis)라고 하고, 세 가지가 동시에 나타나는 경우를 세쌍둥이 위기(triple crisis)라고 한다. 여러 위기가 복합적으로 나타날수록 경제에 미치는 악영향은 더 커진다.

03. 채무-성장-부채상환이라는 연결고리가 계속될 수만 있다면, 부채가 많아도 문제가 되지 않는다. 지속가능한 부채의 정도를 측정하는 지표로 외채/GNP의 비율을 이용하는데, 이것이 절대적인 가이드라인은 되지 못한다. 어떤 국가는 낮은 외채/GNP 비율에서도 외채위기를 맞이하고, 어떤 국가는 높은 외채/GNP 비율에서도 외채위기가 없다.

04. 1980년대 남미의 외채위기는 선진국의 상업은행이 중남미 국가들에게 대출한 자금을 회수하기 어려워지면서 발생하였다. 위기 극복을 위해 채무재조정과 신규자금지원 확대를 주요 내용으로 하는 베이커 플랜(Baker Plan)과 여기에 외채탕감 요소를 더한 브래디 플랜이 시행되었다. 1990년대 초 다시 남미국가로 민간자본의 유입이 재개되었으나 다시 멕시코와 아르헨티나 등에서 외환위기가 발생하였다.

05. 1991년 아르헨티나는 미국 달러에 아르헨티나 페소를 고정시키는 통화위원회제도를 채택하였다. 이 제도는 초기에 성공을 거두어 1990년 800%이던 인플레이션이 1995년에는 5% 이하로 하락하였다. 그리고 1997년까지 경제성장이 지속되었다. 그러나 1997년 이후 이자율 상승, 페소화 절상, 세계적 경기침체가 겹치면서 아르헨티나 경제가 침체로 빠져들었고, 아르헨티나는 2002년 1월에 818억 달러의 채무불이행을 선언하였다. 외채위기와 함께 은행위기와 외환위기가 동반되면서 경제 전반적으로 극심한 침체를 겪게 되었다.

06. 외환위기의 원인은 크게 두 가지, 즉 거시경제정책의 문제와 국제금융시스템의 문제로 구분할 수 있다. 전자는 재정지출의 확대에 의한 거시경제 불균형과 고정환율제도의 유지가 서로 모순되면서 위기가 발생한다는 것이고, 후자는 국제금융시스템이 안고 있는 문제인 통화불일치와 만기불일치, 자기실현적 위기, 도덕적 해이, 군중현상과 전염효과 등이 외환위기의 요인으로 지적된다. 통화불일치(currency mismatches)는 은행이 외화로 돈을 빌려와 자국통화로 대출을 하는 것을 말하고, 만기불일치(maturity mismatches)는 단기로 자금을 빌려와 장기로 자금을 대출하는 것을 말한다.

07. 외환위기의 사전 예방은 쉽지 않지만, 위기의 가능성을 줄이고, 또 위기가 발생하더라도 그 피해를 최소화하기 위해서는 건전한 거시경제정책 시행, 안정적인 금융시스템 운영, 올바른 환율제도 채택, 충분한 외환보유고 확보, 자본시장 개방 정도 등에 대한 관심을 기울여야 한다. 어떤 정책이 더 바람직한가는 국가의 경제 상황에 따라 달라진다.

08. 2008년 미국의 서브프라임 모기지 사태는 전 세계 은행의 위기를 초래하였고, 또 세계경제의 침체를 가져왔다. 2007년부터 주택가격이 하락하고 서브프라임 모기지 채권의 연체율이 늘어나면서 이를 기반으로 발행된 파생금융상품이 부실해졌다. 새로운 금융상품의 개발, 보증, 판매에 관련된 미국과 유럽의 금융기관이 부실해지면서 미국의 위기가 세계 금융위기로 확산되었다. 당시 발생한 위기는 금융 혁신, 금융시장 통합, 글로벌 불균형의 세 가지 요인으로 설명할 수 있다.

09. 1997년 한국의 외환위기는 기업의 과잉투자와 과다차입, 한국의 총외채와 단기외채의 급속한 증가, 경제운영스템의 취약 등을 들 수 있다. 한국은 어느 나라보다 빠른 시간 내에 외환위기를 극복한 것으로 평가되지만, 이 과정에서 기업, 가계, 정부의 경제 운영 방식은 과거에 비해 크게 바뀌었다.

복습문제

01. 외채위기의 발생 가능성을 나타내는 몇 가지 지표를 설명하라.

02. 외환위기의 원인으로 모순적인 거시경제정책을 들 수 있다. 이에 대해 설명하라.

03. 통화불일치가 무엇인지, 왜 이를 개발도상국의 '원죄'라고 하는지 설명하라.

04. 2008년 세계금융위기의 발생 원인과 진행 과정을 설명하라.

05. 한국 외한위기의 원인과 극복 과정을 간략하게 서술하라.

연습문제

01. 국제금융위기에 관한 다음 물음에 답하라.

1) 외채위기, 외환위기, 은행위기의 정의는 무엇인가? 이 세 위기는 서로 어떤 관련성을 갖는가?
2) 국제금융위기는 왜 경기침체를 야기하는가? 또 한 국가의 위기가 다른 국가의 경제에 침체를 가져오는 이유는 무엇인가?

02. 자본이동이 자유로운 개발도상국 경제가 조정가능한 고정환율제도를 시행하고 있다. 이 나라가 인플레이션으로 매년 10%씩 평가절하를 시행하고 있다면, 이 나라의 명목이자율은 해외 명목이자율과 어떤 관련을 갖는가?

03. 1997년 한국의 외채위기 당시 한국의 금리는 30%수준까지 상승하였고, 이는 기업의 투자를 위축시켰다. 투자수요의 감소는 경상수지를 개선하여 부족한 외환을 확보하는 요인이 되었지만, 당시의 고금리정책에 대한 비판이 많다. 그 이유는 무엇인가?

04. 외환위기와 관련된 다음 물음에 답하라.

1) 1980년대 중남미 외채위기와 1997년 동아시아 외환위기는 어떤 점에서 차이가 있는가?

2) 외환위기의 원인으로 제기되는 통화불일치 문제는 선진국보다 개도국에서 더 심각하다. 그 이유는 무엇인가?
3) 외채 규모보다 단기외채의 비중이 높을 때 위기 가능성이 높다고 한다. 그 이유는 무엇인가?
4) 도덕적 회의(moral hazard)는 어떤 점에서 외환위기의 원인이 되는가?

05. 홍콩은 미달러화에 대해 고정환율제도를 채택하고 있다. 아시아 외환위기 때, 주변국의 통화가치가 대부분 급격히 하락하였다. 당시 홍콩의 정부는 사람들에게 평가절하가 없을 것임을 납득시키고자 노력했다. 그 이유는 무엇인가?

06. 아시아 외환위기 이전 환율변화를 억제하던 아시아 국가들이 외환위기 이후 대부분 자유변동환율제도로 전환하였다. 그 이유는 무엇인가?

07. 1997년 우리나라 외환위기의 원인은 무엇인가? 그리고 외환위기를 사전에 방지하기 위한 방안은 무엇인가?

08. 1997년 우리나라 외환위기 발생의 직접적인 원인 중 하나는 외국투자가들의 급작스러운 달러인출을 충분히 대주지 못한 한국은행의 외환보유고 부족 때문으로 알려져 있다. 외환보유고 부족은 외국투자가들에게 환율인상에 대한 기대를 낳았다. 이에 대한 IMF의 제안 조치와 한국경제의 회복 과정에 대한 다음 질문에 $DD-AA$ 곡선을 이용해 답하라.
1) 우리나라의 외환보유고 부족이 알려지면서 외국투자가들의 원화에 대한 불신이 일어나게 되었고, 다른 한편으로는 국내대출의 기회가 막히면서 국내투자가들에는 향후 경제에 대한 회의적인 전망이 팽배했었다. 이러한 충격이 국내경제에 미치는 효과를 DD-AA 곡선의 균형을 이용하여 설명하라.
2) 환율인상과 이자율인상을 제시한 IMF의 제안은 위 1)번의 균형에 어떠한 변화를 가져 오는가?
3) 환율인상과 이자율인상을 제시한 IMF 제안이 우리 경제에 미친 긍정적인 측면과 부정적인 측면을 각각 설명하라.

09. 유로존(Eurozone)에서 재정정책은 유효한가? 남유럽 재정위기의 사례를 참조하여 설명하라.

찾아보기

ㅈ

〔저자약력〕

김신행

서울대학교 법과대학 3학기 수료
미국 콜럼비아 대학교(Columbia University, 경제학사, 경제학박사)
한국국제경제학회 회장
현재: 서울대학교 경제학부 명예교수
주요 저서:

- 김신행, 경제성장론(경문사, 1999).
- Kim, Shin-Haing, Taegi Kim, and Keun-Yeob Oh, *International Trade and Economic Growth in the Korean Economy*, Cambridge Scholars Publishing, London, 2023.

김태기

서울대학교 국제경제학과(경제학사, 경제학석사, 경제학박사)
미국 University of Colorado Boulder 교환교수
한국국제경제학회 회장
현재: 전남대학교 경제학부 명예교수
주요 논문:

- Kim, Taegi and Changsuh Park, "R&D, Trade, and Productivity Growth in Korean Manufacturing," *Weltwirtschaftliches Archiv*, 2004.
- Kim, Taegi, Keith Maskus, and Keun-Yeob Oh, "Effects of Knowledge Spillovers on Knowledge Production and Productivity Growth in Korean Manufacturing Firms," *Asian Economic Journal*, 2014.

국제경제론 [제8판]

1977년 3월 5일 초판발행
1987년 2월 25일 제2판 발행
2005년 8월 10일 제3판 발행
2008년 1월 30일 제4판 발행
2012년 2월 25일 제5판 발행
2016년 2월 25일 제6판 발행
2020년 2월 20일 제7판 발행
2024년 2월 20일 제8판 발행

저 자 김 신 행 · 김 태 기
발행인 배 효 선
발행처 도서출판 法 文 社
주 소 10881 경기도 파주시 회동길 37-29
등 록 1957년 12월 12일 / 제2-76호(윤)
TEL (031)955-6500~6 FAX (031)955-6525
e-mail (영업) bms@bobmunsa.co.kr
(편집) edit66@bobmunsa.co.kr
홈페이지 http://www.bobmunsa.co.kr
조 판 (주) 성 지 이 디 피

정가 38,000원 ISBN 978-89-18-91477-0